ランゲ
市民法理論

Théorie des loix civiles

近代社会思想コレクション 09

大津真作 訳
Shinsaku Ohtsu

京都大学学術出版会

凡　例

一、本書は、一八世紀後半にフランスの言論界で、大活躍した著名な弁護士にして政論家、歴史家、経済学者、そして重農主義の最強の論敵、Simon-Nicolas-Henri Linguet の *Théorie des loix civiles, ou principes fondamentaux de la société*, 2 vols, （Londres, 1767）の全訳である。ただし原本に著者名は記されていない。

二、訳者が確認したところでは、一七六七年に少なくとも二種類の版があるので、翻訳に際しては、両方を参照した。また、一九八三年に Fayard から Corpus des Oeuvres de PHILOSOPHIE en LANGUE FRANÇAISE の一環として出版された、多少の修正を含む復刻版を参照した。

三、本書の題名であるが、これは従来、『民法理論』と訳されてきたものである。従来とは、マルクスの『剰余価値学説史』や『資本論』の翻訳においてこの題名が使われてきたという意味である。翻訳にあたっては、幅広い意味を持たせつつ、わかりやすい題名にするということで、『市民法理論』とした。

四、翻訳にあたっては、右記の『剰余価値学説史』（岡崎次郎、時永淑訳、大月書店、一九七〇年）やアンドレ・リシュタンベンルジェの『一八世紀社会主義』（野沢協訳、法政大学出版局、一九八一年）における引用訳を利用させていただいた。同じくランゲの研究書である Darline Gay Levy の *The Ideas and Careers of Simon-Nicolas-Henri LINGUET, A Study in Eighteenth-Century French Politics*（University of Illinois Press,1980）と Ginevra Conti Odorisio の *S. N. H. LINGUET Dall'Ancien Régime alla rivoluzione*（Giuffrè Editore,1976）における引用訳（英語訳、イタリア語訳）をも参照した。

五、拙訳では、ランゲの定義に沿って、droit civil のみを「民法」と訳し、loi civile を「市民法」、その複数形を「市民諸法」と訳することにした。したがって、訳書のタイトルを「市民諸法の理論」とすれば、趣旨に沿っていたことになる。とはいえ、civil という形容詞は「市民」の意味でのみ使われているのではない。きわめて多義的に使われているので、翻訳にあたっては、若干の訳しわけを試みた。ただし、この語は、同じく多義的な politique と対立的に用いられていることに注意していただきたい。現代ではこの語の方が civil よりも意味的には狭いと考えられているが、一八世紀では反対であったから、本訳書では、「政治的」あるいは「政治」といった訳語のほかに、「公共的」あるいは「統治術」などの訳語を当てた。

六、著者の引用については、できる限り原典に当たり、その邦訳がある場合は、それを用いた。

七、著者の註記は、（＊1）のように番号を付けて、本文中に組みこんだ。

八、読者の便宜を図るために訳註を付けた。

九、キリスト教の聖書の引用については、日本聖書協会の新共同訳を用いた。

一〇、イスラム教の『コーラン』については、岩波文庫訳を基本に、大部なスペイン語訳の El Mensaje del Qur'an, *Traducción del Árabe y Comentarios Muhámmad Asad* (Junta Islámica, Córdoba, 2001) を利用した。

目次

第二篇　法律の起源について……………………159

第三篇　婚姻に関係した法律の発展について……………………251

市民法理論

誰がかかることを語りて、涙に咽ばざるか。

—— ウェルギリウス『アエネーイス』第２巻第６節

序論

アブヴィル[1]の上座裁判所[2]評定官ドゥヴィル[3]殿に

親愛なる友よ。拙著の冒頭に貴殿のお名前を使わせていただくことで、私の友情のか弱い証明を貴殿に差し出そうとしていることをお許しください。いろいろと厄介なことがあって、本書の公刊が遅れたり、その長さを縮めたりさえしましたが、この心づかいで、邪魔が入らなかったことにしてくださるのは貴殿の方な

---

(1) フランス北部、英仏海峡に面したソム河河口の港町で、ソム地方ポンテュー伯爵領の首都。一七六三年九月にフランドル地方への旅からフランスに戻ったランゲが立ち寄った町で、ランゲはここで政論家としてデビューし、翌年、弁護士になる決心をして町を去り、パリへ赴き、弁護士となるが、一七六五年にアブヴィルのラ・バール事件の弁護を引き受け、名声を得ることになる。

(2) アンシアン・レジーム下の裁判制度で、一五五二年の王令により、下級審のバイイ裁判所と高等（最高）法院とのあいだに設けられた裁判所。重要地方のバイイ裁判所が昇格することで発足した。比較的少額の訴訟については最終審として機能したために、高等法院とのあいだで権限争いが生じたほか、軍人または旧軍人の刑事事件を扱う特別刑事裁判所とのあいだでも、権限争いがあった。

(3) 一七〇九年生まれ。フランス北部ソム地方の法服貴族。アブヴィルの保守派の市長に対抗する進歩派の指導者で、前市長。ランゲの友人であるとともに論敵。ヴォルテールが論陣を張ったことで有名なラ・バール事件に息子が連座させられそうになった事件でランゲに助けを求めた。

のです。貴殿もご承知のように、はるかに幅広い計画にもとづいて私は本書をはじめていたわけです。私はそこで多くの対象を結びつけていましたが、しかし、これらの対象をそこから切り離すことを強いられたのです。私は、私の建築物を断ち切るときに、そこに待歯《まちば》石(4)を残すだけにとどめなければなりませんでした。これらの待歯石は、この先、いつかは建築物の補修をやりやすくすることでしょう。

そこで欠けることになるものはなにかと言えば、たぶんそれは、本書の最大の効用になるはずだった部分でしょう。私の計画は、一般的に社会の真の土台を据えたあとで、法体系の真の土台を細部にわたって確立するというものでした。ここでは諸原理を示すだけで満足していた私は、それらの原理を現実に適用するつもりでいました。私は、どの分野においても完成とは、単純さや一様性に存するということを示すつもりでいました。私は、あらゆる複雑な行政はばかげたものであり、害悪であるということを証明するつもりでいました。

複雑な行政はばかげたものです。というのも、間断ない運動をするように作られた機械に対して、その運行を邪魔することはその効果をそぐことですから。また、それは害悪です。というのも、機械のそれぞれの部品の噛み合わせがうまくいかないと、たちまちすべての部品に被害が及ぶからです。歯車の歯がお互いの上を正確によぎっていくどころか、反対に、互いに衝突するようになると、そこから振動が生まれて、それが隣から隣へと伝わっていき、中心まで動揺を感じるようになります。四方八方から振動を受ける軸は、しばらくのあいだ撓《たわ》んだあとに、ついにはじけて、大音響とともに一気に破砕されてしまいます。

親愛なる友よ。私の言う原理は、『法の精神』の原理ではありませんし、当代のどの政論家の原理でもありませんが、しかしこれは真実間違いのない原理なのです。経験がこうした原理を確証してくれているうえに、それらに反対して戦うために組み立てられた理屈にも経験が打ち勝つに違いないのです。私は、このまがうことなき原理を公にするために筆を執っていましたが、時間と周囲の環境が計画なかばで、それを中止するように私に強いました。私は善なるものを示す喜びよりは、それを実行する喜びの方を取りました。私は、不当にも抑圧されていた私の友人の弁護だけに専念するために、非常に大事な目論見を放棄しました。私はそのことを後悔してはいません。勝利したのですから。

幸いなことに、私は訴訟で貴殿のお役に立ちました（＊1）。その経過は、おそらく私がこの本に与えることができる最良の付録になると思われます。事件の詳細がよく知られることになれば、われわれの法律学をほとんどすべての点で作りなおす必要があることについて、ほかに証明などいらないことになるに違いありません。この事件では、犯罪を罰するために考え出されているいろいろな方策が無実の人間に対して濫用されることもありうるのだ、ということを示す恐るべき例が見られることになるでしょう。そこでは、報復心が法律の形式を武器として持たされたときには、一州にどれほどの厚かましさを持ちこむことになるかを、

（4）建築用語で、将来の接合に備えて、残しておく石の突起部。ちなみに、ランゲがのちに引用するマキアヴェッリも、『君主論』の第二章の末尾で同じ表現を使っている。ランゲが『君主論』を意識していたかどうかは別にして、作品が中断されたときに用いる表現としては、これはさほど特異なものではないようである。なお、『君主論』の訳者たちは、「噛み合わせ」を重視した訳語をつけている。

激しい恐怖を伴って認めなければならないことになるでしょう。おそらく少しくらいは遅れたにせよ、公共の秩序を維持する任務を割り当てられている司法の剣がそこでは、やすやすと個人の遺恨を晴らすため、あるいは人に知られていない秘かな利益に奉仕するために使われてしまったことを知って、苦しみの声を漏らすことになるでしょう。

（＊1） この司法官の息子さんは、一七歳でしたが、一七六五年八月八日にピカルディ地方のアブヴィルでキリスト像が切断された事件をめぐって起こされた訴訟に、ゆえなくして巻きこまれることになってしまいました。息子さんは、一七六六年九月一〇日に、当市の上座裁判所の判決によって完全に無実であることが証明され、無罪放免されました。検事局は、上訴を断念することで、判決が公正であることを認めました。ご存知のように、無実に対して抑圧を加えることとその名誉を回復することとのあいだには一三ヶ月の開きがありました。無罪の承認をこれほどまでに遅らせた原因は、無罪であることを知ることが難しいということにあったわけではありません。この点に関しては、まだ言い足さなければならない恐ろしい事柄があるようです。私としては、この若者に行政命令を発した裁判官たちが彼を無罪にした裁判官たちのなかに、ひとりもまじっていなかったことを指摘しておけば十分だと考えます。

しかし、人体と同じく統治体も性病にかかりやすいものです。性病になると、治療薬を受け取るなんて話にはならず、人は病気にかかっていることを明かすことすらしないのです。迷信とか復讐心とかから魔女や魔術師に対して着火した火刑台の火を消すようになるまでには、どれほど多くの魔女や魔術師が焼かれたことでしょう！　とても残忍な精神錯乱とか、きわめて偽善的な無慈悲とかから懇請されて、司法当局を刑の執行に加担させるとは、なんと恥ずかしいことかと司法が思うまでには、いったいどれほどの年月が流れ去ってしまったことでしょう？　どの世紀にも、いわば特有の膿瘍があります。膿瘍は膿《う》んでしまう前につつかないように注意しなければなりません。ですから、われわれの膿瘍も、大事にして、それがひとりでに口を開いてしまったときに、傷口をふさぐ仕事が出てきますが、それは後代の人びとに任せましょう。

私たちにとって一番大事な点は、息子さんをすべての危険から保護することです。貴殿は、息子さんのことを思って、ずいぶん長いあいだ心配してこられました。それには、ずいぶんたくさんのもっともな理由がありながら、そのほとんどがいわれなき心配でもありました。われわれが一番関心を寄せるのは、息子さんの名誉がその人身と同じくらい無傷なままにとどまっていることです。彼が無罪であることは、正しい判決で立証されています。息子さんを厚かましくも侮辱しようとしてきた中傷は、茫然自失しています。親愛なる友よ、貴殿は息子さんの勝利を喜んでおられます。そして、貴殿の喜びは私への報酬のすべてです。

無条件で、安心して喜びに身を委ねてください。貴殿にもたらされたすべての栄誉は、無名だが、非の打ちどころがない市民を一段と州内で引き立たせることができるほどのものです。また、忌まわしい手続きで貴殿の名を汚そうと試みてきた人びとに対して、公共世論によって、貴殿は汚名をそそいでいます。そして貴殿は、実に長い期間にわたって貴殿の休息を乱してきた策略から、裁判の権威によって守られるようになりました。貴殿の例に恥じ入ったり、貴殿を見かけるだけで恥じ入ったりするなどということのない同僚市民すべてから、貴殿は愛され、大事にされています。貴殿は、幸せになるためにこれ以上さらになにをお求めになるべきでしょうか？

貴殿の危険が終わると同時に、私の危険が始まりました。実を申せば、その危険は、以下に述べるようなもので、貴殿のとは別分野にあるものです。私がさらされている危険は、私が悪書を提供したとして告発されることがその全部です。私はこのような非難をもしかしたら浴びることがあるかもしれません。しかし、それが私の過誤によるものではないことはたしかでしょう。かつて作品が純粋な意図を持って公刊されたとすれば、それは私の作品であるとあえて言わせていただきます。作品がこれからはじめられるべき状態にあったなら、おそらく私は作品を差し控えることもできたでしょう。しかし、作品を作り直さなければならないとしても、私はその考え方を変えることはしないでしょう。私があえて少しだけほのめかしたいくつもの着想を、さらに発展させることでしょう。私は着想をひとつとして削除することはしないでしょう。これらの着想に対する愛着を私に起こさせる動機は、頑固さなどではまったくなくて、むしろ確信なのですから。

私は、私が真実だと思っていることを語りました。最初、ちょっと見たところでは、私の意見のいくつかは逆説と映るでしょう。それらはおそらくなにものにも増して、吟味に値する意見です。それらについてじっくりと考え抜いたのちにはじめて、私は思い切ってそれらを口にしたのです。私がそれらについて仔細に検討する際に用いている調子から、私が才気の技比べをしようというもくろみなど持っていなかったことに気づかれることでしょう。私が自分を欺くことができたなんて！　私は、だれかを欺こうなどと思ったことはありません。私は――私自身が考えたように――このような思考に誘われた理由をどの箇所でも詳細に説明しています。もし私がなんらかの誤りに落ちこんだとしても、私にはそれを恥じる理由はありません。というのも、私が誤りから身を守ることは、私が決めることではなかったからです。

論題にはいる前に、私は貴殿とともに、本書がどのような対象を含んでいるかについて、あるいは、対象がどのようなやり方で扱われるかについて、予備的な考察をしておかねばなりません。扱う対象はしばしば抽象的であり、その扱い方はほとんどいつも大胆なものです。可能であれば、対象の選択について、その扱い方の無鉄砲さについて、弁明を試みることにしましょう。

法律家のあいだでは、さまざまな種類の法律を区別するのが通例です。さまざまな種類の法律のなかでも、当該法律が適用される諸関係の広がりにおいて最大であり、まことに他のすべての法律の根拠ともなっている最重要な種類の法律は、法律家のあいだでは「民法」と名づけられています。彼らはこの言葉を次のような趣旨の規定と解しています。すなわち、国家の構成員たる個人の境遇を規律し、彼らの財産ならびに人身を不正と暴力から守り、不正と暴力に対して宣告された刑罰を執行することによって、それらに恐るべき抑止を利かせるために作られた規定というのがそれです。

この法律は、外見上は、市民相互間の関係しか対象として持っていません。それは、財産の所有権を獲得するやり方を定めるとともに、財産を受け継いだり、それを後継者に譲渡したりするためのやり方をも定めています。それは、人間の誕生に条件をつけます。それは、人間がまだ生まれてもいないのに、しばしば人間に名誉または辱めの刻印を強制しさえします。それは、徳に対しては褒賞を割り当てることもしないのに、犯罪に対しては刑罰を付与しています。それは秩序を維持しますが、そのために、それは、時には暴力的手段に訴えてまで、秩序を守ろうとします。しかし、大体いつもは、平和的な予防策で秩序を維持しています。司法官職に認められた権力は、まさにこの法律を順守させる必要性にもとづいているのです。

われわれが未開人と呼んでいる民族のあいだでは、民法はほとんど知られていません。それはなにも彼らが他の民族に比べて徳をより多く積んでいるからではありませんし、他の民族ほど喧嘩好きではないからでもありません。そうではなくて、彼らがあまりに粗野だということなのです。法律を確立するのに適した手段を発見することができないほど、彼らは粗野なのです。ですから、彼らがそうした法律を持っているという主張は、未開人の公正さについて人びとが持っている臆見によって支えられているにすぎないのです。粗暴な独立性あるいは屈辱的な奴隷制が等しく彼らをこうした法律から遠ざけています。法律の欠如は、彼らの所有が広がりを欠くことで、彼らにとってそんなに重荷にはなっていないのです。彼らの欲望が貧弱であるためではなく、彼らを刺激できるものが少ししかないことから、彼らは、民法などなしで済ませて、そんなに苦痛は感じていないのです。

文明国においては、国自体が未開民族に比べて没落に近づいているだけに、民法は、いっそう華々しく盛大に君臨しています。それは、あらゆる類の書物と官吏の長い供行列とともにそこに姿を現わしています。そこではそれは、法律学の装備一式と司法官職の荘重な儀式を見せびらかしています。しかしそれは、陰にこもった戦争をも引き起こしています。この戦争は、戦争を終わらせるために払われる努力そのものを糧《かて》としているのです。

文明国では、訴訟がまぎれもない戦闘行為です。人びとは、戦闘で激しく衝突します。屁理屈とその悪だくみほど、権謀術数に似ているものはほかにありません。戦争で肥え太るだけの裁判所付属下級吏員は、徴税請負人(5)の図々しさと貪欲さを備えています。実務の法律家は、彼の助けを望む訴訟当事者のどちらかに、無差別に雇われる用意をした援軍として登場します。法律は、どちら側でも相手を攻撃するために用いる武器になっています。裁判所の上の「正義」(ユスティティア)は、神性のようなもので、ホメーロス(6)のゼウスのように、秤《はかり》で、戦士の運命を計り、定めます。

実をいうと、これらの激烈な争いのなかでは、血はまったく流れません。そこで流れるのはインクと罵《のの》りとかねだけです。とはいえ、その結末は、人間の骸骨でできた戦勝記念建造物の上へ征服者たちをあがらせる、栄光に満ちた、残酷な武勲の結末に似て、ほとんどの場合、致命的なものです。そこでは、行政のこの重要部分で濫用がおびただしく行われすぎたために、勝利者も敗北者も等しく負けています。彼らの戦利品は、法律家の手に残ったままです。それはまるで、血みどろの乱戦のあとのように、殺された兵士の軍服は、殺した人間の所有物になっています。

---

(5) アンシアン・レジーム下で、税金の徴収を代行する仕事に従事した人間。彼らは、徴収すべき税金額をあらかじめ引き受けて、政府や地主や領主に対して相当額を支払ったあと、自由に設定された税額を納税者から、強制的に徴収したので、蛇蝎のごとく農民に嫌われた。

(6) 紀元前九世紀頃のギリシアの叙事詩人。ランゲは、「ホメーロスのユピテル」としているが、ユピテルは古代ローマ神話の主神であるので、ゼウスにあらためた。ここで、ランゲは、裁判所の上に掲げられている「正義」という銘句を神になぞらえているが、その神の名前がラテン語でユスティティア、つまり「正義」ないし「裁き」を意味するのである。

この恐ろしい戦場をつぶさに見てまわり、散らばっている残骸のあいだに身を投ずることを恐れないほど大胆な天才がわがヨーロッパには、いつ存在するようになるでしょうか！　そこで使われる武器に焼きを入れ直せるほど賢い技術者がいつか生まれるでしょうか！　武器のために重傷を負った人間を治療して成功するほど腕利きの外科医がいつ誕生するでしょうか！　刃の切れ味をなまくらにするか、あるいはその使用法を是正するか、少なくともこのどちらかが可能ではないか、許されてはいないかを調べることができるほど、人間たちと人間たちの安寧の友である観察者はいつやってくるでしょうか！

法律をより恐ろしいものに変えているものは、その多さであり、驚くほどの多様性です。突きをかわそうとして、その都度人は当惑を隠せません。というのも、その数がどれほどあるか、その本性はなにかを知らないからです。法律は、広大な兵器廠のなかに無秩序に散らばっています。この兵器廠は、集成とか註解とかの名前のもとで知られています。そこへ手探りで武器を探しに行かなければなりません。わが火薬庫以上の知識の光明をそこへ持ちこむことは許されてはいません。そして、多分、法律を知識の光明から守ろうとして、配慮をしていることは、まことに賢明と言うべきなのでしょう。ほんの少しの閃きでも、そこにはいりこもうものなら、建物全体が空中に吹っ飛んでしまうからです。

しかしながら、この好ましい事故をそこにもたらすことは、人間性に裨益すること大であるかもしれません。大騒ぎをほとんどしなくて、そこへ到達することは、思っているほど、おそらく難しいことではありません。それを企てることは、考えている以上にたしかに必要なことなのです。私も承知していますが、死をもたらすこれらの建物を注意深く監視して守っているのは、習慣であり、習性なのです。ですが、いったいこの御しがたい歩哨をかいくぐったり、歩哨を鎖につないだりすることは不可能なことなのでしょうか？そのためには、昔に比べてはるかにばかげたものになっている慣例を墨守するのをやめるだけでいいのです。騒乱と激動に満ちた時代には、ひたすら野蛮さからくる専横的な命令を尊重したのと同じくらいに、平和なときには、理性の勧めを尊重する覚悟を持てばいいのです。

正直に言って、改革という名前だけでおじけづく人びとがいます。彼らは、戦慄することなくして、この名詞を口にすることができないのでしょう。彼らは言います。国家の基本法に触れることは、いつの時代にも危険なのだ、と。国家の基礎を修繕するために、そうするのであっても、とにかくこれらの基礎を明らかにすると、それらを揺り動かしかねないと彼らは思っているのです。建物と同じくらい古い悪弊に染まっている方がいいし、この無遠慮な作業に取りかかるというような大胆なことはしない方がいいのです。

たしかにその通りで、この理屈は、さほど広くない面積のところに基礎を置いて広大な建物が建っているのでなかったら、正しいかもしれません。もし四方八方にあけっぴろげになっている、ひび割れた壁が鉛直面を失っていなかったなら、また、のしかかる度外れな重量で建物全体が折れそうになっていて、基礎からそれを建て直すのがほんの少しでも遅れれば、全面倒壊の危険があるというのでなければ、この理屈は正しいかもしれません。

しかし、おそらくスイスを除いて、今日の世界に存在する帝国のどれもが、現在までのところ、帝国誕生時代の境界線のなかに自制することができていません。歳をとるにつれて、すべての帝国が成長し、拡大することを望んでいます。地上に少しでも空間を占めることができるようにと、人間同様、すべての帝国が汲々としています。小国の行政担当者は、子供が五ピエ六プース［約一七八センチメートル］の身長を持つという見栄に責めさいなまれているように、国境線を広げるという同じ見栄に責めさいなまれています。私が申し上げたように、一三カントン[7]の同盟を除けば、すべての政府がこれと同じ気質をしているのです！ですが、この同盟は、誕生してからまだごくわずかしか経っていないので、その例は一般原理からの例外を作るものではまったくありません。

少なくともアジアにおいてはこういう偏執狂が法体系を害することはありません。というのも、アジアでは、数々の勝利によっても、法体系の性格がゆがめられることがまったくないからなのです。アジアの諸帝国は、一種の特権化した巨人のようなものです。最初の瞬間から、この巨人は、望みうる限りでの規模を全部所有しています。諸帝国は成長しても、あるいは、その後減退しても、その進歩と損失は感じとれるほどのものではありません。それらは、存続期間全体のうち、たった二日しか動揺の日を持たないのです。ひとつは、それが誕生した日であり、もうひとつは、それが死ぬ日です。それはふたつの短い時代です。そのあいだに、古いものを廃絶し、古いものに取って代わった新しいものに、古いものが持っていたすべての活力を譲り渡すのです。征服の容易さ、征服の全面性は、アジアでは法律をどのような変質からも守っています。勝利者は、法律をそのままの形で受け取り、そこにどのような変更も加えません。法律は、とりわけ順守される伝統によって、或るものから別のものへ譲渡されます。この伝統は、徐々に遡っていくと、社会制度の創設者までに至ります。ですから法律は、その純粋さの全体とともに、世界のこの美しい部分で、保存されるようになっているのです。

われわれが住んでいる地域では、とてもではないが、事態はこれと同じではありません。そこでは、すべての国家が脆弱になりはじめています。国家は、長いあいだゆりかごのまわりをよろめいていて、ゆりかごを捨てられるほどの力を持つようになるまで、そのまわりで待機しています。国家を導く法律は、そのときまで、国家の弱さが、そして言うならば、その幼年期が、そういうことを含むような形で作られています。法律は整合性の欠如を感じさせ、この年齢にふさわしい軽々しさを感じさせています。それらは脈絡のない観念であり、結末のない気まぐれであり、奇怪な模倣です。諸国家は、見ているものとか、聞いたことかを手当たり次第、四方八方から採り入れていて、その正しさや適切性について、検討することもありません。法律という名詞とともに現われるすべてのことは、諸国家にとっては、神奇に満ちたものに見えていますし、また、博識の勝利であると同時に無知の奇矯さでもある巨大な例の法律集成のなかへ、それらすべてのことは、慣例によって、すぐさま転写されています。

とはいえ、少しずつ国家の体躯は成長し、まっとうな広がりを獲得し、政治あるいは戦争によって増大し、子供たち——国家はそのような姿をしているのですが——のように、病気に苦しめられたあとで、大きくなります。諸国家は、毎日のように新しい獲得物でみずからを強化します。法律に手を加えるのもそのときですし、今後、法律が指導していくことになる国家の方が増大しているために、その規模に法律を釣り合わせるのも、まさにそのときでしょう。

(7) 行政単位としては日本の郡にあたる。念頭にあるのはスイスで、この国は一三のカントンが同盟して国を形成していた。

まったくやられていないのがこのことです。古い法規が維持されています。古い法規が新しい行政に合体されています。古い法規を順守するという習慣があえてそれに手をつけることを妨げています。大王国を構成する小さな州を統治するのと同じやり方で、大王国を指導しようともくろんでいるわけです。たとえ法律になんらかの補足を施すべき時期だと思ったとしても、これらの補足をいつも最初の法律の図面に即して加工し、あえて元の図面から離れようとはしないし、すべてがいっしょくたになって存続するのを放置してしまうのです。ちぐはぐであるのと同じくらい茫漠とした雑集のなかに、補足をまとめて、一種の真正さをそれらに与えることで、十分なことをやっていると思われています。

それはあたかも擲弾兵を赤ん坊のがらがらで武装するようなものです。それはあたかも四歳のときに使っていた服を三〇歳になっても着ていたいと望んだり、歳をとっても、生まれてから身に着けてきたすべての服のうちで、たった一着の服だけを着つづけたいと望んだりするようなものです。日常生活のなかでは、この種の愚挙を人はしでかしません。ところが、政治家は市民法体系のなかでは、そうした愚挙をあえてしでかしてもかまわないと思ってきました。わが帝国のすべてが、低年齢の時代に着ていた服を後生大事に保存してきた姿を貴殿はご覧になることでしょう。帝国は、強固になるにつれて、同じ服で身を包み続けてきています。差し迫ったときにだけ、帝国は服地をそれに付け足し、帝国が裸であることを隠すために、衣服に十分な大きさを与えています。

服装をきちんと直し、それらを一緒にして繕《つくろ》います。それくらいはできます。それから註解者がこの滑稽な身づくろいの諸部分に好奇の目を向けにやってきます。彼らは、その色を区別し、仕立て方を比較することができたときに、鼻高々になります。この奇妙な取り合わせに、これらの巨大な、むかつく切れ端《はし》の山に、彼らは、臆面もなく法律学概論という名を与えています。

これらがヨーロッパのすべての国民（＊2）によって司法のために建立された記念建造物だと言っても、誇張したことにはなりません。イタリア人は、この点に関しては、フランス人を凌《しの》ぐようないかなる強みも持ってはいません。スペイン人はドイツ人と同じくらいの数の馬鹿げたことを認めています。すべての国が彼らの父祖から受け取った教訓をこと細かに保存しています。彼らはそれの単純性や率直さや無欲さを失ってしまいました。わが祖先は、これらの徳性によってのみ、評価しうる存在だったわけですが、彼らのあとにやってきた人びとは、そうした徳性を捨て去るとともに、祖先がわれわれに伝えてくれた野蛮な法規を採用し、それを聖化しています。

（＊2）　イギリス人を例外としなければならないと言われています。少なくとも彼らの国では、一様性が打ち建てられてきたからだと言うのです。

われわれの支配が及ぶ狭い範囲のなかで、われわれフランス人だけに向けて与えられているものは以下の通りです。三六〇の異なる慣習法。そしてそれどころか、長たらしい註釈を施された、ありとあらゆる成文法。これには、法律適用からの除外を定める特別な慣例は勘定に入れてはいません。さらに、特別な慣例を説明する起案調書、それらに反対するローマ法、それらを修正する勅令、それらのゆがみを直す王令、最後に、それらを解釈する裁決も勘定に入れてはいません。

こういうわけですから、民法も教会法典も、教会と世俗の法律学も、そのどこにおいても、ありとあらゆることが矛盾だらけで、絶望的な暗闇に覆われています。こういうわけですから、半アルパン(8)の所有地をたまたま地球上で売却した場合よりも、むしろ天空で何百万里(9)も離れた距離の方が天文学者によって正確にはじき出されてしまうわけです。こういうわけですから、法律家の仕事は世界一骨の折れる仕事のひとつになっていますし、裁判官の仕事は不愉快きわまりない仕事のひとつであり、おそらく後悔の念を引き起こすのにもっともふさわしい仕事のひとつにさえなっているのです。

実際、それとは知らずにであっても、司法官が不当な仕打ちをするときに、彼を大目に見るには、彼が良い意図を持っているだけでは不十分です。なんらやましいことがないとするには、彼の誤りが、それから身を守ることが不可能な類のものである必要があります。また彼を導くことができるあらゆる援助を彼が手に入れておく必要があるでしょうし、もし彼が間違えたなら、彼は、知識を求めるのを怠けていたと責められるのではなくて、誤りを見分けることを必ずしも許さない人間的な弱さを責められるようでなければなりません。少なくとも、誤りを発見するために、彼は、あらゆる注意を払ったということでなければなりませんし、誤りが出てくるかもしれないので、元になる資料のいずれをも参照し忘れなかったということでなければなりません。

われわれの法律学の現段階では、このような徹底した、熟慮を経た研究が使えるものとなっているでしょうか？　私は事件を予審する法律家に向けてだけ言っているのではありません。事件を決定する司法官に向けても言っているのです。彼らは、膨大な仕事とともに、熱心な努力を尽くしたあとで、老年期にはいってフランス王家の百合紋に十分な知識を提供することができてから、不安なくその席に座る権利を持つことができるようになっている、と私は推測します。日常的な司法業務における良き秩序と衡平性を、いったいこれほど尋常ならざる根気づよさと途方もない覚悟の堅さと類まれな勇気に任せておかなければならないのでしょうか？　良き芸術家を持つためには、優秀な天才がさまざまな困難を乗り越えるのを期待して、困難を増大させるよりも、芸術に取り組みやすくする方がより確実なのではないでしょうか？　こうした考察をするだけで、古い制度ゆえに維持できている欠点を、ときには新しい制度を設けることによって直していく必要性をそれは反論の余地なく確立しているのではないでしょうか？

この原理を強化するために、理性の支持以上のなにかがもし必要であったなら、人が歴史と呼んでいることの人類の不幸の記録簿のなかで際立った地位をその大成功によって獲得してきた人間全員を、例として挙げなければならなくなります。野心によって地上を騒がせたあとで、法体系の改革へ注意を向けることで、政治術策が許しているこれらの犯罪の償いをする義務があると思わなかった人間などひとりもいません。彼らはみな、彼らの征服事業のなかで市民諸法の建物に熱心に取り組む必要性を不可欠な義務として見なしてきました。

たしかに、そのときに彼らは、彼らの義務に従うよりもむしろ彼らの利益に従ったのではないか、そして、

（8）フランスの土地面積を表わす旧単位で、パリでは二〇アール（二〇〇〇平方メートル）くらい。

（9）陸の距離単位。共通里とも言う。約二二八一トワーズすなわち約四・四四五キロメートル。

啓蒙された正義を求めるよりもむしろ、彼らに合っていた秩序を確立することに躍起になったのではないか、と疑問に思うこともあるでしょう。法体系の条項に関して彼らがどれくらい知識を持っているか、疑いを抱くのは無理もありません。少なくとも、才能と同じくらい幸運にも恵まれていた獰猛な人間たちは、腕力以上に精神が作用しなければならない問題においては、間違いを犯さない案内人として現われない可能性があります。

しかし、彼らの大部分がこうした繊細な仕事に自分自身で取り組む能力をもし持っていなかったとすれば、勝利を収めたのちに、彼らが選んだ法律顧問たちと同じ疑念を彼らが抱くことはそもそもできない相談でしょう。そのことでは、彼らは、必要に迫られて、中庸を得た賢明な精神の持ち主を受け入れざるを得ませんでした。主人の名前で公表された諸措置のなかで、賞賛に値する部分は、こうした精神の持ち主に帰せられるべきものです。ところで、法律を廃止したり、制定したりするこの権限がどう行使され得たかについて、われわれが追求することはありません。ただし、不都合なくそれが行使されたのであれば、という話ですが。われわれは、この権限が行使されて、いつも利益があったかどうかを調べることはありませんが、しかし、権限行使が有害な結果をかつて招いたかどうかは検討します。

ところで、立法者たちは、いつの時代にも改革に取りかかる必要があると信じてきたということが証明されており、彼らはそれに見合う行動をとり、彼らの前任者の制度に必要なものを付け加えたり、余分なものを削ったりする課題に果敢に取り組んでおり、彼らと彼らの身分が満足を感じていたのですから、いったいどうして彼らに取って代わった人びとから、同じ特権を奪おうとしなければならないのでしょうか？　三世紀の賢明な法律顧問が命令したことを六世紀の賢明な法律顧問が廃止し得たとしたら、恐らくあとに続いた法律顧問たちも、賢明さにおいて欠けるところはないわけですから、お互いの法規を改革することができます。

さらに、この有益な修正を受け入れる対象を選択する際に、間違いを犯してはなりません。改革は、ときとして新しい法律を作るよりも、古い法律を蘇らせることになる場合があります。文学においては、例の奇妙な無定見の例には、事欠かないのですが、そのような無定見のひとつのために、現在では名前が汚されている偉大きわまりない人物、マキアヴェッリは、簡潔な論考を著わし（＊3）、そのなかで、或る宗派または或る共和国の寿命を永遠のものにするには、創建したときにそれを指導していた原理に頻繁に宗派なり、共和国なりを立ち返らせなければならないこと証明しています。この格率は、とりわけ、それを大きな規模でとらえ、それが持ちうる限りでの広がりをそれに与えるときには、深遠さと真理に満ちたものになります。

（＊3）『ティトゥス・リウィウス、《ローマ史》の最初の一〇篇に関する論考』、第一章。[10] そこには非常に注目すべきくだりが見られます。著者はフランス王国の例を引いています。彼が断定しているところでは、彼の時代では、ほかのどこの国よりもフランス王国において、人間は、はるかに正確に法律に従っていました。しかし、彼が付け加えて言うには、法律違反が起こると、たちまち矯正するのに多大の苦労が必要になったり、あるいは崩壊を覚悟しなければならなくなったりするだろう、というのです。この偉大な天才の著作に私が目をやるたびに、率直に申し上げて、彼が悪評を買ってきた原因が私には想像できないのです。想像をたくましくするなら、マキアヴェッリの最大の敵たちは、彼の書いたものを読んでなかった人びとであるか、あるいは彼の格率の大部分を悪用している人びとであるか、このどちらかではなかったかと思うのです。或る人びとは先入見で彼を激しく攻撃し、別の人びとは、彼ら自身の政治の残酷さをマキアヴェッリがあまりにもわかりやすいものにしたことで、彼を激しく攻撃しています。

世界には二種類の法体系にかかわる諸原理があります。ひとつは本源的、根本的なもので、変質しえないものです。こちらの諸原理は、社会の本質に由来しており、その紐帯《ちゅう》であり、その守り手です。それは暴力に対する社会の盾であり、不正義に対する社会の武器です。これらの原理を発見したのは、実は、暴力と不正義自体を、まずは有用なものとして利用してきた人間たちなのです。彼らが暴力と不正義を恐れはじめたのは、彼らが暴力と不正義によって豊かな利益を得るようになってしまってからの話にすぎないのです。

しかしこれらの原理は、それでもやはり神聖なものであることに変わりはありません。それらがなければ社会は解体されるでしょうし、人間のすべての制度が破壊されるでしょう。それらは一般的であり、どの国民も持っているものです。法体系が完成に近づくのは、それがこれらの原理をわがものとし、それらと、言わば同一化する限りにおいてなのです。諸原理は、だれもその価値を勝手に低下させることができず、いつの世紀にも、几帳面な敬意をそれらに対して抱かせ、永久に遵守されるものでなければなりません。人びとが諸原理に対して、それ相当の熱狂的尊崇をいつも持っていなかったら、改革を企てても無駄でしょうし、それはおかしなことになるでしょう。だれがそれらをもたらし、既成の諸原理と置き換えることができるというのでしょうか?

しかし、われわれのような北方の風土では、諸原理に対するこれほどの敬意を誇るなどという話にはなっ

(10) ランゲが引き合いに出しているマキアヴェッリ(一四六九—一五二七)の『ティトゥス・リウィウスの最初の一〇巻に関する講話』の文章は、第三篇、第一章にある。章題は「宗派や国家を長く維持していくには、多くのばあい本来の姿を回復することが必要である」(邦訳、会田雄次編、『マキアヴェリ』、中央公論社、『世界の名著21』、四八六ページ)となっている。ランゲの引用は、ほぼ原文通り。なお、『講話』の同じ章においては、フランス王国の高等法院の例が次のように語られている(前掲、同書、四九一ページ)。「この王国では他の王国にもまして厳格にその法律制度を遵守して生活している。……高等法院が貴族の横暴をただの一度でも見のがすようなことがあれば、とたんに秩序を破るものが続出し、これを矯正しようとすれば異常な危険を伴うようになるか、王国そのものが崩壊してしまうか、いずれかであることは火を見るより明らかであろう」。

ていません。これらの諸原理は、そこでは、対外交流によってかろうじて知られているにすぎません。われわれのあいだで、諸原理についてなんらかの考えを持っている最高の賢者たちでも、それらは、ターバンとシャーベット[11]のように、別の頭あるいは異なる体格をした人びとに任せておかなければならない原理だと考えるのが精いっぱいだ、と言われています。

そのことを認めたからと言って、われわれは恥と思うべきではありません。というのも、最初の法律が野蛮さの助けを得て、われわれの北方の森で偶然と混乱から誕生した[12]ということほど、真実であることはないからなのです。必要が法律を作り、慣習がそれを打ち固めましたが、そのときには、もうそれは必要でなかったことがしばしばありました。もっとも繁栄したわが諸帝国は、強盗行為からはじまりました。盗人の征服者がわれわれの最初の立法者でした。彼らの命令は、まず獲物の分配と所有しか目的としませんでした。血と略奪で汚されたこの基盤のうえに、後代の法律家が正義の彫像を建立するように強制されました。

私の著作のなかで、やがてご覧になるように、この起源はすべての法律で共通しています。私がいましがた話題にしていた尊重すべき諸法規についてさえも、そうなのです。しかし、これらふたつの種類の制度には、本質的な違いがあります。前者においては、後者においてのように、人は、どの時期においても社会を治めるのに制度をふさわしくさせる一般的な、幅広い展望によって導かれます。ところが、われわれに適した制度では、幅の狭い、卑小な図面のみに人は従っています。それは、いつも公共の利益を個別利益に従わせ、所有権以上に暴君政治を優遇していました。時間によってまたもや損なわれ、変質させられ、なんだか知らないけれども、ゴシック様式のような時代遅れの付随物を過剰に背負いこまされたこの図面を、私は改革する必要があると言っているわけです。こうした手術は無分別なものでも、危険なものでもありえないと私は主張しているのです。

さらにそれ以上のことがあります。或る時代が終わりに近づくと、われわれのように、あらゆる種類の法律の不分明な混ぜ物を、ただのひとつも識別することなく、明確にすることもないまま、採用している国民にあっては、改革作業は絶対に必要なものになります。不断の変異のまっただなかにあるわれわれのところでは、この作業なしではたちゆきません。この真理を忘れていたり、それをなおざりにしたりしている統治体に禍《わざわい》あれ。諸政府の進歩に対して用心するように警告する、おびただしい悪弊の物音に無感覚なままでいるなら、なにものにも、こうした統治体を救うことはできません。

この忌まわしい物音は風車の鈴です。臼が無駄に動いているので、穀物が必要だとそれは叫んでいます。もし諸帝国の行政者たちがこれらの貴重な意見を軽蔑して利用しないなら、たちまち、革命が起きます。革命は、彼らがやりたくはなかったことを、彼らに代わって、やってのけます。ところが、こうした暴力的な改革は、改革を実行する場となる国家の崩壊があってはじめて起こるものです。ぶつかり合う力を、あまり

---

(11) どちらもヨーロッパにとっては、東方社会の特産物として一八世紀ヨーロッパで話題になったもので、レーナルの『両インド史』（拙訳、法政大学出版局）でも取りあげられている。前者はムガル帝国の東インド、後者はオスマン帝国のトルコの特産物である。

(12) ヨーロッパには、南からのローマ法と北からのゲルマン法の二大法源があるが、後者は、ローマ帝国に侵入し、ついには帝国を滅ぼしてしまった北方のゲルマン民族という狩猟民族の習俗を法律化したもので、その意味で「野蛮」と見なされているのである。

にも長いあいだ、国家のさまざまな部分に預けてきた結果、これらの諸部分は、摩擦で火花を散らしています。親方の無頓着の成果は、遅かれ早かれ、彼の家とともに、彼を焼き尽くしてしまう恐ろしい大火です。

その点を少しでも考えてみるなら、十分にわかることがあります。失われてしまった法律の栄光を、或る一定期間ののちに、法律に返してやる必要性があり、言わばありふれた機械として法律を掃除する必要性がありますが、このことは、ヨーロッパでは、そこに住まいしている諸国民の本性そのものと政治体の構造において起こっているやむことのない変化の本性そのものに由来する不可避的帰結であるということです。ところで、対象になじめばなじむほど、それらを軽く見るというのがわれわれ人類に結びついた欠点のひとつです。大胆だからなのか、不安を抱えているからなのか、それともうぬぼれからなのかは別にして、法規がなじみあるものになるにつれて、法規に対する几帳面な敬意をだんだんとおろそかにすることを自慢するようになります。こうしたことがわれわれすべてに生じるのです。

まれにしか使わない法規は、ほとんどいつでも字義通りに実現されます。それを執行する任を負っている役人は、必ずしもそれを空で覚えているわけではありません。それを使う機会が訪れるときには、彼らは法規がのっている本に救いを求めます。彼らはその語句を注意深く吟味します。彼らは正確にそれに従います。というのも、周囲の状況のどれもが彼らに強い印象を与えるからです。なにか重要なものが欠けてはいないか、と不安を覚えている彼らは、瑣末な事柄にさえ注意深くなります。目の見えない人が、目の見える人よりも、いい道でそれほど頻繁にはつまずかないように、彼らは知らない道で迷うことなく前進します。疑念こそが両者の足を強くします。彼らは安全に歩きます。彼らは、危険を冒す前に地面の様子を探るからです。

しかし、中断されることのない習慣というものが厄介事を取り除いてくれているように見える条項についても、ひとたび、例の法的手続きを問題にしてみると、法令の恒常的適用がその正確さを保証しているに違いないと思われているにもかかわらず、変質しえないものと信じられてきた形式がどうしてこんなにたくさんの変異を蒙ってきたのかとまったく驚かされます。弁護士席を経験した人びとすべてに私は訴えます。私は、弁護士席で、とりわけ日常的案件において法令が字義通りに遵守されているのか、と疑問を彼らに発します。正々堂々と訴訟当事者をやっつけるために、実務の法律家が採用しなければならないやり方を決めている規則が、はたして彼らが自慢しているような、より一層几帳面な服従になっているのかどうか、私は疑問を彼らに呈します。

それどころではありません。実務の法律家が職務に精通すればするほど、法は彼らを邪魔することが少なくなっていきます。法を侵犯する意図を持たないで、彼らは法を免れるということです。彼らを導いている習慣的行動は、道を間違えることはありえないと彼らに納得させます。実際に、習慣的行動は、さしあたりは、目も当てられないような誤りから彼らを守ります。しかし、それについて考えることもなく、彼らがあえて最小の距離しかとっていないので、別の同じくらい重大ではない誤りがうしろについてきています。しかしながら、このささいな誤りのせいで、彼らは、彼らが出発した最初の地点から二倍も離れることになります。第三の誤りが間違いを深刻化します。公衆と裁判官は、こうして少しずつ右に近づいたり、左に近づいたりしながら、法に背いてしまったことについて疑いも持たずに、法令からはるか離れたところに行きます（＊4）。彼らが安定して進んでいる道と法令がつけた道とのあいだには、同一の中心から生まれて、延長するにつれ、互いに無限に離れて行かざるをえない円のふたつの半径と同じくらいの距離があります。

（＊4）こうした不都合が起きているのはほかでもなく諸州においてです。というのも、そこでは知識が少ないからですし、裁判官と実務の法律家が多くの点で平等であるからですし、後者が前者をほとんどいつも誘導しているからです。しかし、前者が後者を指導するようでなければいけませんし、その誤りを正すようでなければいけません。

したがって、法律がいつも申し分なく執行されるためには、それらが新しい法律だとつねに見えさせる秘訣を持っていなければなりません。たとえて言えば、蜘蛛の巣にほこりがついて、巣が重たくなったために、一匹の蜘蛛がそれを取り払おうとするときには、巣を揺らします。このように、立法者は、時折、法律を揺さぶる気づかいを持たなければなりません。法律を完全に動かす必要は、毎回はないでしょうが、いつもそちらに手を動かして、弁護士の日常業務によってつく塵芥《ちりあくた》を法律から同時に取り去らなければならないでしょう。こうした用心をしなければ、塵芥《ちりあくた》がそこにくっついて、法律の輪郭が判明なものではなくなってしまうでしょう。

しかし、この軽作業では不十分な時代が少しずつ近づいてきます。布をただちにきれいにしなければならないのではもはやありません。新しい織物をふたたび作らなければならないということです。われわれの統治体は、連続的な変異を味わっています。それらは、極端な自由から極端な従属へ絶えず登ったり、降りたりしています。われわれのあいだで、政治体の動きを維持するために、この浮き沈みが必要であるのと同様に、振り子の振動は、針の運行を保証するために必要です。

国家を活気づけていた共和制権力の場合は、権力は少しずつ縮小されます。それは、少数者の手に集中されます。人民は、行政ではもはやなにものでもありません。ひとつの権門が興隆し、それが共犯者の幾人かと権力を分かち合うことに同意します。その権門は、共犯者を協力者に仕立てあげ、ゆくゆくは、彼らを最初の奴隷とすることができればよいと考えています。君主制の場合は、そうではなくて、いったんそれが承認されると、それは海岸をひそかに浸食します。それは、物音を立てずに溝を掘ります。そしてそれを束縛している障害物を掘り崩します。君主制は黙々と溝を掘り続け、あらゆる部分が同時に崩れ、すべてを水没させる専制主義に幅広い水路を引き渡すときが来るのを待ちます。それはまるで、昔、地中海でヘラクレスの円柱(13)を離れると、見渡す限り、以前には肥沃な田園とのどかな風景しか見せなかった同じ場所で、荒れ狂う海のほかなにもはや地中海が目に提供しないようなものです。

完ぺきなものになる余地がある市民法体系は、美質のすべてを獲得するために、これらのいろいろな変化

(13) ヨーロッパの最西端に建つとされた円柱。ギリシア神話の英雄ヘラクレスに課せられた一二の難業のうち、第一〇番目の難業は、世界の西の果て、オケアノス（大洋）の近くに住んでいるという怪牛ゲリュオネスを捕獲することであった。ゲリュオネスを求めて現在のジブラルタル海峡にさしかかったとき、当時のヨーロッパ人にとってこの地は、西の果てだったので、ヘラクレスは、アフリカ側とヨーロッパ側に二つの記念円柱を建てた。これがヘラクレスの円柱と言われ、或る時期までは世界の西の果てとされていた。円柱と称されるものは、実際には、アフリカ側は、セウタにあるアビラという岬で、ヨーロッパ側は、カルペという町にある同名の岩山である。

に応じる必要がある、ということをだれがあえて否定するでしょうか？　まわりですべてのものが変化しているのに、市民法体系だけが変わらないなら、非常に大きな不幸がそこから結果するということをだれが疑うでしょうか？　慣習の不変性を誇るにふさわしいのは、行政がいつも同じままで残ってきた国民です。すなわち、アジア人です。彼らは頑健なからだをしていて、いつも健康一杯で、生活態度を変える必要がありません。ところが、われわれの場合は、病弱な存在で、自然から持病を持つように定められており、いつも、どこかに障害を抱えて、病気のあいだをふらつくように定められています。われわれは、どの病気にも同じ薬を使うことに固執しています。熱病にかかったときも、麻痺していたときに投与されたのと同じ特効薬をわれわれは飲み続けます。血をきれいにし、精気を鎮めることが問題である状況のなかでも、まったく正反対の効果を産み出すのに効果があるだけの薬を使います。そんなわれわれがアジアの諸国民よりも賢いと厚かましくも思いこむとは！

少なくともアジアの諸国民は、その信仰を規制する福音に対して愛情を持ち、イスラム教の戒律のすべてに忠実であるにもかかわらず、それを彼らが自分のものとして採り入れたときに、彼らの周囲の環境が要請していた社会的変更をそれにあえて加えました。マホメットが幸せなその夢をこまごまと物語った相手は、粗野で、技芸がなく、貿易もしていない国民でした。国民は文字の使用さえ知らなかったのです。そこで交わされていた数少ない契約や法的証書を有効なものとするために、立法者である預言者は、アラブの各部族において世俗の裁判官の関与を要請しました。世俗の裁判官は、こうした形式的手続きなしに契約されたあらゆる約束を顧慮することを禁じました。

とはいえ、この点に関しては、マホメット教がペルシアやほかの大帝国に持ちこまれたとき、人びとは『コーラン』を尊重していたにもかかわらず、その諸原理を修正したほか、それらを全部廃止するようなことまでやらなければなりませんでした。イシュマエル[14]の天幕の下でたやすくできたことは、イスパハーン[15]の宮殿では、もはやそうではなかったのです。新しい種類の法律が確立されました。それによると、或る証書に公的証明を与えるためには、或る一定数の証人の出席と署名があれば十分だというのです。旅行者たち（＊5）がわれわれに教えてくれているように、イマーム[16]はこの理屈にかなった法律に反対して、声を荒げているということです。イマームに言わせると、それは神の法と衝突しているというのです。しかし司法官たちはこの法律を支持し、それを守らせています。

(14) 旧約聖書に登場する人物で、アラビア地方のベドウィン族の族父とされる。『創世記』、第一六章によると、アブラム（のちアブラハム）とエジプトのハガルという女奴隷とのあいだに生まれた息子。「野生のロバのような人」（第一六章、第一二節）と称される。アブラハムが一〇〇歳で正妻サラとのあいだにイサクという息子をもうけたことをきっかけに、イシュマエルは、母ともどもアブラハムによって追放され、砂漠をさまよい、定住民族の周辺に住み、「兄弟すべてに敵対して暮らした」と言われているように、定住民族を襲って作物を略奪して、生計を立てていたと言われている。

(15) サファヴィー朝ペルシアの首都。現在では、エスファハーン、イスファハーンなどとも呼ばれる。テヘランから南へ三五〇キロメートルほど下ったイラン中央部にある都市。アケメネス朝以来の古都で、サファヴィー朝アッバース一世がモンゴル勢力を追い払って、タブリーズから遷都した。

(16) アラビア語および『コーラン』では「祈祷者」、「指導者」を意味する。政教一致の原則からスンニー派ではカリフ、シーア派でも「最高指導者」を意味する場合がある。

（＊5）　シャルダン[17]の『パリからイスパハンへの旅行』〔『勲爵士シャルダン殿のペルシアおよび東方のその他の地への旅行記』〕、第六巻、二六六ページ。

われわれ自身のことを調べてみましょう。もっと重要な問題においてさえ、こうした精神の強さをかつてわれわれが持っていたかどうかを見ることにしましょう。そのひとつの例を引き合いに出すことをお許しください。ローマ法は、債務者をその住まいで逮捕することは禁じていました。われわれのところの法律も、そのことを禁じています。けれども、ローマでは、この法律は、はじめのうちそれを正当化する理由を持っていました。宗教が守護神のいる家や家のかまどを神聖な場所にしていました。それが侵犯しえない避難所になることを宗教は望んでいました。それらを特権化された場所とする祭壇を、人びとは現実に作っていました。祭壇は、神々の臨在を想定した彫像や神像であふれかえっていました。食卓の快楽ほど人間たちを結びつけるものはないので、調理を仕切る神性は、そこからいっさいの暴力的手続を排除しているに違いないと思われていました。

政治は、信仰が別の原理から要求していた神性に対する尊崇を強化していました。政治は一軒の家を所有権の神殿として、享受の聖域として見なしていました。この分野において政治が信仰と合致するようになったときに、政治が世間でひとかどの人物と評価していた人間はみな、実際にはなんらかの不動産の所有者でした。彼らの住まいは、彼らの支配の中心と見なされていて、そこから彼らは彼らの身分を誇示していました。自分たち自身を自分たちの規則としていたこれらの王たちは、他人が自分たちを攻撃して、玉座にまで達することを望んでいませんでした。彼らは、債権者の諸権利にこれ以上ないほど行き過ぎた広がりを与えながら、他方で、債務者の不運になんらかの自由な場所を残しておかなければならないと考えました。このことは債務者にとっては、それほど大きな利益にはなりませんでした。というのも、債務者の土地利用だけが存続していたにすぎないからですし、外出すると捕まえられるので、それを恐れて、債務者が家にあくまでとどまっていると、彼はそこで飢え死にする危険にさらされるからです。ですから、法律は、債務者にこうした特権を与えながら、同時に、彼を無一文同然に追いこむように、特権を修正していたわけです。法律は、四方八方で、所有権に起因する尊崇と宗教とを和合させていたわけです。

しかし、われわれのあいだでは、この種の法規の対象と目的はなんでしょうか？　われわれは、われわれ

(17) シャルダン、ジャン（一六四三―一七一三）。フランスの宝石商で旅行家。一七世紀末から一八世紀初頭にかけて、小アジア地方から黒海東部地方を経て、ペルシア地方を旅行し、インドを回って、喜望峰からヨーロッパへ帰還した。本国でプロテスタント迫害が始まったので、一六八一年にイギリスに渡り、チャールズ二世により爵位を授けられ、ロイヤル・ソサイアティ会員にも選ばれた。一六八六年にはイギリス東インド会社代表としてオランダへ赴く。ロンドンで客死。一六八六年から一七一一年にかけて、ペルシア紀行を著わした。ランゲが引用する該当箇所は、「司法と市民法について」と題された第一六章にあり。シャルダンは、イマームによって遵守が求められている、マホメットの時代から伝わるイスラム古法では、司法の前で書かれていない文書はみな無効であるとされているにもかかわらず、ペルシアの裁判所では、商人がすべての証明書を提出することが不可能な場合でも、幾人かの証人を出席させ、彼らに署名させるだけで十分であるとした例を紹介している。なお、ランゲの引用指示は、二六六ページとなっているが、訳者が参照した版（おそらくランゲの版と同じ）では、二六七ページに引用箇所がある。

の配膳室に礼拝所をまったく設けていません。われわれが聖人像を崇めるときには、台所には行きません。暖炉にはハムしかぶらさげません。有罪を宣告された債務者がどうして、ハムを煙でいぶすかまどのそばに避難所を見いだす必要があるのでしょうか。キリスト教徒が借金による罰を逃れるために、どうしてどこから見ても異教徒の迷信でしかないものに頼る必要があるのでしょうか。われわれの宗教は、こうした習慣を許してはいませんし、政治はそれを廃止しなければならないのです。いまの時代では、不動産所有などは富裕を構成するものではもはやありません。わがお金持ちの四分の三は、土地からのあがりを消費しているにもかかわらず、どのような点においても土地に執着を持っていません。彼らは、彼らの財産を自分のポケットのうちに持っています。彼らは、いい暮らしをパリと同じくコンスタンティノープルでも送っていますし、リヨンとまったく同じくモロッコでもいい暮らしを送っています。債務者に与えられたこの大権は、詐欺行為を働く債務者を優遇し、財産を弁償してもらえない債権者から債務者の人身を守っていますが、こうした効果を除くと、いったい債務者の手元に残されたこの大権の効果はなんなのでしょうか？（＊6）

（＊6）この点については、本書、第五篇参照。

高利［徴利］に関するわれわれの法律についても同じことが言えるでしょう。絶えざる誤解を引き起こしてきた高利というこの有名な言葉をめぐっては、何世紀も前から、それがなにを意味するのかを定義しないまま、人びとは戦いを交えています。『人間の友』[18]や『法の精神』や、その他、優れた才能を持つ人の手で公刊された若干の著作は、この問題に関する真理をわれわれの目に見えなくさせている目隠しを取り除こうと努力を重ねてきました。しかし、だれがこれらの著作を信じてきたでしょう？　力に溢れた彼らの言い分は一般行政にどのような影響を持ったでしょうか？

(18) ヴィクトル・リケティ、ド・ミラボー侯爵（一七一五—一七八九）の一七五七年に出版された著作で、副題として『人口論』を持つ。副題からもわかるように、この著作はフランスにおいて繁栄の源である人口増をいかにして実現するかを主題としていたが、しかし、彼の経済学的な立場は、前近代的なもので、本書のなかでは、当時のフランス社会にはびこる拝金主義や奢侈が激しく攻撃されていた。このように、ミラボー侯爵は、当初は封建派と言われた立場をとっていたために、重農主義を信奉するデュポン・ド・ヌムールから『人間の友』は経済科学の原理に反すると論駁された。しかし農業を重視する立場が共通していたことから、ミラボーは出版後にケネーと会って宗旨がえをしたようで、一七六三年には『農村哲学』を著わして積極的な重農主義の宣伝者となった。

定期金(19)の見方をめぐっても、私人を支払債務者として設定するのか、国王を支払債務者として設定するのかに関して、高利の場合と同じような考察が生じます。定期金のあいだに違いを設ける根拠は、もはや存続していません。それなのに違いはまったく取り除かれていないのです。かつては、私人とした場合が動産で、国王とした場合が不動産と決められたことがありました。この分類は、商業とはなにかが分からなかった時代には、賢いやり方であったかもしれません。その時代には、貴族階級は、相続財産を利用するほかには、富裕をもたらす源泉を思いつかなかったわけです。司法官職は、少数だったのですが、職務に熱心だったために、自分の義務を正確に果たすこと以外に野望はありませんでした。質素倹約に努め、おのれの無知に満足していた第三階級〔市民身分〕は、巨万の富に速く到達するための例の破壊的な手段——現在ではそれが大変な興奮を巻き起こしています——を知りませんでした。また、彼らは、それでできた大金を使って有力者に近づき、姻戚関係を買い取るという奇癖を知りませんでした。ところで、この姻戚関係は、ひとつの家門の名誉を汚しているのに、相手の家門の名誉を高めることになってはいないのです。

いまでは投機が、国民の四分の三に好んで用いられる資金源となりました。いまでは国民は、ほとんど二種類の人間からしか、もはや構成されていません。借金をしている人間とかねを貸している人間の二種類です。いまでは実体のない架空の富、すなわち定期金やあらゆる類の有価証券の総量が堅固な実際上の富あるいは土地資産の総量をしのいで、際限ない莫大な規模になっています。さらに、いまでは、みずからすすんで商業に臣従し、商業の奴隷になった権力者たちはだれもが、頭は黄金でできているが、足は粘土でできている巨像でしかもはやなくなっています。こうした権力者たちに適合していたのと同じ法解釈を、彼らとは逆に、粘土でできた頭を金属の足で支えているときにも、保存することにどうして執着するのでしょうか？

眼力のある人間の目から見れば、われわれの法体系が、そのほぼすべての点において、時代遅れに見えたり、矛盾したものに見えたりするのも、こうした理由からです。それらは、法制化されたときには、有効でありえたのでしょうが、しかし、いまのわれわれの習俗と生活様式とは疎遠になってしまっています。それらは、われわれの先祖が鎧の下に着用していた網目のベストや鎖帷子《かたびら》です。大砲の発明はこうしたもろい防具を廃止させました。ところが、騎士身分は、死を求めることを生業《なりわい》としていたために、彼らの勇気は、これらの防具で死を防ぐことを拒まなかったのです。こうも使いものにならなくなり、どうやらいっそう危険なものにまでなってしまった制度の大群に、どうして他部門での価値を同じくする発明が同じようにして破

(19) 一年ごとに債券の利息を支払う仕組みの債務。国王は、戦争や宮廷費の無駄遣いに起因する財政難を解決するために定期金という利払いつきの債務を設定し、資金調達をした。貸金から利子を取る行為である徴利を原則禁止していた教会法に抵触しないことから、資金調達のために乱用、乱発された。フランソワ一世が最初に「私人」として、都市たとえばパリ市やリヨン市を支払債務者とする定期金を販売した。しかし、実際にはパリ市にはいる王の諸収入を市が担保に取っていたから、「私人」としての国王に債務を引き継がせることが重要な係争事となった。後継の国王は、利子の支払いに困って、債務を聖職者身分に引き受けさせたこともある。一七世紀にはいり、絶対王政が始まると、もはや国王は、「私人」ではなく「国王」として債券を直接販売し、資金調達をするようになった。その際、国王は、塩税、援税、僧族税、一般収入、人頭税などを担保にした。また、道徳的にいささか問題のあるトンティン年金（終身年金）という宝くじに類した終身年金が発行されたこともある。ランゲが言うように、ここで「私人」と言われているのは、支払債務者たる王を「私人」と見なすかどうかの違いであって、一八世紀では、この違いは実際上の区別ではなくなっていた。

壊をもたらさないのでしょうか？　なにもかもが改革の必要性を証明しているのに、改革という着想がいったいどのような恐怖を分別ある精神の持ち主に吹きこむことができるのでしょうか？

私は繰り返し言います。それを進めるためには、新しいものを導入することを考える必要はありません。受け入れることが大事なのは、近年の絵空事などではありません。だれの頭にも、かつてはいりこんだことがないような法規を想像する必要があるとは言っていません。ひとつの建物を修理することは、それを破壊することではなく、それを他のものに置き換えることです。基礎部分をやり直すことは、それをひっくり返すことではありません。それが倒壊寸前だということに気がつけば、それを一時的に支える突っかい棒を建物の周りにめぐらせるでしょう。しかし最後には、突っかい棒は、建物をゆるぎないものにする以上に、それを疲弊させるでしょうし、少なくともいつの時代にもそれを損ないます。面倒なこれらすべての支柱から、建物を解放したいと思うのなら、土台に働きかけなければなりません。まさしくそこへ、建築家は、元の設計図に綿密に従いながら、自分なりの注意と技術を持ちこむのです。

同じように、法体系があらゆる場所でゆるみ、頽落しているように見えるとき、すべてが倒れ、沈下しているとき、そして迫りくる完全な落下を恐れる理由があるとき、社会においてなにをなすべきでしょうか？秘訣は大変単純なものです。野蛮さのややこしい発明物[20]や無知ゆえに支えになると思いこんで建築を急がせた、馬鹿げた足場を取り除くことだけが必要です。それらすべてを原初の単純さに連れ戻すだけでいいのです。

ウィトルウス[21]よ、パッルラディオ[22]よ、政治家たちよ。あなたがたの建造物をうまく装飾するだけでは十分ではありません。あなたがたが大いに趣向を凝らして、軽量の装飾をそこにふんだんにばらまくすべを心得ていても、躯体の重量に関して、目をごまかすだけでは十分ではありません。こういう安物の装飾、あるいは別の表現がよければ、こういう目におもねる美しさは、頑丈さの点から見ると、なんでもありません。頑丈さはまさに土台にかかっているのです。構造を作る石工の土台のすえ方が下手であったり、基礎に使う材料の選択を間違えてしまったり、ゆるい地盤で土台を支えたために、地盤にのしかかってきた重量のもとで時間が経つにつれて土台がぐらついたりすれば、そのときあなたがたの技芸は、賞賛以上に危険なものとなります。外面的な建物の魅力は、建物の弱さを隠すための忌まわしい装飾にしかすぎないものになるでしょう。そこに住む不幸な住人は、最初の日から、やはり建物の崩壊に自分が苦しめられていると思うことでしょう。

こうした危険を防止するには、ただひとつの手段しかあなたがたにはありません。あなたがたは、過ちを犯しながら、そのままにしてしまったので、これをすぐに修理することです。すぐに悪の根源に走っていく

(20) ゲルマン民族によって持ちこまれた慣習法を指す。

(21) 紀元前一世紀頃の古代ローマの建築家。『建築術について』を著わし、ヘレニズム建築の原理を体系化した。

(22) パッルラディオ、アンドレア・ディ・ピエトロ・ダッラ・ゴンドラ、通称アンドレア（一五〇八—一五八〇）。イタリアの建築家で、新古典主義の創始者。古代ギリシア＝ローマの建築様式を時代に合わせて復興した。ヴィツェンツァやヴェネツィアで別荘・宮殿・教会・劇場などの建築に携わった。

ことです。悪い部分の広がりをあなたがたに明らかにする深い溝を掘ること、より良い選択の結果である資材でそれを埋め立てることです。良い資材を使えば、それはあなたがたの建造物に、もっとがっしりした基礎とゆるぎない頑丈さを与えます。[23]

ですから、民法を改革する必要がときにはあることがわかっていただけたと思います。すでに言っておいたとおり、民法は市民間の関係以外の対象を持っていないように思えます。しかしながら、民法が他のすべての法律を含んでいることを納得するのには、手間暇かかりません。すべては所有権から派生します。世の中に所有権と関係がないものなどありません。これこそは、王侯貴族と彼らの顧問会議が多分、十分考えをめぐらしていない真理なのです。彼らの栄光の高みからは、彼らの支配下にある臣民の状態が、彼ら自身の状態にどのような影響を持つことができるかを感じとることはまれなのです。彼らによって打ちひしがれている人民が細ぼそとしたその相続財産を少なくとも平和的に享受するように、自分たちの利益のために気をつける必要があると、彼らは確信していません。また、こういう目的のためにのみ彼らに認められているにすぎない、一般的な享受を彼らが持ち続けるためには、各個人の享受を保護し、人民が保護を受けるように気を配る必要があると、彼らは確信していません。

とはいえ、すべての公共的活動のうちで、もっとも大事な活動がこれです。このうえなく素晴らしい大型船でも、船倉に住み着いているネズミに甘い水を与える気配りをしなければ、あっという間に沈没すると言われています。というのも、ネズミは外でそれを見つけることを期待して、船を覆う張り板に穴をあけてしまうからです。同じように、この上なく華やかな統治体でも、人民の所有権が安定していなければ、たちどころにひっくり返されてしまいます。臣民の所有がしっかりと突き固められている限りでのみ、王権は確固たるものになります。その理由は大変簡単です。王も臣民も全員が同じ資格で所有しているからです。農地が私のものであるのと同様に、王国はその主人の持ち物になっています。王国が彼らあるいは彼らの先祖に帰属するのは、農地が私のものであるのと同じ原理によります。われわれの享受権と所有権の資格は同一です。すなわち、それはひとつの力であり、原初の暴力です。それがのちに時効によって合法化されたわけです。

私はシャンパーニュ地方(24)に財産を持っています。私はどのような資格でそれを持っているのでしょうか？　私の父が私にそれを残してくれたのです。ですが、私の父はだれからそれを得たのでしょうか？　父はそれを買ったのです。売り手の権利はどのようなものだったでしょうか？　おそらくは、売り手または売り手の先行者のだれかひとりに対して、もうひとつの販売行為か、贈与行為かがなされたのです。でもこうやって、所有者から所有者へと遡って行くことによって、次々と譲渡されてきたこれらすべての所有権の幹［始祖］を見つける必要が大いにあります。ところで、そうしたことをやっても、所有権を奪い取ったおおもとの所有者の暴力（＊7）とこうした暴力を覆い隠し、聖化してきた時効以外にはなにも見つからないでしょう。

(23) 建築用語で、トレンチとも呼ばれ、地中に細長く掘削される溝。

(24) パリ盆地東部の地方で、この頃は州であった。州都はトロア。シャンパンの原料となるブドウを産する。ランスにフランス国王の聖別戴冠式が行われる教会があることで有名。ランゲ自身もランスの生まれ。

しかし、この対象物を次から次へと所有し、譲渡してきた人びとのだれもが、その譲受人に対して、自分が受け取った自分の権利以上の権利を渡すこともできなければ、別の本性を持つ権利を渡すこともできません。となると、いまでは、なににもまして適法で、神聖なものになっている所有は、明白このうえない横奪に一端を支えられていることになります。とはいえ、それを尊重しなければならないことは明白です。所有を侵犯する人間は、だれであろうと、社会に刃向う犯罪者になります。

（＊7）この点については本書第二篇参照。

王の所有についても正確に同じことが言えます。王の所有権の対象には限界がそれほどありません。王の所有は個人の所有すべてを包みこんでいるということです。そこには量の差だけがあります。しかし、いずれにせよ、その原理は同じです。その正統性またはその範囲について疑義を唱えることは、あらゆる類の無秩序に門戸を開くことになります。その不正を証明するために、主権に付随する諸権利の源《みなもと》をつっこんで研究してみようとあえて企てる人間はだれでも、社会全体を揺り動かすことになりかねないのです。そうなると、個人の諸権利にはもはやいかなる確実性もなくなるのでしょう。君主は穹窿《きゅうりゅう》［アーチ型天井］の要《かなめ》石なのです。要石《かなめ》を移動させると、必然的に建物全体の破壊が起こります。

この格率は政治全体の要約になっています。それは、知る必要がないことを除けば、ほとんどなにも学べない、ばかでかい概論よりもはるかに多くのことを政治について語っています。ところが、政論家がわけのわからないものにしようと、最大限の努力をしている格率のひとつがこれです。彼らは、この部分において、真実を語ることには危険が存在すると、勝手に思いこんできました。彼らは、王と臣民とのあいだでなされた自由な取り決めだとか、自発的契約だとかと、なんだかわけのわからない絵空事を好き勝手に振りまいてきました。彼らは、公権力の基礎として双方が合意した条項を仮想してきたのです。もしその侵犯が起これば、契約自体が無に帰すことになると想像しているのです。抑圧から臣民を守ることができる唯一の防壁はこの考え方だと彼らは主張してきました。ところが反対に、それは、手の打ちようがない抑圧に彼らを委ねることだということが政論家にはわかっていなかったのです。それは中風患者を治そうとして、患者に腹痛を起こさせるようなものです。このような契約はこのうえなく恐ろしい、このうえなく長く続く革命の胚芽であると、だれがわからないでしょうか?

どこで? どのようにして? だれの手のあいだで契約が交わされるというのでしょうか? その保証人はだれだというのでしょうか? 人民ですって! 人民は、それを守らせるために監督官を任命するとでもいうのでしょうか? しかし、これらの監督官の数を決めるのはだれでしょうか? 監督官たちが買収されるのを妨げるために、どのような手段を使うべきでしょうか? 監督官たちはまたたく間に主権者にならないでしょうか? 彼らは、君主に命令を与えることができるようになるに違いありません。つまり、彼らは、君主より以上の存在だということです。ですから、彼らは君主の主人なのです。してみると、人民は、その重荷を増やすことで、得をしたことになります。人民は、自分たちが恐れていたひとつの権力から自分たちを解放しようとして、ふたつの権力を創設してしまったのです。そして、それらのあいだに起こる闘争は、これらふたつの権力をはるかに恐ろしいものに仕立てあげます。

王権を破壊せずに、それを穏健なものにすると言われているスパルタの最高政務官（エポロス）[25]が話題になっています。しかし、それは、言葉をまったく取り違えています。スパルタで君主と言われていた存在は王たちではなかったのです。王は、下級の司法官であり、軍の将軍でした。彼は、都市に帰れば、ほぼ全部の権力を放棄していました。真の主権者は最高政務官（エポロス）でした。なぜなら、王権が彼らに身を屈していたからです。

こういうわけで、私が語っている原理を採用するなら、どの瞬間にも、主権者に対して行政の報告を求めることができるようになるかもしれません。しかし、この報告を求めたり、受け取ったりする権限を持つ人民の割合をどうやって定めるべきでしょうか？　要求は全員一致でなければならないのでしょうか？　しかし全員一致はけっして生じません。権力の使用——なんなら、権力の濫用と言っても構いませんが——を君主と分け合う人間たちは、再審[26]にけっして同意しないでしょう。したがって、そこに権力に反対する国民の一部が存在します。

多数であれば、要望を正当化するのに十分であることが確立されるでしょうか？　しかし、それは叛乱に門戸を開くことです。なにに対してこの多数性を認めることになるのでしょうか？　各人が自分の側に多数を持っていると主張するのではないでしょうか？　多数を持たない人びとにいたっては、多数の人間の心が誘惑されていると言うに違いありません。彼らは、人間の数を数えること以上に、理性の数を数えなければならないと主張し、少数の啓蒙された精神の持ち主が無知な盲目の烏合の衆より好ましいと主張するでしょう。

たしかに、多数の声であることが要求されたり、普遍性が必要とされたりするなんらかの主題があれば、それらが教会論争のきっかけになります。しかし、教会論争をあれほど長引かせ、あれほど頑固なものにし、論争を終わらせるのをとても困難にするのがこの点です。そこにおいては、昔から、少数の者が大多数の者を相手に頑張る姿が見られました。権威の代行者たちには知識がないという口実のもとで権威が否認されます。票を数える代わりに票を秤《はかり》にかけます。それぞれの当事者が自分に都合のよい、まことしやかな論法を持っているために、全期間にわたって、論争は非常に大きな不幸を産み出しながら、永久に続きます。

政治でも同じことでしょう。叛乱を挑発する騒乱は、どれも国家を自称するでしょう。社会はいつまでも騒擾状態にあるに違いありません。ひとつの暴力を罰するという口実は、無数のほかの暴力を生まれさせま

(25) 語源はギリシャ語で「監視すること」を意味するエポロス。古代スパルタに設置された五名からなる官職で、国王と元老院を含む全市民を監視し、裁く強力な権限を持つ。スパルタの立法者リュクルゴスによって創設されたという説と王テオポンポスによって創設されたという説と二つある。王権と元老院の権力を統制することを職務とした。この議論は、モンテスキューが『法の精神』、第二部、第一一篇、第六章で、クレタ島のコスモイやスパルタの監督官（エポロス）についての指摘していることを参照している。「コスモイや監督官は彼らの行政について決して報告しなかった」。(『法の精神』、邦訳、野田ほか訳、岩波文庫、上、三〇〇ページ)

(26) ふたつの裁判権を持つ権力が並立している場合、たとえば、ランゲの例であれば、最高政務官（エポロス）と王が判決をめぐって対立したときに、前者の判決に対して、王が異を唱え、再審をみずからで行なうことを指す。実際、ランゲの念頭にあるフランスのアンシアン・レジーム下では、裁判所の判決が強権的に王によって覆される例がとくに軍人についてはあった。

す。クロムウェル[27]とか、ド・ギーズ公[28]とかの才能が自分にもあると感じている人間はだれでも、彼らの行動を真似るでしょう。彼らは、祖国の仇を討つふりをしながら、祖国を引き裂くはずです。自分たちの暴君以上に自分たちの解放者によって苦しめられる不幸な臣民は、多大の努力を払って、ただ相次いで起こる災厄と絶え間ない抑圧を収穫しているだけです。彼らは、自分たちを守ってくれる人間と、自分たちの敵とのあいだで滅んでいきます。それはまるで、一匹のマスティフ犬[29]が雌羊を持ち去ろうとする狼から雌羊をもぎとろうとしているようなものです。マスティフ犬と狼のどちらも、自分がつかんだ雌羊の脇腹を引っぱりますが、雌羊の方は、自分が引き裂かれると感じています。

ですから、臣民と君主のあいだで、契約だとか、自由な取り決めだとかを仮定することは、みずからすすんで、危険な思い違いをすることになるのです。不幸にも、この幻想が原理として起草されたり、実際に実現されたりすると、それは地上ではもっとも恐るべき災厄の合図となるに違いありません。私は、議会[30]で「平和な奴隷制より嵐に見舞われる自由の方がましだ」と叫んだ或るポーランドの地方長官の精彩に富む表現が賞賛とともに引用されるのを聞いたことがありました。この言葉は、臣下の奴隷制を自由と呼び、隷属を彼らの解放と呼んでいた、或る小専制君主の発言に差しはさまれたものでした。彼が彼の権力を確実に弱める平穏無事よりも、権力を打ち固め、権力を行使する機会を彼に与える戦《いくさ》を好むのは当たり前のことでした。

しかし、みんながみんなポーランドの地方長官ではありません。彼らの国を引き裂く騒乱で、みんなが利益を得るわけではありません。大多数の人間の利益というのは、国家が平穏で、君主の権力が文句なく承認されていることです。また、彼の権力が小暴君どもの集団に依存しないことです。これら小暴君どもは、権力を簒奪するために、それを細分化し、人民を庇護すると称して、その実、人民の収穫物を分けるためにしか、お互いのあいだで協調しないでしょう。ですから、指揮命令権にも、服従の約束にも、条件を一切つけなかったのです。こういう相互契約では、無数の危険があるでしょうし、その効用は並以下でしょう。

そうは言っても、君主たちは、享受しているがゆえに、享受しているのです。彼らの権力を行使すること自体が権力というものの称号なのです。彼らがこれを濫用するなら、たしかに彼らに禍《わざわい》あれ、です。しか

(27) クロムウェル、オリヴァー（一五九九―一六五八）。イギリスの清教徒革命の指導者。一六四九年にチャールズ一世を処刑した。一六五三年に護国卿となり、オランダやスペインと戦った。

(28) ギーズ公、アンリ・ド・ロレーヌ（一五五〇―一五八八）。フランスの名門貴族の出自で、第三代ギーズ公のこと。内乱で顔に負傷し、「刀傷の男」と呼ばれて、人気があった。一六歳でトルコと戦うためにハンガリーに赴く。ドイツ軍との戦いで、顔に傷を負う。宗教改革以後分裂したフランス王国におけるカトリックの軍事指導者。一五七二年八月末のサン＝バルテルミーの虐殺の首謀者。一五七五年にカトリック同盟を結成し、王位への野望を隠さず、正統王位継承者アンリ・ド・ナヴァールと覇を競う。ローマ法王とスペイン王国の支援を受け、アンリ三世と戦い、一五八八年五月の「バリケードの日」で彼をルーヴル宮に包囲したが、逃亡を許し、王位には就かなかった。その直後に、アンリ三世によってブロワ城での三部会に呼び出され、暗殺された。

(29) 大型の番犬で、古代ローマ帝国時代から剣闘士競技にも使役されていた獰猛果敢な犬。ブルドッグもドーベルマンもこの部類にはいり、フランスでは、ボルドー犬と呼ばれる品種が有名。

(30) 原文は、disette（飢饉）と綴っているが、文脈から、ドイツやポーランドの国会に相当する diète（議会）の誤記と判断し、訂正しておいた。

し、結局のところ、彼らはいかなる種類の裁判所の管轄にも属しません。そもそも、だれも彼らに釈明を求めることはできません。というのも、だれひとりとしてそうした権利を持っていないからです。審理に代わる忍耐よりも、懲戒に先行するか、あるいは懲戒をもたらすか、どちらかになる審理の方がはるかに多くの危険を含んでいるに違いありません。こうした事態が濫用だとしても、それが社会制度の起源に由来し、社会制度から切り離すことができない以上、それを変更することはできない相談です。現に戴いている王とは別な王を持ちたいと願うこと、王の権力を変質させること、それを修正すること、それを制限すること、それを巧みに避けることは、全般的所有に反する罪を、同じ数だけ重ねることになります。王としての位格のうちにあり、王の位格のうちに体現されている社会に、忌まわしい打撃を同じ数だけ与えることになります。

しかしながら、このような絶対的独立性のまっただなかで、王には制動装置がないと信じる必要はありません。王は事物の本性から制動装置を受け取っています。それは、契約と称されているものよりも、何層倍も恐ろしく、何層倍も効き目を持ちます。それは、契約などと称するものとは違った風に王を束縛します。後者は、分裂の種であり、正義の廃墟でしょう。それに対して、私が話題にしている制動なるものは、平和の質草であり、公平性の維持です。それは、王が[31]彼らの臣民に対して持つ権利と臣民が持つ自己の財貨に対する権利とのあいだに成立するまさしくあの称号の同等性であり、明白なあの類似性です。両者とも同一の種類に属しているので、それらを同じ手段によってのみ維持することができます。前者は後者からの結果なので、第一のものは、第二のものが強固なものになるのでなければ、そもそもしっかりしたものにはなり得ません。

君主は家畜の大きな群れの牧童です。牧童は、犬の助けを得て、支障なく群れを指揮監督します。ときには犬は雌羊に噛みつきます。牧童は雌羊から羊毛を手にいれ、その乳で生きていきます。しかし、牧童は、狼から雌羊を守るのに注意を払わなかったり、彼が自分自身のために雌羊の喉を切ったり、あるいはマスティフ犬に雌羊が貪《むさぼ》り食われるのを放っておいたり、雌羊を牧草地から引き離したり、雌羊の食料を奪ったりするなら、牧童は自分自身の食料を自分で断ち、みずからすすんで彼は破滅することになります。彼は、雌羊をいたわることでしか、裕福になれないことを十分感じているはずです。本当はそれが彼の幸福です。しかし、雌羊を殺すことによって、彼は、雌羊に対してしたのと同じだけの痛みをみずからに与えます。彼は、雌羊の喉をかき切ったナイフで自分自身を突き刺しています。

それどころではありません。人間の群れは、理解力に恵まれています。それは、人間たちを雄羊の群れとはおよそ異なる本性に仕立てあげます。彼らは、よりいっそう激しい情熱を持っています。彼らは、彼らを突き動かす利害と彼らの蒙を啓《ひら》く理性を自分自身のうちに持っています。彼らは、彼らの牧童の振る舞いを評価するために、それを使います。牧草地では、散らばっていると、危険に身をさらすことになるので、人間の群れを集めるためだけに、牧童が牧杖と犬を使う限り、また、牧童が快適な生活や怠惰な平穏無事を、

(31) アンドレ・リシュタンベルジェ、『十八世紀社会主義』、邦訳、野沢協訳、法政大学出版局、二五一ページ上段参照。以下、野沢訳と略記し、ページ数を付す。『バスチーユ回想』、邦訳、安斉和雄訳、現代思潮社、訳者解説、一九四ページ参照。以下、安斉訳と略記し、ページ数を付す。

無上の喜びを感じながら享受するだけにとどまっている限り、人間たちは牧童を尊敬します。彼らを支配する牧童のやり方がいかに苛酷なものであろうと、また、牧童の意志を実行する任務を負っている下級の見張り役がいかに容赦なかろうと、彼らは従順に牧童に従います。

しかし、それぞれの人間に割り当てられている牧草地の区画から牧童が彼らを追い出す権力を僭称するなら、また、彼がふとした思いつきで彼らを好き勝手に扱うなら、そして、彼が秩序を乱し、牧草地に境界標識を立てた権利を彼が侵害するなら、そのときは、自分の権利の源《みなもと》にまで遡って、群れ全体が叛乱を起こします。とてもおとなしかったこれらの雄羊たちが熱に浮かされたライオンに変わります。彼らは、原初の独立性に戻ります。それを彼らから奪っていたのは力ですが、今度は力がそれを彼らに返すわけです。力は、力が引き起こした濫用に対する薬になります。アキレスの槍が負わせた傷をアキレスの槍が治します。力こそが統治体を形成しました。だから力が統治体を変えるのです。そのときこそ、革命と呼ばれる事件が起こるのが見られます。そのときこそ、叛乱という手段が使われるのですが、ド・モンテスキュー氏[32]は、叛乱はクレタ島でしか知られていなかったと言っています。叛乱はすべての風土(クリマ)[33]で実るものです。まさに病気がすべての統治体を攻撃するのは、統治体の寿命が支配制度に依存していることを統治体が忘れた瞬間からです。また、統治体が個人の私的享受に打撃を与えることによって、君主の普遍的所有を危機に陥らせる瞬間からです。つまり、市民諸法があらゆる種類の所有権を確立しているので、この市民諸法の厳正な遵守を統治体がやめた瞬間から、病気がすべての統治体を襲うということです。

暴動の原因ときっかけは、いつでも市民諸法の危険にあります。この点に関して不正をしている主権者のもとでのみ、叛乱が生じたり、叛乱が起きようとしたりするのです。分配的正義(34)の管理に関して公平な暴君は、いかに彼が残忍であっても、穏やかな死を迎えることが確実となり得ます。逆に、王の気まぐれが市民

(32) モンテスキュー、シャルル＝ルイ・スゴンダ・ド・ラ・ブレード・ド（一六八九―一七五五）。フランスの啓蒙思想家で法服貴族。ボルドーの高等法院副院長を勤めた。一七二一年に『ペルシア人の手紙』を出版し、フランスの絶対王政を風刺して大当たりをとった。主著『法の精神』（一七四八）では、世界各国の歴史や文化や習俗や政治や法制度を「風土（クリマ）」を鍵概念に分析し、紹介した。そのほか、同書では、近代的民主主義の礎石とされる立法・行政・司法の相互規制にもとづく三権分立を主張し、専制君主制を排撃した。しかし本書は、とくに奴隷論を中心にランゲの批判の対象となっている。なお「叛乱はクレタ島でしか知られていなかったと言っています」とは、『法の精神』、第一部、第八篇、第一一章の次のような文章が念頭にある。「クレタ人は第一級の役職者を法律に依らしめるために、極めて特異な手段を用いていた。それは反乱という手段であった。公民の一部が蜂起し、役職者を追い払い、私人の地位に戻ることをよぎなくさせるのであった。これは法律に従って行なわれたものとみなされていた。権力の濫用を阻止するための謀反を認めていたこのような制度は、いかなる共和政をも覆さずにはおかないようにみえたが、それはクレタの共和政を破壊しなかった」。（邦訳、前掲、上、二三五ページ）

(33) モンテスキューが『法の精神』で提起した重要概念で、法律や法制度や政体など民族の政治的・法的上部構造は、「風土（クリマ）」という地理的環境によって規定されるとした。したがって、ここでランゲが「叛乱はすべての風土（クリマ）で実るもの」と言っているのは、モンテスキューに対する皮肉である。ただし、モンテスキューは、叛乱行為を合法的としているのはクレタ人だけである、と概念を狭く規定していることは事実である。

(34) アリストテレスの重要な倫理学的概念。名誉や富やその他の特権が政治的共同体のなかで、公平に分配されなければならないとする考え。しかし、算術的平等を追求する可換的正義とは反対に、共同体への貢献や功績に応じてそれらを分配するから、ときには不平等が生じる。

的所有[35]の秩序を乱すなら、いかに彼が他の点で徳性をいくつ持っていようと、治世を安全に送ることはまれです。そして、彼が侮られるときには、彼の善意が濫用されていると信じてはいけません。つまり、彼が侮辱されることを彼の弱さのせいにできると思ってはならないということです。そうではないのです。彼に不幸をもたらした本当の原因は、彼が臣民の所有を侵害することによって、自分で自分自身の所有を怪しげなものにしたからなのです。彼の権利書が臣民の権利書以上に効き目があるわけではないからなのです。お互いに一方は他方の担保であり、支柱であるからなのです。私があなたのものであるのは、他のものが私のものなのだからです。

私より上位にいるあなたに対する私の従属の根拠は、私より下位にいる他のものに対する私の権力にあるのです。あなたの帝国にどうやってあなたは私をつなぎとめるのでしょうか？　私からあなたが要求している服従にどのようなやり方で、あなたは私を結びつけるのでしょうか？　私が持っている財産の享受を私に保証することによってではないでしょうか？　あるいは少なくとも、私がいつか財産を持つことができたときには、それを享受できるという希望を私に提供することによってではないでしょうか？　なにも持たないであろう人間となにかを持つことについて心底から断念している人間を、どうやって従わせるというのでしょうか？　彼を殺さなければならないでしょうが、そのときでさえ、彼は従属しはしないでしょう。

ところで、君主の不正がこの財産の享受を混乱に陥れるなら、あるいは享受への期待を裏切るなら、また、もし君主の気まぐれが享受を巧みに回避したり、それを問題視したりするなら、国家の紐帯は解消されます。主権者の所有権からもっとも下賤な臣下の所有権に至るまで、すべての所有権が一緒になって、国家を構成する鎖を形づくっています。もしあなたが鎖の環をこわすなら、それが最下級の環であっても、すべてが断ち切られるのではないでしょうか？　この鎖が役に立つのは、一方の端から他方の端へ鎖が力強く張られたままである限りにおいてなのです。けれども、ほんの少しそれに切れ目がはいっても、鎖は地面に落ちます。そこで効果を失って、ゆるんでしまう側は、剝《は》がれてしまわずに、大きな壁にまだ支えられている側を、その重みによって邪魔することや困らせることにしか役だちません。

熟慮するだけで、これが真理であることが証明されます。経験は、そのことをなお一層わかりやすくしてくれます。歴史は、それについて、飛び切り説得力のある証明を提供しています。個人が個人に属するものを玉座の陰で安心して享受することが、玉座の真の支えであることを、歴史はいたるところで示しています。帝国を支えているのは兵士などではまったくありません。帝国を支えているのは公平性なのです。統治術の全体は、実に短い、実に簡単な一点に尽きます。それは、公正さが正確であるように留意するということです。この配慮が我慢できるものにしない暴力などまったくありません。その対極にある不注意が役たたずにしない徳性などありません。

クロムウェルは、実に憎たらしい簒奪者でした。彼は、宗教が彼の共犯者になるように強制しました。彼は、この上なく貴重な血でイギリスを汚しました。彼は王冠を盗みましたが、あえてそれを自分の頭上に置くことをせず、王冠を手に持って、自分への服従を得ました。彼は残忍で、誠意がなく、享楽的でした。彼

(35) 民法上の所有のことである。『法の精神』の訳では、「公民的」所有という訳語を当てている。

は、アッティラ(36)の心臓にネロ(37)の魂を持っていました。しかし、彼は、個人の権利を尊重していました。彼は、厳格な不偏不党性を保ちながら、公正さを回復させました。彼は、三つの王国のただひとりの暴君でした。彼は、ベッドのなかで穏やかに死にました。疑わしさがない涙が彼の葬列を栄誉あるものにしました。この幸せな犯罪者の市民秩序保持における振る舞いと格率を、罪のない、不運なチャールズ一世(38)の振る舞いと格率のそばに置いて、比べてみてください。そうすれば、彼らの運命の違いがどこから来ていたのかを解きほぐすことは、苦もなくできることでしょう。

これより半世紀早くに、パリがあの恐ろしい儀式の例をロンドンに与えなかったのは、おそらく、モンパンシエ公爵夫人(39)のせいではないでしょう。ところで、この例は、アンリ四世(40)の女婿にとっては、とても高くついたものです。しかし、ド・ギーズ公は、たしかに彼が仕組んだ謀略の数々、スペインのピストル金貨(41)、

(36) アッティラ(三九五頃—四五三)。ゲルマン民族移動の原因を作ったフン族の王。ローマ帝国の本拠に侵入し、「神の懲罰」と恐れられたが、モンテスキューは、『ローマ人盛衰原因論』で、彼のことを歴史に残る「偉大な君主」と絶賛している。

(37) ネロ、ルキウス・ドミティウス・クラウディウス(三七—六八)。ローマ帝国皇帝(五四—六八)。母はゲルマニクス(前一五—後一九)の娘のアグリッピーナ(一六—五九)で、ネロを帝位につけるために自分の夫のクラウディウス帝(一〇—五四)を毒殺したが、ネロは、帝位についたのち、母を殺害。以後史上稀有な暴君として、ローマ大火(六四)の犯人に擬せられる。属州の反乱のなかで、追い詰められて自殺。

(38) チャールズ一世(一六〇〇—一六四九)。イギリス国王(一六二五—一六四九)。スチュアート朝(一六〇三—一七一四)の創建者である父王ジェームズ一世を継ぎ、王権神授説を信じ、ピューリタン(清教徒)と衝突。一六二八年の権利

の請願以来、議会を開かず、スコットランドの反乱を契機に、開催した議会で、対立が激化。内乱を誘発し、ピューリタン革命のなかで、クロムウェル率いる議会軍に敗北し、処刑される。

(39) モンパンシエ、カトリーヌ＝マリー・ド・ロレーヌ、ド（一五五二―一五九六）。フランス・カトリックの驍将第二代ド・ギーズ公の娘。一五七〇年に結婚。兄の陰謀に加わり、女性の敵として、好色家で浪費家のアンリ三世と熱狂的に戦う。兄の死後（一五八八）、カトリック同盟を率いて、アンリ三世（一五五一―一五八九）とのちにアンリ四世となるナヴァール王によるパリ包囲に徹底抗戦した。サン＝クルーでのアンリ三世暗殺（一五八九）にもかかわっていたとされる。二度目のパリ包囲でもアンリ四世に抵抗したが、パリ開城ののちアンリ四世に許された。ランゲが言う「あの恐ろしい儀式の例」とは、国王処刑を指すが、フランスの場合はアンリ三世の弑逆である。

(40) アンリ四世（一五五三―一六一〇）。ブルボン家の出自で、スペイン国境付近のナヴァール王国の王。ユグノーと呼ばれたフランス・プロテスタントの軍事指導者。カトリック側のマルグリットとの結婚式を挙げる直前に、サン＝バルテルミーのユグノー虐殺（一五七二）が勃発し、首都を脱出。本格的内戦のなかで、ユグノー陣営を勝利に導き、ヴァロワ家最後の王アンリ三世を継いで、一五八九年に王位に就く。その後もカトリック陣営と戦い、カトリックに再度改宗して、正式にフランス国王となった。一五九八年にナント勅令を発して、宗教戦争を終息させる。一六〇〇年にマリー・ド・メディシスと再婚。国内融和に努める。内政では、絶対主義王政の確立に尽力した。外交政策ではハプスブルク家と対立し、スペインとの戦争を準備したが、娘のうちひとりはスペインのフェリペ四世に嫁がせていたこともあり、内部には親スペイン派を抱えていたために、暗殺された。なお「アンリ四世の女婿」とは、清教徒革命で処刑されたチャールズ一世のことで、アンリ四世の末娘のアンリエット＝マリーは、彼に嫁いでいたのである。

(41) スペインの古金貨のことで、ド・ギーズ公がスペインからの資金援助を受けていたことを指す。

修道士たちの説教、ローマによる数々の陰謀と揃っていたにもかかわらず、アンリ三世[42]による財産の蕩尽が不公正でなければならない立場に王自身を置くということがなかったら、あれほど大勢の支持者をけっして見いだすことはなかったでしょう。彼の寵臣たちのひとりに一〇万エキュを与えるためには、大勢の臣民を貧困に追いこむ必要がありました。そして、彼が身ぐるみ剝いだ臣民の数は、彼のおかげで金持ちになった臣民の数をはるかにしのいでいたために、革命が間をおかずに起こりました。

タルクィニウス[43]一族の追放と十人委員[44]の追放について、ふたりの女性の死に栄誉を授けるのが普通です。それが間違っていることは明白です。若い道楽者と真面目な政務官の襲撃は、叛乱の口実であり、その画期であって、その原因ではありません。貞淑なルクレティアが夜の暗闇のなかで無体を働かれたことを、沈黙の暗い闇に放りっぱなしにしたとしても、また、美しいウィルギニアの名誉を汚すためにのみ、自分のことを彼女の主人と言いくるめていたさもしい解放奴隷にウィルギニアが支障なく引き渡されてしまったとしても、早いか、遅いかは別にして、いずれにせよ、玉座と十人委員会政が覆されたであろうことに変わりはないのです。

タルクィニウスは、びっくりするような建物群によって、人民を押しつぶしました。彼は戦争のあいだに

---

(42) アンリ三世(一五五一―一五八九)。フランス国王(一五七四―一五八九)。ヴァロワ家最後の王。宗教戦争のなかでカトリック陣営から、その好色ぶりを責められたうえに、ミニョンと呼ばれた寵臣たちに囲まれていて国庫を空にしたことを追及された。一五八四年以降、カトリック同盟軍と戦い、パリでの叛乱を鎮圧するために、アンリ・ド・ナヴァールに

協力を求め、パリを陥落させ、カトリック勢力を首都から追放する。ギーズ公を三部会に呼び出し、暗殺したが、翌夏にドミニコ会士にサン＝クルーで暗殺される。彼には子供がいなかったので、死の床でアンリ・ド・ナヴァールを王位継承者に指名した。

(43) 古代ローマ史の伝説の第七代目の王。伝承では、前七五三年のロムルスによるローマ創建ののち、タルクィニウス家による王政が続いたが、前五一〇年に七代目国王タルクィニウス・スペルブスがルキウス・ブルートゥスらの貴族によって追放され、翌年、貴族を中心とした複数の政務官による共和制が発足したとされている。その事件の原因を作ったのが、タルクィニウスの道楽息子による貞淑なルクレティアへの凌辱だったというのである。しかし、マキアヴェッリの『講話』では、「ルクレティアに無体を働いたから」、その死とともにブルートゥスらが決起した結果、タルクィニウス追放されたのではなく、「当人自身が国法を踏みにじって暴政をほしいままにしたからにほかならない」（マキアヴェッリ『講話』、前掲、四九八ページ）として、王政の法的・制度的腐敗が革命を必然ならしめたという指摘がなされている。

(44) 平民党と貴族党の争いが激化し、徐々に平民党が優勢を占めるようになってきた前四五〇年に、古代ローマ最初の成文法である表法を作成するために設けられた、執政官と同じ命令権のある政務官職。ただし、一年任期で、委員は元老院の有力議員と執政官経験者のなかから選ばれた。委員会は十表法を完成したが、アッピウスが権力掌握を狙って、残りの二表法の作成のためと称して、第二次委員会を設置。完成された十二表法が貴族と平民の婚姻を禁止していることなどから見て、委員会のなかで貴族党の巻き返しがある程度成功したとされている。いずれにせよ完成された十二表法は、ローマ市民の平等を中心とした民主的なもので、五二九年のユスティニアヌス法典までのローマ世界を支配したとされるほど、影響力を持った。伝承によれば、最初の十人委員会には、平民党がはいって公平に政治が行われていたが、第二次十人委員会は貴族中心で、その執政は暴政に陥り、前四四九年にサビナ人との戦いのさなかに叛乱を招き、瓦解した。その際、平民の美少女ウィルギニアに横恋慕した委員のひとりアッピウス・クラウディウスが彼女を婚約者から奪うべくはかりごとをめぐらしたので、彼女の父は娘を刺殺してその名誉を救ったというエピソードが伝えられている。これが平民党の叛乱の原因になったとティトゥス・リウィウスは指摘している。

は兵士を富ませましたが、平時には市民をむしばんでいました。他方で、アッピウス(45)は、若い娘を彼女の父の腕から奪いとることによって、神聖な所有権を攻撃していました。ローマ人を叛乱に立ち上がらせたのは、貞淑さへの侮辱行為以上に、父の権威への侵害でした。どちらの場合も、ローマ人を暴発させたのは、こうした理由からなのです。こういう点を考慮しないと、民衆が少しばかり叫び声を投げつけることができたとしても、リクトル(46)が彼らを速やかに追い散らしてしまったことでしょう。叛乱は通俗喜劇で終わったに違いありません。革命がまじめで、永続するものになったということは、まさに所有権が危険にさらされていたからです。

最後に、ティベリウス(47)、ルイ一一世(48)、カトリック王フェルナンド(49)などの例です。彼らは、たしかに嫌悪すべき君主でした。彼らは、少なくとも最初の二人がそうでしたが、人びとの命を気にも留めず、三人とも誓約の神聖性を軽視していました。彼らは、みずからの権力を増大させるために、すべてを犠牲にしました。しかしながら、政治の年代史のなかで、あれほど幸せな治世はほとんど見つからないのです。どうしてでしょうか？　それは、彼らの残忍さ、あるいは不実さが、こう言ってよければ、「法と正義の味方」(50)だったからです。彼らが与えていた血塗られた秩序のまっただなかでも、彼らにとって、所有権は神聖なものだったからです。彼らは、人民の所有を尊重していましたから、その結果として、彼ら自身の所有物を尊重することを人民に強制していたのです。彼らは市民の私的な諸権利を強固なものにしたのと同じ割合で、彼らの

(45) アッピウス・クラウディウス・クラッシヌス　古代ローマの名門貴族の出自。前四五一年に臨時に設置された十人委員

会に選出され、翌年の第二次十人委員会で専横を極める。平民指導者の娘ウィルギニアとのスキャンダルで、威信を失墜。叛乱を招き、ウィルギニアの父で、百人隊長のウェルギニウスに告訴され、有罪となり、前四四九年頃に獄死。同時に十人委員会政も倒壊する。

(46) 古代ローマの下級官職で、執政官や独裁官の前を歩き、彼らを保護する警吏。鞭の束のなかに斧を隠した束桿で武装していた。通常の警護団は一二人の警吏からなり、独裁官の警護の場合は、二組の警護団が独裁官を守った。

(47) ティベリウス・クラウディウス・ネロ（前四二—後三七）。第二代ローマ帝国皇帝（一四—三七）。同名の父と、のちに（前三八年）アウグストゥス（前六三—後一四）の妻になるリウィア（前五八—後二九）とのあいだに生まれた子。アウグストゥスとリウィアとのあいだに生まれた娘ユリア（前三九—後一四）と再婚。アウグストゥスの養子となり、ローマ帝国皇帝となる。陰謀により二七年に引退。後継者に指名したカリグラに帝位を譲らずに、その後も寵臣セヤヌス（前二〇頃—後三一）を使って政治を仕切ったが、陰謀と毒殺と処刑の混乱のなかで、みずからも毒殺されたと言われる。

(48) ルイ一一世（一四二三—一四八三）。フランス国王（一四六一—一四八三）。百年戦争後のフランスを建て直し、ブルゴーニュ公シャルルをはじめとする封建諸侯を抑えこみ、貴族権力を後退させ、絶対王政の基礎を築いた。王室に法律顧問官（レジスト）を置き、法治の慣習を整えることによって、大貴族を抑えこもうとした点がランゲによって評価されている。

(49) フェルナンド（一四五二—一五一六）。アラゴン国王（一四七九—一五一六）。のちにシチリア国王も兼ねる。イサベルとの結婚でカスティーリャ王国フェルナンド五世を名乗り（一四七四—一五〇四）、シチリア国王としてはフェルナンド三世（一五〇四—一六）を名乗った。絶対王政の確立と領土拡張につとめた。

(50) アラゴン国王の称号。これは、当時話題になったランゲ流のパラドックスである。ランゲは、カエサルやアレクサンドロス大王の戦争による大量殺人を非難する。「一部の歴史家はカエサルが合戦で百万人殺したことを賛美した。もしそうなら、人類にはそれ以上無慈悲な敵はいなかったわけだ」（『アレクサンドロス時代史』、邦訳、アンドレ・リシュタンベルジェ『十八世紀社会主義』、前掲、五四一ページ）。これら軍事上の指導者に比べて、歴史上の暴君と呼ばれている「ティベリウスやネロやドミティアヌスらの冷静で熟慮した残酷さは、何年続こうとローマから少数の市民しか奪わなかった」として、ランゲは彼らを擁護している。

普遍的な諸権利をも堅固なものにしていました。

この堅固な厳格さは、君主や主権者の職責における第一の美徳であり、それは、彼らの性格においては、善良さと呼ばれるものよりもはるかに彼らにふさわしいものですから、大変優れた性格の君主や近づくものに崇拝されてしかるべき主権者でも、この堅固な厳格さを持たなかった場合には、忌まわしい革命の犠牲者になってしまいました。このような王は、非常に尊敬すべき人間であり、非常に危険な主権者です。彼らは、見物客の目からはるか離れた、高い場所に置かれるために作られた彫像に似ています。その顔だちがあまりに柔和であれば、彫像はそこで卑しい容貌をしています。彫像はそこではいかなる効果も産み出さないか、あるいはむしろ、非常に不愉快な効果を産み出しています。彫像がそこで威厳を持って輝くようにするためには、彫刻家は粗野で無作法な顔だちを彼らに与えるように注意を払わねばなりません。近くではとんでもない粗野さも、遠く離れたところでは、偉大さと美しさを作り出します。

ですから、民法と国法とのあいだに区別を確立してきたことは、まことにむなしいことなのです。それらを区別し、それらを切り離しているあの大部な本は、幻想と絵空事の寄せ集めにすぎないのです。どちらも同じ源泉から発しています。このふたつは兄弟なのです。あるいは、むしろそれらは、そう言ってよければ、ひとつなのです。そこからこしらえられている区分は空想上のものです。すべての法律は、そしてなかんずくこのふたつの法律は、公正であることに尽きており、各人の所有物そのものを保全するために、各人に属するものを各人に返すことに尽きています。

民法は他のすべての法律を要約しています。それは、まさしく所有の本性から、臣民と同じように君主をも拘束します。それは、ほんの少しの情熱の息を吹き付けるだけで、消え去ってしまうような、形而上学的な、認知しえない、なんだかわからない馬銜《はみ》のようなもので、君主をくくりつけているのではありません。それは、あらゆる繊維のなかでもっとも強い繊維によって、つまり、君主自身の利益によって、臣民と同じように君主を束縛しています。君主はその国家のなかですべてのことができます。それは、家長が彼の農地において全権を握っているようなものです。家長は自分の家を燃やすこともできますし、木を切り倒すことも、ブドウの木を根こそぎにすることもできます。しかし、あっという間に自分自身が破産するというような、こんなに破壊的な妄想に身を委ねることで、彼はどんな利益を得るというのでしょう？　そこにあるのは、主権者がこんなに度外れな権力濫用をするなら、彼の無制限な権力はどのようなものに切り縮められるかということです。

この格率は、暴君政治に有利に働くと思われているようですが、そうではありません。そんな話ではまったくありません。この格率は、王をその臣下への依存状態に置くと言われていますが、それより以上にはるかに厳しい義務を王に押しつけます。それは、公正であるようにと王に勧めるだけではありません。それは、王に公正であることを強制します。それが王にほのめかすのは、意見というようなものではなく、本質的な義務です。その義務の必要性を格率は王に明示します。王がそれを無視するようにたまたまなれば、それは単なる脅しを王にかけるだけではありません。それは、迅速であるのと同じくらい必ず効果がある罰を王にもう一度はっきりと示します。

この公理からは、一群の帰結が付随して生じますが、それらは示唆に富み、知的光明に輝いています。それらは、君主に従う個人にとってよりも、君主とその顧問会議にとってなお一層利害関係を持っています。結果的には、裁判をする権利は、主権のなかでもっとも見事な大権であるばかりではありません。それは主権のもっともたしかな支えでもあります。それは、玉座の壮麗きわまりない装飾です。しかしそれは、玉座のもっとも堅固な土台でもあります。テミス[51]が正確に天秤を司《つかさど》るように、王冠の運命も、天秤の正確さにかかっています。王冠は、ほんの少しの不平等を感じさせても、それでよろめきます。重りをのせすぎると、王冠を支えていた天秤皿の釣り合いが完全にこわされるまでになります。それは女神の手のあいだで揺れ動きます。王冠は女神の恐ろしい剣に向かって落ちて、それにぶつかって壊されます。

そこから、統治体に結びつけられたすべての特権のうちで、統治体自身が分配的正義の行政に気を配る権利は、君主たるもの、なによりも手ばなしてはいけない権利であるということが、またもや帰結されます。それを他人の手に託すときは、君主はそれを手ばなすためにそうするのではなく、気を楽にするためにそうするのでなくてはなりません。君主が個人的に裁判を指揮監督するとき、君主はきわめて有益で、きわめて賢明な行動をしているわけです。念には念を入れてこの予防策を講じることは、大変賞賛すべきことなのです。それはちょうど、農場主が畑で奉公人を注意深く見守り、自分の目でどのようにして彼らが耕作をしているかを見るように、注意を払っているのと同じです。

ド・モンテスキュー氏は、この仕事は君主制と両立しがたいと主張し、もし君主がそれに身を委ねる勇気を持つなら、すべてが失われるとまで言っています。[52] しかし、『法の精神』のなかに見られる君主制とは、この作者による創造物の美しい幻影です。それはちょうど、この作品においては、専制主義がもっと現実性を帯びているわけではなく、それが醜い化け物であるのと同じです。画家が画布のうえにしばしば描いたのは、奔放な想像力の対象です。首長がその職責のなかでもとりわけて大事な職責を果たすことができないでも、不都合なことにはならない統治体とは、なんと奇妙な統治体でしょうか？　行政において、君主がその義務のうちでも神聖きわまりない義務を果たすと、罪を犯したことになるとは、なんという政治における怪物でしょう！　君主の権力を単に行使するだけで、それが権力濫用になり、国家がその頭上に運動をしない偶像を持つ限りでしか、自分の安全を信じられない行政とは、なんという怪物でしょう！

実を言えば、マキアヴェッリも同じことを考えています。彼こそは君主権の大権を制限しようと望んだその人であることは、通常疑われていません。君主は自分で自分の臣下の裁判を裁くべきではない、と彼は言います。というのも、そういうことをすると、彼は憎まれる危険を冒すことになるからです（＊8）。しかし、ここではマキアヴェッリは間違っています。とはいえ、彼にあっては、間違いを犯すなどということは、そう頻繁に起こるわけではありませんが。まずたしかなことは、自分自身で判決を下す君主は、両方の当事者に同時に不満を抱かせることにはなりません。君主は、訴訟に負けた側の機嫌を損ねるにしても、訴訟に勝った側には気にいられます。そして、彼が双方を裁くために骨を折れば、そのことで、彼は双方から尊敬

(51) ギリシア神話で、ティタン族の女神。ウラノス（天）とガイア（地）の娘。正義と掟を司る。裁きにおいて公平さを保つために目隠しをし、天秤と剣を持っている。

(52) 『法の精神』、第一部、第六篇、第五章。邦訳前掲、上、一六七ページ。

される存在になります。最高権力についても同じで、よく磨かれた鉄製の器具のように、それは使わないと錆びつきます。また、頻繁にそれを使う場合に比べると、それ以上の輝きをこの器具が保つことなどけっしてありません。

(＊8) マキアヴェッリの『君主論』、第一九章参照(53)。

そのうえ、君主をその法廷に呼び出したり、そこから君主を引き離したりしなければならないのは、憎まれることを恐れたり、あるいは愛されることを望んだりするからでは、まさしくありません。君主に決心させる動機のあいだに、なにかしら価値あるものとして、こうした動機がはいりこむとき、なにごともっとうまく進むしかないことはたしかです。しかし、君主が国家第一の司法官であり、他のすべての監督官のあいだでは、生まれながらの監督官であることを忘れてはいけない、と彼にその職責の失念を禁じているのは、とりわけ君主自身の利益を考えるからです。この積極的な顧慮は、君主が王令によって遠くから彼らを指揮監督することだけでは、彼としては十分ではないこと、しかし、君主が自分の実例で彼らを屈服させないなら、あらゆる類の危険にさらされることを絶えず君主に感じさせるに違いありません。司法の実行にあたっては、ほんの少しでも業務上の不正に走れば、それは無限に有害なものになり得ます。君主の臣民のひとりからその所有物を剝ぎ取るような不正をほんの少しでも犯せば、それは君主自身の所有を攻撃する侵害行為となります。こうした行為をあらかじめ防止するという配慮をもっぱら第三者にのみ任せるというのでは、慎重さを欠くことにならないでしょうか? 君主は、自分の臣下を守ることを通じて、自分の財産を守っているのです。この微妙な仕事を他人の手に任せるなら、君主は、管理すべき自分の地所を執事やよそ者に与えてしまう家長と変わらないことになるでしょう。そうしたら、なにが起こるでしょうか？　彼は破産し、彼の代理人が富むことが起こります。

いままでのところで詳しく述べたのと同じ原理から、法律一般と市民諸法とその他の諸法律は、いくら単純にしても、いくら画一的にしても、しすぎることはないことも帰結しますし、法律の適用を決める裁判所の数を少なくしすぎたり、裁判所を異論が湧き起こる場所に近づけすぎたりすることは、しようとしてもできないことも帰結します。諸法律は、単純でありすぎたり、画一的でありすぎたりすることはあり得ない話です。というのも、三百代言は法律の混乱からしか生まれないからですし、法律の混乱は、法律の数のおびただしさからしか生まれないからです。また、三百代言は、帝国の耳がまったく聞こえなくなる病であると同時に、しかし、もっとも破壊的な病のひとつだからです。この病が襲っているのはいわば帝国の高貴な部分です。すなわち所有権です。まさにこの生命の源泉のなかで、所有権は壊疽《えそ》にかかっているのです。所有権がひとたび罹患したときには、他の部分もすみやかに腐敗に落ちこみます。

裁判所の数をいくら少なくしても、少なくしすぎることはないでしょう。というのも、まさしくいくつも

(53) マキアヴェッリは、この有名な章で、君主が臣下から憎まれたり、軽蔑されたりするような直接的行為にかかわってはならないとして、もっとも憎まれる行為は臣下の財産を横奪したり、婦女子を強奪したりする行為であるとしている。また、彼は、ここでフランスの高等法院が裁判を通じて王権の盾となっていることを賛美している。ランゲにはこの点が受け入れられなかったのであろう。

の権力機関が衝突することが国家における騒擾の原因になっているからです。嵐を引き起こすのは、いくつもの凪の争いです。凪が一切吹かないときは、大嵐よりも危険で、忌まわしい凪《なぎ》です。凪《なぎ》がいくつもあると、波が起こります。海は大波に覆われ、比べようがないほど優秀な航海者でも、大波に呑みこまれることがあり得ます。海に筋道をつける波がひとつだけのときには、船は、苦労も危険もなく海をすいすい進みます。帝国も同じことです。帝国は、ただの一種類の権力に支配されているときしか、幸せではありません。最後に、裁判所は、救援を求めてくる場所の射程内にはいりすぎるということはないでしょう。というのも、所有権にかかわる論争は、いくら早く決着をつけても、早すぎるということは、そもそもあり得ないからです。それは、痙攣による激しい腹痛ですから、少しでも長引けば命取りになりうるからです。薬が少しでも遅れれば、呼吸困難で死んでしまいます。私が確立した反論の余地のない諸原理によれば、これらの個人の呼吸困難は、必然的に君主の失神を引き起こします。いやむしろ統治体の失神、ひいては国家の失神を引き起こします。

これがド・モンテスキュー氏のこの点に関する意見ではまったくないことを私は知っています(54)。しかし、私は、他の点では非常に評価すべき彼の本がこの問題に関しては先入見や詭弁や誤謬——こう言わなければなりませんので——をこんなにも含んでいるのを見て、いつも驚かされてもいたのです。彼は画一性を非難しています。それは、彼によると、卑小な精神だけを分配することになるのだそうです。彼は、裁判所の数を減らすことについて、危険な妄想《キマイラ》呼ばわりしています。諸法律の単純さについては、彼はそれを毛嫌いしています。暴君政治のもっとも確実な道具だからだと言うのです。これらの命題は、彼の作品のなかでは、それ以前に置かれた命題から実際には導き出されて来ています。最初の諸命題を措定したあとでは、二番目の諸命題を採用しないわけにはいかなくなったのです。しかし、こんなにも啓蒙されていた精神が正確であることの喜びよりも、一貫していることの喜びをとったとは、なんと残念なことでしょう。本当のことしか言わないことで満足するよりも、矛盾したことを言わないことで満足する方をとったとは、なんと残念なことでしょう。

なんということでしょう! 暴君は単純な法律を好むって! 彼らはそれを専制主義の道具にし、抑圧の支えにするだって! そんな主張をすることは、自然によって地中の夜に生きるように定められた動物が日中の光のなかでしか、熱心にえさを探さないと主張するようなものです。暴君政治とはすべての法律が混乱することです。混乱を打ち建てる人びとが法律の混乱を許さない規則の肩を持つことなど、どうしたらできると言うのでしょうか。法律は単純になればなるほど、もつれを解きほぐすことが容易になります。それこそは、暴君政治に反対する武器を与えることになるでしょう。したがって、真の暴君は、あらゆる類の単純さのほかには、そんなに憎んでいるものはありません。単純さは暴君の気分を害します。ちょうど、太陽のまばゆい光がミミズクに不快感を与えるようなものです。単純さは暴君を疲れさせます。というのも、それは、暴君にかかわるすべてのゆがみを白日のもとに置くからです。単純さは彼をうんざりさせます。というのも、それは、暴君襲来の不正をますます見えやすいものにするからです。

(54) 『法の精神』、第一部、第六篇、第一—第二章。

しかし、その才能で目だった簒奪者たちは、みんな法律を単純なものにしようと努力してきた、とド・モンテスキュー氏は言います。[55] たしかにそうです。しかし、その結果はどうなっているでしょう。彼らが大物であったということです。彼らは、強盗の権利で侵略してからあとは、正統君主の権利で身を保全することを考えたのです。彼らは、簒奪を覆い隠すために、彼らによって更迭された権力が簒奪を防ぐためにやらなければならなかったはずのことをやりました。カエサル派[56]やクロムウェル派などは、法律の複雑化が死に追いやった国家を法律の単純さで復活させなければならないという必要性を感じていました。彼らは、彼らの権勢の道具として、この改革をもくろむことからはほど遠いところにいました。というのも、彼らは、それに取りかかる前に、もう権勢を獲得してしまっていたからです。彼らは、そこに権力者になるための手段を見なかったのです。というのも、彼らがこの作戦を敢行する前にすでに、彼らは権力者であったことを、作戦自体が証明しているからです。さらに、彼らが愛していたし、念には念を入れて彼らが厚遇していたこの単純さは、抑圧の手だてであるどころか、反対にそれは、抑圧に対してつける薬だったのです。

親愛なる友よ。以上が市民諸法に関する私の考えの一部です。それらを改革する必要性に関して、改訂の遅れが有害なものになりうる状況に関して、また、作業者と事業の成功に利害関係を有する観客全員が危険に陥ることなく、この作業を進めるためには、作業者はどのような原理によって導かれなければならないかに関して、私の考え方は以上のとおりです。こうした諸原理は、私が信じるには、明確で、明晰なものです。それらはすべて、幾何学の原理のように、異を唱えようのない唯一の公理から派生してきます。

私はここではそのうちのいくつかを提示しようと思います。ほかの原理については、法律の実地活用そのものを取り扱う際に、再び取りあげる日も来るでしょう。いまのところは、私は、諸原理の起源とその真の根拠について手短な理論を与えることにとどめておきます。私の年頃の人間にとっては、これで十分でしょう。しかも、私は仕事をしている最中なのですから。

公衆に対してではなく、ほかでもなく貴殿に対して、これらふたつの理由を弁明として私は差し出すことにします。私は、公衆からは、厚情も寛恕も期待すべきでないことを知っています。公衆は、軽薄さから生まれた薄っぺらな創作物を温かく迎えます。一瞬、表面を飾り、同じ春に開花し、色あせるのが見られる文学の薔薇《ばら》を不注意にもてあそびます。ところが公衆は、本書のような大部な理論書になると、厳しい判断を下します。大部な理論書は、少なくともそれらの分量から、書物がより長く生きながらえたいという野望を持っているもののように見えます。それらを読もうと態勢を整えるとき、公衆は、そのぶあつさに比例した退屈さをいつも予想しています。公衆は、辛辣にそれらのあら探しをしようと決心しますが、そこでひどく心配される疲労については、あらかじめこの辛辣さで埋め合わせをしているのです。

---

(55)『法の精神』、第一部、第六篇、第二章。邦訳前掲、上、一六二ページ。

(56) カエサル、ユリウス（前一〇一—前四四）。古代ローマの貴族出身の政治家。民衆党の輿望を担って活躍し、スッラのあとを襲って権力掌握の道を進み、前六〇年に第一次三頭政治をクラッスス、ポンペイウスとともに形成した。ガリア地方を平定後、ポンペイウスがクラッススの死後、単独の統領となったので、前四九年にルビコン河を渡り、ローマに進軍。四年間の内乱ののちに、ポンペイウスを敗走させ、前四四年に独裁官となる。王位への野心を疑われ、ブルットゥス一派に暗殺される。

そこからは、奇妙な逆説が付随して生じます。つまり、作品が短ければ短いほど、深みがなければないほど、受けがよくなるということなのです。反対に、作品が長くなればなるほど、深みを増せば増すほど、丁重に扱われことが少なくなります。好意をまったく必要としない作品に対しては、好意を持っていることを自慢するのに、もっとも多く気配りをする値打ちがある作品に対しては、容赦ない態度をとります。たどる道がとげだらけであればあるほど、長くなればなるほど、つまずいたり、足を滑らしたりすることに人は寛容でなくなるのです。

この点では、私は既存の慣例を変えようなどとは夢にも思っていません。それは習慣ですから、私は大部な書物をあえて出版することにした報いを受けなければなりません。私としては、読者が最後まで判断しないことだけをお願いしたいのです。私は、私の作品が化粧用パンフレットではないこと、そして、片言隻句を偶然に任せて拾い読みしたり、一章丸ごと読んだりさえしても、あるいは要約を読んだりさえしても、それだけでは、作品を評価するには十分ではないということが分かってもらえたらと思っています。

ド・モンテスキュー院長閣下は、『法の精神』を出版したとき、二〇年にわたる仕事を一瞬の読書で判断しないようにお願いをしています。彼は、本を是認したり、否認したりするためには、片言隻句に頼らないで、本を全部よく読んでくれるように心から願っていました。「著者の意図を探ろうとすれば、それはひとえにその著作の意図のなかにしか見いだし得ない」とこの大人物は言っています[57]。

実にまっとうな厚情を要望しながら、彼は、それが拒まれるのではないかと心配していました。私もご厚情を要望します。しかし、私にはそれは認められるでしょうか？　さらに多くの理由から、本当に私はそのことを疑っています。私は若くて、名前が知られておらず、庇護もありませんし、そのようなものを求めないようにしようと、心にしっかりと誓っています。仕事で二〇年を数えるどころか、私はかろうじて三〇年間生きてきただけです。批評家たちを大胆にならせる多くの理由は以上です。私の誤りが彼らに手がかりを与えすぎたせいか、彼らは、本当にあった私の誤りを数えることなどしないのです。

私が待ち受けなければならない非難のうちで、その一部については、すでに私には、予測がついています。私は、あまりにも断定的すぎる口調を採用したと非難されるでしょう。私は、古代人の意見と戦ったことで、大げさに攻め立てられるでしょう。私は、尊崇されている著者たちを攻撃したことで、悪く思われるでしょう。とりわけ以上のことが、不平不満のいくつかのもので、それらに関して、時期の早い遅いは別にして、公衆の法廷に私が告発されるだろうということが私にはよくわかっています。

最初の非難に関しては、私としては言うべきことはほとんどありません。ただし、慢心から大胆さが生まれたときや意図的な誤りをそれが覆い隠しているときに限って、それを非難できるということだけは指摘しておかなければなりません。本を書くとき、これらふたつの動機のうちで、どちらの動機によっても私は動かされていなかったということは、まず私の本が、それから私自身の心が証言してくれています。私は、力をこめて自分の考えを表明したときもあります。しかし、私の歳頃ではとくにそうですが、説得力は一種の熱狂から必然的に生まれるので、そのことを考慮してくれるような人びと、つまり、真理だと信じたことは

(57)『法の精神』、邦訳前掲、上、三三ページ。

冷静に語りつくせないものだということを深く考えてくれる人びとは、内心の確信に突き動かされて私が発言したいくつかの箇所で、私が話に熱をこめることができたからといって、それに反撥をあまり感じないことでしょう。

私は、世間一般に受けいれられている意見に手心を加えることはほとんどしないつもりでいますが、それについては、私はよく是認できる弁明理由を持っています。世間一般に受けいれられている観念よりも私が好ましいと思っているのは、私の考案になる観念なのではなくて、社会諸制度の創立者たち自身の観念なのです。私が再現しているのは、体系のなかでも最古のものです。新しい諸体系の居場所を奪うことで、それらが僭称してきたひとつの地位をそれらから私はただ剝ぎ取っているだけなのです。社会のゆりかごは、堅固でゆるぎない土台のうえに打ち建てられてきましたが、私は社会をそうした元の土台に立ち戻らせます。社会は、それ以降、大きくなるにつれて土台から離れるという軽率な行動をとってしまいました。この逸脱は、われわれが住んでいる世界の一部において、危険な転落とほとんど治癒不能な病とを社会に引き起こしました。そこからは、社会にとって絶えざる動揺が結果しました。少しばかりの安らぎを手に入れるために、絶えざる努力をあえて払ってみても、より苦しい状況に社会を置くだけです。どこの国においても、社会が誕生した際のゆりかごに似通ったゆりかごのなかでしか、安心などけっして見いだせないだろうということを教え諭《さと》している私は罪人でしょうか。

社会を設立してから以後は、ゆりかごに対する恐怖心を社会に与えようと、努力がなされてきました。社会が幼年期からの産着《うぶぎ》を身に着けていることは、恥ずかしいことだとされてきました。産着《うぶぎ》を着た社会は窮屈だということを納得させるような試みがなされてきました。少なくともヨーロッパにおいては、この試みは成功しました。われわれの風土（クリマ）のなかで社会を治療する民間療法の医者たちは、社会を痛めつけるひきもきらぬ痙攣が正真正銘の健康なのだということを社会に納得させるまでに至りました。反対に、アジアでは、社会は、幸せな平穏さや平和なまどろみを享受しているわけですが、民間療法の医者たちは、この状態を、専制主義という、人をたじろがせる名前のもとで示すことによって、それらが本当の意味での病気なのだということを社会に信じさせてきました。先入見を広めることに利害関係を持つ人びとがいて、彼らから信頼を得た先入見は、一度もその正しさについて検討したことがなかった、信じやすい精神の持ち主によって受けいれられてしまいました。本書は、先入見を広める人とは戦い、信じやすい人にはわかりやすく説明するという使命を持っています。

非難されても当然と私には見えた格率にも、著者たちにも、手加減を私はしませんでした。私は、格率や著者たちが、私に言わせれば、なんと誤った幻想を人類の一部に抱かせてしまっていたかについて、謎めかすことなく、また同様に、恐れずに語りました。哲学は、あらゆる真理の友を自称しているにもかかわらず、真理の追放を恒久化しようと努力していますが、反対に私は、ずいぶん前からわれわれには失われてきた真理を、その全面的な光のもとに置き戻すことに専念しました。

私は真理の作り手ではまったくありません。しかし、私は、その偉大さとその諸利点から強い印象を受けました。私はそれを同胞のあいだに蘇らせようと試みています。アジアでこそそれは共有されています。アジアでこそ、それは改変されることなく保存されています。私が真理について提示している雛型をも私はまさにアジアから引き出してきました。

自然は東洋に薬用植物を惜しみなく与えましたが、これらの薬用植物の描写は、日頃からそれらを見慣れていないので、興味をそそります。なんなら、真理を、そうした薬用植物のひとつと見なしてほしいのです。東洋の美しい風土（クリマ）には、諸国民の日常的使用に供されている特産物があります。これらの特産物は、われわれのところでは、希少性がその価値の全部であるために、怠け者の何人かの好奇心に対して見世物を提供しているにすぎません。真理をそうした特産物のひとつと見てほしいのです。それをわれわれのあいだに帰化させることはできない相談だと言われています。私はそれに賛成です。ですが、それがまさに現実に存在していることは、やはり本当のことでしょう。より知恵のある、あるいは神の摂理がより目をかけている幾人かの人間がそれを利用するすべを知っていたということ、世界の初めからその財産を自分のために損なわずに保存するすべを知っていたということも、やはりたしかなことでしょう。

この点について考察が十分重ねられてきたわけではありません。われわれは、あれほど傲慢に東洋を軽蔑しながら、とてもあさましく富をせがみに東洋に行っています。しかし、この東洋は、おそらく本当の意味での学校なのです。われわれは、政治におけるわれわれの知識のすべてをそこへ汲み取りに行かなければなりません。この分野でわれわれを明るくするために、太陽がそこから出てくるはずです。まさに東洋において、太陽の光はさらにいっそう強烈で純粋です。そこでこそ、太陽が姿を現わすのを見てきた諸国民の目に、太陽は雲ひとつない空で輝いているのです。東洋から離れるにつれて、太陽は汚点と暗黒で曇ってきます。最後には、太陽は青ざめ、衰弱して、われわれの西洋に到達します。西洋で太陽はその輝きの喪失を完成します。太陽は、そこでぶあつい漆黒の夜に突き落とされます。そして、われわれのあいだで科学とかと言われているものから立ちのぼる水蒸気は、その暗さを倍加するのに少なからず貢献しています。

次のように言っても私はけっして恥ずかしくありません。われわれは、あまりにも無知なままでアジアの習俗を評価し、唖然とするほどの貪欲さとともにそこを経めぐっていますが、しかしこのアジアは、われわれが探し求めている宝物とはまったく別の高い価値を持つ宝物をわれわれに供給することができるのです。われわれがアジアから集めてきて大喜びしているものは、絹であったり、ダイヤモンドであったり、金であったりします。公共の利益のために善行を積んでいる旅行者は、記憶にないほど遠い昔からアジアで実践されてきた有益な真理からなる一貫した理論をわれわれに報告してくれていますが、こうした旅行者の方がどれほど賢いことでしょうか！　わが商人たちと取引をしているあのトルコ人、ペルシア人、それに実に多くの帝国とともに有益な真理を運んできている諸国民さえも、すなわち、実に尊大で、まことにもっともな軽蔑を両者に対して割り当てているあの誇り高いイスラム教徒、とても有名だが、しかしほとんど知られておらず、われわれの報告書のなかでは、非常に不器用に醜く描かれているあの諸民族は、道徳においても、法律学においても、統治体のあらゆる部分においても、われわれの師匠たる資格があります。とことんまでそれを調べることができるのは、彼らのところ以外にはありません。というのも、原初の原理を保存してきた人間は彼らしかいないからです。

彼らのあいだでわれわれのことは、ジアウール[58]、すなわち不信心の輩と呼ばれています。われわれがこの無礼な名前に値するのは、われわれが彼らの信仰を軽蔑しているからではありません。彼らが賢明で公正な法律に相変わらず結びつけられているのにくらべて、われわれがそれらの忘却に転落してしまったことから、こう呼ばれるのです。われわれは、度外れな夢想を信じないという意味で、不信心者であったわけではありません。われわれが信じていなかったのは社会の基本的諸制度であり、諸規則です。規則が社会を創始する力を持っていたように、規則だけが社会を維持する力を持っています。まさにこうした規則を探究することを私は義務と考えていたので、私は思い切ってこの規則の、言ってみれば、復活を公表することにしたわけです。

私は、かつてコペルニクス[59]が天文学のためにやったようなことを、法体系のためにやろうとしています。司教座聖堂参事会員だったこの学者が天体の運動について与えられた、ただひとつの合理的な理論を展開したとき、自分ではなにひとつ創案しませんでした。彼はただカルデア人[60]の意見を新しく作り変えただけでした。彼は、アジアにおいて大いなる栄光とともに現われていた光のうえに、何世紀もの長きにわたって覆いかぶさってきたぶあついベールを剝ぎ取りました。

私は、いまそれと同じことをやっています。私が同じ地方に求めに行っている知識は、実を言えば、まったく別の分野の知識なのですが、しかし、天文学の知識よりもはるか昔から存在し、そこでよりよく保存されてきたものなのです。天文学が生み落とされるのを見てきた、同じ農村地帯に、どうして政治の真の諸原理が姿を見せないわけがあるでしょうか？　宇宙全体の動きを見落とすことができなかった視力を持った人びとがどうして、自分たちの視界に宇宙以上によくはいっている対象に関して見落としをしたでしょうか？天体の回転を支配する複雑にからみあった諸法則を天空のまんなかで捉えることができた観測者たちがどうして、地上において人間たちを導くにふさわしい真のばねの単純性をも発見しなかったなどということがあるでしょうか？

これらふたつの科学は、どちらも同じように非常に綿密な計算のうえに築かれています。それらはどちらも、微細きわまりない観測結果に依存しています。お互いのあいだの類似性は、両方の科学が生まれた場所によって強められていますので、若干の考察に値するものと私には思われます。天文学の父祖たちが同じく法体系の父祖でもあったということはかなり自然なことのように私には思われます。ふたつの科学は、同じ

(58) ジアウール（Giaour）。トルコ語のガーヴル（gâvur）が語源。アラビア語からの転写のカーフル（Cafre）と同じ意味で、「不信心の輩」、「異教徒」を指す。

(59) コペルニクス、ニコラウス（一四七三―一五四三）。コペルニクスはラテン名で、ポーランド人としては、ミコラーイ・コペルニク。地動説を創唱したポーランドの神学者・天文学者。クラクフ大学で学んだのち、イタリアのボローニャ大学に留学し、法学を修め、ついでパドヴァ大学で医学を学ぶ。留学中に天文学と接し、プトレマイオスの天動説に批判的見解を抱く。帰国後、司教座聖堂参事会員の仕事をこなすかたわら、地動説を広め、『天球の回転について』を死の直前に出版。

(60) 中東バビロニア地方（現在のイラク）の古代民族で、前六一二年にアッシリア帝国を滅ぼし、新バビロニア帝国を建てた。占星術・天文学に優れた業績を残したと言われるが、ここでランゲの念頭にあるのは、拝星教（サベイスム）の名で呼ばれるカルデア人の古代宗教である。

力によって、一方には命を与えることができる状態に科学を置いた以上、他方の科学をも生まれさせるに違いなかったのです。精力旺盛な精神の持ち主がひとりの子供しか生まなかったと考えることは実に奇妙なことです。

この二人の姉妹がたどった運命は、彼女らが日の光を受け取った場所が同じであったにもかかわらず、そこにおいてさえ、きわめて異なっていました。法体系という妹の方がそこでは、帝国とともにその地域を支配していたのに、天文学という姉の方は完全に知られない状態になっていました。その理由は簡単です。ふたつの科学を創造した父祖の末裔は、天空の法則が生活の幸福にはそれほど影響を及ぼさなかったこともあって、それにほとんど興味を持たず、天空の法則の科学をあっさりと忘れてしまいました。しかし、彼らは、先祖が地上に引きいれた諸法律を必要とし、先祖の知恵を感じとっていたうえに、それらに代えてもっとよいものを持ってくることもできないことを告白できるほど、正直であったので、彼らは先祖の諸法律を変更することなく、そのまま忠実に保存してきました。そして、彼らはいまだに、そのことで後悔するような出来事に出くわしていませんでした。

しかしながら、われわれは、折に触れてカルデア人の法律をとりあげて、厚かましくも、彼らを嘲っていますが、かくいうわれわれは、カウキー族とか、スガンブリー族とか、ウーシーピー族とか、ブルクテリー族[61]とかの不幸な末裔なのです。われわれは、われわれの先祖が原生林のなかで裸体をかろうじて隠していたときのぼろ着をいまだに着ています。われわれの先祖は沼沢地で泥まみれになっていましたが、わが国法は、その汚い泥以外のなにものでもありません。われわれは、パンを作る技術を含めて、われわれにすべてのことを教えてくれた社会の真の創設者につながる直系卑属をひどく侮辱しても、恥ずかしいとは思っていません。われわれは、彼らの名前を、軽蔑しながらでしか口に出せず、恐怖を持ってしか彼らの統治体の名前を語れないのです。

たしかに、このように検討もせずに、彼らの行政の形よりも、われわれの行政の形を選択するように、われわれに勧めることができるのは、ほとんど思考の跡がみられない妄想以外にはありません。それは、愛国主義と称するあの先入見への奇妙な偏執です。われわれはみな、あのスウェーデンの学者(62)に似ています。彼は自分の科学よりも自分の国を愛することにすっかり酔ってしまったのです。彼は、聖書の文章から、地上

(61) いずれも古代ゲルマン民族の諸部族。ランゲは、タキトゥスの『ゲルマニア』およびカエサルの『ガリア戦記』に登場する部族名に準拠している。これらの諸部族はガリア地方と呼ばれたフランスに侵入し、この地に、狩猟民族の特徴を持った野蛮な社会制度を導入した、とランゲは考えているから、ヨーロッパ人が誇る社会制度も、その起源は「蛮族」の習俗だったという、ランゲお得意のパラドックスが成立するのである。カウキー族はユトランド半島の付け根に分布した部族。スガンブリー族は現在のケルン付近のライン河沿岸に分布した部族で、シカンブリー族とも呼ばれる。ウーシーピー族とブルクテリー族は、ともにライン河右岸で、より海岸に近い地方に分布した部族。

(62) おそらくスウェーデン出身の科学者で、キリスト教神秘思想家のエマヌエル・スウェーデンボリ(一六八八―一七七二)のこと。彼は、霊的世界との交信の結果として、『天界の秘儀』(一七四九―一七五六)をラテン語で公刊したのち、ロンドンに移住し、そこで次々と著作を発表した。ランゲは、ロンドンで刊行されたラテン語の書物、『新しきエルサレム』(一七五八)を念頭に置いているようであるが、たとえば、一七六八年にアムステルダムで刊行されたラテン語の書物『夫婦愛について』のなかでも、スカンディナヴィアを「地上の楽園」と呼んでいる。

の楽園はスカンディナヴィア以外の場所には存在しえなかったことを証明しました。神は、たしかに、一年のうち九か月のあいだに飢えと寒さで白熊が命を落とすような場所に、エデンの園をお据えになった、というのです。

私は別の諸原理にもとづいて、推論を進めました。私は対象物の価値を決める前に、それらをじっくりと考察しました。その結果、私に分かったことは、われわれをこわがらせるものがわれわれの賛美にしか値しないこと、われわれが非常に滑稽な憐憫の情でもって見ているような多くの民族の境遇がわれわれの羨望をのみかきたてるはずであることです。私の考えは、おおかたの読者には、新奇なものに見えるかもしれません。しかし、そうした考えは、あらゆる法体系の理論のなかで、もっとも穏健であると同様に、もっとも古い理論によって支えられているので、それらをあまりにも新しすぎると非難することは、ほとんどできることではないでしょう。

親愛なる友よ。私が戦ってきた著者たちについて貴殿にひとこと申しあげる以外に、もはや私に残っていることはなにもありません。そうした著者たちのうちで、ド・モンテスキュー氏は先頭に置かれるかたで、どこから見ても最高に尊敬さるべき人物です。一般に信じられていることですが、法律に関して語ることのできるすべてのことは、その「精神」を展開した有名な書物において尽きてしまったのだそうです。多くの人びとが信じているように、この本の書き手は、自分が切り拓《ひら》いてきた道において、独占的に目的を達したというのですが、しかし、この解釈に何らかの信憑性を与えることができているのは、彼が華々しい成功を収めたからこそなのです。

ここでは、そうした解釈を長々と議論する必要はありません。ド・モンテスキュー院長閣下の栄光が彼のあとに続く人間を失望させるはずであるかどうかを検討することも問題ではありません。また、彼が働いてきた鉱山への入坑を他のすべての人間に今後一切禁ずるのに、彼の名声だけで十分であるかどうかを検討することも、問題ではありません。豊かに枝分かれした小枝のどれひとつも彼から漏れてはいないということを仮定している先入見や、彼のあとでは、彼が発見したり、見捨てたりした葉脈の跡を追っかけてみても、徒労に終わるだけであるということを仮定している先入見を前にしては、それに正規攻撃を加えることは、相当程度、無駄なことなのです。

それに対してなしうる最良の反駁とは、この大人物が掘っていたその同じ場所から材料を引き出し、それらを題材として内容豊富な試論を生産することです。どうやら私はこのことを実行する幸運に恵まれているようです。私は正直に言いますが、彼の作品について与えられている高い評価には、なるほど十分な根拠がありますが、しかし、それにもかかわらず、私が提供する作品が公衆の目に、まだまったく触れたことがないものであることには、大いなる自信を持っています。この高名な作者がうちに抱えこんだ部分においてさえ、彼は、言うべきことを無数に残してしまいましたし、言ったこととほとんど同じだけの数の議論にかけるべき材料を残してもしまいました。多くの人びとが彼の言説を聞かないまま、そしておそらくは、彼の作品を読んでしまわないうちに、彼を賞賛しています。しかし、熟読玩味したことが賞賛を正当化する読者であっても、彼らが彼の本から外へなにかを探しに行ってはならぬ、とか、その一言一句のすべてを採用しなければならぬ、とかという風に、義務づけられているなどということにはおよそなりません。

私は、この創意に富んだ著者の優秀性については、その真価を認めています。証拠の数々がいつも正確であるとは限らないものの、彼の博学ぶりには、大いに驚嘆しています。彼の生き生きとした文体には感心していますし、適用が不正確で、ほとんど根拠がない場合でさえ、真実であり、当然であると見せかける彼の適用の才にも感心しています。しかし、彼の原理のすべてに合意することは、私にはできないのです。

私は、彼の原理のすべてに反駁を加えることにも取り組みません。私が欠陥を持っていると感じている原理のなかには、それを論証することが多分できないようなものもあります。『法の精神』の全体に及ぶ、思慮深い批評というのは、素晴らしい作品になるだけでなく、非常に難解な作品にもなるでしょう。このような企てが危険であるとするいくつもの理由があります。そのうちで主要な理由におそらくなるのは、あえてそのような企てをするという危険を冒してきた人びとの大半が、慎重さを欠いていたという事実です。

少なくとも、彼らがこの本の弱みになっている個所を把握していれば、もし彼らが作者を傷つけることをめざすのではなく、人びとの蒙を啓くことをめざしていれば、さらに、彼の主題の広大無辺な広がりのなかで、彼から脱け落ちている矛盾点を彼らが発見していれば、また、彼があまりにもうわっ面だけを示すにとどまった諸観念をつっこんだ議論に彼らがかけていれば、また、彼が忘れたり、なおざりにしたりしたかに見える微妙な組み合わせや、あるいは全面的に彼が取り違えてしまった組み合わせを白日のもとにさらすことに彼らが熱をいれていれば、彼らの仕事は、なにがしかの有益性を持つということになり得たことでしょう。

公衆は、作品と批評家から教えられて、彼らと謝意を共有したことでしょう。真実からド・モンテスキュー院長閣下を遠ざけてしまったのは、想像力の炎であり、仕事の性急さであり、とりわけひとつ残さずすべてを見ることが人間にはできないという不可能性ですが、その結果、隠されていた真実が『法の精神』を敬うことをやめないでも、再び姿を現わすのを見て、公衆は満足したことでしょう。この大人物がかなり多くの理由から自己正当化できなかった箇所では、彼の敗北を認めても、公衆には、恥とはならなかったでしょう。

しかし、彼の敵となると、こういうわけにはまったくいきませんでした。彼らは、彼に対して、論理学や形而上学やスコラ神学の精妙さで武装していました。その滑稽さは、丸ごと、精妙な理屈を使っていた人びとのうえに再び落ちかかっています。彼らは、証拠もないのに罪を着せるという忌まわしい帰罪に訴えてしまったのです。早い遅いは別にして、いずれにせよ、こうした帰罪は精妙な理屈の作者たちを不名誉で覆うことになります。彼らは、天使博士(63)とか、アルベルトゥス・マグヌス(64)とかの時代とまるで勘違いしているように思われていました。

『法の精神』のなかで、罪を着せるのに、まぎれもない手がかりを与えていた事柄を指摘した人は、ひと

(63) ナポリ出身のスコラ神学者トマス・アクィナス(一二二八—一二七四)のこと。

(64) アルベルトゥス・マグヌス(一一九三頃または一二〇六頃—一二八〇)。ドイツのスコラ神学者。パリ大学教授のちにケルン大学教授。トマス・アクィナスが師事した。ちなみに、『法の精神』を激しく攻撃したのは、カトリック陣営であった。スピノザ主義、瀆神的というのである。

りも彼らのうちにはいませんでした。この作品をこきおろすために彼らが使えるような不合理なところは、ひとつもなかったのです。彼らは、国民によって賞賛されている本に対して、まさにそれが人びとから褒められていることを理由にして、適切でない議論を爆発させていました。彼らは、彼自身よりも、彼の栄光の方にもっと激しい恨みを抱いていたのです。彼らは、彼らの意向にそって、あまりにも彼が輝きすぎていたので、ただそれだけの理由から、彼を追及していたのです。まるで、それは、或る晴れたときに、月が出るのを犬どもが見て、この天体の輝きが目を疲れさせると、月に向かって彼らが吠えているようなものです。

結局、批評を義務ならびに職業と心得ている類《たぐい》の著作家はほとんどいないわけです。批評は、彼らの手の内で卑しめられています。そこでは批評が恥ずべき手段になっています。かりに彼らがなにかを恥ずかしく思うことができるとすれば、彼らはそうした手段を用いたことにみずから赤面するかもしれません。彼らは、慎重さを欠くのと同じくらい、激烈な敵意を持って、この手段を操っています。そしてそのことを通じて、彼らは彼らの大演説の対象に悪影響よりも好影響をはるかに多くもたらしています。

彼に帰せられている誤りに対して自己弁護することほど、彼にとって容易なことはありません。誤りが彼にとっては新たな勝利の材料になっているのです。彼が威厳を持って輝くような高貴な雰囲気から、彼は、すぐにかみつく、執拗な動物どもを手玉に取っています。彼は、動物どもが彼にかみつくために、狂気の外観を呈するのを笑い飛ばしています。彼は、彼らの吠える声を軽蔑し、答えを返す代わりに、彼らが彼を侮辱することに夢中になっている瞬間に、彼ら自身を彼の光で覆ってしまいます。

これがド・モンテスキュー院長閣下に起こったことなのです。名声が証明の代わりになるような著作家の地位に、彼をまつりあげることにもっとも貢献したのは、ほかでもなく彼の敵たちの努力なのです。これまで『法の精神』にあえて立ち向かった批評家の大多数は、軟弱であるか、無作法であるか、どちらかであり、たいていはその両方でした。彼らがそこで指摘しようと望んだ誤謬が実際には、誤謬でもなんでもなかったので、彼らは誤謬がまったくそこにはないと信じこんでしまいました。これらの慎みのない検閲の唯一の成果は、彼を無謬の存在としてまかり通らせてしまったことにあります。彼は、こんな風に非難されたことで、かえって得をしました。それはまるで、質の悪い軍隊か、あるいは、まずい指揮命令に従う軍隊かが都市を幾度も攻撃して徒労に終わったために、都市を栄えあるものにする難攻不落という称号がその敵の稚拙さで都市に授けられたようなものです。

実を言えば、『法の精神』に対してうず高く積み重ねられてきた滑稽な反論の本当の価値を認めるには、公衆は時間を必要としていました。公衆は、それらを軽蔑する前に、持ち前の慣例に従って、それらに長いあいだだまされてきましたし、それらのこだまになっていました。しかし、いまでは公衆が判断をくだしたので、いくらもっとよい手段を用いても、彼らを新たな検討に向かわせることは、ほぼ不可能になっています。こういう場合、公衆の判断は、上級裁判所の判決であって、それに対しては民事再審の訴えがほぼ永久に認められないわけです。

一般的に言って、偉大な天才たちは、彼らをこきおろす残酷な敵たちのあいだにさえ、早いか、遅いかは別にして、いずれは、熱狂的支持者を作り出すことに成功します。天才たちが似ているのは、敵国で戦争をしているときに、現地で味方の部隊を募るあの征服者たちです。そこから大勢の支持者を生まれさせるためには、ひとりの熱に浮かされた支持者がいるだけでいいのです。彼らの恵まれた運命がいっそう揺るぎないものになるにつれて、それにみずからを結びつけることを人は好みます。そして、そのような作品であったために、それは、ひとりの賛美者を見つけるやいなや、まずは、批評家だけを拭い去ってしまいました。作品は、もはや賞賛者しか持っていません。

親愛なる友よ。公衆におけるこの一貫性の欠如は、まことに奇妙なものです。公衆には、別の一貫性の欠如があって、それが公衆の賛同を、文人にとっては値の張るものにし、非常に価値が高いものにします。公衆は、まず、常識はずれの人間すべてを迫害します。その際、彼らが真実を教えているのか、間違ったことを教えているのかは検討しません。常識はずれの人間は、他の人びとのようにはしゃべらないし、あるいは書くことをしません。彼らは、前途に開かれた道からそれています。公衆を驚かせるためには、それで十分です。公衆は、いらだち、この理由だけで、彼らを虐待します。

「だが破滅をもたらす死の手から矢が出てくるやいなや
死の女神は彼を人間の数から抹消せり(65)」

彼らの存在がもはや同時代人に不快感を与えないようになれば、また、なんらかの尊大さとともに現われはじめる生者をへりくだらせるなにかが彼らの賛辞から引き出されさえすれば、ただちに彼らに関するすべてのことが一変します。公衆は、彼らに対して、まったく正反対の感情を持ちます。彼らに対してまずは反感を持つのがきわめて容易だったように、今度は、彼らを厚遇するように公衆を屈服させることも、また容易です。つい先ほどまでは訴追されていたのに、いまではほめそやされている人びとの神格化に、公衆は夢中になって拍手を送ります。

彼らをしつこく守ろうとする公衆の無分別さと言ったら、彼らを攻撃していたときの熱のいれようと同じです。公衆は、彼らを信仰の対象に仕立てあげます。だれかが公衆を真似ることに躊躇すると、公衆は憤激の目でしか彼を見ません。公衆は、まずは人間としての名前をかろうじて認めていた人物から、後代の人びとにとっての神を作り出そうとします。

少なくともわれわれのあいだでは、これがアリストテレス[66]やデカルト[67]やニュートン[68]の運命でしたし、ド・モンテスキュー院長閣下の運命だったのです。たしかにこの人は友人たちの愛情には値したでしょうし、それ相当の賛辞にも値したでしょう。多くの点でその正当なることを認めるのに、私は苦労を要しません。しかし、私は彼と相まみえる幸運を一度も持ちませんでした。私には本を通じての関係しかありませんでした。

(65) この詩句は、フランス古典主義時代の詩人ボワロー（一六三六―一七一一）が友人のジャン・ラシーヌ（一六三九―一六九九）に送った第七書簡詩（一六七七）の一節。しかし、ランゲはうろ覚えで引用しているらしく、不正確であるので訂正しておいた。

(66) アリストテレス（前三八四―前三二二）。古代ギリシアの哲学者。プラトンの弟子で、アテナイに学園を開き、学問のあらゆる分野で、総合的な研究を展開した。

(67) デカルト、ルネ（一五九六―一六五〇）。フランスの法服貴族出身の哲学者・科学者。オランダに隠棲して『方法序説』（一六三七）を著わし、近代科学を哲学的に基礎づけた。スウェーデンに招かれ、客死。

(68) ニュートン、サー・アイザック（一六四二―一七二七）。イギリスの物理学者・哲学者。近代物理学を確立した。

ずっと継続して彼の本を何冊も読んだあとで私に残った印象は、作者の生存中、彼の本はあまりにも激しく攻撃されすぎ、死んでからはあまりにも賛美されすぎているというものです。

私は、彼の作品と同様、彼の名声にももっとも深い、もっとも真摯な尊敬の念を持っています。しかし、それにもまさる尊敬の念を真理に対して私は持っています。もしふたりがともに真理を追求して、同一の意見にならなければ、「われわれはお互いに争うということで、意見はまさに一致している」ということです。このように言ったのは、少なくとも『法の精神』の作者には引けを取らない、当今のもうひとりの大人物〔ジャン＝ジャック・ルソー〕です。

ときには、私は力いっぱい彼の意見と戦うことになるでしょう。しかし、私は彼の作品の美点をこわすつもりはありません。私は、彼の一党のみなさんが彼を褒めたのは間違いだった、と言いにきているのではありません。たしかに彼は、今世紀では、これ以上ないほどの栄誉を与えらるべき人物のひとりです。私の批判のあとでさえ、彼は、やはりそれ相当に賞賛されるでありましょうし、またそれ相当に賞賛されて当然でありましょう。

私があえて意見を議論させていただく有名著作家は、ド・モンテスキュー院長閣下ひとりではありません。しかし、彼は、すべての有名著作家のなかでも、もっともこまやかな心づかいをせねばならない人物です。彼の本は、私も申しあげたとおり、成功するように作られていました。彼は心情と同様に精神にも語りかけています。彼は人に好かれると同時に教訓を垂れます。ときに判明ではないとしても、彼はそれ以上に最大の輝きを持っています。アリストテレスのような人間も、プラトン(69)のような人間も、彼ほど偉大な真理を語りませんでしたし、彼ほど巧みに真理を語りませんでした。彼は、当代の人びとを魅了したはずですし、当代の人びとによる高い評価は、彼のために、後代の人びとの高い評価を確実なものにしています。

しかし、彼が取り組んできたのと同じ主題は、彼とほとんど同じくらい崇敬されている別の大勢の著作家を産み出しました。とはいえ、彼らの著作は、まったくと言っていいほど読まれていませんし、たしかに、彼の著作と比べると、それらがはるかに読まれるには値しないものであることは事実です。ボダン(70)やグロティウス(71)やプーフェンドルフ(72)などのような著作家がそれです。この種の著作家は、彼とほとんど同じくらい

(69) プラトン(前四二八—前三四八)。古代ギリシアの哲学者。ソクラテスの弟子で、アテネに学園を開き、アリストテレスを教えた。

(70) ボダン、ジャン(一五二九—一五九六)。フランスの宗教戦争時代の法学者・経済学者・哲学者。絶対王政の理論家で、『国家論六巻』(一五七六)を著わした。一五七六年に三部会(全国総身分会議)の第三身分代表となり、ポリティーク派を率いて強力な王権による国家統一を唱え、活躍した。

(71) グロティウス(一五八三—一六四五)。オランダ名はハイフ・グロート。オランダの政治思想家・法学者・神学者。国際法の父と称される。神学論争の激化で投獄され、脱獄後、パリで『戦争と平和の法について』(一六二五)を著わした。

(72) プーフェンドルフ、ザームエール(一六三二—一六九四)。ドイツのザクセン地方ケームニッツ生まれの政論家・歴史家。父がルター派の教師であったところから、チューリンゲン大学などで神学を研究したが、次第に人文主義的教養に魅かれるようになり、デカルト哲学やグロティウスの法学を修めた。大学で研鑽を積んだのち(一六五八)、デンマーク駐在スウェーデン公使付の家庭教師となる。両国間に戦争が勃発したため、投獄される。釈放後、オランダに移住。プファルツ選帝侯の引きで、ハイデルベルク大学に教授職を得る(一六六〇)。一六六七年に匿名で公刊した『ゲルマン帝国国制論』が評判をとり、スウェーデンのルント大学の自然法教授に就任(一六七〇)。一六七二年に『自然法と万民法』、翌年に『人間と市民の義務について』をいずれもラテン語で公刊。なお両著作は、一八世紀の初頭には仏訳が出ていた。

に、その名声が広がってはいますが、しかしそうした名声を支えるものがなにかを人びとは知らない始末です。たしかに彼らは新しい大地を開墾していました。彼らがこの混沌のいくつかの部分を少しばかり秩序だてようとしたときには、すべての種類の法律が比較を絶するほどの恐ろしい混乱のなかにありました。この混沌を解きほぐすために、ふたつ折り判にして何千ページにも及ぶ本が書かれなかったわけではありません。フランス、イタリア、ドイツには、有名な大学がたくさんあり、そこで研究がなされていました。しかし、驚くべきであるという以上に、嘆くべきであるような宿命によって、日の光を再び導きいれるという使命を持っている教壇から、夜の闇が出てきていました。松明を支えるための手のまわりで漆黒の闇がぶあつくなっていました。私が語る作者たちが、まったく正反対の効果をもたらそうともくろみながら、今までと同じ方法を踏襲してきたことは、残念至極です。

彼らは、もちろん、学殖豊かな人たちでした。しかし、それが彼らの作品により利益をもたらしたか、また、読者に対して、より教訓を与えたかというと、そうではありません。たとえば、グロティウスの戦争と平和の法に関する有名な本は、ギリシア語・ラテン語・ヘブライ語の文章の恐るべき集成を提供しているにすぎません。それは、未消化な、うんざりさせる博学の集積であり、わけのわからない区分と下位区分からなる織物です。彼は証明などしていません。引用しているのです。彼は質問や難問を自分にぶつけています。それらを解決しようと彼は努力していますが、しかしその際、自分の理性を使ってはいません。記憶に頼っているのです。なんの意味もないひとつの単語について、一ダースの権威しか彼が報告しない場合があれば、読者はもうけものです。

彼は、この節度のない博学ぶりを慎みのない極限状態にまで推し進めています。すべてがよしとされるのです。ホメーロス、聖アウグスティヌス[73]、ヘシオドス[74]、聖クリュソストモス[75]、オウィディウス[76]、福音書、聖と俗――彼はすべてを混同し、すべてをもつれさせます。彼は、異教の詩人を使って教父を理解させます。

(73) アウグスティヌス（三五四―四三〇）。古代キリスト教の聖人で、神学者。ラテン教父。アフリカのヒッポ司教（三九五）。新プラトン主義の影響を受け、母の勧めもあってキリスト教に回心。マニ教、ドナトゥス派、ペラギウス派などの異端と戦う。『告白』、『神の国』など。

(74) 紀元前八世紀から七世紀にかけての古代ギリシアの詩人。『神統記』、『仕事と日々』など。

(75) クリュソストモス、ヨアンネス（三四七頃―四〇七）。アンティオキア生まれの、キリスト教の聖人で、ギリシア教父。ギリシア哲学の素養があり、アンティオキア学派の聖書学者として、聖書の字義通りの解釈を推し進め、旧約および新約の釈義を説教の形で残した。「黄金の口」と称されるほど弁舌さわやかであった。コンスタンティノープルの総大主教だったが、政治家としての力量に欠けていたため、政争に巻きこまれ、異端の嫌疑をかけられ、失脚し、追放先で亡くなった。

(76) オウィディウス・ナソ、プブリウス（前四三―後一七／一八）。古代ローマの作家。エロティックな著作（『愛の技法』）を得意としたほか、古代ギリシア神話をモチーフとした『変身譜』など。著作が不道徳と断罪され、追放され、流浪する。

彼は、ティブッルス[77]やルカヌス[78]（＊9）や、彼らと同じくらい尊敬すべき他の解釈者たちの断片を用いて聖ヤコブ[79]の文章を説明します。

（＊9）『戦争と平和の法』、第一巻、第二章、第八節、第一六項［邦訳、一又正雄訳、巖松堂、第一巻、一〇四—一〇五ページ］を参照。

私はこの文章を全部引用しないではいられません。グロティウスの著作を手元に持っていない人や、あるいはそれを手に入れることができて、読んではみたものの、その欠点に気がつかなかった人の目に、グロティウスとその文体について私が下した判断を正当化するには、それが必要なのです。以下は文字通りの忠実な翻訳ですが、私の翻訳について、私がなにも付け加えず、なにも削らなかったことで、だれかが私を非難することを私は恐れてはいません。

私が話している章では、戦争が一度でも正しいものでありえたかどうかを検討することが問題です。第六節でグロティウスは、復讐するためのこの情け容赦のないやり方が福音書によって許されているか、禁じられているかを問うていました。彼は彼流儀で、すなわちとても賢明に、イエス・キリストの言葉が十分判明ではなかったことを証明しました。「そこから、彼の（キリストの）言葉が単純な解釈を含んでいないことは明白である[80]」。

第七節では、一一の異なる推論を彼はことごとく吟味しました。これらの推論から、キリスト教の戒律が戦争をする権利について、まったく拒絶していないことを論証することができます。一一の推論の過程で、聖パウロと聖アウグスティヌスのあいだにタキトゥスが登場し、そして、タキトゥスだけが「適切に」語ったと賛辞が送られています。

第一〇の推論は、ことのほか奇妙なものです。それは、聖パウロが『使徒言行録』［第二五章、第一一節］

（77）ティブッルス、アルビウス（前五〇頃—前一九／一八）。古代ローマの田園詩人で、恋愛詩を得意とした。四巻本の悲歌が残されているが、うち最初の二巻だけがティブッルスのもので、残り二巻はいずれも後代の詩人が遺稿をまとめたもの。

（78）ルカヌス、マルクス・アンナエウス（三九—六五）。古代スペインのコルドバ生まれのローマの詩人で、哲学者セネカの甥。ネロ帝暗殺に加担、自殺に追いこまれた。カエサルとポンペイウスの内乱を描いた『パルサリア』（別名『内訌』）という叙事詩が唯一残されている作品で、ウェルギリウスの『アエネーイス』に次ぐ最大の叙事詩とされている。グロティウスが引用するのもこの作品からである。

（79）イエスの十二使徒のひとり。聖ヨハネの兄。初めてのキリスト教殉教者とされる。

（80）原文ラテン語。『戦争と平和の法』、第一巻、第二章、第六節、第五項（邦訳参照、一又正雄訳、巌松堂、第一巻、九〇ページ）。

（81）最初はサウロと呼ばれたユダヤ教徒で、キリスト教迫害に加担したが、ダマスコに赴く途中で、復活したキリストの声を聞き、キリスト教に回心。その後は、各地に伝道に赴き、前後三回の伝道旅行のほか、ローマにまで足を延ばす。幾多の迫害を経験し、六一、二年頃に殉教したとされる。

（82）タキトゥス、プブリウス・コルネリウス（五五頃—一二〇頃）。古代ローマの歴史家。『年代記』でローマ帝国創成期の歴史を描いた。そのほか『同時代史』、『ゲルマニア』など。「タキトゥスだけが適切に語った」（第一巻、第二章、第七節、第一二項、邦訳前掲、第一巻、九五ページ）という文章は、第九の議論の末尾に出てくる。出典は『同時代史』第四巻、第七四節。

（83）『戦争と平和の法』、第一巻、第二章、第七節、第一三項、邦訳前掲、第一巻、九六ページ。

のなかで言ったことから引き出されています。「もし、悪いことをし、何か死罪に当たることをしたのであれば、けっして死を免れようとは思いません。[84]」「そこから」グロティウスは、イエス・キリストの来臨以降、犯罪者に死刑を宣告することは許されている、したがって、戦争をすることも許されている、と弁舌さわやかに「結論づけ」ます。これでは、まるで個人の処罰と戦闘とのあいだにほんの少しでも関係が存在するかのようですし、聖パウロがひとりの罪人に対する極刑について語りながら、実は、戦争の結果、間違いなく起こる無辜の民の大量殺害を正当化したがったのだ、と仮定することが可能であるかのようです。

第八節は、先ほどの一一の推論に反対して、キリスト教の精神が大砲と銃剣の使用にはまったく反対するものであることを証明するための推論を七つ含んでいます。敬虔に推論を吟味して、なにが一番説得力のある推論なのかを決定できるようにするために、詳しくそれらを引用しなければならないと考えた、とグロティウスは述べています。「敬虔であることが多くの力をそこで発見させることに威力を発揮する」かどうかについては、私にはわかりません。ですが、理性がそこでは弱さしか見つけないことは、たしかです。それについては、私が引用すべきと考えた推論から、どの推論がすべてのうちでもっとも決定的であるかの判断がつくことでしょう。

グロティウスは言います。「これらのうちで第七番目の推論は、聖ヤコブ［手紙］、第四章、第一、二、三節の文章である。そこで彼はこう言っている。『何が原因で、あなたがたの間に戦いや争いが起こるのですか。あなたがた自身の内部で争い合う欲望が、その原因ではありませんか。あなたがたは、欲しても得られず、人を殺します。また、熱望しても手に入れることができず、争ったり戦ったりします。得られないのは、願い求めないからで、願い求めても、与えられないのは、自分の楽しみのために使おうと、間違った動機で願い求めるからです』。」

「この戒律は普遍的なものをなにひとつ含んではいない。当時、四散していたヘブライ人が戦争と喧嘩で、相互に傷つけあってみじめな状態にあり、また、部分的にはその詳細をヨセフス(85)にも見ることができるが、しかし聖ヤコブが言っていることは、彼らの戦争と喧嘩がひとつの悪い原因に由来していたということにすぎない。同じことは、現在でも起こっていて、われわれはそれを見て苦痛を覚えるのである。」

「ティブッルスには、聖ヤコブの意味とかけ離れてはいない意味を持つ箇所がある。この詩人は言っている。『戦さは富の果実。ブナの茶碗で酒を飲み、満足している限り、人は戦争をせぬ。(86)』」

(84) グロティウスの引用は、『戦争と平和の法』、第一巻、第二章、第八節、第一六項(邦訳前掲、第一巻、一〇四—一〇五ページ)からである。

(85) ヨセフス、フラウィウス(三七—一〇〇頃)。ユダヤの歴史家。ユダヤ教の祭司の息子として、エルサレムの名家に生まれる。青年時代には、エッセネ派とも交わりがあり、最終的には、パリサイ派となった。二六歳の時にローマに旅行し、その勢威に強い影響を受けた。六六—六七年の反ローマ反乱に参加し、投獄ののち、やがて帝位(六九)につくウェスパシアヌスの厚遇を得て、ローマでフラウィウス家に仕えることとなる。ウェスパシアヌス帝の息子ティトゥスのお供をして、エルサレムに帰還、当地でユダヤ人とのあいだの仲介役を務めるが、七〇年のエルサレム破壊後、ティトゥスと共にローマに帰り、フラウィウス家から名前をもらい、寄食生活を送りながら、歴史著作をまとめる。『ユダヤ戦記』、『ユダヤ古代誌』など。

(86) この部分は、ティブッルスの第一巻、第一一悲歌、第七、八節である。訳註(77)参照。

「そしてストラボン[87]では、ひとつならずの場所で、食料がもっとも質素な国民はもっとも平和的な国民でもあるということが認められる。ルカヌスが次のように叫ぶとき、彼はこの考え方から遠く離れてはいない。『ああ忌まわしき奢侈の浪費よ。汝は質素な身なりではけっして満足せぬ。ああ高望みよ。汝は大陸の奥深く、遠く海を渡り、珍味を手に入れ、至れり尽くせりの食卓を持ちたいと願う。暮らしを維持するには、どれほど少ないもので済むかを学べ。自然がなにを必要としているかを学べ。最良・最古の葡萄酒をもってしても、病人は治らぬ。黄金に囲まれていても、高価な調度に囲まれていても、病人の喉を潤さないでは、なんにもならない。病人に健康を取り戻させるには、単なる水でいい。人びとには水とパンさえあればいい。戦争をしている連中を憐れむべきなにほどのものがあろう！』」

「これには、プルタルコス[88]の『ストア派討論集』における次の文章を付け加えることができる。『快楽欲であれ、蓄財欲であれ、名誉への渇望であれ、度外れな支配欲であれ、なんらかの悪徳から生まれないような人間同士の戦争などひとつもない』」。

「スキュタイ人[89]の格率をほめたたえたあとで、ユスティヌス[90]はこう付け加えている。『すべての人間が彼らと同じくらい穏和で、他人の財産に目もくれなかったらよかったのに！　そうであったら、あれほど多くの戦争がどの世紀にも途切れることなく起こるというようなことは、おそらくなかっただろうに。人間の運命が強いる自然死よりも剣と武器によってもっと多くの人間の命が奪われるようなことにはならなかっただろうに』」。

「善と悪との究極についての著作の第一巻では、キケロ[91]に言わせると、『口論、不和、叛乱、戦争が生まれるのは欲情からです』ということになる」。

「テュロスのマキシモス[92]にはこのような言葉がある。『いま万物は戦争に満ち溢れている。欲情がいたると

(87)ストラボン（前六四―後二一以後）。ギリシアの地理学者で、歴史家。『地理書』、全一七巻。グロティウスの引用指示では、『地理書』、第七巻、第一四―一五巻。

(88)プルタルコス（四六／四九頃―一二五頃）　ギリシアの歴史家・道徳家。ボイオティア地方のカイロネイアの名家出身。アテナイで雄弁術を学んだあと、各地を旅行。著書は膨大な量に達し、それらは、『対比列伝』（邦訳名『プルターク英雄伝』）に代表される伝記物と倫理・道徳に関連した対話集にわかれる。

(89)イラン系の古代民族とされる。考古学的には、分布は広大で、カフカス、中央アジア、シベリア地方においても、スキュタイ式の武器や土器・青銅器・鉄器・貴金属などが出土している。元来、ヴォルガ河東側部分に居住していたが、その一部が黒海北方および北西部のステップ地帯（スキュティア）に移住しきて、ヘロドトスをはじめとする古代ギリシア人史家に記録されるようになった。

(90)ユスティヌス、マルクス・ユニアヌス。三世紀頃に活躍したとされる古代ローマの歴史家。ローマ帝国初期の歴史家トログス・ポンペイウスの『ピリピ人の歴史』から『世界史』という抜粋集を作ったが、そのなかで、トラキア地方のピリピ人と縁の深いスキュタイ人について記述した。グロティウスが引用する箇所は、同書、第四巻、第四七三節以下（『ピリピ人の歴史』、第二巻、第二章、第一節）の富に無関心なスキュタイ人の習俗に関するくだりである。

(91)キケロ、マルクス・トゥッリウス（前一〇六―前四三）。共和制ローマ時代最大の著作家。元老院議員で、ローマの執政官（前六三）を務めた。ストア派の哲学者でもあった。グロティウスが引用するのは『善と悪の究極について』（別名『最高善・最高悪論』）という著作で、紀元前四五年の作と言われる。同書、第一三章、第四四節（邦訳参照、『キケロー選集』、第10巻、永田ほか訳、岩波書店、四二ページ）。

(92)二世紀頃に活躍したレバノンの港湾都市テュロス出身の新プラトン派哲学者。ギリシア語で書かれた道徳・哲学論集を残した。引用もこの『論集』、第二九論説、第六節から。

ころに広がって、地上全体で他人の財産を奪おうとする羨望がかきたてられたせいだ』」。「ヤンブリコス(93)も同じことを言っている。『戦争、戦闘、叛乱は肉体と肉体の情欲に由来する。なぜなら戦争は、人に役だつものによって引き起こされるからだ』」。

以上がグロティウスの書き方であり、推論の仕方であり、とりわけ彼の証明の仕方です。彼はいつも、証明を名前で補い、事物を言葉に置き換え、不合理なことを補強するためにてんでんばらばらな文章をいたるところに積み重ね、結局のところ、格率を定立することを考えるよりも、彼の読書量をいかにひけらかすかを考えています（＊10）。

（＊10）ついでに、この児戯に似た引用の大ぼらを使っているご当人の知識が、はなはだ曖昧模糊としていることを、この大ぼら自体が証明している点を見ておきましょう。おびただしく引用を重ねるためには、おびただしい知識などまったく必要ではありません。モンテーニュ(94)は、彼の世紀の趣味を考慮したために、この憐れむべき趣味に与《くみ》して、こう打ち明けています。自分は無知であったのに、博覧強記との大評判を頂戴するのに、費用がまったくと言っていいほどかからなかった、と。この秘密はいつの時代にも知られ、実践されてきました。わが近代派の人びとのあいだにさえ、こうした手口を使った有名な書き手を何人も見つけることは容易です。しかし、私はだれにも衝撃を与えたくないので、モンテーニュの『エセー』、第三巻、第一二章を読者の皆さんが参照されれば、それで私としては満足です。

おもしろいことに、別にグロノウィウス[95]と呼ばれる有能な人物がいて、彼は、グロティウスの文集がそれほど博覧強記ぶりを示した書ではないと見ていました。私が持っている註解集のなかで、グロノウィウスは、

(93) ヤンブリコス（二五〇頃―三三〇）。カルキス生まれの新プラトン派哲学者。プラトン主義を東方のグノーシス的神秘主義と融合させ、邪神崇拝を作り出したとされる。『哲学の奨め』のほか、ポルフュリオスの質問に答え、魔術儀礼を擁護した『エジプト人の魔術について』などの著作があったが、断片しか残っていない。グロティウスが引用するのは、『哲学の奨め』、第一三章の文章である。「人に役立つもの」は原文では「致富欲」と明確な言葉を使っている。

(94) モンテーニュ、ミシェル・エーケム・ド（一五三三―一五九二）。フランスの哲学者。ボルドーの大商人の息子。ボルドー市参事として裁判に携わる。ギリシア・ラテンの古典的素養に加えて、懐疑論を武器に宗教的寛容を唱え、未開人の習俗の研究を通じて文明批判を展開した。『随想録』（邦訳、『エセー』、原二郎訳、岩波書店）が主著。ランゲが参照を求めている『エセー』、第三巻、第一二章（邦訳、（六）、七二―七三、七五ページ）で、モンテーニュは「貧困の誓いに精神の貧困をつけ加えることは、貧困の誓いをいっそう完全に果たすことになる。われわれが安穏に生きるためにはほとんど学問を必要としない。……いったい何のためにわれわれはこんなに気苦労な学問で身を固めようとするのか。地上に散らばって、頭を垂れて仕事に精を出し、アリストテレスもカトーも知らずにいるあわれな民衆を見よう。だが、自然は、彼らの間から毎日、われわれが学校であんなに一生懸命に学んでいるものよりもはるかに純粋で、はるかに力強い剛毅と忍耐の実例を見せている」と述べている。

(95) グロノウィウス、ヨハネス・フレデリクス（一六一一―一六七一）。ハンブルク生まれのオランダの文献学者で、古銭学者。蘭名グロノフ。ライプツィヒ、イエナの大学で学んだのち、法学を志しアルトドルフに赴く。ハンブルクに戻ったのち、グロティウスと交わる。オランダ各地を旅行した後、ヨーロッパ諸国を遍歴。一六五三年にレイデン大学の教授となる。セネカ（一六四九）、ティトゥス・リウィウス（一六五四）、タキトゥス（一六七二）などの校訂本を編集したほか、グロティウスの『戦争と平和の法』を編集した。

註解者の特権に従って、別に一五の文章を付け加えました。それらは、本文とはあまり関係がない、本文よりも長い文章ですが、しかし、名前と対象は本文のようにまぜこぜになっています。そこでは、聖書の十戒のかたわらにホメーロスを見ることができますし、聖ヒエロニムス[96]の近くにディオゲネス[97]が見られ、セネカに続いて聖クリュソストモスが見られます。

こんな風に著者は執筆術をもてあそび、記憶をこのように滑稽な形で濫用することで、読者の忍耐を嘲っています。こんな風にすれば、大部な書物を作ることは容易にできます。そうした書物は無知な世紀を誘惑します。そして、それらの名声を失わせることが確実に見こめる手段を逆手にとったり、分別ある人間が読むに堪えなくなることを利用したりして、より啓蒙された時代にも、かえって、こうした書物はそれらの名声を保持しています。

理性を用いることに慣れているまっとうな精神の持ち主は、科学と引用が泥流となっているなかを渡るために、思い切って一歩を踏み出すとすぐに、水没し、溺れてしまいます。彼は、愚かな大衆に誤りを悟らせるようなことはしないで、彼らを軽蔑することでたいていは満足します。愚かな大衆は、彼らのご先祖様への信頼にもとづいて、嬉々として泥だらけの水のなかに身を浸し、その純粋性を賛美してやみません。

いま世に出たら、これ以上ないほど当たり前の軽蔑しかかきたてないのに、われわれに先だつこと何百年も前に生まれたという幸運を持っているだけで、なぜおびただしい量の本が高い評価を受け、祭りあげられているのか、そのわけは以上の通りです。名声に値しないのに、名声を得ようと野心を抱いている同時代人の著作をわれわれが断罪する場合はときどきあります。しかし、ひとつのできあがった名声とともにわれわれのもとへ届けられる古代人の著作については、われわれは、検討なしにそれらに跪《ひざまず》きます。悪い方法を使って金持ちになっている成りあがり者を見たとき、人びとが彼らを社会のなかで嫌われ者とするのも、これと同じ原理によるのです。一方、財産を獲得するのに同じ道を取った連中の子供たちに対しては、別の世代に属するので、彼らに対しては、人びとは尊敬の念をふんだんに浴びせかけます。

しばしばグロティウスの意見と戦っているプーフェンドルフに対しても、少なくとも同じ非難を向けることができます。「言葉の使用に関する義務について」と題された章（＊11）において、彼は、言葉の代わりを務めるすべてのしるしを検討に付すために、まるまる四ページを費やすことからはじめています。彼は、(98)

(96) ヒエロニムス、ソフロニウス・エウセビオス（三四七―四一九／四二〇）。キリスト教の聖人で、ラテン教父。ダルマチア出身で、聖書文献学者として大きな業績を残す。三八四年にローマ法王ダマスス一世のすすめで、聖書のラテン語訳に取り組み、ベツレヘムでヘブライ語からラテン語に聖書を訳し、四〇四年にそれを完成した。このラテン語訳聖書は、のちにウルガタと称され、ギリシア語訳の七十人訳と並んで、教会の聖書定本となる。ほかにキリスト教史に貢献した『教会著作家論』を残す。

(97) ディオゲネス（前四一二／四〇四―前三二三）。ギリシア人哲学者。犬儒（キニク）派のディオゲネスと称される。小アジアのシノーペウス生まれ。ソクラテスの継承者と見なしたアンティステネス（四四五頃―三六五頃）に師事。ストア派につながる禁欲主義的な犬儒派の哲学を主唱。樽のなかに住むなど奇行で知られ、アレクサンドロス大王にも直言したことで有名。彼の著作は残っておらず、エピソードがディオゲネス・ラエルティオスの『哲学者列伝』によって知られるのみである。

(98) 原文では引用符が付いているが、ランゲが参照しているバルベラックによる『自然法と万民法』の仏訳とは相違しているので、省略した。Pufendorf : Le droit de la nature et des gens, …, par Jean Barbeyrac, Amsterdam, 1712, tome I, p. 425f.

黎明や太陽や煙について語り、ナウプリオスの息子パラメーデース[99]を殺害したギリシア人たちを殺すために、トロイア攻囲後、ナウプリオスが用いた灯りについて語り、ペルシア人や日本人やその他、多数の民族が火や角笛や鐘や十文字槍や木蔦《きづた》や図柄や看板で知らせていることについて語っています。

（＊11）『自然法と万民法』、第四篇、第一章。[100]

彼は次のような指摘をしています。「家寄りの舗道を人に譲ること、出はいりするときに立ちあがること、身をかがめて礼をすること、手に口づけをすることは、敬意を表するときにかなり一般的に使われているしるしである」が、それに反して、「人前で帽子とか靴とかを脱ぐこと」とか、「人の鼻を指先ではじくこと」とか、「人のひげを引っ張ること」とかは、曖昧なしるしで、「或る場所では尊敬を示すが、他の場所では、軽蔑を示す」ことになるというのです。

こうしたもっともらしい考察のあとで、彼は言葉の起源を議論しています。彼は、ルクレティウス[101]の韻文がひとつの誤りを含んでいることは事実としても、その誤りに反駁することは、きわめてむずかしいと考えています。しかし、それにもかかわらず、彼が滑稽なものと思っているルクレティウスの韻文を二六行にわたって引き写しています。[102]彼は聾唖者に話す技術を教えることに関して、激しく抗議しています。彼はバベルの塔［『創世記』、第一一章］と言語の混乱に遡っています。彼は、まずもってアダムの言語があらゆるたぐいの観念を表現する完全なものであったかどうかに疑問を持っています。最後に彼は、彼以外では、おそらくけっして見抜けなかっただろう事柄を断言して終わっています。すなわち、諸民族の言葉は、当初は非常に貧しいものであったこと、そして、時間が経つにつれて言葉は豊かになってきたことがそれです。これほどすばらしい発見をしたのは、プーフェンドルフ自身ではない、と貴殿はお思いでしょう。「言葉の使用に関する義務」に大いに関係した、とても興味ぶかい主題について、彼は、アリストテレスやイソク

(99) ギリシア神話上の人物およびその子孫。ポセイドーンの子とされ、有能な航海者でもあった。パラメーデースの父。トロイアに遠征したパラメーデースがオデュッセウスの奸計にかかり、殺された仇をとろうとしたが、失敗。その後、海でオデュッセウスを襲うが、最後には溺死したとも、自殺したとも言われる。その際、ナウプリオスが灯台と海岸で火を焚くことで、ギリシア人の船の方向を誤らせ、岩礁の方に導いた話をプーフェンドルフは引用している。

(100) Pufendorf : op. cit., tome I, p. 424f.

(101) ルクレティウス・カッルス、ティトゥス。紀元前一世紀頃の古代ローマ詩人。エピクロス主義者だったと言われる。『事物の本性について』(『世界論』)で、原子論的世界観を表現し、後代に大きな影響を与えた。ランゲが言及している箇所は、第五巻の一〇二七節から一〇五三節までである。Pufendorf : ibid., 426-427.

(102) 実際には、プーフェンドルフは、動物も言葉を持っていることを指摘する一〇五四節から一〇六一節までを付け加えて引用している。この部分は、プラトンの『クラテュロス』の言語論に対する「反駁」とされ、ディオゲネス・ラエルティオスの『ギリシア哲学者列伝』、第一〇巻、第七五―七六節のエピクロスの言説とウィトルウィウスの『建築家論』、第二巻、第一章を参照することが求められている。

ラテス[103]やプリニウス[104]やソフォクレス[105]やクィンティリアヌス[106]やガルシラーゾ・デ・ラ・ベガ[107]やイギヌス[108]や『学説彙纂』[109]やポリュビオス[110]やカゾーボン[111]やフェルディナン・ピント[112]やティトゥス・リウィウス[113]やアプレイウス[114]やルキアノス[115]やオスマン帝国に滞在するフランスの大使のうちのひとりであるド・サシ氏やシチリアのディオドロス[116]やディオゲネス・ラエルティオス[117]やウィトルウィウス[118]やプラトン[119]やホラティウスやプレッシ・モ

---

(103) イソクラテス（前四三六―前三三八）。古代ギリシアの弁論家で、修辞学者。ソフィストのゴルギアス（前四八七頃―前三八〇頃）に師事した。アテナイに学園を設立し、弁論術を教えた。

(104) プリニウス・セクンドゥス、ガイウス（二三―七九）。大プリニウスとも呼ばれる。古代ローマの博物学者。『博物誌』全三七巻を七七年に完成した。引用はこの『博物誌』から。

(105) ソフォクレス（前四九六／四九五―前四〇六）。古代ギリシアの三大悲劇詩人のひとり。『アンティゴネ』、『オイディプス王』などの戯曲がある。プーフェンドルフは『オイディプス王』を引用している。

(106) クィンティリアヌス（三〇頃―一〇〇頃）。スペイン出身の古代ローマの弁論家。ウェスパシアヌス帝（九―七九）に仕え、『弁論家の教育』全一二巻を残した。引用はこの『弁論家の教育』から。

(107) ガルシラーゾ・デ・ラ・ベガ（一五三九―一六一六）。本名ゴメス・スアレス・デ・フィゲロア。インカ人とも称される。スペインの征服者とインカ皇女とのあいだに生まれたインカの歴史家。一五六〇年にスペインに移住し、軍歴を経て、父方のガルシラーゾ・デ・ラ・ベガを名乗る。スペイン系アメリカ最初にして最大の散文家と言われる。引用されている著作は『ペルー一般史』（一六一七）。仏訳題名は『ペルーのインカ諸王の歴史』。

(108) イギヌス、ガイウス・ユリウス。スペイン生まれの紀元前一世紀頃のラテン語文法学者。幼少の頃にローマへ奴隷として連れてこられた。ギリシアの文法学者コルネリオスについて学識を深め、アウグストゥスによって解放され、図書館館長に任命。今日では散逸しているが、ウェルギリウスの註解集のほか、神話学的寓話集があり、プーフェンドルフはこれを引用している。

(109)『学説彙纂』(Digesta)。ユスティニアヌス帝の編纂になる『ローマ法大全』中の法令集のひとつで、五三三年に『法学提要』(Institutiones)とともに完成した。第三篇、第一七章、訳註(1)参照。

(110)ポリュビオス(前二〇二頃―前一二〇頃)。古代ギリシアの歴史家。アカイア地方出身で、人質としてローマに赴き、ポエニ戦争に従軍。『歴史』全四〇巻で、ローマの創建から地中海制覇までの歴史を著わした。引用もこの『歴史』から。

(111)カゾーボン、イザーク(一五五九―一六一四)。ジュネーヴ生まれの亡命プロテスタントで、神学者。ギリシア語に通じ、テオプラストス(前三七二頃―前二八七頃)の『人さまざま』など、数多くのギリシア語文献を翻訳した。ジュネーヴ大学教授を務める。アンリ四世治下のフランスで新教を擁護して活躍。一六〇〇年から王室司書となるが、国王暗殺後、イギリスに亡命。引用は『書簡集』から。

(112)ピント、フェルディナン＝メンデス(一五〇九頃―一五八三)。ポルトガルの航海者。一五三七年に東インド航海を行ない、紅海入り口でトルコ人の奴隷となる。ゴアに帰還後、マラッカ総督に仕える。日本にも姿を見せた。リスボン帰還後、航海記を著わす。引用は、航海記のなかから、日本人が角笛を用いているというエピソード。

(113)ティトゥス・リウィウス(前六四／五九―後一七頃)。古代ローマの歴史家。主著は、創建から紀元前九世紀までのローマ史を論じた『ローマ史』全一四二巻。引用は、『ローマ史』、第五巻、第四一章から。

(114)アプレイウス、ルキウス。二世紀頃のアフリカに生まれたとされる文学者。人間がろばになって、魔術的世界を経めぐるという筋立ての『黄金のろば』を残した。

(115)ルキアノス(一二〇頃―一八〇頃)。シリアのサモサタ生まれの風刺作家。ギリシア語で書かれた『本当の話』などの短編を八〇編以上残した。

(116)カエサルの頃にギリシアで活躍した歴史家で地理学者。引用は『世界史』、第一巻から。

(117)三世紀頃のキリキア出身の歴史家・哲学者。哲学者の伝記を収集した『ギリシア哲学者列伝』を残した。

(118)ウィトルウィウス・ポッリオ、マルクス(前八五頃―前二六頃)古代ローマの建築家。訳註(102)参照。

(119)ホラティウス・フラックス、クィントゥス(前六五―前八)古代ローマの詩人。引用は『風刺詩』、第一巻、風刺Ⅲ。

ルネ[120]を引用しています。つづく一〇ページは、作者が取り扱おうともくろんでいたかに見える本当の主題からははるかにほど遠い、むかつくほどの博学のひけらかしで、退屈きわまりないものです。

　このように、自分からはなにも言わないでおこうとするそぶりを見せることは、乗り物で自分を運ばせる習慣が脚力のなさを証明したり、それを疑わせたりするように、たしかに精神の無力さを示すものです。あらゆる言語で書かれた数多くの文章の助けを得てしか、自分の考えを産み出さないでおこうと、注意を払うことは、作者がいかに自分自身の正確さに自信を持っていないかを暴いています。読者を自分の力ではどうにも納得させることができないと思っている彼は、読者を無理やりねじ伏せるために、権威を積み重ねているのです。

　彼が真似しているのは、取り巻きの数を増やすことによってはじめて、自分たちの権力を維持し、自分たちを取り囲む軍隊のまんなかに姿を消すことによってはじめて、自分たちの人格に対する尊敬をかきたてているようなあの暴君たちです。よき王、よき正統君主は、こうした厄介な手段を必要としません。彼らは、護衛なしに喜んで姿を現わします。彼らは、行動を共にするというわずらわしい義務が押し付けられるような習慣を軽蔑し、できる限りそれを避けようとします。

　理性と真理についても同様です。それらは、引用のあの滑稽なお供を連れずに行進します。それらは、誤謬と凡庸さのこうした悪だくみを軽蔑しています。理性と真理は、こういう学問の用具を拒み、このようにおびただしく積み重ねられた外国の意見を排します。それらを構成する文章の抜粋は、いつも元の文献では、ひとつの意味を持っています。また、あちこちから文章を抜粋してきて、それらを互いにつなぎあわせてこしらえあげた書物のなかでは、これらの文章の塊は、元の文献で与えられている適用とはほとんどいつも違った、文章の押し当てとなっています。こうした事情があるだけに、外国の意見の山は、いっそう使いものにならず、いっそう反撥を買うものとなっています。人がなんとかしてこれらの抜粋を編纂しようと努力しても、そこからは、無味乾燥な寄せ集めと我慢ならない雑文集しか出てきません。

これこそグロティウスも、プーフェンドルフも気にならなかったことなのです。しかしそれで全部というわけではありません。彼らは、文章術に秀でるためには、だれにも理解できないような原理を立てることからはじめなければならないと思いこんでしまったようなのです。彼らは、体系的であろうとしているのに、彼らの諸観念のあいだになんのつながりもつけていません。つねに明証性、明証性と言っているのに、頭が少し明晰な人なら、だれでも憐れみを覚えるくらい、彼らは明快ではありません。彼らは、彼らの行進に秩序をもたらそうとしているのに、あまりにも寄り道をしすぎたり、回り道をしすぎたりしているので、彼ら

(120) プレッシ・モルネ、フィリップ・デュ（一五四九―一六二三）。フランス・プロテスタントの代表的政治家。カトリックの名家に生まれたが、母の影響で改革派に宗旨替えし、一五六五年にジュネーヴへ赴いたのを皮切りにドイツ、イタリア、オランダを歴訪、歴史学や神学を修めるかたわら、改革派の主張の代弁者となる。その後、サン・バルテルミーの虐殺を逃れて、イギリスに亡命。その後、宗教内乱期にフランスで活躍。アンリ四世の国務顧問となるが、アンリ四世のカトリック改宗とともに、次第に王と対立するようになる。『聖餐論』でスキャンダルを巻き起こし、ソーミュールに引退。プーフェンドルフの引用は、バベルの塔のエピソードに関係した『キリスト教の真理性について』（一五八一）、第二六章からである。

には付き合いきれなくなります。とくに彼らの最初の数章は、解くことができない判じ物の連鎖です。彼らがそこにふんだんにばらまいているのは、形而上学とスコラ用語が得意とする、これ以上ないほど馬鹿げていたり、いんちきだったり、理解できなかったりするしろものです。

以下[121]にお見せするのは、グロティウスによる法についての詳論です（＊12）。「それ自体としての法は正義以外のなにものでもない。……それはまず『支配する法と平等にする法』とに分かれる。これらふたつの意味は異なっている。その異なりは、後者が人身に適用されることに由来する」。

（＊12）『戦争と平和の法』、第一巻、第一章、第三節以下。

「後者の意味においては、法は、正しきものを所有することができる人間か、あるいは、正しきことを行なうことができる人間か、どちらかの人間の道徳的資格である。……完全な道徳的資格は『権能』と呼ばれ、完全さがより少ないときには、『適性』と呼ばれる。自然状態においては、これは、『現実態』か、あるいは『可能態』か、どちらかの言葉に対応する」。

「権能は、第一に、『権力』を含んでいる。それは、自分に関する場合には、自由と呼ばれ、『祖国』と呼ばれる他者に関する場合には、『主権』と呼ばれる。それは、第二に、用益権や担保権のように、全体であるか、部分であるか、どちらかの所有権を含んでいる。それは、第三に、債権とそれに対立する債務を含んでいる」。

「この同じ権能は、さらにふたつに分類される。『個人の用益に適用される私権と、構成員より上級の共同体に付属する権力および構成員のものより優越した公共財産に関する権力のように、私権を優越した公権である。王権が祖国の権力と主人の権力を下に従えているのは、このような事情による。個人の事件のなかで、王の権力が公共財産に対しては、個々の主人の権力より大きいのは、このような事情による。各人の債権者に対してよりも、国家に対して、公共の必要のために各人が義務を負うのは、このような事情による」。「『適性』については、『アリストテレスによると、それは品位と同じものである』。そしてエフェソスのミカエル[122]によると、それは適切なもののことである』」。「『権能』は、『補充する正義』の管轄に属し、『適性』は、『配分する正義』に依存する」。人が文章に目をやれば、納得することができるので、いささか判然としないこれらふたつの定義を明快に説明するために、それぞれの定義のかたわらにアリストテレスの片言隻句が置かれますが、しかし、それらはなおさら定義をもつれさせています。

以上が戦争と平和の法を扱ったグロティウスの有名な作品の出だしです。彼の建物全体を根拠づけている基本概念は以上の通りです。彼がこれらの基本概念に塗りたくった黒い形而上学のほかに、なお絶対的にい

(121) 原文では、註として『戦争と平和の法』、第一巻、第一章、第三節から第八節までの六つのラテン語の文章が引用(邦訳前掲、第一巻、四六―五〇ページ)されている。なお、「現実態」と「可能態」という言葉はアリストテレス哲学の用語で、フランス語では、「行動、行為」と「能力」を示す言葉が用いられる。

(122) エフェソスのミカエル(一〇七〇頃―一一四〇年頃)。ビザンツ帝国のアリストテレス註解者。

んちきな原理にそこでは着目することができます。そこで理解可能な、ほとんど唯一と言っていい事柄は、いずれも誤謬なのです。たとえば、彼が自然状態における「現実態」に「権能」が対応していると言ったり、「可能態」に「適性」が対応していると言ったりするとき、彼が間違っていることはまことに明白です。

現実態は、三つの他の用語が示している事柄の成就です。それは、もしこう言ってよければ、権能の「実現」であり、適性の「展開」であり、可能態の「利用」なのです。これら三つの用語は、すべて同等な直接的関係を現実態とのあいだに持っています。他のふたつを排除することに対応するような残りのひとつのものを想像することができませんし、第一のものとの関係を欠いたままで、第二のものと第三のものを結びつける関係を想定することもできません。

これら三つの表現は、いずれもほぼ同じ事柄を意味しているにもかかわらず、それでもなお、説明するよりも感じる方が簡単なニュアンスの違いを持っています。彼の才覚を利用しようとする人間にとっては、こうした衒学趣味的なみじめさは、注目に値するのかもしれません。しかし、グロティウスの博識を長々と陳列することよりも、おそらく彼の口のなかにそれらがあった方がそれぞれの言葉の正確な定義にはふさわしいことでしょう。

歩くことは現実態〔行動〕です。鉄鎖につながれた囚人は、「可能態」〔能力〕を持っています。それを成就するために必要になるのが「適性」です。彼に欠けているのは、「権能」だけです。四肢すべてを持っているけれども、運動を奪う麻痺が起きて、寝床に引き留められている人間は、運動の「権能」も、「可能態」も持たないのです。彼は「適性」しか保持していません。さらに、鉄砲玉があたって両足を砕かれてしまった不幸な兵士は、「権能」と「適性」とそれを使うための「可能態」を同時に失ってしまったのです。

最初の用語は、なんらかの対象を動かす自由のことです。第二の用語は、用いられる道具が目の前にあることです。第三の用語は、それを使う力のことです。これら三つのすべてが協力し合うことがひとつの現実態を作りだすためには、絶対的に必要です。現実態とはその結果です。それはちょうど、生命が肺の動きと心臓の運動と血液循環との結果であるようなものです。これら三つのばねのどれかひとつでも欠けるなら、生命は止み、肉体の組織は破壊されます。同じことで、とても滑稽なことにグロティウスがふたつずつ動かしているこれらの用語の第四番目の用語は、例外なく他の三つのものに依存しているのです。

現実態は「権能と「適性」と「可能態」の内的結合なしには、生じ得ません。それは、この結合の産物であり、結合を中断するとたちまち、存在することがもはやかなわなくなります。したがって、実践的哲学者として自分を売り出し、王と諸国民に教訓を垂れようとし、世界中に行動規範を示そうともくろむ作家なら、切り離し得ない対象のあいだに、絵空事の区別を真面目に打ちたてようとしたり、これらの同じ対象のいくつかの部分のあいだに、これまた空想的な排他的対応を真面目に打ちたてようとしたりすることから、はじめることは許されてはいません。

プーフェンドルフも、その本の冒頭部分で、グロティウス以上に巧みであったり、明快であったりはしません。彼は、真理に対して同じ言葉を示してはいませんし、同じ対象を示してもいません。ところが、それは、同じ文体、同じ趣味、同じ不分明さでできあがっています。プーフェンドルフは自分の最初の巻全体を自分で分かっているものと、私は、まさに心から信じています。しかし、実際のところは、読者が彼と同じ洞察力を持っていることを彼が期待したということにはなり得ていません。彼は理解されないことを望み、エジプトの神官たちのように、自分の考えを象形文字のもとに包み隠そうと望んだと思われるのです。この本は、あまりにもおびただしいほどに、定義で満ち満ちています。これらの定義は、とんでもなく抽象的で、特異なものです。ひょっとして、たまたまアリストテレスの論理学が失われていたとしても、プーフェンドルフの最初の巻が保存されていさえすれば、アリストテレスの論理学を惜しむ必要はなかろうというほど、彼による定義は、ものすごくわかりにくい言い回しを持っています。

わが親愛なる友よ。私は、貴殿の苦手とするところに配慮するつもりです。私が提供しようと思えば、それができる、高尚な、うまい表現の束で友を打ちのめすつもりはありません。私は、貴殿をうんざりさせるるほど、著しく多くはなく、私が大胆にも提案していることを正当化するには十分である、少しばかりの例で、とどめておくつもりです。

プーフェンドルフは、第一章の全体を使って、精神的存在について論じています。「私の意見では」と彼は言います、「それについて、与えられる限りでのもっとも正確な定義は次のようになる。それは、知性的存在が肉体的な事物あるいは運動に或る様態を結びつけることである。知性的存在がこうしたものに結びつく目的は、人間の自発的行動の自由を指導し、それを制限するためであり、人間生活になんらかの秩序や礼儀正しさや美しさを置くためである」（＊13）。

（＊13）三ページ、バーゼル版、四折判、一七五〇年。

このように、まず「或る様態」として定義されているこれらの精神的存在は、次いで、「或る実体」、「精神的人格」となり、「或る状態」のなかに存在することになっています。この状態のなかでそれらの行動を「展開する」ために、それらはそこに「閉じこめられたもの」として考えられています。この状態が道徳に対する関係は、空間が肉体に対する関係と同じです(＊14)。

(＊14) 私は先ほどグロティウスの文章を引用しました。私はそれを自分で訳しました。それと同じことを私はプーフェンドルフについてもしたかったのですが、しかし、ドイツ人の作者がオランダ人の作者のように、洗練された文体という点では少しの美点も持たないだけに、濫用を証明することになってしまう、おびただしい引用は、なおさら人をうんざりさせるものとなるということに私は気づかされました。私は、『自然法と万民法』については、バルベラック(123)の翻訳を使うことで我慢しました。彼の翻訳は忠実と言われていますし、明らかに良識を備えた人物から出てきたものです。かわいそうなこの翻訳者は、原著者の無駄口に関して、フランス語に翻訳しながら、ぼやくことし

(123) バルベラック、ジャン(一六七四—一七四四)。フランス南西部のベジエール出身の法学者で翻訳家。プロテスタントの家庭に生まれ、ナント勅令廃止とともにスイスに移住。ローザンヌ大学およびフローニゲン大学で法律を教える。ベルリン・アカデミー会員。プーフェンドルフやグロティウスの著作を精力的に仏訳した。ジャン＝ジャック・ルソーも彼の翻訳でプーフェンドルフやグロティウスの業績を知ったと言われている。『自然法と万民法』の翻訳については、訳註(98)を参照。以下、この仏訳本を用いる。

きりなのです。

精神的人格については、それらは「単純なもの」であるか、「複雑なもの」であるか、どちらかです。これらの用語のそれぞれは、無数の部分に分割され、さらに副分割されます。このことが引き起こす最後の指摘は、カリグラ[124]が馬鹿で不誠実な人間を執政官に任命することができたにもかかわらず、彼は、法律に従ったうえで、狂気でなければ、「彼の馬をその職に昇進させる」ことができなかった、というものです。そして、作者はプロテスタントであるので、この博識を示す文章は、ご覧になる通り、非常に自然な形で、きわめて礼儀正しく、ローマ教会における聖人の列聖に対する皮肉のひとつにつながっています（＊15）。

（＊15）一五ページ以下。

これらの精神的存在は、定義に従って、様態から次には実体に変質したのち、作者の好んだときに、またも元の様態に戻ります。彼の意見では、「その際、それらは、『非常にたやすく単純な』様態と『価値判断』という様態に分割される。単純な様態とは、それを使えば、人間が或るやり方で変形されたものとして『単純に』認識される様態のことである。価値判断の様態とは、人間と事物を『価値判断される』にふさわしいものとする様態のことである。これらの様態をもっとも一般的な観念でとらえるなら、前者は、質という用語と結びつき、後者は量という用語と結びついている」。

「質は、われわれの主題にとって必要である限りで、形式的性質と作用的性質とに分割されることができる。形式的性質とは、いかなる作用にも傾かない性質のことである。逆に作用的性質とは、なんらかの作用に傾く性質のことであり、それらは、本来的なものと派生的なものに分けられる。本来的なものとは、それらによって事物がなんらかの行動を産み出すことができるものとしてとらえられる性質のことである。それらには、二種類ある。内部的なものと外部的なものである。派生的なものとは、本来的性質から派生してくる性質のことである。行動がそれである」(*16)。

(*16) 同所〔一六ページ〕

わが友よ、「道徳的」、「作用的」、「能動的」、「受動的」、「感覚的性質」については、ご容赦願いたい。「精神的分量」、「肉体的分量」、「数学的分量」については、貴殿に押しつけません。ですが、私は、貴殿に、論証とはなにかについてお教えしないわけにはいきません。

---

(124) カリグラ(後一二—四一)。第三代ローマ皇帝。本名、ガイウス・カエサル、ゲルマニクス。カリグラは「小さな軍靴」を意味する通称。父は第二代皇帝ティベリウス(前四二—後三七)の養子となったゲルマニクス(前一五—後一九)。ティベリウス帝を毒殺したとも言われる。病で狂気になり、暴君となったと言われ、妻、娘とともに暗殺された。馬のエピソードは、スエトニウスの『ローマ皇帝伝』、第四巻、第五五節で紹介されている。それによると、戦車競技に狂ったカリグラは、馬のインキタトゥスに大理石の像と象牙の飼葉桶を作ってやり、宝石の首輪と奴隷まで与えた挙句に、その馬を執政官に任命しようとしたという。

「論証することとは」[125]と相変わらず、作者の意見なのですが、「確実な諸原理によって、或ることを証明することであり、『三段論法形式において』適切な或ることの原因と或ることとが結びついているように、その諸原理とも必然的な関連にあることを示すことである」。だから、ふたつの前提の帰結ではないすべてのものは、プーフェンドルフ男爵閣下によると、論証などというものではまったくないのであって、形式にのっとって議論を組み立てることができないのであれば、それを論証だと信じろ、などと要求することはだれであっても、許されることではないということになります。

おそらく貴殿は、この作者が「行動に」降りてくれば、読者に対して寛容になるだろうし、長い四章全体を通じて、それらをスコラ的な夜に沈めてしまったのに、この闇からそれらを作者が引き出してくださるだろう、と期待しておられるでしょう。はたしてそうか、ご判断ください。「道徳的行動は、共同生活において、それらの結果の帰責と比較衡量されるような人間の自発的行動にほかならない」。「道徳的行動の質料は、なんらかの自然注意深くそれらの質料と形相を区別しなければならないのです。「道徳的行動の質料は、なんらかの自然的能力の肉体的運動を含んでいる。たとえばそれは、外的・内的感覚の感覚的欲望の運動能力である。道徳的行動の形相は、帰責可能性から成り立っている。この可能性からそれらの性質・特性・帰結が生じる」。

以上が、わが友よ、人類の幸せのために書かれたと言われ、社会がもっとも関心を寄せる題材を実際に扱っていると言われるふたつの著作の扉の言葉がなんなのかです。しかし、知性的存在を教育しようともくろむなら、はたして、このようにして、彼らに話しかけなければならないのでしょうか？　実を言うと、これほど馬鹿げた隠語を可能にするために、自分の才能のすべての広がりを使わせてしまったアリストテレスこそ、いい迷惑です。二〇世紀ものあいだ、無知と口げんかを永続させるのに役だっただけだった、恐ろしくむかつく、ちんぷんかんぷんの話を、体系に変えるために、その精神のすべての光を用いてしまったことを彼は本当に嘆くべきでしょう。

このくだらない精妙さ、なにも意味しないおびただしい数の単語のもとで良識を窒息させるこの恥ずべき技法こそは、かくも長きにわたって、理性を虜《とりこ》にし、学問の進歩を遅らせてきた当のものなのです。言葉のこの不名誉な濫用こそが学者間の喧嘩沙汰の源泉であると同時に、その養分になっています。喧嘩沙汰は、その成長に非常に適した土壌のうえで生まれ、養分をとります。沼地の水面で生まれた昆虫がきれいな流水では命を落とすように、喧嘩騒ぎは、それらを産出する泥土のまんなかで絶えることがありません。

このように既成観念に対して石を投げつける私の大胆さに、多くの人びとは気分を害するであろうと覚悟しています。私がずいぶんあけすけに語っている著者たちの評判が高ければ高いほど、彼らの美点をあえて疑おうとすることには、お許しがますます出ないことでしょう。真実をさらけ出してあげた場合でも、自分がはずかしめを受けたと感じる人びとがいます。自分では気づかなかった誤りから目をさまさせてくれたことに、彼らは我慢ならないのです。彼らは、自分たちの意見をあらためる必要性を侮辱と見なしています。怠惰は、彼らの目をさまさせてくれる人間から、彼らをだましてきた著者を擁護するように仕向けるのです。彼らは、医者が病人に危険を教えたときに、彼らの状態に幻想を抱き続けようとして、反対に医者をののし

(125) 論証に関するくだりは、原書、第二章、第二節(二二ページ)にある。

る臆病な病人です。

こうした性向は、根拠がないのと同じくらい、陳腐なものになっています。立場を決める前に、あえて諸理由を吟味しようとしたり、本を判断するために、その古さをもとにするよりもむしろ、本がなにを含んでいるかをもとにしたりするような精神の持ち主は、ほとんどいません。しかしながら、そうした精神の持ち主がいることはいます。こうした人びとの判断に私は私の本と私の批評を委ねるものです。

もし、批評が存命中の作者の手に落ちていたなら、私は手心を加えて語ったことでしょう。私は、彼らが讃嘆すべきものとして語ってきた事柄しか引用しなかったでしょう。私は彼らの間違いを沈黙に埋めこむことでしょう。もし彼らの著作が絶対的に質の悪いものであったなら、私はそれについて語ることを差し控えることでしょう。私は、まずいものを作ってしまったという後悔の念に、だれかがそれに気づいているということがわかる苦しみを結びつけろ、などと彼らを強制しないでしょう。

しかし、私が名ざししている著者たちは亡くなっています。死者について人が語るとき、生きている者への教訓として、真理以外の恩恵を彼らから受けることはしません。皮肉と批評のあいだに横たわる本質的な相違は、とりわけこうした時間による区別から成り立っています。

皮肉は墓場から逃げる厄介な害虫です。それは、相手を食いかじり、苦しめるために、ただ生命のある肉体しか求めません。害虫が攻撃する肉体には感性があり、それが魅力となって、害虫を吸いつかせるのです。害虫は、それが引き起こす苦痛をえさに生きており、そうした印象を感じさせることができないようなすべての対象からは、遠ざかります。

それに反して、批評の方は、生命を害する病気を減らすための手だてを死者の遺骸のなかに見つけようと努める賢明な解剖学者です。解剖学者が有益な実験を行なうのは、無感覚な対象に対してだけです。彼女が[126]死骸にメスを入れるとしたら、それは死骸の子孫の世代に善を施すためです。死骸の体質の原理を分析することが彼女に許されるとしたら、そして、病気の原因を死骸の体内に発見しようと彼女が大胆にも試みるとしたら、それは死骸の子供たちをいつかは病気から守ることができるようにするためです。

著作家もこれと同じことです。或る作家が他の作家の意見と力の限り戦っているときに、貴殿は、彼の動機について、あるいは、しばしば起こりさえしますが、彼の著作について、なにを考えなければならないかを知るために、また、それが貴殿の軽蔑に値するか、それとも尊敬に値するかを判断するために、どちらの作家についても、彼らがどのような時代に生きてきたのかを検討してくださるようにお願いします。同時代人はいつも皮肉を作るとは限りませんが、しかし、そうではない人びとは、けっして皮肉を作りません。彼らはそんなことをしてどんな得をするというのでしょうか？

(126) 原文では、解剖学者が女性になっている。おそらく「批評」を表すフランス語の単語が女性名詞だからであろう。

第一篇　法律の効用について

第一章　人間はなぜ法律を必要とするか

人間は自由なもの、まったく平等なものとして生まれることを、自然は心という心で叫び、目という目に見せてくれている。[1]自然は、すべての人間に、自分を守るための腕や、危険を予知したり、食料を見つけたりするための感覚や、食料をつかむための手や、自分たちの種を永続させるための器官をわけ隔てなく与えている。

各人は、他人に頼ることなく、自己の肉体を保持するために必要な補助手段を持っている。人間の原始状態を仮定したとき、幼年期のあいだ——他の動物でも同じだが、人間の場合も、幼き者のひ弱さを補う義務は母親が負っている——は別だが、地上には、人間ほど強靭で、生き生きとしており、食料を得るのに容易で、正確な意味で自由な生き物は存在しなかった。原始状態での人間の運命は、拘束なく生まれ、良心の呵責なく生き、恐れることなく死んでいくというものであったろう。

人間の原始状態からの脱却がよいことであったかどうか、悪いことであったかどうか、また、その状態にとどまる自由が人間にあったかどうか、あるいは、かつてそういう状態に人間がいたことを論理的に考えられるかどうかなどといったことを検討することがここでは問題になっているのではない。この点に関しては、宗教がおおかたの疑念をすべて取り除いてくれている。宗教は、われわれの探求を禁じることによって、われわれが誤謬に陥るのを防いでくれているのである。人間は、生まれつき持っていた大権の数々を短いあいだ享受したあとで、自分の過失でそれらを失ってしまった。人間にとっては、なにものにもまして変質しにくい、このうえなく貴重な所有物であったはずの、この独立した幸せな状態にまで人間が昇ることができるには、もはや空想によるほかなく、しかも、それはきわめて不完全なやり方での上昇でしかもはやない。

人間はもうそんな状態にはいない。そこへ立ち返ろうにも、彼にはそのすべはない。快楽や欲望や病気といった、人間の現在の状態に忌まわしくも付きまとっているものは、全部が全部、人間をその同類たちからなる社会に引き留め、社会が産み出すあらゆる類の従属に人間を屈服せしめている。人間はもはや社会から離れることはできない。離れると、死んでしまうからである。おそらく人間は、こうした現状が必要ならしめるなんらかの方策を社会のなかに見つけてはいるのだろう。しかし、人間は、自分の汚れなさや自由といったものを犠牲にすることで、それらの支払いを済ませているのである。

人間は、目を開くやいなや、社会と呼ばれるこの広大無辺な鎖につながれる。人間は、どうせいつかは鎖の環のひとつになるのだからという口実のもとに、社会という鎖とひとつになるように急かされる。人間は、いまだに知ることもできず、実行することもできない義務を契約によって背負わされる。人間は、こういう代価を払ってはじめて、もう自分の涙が降り注がれている地上で、ひとつの地位を割り当てられるのである。人間は、自分が縛りつけられているゆりかごの底から最初に目を開くと、自分と同類の存在が目に留まる。彼らもまた、全員が鉄鎖につながれており、奴隷の境遇を分かち持つ用意を整えた仲間と出会うのを楽しみ

---

(1) 以下の一文は、野沢訳、二五〇ページ下段。安斉訳、一九二ページ参照。

にしている（＊1）。

（＊1）　お気づきになっていると思うが、ここで問題にしているのは、純粋に世俗的な義務だけである。宗教が強制するもろもろの義務は別の種類を構成する。宗教の義務は隷属という観念を一切排除している。正直な話、それを実行することは骨が折れる。しかし、義務の履行に伴うほうびの方は、われわれに後悔の念を引き起こすよりはむしろ、感謝の念を引き起こすに違いない。

おまけに、宗教の義務にわれわれがくくりつけられるのは、理性が義務の正しさについて啓発するときだけであり、そのうえ、理性は、そうした義務を好むようにわれわれを教育してくれる。それに対して、社会的な取り決めの方は、われわれがまさに息をしだす瞬間からわれわれを拘束する。父親が産着《うぶぎ》で息子をくるんだその瞬間こそが、また、息子を寝床に寝かしつけたその瞬間こそが息子を社会の諸規則に厳しく従わせる。社会の決まりがもたらす利益をすでに息子が享受しはじめているからである。まだ理性に恵まれていない子供やそれを失ってしまった狂人でも、社会の法律を免除してもらえないのに、こうした人間は、宗教の義務なら免除してもらえるのである。宗教の義務は、それらを履行する個人に理解力があることを必要とする。というのも、それらは個人の利益に関係しているからである。社会の法律はそんなことを必要としない。社会の法律は、一般利益を見張ることを目的とするからであり、一般利益を害する者ならだれであっても鎖にくくりつけてしまうことを目的とするからである。

習慣がやがてこの強制された作業を自発的な愛着に変えてしまうというのは、本当の話である。教育が自然の声を圧殺しに来る。教育は子供の心と物腰を磨きあげる。教育は、帽子をかぶることを教えるようにして、考えることを教えこむ。外出することを教えるようにして、論理的に考えることを教えこむ。教育なしには、しばしば嫌悪感しか引き起こさないかもしれないものまで、教育は高く評価することを教えこむ。子供は、自分の運動ではない運動に、嫌悪感を抱かずに付き従うことに慣れ、自分がかかわってもいなかったような全般的な騒乱に押し流されることに慣れる。

それでもやはり、理性が発達する年頃になると、子供は、自分がなくしてしまったものについて、苦渋を持って振り返ることがあるかもしれない。残りの力の使用を保証するためと称して、現実に持っている力の一部を文明人から奪い取ってしまったこの奇妙な虚飾を見て、孤独のなかに逃れて、そこに隠れている汚れなさと自由を見つけ出したいという羨望が彼をとらえるかもしれない。そのとき、たちまち彼は、そんな計画を実現することは不可能だと悟るだろう。

ひとりになったとたん、すべてのものが文明人の弱さと惨めさをまざまざと彼に思い起こさせる。彼は、自分を取り巻く敵どもに取って食われたくないがあまり、群れに残ることの必要性を感じる。牧童には、雌羊の保護という務めが託されているので、彼らは狼から雌羊を守らなければならないのだが、ときどき牧童自身が狼とほとんど同じくらいこわい存在になると、言ってみてもむだである。この不幸の方には、つける薬がない。だからそこから逃れようと試みてもむだである。

教育によって力を抜き取られたか弱い両腕には、もはや獰猛な動物の猛威から身を守る力はない。技術のおかげで柔弱になった両手には、自然が彼のために用意してくれた食料をさがすために、彼を高い木に持ち上げるだけの力がもはやない。服を着るという習慣によって退化した彼のからだは、外気によるほんのちょっとした被害にも敏感になってしまった。人工の織物をいわば新しい皮のようなものにしようとしていたのに、熱さが彼を焼き、寒さが彼を凍えさせ、雨がからだにしみこむ。自分から苦痛を追い払おうとあくせく努力しながら、文明人は、かえって苦痛の影響を敏感に感じるような無数の手段を手に入れてしまった。彼は、苦痛に抵抗する力や、それ以上に苦痛に勇敢に立ち向かう力を絶対的になくしてしまったのである。

彼の魂の方は、ほんのちょっとした変化にも耐えられなかった。彼は孤独に耐えることも、孤独に自己満足を覚えることももはやできない。彼には支えが必要であり、慰めが必要である。彼は臆病になり、小心になってしまった。文明人は、自分のものである現在を楽しむかわりに、もはや自分のものではなくなっている過去に苦しみ悩み、まだ自分のものとはなっていない未来を不安に思うことしかできない。後悔が彼を引き裂き、好奇心が彼を苦しめる。彼が不安を味わうにつけ、不安感を解消してくれるのではないかとひそかに期待している人を介して、彼は彼の同類のもとへ連れ戻される。

彼は自分が恐ろしいと感じていることや希望していることを伝える。彼は救いを待っている。彼は助けを乞うているのだ。友人と称される連中に彼は懇願するのだが、無関心という残酷な体験を毎日のように繰り返しているにもかかわらず、なんだか知らない盲目的な習慣のようなものが彼を彼らのもとへ引き連れていく。社会が彼に不幸を引き起こすのに比例して、ますます彼にとって社会の必要性は増すように見える。社会から逃げ出す理由が一刻を争うものとなればなるほど、彼は、かえって社会に自分をつなぎとめようとする。それはまるで、倒壊する建物のなかでは、落下に巻きこまれた不幸な人間は、彼を押しつぶそうと落下してくる残骸までも、より大きな力でつかもうとするようなものだ。

おまけに、いまではどこに引きこもる場所があるというのだろう。それを欲するに足る体力と気力を持っていても、一箇所でもそうした場所が見つかるだろうか？　貪欲[2]と暴力が土地を横奪したのである。貪欲と暴力は、それらに強烈な愛着を持った人間にだけ、土地の所有を認めることで意見が一致している。こうしたふたりの暴君の特認状を提示できない人に対しては、それがだれであっても、隠れ家として役だつわずかな片隅でも残されてはいない。

われわれのような文明国にあっては、すべての要素が奴隷である。[3]それらすべてには主人が存在し、それらを使用してもかまわないという許可を主人から買い取らなければならない。まったくもって耕作されていない土地でも、ひとりの専制君主の支配下にあり、そこで旅行者があえて呼吸をしようとした場合には、その専制君主は、彼を大げさに責めたてることができる。あの泉を見たまえ。丘の高みからざわめきながら泉水が落ちかかっている。それは、自分に圧制を加える所有者の手から逃れようとしているのである。自然は、

（2）以下の一文は、野沢訳、二五〇ページ下段。

（3）マルクスの『資本論』の第四巻にあたる『剰余価値学説史』の「ランゲ」と題された第七章で、マルクスはランゲの『民法理論』（本訳書）から抜粋を作っている。本文のこのくだりは、マルクスがランゲの天才的着想として注目した部分である。『剰余価値学説史』の邦訳では、「われわれの文明社会では、［自然の］すべての要素が奴隷である」（八三ページ）となっている。つまり、ランゲにあっては、自然状態から社会状態への移行は、まさに奴隷社会への移行なのである。

森の地面を有益な草で敷き詰めてくれたけれども、それはだれのために取ってあるとあなたがたは思うのか？　風が大地に腐った葉をばらまいてくれたけれども、その腐った葉はだれのものだとあなたがたは考えるのか？　涙で濡れた目で遠くからその腐った葉を欲しがっている窮乏にそれは委ねられていることを、あなたがたは想像しないのか？　富裕は窮乏をあざけって、遠ざける。富裕の用心を巧みにかわすために窮乏があえてやるいくつかの試みは、それらを告発する用意のできた密告者に出くわし、それを罰する用意をした復讐者を見いだす。

このようにして、とりこになった自然の全体は、その子供たちに生活を維持するための手に入れやすい資源を提供するのをやめてしまった。自然の恵みに対してたゆまざる労役によって支払いをしなければならず、自然の贈り物に対して、根気強い労働によって支払いをしなければならない。わがもの顔に自然を排他的に占有する富者は、この代価と引き換えでなければ、そのほんの一部でも、再び公共のものに戻ることを承知しない。自然の財宝の分け前にあずかることを許されるためには、それを増やす努力を払わなければならない。(4)

富者から身ぐるみ剝ぎ取られた貧者に対しては、いつも富者の疑念が向けられている。その猜疑心は、富者に独立を侵害と見なさせ、自由を叛乱と見なさせる。思考する権利は自分たちだけのものである、と富者は声高に言う。富者は、赤貧が再び起きあがって、自分が赤貧に対して要求している力の使い道以外のことに、赤貧がその力を用いる気になりはしまいかと恐れるあまり、赤貧を絶え間なく押しつぶすことに専念している。富者は、赤貧に向かっては、ヤコブの子供たちとともに、エジプト人の政治をお手本にしている。(5)

富者は、赤貧が自分たちの不運について考える時間を赤貧から奪うために、労役を余分に彼らに課している。傲岸不遜で頑健な人間に禍《わざわい》あれ。そんな人間は、社会での価値下落を拒み、社会からなにひとつ引き出さないことに同意し、野蛮きわまりない場所に、昔の人間が持っていた品位を回復しに行こうとするだろうから。そこで住民を殺しまわる活動を繰り広げている彼の同類たちから、彼は、たちまちのうちに追い回されるかもしれない。彼の限りなく穏やかな境遇とは、珍獣のように、逃げ出してきた町に連れ戻される羽目になり、そこで貪欲から見世物として陳列され、好奇心のなぶりものになるということであろう。

したがって、自由や独立というような奇怪な絵空事には、おさらばしなければならない(6)。これからは、民事契約の諸原理に自分の振る舞いを合わせていかなければならない。つまり、それは、「生活費を稼ぐ」と称される状態に到達することができるようにしなければならない、ということである。それは、利害精神に身をゆだねる必要性でもある。それはまた、同じ原理によって、すなわち生きんとする欲望、服を着たいという欲望、快楽という名を授けられているあの片時の気晴らしのいくつかを享受したいという欲望によって突き動かされている残りの人間の利害に対抗して戦う決心を、あらゆる動機のうちでもっとも差し迫った動機によって、固める必要性でもある。

(4)『剰余価値学説史』、八三―八四ページ参照。

(5) 旧約聖書(『創世記』、第四六章以下)で、族長ヤコブは、彼の子供のヨセフがエジプトで出世したので、晩年はエジプトに移り住み、そこで巧みな飢餓民対策を打ったことを指す。とりわけ『創世記』、第四七章、第一三―二四節参照。

(6)『剰余価値学説史』、八四ページ参照。

そこから、対立する計画が生まれ、秘密の戦術が生まれ、おおっぴらな暴力が生まれる。そもそも人間は、たったひとつの道にしかはいりこめないものである。そこから抜け出ようと努力している一群の競争者たちのあいだで、みんながお互いに押し合いへしあいしているのが感じられる。少しばかりの水と土がミツバチのあいだに投げこまれることで、互いに激しい敵意を抱くふたつの群れにミツバチが分かれるように、もし政治が人間たちのあいだに「正義と法律」を投げこみに来なければ、そこからは、たちまちのうちに、血みどろの戦いが結果しただろうに。

第二章　法律が定める目的

したがって、法律の目的は、社会の平和を維持することであり、情熱によって社会のなかでかきたてられずにはおかない言い争いをやめさせることであり、あるいは、少なくともそれを沈静化することである。そのことに成功するためのもっとも確実な手段は、所有権を固定することであった。そして、法律がやってきたのはこのことである。強欲が法律に先行してきたことを、われわれはもっと先の方で見ることにしている。享受は名目に先だっていたが、しかし、法律は、ほぼ同じくらい早くからやってきて、所有を正当なものとして認め、最初の横奪を聖化することによって（＊1）、新たなる横奪を防止しようとした(1)。

（＊1）　この点を理解するためには、第二篇、第九章、第一〇章を参照。

それ以後、自分自身の制度によって束縛された人間は、家畜の群れが家畜小屋に閉じこめられているように、大地に閉じこめられて生きてきた。人間には、法律が命令する動き以外の動きをすることは、もはや不可能となった。彼は、彼の牧草を食べるのに、法律が彼に割り当てた牧場でしか、牧草を食べてはいけないことになった。人間には外出する権利があると言っても、法律がどの門を通って行くかを決める任務を負っているのだから、法律が彼に指定する門を通ってしか、外へ行けないことになった。

この瞬間から、いわば彼の存在は彼自身に属することをやめたのである。彼の腕、彼の思考、彼の命――なにもかもが共同倉庫に閉じこめられてしまい、それを使うことは、もはや彼の裁量には属さなくなった。ほんのちょっとした足取りにも、彼に指針が与えられた。唯一神聖なものとなり、唯一尊重すべきものとなった一般利害を傷つける恐れがあるときには、なにか自然な動きに負けた人間でも、自分の意志を貫くことはできなくなった。彼は、逆方向の衝撃にも従わざるを得ないと感じるようにさえなった。それはまるで、外科医が、関節や筋肉に痛みが走るのもおかまいなく、四肢が動かなくなった病人をひっくり返して、治療のためにもっとも適した体位に彼を置くようなものだった。

こうした操作なくして、人間のあいだでは、いかなる結合体もけっして存続しないことは明白である。個人の見方が一般の見方とぶつかることはいつものことであり、あるいは、そうしたことはしょっちゅう起こることだとすれば、また、自分のことだけを考えること、自分の幸せな生活のために他人の安寧を犠牲にす

(1)『剰余価値学説史』、八四ページ参照。

ることが自然権によって各人に許されているとしたら、そして力が要求を支えるための、唯一の十分な理由であり、弱さが拒否を正当化することができない唯一の理由であるとすれば、恒久的な戦争か、または全面的な無関心かが人類の宿命となったに違いない。

立法者たちが恐れたふたつの不都合な事態がそこにあるから、彼らが作った制度は、部分的にはこういう事態に対する打開策となっている。彼らの制度は、生まれつき人間に与えられている限界のない支配権を、各個人については制限し、廃棄している。それは、他人のなかでのみ自分の楽しみを享受するように人間を制限している。それは、隣人たちに依存して歩むことを人間に強制している。自由を渡したら、濫用されるかもしれないので、彼らの制度は、各人の計画や欲望から自由を奪っている。それは、いわば時計の歯車のように、彼らがお互いにかみ合わないといけないようにしている。まさにそのことによって、制度は「社会」と呼ばれるこの複雑な機械の運動を維持しているのである。

これらの制度によって社会の成員が置かれている状態では、社会の成員は、お互いの助けなしですますことはできない。もし彼らが全員ばらばらに切り離されて暮らしていたのなら、彼らにはそんなものは、まったく必要ないだろう。彼らが全員貧乏であったのなら、一緒に暮らしていても、彼らにはそんなものはほとんど必要ないだろう。彼らが全員金持ちであったのなら、お互いの助けをいっそう必要とするだろうが、しかし、その必要性は、情熱と才能の不平等や富と赤貧の不平等がひとりひとりを個別的地位に位置づける場合に比べると、低いだろう。

とりわけこの不平等の結果を釣り合わせ、その危険を和らげることに法律は心を砕いている。法律には不平等を消し去ることはできない。それどころか、反対に、法律の本質は、不平等をゆるぎないものにすることにある。法律はとりわけ所有権を保証するためにある。しかるに、持たざる者より持てる者から多くを奪えるわけだから、法律は、明らかに金持ちを貧乏人から保護するためのものである。[2]

法律は人類の最大部分を敵とする陰謀のようなものだということは、考えるとつらいけれども証明ずみのことなのだ。法律における最大の努力は、その支えを一番必要としている者の利害に反する方向に向けられている。富裕が法律を書きとらせる。そこから主要な利益を引き出すのも、同じくこの富裕である。それは、敵国のまんなかに設けられた富裕のための砦であり、そこで、恐れを抱かなければならない危険性を抱えているものは、富裕以外にはない。

正義とは各人に属するものを各人に返すという、永久に続く不断の欲望であると法律家たちは言う。[3] しかし、貧乏人に属するものと言えば、その赤貧しかない。だから法律は、貧乏人には、ほかのものを保存しておくことができないのだ。法律は、余分に持っている人間を、必要分さえ持たない人間の攻撃から遮蔽することを目ざしている。法律の真の精神はまさにそこにある。かりにそれが不都合であるとしても、それは法

---

(2) 以下、「証明ずみのことなのだ」までは、野沢訳、二五一ページ上段。『剰余価値学説史』八四ページ参照。安斉訳、一九四―一九五ページ参照。

(3) ラテン語原文を併記したこの文言に付けられた原註では、出典を『学説彙纂』、第一篇、第一章で引用されているウルピアヌスの文章としている。岩波書店の『ギリシア・ラテン引用語辞典』によると、出典は『ユスティニアヌス法典』で、「正義とは各人に彼の権利を帰する堅固なる不断の意思なり」と訳されている。

律の存在と切っても切れないものなのである。

こういうわけで、法律の起源を掘り下げて研究することで、この建物を建てることに一番利害関係を持っていたのは、実はその建築者たちなのだということをのちにわれわれは知ることになる。建物が攻撃対象としていた諸権利を持つ人間たちの方は、建物を計画するにあたって、少しも相談にあずからなかった。彼らは、建物が建ったときに、それを尊重する義務を正式に通告されただけである。しかし、建物の見取り図は彼らに渡されず、それを監視する業務も彼らに託されることはなかった。被征服民の隷属を恒久化するために作られた城塞の下で、征服者が被征服民の敬意を受け取るのと同じで、彼らが呼び集められたのは、法律という建物に従属することを教えられるためにすぎなかった。

とはいうものの、実を言えば、はっきりと見えるこの抑圧には、一時しのぎの手段が見つかっていたのである。全部を所有している人間がなにも持たぬ人間の腕を賃借りする必要があったことから、この抑圧が和らげられることになる。怠惰な富裕の財貨のなかで、勤労を要する産業がなにも持たぬ人間にひとつの役割を割り当てる。それは、不平等を追い出しはしないが、不平等を我慢できるものにする。享受したいという欲望が守銭奴根性を乗り越える。奇妙ではあるが、有益な組み合わせによって、ひとつの情熱が積み重ねてきたものを、別の情熱があちこちにばらまいてしまうのである。

このような事情があったから、再生産に携わることなしに消費するという権利に、少数の人間を法律が固定しはじめたときにも、そのはじまり以来、法律が不公正なものになることは、妨げられてきたのである。多数者がわずかな分け前を自分のために取っておこうとするのをかろうじて許すかわりに、大地のふところることができるのは、まさにこのような事情のおかげなのである。から果実をもぎ取るように、法律が多数者を強いたとき、今日もなお法律が検閲者たちに沈黙さえも強要す

第三章　法律が産み出す善と悪

これまでの章で述べたばかりのことだが、事態が目にも鮮やかな不公正となっているときでも、それでもやはりこの事態に耐え忍ぶ決心をする必要があろう。それは社会の土台であり、同時に社会の絆である。富と赤貧は、社会の構成に必然的にはいっている。まったく異質なふたつの原理の合金を維持するためには、そして、確実にそれらの混合の効果となるだろう発酵を妨げるためには、骨の折れる手法に訴えなければならない。つまり、一連の微妙な操作に訴えなければならないのである。これらの操作は「正義と権利」と呼ばれるものを形づくる。

法律の目的は、われわれが言ってきたように、社会に固定した基盤を与えることである。社会の各成員をそれぞれの地位のなかに含む不変の秩序がそこから結果する。まさに法律という手段のおかげで、法律を尊重していながらも、それらを知らない大多数の人びとが、それらで武装した少数者に従うのに嫌悪感を催さないのである。その意味では、法律ほど賛嘆すべきものはほかになにもない。それは、かつて人間精神に現われたもののなかでもっともすばらしい発明物である。それは、じっくりと考えることができる人にならだれにでも、あらゆる見世物のなかでもっとも満足のいくもの、もっとも美しいものを提供する。

平和的な手だてを用いて力と暴力を鎖でつないでしまうこと、強烈このうえない情熱を屈服させること、安易で、気持ちのよい悪徳よりも、苦労の多い美徳が確実に好まれるようにすること、人びとの目と手と心をきちんと整え、自分が自由だと思うことを妨げずに、人びとを隷属させること、義務を果たす従順な精神の安らぎを確固たるものにできるような義務を命じること、義務を免れようと望む反抗精神から人間を守ること――法律がしていること、あるいは法律がしなければならないことは以上のことである。これ以上の利点と栄誉を同時に結合することは難しいことであろう（＊1）。

（＊1）これはキケロが与える見解にほぼ近い。「真理、正義、とりわけ誠実な努力が名誉や特権や栄光によって飾られるのを見るとき、結局、これらのもの（法律）からは、有徳が最大限求められていることがわかる。それに反して、人間の不徳、とりわけ詐欺は、罰金、加辱、投獄、笞杖、追放および死をもって罰せられる。そして果てしない、争いに満ちた議論ではなくて、権威によって、また、法律の命令によって、馴化された欲望をもつことやすべての強欲を抑制することや自分の財産を守りながら、他人の財産に心と目と手を向けないことが教えこまれる(1)」。

しかし、法律を理解することができた人間一般にとっては、その理論が栄えあるものになるにつれて、法律の実行の方は、義務を守ることが推奨されたあとで、それを侵犯する罪に対しては、罰が宣告されるようになる必要が出てきたからには、苦しみを伴うものとなる。利害が絶えず情熱を駆りたてるから、情熱はしばしばこのような苦しみのきわみを必要とするのである。

一般の同意によって権限を与えられた人間が彼らの同類に向かって容赦ない厳格さを発揮する姿が見られるようになるのは、そのときだ。判決をくだす正義の法廷からは雷鳴のような声が聞こえる。判決は、もしそれらが必要不可欠なものでなかったら、残酷なものとして通用するに違いない。司法は牢獄や体刑や刑架を用いる。人間の自由だけでなく、命までも質草となる。人間がそれらを濫用した場合には、司法は思うままにそれらを奪い取る。国家の平安を脅かす犯罪によって、国家が損失を産み出したとき、それをあがなうために、犯罪者を国家から取り去る。そのことによって、国家は、大罪と制裁で、ほぼ同程度に苦しむ。

そのうえ、さほど重大ではない事件においてさえ、つまり社会の大きな利益が危うくならないような事件でも、または社会の成員のあいだで生じた私的ないざこざを収拾することしか問題になってない場合でも、法令の遵守を容易にするためには多くの手を借りなければならないという必要性は、社会においてはしばしば障害物となる。その必要性は、だいたいきまって治療薬よりもひどくて忌まわしい弊害を引き起こす。

すべての弊害のうちで一番目につくものは――比べものにならないくらいひどいというわけではないが――決定すべき問題の数を増やすことで、決定を遅らせることである。それは、規則を増やすことで、秩序を乱すことになり、啓蒙の助けを得て、無知蒙昧を引きいれるようなものだ。司法の業務に捧げられた人間の数が多くなるにつれて、司法は世間から離れるように見える。基本的原則を振りかざす手が増加すれば、それにつれて、基本的原則の単純性が損なわれ、単純性は雲散霧消する。基本的原則を組み合わせるための

(1) 原文ラテン語。キケロ、『弁論家の三つの対話』、第一の対話、第四三章よりの引用。

手が不器用なのに、それらの本性を知らずに勝手気ままにそれらを混ぜ合わせてしまうという大胆な企てに出るので、基本的原則はこれらの企てのなかに消え去ってしまう。

この軽率な扱いは、救いようがないほどまでに基本的原則を破壊してしまう。ひとまず法律の抜粋集や註釈集を作るところにまで事が至ったときには、法律の量が尋常ではなくなり、それらを編纂するという話に根拠を与えるまでになってしまうとたちまち、法律はもはや法律ではなくなる。この不幸を避けがたいものと感じることは、難しい話ではない。この不幸は、諸国民の文明に由来するのである。すべてのものは使えばいたむ。法律とて例外ではない。法律を設けることによって、その発生を妨げようとしている一部の悪から法律自身が免れないのは、ちょうど病気を治す医者自身がその病気の例外ではないがごとくである。

法律の目的は社会の衰弱を予防することにある。ところで、法律の方も、社会に劣らない早さの衰弱に見舞われる。法律は徐々に力を失う。その効力は消えうせ、その特徴は拭い去られる。ついには、法律は法律を作った人間のように、老化し、死んでしまう。それはちょうど、法律が完成に向かって一層足ばやに歩いて行くように見える分だけ、終焉に早く法律が到達するようなものだ。

たしかに、この衰退を遅らせ、法律の若さを保つ手段はある。法律に、失ってしまった新鮮さを徐々に取り戻させ、知らぬまに皺がよってしまったのを消し去るために、化学よりももっと確実な技術がわれわれに提供されている。それは、私が序論でひとこと述べさせてもらった技術である。適当な時期に行なわれる改革は、立法者が自由に使える黄金水(2)のようなものである。それは、法律の命令に不死性を与えたり、あるいは、そこまで行かなくとも、その急速な消滅を回避させたりするのに適している。

ここでは、法律の効果が人間同士をお互いに結び合わせ、犯罪を妨げ、あるいは、少なくとも犯罪には罰を課し、そして、こういう手段で社会的同盟を強固にすることにあるということを指摘しておけば十分だ。もし、時間の進行とともに、あまり好ましくない結果がそこから出てくれば、法律の作り手の意志よりは、作り手の本性に責任を帰さねばなるまい。法律は、法律の父親の弱さを分かち持っている。不可侵の一般法則によれば、この世では、善はいつでも悪と混ざっているのだし、肥沃なことこのうえない田園も、麦穂のかたわらでケシを育てているのだ。

この格率が真実であることは、多くのやり方で証明することができる。それを詳しく論じることは、われわれが取り組んでいる主題とは縁遠いことではない。つまり、しばし、われわれはそれに立ち止まることができるということである。さらに詳細に立ちいって法律を考察する前に、もっと一般的なやり方で法律の諸関係を考察することができる。たとえば、法律が個人にもたらす利益は、人類全体にとっても、同じほどはっきりと感じ取られるものなのかどうかを検討することがそれである。法律は、人間の状態を確固たるものにするとともに、人口を増やすために本当に有益であるかどうかを調べてみても構わないのである。

---

(2) 錬金術の発明品で、鮮やかな黄金色をした油性の液体。強心剤として効用があると信じられていた。

第四章　人類の繁殖にとって法律と社会は有利であるか

賢明な統治体、したがって、また、良き法律の目的は人口に有利に働くことにあるはずだと、ずいぶん昔から言われてきた。この原理を確立するためには、良き統治体という言葉でなにを言おうとしているのかを定めることからはじめなければならない。そして、われわれがいま述べたばかりのことに即して、それは人間の誕生をもっとも促進するものであると答えたなら、少なくとも人類にとって持続的で、利益となる形で、この効果をもたらすことのできるなんらかの社会制度が実際に存在するのかどうかを検討することが必要となるだろう。

最初見たところでは、すべてはそちらの方に軍配をあげるかに見える。法律という手段を用いれば、両性間の出会いはさらに頻繁なものとなるし、両性の接近もはるかに容易になる。法律は両性を互いのそば近くに固定する。そうすることで、法律は、もっと多くの結果をもたらすように、自然のもくろみを支援することを両性に勧める。法律は、一方の性には、企図することを名誉とし、他方の性には、譲ることを義務とする。法律は結合を合法化し、結合に結びつけられている快楽そのものを排他的所有権の地位に置くから、それは、この結合を、いっそう自尊心をくすぐり、より安心して享受でき、結合のあとに生ずるに違いない結果を産み出すのにいっそう適したものに仕立てあげる。

木を植えるのにこれだけでは十分とは言えない。木を育て、剪定《せん》をしなければならない。庭師が木の弱さをそのままにしておき、木に支えを与えるのを怠り、適宜、水まきもせずに、木を大地に託したままにしておくと、大地の胸元にあっても、木はたちまち衰弱し、干上がってしまう。同じことは子供についても言えるのである。

子供を宿すだけでは十分ではない。父親が出産時に子供をその腕のあいだで受け止めず、妊娠中と出産後に母親の不寝番をせず、母親とその子のために食料調達を引き受けず、自然が父親に残したかに見えるわがままな独立心に身を任せ、相手との交渉の甘美さを分かち持ったのに、その結果から遠ざかって、父親が彼の伴侶だけに一切の重荷を残すなら、彼の一門の増加は、考えられないほどゆっくりとした速度になると思われる。すべてのものがその前進を止める方向に作用し、なにひとつ彼らを助ける方向には向かわない。法律が最大の知恵を働かせて留意してきたのは、まさにこのことであるかに見える。

この点で、法律は自然の明白な誤解を訂正した。それは父性にいくつかの条件を付けた。両性でその重荷を分けたのである。出産能力は最弱の者にいくつもの義務を押し付けているが、法律は、その義務をひとつとして最弱の者からとりあげることはしないで、そのかわり義務を和らげてきたのである。法律は、朝から晩まで最弱の者を助け、その支えとなる最強の者を最弱の者に与えた。法律は、子供のゆりかごのそばに最強の者を固定させるように強いた。法律は、最強の者が子供に生命を与えたことを、彼の義務のなかで最低の義務を果たしたこととしてしか見なさず、子供が彼から生計を得ていることを、彼の恩恵のなかで最低の価値を持つものとしてしか見なさないように仕向けた。

この新しい秩序がどれほど人口の増加に寄与したに違いなかったかは、見やすいことである。それ以後、幼年期には、ひとりではなくふたりの見張り番がつくことになったので、もはやそれほどたくさんの事故に出くわすことがなくなった。青年期は、しっかりとした、尊敬できる先生の教えに導かれているために、激情と波乱を減じるようになった。彼の欲望の火は、自由に爆発してもよい瞬間まで貯めこまれるために、より活力に溢れ、いっそう持続するものとなった。愛は、結婚に臣従することになり、よりいっそう実り豊かな敬意をそれに表わすようになった。以上の行動原理は、世代から世代へと伝えられ、たちまち人口を増やしたに違いない。

以上が大きな利点である。それを私は値引きしようとは思わなかった。私は利点をいささかも隠さなかったし、自然に現われてくる結果が法律と社会の栄誉にとってすべてであると正直に言う。しかし、それと対立する恐るべき反論が存在し、その反論を私の知る限り、だれひとりとしてまだ解決していなかった。

地上に人口を増やすためにきわめて適した方式を使っているのに、どうして地上には人が住んでいる国よりも、砂漠の方が多く存在するのだろうか。或る点に到達した人口は、拡大する代わりに、むしろはっきりとなぜ収縮するのだろうか。一二世紀前の話だが、ヨーロッパとアジアは、ローマ人の文明開化が両地域に返さなかった市民たちを取り戻すために、北方の蛮族の粗野さに救いを求めることにしたが、なぜそんなことにとても幸せを感じたのか？　ローマ人は、あらゆる分野に法律を詰めこみすぎた。また、彼らの帝国は、荒蕪地にとどまるか、または彼らの敵の手でしか、耕作されることはなかった。規範を増やし続ける一方で、彼らの臣民は消えうせていた。そして人気のなくなった属州は、ほとんどの場合、彼らの命令を公布する任務を負った伝送官にほんの数人の立会人しか提供しなかった。

法体系と社会が哲学の助けを得て、完成されきってしまったかに見える今日でさえも、ヨーロッパのどの片隅からも、なぜ種の凋落と減少を告げる叫び声が出てくるのか？　社会の利点を非常に強く持ちあげるが、称賛演説の対象が全部そうであるように、社会は実際の効用よりも、見かけだおしの面を多く持っているに相違ない。人間を新たに作るのに、きわめて理にかない、非常に強力で、まことに有効なこれらの法律が人間を破壊するのに、なおいっそうふさわしい、隠された短所を引き連れているに違いない。

第五章　法律は人口に有利に働くと思われているにもかかわらず、法律を用いることそれ自体によって、社会一般がどれほど人口に不利に働くか

これが実際に起こっていることである。法律が人口を助けることはたしかである。しかし、それは強いリキュールが胃を助けるのに似ている。強い酒は、一時的に消化を促進するが、あとになって消化器官を損なう。強いリキュールを飲めば飲むほど、ますますそれなしには済まなくなる。その助けを得なければならないという弱さは、いつでも、その習慣を身に付けさせた分別のなさの産物なのである。

法律と社会についても事情は同じである。それは、一時期、繁殖を促進する。しかし、その力も努力も、この点に関してはこれ以上広がっていかない。法律はたちまち原因に遡って、繁殖を攻撃する。法律は、ほとんど間髪をいれずに、法律がもたらす片時の活力の支払いを長期につづく弱体化であがなわせる。法律によって詰めこまれ、積みあげられる人間がはるかに容易に増殖するというのは、見かけだけの話である。

彼らの欲求は、その人数に比例して増加し、欲求とともに、一方で、それを充足しようとする誘惑と、他方では、欲求充足の手段を制限している規則を侵犯しようとする誘惑とが増大する。そのとき、規則の厳格さは、必要であるのと同じくらい忌まわしいものとなる。というのも、法律は、法律自身がきっかけとなる犯罪を罰するからであり、もし罰しなければ、法律は犯罪をますます頻発させてしまうからである。

法律は盗賊を絞首刑にする。しかし、社会がないとしたら、盗人はいるだろうか？　もしかねも鍵穴もなければ、頑丈な金庫をだれがこじあけるだろうか？　司法が罰する契約違反は、財産の不平等分配から生まれるのではないか？　財産の不平等分配のせいで、四分の三の人間には、食料を確保することがきわめて困難になったり、ときには、不可能になったりさえするのではないか？

財産の不平等分配が世間に引きいれられていなかったなら、独立性によって維持される平等が野望の非人道的な気まぐれへの通り道を閉ざすに違いない。みな共通して貧乏なので、強欲の眠りが永久のものとなろう。各人がばらばらに、孤立して生きているため、他者を知る必要も、また他者によって知られる必要も持たず、自分の休息を楽しむだけで、同類の休息を妨げようなどとはついぞ思わないだろう。身の毛もよだつ懲罰であがなう必要のある大罪などまったく起こらず、大罪の犯人または対象である人間は、不面目な、あるいは忌まわしい死で滅ぶようなこともないだろう。

さらに、命令する者や指揮する者の多大な名誉となる戦争や例の有名な組織的暗殺も、また、一部の住民をこの世から連れ去るが、しかしながら生き残った者の重荷を軽くするわけでもないペストや飢餓も、社会の帰結ではないのか？　したがって社会を打ち立てている法律の帰結ではないのか？

法律が戦争を産み出すのは、戦争自体が所有愛によって産み出されるからだし、所有権は法律にしか根拠を持たないからだ。法律は、兵役を拒めば、だれであろうと、厳しい体刑が待っていると脅すことによっても、また、兵士に服従を強いることによっても、戦争を産み出している。同僚市民の手のなかで命を失うかもしれないとの恐れから、知りもしない敵たちの努力に命をさらすために、急ぎ駆けつけようする穏やかな個人に、一家団欒から身を引き離さざるを得ないようにさせ、妻と子を棄てざるを得なくさせるのは法律である。法律こそが自分には関係のない利害のために、のどをかき切られるか、あるいは他人ののどをかき切って殺すかの二者択一を個人に迫るのである。おぞましい戦争の殺戮なら、猫の額のような土地で、一時間に大量の人間を絶滅させるのに、一州は、一年経っても、それより少ない数の人間しか供給できない。とはいえ、次のことを認めることにしよう。法律は、これらの災厄を大臣たちに武器として与え、災厄の手先どもを駆り集めるから、災難の責任は、法律にしか帰しえないということがそれである。

伝染病と食料欠乏のような惨害の責任を法律に帰する権利もやはり当然ある。法律が人間を狭い空間に詰めこむから、疫病があっという間にそこに蔓延するのだ。アフリカの海賊が自分たちの奴隷をアルジェやチュニスの徒刑場に閉じこめるように、法律は、都市と家屋に人間を積み重ねる。これらの不健康な場所の空気は、すでにそれ自体によって汚染されているために、ほかの場所からそこへ移される悪疫の影響をたちどころに受けてしまう。そのような空気は、ほかの空気を吸うことができない不幸な人びとを速やかに毒する。

飢饉、そしてそれがもたらすあの莫大な量の災厄については、これらの災禍が同じ理由でしか有害にならないのに、どのようにして、法律をそのことで正当化すればいいというのか？　飢饉を耐え難いものにするのは、まさに有り余るほどの豊かさという習慣である。われわれを殺すのは、不作以上に農業という慣行である。黒人は野生の根を食べて生きていくことに慣れているので、食料がなくても全然こわがらない。そして、われわれの場合は、小麦を持っているからこそ、飢えて死ぬ羽目にあんなにもしばしばさらされるのだ。ところで、法律と社会のおかげで、われわれは、この死をもたらす食料資源を持っているのだから、それが不足するようになったときに、そのせいで、われわれは危険にさらされることになる。それだから、法律と社会に飢饉の責任を負わせてもかまわないという結論になる。

第六章　同じ主題の続き。排他的所有権、したがって法律にもとづく奢侈はどれほど人口に逆行するものであるか

これですべてではない。法律と社会が完成された結果、いままでよりもはるかに破壊的な別の悪弊が絶えず進行するようになった。それは奢侈である。所有権が帝国において安定性を増してくるとき、これ以上けっしてないほど奢侈が募る。まさに法律の数が増加するにつれて、奢侈はいっそう大胆に発展する。法律の意図は奢侈を促進することではないだろうが、しかし、法律には奢侈を止める力はない。そして法律は、奢侈を養う財産の、奢侈による所有を確固たるものにすることによって、奢侈を支えさえする。

奢侈を養う財産の増大は、奢侈に大権を夢見させる。財産の増大は余剰をほしがるように奢侈を導く。富

裕は余剰をまかなう手段を奢侈に与える。法律は、すべての不幸な人びとの労働をむさぼり食う奢侈に、彼らの犠牲のうえに、彼らの目の前で、大胆にも、余剰を享受することを許している。奢侈は、みずからの気まぐれなど気にならないがごとくに、不幸な人びとを犠牲にしてもやましさを覚えない。奢侈は、ついには、趣味の記念碑として、また、文明開化の証拠として、おぞましい行為を認めさせるに至る。習慣だけが、そして、侮蔑——教育が人間たちを侮蔑するすべを教えてくれるので——が、われわれの目から、その残忍さを減じることができるのである。

化学者は、原材料を砕き、すりつぶして、それを蒸留器にいれる。化学者は、蒸留によってそれを濃縮し、味覚または嗅覚を楽しませる官能的なリキュールを合成する。奢侈も人間に対して同じような振る舞いをする。奢侈は、都市または宮殿という名で飾られているあの巨大な貯蔵所のなかに人間を詰めこみ、彼らを粉ごなにする。はなはだしい思いあがりで、奢侈が身を飾っているあの装飾とか、あるいは、官能の多大な喜びとともに奢侈が味わうあの繊細さの極致とかを、奢侈は、まさにこれらの人間たちの血のなかでも、とりわけて純粋な血から抽出している。

こうした調合の成果にしか立ちどまらない人びとは、その成功をほめたたえるだけで、それに先行したひどく有害な準備作業を調べようとはしない。あり余るほどあると、無味乾燥なものに変わる快楽とか、あるいは、陳腐になると、価値あるものに見えるのをやめるような余剰品とかを、人類のごく少数の成員に供給することが人類にとってどれほど高いものにつくかについて、人が思いを致すことはめったにない。富裕が要求する楽しみのうちでも、もっとも必要性がないものが、世界から、何人の男と、そしておそらくは、何組の家族を消滅させてしまうかをあえて勘定することもない。

たしかに黄金製の嗅ぎ煙草入れも、ダイヤモンドのイヤリングも、極上の美しさを持つ。水銀箔の助けを得るだけで物体を反射するガラスほど、感じのよいものはなにもないくらいだ。瞑想にふける思索家にとっては、アムステルダムのサイド・テーブルのうえに朝食を用意するために、世界中が協力してくれたと考えることは気持ちのよいことである。また、モカ・コーヒーを注ぎいれるための磁器をシナが送ってきたのは、そこに溶かしこむ砂糖がアメリカ諸島［西インド諸島］のおかげでできたからだ、と考えることも気持ちの良いことである。

砂糖入りのコーヒーのこの磁器をヨーロッパで手に取るには、それをヨーロッパへ運んでこなければならない。しかし、そのために、一〇隻の船と五〇〇人の水夫が大海の深淵に呑みこまれてしまったし、おそらくそれ以上の数の水夫が長い航海につきものの壊血病にやられたり、ほかの病気にかかったりして死んでしまったのである。これらのダイヤモンド、この金、この水銀を採掘するために、二〇人の労働者が鉱山で押しつぶされ、ほかに二〇人の労働者が人生の花の時代に身体不随になってしまい、三〇人の労働者が数ヶ月間にわたって、日夜休みなく働いてきたのである。それはなんのためだったかと言うと、恥ずべき身分の娘が毎朝、体に悪い蒸留酒で腹を満たすことができるようにするためであり、精気を失った男のポケットに無駄な宝石をいれることができるようにするためであり、貞淑さを失い、しばしば美貌さえも失った女が耳の端に五、六個の小さな石を見て喜ぶことができるようにするためである。

奢侈が人間一般に引き起こす、まさに架空の儲けがこれであり、あまりにも現実的な損失がこれである。

法律と社会がその原因になっている。なぜかというと、それらを要求している人びとに法律と社会が支持を与えているからであり、それらを供給する危険に値段がつくことを法律と社会が放置しているからである。また、これらの危険を冒す必要性、そして、そうした危険に挑戦する許可を与えることをそれらの諸特権のなかで、もっとも美しいこと、もっとも有益なことと見なす必要性に、法律と社会が人類の最大多数を追いこんでいるからである。

第七章　同じ主題の続き。人口に逆行するさらなる不都合の数々が法律と社会から生ずる

これらの余剰の獲得が災いをもたらすものであるとすれば、余剰の享受は、とりわけそれを奪われた人びとにとってどれほど危険なものになることだろうか？　余剰の享受が排他的で、なおかつ公になっている限りでしか、奢侈は、それに満足を覚えない。だから、奢侈に浴せる人間の数が、より少なければ良いので、そのために、奢侈はその対象を増やそうと努める。しかも、それらをもっと簡単に見せびらかせるように、奢侈は携帯できる形にそれらを縮小するのである。こうして嵩《かさ》以上に価値がある高価な宝石が余分に溜めこまれるようになる。自慢の種をこのように洗練していくと、高価な宝石を欲しがる嫉妬心が刺激されると同時に、それらは、はるかに横取りしやすくなる。だから洗練化は、窃盗に門戸を開き、結果的には、窃盗の帰結である懲罰にも門戸を開くことになる。

粗野な民族にあっては、盗みは、畢竟きわめて稀ということになる。巾着切りは、雄牛とか樹木とかを盗むことで得をしない。重たくて不便な家具があばら家を塞いでいても、少しも人間の強欲を呼びさまさない。羊をくすねようという欲望に負ける動物は、狼と虎のほかには、ほとんど存在しない。しかし、文明国にあっては、手を一回動かせば、一〇〇頭の家畜に匹敵するものを宝石の形で手にいれさせるし、広大な土地の代金をポケットに簡単にいれることができるので、盗難件数が機会の数に比例して増大しているに違いないということを見ていない人などいるであろうか？

法律は彼らを罰している。たしかにそのとおりで、法律は恐怖によって強欲を抑えようと努めている。しかし法律が罪人の数を減らすことに成功したとしたら、それは処刑を増加させたおかげでしかない。死刑執行は、社会を混乱させていた極悪人集団を社会から一掃する。しかし、とどのつまりは、社会はいつもその力の一部を失っていることになるのだ。それはちょうど、病人を不快にさせている胆汁と四体液を身体から排泄させることで、かえって病人を弱らせるようなものだ。

子供たちが飢えていて、手の届くところに果実を見ているとき、彼らを遠ざけるために鞭を木に吊るしておいたり、それに近づくものに対して鞭を振るったりすることで十分だろうか？　子供たちは、自分たちの渇望に打ち勝つよりも、むしろ番人の監視を巧みに避けることについて考えるだろうとは思わないか？　彼らは、命を落とす代わりに、危険なくそれを実行できる瞬間を待っているだけだということははっきりしていないか？　果樹園を閉じ、彼らの視界からこの危険な対象を遠ざけることほど、単純で賢明なやりかたはないのではないか？　彼らの食欲に服従をかかわらせることは、わざわざ彼らの服従を危険にさらすことではないのか？

法律を必要ならしめる対象を取り除く代わりに、刑架を増やすことが正しいか否かは、この例ひとつで決まる。対象の除去が法律の力をしのぐということを見るなら、そして、七宝細工の箱とか高金位の金ぴか懐中時計とかを持ってはならないと法律が決めるよりも、人間を殺した方が簡単であるとだれかが私に言うのであれば、私はそれになにかを付け加えて言うことは差し控えよう。しかし、だからと言って、こうした事態には、人類の拡大のために得になることがたくさんあるなどと考える気には、私はならないと思う。

ほかにも、どれほど多くの、しかも、これ以上に嘆かわしい細目を同じこの主題が提供しえないなんてことがあるだろうか？　懶《らん》惰が悪徳に教訓を与え、悪徳から哲学（＊1）を受け取るあの金ぴかの部屋のなかにはいりこんだ私がこれらの不実な先生たちの教えとその弟子たちの進歩を明るみに出すなら、いったいどうなることか！　人を死なせ、人が生まれることを妨げる性的放縦を通じて、彼らと切っても切れない間柄の仲間である奢侈がどれほど人間の生殖に逆行しているかを私が示せば、どうなることか！

（＊1）ここでは、本当の意味での哲学を問題にしているのではない。本当の哲学は、節度と節倹、人間愛、そしてあらゆる美徳を教える際に、それらを実践してみせるからである。問題なのは、人間のすべての義務の本性について長広舌を振るえば、それで義務を果たしたと思いこむ哲学である。

多産性の代償であるべき快楽を傷つけずに、多産を避けるいかに多くの犯罪的な予防措置があることか！結婚の機能をあきらめることなく、その目的を回避するためのいかに多くの手だてがあることだろうか！

奢侈の洗練とそれに伴って生じる不信感は、なんという障害を人口増大にもたらすことだろうか！

子を産まないことだけでは奢侈は満足しない。さらに奢侈は、奢侈を取り巻くすべてのものが子を産まないことを望んでいる。奢侈は誘惑を軽い冗談にし、多産を罪とする。奢侈は、自分に役だつものとしては、美と若さしか受け取らない。奢侈は、放蕩が美と若さをはずかしめるのをそのままにして、悔やむことはない。ところが自然の諸目的のために美と若さが用いられることには激怒する。部屋付の美しい娘がひいきの恋人を何人も持っているだけなら、人はそれをおもしろがり、彼女を雇い続ける。もし彼女が結婚すると言い出せば、彼女は世の顰蹙を買い、彼女は追い出される。

これらすべての行き過ぎを法律が直接助長するわけではないことを私はもう一度、十分知ったうえで、しかし、行き過ぎをしでかす奢侈を法律が許すやいなや、まさに法律こそが行き過ぎの原因を養っているのだと言うことはできないだろうか？　法律それ自体がわれわれに提供する公理を、ここではその反対の目的に使うことができるのではないか？　法律は、毒を供給した商人を毒殺の共犯者として断罪するが、毒をなんのために使うのかということについては、備えをしてないのである。ここでは、はるかに深刻な非難を法律に向けるべきである。奢侈は人間一般のもっとも残酷な毒殺者である。法律は、奢侈の意図も、その犯罪的企ても包み隠すことができないにもかかわらず、法律という救いを奢侈のためにばらまいている。

第八章　本篇の結論

いま、これらのさまざまな災厄が持ち去る人間の数に、心痛の数々や赤貧と放蕩の影響や予期せざる事故や労働過重や行き過ぎた怠惰など、法律と社会によって人間が陥れられている状況と切っても切れない関係にあるあらゆる事柄を加えるなら、もっとも野蛮で、このうえなく独立独歩である暮らし以上に、法律と社会が人類の繁殖にとってはるかに有利であるなどということには、なっていないことがわかるであろう。法律と社会が人間の誕生に有利に働いていると、私も思いたいのはやまやまだが、しかし、われわれの群れが増大するように、われわれに気をつけさせるのと同じ動機から、法律と社会は、もっと多くの破壊すべき人数を持つために、群れの人口を増やしていることになるのである。

よく知られていないアフリカやアメリカの諸地方において、人びとが発見した諸国に人口が少ないのは、なにも法律がないためなどではまったくない。攻撃すべきなのは、こうした純粋な自然状態ではない。それどころか、反対に、諸民族がこうした状態から極端に離れすぎていることを攻撃すべきなのである。旅行者たちが彼らの単純さや利害に対する関心のなさや女たちの貞節や奢侈に対する憎悪をほめても無駄である。旅行者たちは、こうした荒唐無稽な賛美のかげに、それを打ち消す本当の現実というものを隠し持っている。

旅行者たちの報告書によると、カフラリア地方[1]やカナダのいわゆる未開人たちは、文明化された民族と

---

(1) カフラリア (Cafrerie) の語源であるカーフィル (Cafre) は、アラビア語で「不信心者」、つまり非イスラム教徒を意味するが、そこから転じてフランス語ではアフリカ南部のホッテントット等の先住民族を指す。したがって、カフラリア地方は、アフリカ東南部のインド洋に面した海岸地方のことである。

まったく同じ悪徳を持ち、同じ情熱を持っていることがわかる。対象物の大きさあるいは小ささがその相違を産み出しているにすぎない。黒人は、一枚の肌着と一本のタバコのために自分の父や妻や子供を平気で売り飛ばす。それはちょうど、アントニウス(2)が共和国のすべての財宝と交換で、自分の名誉もローマの名誉も売り飛ばしたようなものだ。イロコイ族(3)男性の伴侶は、インディゴ(4)で染色した小さな傷口が癒着する足や腕や喉を持っていることを自慢している。それはちょうど、美しいポッペア(5)が雌ロバの乳がはいっている風呂から出て、肌の白さを自慢しているのと同じである。

一般に、われわれよりもはるかに不幸なこれらの民族もまた、ひとつの社会を持っている。しかし彼らは、社会にまつわる不都合という不都合のほとんど全部を味わっていて、その利点を持ったことがない。彼らが結合するのは、互いに殺し合うためである。平穏な状況が続く限りは、ばらばらで、独立している彼らがお互いに集まるのは、戦争をするためである。彼らの戦争は、理解しがたいほど執拗に繰り広げられる。彼らの法律の筆頭にくる法律は、彼らの方が優秀であるとみられるすべての敵に対しては、容赦をしないことである。

文明国の法律は、はるかにやさしく、かつ破壊的でない。しかしながら、それは、いましがた話したばかりの不都合から、完全には国を守ることはできない。したがって、法律は、われわれの情欲に対して効き目が確実な薬ではなく、それに対する不確かな弥縫策にすぎないことはたしかである。気難しい精神の持ち主なら、大部分の立法者を民間療法の医者になぞらえることができるだろうに。彼らが用いる薬は、ほとんどきまって、彼らが治そうと試みている病気と同じくらい危険なのである。

いずれにせよ、以上の考察は、有益である以上に真実であるのだ。われわれは、人類がどういう状態にあるかを語るべきであって、どういう状態でありえただろうかということについて語るべきではない。分散したままでいたら、人類は大病を患わないで済んだだろうということは確実である。人類が現にそうしているように、そしてそうせざるを得なかったように、人類が寄り集まってくるときには、自分たちを抑制するための規則が必要になるということも、やはりこれに劣らず確実なことである。[6]

(2) マルクス・アントニウス（前八三頃―前三〇）。ローマの将軍で、カエサルの友人。カエサル暗殺後オクタウィアヌス、レピッドスとともに三頭政治を形成。その後、レピッドスを破り、エジプトを手に入れるが、クレオパトラ七世に幻惑され、アジアでの獲得物を献上する。前三一年にオクタウィアヌスに攻められ、敗北し、アレクサンドリアで自殺。

(3) 北米大陸北東部森林地帯に分布するインディアン諸部族の総称。そのなかのセネカ、カユガ、オノンダガ、オナイダ、モホークの五部族が一六世紀後半にイロコイ同盟を結成し、のちにタスカローラがこれに加わり、合衆国独立までは強大な勢力を誇った。

(4) 西インド諸島のなかの小アンティル諸島に広く分布する植物で、藍染めの原料となる小低木。インディゴは別名アニリンで、現在では、化学合成されるが、この時代には、貴重な青色染料で、植民地貿易の主要産品のひとつ。

(5) ポッパエア＝アウグスタ（?―六五）。ローマ皇帝ネロの美貌の妻。多くの政治家と浮名を流し、最期には風呂で残忍な殺され方をしたサビナ・ポッペアの娘で、父はティベリウス帝によって追放されたティッス・オッリウス。結婚していたが、その美貌がネロの目にとまり、略奪され、一時オトーに預けられたが、オトーがルシタニアに派遣されている隙に、はかりごとをめぐらし、ネロに取りいる。その結果、ネロは正妻オクタウィアを追放し、ポッパエアと結婚。オクタウィアはポッパエアの讒言で再び追放される。ネロとのあいだに一女をもうけたが、数ヶ月で死に、その後、ネロが妊娠中のポッパエアの腹を蹴ったために、数日後息を引き取る。

(6) 安斉訳、一九三ページ参照。

われわれは家を欲しがり、積荷を欲しがり、技芸やマニュファクチュアを欲しがる。つまり、われわれはそれらを必要とさえしているのだ。これらすべてのことは、われわれが永続的に混じり合い、たえずお互いのあいだで無数の関係を持つことを要求している。この瞬間、瞬間において、われわれが自分たちの自由を危険な形で用いないようにするために、まるで共同放牧のなかで馬を放し飼いにするときに、たちの悪い馬には足かせをはめるように、われわれ自身を鎖につながなければならない。

われわれの足かせの筆頭にくるものは、所有権を尊重すべきものにする権利書である。これは、所有権者の同意なく、他人に属するものにみだりに触れることを禁じている証文である。その起源についてはすぐにでも検討することにしよう。われわれは、どのようにしてそれを世界に導入することができるようになったかを見ることにする。ふたつの畑のあいだに境界線を設けたのは自然ではないことはたしかである。自然は、大地を分割しないまま、すべての動物にそれを引き渡し、彼らがそこで生活するように、そしてそれを美しくするように定めていたように思われていた。

しかし共同でそれを享受するようにと人間が受け取ったものを、人間は排他的に所有したがったのである。そのときから、人為が境界を発明して、司法がその境界を聖化することがまさに必要となった。そこに社会の真の土台があり、すべての法律の源《みなもと》としての対象があるのだ。法律は、一般に権利と呼ばれているものから成り立っている。その後、法律の適用範囲がいずれにせよ広がり、大なり小なり利害関係のある諸関係にも適用されるようになるにおよんで、法律はさまざまな名前を持つことになった。

これらの関係を組み合わせる前に、また、その本性と限界を確定する前に、どのようなやり方でそれらが人間のあいだで意識され、確認されているかを見なければならない。原初の独立性は、人間たちに彼らの意志の軛《くびき》以外の軛《くびき》を押しつけず、彼らの欲望以外の法律を押しつけずにいたのに、どのようなやり方で人間はこの原初の独立性を剝ぎ取られるに至ったのかを見る必要がある。ひとりの囚人を収監した日付と事件を決定する場合には、看守の名簿を参照するように、この断念の時代にまで遡る必要があり、この断念が完遂されたやり方にまで遡る必要がある。

第二篇　法律の起源について

第一章　社会が法律を産み出したのであって、法律が社会を産み出したわけではないこと(1)

われわれがすでに見てきたように、法律は社会の絆である。法律が社会の淵源でもあるのかどうかを知ることが大事である。人間は集まってきたあとで取り決めを作ったのか、それとも先に取り決めがあって、その力で人間が集まってきたのか？　規則が結合に先だったのか、それとも結合が規則に先だったのか？　この疑問は、最初にそう見えたほど、どうでもよいものではない。それは社会制度にまつわる多くの謎を解明する鍵を与えているので、この疑問を解決したあとではじめてこれらの謎を理解することができるようになるのである。

いずれの時代にも、この疑問は思弁哲学者たちの好奇心を試練に付してきた。彼らは、研究によって、それを解明しようと躍起になってきた。この主題に関しては、想像力にはすべてが許されてきた。想像力をとりこにすることができる不朽の作品は残っていない。理性だけが或る種の正確さを持って、想像力を導くことができたであろうが、想像力がそんな理性に相談することはほとんどなかった。しかし理性は、物悲しい真理しか提示していないように見える。そしてほとんどすべての人間は、派手な絵空事の方を物悲しい真理よりも好んでいる。

自然の面で作成された理論にならって、精神の面で作成された理論のなかに、こうした絵空事が惜しみなくばらまかれた。彼らは、自然界の形成を説明するのと似た形で、公共的世界の形成を説明しようとしてきた。巧妙に作られたお話あるいは滑稽小説がこれらふたつの対象に関して量産されてきた。公共的世界は、自然界のように、幾人かのデカルトを見いだした。彼らは、公共的世界を空想の産物である渦巻き(2)で構成しようとしたのである。だから彼らの建物は、試練に耐えるものではまったくない。考察と経験は、もろい材料でできた支柱もろとも、この建物をたちまち崩れ落ちさせている。

人間が集まって団体を形成するのは、自発的な同意の結果であり、法律の確立はあらゆる契約当事者に対するその質草であった、と一群の著者は書いた。彼らによると、侵略に対してみずからをよりよく防衛するために、数家族が自由に集まってきたというのである。彼らは首長たちを選んだ。彼らは、首長たちに託されていた権力についてそれぞれの取り分を定めた。彼らは外敵に対して首長たちの指揮のもとで進むことに同意した。彼らは、内部で暴力行為が犯された場合に、これを鎮圧する権限を首長たちに与えた。彼らは、首長たちの統治を司《つかさど》るべき法律を明確に取り決めた。さらに、彼らは、自分たちに押し付けられる軛《くびき》を、自分たち自身で作りあげた。集まってきた家族は、軛《くびき》を背負う前にその重量を長い時間かけて計算した(＊1)。

(1)『剰余価値学説史』、八四ページ参照。
(2)デカルトの宇宙論の根幹を成す概念。この始原物質からなる渦巻きによって星が生まれたとデカルトは主張した。

（＊1）　プーフェンドルフは、とりわけこの意見に与《くみ》しており、彼の書物の翻訳と註解を担当したバルベラックも同意見である。『自然法と万民法』、第七篇、第一章参照。

こういう作戦がもし可能であったなら、これほど公正で美しいものはほかにないくらいだ。しかし、それをありうることとするためには、それを論じようと努力したとたんに、そのような思いつきの方をあきらめざるをえないほどの知識をこの作戦の考案者たちのなかに想定しなければならないし、それほどの冷静さを考案者たちの情熱のなかに前提としなければならないし、それほどの共同歩調を彼らの歩みにおいて前提としなければならなくなるに違いない。それは夏の麗しい夜に起こる現象のひとつである。閃光が目を射抜き、そちらを凝視したとたんに、現象は消散してしまうのである。その手順について考慮に考慮を重ねることができる存在というのは、天上界の知性であって、人間の知性などではないだろう。とりわけ、社会を最初に設立した人間たちは、このような知性の持ち主でなければならなかったはずである。

原因のない結果などまったく存在しないし、原因はいつでも結果の前を歩んでいる。あらゆる意味において反論しようがないふたつの公理がそこにはある。そして以下はその応用篇である。オレンジは、実をぶらさげている木が成長したあとでしか、大きくならない。家の躯体は、家を分ける間仕切壁と床の前に存在する。樹液を含んでいる枝から樹液が出てくるためには、樹液がすでにそこまで登っていなければならなかった。したがって、根がそれをすでに吸い上げており、幹が樹液を通してやっていなければならなかったのである。

家が大地に立ち、そこに住む人間たちを快適に収容するためには、まずその土台がぐらつかないように、器用な手がそれを安定させる必要があった。さまざまな階を強固なものにし、それらを分けるために作られた穹窿《きゅうりゅう》や梁《はり》を空に向かって持ちあげる前に、下層部分に堅固さを与えることが最初に行なわれた。法律はオレンジの果実である。オレンジの木を有用なものにするのはこの果実である。法律は建物の床である。それを使って、建物に人間が住めるようにするのである。したがって、法律より社会の方が先にあった。社会は、それ自体が木であり、家である。社会をしっかりさせるために法規が作られた。社会の寿命をたしかなものにするために、命令がくだされた。しかし、社会が法規にも命令にも先行したことはまったく明らかなことである。というのも、社会が法規や命令のきっかけだったからである。

いっさいの共通規則は、もろもろの類似点を前提とし、これらの類似点の発見および知識を前提とする。しかしこれらの知識はどこから生まれてくるのか？　経験からしかそれらは生まれない。経験は、それらを比較し、それらを並べることで判断を形成するに至るのである。これが人間精神の歩みである。人間精神は、観念がまったくないような事物を望むこともないし、それを恐れることもない。人間精神は、事物が手の届くところにきたときに、それらを検討する。人間精神は、不安を抱きながらそれらを試してみる。事物が人間精神のなかに作り出した善悪にもとづいて、人間精神はそれらを避けるか、あるいはそれらを追い求めるか、どちらかの決定をくだす。

だいたい、契約の効果のほどが人びとによく知られていなかったと考えられるのに、いったいどのようにして、人間同士での契約を前提とするのか？　効果を持続させることを目的として結ばれる契約よりも、効果の方が先行していなかったら、どうやって効果が彼らに知られるようになったのだろうか？　法体系がひとつの盟約の結果であることはたしかである。しかし、最初の盟約に効用があることは、それが利益そのものをもたらすことがなければ、感得しうるものとはなりえなかった。したがって、盟約のさまざまな義務を取り決める前に、盟約を利用してきたのである。したがって、人びとが盟約を誓う気になる前に、それは存在していた。手続きとか条件とかをそれに結びつけることを思いつく前に、それは現実のものとして存在していたのである。

私が考えるには、理性を持った被造物たちは、同盟に居心地の良さを感じたあとで、同盟を続けたい気持ちになることができたのであり、それを法規に無理やり従わせて、同盟をもっと堅固な、さらに長続きするものにしようとする気分になり得たである。しかし同盟の継続を願うという発想が彼らに浮かぶときには、同盟の利点を彼らがすでに味わっていることがどうしても必要である。この願望が大きくなる時点では、これらの利点がしかとたしかめ得るものになり、存続していなければならない。したがって、同盟そのものは、それを延長するために取られた処置に先だつことが必要なのである。

法律は、結果以外のものではけっしてありえず、組み合わせの成果以外のものではけっしてありえない。したがって法律はいつでもその原因よりも新しい。しかし、社会が法律を産み出すのでなければ、法律に関しては、この原因はいかなるものでありうるだろうか？　法律の精神は所有を聖化することである。[3]　したがって、所有は法律に先だっていなければならない。しかし、所有それ自体は、なんらかの社会の結果以外のものではありえなかった。そこから結論されることは、世界には、法律よりも古く、社会契約とは独立した秘密の原理があるということであり、この原理があるおかげで、建前から自然の平等を廃棄する前に、すでに事実の面で、自然の平等を廃止していたということである。

この原理は、最初になん人かの人間を同一場所に集め、盲目的本能の力で同一の目的に向かって彼らを協力関係にはいらせたあとで、考え抜かれた政治術策を使って、彼らを同一の目的に鎖で結わえつけたのである。これこそ、まさにこれから探し求めようとしている原理である。或る人びとは、それは激しい恐怖であり、みずからを守りたいという欲望だと言った。他の人びとは、それは農業および農業をやるための援助願望以外にありえない、と主張した。おそらく、そのどちらでもないことを証明することにわれわれは成功するだろう。

第二章　ド・モンテスキュー院長閣下は社会の起源をまったく説明していなかったということ

『法の精神』によれば、絶対的な意味での未開人を想定すると、平和が人間にとって最初の自然法になるという。そしてこの平和について言えば、そもそも欲望が存在しないこととか、もろもろの情欲を遠ざける

---

(3)『剰余価値学説史』、八四ページ参照。マルクス、『資本論』、第一巻、第七篇、第二三章、註記七三、同、第二四章、第三節、註記二三。

ことになる心の平安とかからそれが生まれるのではなくて、いかなる瞬間にも人間のもろもろの力をかきたてずにはおかない、ひとつの終わりのない恐怖から平和が生まれるというのである。

「自然状態において人間は」とド・モンテスキュー院長閣下は言う、「最初は自分の弱さしか感じないだろうし、彼の臆病さは極端なものであろう。そして、この点についての体験が必要とされていたときに、森のなかで未開人が発見された。未開人はなにごとにつけおびえ、なにごとからも逃避することを旨としている[1]」。

物事を深く考える人なら、ここで言われている人間の臆病さなどという前提は、疑わしいどころの騒ぎではないように映るだろう。それが確かな事実であることを立証するには、旅行者の報告では十分ではない。僻遠の地で発見された未開人たちの例に説得力はない。信頼できないからだ。ド・モンテスキュー院長閣下は、そのほかにハノーファー[2]の森で発見され、ジョージ一世[3]に献上された別の未開人の例を論拠としているが、この未開人の例は、僻遠の地で発見された未開人たちの例に比べて物議をかもす点は少ないにしても、はるかに強力だとは思われない。

この人間は逃げていた。しかしだれを避けていたのか？　農民集団と狩猟者だ。農民集団は大きな物音を立てて、彼が逃げ場としていた森の木々を切り倒していた。狩猟者たちは、それにまさる激しい大音響で彼らの休息を妨げていた。衣服を身につけた、武装した人間を彼は避けていた。服が彼から狩猟者たちを隠していたので、彼にはその種族を区別することができていなかった。彼の姿を見たことで、あがった叫び声を彼は避けていた。銃の発射音が彼の耳を打ち叩いたのは、おそらく一度や二度ではなかったし、自分と同類の人間とは見なしえなかった、この奇妙な生き物の手から発射される銃弾を見ていた彼は、そうした発砲を避けていたのである。スウィフト博士[4]のフウイヌム人[5]のように、衣服を身体と混同する未開人は、農民集団と狩猟者たちが青色か黄色か灰色かの肌を持っているものと信じていたはずである。彼の肌は白色だったが、そこでは、彼が出会うのを避けていた物体の肌とのあいだに、外見全体においてと同様、なんらの類似点をも見つけることができなかった。

しかし、彼らの姿が見えなくなると、平穏な森のなかで、伐採用の斧と騎兵銃を避け、勢子《せこ》のわめき声と

---

(1)『法の精神』、第1部、第1編、第2章。邦訳前掲、上、四五ページ。以下、邦訳からの引用文は適宜変更した。

(2) ハノーファー　ハノーヴァーとも呼ばれる。ドイツ中北部の都市。『法の精神』、前掲、四六ページ。

(3) ジョージ一世（一六六〇―一七二七）。神聖ローマ帝国ハノーファー選帝侯（一六九八―一七二七）。一七一四年にハノーファー家出身の初めてのイギリス王となる。『法の精神』、上、同ページ。

(4) スウィフト、ジョナサン（一六六七―一七四五）。アイルランド生まれのイギリス人。幼くして父を失い、叔父の手で育てられた。名誉革命後の混乱を逃れて、イギリスに渡る。一六九二年にオックスフォード大学で学位をとる。最初詩人として出発、その後風刺作家に転向。『桶物語』を一七〇四年に匿名で発表。トーリー党の政論家としても名声をとり、トーリー党の機関紙を主宰する。一七一四年、ジョージ一世の即位とトーリー党の政治的敗北で、アイルランドへ帰る。一七二六年に『ガリヴァー旅行記』を公刊。晩年はメニエル症に悩まされるが、精神力は衰えを見せず、アイルランドの愛国者として活躍。

(5) ジョナサン・スウィフトの『ガリヴァー旅行記』で、最後の第四篇に登場する馬人国とその国民の名。フウイヌム国では、馬の姿をしているフウイヌム人が、人間そっくりの凶暴なけだものであるヤフー人を抑えて、平和で合理的な理想社会を形成しているとされる。そのフウイヌム人が肌と衣服を取り違えたという記述は同篇第二章にある。

狩猟用角笛の雷のような音から離れて、この同じ人間は完璧きわまりない安心安全のなかにいたに相違なかった。視界に映ったものが彼と同じく裸で、彼と同じく孤独な生き物だけだった場合には、彼にはなにか恐れるものがあり得ただろうか？　このような人間は、自分の弱さしか感じないなんてとんでもない。彼らは自分の力強さしか感じないだろう。この方がはるかにありうることなのだ。なにも知らない人間にとっては、大胆さの方が恐怖心よりもはるかに自然であり、好奇心が最初に存在し、しかもそれが無知にとっては、ほとんど唯一と言っていい情念なのだ。

われわれのからだと心をだめにしているのは社会である。他人による助けをあてにし、攻撃されたときには、自分で自分を守るのではなく、助けを求める叫び声をあげるようにすることを、社会こそがあらゆる機会を通じてわれわれに教える。社会こそがわれわれに本来備わっている能力をわれわれから奪う。そして、孤独がわれわれのうちに引き起こす臆病さは、いつもひとりでいないことに由来するのである。

身体の性質をも含めて、人間に比べてあらゆる意味において下等なサルは、臆病な動物などではまったくない。サルを人気のない荒野へと追い立てるのは恐怖心ではなくて、自由への愛好である。サルがそこから出てくるときに、あるいは、サルがそこにとどまった場合には、その振舞いかたによって、サルが十分証明していることは、サルが恐怖にとらわれているとすれば、それは、恐怖を正当化するほどの強さを恐怖の原因が持っているときだということである。

したがって、人間となれば、自然状態のせいにされるあの習慣的な恐怖心を引き起こすいかなる動機も、この状態には存在しないということになろう。しかし、ド・モンテスキュー院長閣下の原理がこの点で正しいのであれば、つまり恐怖によってどの瞬間にも未開人の心が押さえつけられていると仮定するときには、そこからどんな結論が出てくるだろうか？　未開人は彼の同類にはけっして近づかないか、あるいは、見慣れない物体を少しでも見かけたら、同じ速さで、そのそばからどの未開人も離れてしまうから、全員がいつも互いに距離を置いたままとなるか、どちらかである。いつも互いに距離を置いたままであれば、それは、社会の設立にとって、なにものにもまして打ち勝ちがたい障害となるに違いない。

「互いに恐れていることが明らかになると」とド・モンテスキュー院長閣下は付け加えている。「それはやがて、互いに接近することを彼らに勧めるであろう[6]」。ふたりともおののいていることが安心するための手段だと考えるのも難しいし、また、或る臆病な存在が自分と同じようにおびえている第二の存在を見ているのに、第二の存在と仲間になれば、自分ももっとが強くなれると思いこむのを想像するのも難しい。感情のなかには、同じ感情を抱いている者同士を近づけるような感情がある。しかし、恐れは、恐れの働きかけを受けているすべての個人を必ず互いに引き離す。弱さの観念は、防御の観念とは相いれないが、その弱さの観念を伴っているのが恐怖心である。にもかかわらず、恐れている人びとを結びつけることができるのは、防御の観念だけである。

「第三の自然法は」とド・モンテスキュー院長閣下は続けている、「両性がその相違によって、互いに心に魅力をかきたてられ、両性がつねに互いに相手に対してお願いをするようになる、というものである[7]」。願

(6)『法の精神』、第1編、第2章。邦訳、前掲、四五ページ。　(7) 同書、同ページ。

いという言葉がここではどういう意味を表現しているのかが私にはわからない。急いで思いを打ち明けようと焦るために、たくましい未開人男性によるくどきがきわめて控えめな下準備になってしまうという点について、私は疑いを持っている。おまけに、言葉の議論を抜きにして、私は未開人の行動のなかに、雌雄間の接近を動機づけるひとつの理由を明確に見て取ってはいる。しかし、雄とその同類とのあいだの一切の結びつきを破壊する、それよりさらに強力な理由に私は気づいている。

競争は享受から生まれる。いわゆる第三の自然法の成果は、第一の自然法のまちがいない破産であろう。性愛の叫びを前にして、恐怖心は消え去るだろうし、平和は戦争にとって代わられるに違いない。だから社会の設立は、社会のよりいっそうの後退でしかないことになる。欲望によって大胆になった男は、激しい恐怖によって縛りつけられていたときと比べて、よりいっそう社会的になるわけがない。これらふたつの状態は、結合の動機を提供するどころか、反対にお互いに遠ざかるための動機をわれわれに提供する。

だから、ド・モンテスキュー院長閣下はこれらの状態を大急ぎで通り過ぎたのである。彼は、社会がいかにして生まれることができたかを見る代わりに、一気に完成状態における社会を想定する。この契約の根拠を検討する代わりに、彼は契約の影響と従属関係を説明する（＊1）。しかしこの影響と従属関係は、結果であり、われわれが求めているのは原因の方である。

（＊1）　最初にちょっと見ただけでは、多くの読者はたぶん、ド・モンテスキュー院長閣下は、間違っておらず、不確かな原因などを発見しようと努めるよりは、確実な結果の方を論じることの方が気楽だったのだと考えるだろう。しかしながら私は読者に、判決を言い渡す前にどこまでも進んで行くこと、そしてこの本全体を眺め渡して、主権の起源について十分に熟考することをお願いしている。そうすれば、おそらく読者は、『法の精神』の著者が正しくなかったことに気づかれると思うからである。

第三章　プーフェンドルフが社会の起源について与える説明のなかにも、彼がその根拠としている推論のなかにも、同じほど思い違いがあったこと

ド・モンテスキュー院長閣下だけがこうした考えに魅かれてしまったわけではない。院長閣下の前に、プーフェンドルフが同じ原理を確立していた。自分の仲間と連携しようとする性向を人間が持ち合わせていると仮定されていたが、人間がこの性向を持つに至った原因をプーフェンドルフは、人間が生まれつき持っている臆病さに求めることができると思いこんでいた。ドイツの哲学者は、フランスの哲学者と同じく、恐れを社会の母と見なしている。プーフェンドルフによると、人類のすべての当事者は互いに激しい恐怖をかきたてあっている。そして彼は、この激しい恐怖のうちに、当事者同士をしっかりとしたやり方で近寄せるための充足理由を見ている。

「私が見るところでは」と彼は言う（＊1）、「古代の家父長がなぜ自然状態の独立自存にあきらめをつけ、

市民社会を確立しようとしたのか、その真の主要な理由は、人間が持っている悪をお互いが恐れたために、そうした悪から彼らが身を避けようとしていたことにあるように思われる。というのも、創造者は、完全な善そのものであり、全能であるから、こうした創造者のあとでは、人間は、これ以上の幸せを彼らの同類からしか期待できないからであり、それと同じように、これ以上の不幸も人間自身にしかその原因を求められないからである。われわれは、さまざまな悪にさらされている。しかし、それらの諸悪に対して、なんらかの特別な治療法を見つけてきたのが人間の巧みさである。たとえば、医学は病人を癒したり、治したりするのに役だっている。家屋、火、衣服は空気の害からわれわれを守ってくれる。……武器や落とし穴や他の種類の計略は、野生の動物の脅威からわれわれを守ってくれるうえに、われわれにそれらの動物を馴化する手段を与えてくれている。しかし、人間に本来備わっている悪意の結果として、人間がお互いに害悪を相手に及ぼして楽しんでいることから身を守るためには、市民社会を設立し、最高権力を確立することによって、人間自身のなかに、予防のための君主を捜し求めなければならなかった」。

（＊1）『自然法と万民法』、第七篇、第一章。(1)

なにがしかの良識を備えているとの評判を取っている著作家たちがあれほどの確信を持って、はなはだ疑わしい原理をあえて定立し、そこからあれほど軽々しく決定的な帰結をあえて導き出しているのには、私はいつも驚かされてきた。仲間が施してくれる善に相当するほどの善を人間に施すことができる存在は、この仲間以外にいっさい存在しないので、仲間によって施される善以上の不善をなす原因となりうるものは、いっさい存在しない、などということがプーフェンドルフには、いったいどこでわかったのだろうか？　相互に不善をなすという生まれつきの傾向を人間たちが持っていることから身を守るために、彼らは首長に服従したのだ、などということを彼はいったいどこで見てきたのだろうか？　社会状態においてならこういう主張の一部は正しい。しかし、プーフェンドルフ自身が語り、ここで考慮すべき唯一の状態である自然状態では、彼が仮定している二者択一などは、善の場合でも、悪の場合でも、起こりえないだろう。

文明人にとって、彼の仲間の巧みさほど危険なものはない、というのはたしかなことである。もし巧みさが発明を産み出し、発明を利用する個人に利益をもたらすのであれば、こうした発明は、他のすべての人間に対して刃向かうものだから、彼らにとっては、ほとんどの場合、忌まわしいものである。

発明は賛嘆を巻き起こすが、しかし、それは発明の効果の一部だけを考慮にいれているからに過ぎない。そこから帰結する偶発的な利益が人の目をくらませ、その本性に必然的に付きまとう害悪の方に、人の考えは及ばない。

たとえば医学は、有益なことでは際だった特質をもたらすように思われる。しかしながら医学は、病人を救う以上に、医者を確実に富ませる。医者の誤りは、まちがいなく人を殺す点で、彼の科学よりは恐ろしい。科学は必ずしも病を治すとは限らず、恩恵をもたらすと限ったわけでもない。ピストルは、山賊に襲われた旅行者にとっては、優れた救済手段であるように見えるかもしれない。しかし、それでもなお、火器の特質

（1）『自然法と万民法』、第七篇、第一章、第七節。Pufendorf : op. cit, tome II, pp. 219-220.

が破壊にあることは事実として変わりはない。この手段は、たまたま、しかもその本性に反してまで、保護にふさわしくなっているにすぎない。それは害悪を及ぼす能力によってのみ、有益なものに変わっているにすぎない。もしそれが命を奪う力を持っていなかったら、だれの命も救ったためしがなかったであろう。社会できわめて評価が高い発明のすべてについても、事情は同じである。社会のなかに激しい恐怖をまき散らすに違いないのは、こうした恐るべき機械を自分の取り巻きとしている人間の方である。社会を構成するすべての人びとをおじけづかせることができるのは、医者の服や歩兵銃で武装した人間である。用心の必要があるのは、こういう人間に対してであり、巧みさが彼に引き渡した怪しげな諸手段に対してである。その濫用を予防するために、規則によって鎖につなぐことが問題となるのは、こういう人間のペンであり、彼が持っている騎兵銃の方である。実は統治体はこのことをやっているのだ。

しかし社会自体がこうした発明を産み出しているのである。あとになって、社会はそれらを警戒せざるをえなくなる。未開人は、自分と同じくお互いに純粋に未開のままであれば、恐れるべきなにものも持たないし、彼の同類になにも期待しない。なにものも必要としない人間に、なにも持たない人間たちがどのような利益をもたらすというのだろうか？　どのような損害であれば、そうした人間に彼らは損害を与える気になることができるというのか？　彼らは、彼を不安がらせるいかなる手だても持たない。またその手だてを自己防衛のために役だてることもない。相争うべきなにものも持たない人間同士のなかで、争いの種がありえたと仮定しても、棒と石が唯一の武器であり、それで相手を攻撃することができるのだが、相手も彼らに対抗するためにいつも棒と石を持っているのだ。彼も、それから彼と同種の存在も、彼らが置かれている状態から抜け出さない限りは、彼ら全員のあいだには、平等が完全な形で存在する。休息を手にいれるために自由を棄てさせるような恐怖も起こり得ないし、奴隷身分に安全を求めさせるような恐れも生じ得ない。

プーフェンドルフによれば、市民社会の必要性と効用をきわめてよく表現している格言があるという。「司法がなければ、お互いに人は食い合うだろう」というのである。たしかにそのとおりだ。この格言は、すでに一箇所に結集している人間たちに適用した場合には正しい。つまり、すでに暴力を行使することができるか、あるいは、暴力を受ける危険にすでにさらされているか、どちらかに当てはまる人間たちに適用した場合には正しいのである。格言に根拠があるのは、人為的で、余計な需要を充たすことに躍起になっている人間に出くわした場合である。こうした人間は、自分たちよりも弱い人間全員を犠牲にしてまでも、必要物を手にいれようと忙しく立ち回っている。弱い人間には、より強い人間による横奪を阻むことができないからである。こうした人間を鎖にくくりつける司法というものは、この場合には、剣を収める鞘となる。剣を持っている人間自身を剣が傷つけるなどということがないようにするわけである。しかし、単純で平和を愛好する人間は、剣など身につけていないから、鞘なしですごせることはたしかである。これこそまさに真の意味での未開人の状態である。

こうした危険な生産物を産み出すのは、またもや社会だけである。危険な生産物から身を守れるようにするためには、法律に頼るしか手がない。或る彫刻家の話がある。彼は、自分が彫った女性の彫像のひとつに恋をしてしまったというのである。つまり、自分の労働の産物を最高に愛情のこもった情欲の対象としたわけだ。社会というのは、そんなに幸せなものではない。社会は、激しい恐怖に囚われずには、社会が誕生させた発明品を見ることができない。社会は、自分自身の作品を見るとき、戦慄に襲われずにはいられない。だから社会は、この恐れにみずからの起源を持つのであり、恐れの原因はなにかと言うと、それは社会にのみ由来するのである。社会は、社会が単独で引き起こすひとつの感情の結果であるなどとは言えない。また、文明人しか知らない悪を恐れる気持ちが彼らの文明化の動機であるなどとも言えない。

プーフェンドルフは、この点に関していろいろな偽推理を弄して尽きることがない。相互の恐れが人間を近づける磁石だったと主張することで彼は満足していない。さらに彼は、反対意見はけしからんと主張する。彼によると、ふたりの人間が出会ったとたんに、お互いが激しい恐怖に満たされるから、この恐怖は、ふたりをその場から逃げ去る気にさせる十分な理由となるなどと想定することほど滑稽なことはないというのである。彼の意見によると、ふたりの心に吹き込まれる疑念を両者の結合に対する障害物と見なすことには、不合理があるという。そのことを証明するために、彼が持ち出す理屈は以下のとおりである。

「『恐れ』という言葉は」と彼は言う、「疑惑や疑念をしばしば意味する。『恐れ』にとって肝腎なことは、これ以上ないほど十分に用心することによって、恐れを引き起こす、いかなる明白な種をも持たないようにできるかどうかである」。

「寝るときには、部屋の戸を閉める。泥棒を恐れるからである。そうしたあとでは、もはや恐れは抱かない。旅行に出かけるときには、武器を携行する。山賊を恐れるからである。しかし、いったん武装すると、人は山賊どもをあなどる。このうえない穏やかさを持った平和のなかでも、君主は国境線に守備隊を配備し、都市に城塞を設け、武器庫と補給庫に武器と糧秣を貯蔵している。これは、君主が隣人に対して恐れを抱いていなければ、無駄なことである。しかし、君主がどの面においても安全を確保したときには、もはや彼らには恐れるものはなにもないことになるのである」。

ピュッロス(2)がアテナイ人に迎えられたとき、彼は、身を引くにあたってアテナイ人に、もしお前たちが賢ければ、今後はひとりの王も町の中にはいることを許さず、訪れるすべての人びとに対して城門を閉ざさなければならない、と言った。「こういうように、恐れは、自分で自分を排除するための手だてを編み出すほど、才能に富んでいる……」(3)。

以上は、プーフェンドルフが第七篇、第一章で語っていることである。この章で、彼は、どのような動機から人間たちが市民社会を形成するように導かれたのかについて語っている。彼が理屈を並べるうえで、助

(2) ピュッロス(前三一六年頃—前二七二)。古代ギリシア、エペイロスの王で、アキレウスの息子の血筋とされる。一七歳で支配権を失い、流浪するなかで、アレクサンドロス大王の跡目争いのイプソスの戦いに参加、武名を轟かす。エジプトに人質として送られ、結婚し、エペイロスの王に任ぜられる。共同統治の王を暗殺し、専制政治を確立する。マケドニアの内政に干渉し、デメトリオスと戦って勝利を収め、マケドニアの王となる。イタリアやシチリア島に遠征し、ローマ軍と戦ったが、敗北した。その後、スパルタに攻め込んだときに、老婆が投げつけた瓦がもとで、戦死した。なお、ここでプーフェンドルフが引用しているのは、プルタルコスの『対比列伝』のピュッロスを扱った章のエピソードで、復活したデメトリオスと戦うためにピュッロスがアテナイに赴いたときに市民にくだした命令である。

(3)『自然法と万民法』、第七篇、第一章、第七節。Pufendorf : op. cit., tome II, pp. 220-222. バルベラック訳では、ピュルロスのくだりが抜けている。

けとしているのは、相変わらず、セクストゥス・エムペイリコス[4]であり、トゥキュディデス[5]であり、プルタルコス[6]であり、ヘロドトス[7]であり、アリストファネス[8]である。これらの尊敬すべき名前の山が彼に安心感を与えているとはいえ、冗長な文章全体のなかで、彼が検討している主題と関係しているのは、ピュッロスの忠告のほかにはないということを彼に示すのは、容易なことだろう。彼の推論を規定する子供じみた言葉遊びのなかにある正確さ以上の正確さは、ほかのどこにもないということを彼に示すのは難しくない。

まず、絶対に本当でないのは、泥棒を恐れて錠をおろしたときに、人は恐れるのをやめるという理屈である。恐れから生まれる用心は、逆にしばしば恐れを醸成する。激しい恐怖から身を守る手段は、恐怖を引き起こす対象物から隠れる場所を探すことでは必ずしもない。

たくさんの金を積んで街道を行く商人が馬の鞍の鞍骨に何丁かのピストルを持っているからといって、山賊をあなどっているなどとは言えない。国王が大隊を徴募したり、騎兵を補充したりしたときに、これで自分がありとあらゆる不運を克服したと思っているなどとも言えない。この点に関しては、挙げられている例の選択がまことにまずい。おまけに、プーフェンドルフは、自信を持ってそれらの詳細に説明しているが、しかし、その自信が彼の判断のたしかさを栄えあるものとはしないのである。

次に奇妙なのは、ひとつの意見を叩くために、その意見の正しさを支えることができる証拠までもが持ち出されていることである。泥棒の不意打ちを恐れて、門を固く閉ざす人間は、おそらく泥棒のあとを追っかけたがらないだろう。山賊を避けるために、火器の雷管を新しいものと取り換える旅行者は、山賊ときわめて親密な友情を取り結ぼうとする気にはならない。敵国と戦う準備を整えるために、武器庫を訪れ、砲兵隊の砲架を新しいものと取り換える君主は、当の敵国と平和条約を結ぶ意図など持ち合わせてはいない。

このような方策は、そこから利益を引き出すことができる状態にたまたまある人びとを、少しばかり安心させることなら十分できる。彼らが今後の安全を求めようとしたり、速やかな退却で危険を回避したりしようとすれば、かえってこれらの方策によって妨害される。こうした方策は、頑固になることを勧めるとともに、恐れの原因となっている危険から逃れられるという希望を抱かせることで、いわば恐れを超越した立場に彼らを立たせる。しかし、恐れの力を一時食い止めている希望がもし実際に存在していなければ、それだけで恐れは心に影響を及ぼし、心のなかに、比べようがないほど過度な臆病さを延び広がらせたり、恐れが産み出すことができるすべての結果を繰り広げたりすることも、間違いないところである。

(4)二世紀後半から三世紀にかけて活躍したとされるギリシアの懐疑論哲学者。ガレイノスの弟子で、医者。哲学的には懐疑論者ピュロンの弟子。『ピュロン哲学の基礎』という概説書で知られる。懐疑論を徹底し、判断停止を主張した。

(5)トゥキュディデス（前四六〇頃—前三九五頃）。古代ギリシアの歴史家で、ペロポネソス戦争（前四三一—前四〇四）の歴史を客観的立場から叙述し、歴史における社会・経済の重要性を主張した初めての歴史家。

(6)プルタルコス（四五頃—一二五頃）。ギリシアのカイロネイア出身の哲学者。ヘレニズム文化最後の継承者。古代ギリシアの代表的人物を扱った長大な『対比列伝』の著者として有名。

(7)ヘロドトス（前四八四頃—前四二〇頃）。古代ギリシア、ハリカルナッソス出身の歴史家。ペルシア戦争史を叙述した『歴史』の著者で、歴史学の父と称された。

(8)アリストファネス（四五〇頃—三八八頃）。古代ギリシアの悲劇詩人。ペロポネソス戦争を題材として使い、スパルタと対立するアテナイで活躍した。

しかるに、こうした弥縫策は社会の成果である。未開人はそれを知らない。彼はまだ社会の軛《くびき》をはめられてはいなかったからだ。プーフェンドルフが主張するように、かりに恐れが未開人の心を操り、恐れが彼に疑いを引き起こしたり、疑念を生じさせたりしていたなら、はっきりしていることがある。それは、身を守るための援助が一切ない状態に自分があることを自分の目でたしかめ、自分の両足の敏捷性以外にこの迷惑な感情を自分のなかに呼びさます対象物から逃げるすべがなかったときには、いつも彼が用いるのは、その敏捷性だろうということである。閂《かんぬき》もなく、ピストルも大砲もない場合には、未開人は、文明人が巧みさのこうした発明品とともに待ち受けたり、勇敢に立ち向かおうとしたりするすべての対象物から逃げるだろう。武器を備えていることだけで、激しい恐怖に文明人が抵抗しているということから導き出される結論は、まさに未開人は武器を持たないからこそ、恐怖に押しつぶされることになろうということである。

したがって、社会を形成する動機として、また、最初の結合をしっかりしたものにするための絆として、プーフェンドルフが恐れの存在を提示したとき、彼が間違ってしまったことは明白である。彼の推論は彼が挙げた例と同様に、説得力がない。彼がそれについてどう言おうと、たしかなことは、この心の変化は、それを味わった人間たちを結集するどころか反対に、分散させるだろうということである。同じくたしかなことは、心の変化が共に生きるという習慣のみに由来するということであり、したがって、心の変化がこの習慣をもたらすことはできないということである。

第四章　同じ主題の続き。社会の形成を引き起こしたのは、その方が自分を守りやすくなるという希望が生まれたからではないということ

人間が恐れるべきなにものも持たない場合には、また、自然状態では、実際にも人間はなにも恐れていないとするなら、明白なことは、この状態にまつわる不都合の数々がそこから脱却する決心を彼らにさせたのではないということである。いま触れたばかりの著作家たちがしたように、人間の在り方と切っても切れない関係にある、習慣化した臆病さをそこに仮定しない別の著作家たちは、社会同盟の結成を慎重な用心深さのせいにしてきた。この種の用心深さは、勇気と両立しないのではなくて、むしろ勇気を、より有用なものにするというのである。人間たちを彼らの森から根こそぎ引き抜く使命を担ったのは、乱暴な敵どもを押し返したいという欲求である、とこうした著作家は言ってきた。人間たちを社会に結集したのは、お互いの助け合いでみずからを強くしたいという願望である。それは、ちょうどオーヴェルニュ[1]やスイスの山中で、狼たちと隣りあわせでいるせいで、家畜の群れが夜に集まることを余儀なくさせられるようなものである。彼らによると、この原理からは社会設立が派生してくるし、社会だけでなく、社会の法律や首長、そして社会を構成するあらゆるものの確立は、この原理から派生してくるというのである。

(1) フランス中南部の地方名で、マッシフ・サントラル（中央山塊）の最高峰および火山性の森林地帯を持つ。

われわれがすでに見てきたように、この原始的結合体は、盲目的な本能によってのみ産み出され得たものであって、明確な意志の産物ではありえなかった。各人は、自分ができる援助と自分が持っている力を共同のものとする決心をつける前に、また、それらを各人から取りあげる権利を各人から奪う規則を通じて、それらの使用権を社会に譲る前に、それらと交換で自分が受け取るものがなにかを知っていたはずである。したがって、もともと、譲渡は、無条件で自発的になされたはずだし、いつかは譲渡が必然的で、強制的なものになるなどと予測できた者はひとりもいなかったはずである。しかし、譲渡の目的はどういうものでありえただろうか?

遠く離れたところにいる抑圧者を避けるという目的は、眼前の抑圧を実際に受けいれさせるに十分な条件であるだろうか? 私はそうは思わない。というのも、最初の取り決めがいかに甘ったるく、いかに窮屈なものでなかったにせよ、そんなものを一切持たないことに慣れている人びとにとっては、相変わらずそれは我慢できない負担であったからである。あの自由への愛や平等への愛は、社会諸制度によって飼いならされ、しおれさせられた形ではあるが、ずいぶん前から人間の心のなかに生きているので、社会諸制度は、最古のものであってさえ、それらをまったく黙らせることはできていない。まだ独立した状態にある未開人の心のなかで突然黙るように、どうしたら、彼を追いこむことができたと言うのか。こうした効果を産み出すには、実に恐ろしい危険が必要だったし、まさに耐え難いほど重い恐怖が必要だった。山鶉《うずら》が隠れ家を探して、ときにはわれわれの家に飛んでくるのを見たことがあるだろう。われわれの家は、山鶉《うずら》にとっては、命を奪いかねないものであるが、しかし、そのときには、隷属か死かのどちらかのあいだで選択することしか、もはや彼らには残されてはいないほどの激しい圧力を、彼らは猛禽から受けているのである。こうした二者択一に原初の人間たちを追いこむことになる危険は、どこからやってきたのだろうか？

獰猛な動物からか？　しかし、彼らの攻撃はまれである。彼らの頑張りは長く続くものではない。彼らを追い返すには、つかの間の結合で十分だった。この結合は、かなり無用なものでさえあった。こうした初期の時代にあっても、人間は、今日と同じで、獰猛な動物を避けるには、力より巧妙さを必要としていた。一本の木、何個かの石、一本の棒が彼の仲間たちの腕よりも、もっと多くの手だてを彼に提供していた。そのうえ、どうしたら、仲間たちによる援助を懇願することが人間にはできたのか、どうしたら、自分の援助を仲間たちに差し出す決心ができるようになったのか——この「どうしたら」を想像することが相変わらず残っているに違いない。前者の場合には、仲間たちの善意が確実である必要があった。後者の場合には、仲間たちの感謝が期待できる必要があった。ところで、私は繰り返し言うが、こうした考えはみな、すでにできあがった社会というものに由来し、初めの社会に由来しないのではないか？

仲間たちを人間は警戒していたのか？　仲間たちに逆らうために、部隊を編成することを考えていたのか？　自分の自由の一部を救うために、人間は他人の自由を犠牲にしていたのか？　暴君を持つことを恐れているからこそ、人間は主人を受け取ることに同意していたのか？

私は、これらの推論が前提とする天文学的な数の知識の議論には立ちいらない。それらがすでに確立されている社会の結果でしかありえないということを示すことに、ここでは取り組むつもりもない。私は、このような動機が、攻撃されるのではないかと恐れていた人びとを結集する力となりえたことを認めている。ただ私が問いたいことは、攻撃者に対しても同じことをさせてきた動機とはなにかである。

他のすべての人間たちに、このように、不安を与えていたのはおそらくたったひとりの人間ではなかった。こうした人間がたったひとりである限りでは、彼はひとりの敵しか持ち得なかった。彼が仲間をひとり連れて現われたのなら、もうすでに恐れが作り出した社会がそこにある。もし彼がひとりの奴隷を連れて現われたのなら、そこには自発的ではなかった社会があることになる。だが、しかし、彼はどこでこの仲間を見つけてきたのだろうか？　奴隷を作るなどという考えがどうして彼に思い浮かんだのか？　仲間である場合は、彼のもとを去るのを妨げる理由がいり、奴隷である場合は、彼のもとから逃亡するのを妨げる理由がいる。前者にあっては、同意が必要である。鎖が必要不可欠なのは後者である。希望を与えずにどうやって説得するのか？　もしすでに鎖が鍛えられていなかったら、もし彼の仲間に対するあらゆる優越性のうちで最大の優越性を彼が持っていなければ、どうやって仲間に鎖を背負わせるのか？　ところで、なにが希望の言い訳とか、鎖の理由とかになり得ただろうか？

それは恐れではありえなかった。恐れは希望を打ち砕き、鎖を引きちぎってしまったに違いなかった。はるか遠くにある幸福の約束で、人びとの心を釣ろうとするには、幸福が現に存在し、既知のものになっていなければならなかった。同一の暴力に協力しようと決心させるには、この協力の利益を感じ取っていることが必要であった。そして、隷属の鎖に我慢強く耐える状況に他人を追いこもうとすれば、やはり、人びとの心になんらかの変化がすでに起こっており、それが牢獄のなかにはいっていて、もう鍵を扉にかけるだけの状態になっていることが必要である。

こうしたことのすべてを引き起こすことができたのは、自分を守りたいという欲望ではない。というのも、ひとつには、攻撃するために結集しようとする欲望がそれに先だっていたからであり、もうひとつには、この欲望は、せいぜいのところ、結合のきっかけとなっていた危険の持続期間に依存する、一時的な、期間限定の結合の必要性しか持たなかったからである。

第五章　農業が社会を生んだのではないということ

よりいっそう平和の友である別の著作家たちは、戦争の叫びや武器の物音が世界の誕生を狂わすことができたなどと想像することがそもそもできないのである。彼らは、社会のゆりかごから非人道的な大騒ぎを追放しようと努めている。彼らが切に望んでいることは、自由で、一致した同意に社会の設立が由来するということである。しかし、こうした同意が騒乱の真っただなかで、兵士によって認められた形で誕生しているのを見るのは、彼らに嫌悪感を催させる。彼らには、同意が農業と交易の甘い関係によって産み出されたと仮定することが気にいっている。彼らは、剣を最初の統治体の基礎として与えるよりも、犂先《すき》と犂《すき》を与えることの方を好んでいるし、英雄の血塗られた手よりもむしろ、耕作者のごつごつした手によって法律が作られたとする方を好んでいる。

この社会の系譜学はたしかに抜きん出て高尚である。理性と人道の目から見ると、横奪者の出であるよりも農民の出である方がよい。人びとを養う技術は、人びとを殺す技術よりももっと尊重されてしかるべきである。人類に大紋章をつけることが問題になっていたなら、銃剣よりも半月鎌を小盾の徽章として描くことの方が、はるかに値打ちがあることになったに違いないし、小盾を支える動物としてライオンや一角獣を人類に与えるよりも、むしろ牛を与えた方が、値打ちがあることになったに違いない。

しかし、わが詩人たちのひとりが言ったように、「自分のために親を選ぶことはできない」。社会の起源が社会を栄えあるものにすることができなかったとしたら、それを別のものにとって変えようとして、いくらそれを隠そうと努力しても無駄である。真実はおべっかよりも声高に話すだろうから。消すことができないその称号は、社会を犠牲にして論者が信用を与えようとしているいんちきな書類や怪しげな証明書の類を永久に打ち消している。

社会形成は農業のおかげだとする学説は、或る程度、この事例にはいるのではないか？　社会が生まれたときには、幸せな平等が支配したと考えられるとすれば、それはわれわれにとって気持ちがいいことに違いない。また、社会を農耕による最古の産物のひとつと見なして差しつかえないことになれば、これもまた、われわれにとって気持ちがいいことだろう。社会が大地で新たな収穫物とともに平和に発展しているのを見ることほど、気持ちのいい見世物はないだろうし、社会を農業が人類にしてくれた最初の贈り物のひとつと見なすことほど、気持ちのいい見世物もない。

ただひとつ嘆かわしいことは、この考えが理性によって叩かれ、歴史によって破壊されるということである。この考えが信じこませようとするのは、大地を耕したり、家畜の群れを養ったりすることに取り組んだ原初の人間たちが国家という団体に結集した原初の人間でもあったということであろう。しかしながら、ほ

ん の少しでもそれについて熟考するなら、まるっきり正反対のことが起こったに違いなかったことがわかる。農業は社会の乳母であって、社会の母などではまったくない。この技術の発見は、人口増につながったものの、家族を結集することからはほど遠く、まずは家族を互いに孤立させる方向に働いたに違いなかった。

どのような状態のなかで人間が自然の手から離れたかは別にして、宗教的な、あるいは世俗的な古代の記念物に残された痕跡のすべては、創造された時点での幸せな状況に人間が長くはとどまらなかったことを証明している。人間はまたたくまに転落した。人間の過ちによって、明敏きわまりない知識の光明に、とりわけてひどい無知がたちまち取って代わった。周囲の環境から生活の便宜を引き出すことができていたアダムの末裔は、自分たちの作り手の知識が存在したにもかかわらず、生活の便宜のすべてが全面的に剥奪された状態を味わうのに、遅れを取らなかった。

われわれに真の宗教の原理を伝える役目を負っていた民族の祖先は、あきれるほどひどい、こうした野蛮状態にはいなかった。彼らは天上の直接的な庇護のもとにあった。彼らは、夢とか頻繁な対話とかによって、神との直接的交流を保ち続けていた。天使たちがそのつど彼らに恩恵や救援を持ってきていた。彼らは、天使たちの超自然的知識を受け取っていた。彼らは、世界に一種の特殊な植民地を形成し、残りの人類が堕落に陥っているのを尻目に、彼らだけは、或る程度、全般的堕落からまぬかれていた。

しかし、バベルの塔以来、言葉の混乱が起こり、意思疎通の容易さに対してこの神異から帰結するような障害が設けられてからは、残りの人類は、自分たちの起源についての記憶までも、少しずつ視野から失っていた。彼らは、アダム以来、伝承が地上で保持できていた秘密のすべてを、知らず知らずのうちに、忘却のなかへ再び突き落としていた。肥沃で、きわめて心地よかったシリアの平野から追い出された人間たちは、他の地方を覆っていた広大な森に移動した。そのとき、古代文献のどれもがわれわれの前に描き出している彼らの姿そのままに、彼らは粗野と赤貧の状態に行き着いてしまったのである。彼らはどんぐりの実を食べたり、野生の肉を食らったりして生きていた。彼らは偶然に任せて森のなかを放浪し、獰猛さにおいて彼らが凌駕していた野獣とのあいだで、洞穴や巣穴を奪い合っていた。神御自身が彼らの父祖に知識をお授けになったのだが、彼らの代になって、そのすべてが完全に失われていたために、おそらく彼らがこの知識の状態に戻るためには、随分と時間が必要だった。

動物的な放浪生活から農業の継続した作業手続きに移行することは、いわば、新たな創造であった。そうした移行をなにが引き起こし得たのかについて想像することは困難である。しかし、間違いに陥ることを恐れずに、断言できることは、偶然か、あるいは、より好ましい考え方かが農業への移行を垣間見させ、それを望ませる方向へ彼らを導くためには、ずいぶん長い時間と多くの労力がかかったに相違ないということである。命を奪うことなく（＊1）、動物たちの群れから自分たちの栄養分を引き出すために、動物たちを集めること、大地を耕しながら手なずけること、すなわち、大地に裂け目をつけながら、それを肥沃にすることは、発案者には成功が約束されていた、まことに驚くべきふたつの活動である。

（＊1）　牧畜民が求めるのはとりわけ乳である。彼らは家畜の肉よりも乳をもっとがつがつとほしがっている。

今日では、われわれの近くで暮らすことに同意している動物たちは、ライオンや虎と同じように、おのずから自由に対しては、疑り深いうえに、それの愛好者である。人間が定住することを拒んできた場所に、飼牛ほど、集めることが容易な動物はほかにはいない。また、野牛ほど、それが難しい動物もいない。例の諸島［西インド諸島］において、人間は野牛を自分たちの近くに寄せるために、信じられないほどの苦労を払っている。そこでは、人間が自分の領分と主張する土地を動物たちに対して認めさせようとして、殺害の権限を、時折、行使し、そこに住んでいる動物の一部を屠殺しに行くほかない（＊2）。

（＊2）アメリカにおいてはこのようである。スペイン人は、野牛の舌を手にいれるためだけに、毎年野牛を五万頭から六万頭屠殺しに行く。平原で殺された野牛のからだは腐敗に任されている。

われわれのところと同じように、ほかの場所でも教育が野牛の性格を破砕してきた。教育は、奴隷状態を好むように彼らを仕込むのである。狭くて不潔な牛舎にかねにしわい手が節約を考えて施す、好意のかけらもない扱いに彼らが満足するまでになるのは、ひとえに教育のおかげである。平和な森のなかで自然が惜しみなく彼らに与えた力強くたくましい産出物を忘れ、なおざりにするようにしたのは、まさに教育である。森のなかでは、彼らの牧草地は、世界の限界以外の限界を持たなかっただろうし、世界を美しく飾る天と天体以外になんの覆いも持たなかっただろう。

このような隷属の度合いにまで彼らを導くのに、どれくらいの年月と試行錯誤が必要だったことか！　彼らを奴隷にしたり、彼らの養育の用意をしたり、彼らの子供のために母親の乳房に溜められている宝物を人間がわがものにするために、搾乳したり、乳を保存したりするやり方のうちで、最速で、安全無比で、もっとも手軽なやり方を見つけるまでには、長くて苦しい試みがどれくらい必要だったことか。

農業についても同じことである。驚くほど長い時間と驚異的な忍耐の果てに、ようやく人間は、農業の対象となる植物を発見し、農業を容易にする道具とその成功を保証する用心深さを発見することができたにすぎない。

探索のなかでこうしたふたつの分野のうちのひとつの分野で成功を収めた最初の家族は、おそらく排他的にその成果を収穫することを考えついたに違いなかった。彼らの労働が辛苦に満ちたものになればなるほど、いっそう当然のこととなっていたのは、彼らがそれを自分たちだけの利益にしようと望むことである。労働に付随して生じるありあまる豊かさが心地よいものになればなるほど、最初の家族は、自分たちのまわりに豊かさを集中しようと望んだはずであった。彼らには、吝嗇《りんしょく》を徳と見なし、分配を損失と見なすことが許されていた。したがって、各家族は互いにばらばらになったに違いなかった。各家族は、彼らに経験が授けてくれた新しい才能の行使にもっともふさわしい場所に腰を落ち着けに行った。

日常的に大河や小川によって肥沃にされ、からだに良い草に覆われ、山々によって視界がさえぎられた谷合いは、あの不幸な人間のために願ってもない隠れ家を提供していた。不幸な人間にとっては、豊かさの始まりがすでに彼らの仲間たちを恐ろしい存在に仕立て上げていた。そこで彼らは、こうした谷合いへ彼らの不安と秘密を隠しに行くのであった。彼らを襲っていたはずのふたつの主要な感情は、彼らの新しい裕福さを満喫しようとする快の感情とそれを失うかもしれないという不安感であった。これらふたつの感情が第三の感情である孤独を愛する気持ちと幸せであることを公表することへの嫌悪感を産み出した。幸せであることが公になると、証人はその幸せをこわしにかかる気にならないとも限らないからだ。

第六章　法律を生んだのは農業でもないということ

われわれが見てきた最初の農耕民の状況では、法律を作ることを思いついたのは彼らであると推測できるだろうか？　彼らが置かれている状態そのものがこうした考えとは相いれなかった。というのも、すでに証明したように、法律とはなんらかの社会の成果であるからであり、彼らはどのような社会契約をも交わすことはできなかったからである。彼らは隠し立てと独立を求めていた。したがって彼らは、その本性から、公共的で、窮屈なものである契約からは逃げたに違いなかった。彼らはひとりで生きていくことを望んでいた。だから、彼らを無理やり共同で生きていかせることになる取り決めを避けることは、彼らの慎重さの一部であった。

しかし、法律を望まないこうした理由がいくつもあったのに、それでも彼らが法律を作ろうと決意できたというのだから、だれのために彼らは法律を作ったというのか？　あるいは、だれに対して法律を作ったというのか？　法律はなにを命じたというのか？　あるいはなにを禁じたというのか？　法律の創始者たちは、彼らを法規に無理やり従わせたり、外部の敵に対する武器をそれから作ったりする意図を持っていたというのか？　だが、このどちらの場合も、用心などまったく不要であっただろう。あるいは、まったく軽はずみなことであっただろう。

彼らのあいだでは取り決めなど必要ではなかった。取り決めなど存在しようがなかった。そのようなものが存在すれば、きっとそれは共同の労働に熱心さを要求することになっただろうし、労働の成果を自分個人の所有にせずに、厳密にそれらを収穫することを命じることになっただろう。その結果、取り決めは、仕事を指揮監督する人間と仕事を実行する下働きの人間とのあいだで必要となる従順さや隷属を導入することになっただろう。しかし、取り決めを承認しなければならなかった人間全員がいったいどのような瞬間にそれを受けいれたのだろうか？　技術の発見以前だろうか？　以後だろうか？

以前だって？　だれひとりとして取り決めの受けいれを望まなかっただろう。人はそれで窮屈な思いをするだけだっただろう。取り決めが実際には不快な思いだけを与えるのだとしたら、どのようにしてその利益の方を感じさせればよいか？　未来についてはなにも想像できず、ただひたすら現在の効用性だけを感じとれる粗野な人間たちに、どうやって、現存してもいないものを探し求めることに同意するように説得すればいい？

発見の以後だって？　合意の可能性は、なお一層薄くなったに違いなかった。発案者はその最高所有権を自分のためにとっておこうとしただろう。彼は、自分に協力した人びとの取り分を作ろうと主張しただろう。労働を行なう彼らの腕を指揮監督することによって、発案者の意図は、彼らの意志を服従させることにあったはずである。だとしたら彼らには、それと交換でなにが返されただろうか？　わが日雇い労働者は土を耕すが、とれたものは食べられない。それなのに、彼らが大地の耕作を無理強いされるのは、まさに別な形で生きていくことが不可能であるためである。建物には住めないのに、わが石工が建物を建てるように強いられるのも、別な形で生きていくことが不可能であるためである。まさしく貧窮が彼らを市場に無理やり連れていく。そこで彼らは、彼らを買うという慈悲を示したがる主人が出てくるのを待つ。彼らは、貧窮ゆえに金持ち(1)の膝にすがり、あなたを儲けさせてさしあげることをどうかお許しくださいと頼まざるを得ないのである。

しかし、石工の鏝《こて》と日雇い労働者の鋤《すき》が隷属の武器となってしまったり、富裕が自然の倉庫に扉と鍵を取りつけてしまったり、同じく富裕が自分たちの欲求や快楽に貢献できる人びとを厚遇するためだけに、それを開く権利を獲得してしまったりするより前の状態では、生活の糧を奴隷状態から得ようと望み、食料と交換で自由を渡そうと望む従順な協力者たちを、耕作者がいくら探し求めても無駄であったろう。恐れから彼と同類の人間との出会いを避けざるを得ず、いかなる援助も彼らから引き出すことができないために、手持ちの手だてで満足せざるを得ないとしたら、いったいどこから法律を作ろうというような考えが彼に浮かんできたというのだろうか?

法律は耕作者にとっては、一種の保護命令書の代わりとなり得た、と主張する人もいるだろう。彼の農地と収穫を法律の庇護のもとに置くことは、耕作者にとって、利益となっていた。一方で、種をまきながら、他方で、収穫する排他的権利をたしかなものにするために、耕作者は努力しなければならなかった。それが

(1) この一文は、野沢訳、二五四ページ上段。『剰余価値学説史』、八五ページ参照。安斉訳、一九一ページ参照。

法律の効果である。だから、当然、彼は法律を確立することを急いだのである。

たしかにその通りだ。しかし、彼の権利を尊重さるべきものにするには、それを登記するだけで十分だったのか？　彼が所有権の端緒のようなものを享受していたことは、たしかである。彼が開墾していたあの土地や彼の世話のおかげで育ち、増加してきたあの家畜たちは、正当性を持って自分の持ち物だと主張しようと努力することができる所有地のようなものであった。しかし、そのことを定めた法律を堅固なものにするためには、法律が排除を宣言した当の相手に、それを受けいれさせる必要があった。彼らを畑から追い出したいと思うのなら、彼らにその畑がどこかを示してやる必要があった。

ところで、彼らのもとで、こんな振る舞いをあえてすることは、横奪に気をつけろと彼らに注意することにならなかっただろうか？　彼らにどこかの畑の主権を断念するように提案することは、すべてのものが彼らに属していたということを彼らにわざわざ思い起こさせることではなかったか？　彼らに対して問題の畑への立ちいりを禁止しようと努力を払うことは、隠し場所を知ることが彼らの利益になるので、彼らから隠したいと思っていたものを、案の定そこに隠しているのだな、と疑う立場に彼らを立たせることではなかったか？　耕作者たちは秘密をうかがい知れないものにしようと望んでいたのに、かえってその秘密を暴露してしまったことになっただろう。耕作者たちは、自分たちの所有権を打ち固めようとして、かえってそれを失う危険にさらされることになったはずである。

これらの証明をさらに敷衍することができるかもしれないが、私がなにを論証しようとしていたかを感じとれるようにするには、ここで私が示していることで十分である。農業は、共同の享受を打ち固めるのに好都合な取り決めを地上に誘発するどころか、反対にそれは、全面的な分離を導きいれたに違いなかった。農業は、相互に助け合う方向で農業の発案者たちを協力させる代わりに、よそ者の労働力を使用することに恐れを感じさせたうえに、そうした労働力を見つけることが不可能な状況にさえ彼らをおいたに違いなかった。

彼らとそれ以外の人間たちとのあいだには、たしかにいかなる類の交渉も関係もなかった。実際、彼らがたがいに連絡を取り合っても、彼らにしてみれば、それがいったいなんの役に立っただろうか？ 彼らは、発見したばかりの財宝の再生産だけに関心があった。財宝をさらに充実させるために必要な自分たちの労働と世話仕事に邁進する彼らは、その成功を広めることよりは、むしろそれを隠すことの方に大いに関心があった。

各人が自分の土地を耕し、各人がそれに種《たね》を蒔き、各人がその成果を収穫し、各人がそれを消費していた。この不確実な所有権と同時に成長してきた自己愛は、彼らをまだ、同じ種に属する個体の敵に仕立てあげないものの、隠れ家で彼らが享受している特典を見破られないようにすることには、大いに注意を払う存在に彼らを仕立てあげた。彼らのあいだには、社会の見かけのようなものが見いだされたとしても、それはせいぜいのところ、同じ父親の子供同士のあいだにだけ存在したもので、彼ら自身が新たな世代を産み出してしまうまでの話であった。彼らの平和は長くは続かなかった。すぐに、より幅広い結合体をつくるきっかけが彼らに訪れた。

第七章　狩猟民(1)のあいだでこそ社会が最初に姿を現わしたに違いなかったこと

啓蒙のはじまりはすでに人類の一部を不幸にし、諸科学の原理は、生まれたと同時に、原理の展開によって生じるはずの不幸を予告していた。恐れは、世界から最初の所有者を排除し、彼らに普遍的所有権をあきらめさせ、無数の偶発事件にさらされた狭隘な小規模所有地に彼らが閉じこもらざるを得ないようにした。その一方で、彼らから離れたところで、彼らが恐れていた社会が少しずつ形成されていた。この社会は、彼らの犠牲のうえに、たちまち増大し、ゆるぎないものとなる定めにあった。自由が彼らの鎖を鍛え、独立が彼らの隷属を用意していた。

耕作者たちが放棄してしまっていた、木々が生い茂る平野のまんなかに、あるいは、耕作者たちの居住区域に覆いかぶさっていた山々のいただきに、別の種類の人間たちが寄り集まっていた。彼らは、嫉妬のまなざしで耕作者たちを見つめていた。これらの人びとは弓矢の発明者であり、血を糧《かて》として生きることに慣れ、彼らが糧《かて》としていた動物たちにもっと簡単に不意打ちを食らわせ、動物たちを打ち倒すために、集団を組むことに慣れ、動物の死体をわけあうために協議することに慣れた狩猟者であった。

私が気づいていることだが、孤独を求める耕作者を平和的な存在として私があえて描いたこと、そして、仲間たちと結びつくことを好み、いつも数人と一緒にいることを好む狩猟者を血に餓《かつ》えた人間としてあえて描いたことに、人は驚かされるのではないかと思う。これは世論とは反対の方向に進むことであり、既成観念に逆らうことである。しかし、意見がいかに人びとのあいだで共通していようと、それがもし本当らしさと真実味を欠いているのであれば、それは私の間違いにはならない。人類のこのふたつの原始区分について、その生き方に目を向ければ、どちらの生き方がより容易に援助なしに暮らせるか、どちらの生き方が隠遁を好み、群衆を避けるためのより多くの理由を持っているかは、わかるだろう。

耕作者は、労働と石または木の枝で、ひとりきりで土地を開墾するだろう。ひとりきりで種を蒔《ま》き、ひとりきりで収穫し、ひとりきりで生活していく。彼らの食糧が備えている本性は、長期間の貯蔵を彼に許している。だから、耕作者は、有用性を感じた途端に、それを使うことにけち臭くなる。彼は必要から勤勉になったあとで、怠け心から節約に努める。彼の財宝は、彼にとってはさらに大きな価値を持ってしまうであろうから、リスとハリネズミが彼らの貯蔵所を視野から隠す場合の注意を上回る注意を払って、彼は自分の財宝を隠すだろう。同類の人間自身が彼と宝物をわけあうためにやってこないかと心配だから、耕作者は、同類の人間が警戒を払わなければならない敵ででもあるかのように、同類の人間すべてを避けるようにうながされるだろう。

狩猟者の場合は反対である。彼は助けがなければ、たいてい獲物にありつけない。獲物を獲得するためには、彼は援助を乞う必要がある。獲物を打ち殺したとき、分配を避けることなど思いつきようがない。彼を助けたその手は、それだけで、自分がした苦労の分け前を取る。おまけに狩猟者は知っている。似たような

(1)『剰余価値学説史』、八五ページ参照。第八章を含めて、マルクス、『資本論』、第一巻、第四篇、第一一章、註記二三 a参照。

ケースでは、彼も同じ特権を享受できるだろうし、今日のところは、獲れたばかりの獲物の一部しか手にしなかったとしても、明日になれば、今度は自分が助けて獲らせた獲物の分配に招かれるだろうということがそれである。

だから、狩猟者が自分の連携者たちのなかに有益な仲間しか見てないのに対して、耕作者は、連携者たちのなかに容赦ない強奪者しか見てない。だから耕作者が自分の仲間を避けなければならないのに対して、狩猟者は仲間を探さなければならない。このことは、肉を食べて生きている動物の一部と大地の生産物で生きている他の一部のあいだでも、目につきさえすることである。

われわれが家庭的・社交的と呼ぶ動物は、そうであるにもかかわらず、いかなる種類の社会も構成していない。彼らは、相互の出会いから、孤独ではないこと、という楽しみしか引き出していない。彼らにはいかなる現実的利益も返ってきてはいない。彼らは相互に避けようとは努めない。というのも、彼らは取り合いになるようななにものも持たないからだ。しかし、彼らは助け合いもしない。彼らが群れをなしているとき、計画しているように見えることは、多数からなる群れを構成すること、というばかげた楽しみであり、これがすべてである。

反対に、狐や狼や野犬は、彼らのあいだで或る種の社会を形成している。一匹一匹が個別利害を視野にいれて行動しているにもかかわらず、その成員の全員が一般利害のために行動している。獲物になる野禽獣のためにこれらの動物が整えた落とし穴に獲物を落とそうとして、彼らがどれほど巧みに連携しているか、知らない人はいない。彼らが獲物を確保しようと望むときには、彼らの振る舞いをひとつの完璧な知性が統制している。そして、厳密な正確さがその分配を取り仕切っている。

この例だけで、長い証明作業ひとつ分の値打ちがある。原始同盟が生じたのはむしろ狩猟者たちにおいてであり、ほかの人間たちではない、と私に主張させるもとになった原理をこの例は十分わかりやすいものにしているはずである。同盟を産み出したのは恐れでも、熟考でもない。社会が成長させてしまう前に、まぎれもない未開人の心のなかで、動物の本能をしのぐ力を持つはずもないのに、それに取って代わったのは、窮乏であり、一瞬閃いた理性の稲妻である。

この結びつきは、長つづきはしなかった。それは承認も服従も含んでいなかった。それは一時的な義務を押しつけただけだった。それを締結するには、約束事も、前提条件も必要なかった。飢餓、それだけが唯一の交渉人だった。食欲を感じていた人間なら、だれでも、この結びつきを提案することができた。胃袋が満たされたために、それを受けいれる十分な理由を感じなくなった人間なら、だれでも、それを拒む自由があった。

それはまだ社会契約の影法師でしかなかった。社会契約は掛け値なしの従属を引きいれる。それは、成員がいつも団体に奉仕するように行動することを要求する。まさに成員の熱意や団体への彼らの愛情のみに応じて、社会契約は、成員に力と権力を届けさせるのである。反対に、われわれが話題にしている盟約は、自由とともに存続していた。それは社会ではなかったが、しかし、社会への道を示していた。つまり、この盟約は社会の利点を感じとらせていたということである。一時的な結合から引き出された利益は、時がたつにつれて、解消できない結合が得させる利益に関して熟慮させることを可能にしていた。

第八章　暴力こそが真の社会を生まれさせることができたということ、そしてそのきっかけはなんであったか

とはいえ、全般的な同盟を堅固で長つづきするものにしようと思った途端に、この同盟に対する恐るべき障害が存在していたのである。それは、同じこの自由への愛だった。全般的な同盟はそれを犠牲にすることを要求していたのである。この同盟は心地よさを約束していたが、しかし、それは鎖を提示していた。長いあいだ、この光景だけで、その場に居合わせた人間は全員逃げ出さざるを得なかった。この重荷の全部を転嫁する人びとを見つけたときにだけ、彼らはそれを受けいれる気になり得た。そして、これらの人びとが重荷を受けいれるとしても、この心づかいは彼らの側から自発的に出たものではないことは、十分に理解されていた。

社会が選択されるどのような瞬間にも、敬意と身分の違いを要求することが社会の本性から出てくる。社会は、獲得すべき地位と表すべき敬意を固定する。社会が絶対的に望むことは、社会を構成する人びとのあいだで、或る人びとが不安なく消費する一方で、他の人びとがつらい労働に身を委ねるということであり、前者が怠惰だけで手に余っているということであり、後者が人生のなかで一瞬たりとも、労苦からまぬかれることがないということである。社会を確立するためには、人間の一部をこの最低の身分に押しさげる必要が十分にあった。彼らは、その身分に生まれ、その身分にとどまる。しかし、彼らがほかの身分を知ったら、

彼らは自分からそこに身を置くことはない。暴力だけが彼らをそこに縛りつけることができる。他の身分がその重みで彼らを押しつぶしても、それに耐えるように彼らを追いこむためには、そもそものはじめから強制を用いることが必要だった。それは、何度も打ちこみをし、荒々しい力を用いた場合にのみ、建物を支える目的に使われる基礎杭を地中に無理やり突っこむことに成功するようなものである。

それは、一気にわが狩猟民の前に姿を現わすにしては、あまりにも複雑すぎる系統的な抑圧計画であった。彼らは軽やかに駆け回っていたが、しかし、それ以上に、軽やかにものを考えるのだった。彼らの精神は、完全に肉体的欲望に依存していたので、手でさわってたしかめられる関係しか把握できなかった。彼らは、彼らの欲望に直接関係する見方のみを喜んで受けいれることができたにすぎなかった。

農耕民の場合にも、このような体系は、想像力に強い印象を与えるはずもなかった。彼らが奴隷制につきものの諸観念を解明することができたとしても、彼らは、奴隷主を持つことを恐れる以上に、奉公人を持つことを恐れるに違いなかった。人間の隷属から引き出すことができる唯一の果実は、彼らの労働である。しかし、技術が幼年期であれば、それは技術を行使する人間以外には、ほとんど食料をもたらさないであろう。そのとき、新しい腕をなにがつなぎとめるのに役だったというのだろうか？　労働の果実が十分でないために、働き手しか養えないことを、経験によって働き手が判断していたとしたら、そこからどのような利点が彼に戻ってきたというのだろうか？

産物に比例して消費は強くなっていくから、そうなると主人にはもはやなにものも残っていないだろう。見せかけの彼の帝国は、彼の状態を奴隷よりも悪くさせてしまうだけだっただろう。主人は、働き手のように、からだに疲労を積み重ならせ、彼以上に精神に疲労を感じてしまうことだろう。そのうえ、彼は、働き手が逃げたり、働き手が彼のものを盗んだりすることを妨げるために、必要な注意を余分に払うことになっただろうし、所有権にも命令権にも、ありとあらゆる不安感を結びつけたことだろう。野望への第一歩は、彼の財産を増やすことがないまま、彼の不幸を増大させただけで終わってしまっただろう。だから、彼は、そんな危険を冒さなかったはずである。かくして人類は、ふたつの部分に分けられたままだった。一方は、独立性に執着し、他方は、他人の独立性を攻撃することにほとんど興味を示さなかったのである。

それまでは平等はまだなお完全だった。しかし、それを破壊するためには、ひとつの偶然しか必要でなかった。天秤を傾けさせるためには、不猟で十分だった。一方の生活方式は、しばしば彼らを飢餓にさらしていた。他方の生活方式は、ありあまる豊かさのなかで彼らを養っていた。早晩、この相違が争いを引き起こさないではおかなかったし、その結末についてはすでに予想がついている。

われわれが「狩猟民」という名で示してきた、あの獰猛な猟犬の群れのひとつは、獲物を狩りだしても無駄に終わったので、われわれがいま話題にしたばかりの家族のひとつを取り囲む、飼いならされた家畜の群れに目を向けはじめた。猟犬の群れは、家畜の群れが目にはいった途端、欲望を感じないではいられなかった。欲望を充たすのにふさわしい対象の様子に、かえって飢餓がかきたてられ、猟犬の群れは、この奇妙な分離を自然権の侵犯として見るようになった。あるいはこちらの表現の方がよければ、利用することが好ましいとされていた好機として見るようになった。

群れを構成していたすべての猟犬がこれらの家畜の群れに飛びかかった。取り乱した所有者は、家畜の群れを守ることさえ考えつくことができなかった。猟犬の群れは、抵抗に出くわすことなく、家畜の群れを殺害し、良心の呵責なくそれらをむさぼり食った。このようにして、それ以来、ひとつの例がつねに甦るために、それからというものは、富者は、赤貧に対してあまりにも弱すぎると思うようになった。そして、すべてを所有していた人びとは、なにも持っていなかった人びとによって、最初からしてすでに、身ぐるみはがれたのである。

第九章　真の社会[1]は牧畜民もしくは農耕民を犠牲にして形成され、彼らの隷属を基礎として打ち立てられたということ

この侵略は、牧畜民の節制と農耕民の自由にとって運命的瞬間であった。あの血まみれの戦利品は、強奪者にとっては、彼らの目を見開かせ、彼らの無知を恥じ入らせる忌まわしい果実となった。不正の産物をじっくりと眺めることによって、彼らは不正に慣れ親しんだ。彼らは血をたっぷりと味わっていたが、その血は、彼らにとっては、ヘラクレスに毒を盛った、かのケンタウロス[2]の血と同じような効能を持った。それは、彼らの血管のなかで、どのようにしても消すことができない渇望をかきたて、情熱を始動させた。それ

(1)『剰余価値学説史』、八五ページ参照。
(2)ギリシア神話によると、ヘラクレスは、第四の功業（エリュマントス山のイノシシを生け捕りにすること）を成し遂げる途中で、馬身の怪物ケンタウロス族と戦ったという。

が情熱を発散させる有様は、灼熱の液体を可燃物質に注いで、それらを燃えあがらせることに似ていた。情熱の衝撃、その後に起こった興奮から恐るべき知識の光明が生まれた。暴君政治など皆目知らなかったこれらの粗野な人間たちは、この光明によって暴君政治の魅力に目ざめた。そして暴君政治を確立するための諸手段について彼らは啓蒙されたのである。

唇と手をまだ血に染めながら彼らは、彼らの獲物をむさぼり食い、ぴくぴく動いている臓物を口に運ぶことで、これほど便利な生活の糧《かて》を日々見つけることには、楽しみがあるのではないかということをじっくりと考えるようになった。彼らは、狡猾だったり、残忍だったりする動物を捕まえる狩猟の危険と労苦を、見るからにおとなしい、飼いならされた動物数匹をその都度捕える容易さと比較するのだった。そこから、彼らは現在の状態を不幸だと思いはじめ、そこから抜け出すことを望むようになった。

この思いつきは、彼らが有用性を感じとっていた技術を、彼ら自身で学ぼうとする方向に導いたに違いなかったし、彼らにはきわめて心地よいものと映っていた果実を産み出す労働に、みずからも参画しようという気に彼らをならせたはずである。しかし、人間に本来的にある無知と怠けぐせがそうした計画の作成をまったく許さなかった。彼らは、はるかに安易な計画を思いつき、それを実行に移した。

彼らは、家畜の一部を切り殺したあとで、残った家畜を自分のものにする方が簡単だと思った。わずらわしさを一切避けるために、彼らは、その巧妙さで家畜の群れを作ってきた者に群れの監督を委ねた。彼らは、群れを養い、増殖させ続ける仕事を彼に任せたが、その際、彼らは、群れの所有権が自分たちにあることだけを彼に教え、彼の分け前が彼らの分け前にまったく害を及ぼさない限りで、彼の食料をこの所有権から引き出すことを許した。
誕生を見てきた場所に住み続けることに愛着を覚えていたために鎖につながれ、甘い生活に慣れてきたために柔弱になり、数によって脅かされ、武器を見ておびえてしまったこれらの不幸な人びとは、さまざまな条件に同意し、それらを拒む勇気を持たなかった。彼は、地主から小作人になることに同意した。彼は、家畜の監督職と用益権を保持しているから、すべてを失ったわけではないと信じた。彼は、転落を嘆く気分にもあまりならなかった。というのも、仲間のあいだでは、彼が昔持っていた自由の一部がまだ残っていたからである。

彼は、この偶発事件のあとにつづいた日々でも、最初のうちは、家畜の群れを放牧に連れて行っては、おそらく滂沱《ぼうだ》の涙を流したことだろう。たしかに、彼は家畜の群れを見ると、苦痛を覚えざるを得なかったし、自分の身のうえに起こった身分の変化と同じように、彼らが用途を変えてしまったことを考えると、同情を禁じ得なかった。しかし、少しずつ習慣が彼の心を固くした。必要が彼の手腕を鋭く研ぎ澄ました。彼は、命令を受け取っても、嫌悪感を持たないことに慣れた。そして彼の技術における彼の進歩は、隷属の昂進を覆い隠したり、彼の隷属の慰めとなったりした。

かくして耕作者と牧童の身分は、第二世代を迎える前からでさえ、奴隷身分になっていたのである。あらゆる法律のうちでもっとも古い法律は、このうえなく屈辱的な従属を打ち固める法律だった。地上に形成された社会の最初の見かけは、そこに専制主義と卑しさ、専横をきわめる主人と恐怖に震える奴隷を出現させた。

簡単に想像がつくことだが、奴隷は、いち早く仲間を持った。奴隷の労働を利用していた人びとは、労働の実りをもっと豊かにするために、奴隷には助けが必要であると感じた。彼らは、彼らが奴隷を見つけた場所に似た場所へ奴隷を探しに行った。そのときから野生動物を狩るのに苦労するかわりに、彼らは、野生動物を手なずける秘訣を知っている人間を狩りに行く以外の狩りをもはやしなくなった。彼らは、こうした人間たちを、容易には逃げられない場所にできる限り集めた。

これらの人間たちの格下げをより確実なものにするために、彼らは武器の使用をこれらの人間たちに禁じた。彼らは、これらの人間たちを獰猛な動物の攻撃から守るという仕事を引き受けた。からだに損傷を受けたネズミを木の幹に飼って、いつかネズミをむさぼり食おうとしている寓話のフクロウ(3)に似て、これらの貪欲な強盗どもは、その存在そのものが彼らの財産であるとみなして、恥辱にまみれた囚われの家族をあらゆる危険から遠ざけるべく日夜見張っていた。

人間という被造物がいるところならどこででも、こうした作戦が繰り返されたために、さまざまな移住民や、いずれにせよ、おびただしい数にのぼる植民地が生じた。そこでは、大多数の人間が少人数の人間に屈従しつづけた(4)。そして力ある者が力弱き者の労働の果実をむさぼり食う権利を自分のためにとっておいた。そこから、お分かりのように、まがうことなき社会の決まりごとが生じた。そのすべての義務は、命令することと従うことというふたつの点に関係づけることができる。

第一〇章　人類の一部に対するこの格下げは、社会を生じさせたあとで、いかにして法律を産んだか

それまでは、世界に法律の必要はまったくなかった。少なくとも、すでに述べたように、狼と狐が羊なり、兎なりを共同して捕まえることができたときには、狼と狐のあいだで守るべき法律以外の法律はまったくいらなかった。獲物のなかで、それぞれの狩猟者に帰属していた分け前を暗黙の契約が与えることになっていた。獲物を追いかけ、それに追いつき、それを引き裂く――すべての社会的機能は、ほぼこの点に尽きていた。こうしたことは、大きく広げられたひとつの法典を構成していなかった。

しかし、所有権に結びついた心地よさがそれを保持するための諸手段に関して熟考を重ねさせ、新しい臣民に対する不信感が専制君主をさらに賢く、さらに巧妙にし、最初の暴力が人間精神をひとたび揺さぶったとき――そのとき無気力な状態が長かった分だけ、所有権の進歩は急速に起こった。どのような新しい一歩

(3) ジャン・ド・ラ・フォンテーヌ（一六二一―一六九五）の『寓話集』（第一一篇、第九寓話）に収録された足のないネズミをフクロウが大事に飼っている寓話。そもそもこの寓話は、デカルトの身体機械論に反駁するために書かれたものだという。

(4) マルクス、『資本論』、第三巻、第六篇、第四七章、「剰余労働は、経済外的強制によってのみ、彼らからもぎ取ることができる」、註記四四、「土地の征服のあとで、征服者にとって差し迫った問題は、人間たちをも、わがものにすることであった。ランゲを参照」。

も知識の光明を必要としていたし、それを手にいれさせていた。人間は知識から知識へと進みつづけた。それは、旅行家が山に登っていくときに、頂上に近づくにつれて、水平線が広がり、旅行家にとっては、水平線が後退していくように見えるのに似ていた。

最初の時期には、所有権は共同所有にとどまることができて、危険はなかった。しかし、所有権が増大するとともに、それは厄介者になった。それを制限することによって、ゆるぎないものにする必要性がたちどころに感じられた。収穫量は、所有地とともに増加していた。趣味の違い、気質と才能の違いが結合体の諸部分自体に分裂原理を生まれさせていた。共同体がよいものであるのは、破壊することが問題になるときだけであること、破壊ではなく、保持することが問題になるやいなや、共同体は危険なものになることが経験によって感じとられていた。

かの奴隷たち、かの家畜の群れは、全体の財産になっていた。それらが全員に属するものでありつづけていたときには、だれの所有物でもなかっただろう。完全なる乱費がこの種の放棄の成果であったはずである。奴隷たちがだれに対して応えなければならないのか、そして、家畜がだれによって消費されることになるのかを定めることが必要であった。それなくしては、獲得物は、それが便利さをもたらすことで、有益である以上に、それが闘争を引き起こさないわけはないので、かえって、有害なものになるであろう。したがって、分配に取りかかる必要があった。そして、この作業はもうひとつ別の作業を引き起こした。各人にその分け前を割り当てたあとで、各人の所有を確固たるものにする必要が出てきたのである。

全員が平等で、屈強。すぐかっとなりやすく、血を好み、武器の扱いに慣れている人間たちのあいだでは、やむことのない、危険に満ちた争いが持ちあがったことだろう。偶然と知性とがさまざまな分け前のなかに大きな不平等を設けなかったなどということは、ありえない話であった。被害を蒙ったと思いこんだ人間は、裁きがなされることを望んだはずである。獲物を捕まえるために形成された結合体は、獲物を享受する段になると、困難をかかえて混乱させられただろう。そうした例をいくつも見るのに、手間暇かからなかったはずである。

これらの不都合な点は、もっとも啓蒙された精神の持ち主に強い印象を与えた。彼らは、それらへの対処法を見つけるために躍起になった。彼らが創造していたのはまったく新しい技術であった。しかし、道に迷うのは、ほとんどいつも学問の方であり、真理を発見することは、学者先生から真理が離れることほど容易ではけっしてないので、彼らには、どの道をとらなければならなかったかが現場ですぐにわかった。

最初の暴力が異論の余地なく必要であったことに、彼らは気づいていた。彼らは、この最初の暴力を認めないわけにはいかなかった。というのも、それのみが彼らのあらゆる権利を打ち立てていたからである。しかし、彼らは、今度は自分たちのうえに第二の暴力が打ちおろされるのを避けなければならないとも見ていた。彼らは、原初の横奪が神聖な権原として見なされなければならないと思っていた。しかし、それに劣らず彼らは、新たなる横奪を、それがどのようなものであっても、禁じなければならないことを明確に認識していた。もしそのようなことが起これば、新たなる横奪は古い横奪と矛盾し、それを破壊するかもしれなかったからだ。

それに成功するために、彼らは、共同して行われる強奪しか許さないこと、また、他人から離れて、大胆にも個人で強奪があえて行なわれた場合には、これを厳しく罰することを提案した。彼らの示唆にしたがって、社会がすべてを手にする権利を持つものの、しかし、社会の成員は、ひとりになるとすぐにこの権利を手ばなすことが定められた。各人が[1]はたから文句をつけられずにそれぞれの手に落ちた分け前を所有すること、そして、それを彼の手から奪おうとする人間は、それがだれであろうと、公共の敵と宣言され、この資格において訴追されるという取り決めができた。

二、三の言葉で片づけるとすれば、以上が人間の法律のすべてにおいて、その幹となっていることである。神の法の法源は、その作者のように純粋であるので、神の法を除くすべての種類の法をこの幹は含んでいる。まさにここから、考えられる基本法のすべてが出てくるのである。それこそが万民法と市民法に権限を与えるのである。万民法の方は、征服を正統化し、市民法の方は窃盗の類を禁じている。これらの法は、徒党を組まないでやられる盗みだけを罰している。のちに、それは、政府と帝国のすべての政治家とすべての創建者を支配するようになった。

さまざまな策を弄して――その詳細はここでは不要である――彼らは、いずれにせよ不完全ではあったが、行政の形に、これらの原理が発見された時点での最初の社会的無政府状態を作り変えることに成功した。暴力は彼らの諸権利の根拠をも作ってきた。しかし、彼らの全員がその次に望んだことは、彼らが非常に不正な形で奪い取ってきたものを、正当に所有することであった。細目にこだわることなく征服において彼らを助けてくれた人びとが、彼らをこと細かに真似ることを妨げるために、彼らは注意を払ってきた。全体の財産を確固たるものにしたあとで、彼らは、個々の分配をめぐって、相争うことができるようになることを望まなかった。彼らは、規則によって、すべての彼らの共犯者に対して、物件の所有を打ち固めた。それらを横取りする工夫とか、幸運とかを共犯者が持っていたからである。力づくで奪われたこの結果を見て、所有の復権を同じ資格であえて要求する人間に対しては、だれ彼かまわず、社会に対する犯罪者として彼らは罰することを命じた。

いずれにせよ、この仕組みは必要欠くべからざるものだった。これこそが、社会を維持する諸法律を用いて、社会に対して或る定まった形を恒久的に与えたのだ。それは、それらの範疇と種類を決定した。その目的と効果はもめごとを鎮静化し、平和を維持することにある。この仕組みを認めないほど強力な力を持った人間が地上に見いだされることは、たしかに残念なことである。仕組みの遵守を説く人間自身がその適用を受けないでいられるということ、そして、それを個々人のちっぽけな戦争に適用する文民権力が、騒がしい太鼓で始まりを知らされ、大砲でしか終わらない大がかりな訴訟において、それを最初に侵犯するということは、悲しいことである。

しかし、この不幸は、社会一般の起源に由来しているのである。つまり社会は、社会の誕生について少しばかり自覚しているということである。利害と力から出てきた社会は、利害の強欲を分かち持ち、力の荒々しい気質を分かち持っている。そのうえ、社会は、全部が独立し、全部が互いに対立し、それぞれが独自の見方と体系を持ち、人生行路において、彼らの先祖の諸情念に引きずられているような、おびただしい群小

(1) 以下、この一文は、野沢訳、二五〇ページ下段参照。

団体に生命を与えてしまった。この不都合には、これまでなんの薬もつけられてこなかった。隣人を殴っている男を逮捕するために執達吏が送られるように、ひとつの帝国が他の帝国を抑圧することを妨げるために、兵を起こす必要があるように思われる。われわれは後続の巻でこの種の恐るべき必要性について一言するであろう。

第一一章　先の諸章で言われたことを弁明する

したがって、暴力が[1]社会の最初の誘因であり、力が社会の最初の鎖であった。この意見は、ホッブズ[2]の意見に、一見似ている。非難囂々《ごうごう》たるこの哲学者の諸原理と、なんらかの関係をそこに人は見いだすかもしれない。実際、私が詳しく述べたばかりの原理を彼は垣間見てきた。彼は、そこからもろもろの物騒な帰結を引き出したと主張されている。そうだとすれば、私はこれらの帰結を自分のものだとは認めない。それらを私に帰すことは不公正のきわみであろう。

　水銀を使って、非常に有益な結果をもたらしている化学者がいる。この金属を昇華させると、きわめて活発な毒になるからと言って、化学者を毒殺者扱いするほど突拍子な人はいない。私は読者のみなさんに同じ公平さを期待している。同一の原理を主張している著作家たちがみな、そろいもそろって、そこから同一の帰結を引き出すことで一致していると、考えないように読者のみなさんにはお願いしたい。

　そのうえ、どうしてこの原理が断罪さるべき帰結を産み出すことができたのかが私にはわからない。それは、尊重されなければならないものを、なにひとつとして攻撃してもいなし、揺さぶってもいない。それは、道徳をなにひとつ傷つけない。私が思うに、それは、境遇の不平等がいかなる起源を持つかを満足のいく形で説明している。それは、社会にピラミッドの形を与えるあの奇妙な配置を説明している。それは、社会の土台を形成する非常に幅広い基盤が、てっぺんに乗っかる頂点になぜ従属しているのかを理解させる。それは、君主から人民に至るまで、権威が中間階層のなかで分割される事態を引き起こすものはなにかをはっきりと感じとらせる。中間階層が規模の面で増大するのに比例して、権威は減退する。そして、階層があがるにつれ、その幅は狭くなっていくが、それに比例して、権威は増大する。最後に、この原理は、階層の順位づけを正当化する。順位づけは、このうえなく正確に順番を守って、最低の階層にまで達する。最低の階層は、全人口のなかで最大多数を占め、建物の重荷のすべてを支えている。この階層は、その本性上、必要不可欠なことこのうえないのに、評価されないことおびただしい。

（1）『剰余価値学説史』、八五ページ参照。
（2）ホッブズ、トーマス（一五八八―一六七九）。イギリスの哲学者で、政治理論家。機械論的唯物論を人間論に適用し、自然状態を弱肉強食状態とし、それの克服として、強力な主権を備えたリヴァイアサン国家を構想した。

この原理は、カルネアデス[3]の有名な反論と共通するところはなにもない、ということを指摘しておかなければならない。この反論は、カルネアデス以後、大勢の哲学者によって繰り返され、註釈が加えられてきたものである。それが証明しようとしていたのは次のことである。すなわち、正義は、それ自体としてはなんの価値もないこと、その諸規則は人間の気まぐれの産物であることがそれである。カルネアデスによると、それだから、正義は存在しないか、あるいは、存在したとしても、それを正確に遵守しようというのは、気が狂っていることでしかありえない。なぜなら、正義が等しく他者によって尊重されるということを、人はけっして確信できないからだ、というのである。

私の原理はまったく違っている。それは、永久不動の正義という概念に合致している。こういう正義の存在は、社会の存在に先だつのである。それは、正義の諸概念と必然的関係を持っている。原初の横奪[4]は、摂理が望む秩序を地上に導きいれるために、神が用いた第二原因である。神は悪から善を引き出すことで、堕落した姿をそのはかりごとのためにお役だてなさったのである。

人間が落ちこんでいた堕落状態から人間を引き出すことができるものは、力と暴力だけであった。これらの恐るべき武器を使用したのは、ほかでもなく不正義だったのである。しかし、これらの武器は、不正義の手にあるうちに、実質的な善を生産した。というのも、神の意志にかなう秩序の完成がそこから帰結したからだ。そうしたことから、この不正な原初の権力を継承した権力は、原初の権力にあった諸権利を部分的には保持していたものの、先の権力と同じ本性に属するということにはならなかった。毒人参を飲んだ最初の人間は、もちろん毒殺されることになった。調合を経て、この単純な有害物質は薬となった。毎日のように、人間は、苦い樹液を持つ木に甘い汁の果実を継ぎ足した。

これと同じで、奴隷を作った最初の人間はたしかに不正を犯した。しかし、その権力を継承し、既成事実をそこに見いだした人間は、奴隷制の過酷な状況を和らげようと一所懸命になった。彼はその権威を手ばなし、定められた法律にそれを服させ、既知の規則に従ってのみそれを行使することに決めた。こうした人間は、彼の前任者が抑圧してきた人間たちの恩人となった。これらの人間たちのなかで、そしてその周囲で、すべてが変えられていたなら、この恩人が彼らに返すことができたであろう完全な自由は、彼らにとっては、不幸を招く贈り物にすぎないことになったに違いない。彼は、このように手直しされた権力を保持しながら、これらの人間たちに奉仕していたが、権力が無に帰すのを傍観する場合よりも、その方が彼らによりよく奉仕することになっていた。

彼は、この種の返還を道徳として義務づけられることさえなかった。時効が横奪を正統な享受に変えるというのは、あらゆる民族において公認された神聖な原理である。だから、あとを継いだ諸統治体は、気が咎

(3) カルネアデス(二一五頃—一二九)。キュレネー出身の古代ギリシアの懐疑論哲学者で、不確実性の概念を哲学に持ちこみ、ストア派の哲学と対立した。ランゲは、カルネアデスが人間にはいかなる真理も知覚できない以上、絶対的真理を確立できない、と主張し、ローマの元老院で、正義を擁護する素晴らしい演説をした翌日に、同じ場で正義に反対する演説をした故事を念頭に置いているのであろう。この演説は、自然法的正義論の立場に立つストア派のキケロに脅威を与えたという。

(4) 以下、この一文は、野沢訳、二五〇ページ下段参照。安斉訳、一九三ページ。

めることなく、暴力が世界に引きいれた状態を維持することができたのである。私が社会に付与するこの起源からは、そこで形成されている行政組織に対立するいかなる帰結も出てこない。その公共権威は、やはり神聖なものであることに変わりはない。また、公共権威を行使してきた手のなかに、それがどのようなやり方で移されたのかを説明する体系は、公共権威を傷つけることはない。ダイヤモンドがやはり貴重なのは、それをカットするのに車輪状の装置にそれを荒々しく押しつけなければならなかったからである。

第一二章　これまでに詳論した原理にド・モンテスキュー院長閣下は反証しなかったこと

これほど自然で、これほど汚れていない体系でも、それがひとつの体系であれば、ド・モンテスキュー院長閣下は、それを認めない。それには道理がないと彼は非難している。彼によると、お互いに相手を隷属させようとする欲望を、人間に用意することは良識に反するというのである。彼は言う。「命令と支配の観念は、非常に複合的で、他の多くの観念に依存するから、人間がまず持つような観念ではないであろう」(＊1)。

（＊1）『法の精神』、第一篇[1]

それは、たしかに、人間たちが生活をはじめた瞬間から、彼らを打ちたたく定めにあった観念ではない。

おそらく、最初に彼らが気づかったことは、いかにして食料を手にいれるかであった。それは、あらゆる欲望のなかでもっとも焦眉の欲望であり、それに対しては他のどのような欲望でも、席を譲った（＊2）。しかし、第二の気づかいは、労せずして食料を手にいれようと努めることであったに違いない。ところで、彼らは、他人の労働の果実を横取りすることによってしか、所期の目的を達することができなかった。したがって、彼らの目に障害物と映っていた自由に対して、それが障害物と認識されるやいなや、彼らが陰謀を企てたというのは、もっともな話である。自由を破壊するのに危険がないと信じられたときにはすぐに、そして、偶然によってその機会が彼らに与えられたらすぐに、彼らが自由を破壊しようと企てたのももっともな話である。[2]

（＊2）ド・モンテスキュー院長閣下は、これを第二の自然法にしかしていない。それは明らかに第一の自然法であり、他のすべての自然法の土台である。[3]

最初の征服者たちが自分たちを強力な帝王に仕立てあげる計画を持っていなかったということはたしかである。いまだに未開で、裸のままか、あるいはせいぜいのところ、身体半分くらいを動物の毛皮で包んだ程

（1）邦訳、『法の精神』、前掲、上、四五ページ。
（2）『剰余価値学説史』、八六ページ参照。
（3）異本では、このあとに「さまざまな種類の法律を区別している篇の自然法に関する章を参照」という文章が続く。明らかに『法の精神』、第一部、第一篇、第二章を念頭に置いている。

度のこれらの人間たちは、彼らの行動の物音で、地上を満たそうとはまったく思ってはいなかった。彼らは、豪奢と懶《らん》惰のなかで宮廷人の大群によるおべっかを享受する権利を手にいれようと、野望を燃やしてもいなかった。

彼らは、平和で、不安のない暮らしを送ることしか考えていなかったし、必要なら、そうした暮らしに対する侵害から自分たちを守ってくれる一定数の人間たちを、自分たちの周りに置いておきたいと思っていただけであった。最初の征服者たちが専制君主となったのは、怠けていても処罰されないためにすぎず、王となったのは、なにか食べ物を手にいれるためにしかすぎなかった。見ての通り、こうしたことは、支配という観念を幅の狭いものにし、単純化するのである。(4)

かりに、こうした観念が最初に思い浮かんだのではなかったにしても、また、私が描いた通りのやり方でその観念が作られたのではなかったにしても、それが永遠に思い浮かばなかったというのは、ありえない話だろう。自由の観念が熟慮によって知られるようになる前に、かりに従属の観念が事実によって、展開されていなかったとしたら、一体だれが自由であることをやめようと決心することができたというのか？　人間にもっとも慣れた動物でも、おそらく自分からすすんで、森から出てくるようなことはあるまい。これらの動物たちが自分たちの乳房とか、背中とか、毛とかを自分たちの主人に提供しに来たり、主人に最大の利益をもたらすような使い方をしてくださいと、謙虚に主人にお願いしに来たりすることはなかった。暴力と不意打ちこそが彼らをその隠れ家から引き離したのである。暴力と不意打ち――これこそが牢獄に彼らを追いやり、われわれの貪欲が彼らをそこで鎖につないだのである。人間は、ほぼこれに近い形で、いまでも同じ運命を蒙っている。心のうちでは、彼も同じ独立への愛好を持っている。彼が同じような手段で独立性を奪われなかったなどと、だれが信じることができるだろうか？

ほとんどすべての著作家がこれとは反対の体系を支持して、人間にとって自然的なものに見える、同類を探し求める性向を売りこんでいる。彼らは言う。これこそ、人間が社会のために作られていることの明白な証拠である、と。それは、そうだろう。だが、あなたがたの言う社会は、契約もない、欲望以外の動機もない、意志以外の鎖もない、自由な社会なのだ。こうした社会は、自然の目には十分だった。人間の心を満足させるためには、十分な社会だった。

しかし、排他的所有を合法化するあの連合、少数の人間にしか広げられないあの同盟、そしてその目標が大多数の人間の隷属を永遠化することにあったとしたら、それは自然な社会だろうか？　そのような社会は自発的な意志にもとづくものでかつてあり得ただろうか？　それは、排除を宣告していたので、初めからだれかの利益を傷つけなければならなかったに違いない。それは、甲に与えるやいなや、乙の主張を制限していた。したがって、それは、社会の利益に浴していた人間たちのあいだだけで、形成されたのである。残余の人間をその利益に浴させるように導くためには、彼らをそこに拘束しなければならなかった。彼らが社会にはいったのは、社会が確保していた富の一部としてであって、盟約の一員としてではなかった。彼らは、分かち持たれていた財産のなかに算入されていたし、その分配に与《あずか》ることができていたのである。

（4）『剰余価値学説史』、八六ページ参照。

結局、社会契約のさまざまなばねを白日のもとにさらすこの鍵がないと、その進行のなかで、なにかを理解することは絶対にできない。隷属の観念もまた、支配の観念に負けず劣らず、自然なものである。一方は、他方の結果としてしか孵化できなかった。奴隷の前に主人がいる必要があった。主人は、暴力のおかげでしか、そして暴力を行使する機会に偶然恵まれたおかげでしか、その諸権利を手にすることはできなかった。彼らが彼らの自由の一部を法律という手段を用いて、抹消しようと自分で考えたのは、彼らがすでに他の大多数の人間たちの自由を奪い取ってしまっていて、彼らがその重みで圧倒されていたからである。彼らは、この抹消によって自分たちを苦痛から解放しようともくろんだのだ。それはまるで盗人が幾人もの通行人の衣服を剝ぎ取ったあとで、衣服の一部を道に放り出し、残りの衣服とともにもっと軽やかな足取りで、逃走するようなものである。

第一三章　古代諸法の厳格さから、先の事柄をもう一度証明する

私が法律に与えた起源について、まだ疑わしいというのなら、歴史がわれわれのために原初の法的命令の記憶を保存してくれていたので、それらを検討すれば、容易にこの起源が正しいことを最終的に納得してもらえるであろう。原初の法的命令がそろいもそろって、思わずたじろぐほどの厳格さを持っていることが目につく。それらが宣告するただひとつの刑罰は死であった。それらは、犯罪と弱さとのあいだになんの区別も認めていなかった。すべての法令違反が命で償われていた。

『創世記』を見ると、ひとりの女やもめが、何度も夫を得ようと無駄な試みをしたあとで、妊婦となってしまったので、彼女自身の両親によって焼き殺されるという刑罰を受けている(＊1)。モーセのほとんどすべての律法は、究極の体刑で脅しをかけている。かの有名なアテナイの立法者、ドラコン(1)の法律について、人びとがどんなことを言ってきたかをだれひとりとして知らない者はいない。彼に対して、人びとは、血で法典を書いたと非難していた。どのような国でも、古代となると、同じ光景を呈している。そこで見られるのは、刑罰が残忍の域にまで押し進められていることである。

(＊1)『創世記』、第三八章、第二四節。

人間たちを導かなければならなくなったとき、彼らが粗野であることからしか、こうした極端な厳格さが出てこないことは明白である。調教された馬は鞭で操られる。馬が馴れる前に、馬を服従させるためには、拍車と鐙《あぶみ》だけでは十分ではなかった。これと同じように、完成された社会が持っている無数の方策は、過ちをあらかじめ回避したり、人間を罰するときに、分を超えないようにするための尺度として役だったりしていた。しかし、これまで語ってきた、勝利者である強盗どもにあっては、人間たちを抑圧するために用いることができた唯一の手段は力であった。というのも、彼らに分かっていたのは、力の重要性だけだったか

(1) 古代ギリシアの立法者。紀元前六二四年または六二一年に最初の成文法を作った。その峻厳さは、ランゲが言うように、「血で書かれた法」と称されほどであった。

らである。彼らの迷妄を啓《ひら》く前に、彼らを恐れさせる必要があった。

最初の暴力の成功が二度と暴力に走らないための理由であったことを、共犯者たちにいかにして納得させるのか？　不幸な農耕民の身ぐるみ剝ぐ権利を手にしたあとで、共犯者たちの安逸がただただこの権利のおかげであるのに、その権利を手ばなすように、彼ら自身の利益が要求していたなどと、みなにどうやって納得させるのか？

すでに言っておいたことだが、この微妙な関係を理解したのは、数人の啓蒙された精神の持ち主であった。彼らは、あたかもそうした関係を理解していたかのように振る舞うことを、他人には勧めた。その結果、いくつかの法規が作られ、全員がそれに従うか、あるいは従っているように見えるか、どちらかになった。そのときであった。享受が確立され、所有を固定する必要性が最大多数の人びとに明白に感じとられたので、数人の立法者が選び出され、彼らに、その手段を探索する仕事が委託された。

彼らが発見したものは、命令を規則としなければならなかった人びとの全体的同意によって批准された命令集以外のなにものでもなかった。そして、それに安定性を確保するために、説得の代わりに恐怖が用いられた。すべての人間が彼らに与えられた制動装置の効用に気づくのを待つあいだ、制動装置がこわされないようにするために、彼らをおじけづかせる決心が固められた。命が彼らにとってはまだ、すべての財産のなかで一番価値のあるものだったので、まず、たったひとつしかない命を彼らから取るぞ、と脅かさなければならないように思われた。

社会の土台がたまたま牧者たちによって据えられたとしたら、彼らなら、そこでこれほど恐ろしい接着剤を用いることはしなかっただろうということは明白である。彼らなら、もっと柔軟性のある絆で社会の安定性を確保したことだろう。彼らなら、もっとゆるやかな手段によって社会を強固なものにすることを模索したことだろう。

家畜の養育が要求する生活様式は、柔和と善意をかきたてるものである。そうした生活様式を取る人びとに、家畜の群れの養育は、表面上の粗野さしか与えない。牧者は他の人びとを惹きつけはまったくしないが、しかし、彼らは、他の人びとを愛し、愛情を持って彼らに仕える。彼らは、都市の奢侈のまんなかでは、場違いに見えるかもしれない。しかし、人間的になるのを学ぶのは、都市の城壁の内側においてではまったくないことは、よく知られているところである。

動物たちは、われわれにとって、道徳の真の先生であると思われる。宮殿のなかで、道徳理論がよりよく発展させられることはありうるかもしれない。宮殿のなかでは道徳の諸原理が雄弁に議論されているが、しかし、草深い田舎でこそ、それが実践されているのである。金箔で飾られた部屋のなかでは、才気を輝かせるために、しばしば心臓について話題にされるが、しかし、家畜小屋のなかでこそ、才気の評判などを望まずに、心臓の動きに注意が集中されているのだ。繊細な推論家が優美に人間の義務と人間性の有徳を切り分け、解剖している一方で、ほとんど馬鹿かと思わせるほど鈍重な田舎者がそれらを実用に供しているのだ。

戦争がやってきて、目をいため、魂を硬直させるまでの話であるが、一般に、牧畜民族は血を忌み嫌う。彼らは、過度の厳しさよりはむしろ柔弱さのきわみに陥っている。彼らの習慣となっているすべての徳目のなかで、優しい、同情心溢れる注意は、彼らがいっそう得意満面になって実践する徳目である。だから、彼らは、分別を欠いた、血だらけの法律など打ち立てはしなかったであろう。彼らは、彼らが欲してもいなかった情け容赦ない規則に、みずからをくくりつけることなどしなかったであろう。

情け容赦ない規則が必要となるには、柔和が野蛮によって屈従させられなければならなかった。そのとき、司法が厳格さの腕のなかで、地上に打ち立てられた。司法は、きらきら輝く剣を一閃させて、獰猛な人間どもを抑止した。彼らは、動物の血を流させるのに慣れていた。司法は、彼ら自身の血が流れようとしている有様を、彼らに見せた。獰猛な人間どもがめったやたらと武器を使用するのを妨げるために、司法は、彼ら自身を突き刺す用意のできた短剣を彼らに見せた。こういう恐ろしい光景を見せることによって、司法は、少なくとも、地上にうわべだけの平和をもたらしたのである。

第一四章　本篇の要約と結論

少し顔をのぞかせただけなのに、深く突っこんで検討されたと思われている主題に関して、新しい観念がこの本のなかには多数存在しないわけにはいかなかった。これらの観念をもっとわかりやすくするために、同じひとつの観点のもとにそれらを集めてみよう。この種の結合から、それらはもっと多くの力を受け取るだろう。それらが集められれば、それらはいままで以上に強い印象を与えるだろう。諸観念の結びつきと明白性は、よりよく識別されるであろう。

社会は、あらゆる必要性に迫られてはじまることになった。宗教は、ヘブライ民族の年代誌のなかで、天から寵愛を受けた人間たちの、途切れることのない系譜をわれわれに示してくれている。それは、族長たちの系列をわれわれに提供し、そのなかで、族長たちは彼らの記憶と名前と掟を切れ目なく後代に伝えたと言っている。彼らの家族は、バベルの塔以降、彼らを分け隔てることができるようないかなる災厄も味わわなかったので、一緒のままだった。これらの家族は、先祖から受け継いできた技術や知識を労せずして保存した。そこには一種の社会があった。それは、それ自身を管理していた手段ともども、自然秩序から出てきたものである。

しかし、この評価に絶する恩恵の対象は、ノアの末裔の小さな一部分に限られていた。聖書作者たちは、残余の人間たちについては、なにひとつ教えてくれない。世俗の歴史が全部、例外なく証言していることは、神がその正義の深慮遠謀から、残余の人間たちを彼ら自身のなすがままに任せたので、これらの人間たちは、すみやかに動物の本能に従うことになったということである。彼らは森に住んでいた。彼らは次から次へと野生動物の餌食になるか、野生動物を自分たちの餌食にするか、どちらかであった。食うか、食われるかであった。たしかに、この獰猛さの状態のせいで、彼らは品位を落としていたが、しかし、その行き過ぎについては、或る意味で、理性がないことで、免責と帳尻が合わされていた。彼らには、いかなる理性の知識もなかった。しかし、同時に彼らは、いかなる理性の濫用も危惧していなかった。このような人間たちのあいだに、社会の時代を探索することが問題である。

彼らの巣穴から彼らを引き出すことができた動機とは、どのようなものであっただろうか？　どのような理由で、彼らは団体に結集することができたのだろうか？　彼らにあっては、連合は、いずれも、或る特異な意志の結果だったのだろうか？　それとも或る盲目的運動の結果だったのだろうか？　ほかでもなく、彼らの同類を互いに近づける秘かな運動に従うことによって、彼らは、お互いに次のように言い合う間柄に導かれたのだろうか？「私たちに命令してください。そしたら私たちは従います。私たちを導いてください。そしたら私たちは、あなたについて歩いていきます。あなたの思いつきだけが道案内人なのです。あなたの意志以外の意志を私たちは持たないことを誓います」。

この事例では、結果が原因にうまく対応していないようである。自発的な接近ということになると、それは服従を生んではいけなかった。自由と奴隷制くらい、天と地ほどにもかけ離れたふたつの事柄を同時に同一原理で決定しようというのは、ほぼ不可能であり、奴隷制に従うためだけに、自由を行使するというのも、ほぼ不可能である。同類に近づくことで、彼は快楽を求めていた。同類から離れる力を奪われることで、彼は苦痛に努めて従うようになった。だから、こういう接近というのは、社会がもたらす方向性においては、自発的なものではなかった。言い換えると、独立性を害し得たのは、接近ではないということである。

しかし、自由を捨てさせたのは、恐れではないだろうか？　自分たちの同類の存在と結びつきたいという切なる思いを原初の人間たちの頭のなかに生まれさせたのは、欲望ではないのか？　もっと安逸に暮らしたい、もっと果実を得たいと思って、労働に精を出すことにしたからではないか。離れて住んでいる家族を一か所に集めたのは、武装した敵を退けたいという欲求からではないのか？　あるいは、諸家族を、互いの近くに住まわせたのは、勤労生活の利点を共同で享受することの魅力ではないのか？　さらに、世界で初めて、社会制度によって鎖にくくりつけられた人間を登場させたのは、戦争の臆病さ、あるいは、平和の大胆さなのか？

　恐れが人類を支配して、人類の特権のうちでもっとも美しいものをこのように犠牲にさせるに至るには、恐れがよほど激しくなければならないだろう。しかし、恐れはどこからやってくるのだろうか？　だれがそれを引き起こすことができたのか？　落下によって身体を砕く危険に身をさらしてでも、ゆりかごから飛び降りる気に子供をならせるためには、ひどく恐ろしい対象が必要である。子供の場合、通常の対処方法は、ゆりかごを捨てることよりもむしろ、ゆりかごに深く身を沈めることである。同じ理由から、激しい恐怖は人間たちをよりいっそう原初の自由に執着させただろう。そして、彼らの激しい恐怖の進行は、彼らの四散の進行を記録したに違いなかった。しかし、結局のところ、どんなものがこの激しい恐怖の対象だったのだろうか？

　獰猛な動物だって！　どう見てもそうではない。人間は、獰猛な動物が人間に対して持っていた優位性と、少なくとも、同じ数の優位性を動物に対して持っていた。獰猛な動物は、多分、人間よりは、たくましかった。また、たしかに人間よりは、機敏であった。獰猛な動物には天性の武器があった。人間は自分のためにそれを作るすべを知っていた。動物は人間を不意打ちで捕まえようとして、策謀を使っていた。人間が動物と同じことをしないように妨害するものはなにもなかった。獰猛な動物たちは、たいてい歩くための爪しか持っていなかったり、獲物を引き裂くための爪しか持ってなかったりするが、人間の方は、走るための足と望むものを捕まえたり、恐れていたものを遠ざけたりするための手とを同時に持っていた。大地で彼を支えるための足と一瞬のうちに、木の高いところに彼を登らせる腕というこの二重の手だてによって、ほとんどいたるところで、人間は動物に対する優越性を保持していた。

だから、人間は、彼の同類によって、抑圧されはしまいかと恐れてしまっていたという！　だとすると、自分を守るという目的で、彼は隣人にこう叫んだことになる。「私を助けてください。そしたら今度は、私があなたを助けますから。私たちのなかで一番頑強な者か、あるいは一番巧妙な者かが私たちの先頭を歩いてください。みんなでともに戦いましょう。敵を打ち破るまで」。

しかし、こうした盟約も、危険を前にしては消えうせたであろう。そして、そうだとしたら、盟約は持続的な効果をまったく持たなかったことになるだろう。あるいは、盟約が彼の命よりも長く続いたとしたら、もはや盟約する対象の方が存在しなくなってしまっていたことだろう。実際、戦争がなくなっていたのに、どうしてそのまま武装していなければならないのか？　大嵐だけが正当化していた策略を、静穏な天気のときにもどうして保存するのか？　雨を避けるために川へ飛びこむ馬鹿者のたとえのように、各個人は、そんな風な振る舞いをすることによって、馬鹿者の真似をしてしまうことになるだろう。危険が過ぎても守られる盟約は、それがもっとも忌まわしい結末を伴うがゆえに、彼には、危険そのものよりももっと高くついてしまったことだろう。

敵は人間からなにを奪い取ることができただろうか？　命か？　そうではあるまい。未開人は、どうして同類の喉をかき切って殺したのか？　狼や虎が同じ種類に属する動物の肉に飢《かつ》えないのと同様に、未開人も、自分たちと同類の人肉に飢《かつ》えるはずがなかった。その頃は、世界に自然と欲望しかなかった。それらが命ある存在を破壊する権利を持ったということである。しかし、自然は、人肉の効用を欲望に対して禁じていたので、ひとりの人間の血がひとりの人間の手を汚すことはありえなかった。栄誉のために人間たちを殺し、あまつさえ、食欲のおもむくままに、彼らを食べることが考え出されたのは、まさに社会のおかげである。社会こそ、英雄と人食い人種をともども産み出したのである。社会が設立される以前では、未開人は他の未開人のえさになることを恐れることはできなかった。したがって、未開人の命は安全であった。たとえ、敵意にこのうえなく燃えた争いにあっても、である。

だから、未開人は、みずからの自由のためだけに戦慄したのであろう。しかし、思いつきもしない事柄に恐怖を抱く人はいない。医者とか、兵士とかに出会う前に、彼らがなんの役に立っているのかを想像することは不可能であった。それと負けず劣らず、奴隷とはなにかを、経験が示してくれる前に、思い浮かべることは、人間にとってはたしかに不可能であった。農奴に出会っていないだれにとっても、奴隷身分は虚構の生き物である。この場合でも、他の多くの場合と同じく、人間の乱行と残忍さについて、人間精神を納得させることができるのは、事実でしかないし、現に存在する事物でしかない。

したがって、恐れは社会協約の原因にはなり得なかった。人間たちを永久に鎖につなぎ、それを断ち切る試みをもはや許さないまでに、お互いに連合したいという願望を人間たちに味わわせたのは、恐れなのではない。だが、と人は言う、この願望のきっかけは、援助の欲求だった。その欲求がとりわけ感じられたのは、農耕民であろう。彼らの技術は援助を必要としている。彼らはそれを探し求めなければならなかった。彼らがそれを発見することに成功した瞬間に、援助を与えていた者と援助を受け取っていた者とのあいだで、相互に認め合い、相互に提案し合った諸条件によって社会が形成された。

このような協定は、前述してきたものすべてと同じくらい、大変理解しづらい。二人の契約当事者が存在する。双方に協定を採択させるには、うわべだけでもかまわないから、とにかく利益がほぼ同等でなくてはならない。双方の拠出と受領には或る種の同等性が不可欠である。そして、助けをお願いしている側の提案が馬鹿にされないために、共同体から引き出そうと望んでいるものとほぼ同じ値打ちを持ったものを共同体のなかに出さなければならないことに気がつく。

ここで彼はなにを出したのだろうか？　彼がその協力者に背負わせる労働に対して、彼はどのような代価を提供したのだろうか？　彼が奪い取った協力者の腕を彼の利益のために動かそうとして、腕と交換に彼はなにを返したのだろうか？　それが希望だったとは！　約束だったとは！　彼はほかのものを提供することはできなかった。というのも、彼の技術の成果は、いつも遠く離れたところにあるからであり、種蒔きと収穫とのあいだには、当然のことながら、長い間隔が双方を分けているからだ。

これらの曖昧模糊とした動機は、文明で磨かれ、事物より以上に言葉に満足することに慣れ、ほぼすべての点で現実より希望を好むことに慣れた心の持ち主には、深い感銘を与えることができる。しかし、本質的に自由な存在を森から引き出して、自分のかたわらで彼らを活用しようとするとき、これらの動機は、彼らの目には、なにを意味するものだっただろうか？　不確かな見返りを遠くに見ながら、目の前の労苦を彼らは引き受けただろうか？　おなかがすいたときに、すぐに獲物を探し、それを見つけることに慣れた彼らが、おなかがいっぱいになったあとで、あしたの食べ物を調達するために、労働に取り組む必要性を理解しただろうか？

この「あした」ということ自体が彼らにとっては存在しなかった。こんな風にわれわれを未来へ投げこむのは、またもや社会なのである。不幸の先回りをするように、われわれを走らせるのは社会である。目の前にある幸せは、完全にわれわれの心を占領してしかるべきなのに、そうした幸せに強い印象を受けるよりも、おそらくは永久に起こらないであろう、未来の悲しみの方に、激しく心動かされるという忌まわしい能力をわれわれに授けるのは社会である。したがって、農業へ宗旨がえをした人間を作り出すことができたのは、この原理ではない。農業の発明者に協力者をもたらすことができたのも、同じくこの原理ではない。

そうではなくて、おそらくそれは力であろう。極度の窮迫が森に戻って、そこで助けを求めるように、そして、暴力を使って、下働きの人間をそこから引き出すように彼らを仕向けたのだろう。未開の人びとを探し出したとき、彼らは、これらの人びとを自分たちの住居に連れ帰り、その労役を横取りしようとしたのだろう。ちょうど、アフリカに植民したヨーロッパ人が、話によると、大猿を連れ出したあとで、自分たちの家で大猿を有益な仕事に使ったようなものである。

こうしたすべての事柄のなにひとつとして、まだ自然ではない。

(二) 初期の農耕者たちは人間たちを探しに行くどころではなかった。このような振る舞いを彼らのものとするためには、その前提として、兎が狐を追いかけたり、羊が狼と会いに急いで行ったりする時代が存在したことを仮定しなければならなかった。彼らの富の種類、すなわち、彼らが土地と家畜を手なずけるために持っていた秘密は、彼ら自身を臆病にするに違いなかった。排他的所有を防護することができる力によっても、それが保たれないときに、排他的所有欲からは恐れが生まれる。

ところで、農耕民は、知識を或る程度得たことによって、どれほど弱くなってしまったかを認めないわけにはいかなかった。彼は、その精神の進歩によって、身体の方がどれほど損をしたかを感じとっていた。われわれのあいだでこそ、この仕事に従事する人びとは、ほとんど唯一と言ってもいいほど、活力をなにがしかは保っている存在である。労働の習慣は、人類の残余部分が落ちこんでしまった退化の状態から彼らを少しばかり守っていた。

しかし、われわれの弱さと比べた場合にのみ彼らが頑健に見えるのである。力のために、彼らは、いまでは第一位に位置している。その頃は、彼らは最下位に位置していた。危険と戦うことに慣れ、獲物を食らって生き、外気の害から身を守るためにどのような種類の防御手段があるかも知らず、地べた以外の寝床を持たず、木々以外の隠れ家を持たない狩猟者たちは、小さな所有地のまんなかに窮乏でできあがりはじめていた不幸な耕作者に大いなる恐怖をかきたてていたに違いなかった。そのうえ、おそらく、もうすでに少し便利なものになっていた彼の定住生活は、ほんのちょっとした攻撃にも耐えられない状態に彼を置いていた。

休息を享受するために彼がまず心がけたことは、財宝と一緒に身を隠すことであったに違いない。それは、蟻の第一関心事が奪い取ってきた穀粒をすぐに地下に転がしいれることであったのと似ている。この蟻のように、金持ちで、か弱い耕作者は、蟻と同じように視界から身を隠したがらないわけにはいかなかった。森のなかで、自分の同類を見つけるために森をくまなく歩き回るどころか、なにものも耕作者のところまで来たら、そこから出られなくなるようにするために、その闇をぶあつくしようとし、道を近寄りがたくすることに躍起となったのも当然の話であった。

(二) この嫉妬深さによる激しい恐怖は、協力者の救援で彼の富裕を増大させようとする希望によって、減ったり、なくなったりするわけにはいかなかった。たったひとりの働きで、幾人かの人たちを養うのに十分なほど、農業が実り豊かなものになったのは、用具と資源とが増えたおかげでしかなかった。しかし、彼は、仕事では、腕しか使えなかったか、あるいは、せいぜいのところ、金属の発明以前に自然が与えていた粗削りな能力を使うか、どちらかのことしかできなかったとすれば、彼がそこから自分の食い扶持を引き出すことができれば、上出来だった。

それゆえ、他人の腕を彼の畑に引きこむことで、自分が飢えてしまう恐れを彼は抱いたことだろう。というのも、養わなければならない新しい口が彼にもたらされるからである。彼は、人間たちを服従させるのに懸命になるどころか、彼らから逃げなければならなかった。彼に負担させたものに見合う価値を、連合は持っていなかったはずである。したがって、彼が連合を望むことなど不可能であったし、どのような事態を想像してみても、彼は、同類に接近したり、同類を彼に接近させたりすることを考える代わりに、同類を避けるために懸命にならなければならなかった。

社会を引き起こしたのが農業ではないとすれば、法律を制定することができた最初の人間も農耕者たちではない。まず、法律は絶対に農業に依存し、農業よりあとにあるものである。法律の前に、万やむを得ず農業が形づくられるのは、ちょうど、川が源泉の水を受け取るようになる前に、源泉が生まれるようなものである。いかにして、どのような資格で、人が所有しなければならないかを定めるには、所有がすでに知られているだけではなく、所有に異議を唱えるなんらかの権利を持つ人間たちによって、なおまた、所有が認められていなければならない。しかし、この承認は、こうした人間たちを集めることによってしか、勝ち取ることはできない。牧畜生活または農業生活は、人間たちを集める代わりに、分散させるので、そうした生活を送ることによっては、所有権を打ち固める使命を持つ諸規則や諸条項を整備することに人びとが取り組むことはない、という結論が出てくる。

そのうえ、だれに向けて、わが農耕者たちは、ひとつの方策を準備しようと望むようになったのか？　彼らは、のちには、法律という名前を持つことになった社会慣行を、だれに対する障壁にしようと考えたのだろうか？　それは森のなかをさまよっている未開人だろうか？　農耕者たちは、彼らを自分たちの土地から追い払いたかったのだろうか？　それともそれは、彼らと同じように、発見されるのを恐れて、身を隠し、居住地の中央に身を沈めていたほかの耕作者たちだろうか？　彼らは、こうした二種類の敵だけがこわかったに違いなかった。あるいは、少なくとも、彼らが法律制度を利用することができた敵対する相手というのは、彼らだけである。

未開人については、彼らに対抗して法律を作るためには——そのことを言ったばかりだが——彼らと協力して法律を作らなければならなかったに違いない。彼らは、手に力を持っていた。彼らは、彼らの同意ぬきに発布された禁止命令を遵守しただろうか？　しかし、それにまた、どのようにしてこの同意を彼らからもぎ取るのか？　彼らは、二、三人の利益のために、世界の一部から自分たち自身を締め出そうと望んだのだろうか？　彼らは、所有とはなにかをかつて考えたことがあっただろうか？

彼らは、どんな場所でも例外なく、野禽獣を追いかけ、捕まえる暮らしを日々送っていた。どういう風の吹き回しで、彼らは特権化された場所を認めることに同意したのだろうか？　彼らだけが付き従っていた自然法に明白に矛盾する諸規則によって、入り口が閉ざされるのを彼らは怒りもせずに見ていたのだろうか？比べものにならないくらいの高さを誇る山々も、流れの速さでは比べようがない急流も、彼らを押しとどめなかった。それなのに、強制力もなく、動機もなく、ただの気まぐれにもとづいた禁止などという、ひとつの障害が彼らを押しとどめたというのだろうか？　そして彼らの侵入を恐れることができた人びとは、こんな手段で、侵入から身を守るのに十分だと思ったのだろうか？　あまり、そうは考えられない。

したがって、最初の諸法規を作る動機となったのは、耕作者に対する耕作者の異議申し立てであっただろう。しかし、異議申し立てが芽生えることができたのは、耕作者のあいだではないということを感じとることは、またもや容易なことである。というのも、結局、耕作者の状態が孤独を価値の高い、必要不可欠なものにしたことは、示しておいたからである。彼らは、彼らの同類を見ると、逃げるのがつねであった。それは、指でオジギソウに触ろうとすると、オジギソウは折れ曲がり、身を引き離そうとするようなものである。

どのような議論、どのようないざこざを彼らは、共有することができていたのか？　自分たちの選んだ土地と自分たちが定住した場所近くを流れる川を全員が限界線としていた。彼らは、いわば彼らの労働によって成長し、増殖した植物が生やした根とともに、その場所にくくりつけられていた。彼らが食料としていた果実をつける木々と同じくらい、彼らは動かず、命長らえていたのに、どうして出会いを持って、喧嘩を引き起こすようになってしまったのか？

隣りあわせになったことや偶然や嫉妬の結果で、喧嘩が起こったと仮定しても、また、所有権に萌芽として実質的に含まれ、所有権とともに増大する、ありとあらゆる情熱の結果で、喧嘩が起こったと仮定しても、それらを終わらせることができたのは、自発的に作られた一般的諸法規のおかげではないだろう。力が単独で自分をその裁判官にしただろうし、人びとは彼の判決に、まずは従っただろう。これらのいさかいを鎮静化するために定められた法律に、いさかいが先だっても、当然のことだろう。それまでは、競争者たちの活力が唯一の規則であったたし、法体系の全体が手首の堅さから成り立っていたことだろう。

遠ざかってはならない原理がある。病気というものは、どの類のものであっても、治療がなされる前に存在し、薬が発見される前にも存在するということである。キナノキ(1)が発見されるずいぶん前から、熱病に人びとは罹っていた。天然痘は、流行を食い止めるためのたしかな治療法が種痘に求められる以前から、八〇〇年間にわたり、だれはばかることなくヨーロッパで猛威を振るってきた。それと同じように、以前に略奪の例をいくつも見たので、略奪が禁止されたのである。この禁止を宣言するには、その対象となる事柄とその必要性が、多くの人びとの目と多くの人びとの心に同時に強烈な印象を与えている必要があった。

しかし、農業によっては、多くの人びとの目と多くの人びとの心がひとつに集まり、鎮圧しなければならない無秩序の印象を共同で受け取るようにはなりえなかった。農業の最初の効果は、本質的に、人びとの目と心を互いに遠ざけることであった。おそらく農業は、憎悪をかきたてずに、むしろ、確実に、疎隔を生まれさせたであろう。農業は、人間たちに対して、彼らの同類の喉を切って殺さなければ、という差し迫った必要を示さなかった。むしろ、それだからこそ、同類から離れたままでいることには、相当の理由があるということなのである。農業は、人間たちを相互の依存関係に置くどころか、反対に、彼らにひとりで生きていく手だてを供給し、そうした生き方を彼らの義務にすら仕立てあげていた。だから、彼らは、法律を守るという状況にも、法律を作るという状況にもいなかったのである。

この原理がひとたび証明されたからには、いったいどこに社会の起源とその存続を保証する取り決めの起源を求めればいいのか？　どこに？　森のなかでは、野蛮性のおかげで自然の声に、より従順になっていた未開人が、仲間たちを恐れるべきなにものも持たず、社会を望む理由を多く持っていた。社会的同盟の建物をつくったのは、彼らである。彼らは建物の土台をつくり、骨組み全体を組み立てた。より巧みな装飾師たちが、その後やってきて内装と外装を美しく整えた。しかし、もともとの計画ができたのは、これらの粗野な精神のおかげなのである。

最初に秩序と平和を持ちこむために予防策を講じたのは、戦士たちであり、あるいは、むしろ強盗どもと言い直した方がいい存在である。彼らは、まさに血に染まった手で、流血の蔓延を禁止することに署名したのである。このうえなく恐ろしい暴力をふるっていた彼らこそが賢明きわまりない諸法規に許可を与え、傲岸不遜このうえない独立を享受しながら、自由を烏有に帰せしめたのだ。まるでそれは、粗末な服をまとった労働者が贅沢な織物を織るのを見るようなものであり、石工が穴倉に住んでいながら、壮麗な宮殿を建てるのを見るようなものである。

ひとりでは、彼らは生活を成り立たせることができなかった。狩りは広い土地で行われるので、助けを必

（1）マラリアなどの熱病に効くキニーネを採取する木。

要とする。獲物を捕まえて生きている動物たちは、同種類の動物たちに獲物を与え、かつ獲物を受け取る。人間は、無知な状態にあっても、優れた本能に導かれて、とにもかくにも彼らを真似なければならなかった。人間は、仲間を探し求めなければならなかったし、相互の要求が接近と接近を望む人間すべての盟約を容易にしていた。彼らが発見していた動物を、彼らは、寄り集まることによって、共同して追いかけ、捕まえるのに、動物を獲得すること以外の目的を持たず、獲物を分配すること以外の合意を持たないのは、当然の話であった。

野獣の肉に餓《かつ》えた協力者たちが企てる狩猟行では、不幸な結果にならないことは不可能である。飢えに醸成された彼らの必死の探索が例の小さな農地の近辺に彼らを導かないことも不可能である。そこでは、農耕民が自分たちの家畜の群れのまんなかで、戦慄していたのである。

農耕民は、狩猟者たちが丘に展開しているのを見て、不安げに彼らの振る舞いをその丘に追っていた。彼の心臓は、彼らがわめき声をあたりに鳴り響かせているのを聞いて、早鐘を打っていた。彼は、彼らの数がどれくらいで、彼らがどれほど接近してきているかを判断するために、その勢力を計算していた。いまは、彼は、自分が持っている財産全部とともに、大地のふところに身を沈められたらと切に願っていた。それはまるで、猟犬の群れがいままさに、一匹の野兎を巣穴から狩り出そうとして、鋭く吠えているのを野兎が聞いて、自分の巣穴で、いっそう身を縮めて、小さくなり、自分が占めている空間までも、なくしてしまいたいと願っているのではないか、と思えるようなものである。

狩猟者たちが近づいてきても、激しい恐怖も、驚きも示さなかった、飼い馴らされた家畜の群れを見て、わが狩猟者たちは、彼らなりにどういうことを考えたに違いなかったか？　彼らを避けようとしないように見えた獲物を発見して、それを捕まえようと、彼らは手を広げたのも当然ではないのか？　良心の呵責が彼らを妨げることはできなかった。動物を殺すことが彼らの職業だったのに、いったいどのような良心の呵責を彼らは味わったというのだろうか？　あるいは、動物たちが他人のものであることを疑うはずもなかったのに、彼らが動物を捕まえたからといって、どのような良心の呵責を彼らは味わったというのだろうか？

牧畜民は巧みに動物たちを集めていたが、その牧畜民の所有権と称されているものも、農耕民の所有権以上に、狩猟者たちをたじろがせることはできなかった。動物たちをこのように一か所に排他的に集めるための牧畜民の資格はどこにあったのか？　自分自身の利益以外にそれらをわがものにするための資格などなかった。だから、いまは、強奪者たちの利益が牧畜民から動物たちを奪うことを正当化していたのである。牧畜民がこのように動物たちを自分の手の届く範囲に集めていたのは、飢餓をあらかじめ避けるためだったが、他方、強奪者たちが動物たちをばらばらにするのも、彼らの飢餓を和らげるためだった。

彼らは、「汝が他人からされたくないことを他人にしてはならない」という正義の基本的公理を、このやり方をとったからといって、侵害さえしていなかった。彼らは、そこでは、毎日やっていることをやっているにすぎず、同じことを彼らがやられても構わないと思っていることをやっているにすぎなかった。というのも、毎回の狩りには、分配がつきものであり、長期にわたる労苦が先行していたからである。つまり、各人は、利益を受けるのと同様に、苦労をも背負っていたということである。分配から、農耕民のように、他人を排除することをだれもが思いついていなかった。ところが、農耕民は、ここでは、他人を分配から排除しているように見えていたのである。

道徳の真の原理に照らしてみれば、不正義とは他人に被害を負わせることであった。農耕民の労働は、家畜に対するひとつの権利を農耕民に与えていたが、彼の身ぐるみを剝いだ狩猟者たちは、そうした権利を持ってはいなかった。しかし、彼らは、この労働について、そして、そこから帰結する権利について、なんらかの考えを持っていただろうか？　狩猟のために武装し、他の生き方を知らず、力もしくは技が彼らに提供していた野禽獣しか天涯所持しない彼らには、取りもしなかった物件の主人を自称することができるなどということが思いもつかなかった。彼らの手に落ちていたあらゆる動物の犠牲のうえに、食料を調達することに慣れていた彼らにかかると、手に入れることができたすべての動物が彼らの所有物でなければならなかったし、大前提は正しくなかったとしても、この推論の方は正しかったのである。

不正義は、単独では、ほぼ生じることがない。心は不正義に慣れ親しむ。不正義を犯させる最初のやり方にくらべると、それを悪化させる新しいやり方は高くつかない。ここで起こったのはそのことである。おびえきって、家畜の群れに混じっている牧畜民は、わが狩猟者たちにとってみれば、いわば自分の身分から滑り落ちた人間と映ったに違いなかった。牧畜民がもはや同じ仕事を持っていなかったからには、それは、彼らの目には、いわば同じ種類に属する存在ではもはやなかった。その涙と叫びは、おそらく、なお一層、彼の品位をさげていた。牧畜民は臆病に慈悲を乞うのであった。そうした臆病さは、彼を嘲っていた容赦ない心を持つ人間たちから、軽蔑心をかきたてるのにふさわしいものであった。

この臆病さ自体が、おそらく狩猟者たちに、それを利用しようという考えを思いつかせたのである。彼らは、牧畜民を軽蔑するとともに、牧畜民が役に立つかもしれない、ということを垣間見るのに、遅れを取らなかったはずである。生活物資を備蓄した牧畜民の住居は、彼らには、破壊すべきではない、貴重な倉庫と映ったに違いなかった。この住居は、同じような状況のなかでは、それを発見させた人間にひとつの手だてを提供していた。だから、それを荒らしまわった狩猟者たちは、利害関係の観点から、その所有者を丁重に扱う気分になった。彼らは、家畜の群れを分散させなかった。それどころか、反対に、彼らは、家畜の数を増やすことに精を出すようにと牧畜民に強く勧めた。しかし、彼らは、牧畜民にはその享受を許さないように、十分注意を払った。

この不幸な民が懸念したことが起こってしまった。牧畜民の技術の心地よさと有用性が知られることとなったので、彼は羨望の的になり、その労苦を背負った。あえて巧みであることを見せたために、彼の自由がその代価となった。彼の仕事熱心には、奴隷制がその報酬となった。子供の面倒を見つづける権力は、彼に返されたが、しかし、以前のように、自分の好き勝手に子供を扱う権力については、そうではなかった。所有者であった点については、彼は、もはや下級の見張人でしかなかった。それまでは、のどかで、心地よかった彼の住居は、これ以後は、残忍な主人に付属した動物小屋でしかもはやなかったし、そのなかに彼は最初にいれられた囚人だったのである。

未開人をこのおぞましい隷属に押しこめたがっても、彼ならたちまちそこから逃げ出すすべを知っていたことだろう。彼を牢屋にとどめておくには、彼の主人も彼と一緒に牢屋に閉じこめられる必要があったろう。あるいは、主人は、永久にその扉を見張り続ける必要があったろう。うっかりしていた最初の瞬間に、未開人は暴君どもから身を引き離し、彼の鉄鎖は打ち砕かれてしまったことだろう。

しかし、農耕民は、自分を打ちのめしていた隷属の紐帯を自分自身で織ってしまっていた。隷属の紐帯は、断ち切るにしては、あまりにも強すぎた。農耕民の相続財産は、彼の格下げにもかかわらず、いまだなお彼には高い価値を持っていた。彼は、彼の家畜の群れが彼に従い続けているのを見ながら、他人の意志のほかに家畜の群れに命令を与えていた者はもはやいなかったということを忘れ去っていた。彼は、彼のおかげで豊かな実りをもたらしていた大地から無理やり引き離されることになる苦しい独立性よりも、この大地のうえでの隷属を選んでいた。

だから、農耕民は、命令を与える声を聞いていても、嫌悪感を催さずにそれに慣れたのである。そして、こうした関係が確立されるとすぐに、つまり、主人[2]と奴隷が存在するやいなや、社会が形成された。社会は完成に向かった。社会は、法律によってのみ完成を受け取ることができたし、法律は、そこですみやかに花開いた。法律は、制定を焦ると、裁定すべき事柄を持たないことになるし、誕生するのが遅れると、そのあいだが危険な状態になってしまう。法律は、法律なしでは立ち行かなくなりはじめる、まさにその瞬間に姿を現わした。それはまるで、昆虫の母親が卵を食べ物のなかに産み落とすようなものである。昆虫が卵から孵《かえ》るのは、まわりの食べ物を昆虫が養分として利用できる状態になったときだけなのである。

同じ横奪に共犯関係を持ったことは、横奪に加担してしまったすべての人びとに、その対象となっていたすべてのものに対して同等の権利を与えていた。しかし、そこからでさえ血みどろの喧嘩や奪い合いが生まれたに違いなかった。武器を持ち、それを使用する習慣は、狩猟者たちの新しい状態において、お互い同士を恐るべき存在にしていた。

隷属した最初の家族は、狩猟者たちの心に、そのほかの家族をも隷属させたいという欲望を生じさせた。彼らは、同じ手段によってそのことに成功した。こうして、山のような富が分配を必要としていたので、平和を保つことはもはや不可能になっていた。分配することが問題になっていたのは、もはや鹿だとか、雄牛だとかではなく、畑や監視人つきの家畜小屋だった。渇望が対象の規模に応じて拡大されたので、いまだに動物の血だけで覆われていた大地は、たちまちのうちに、動物の血で大地を染めていた人びと自身の血で真っ赤に染められた。

彼らは、食料欠乏のただなかでは、お互いに命を尊重してきた。彼らがもはや欠乏を恐れないですむようになったときには、お互いに命の奪い合いをはじめた。飢餓がやることができなかったことを、貪欲がやったのである。貪欲は、人間ひとりの生存よりも、そのときまで彼らがなしで済ませてきた余剰の方が高い価値を持っていることを彼らに教えた。まさに貪欲こそが小さな利益のためにお互いに殺し合うことを彼らに教え、貪欲こそが殺人よりも、ほんのちょっとした剝奪の方を恐れることを彼らに教えたのである。

この忌まわしい情熱に対して、法律の制動をかけようと人びとはもくろんだのである。その災禍は、情熱に対する制動の必要性をだれの目にも明らかにした。これらの最初の規則は、規則そのものを作らせることになった動機とそれを作らせた時代の刻印を保存した。比較にならない厳格さがその精神だった。過度な厳

（2）『剰余価値学説史』、八六ページ参照。

格さがその諸規定を書き取らせたのである。しかし、それに従おうとする人びとが置かれていた状況では、諸規定はそれ以外の姿ではありえなかった。簡単な手錠なら、それを壊してしまえるほど頑健な犯罪者たちに対しては、あまりにも重すぎて、どうしても壊せないほどの鎖というものは、見つけようにも、見つけることができなかった。同様に、従順ではない心の持ち主が彼らの欲望に反していた命令に、刑罰によってしか敬意を表しなかった最初の瞬間においては、命令を破ろうとする誘惑をあらかじめ避けるために十分なほどの、恐怖を帯びた刑罰を命令に添えなければならなかった。

知的精神の持ち主がその起草者であった。彼らは一般的同意を盾に取っていた。それは、すべての人間の同意ではないが、しかし、横奪を共にしたあとで、それを正当化し、それを確固たるものにすることに共通の利害を持っていた人びとの同意であった。したがって、最初の所有者たちから剝ぎ取った財産を彼らに返さなかったということである。それどころか、反対に、彼らの奴隷状態は永久に聖化されたのである。それには、正義の印璽が押された。彼らの領地の所有権と彼らの人身の所有権は、それらを奪い取った強奪者に移された。

強奪者たちのそれぞれに対して、越えてはいけない限界線が引かれた。彼らの享受がひとたびしっかりと確立されるやいなや、彼らのあいだのだれかが別のだれかの享受を乱そうと企てることに対して、それがだれであっても、彼らの努力を結集して対抗するという誓約を彼らは交わした。彼らは、意図なしに形成してしまった社会契約を、熟慮によって追認した。彼らは、それが不正のうえに築かれたことを忘れて、新たな不正が犯されるようなことがないように、お互いに手を差し伸べ合うことを約束した。

先に述べたすべてのことから、社会が暴力から生まれたこと、所有権[3]は横奪から生まれたことに納得するのは容易である。人間たちがみずからすすんで隷属の軛《くびき》を受け取ったのではないこと、他人の畑で農作業をしたり、その生産物を尊重したりする立場に彼らを追いこむためには、力が必要だったことを十分に確信する必要がある。われわれが証明したように、あり余る富のまんなかで、飢えて死ぬままに放擲され、彼らの労働によって豊かな実りをもたらした大地が四方八方から提供していた果実に、あえて手も触れてはならないように彼らを無理強いしたのは、自然の諸法則でも、自発的な合意でもなかったのである。さらに、われわれが証明したように、法律の制定をもっとも恐れたはずだと思われていた人間たち自身が最初に法律を確立する必要を感じとっていたのであり、法律の制定に手を貸すことを急いだのである。

いまや、その進行が当初は、いかなるものであったかを見なければならない。あらゆる財産を共有にしていた自然権[4]に背いて、全体の幸福を図るとともに、すべての財産を個人の所有にしていた民法[5]に従わなければならない、という、このただひとつの原理が、いかにして最大限拡張された法典に帰結したのかを探求しなければならない。

わが社会協約のまんなかで、この自然権についてお喋りを繰り返すことがいまだに許されている。わが法

(3) 野沢訳、二五一ページ上段参照。『剰余価値学説史』、八六ページ参照。
(4) フランス語でも自然「権」と自然「法」は同じ単語である。つまり、「権利」と「法」は同一の単語である。
(5) フランス語では、訳註(4)で示したのと同じ理由で、「民法」と「民事的権利」は同じ単語である。

律学者たちの学術書のなかで、自然権にお目にかかるのもしばしばである。しかし、人がこの美しい名前でずいぶん栄誉あるものにしたがっている権利の類がそのような美しい名前にふさわしい権利などではまったくないということは、明白である。われわれのあいだで、命長らえているいわゆる自然権なるものは、人間がでっちあげた作り物で、自然とはまったく縁もゆかりもなく、かえって、それに命を与えた技術に全面的に起因するものである。

煙で黒くすすけたわらぶき小屋で、父が自由で幸せな暮らしを送っていたのに、裕福な彼の息子が出てきて、そのわらぶき小屋を壮麗な宮殿に変えようと思ったときには、彼はわらぶき小屋を土台から屋根まで徹底的に破壊することからはじめるだろう。彼は建築家や石工を呼んでくる。数知れぬ労働者があばら家の壁に取りつく。たちまちあばら家は、粉塵を巻き上げて倒壊する。あばら家の設計図さえ保存されない。廃墟のうえに、巨大な建物が建てられる。生まれたときには、あばら家を見ていた軽率な若者たちがその姿を思い出しても、それは生家を軽蔑するためでしかない。

真正の自然権に対して起こったことはこれである。社会には、ほんのちょっとした、そのかけらさえ存在していない。自然権は社会と両立しがたいものでさえあるし、自然権は、社会の破壊を必然的にもたらす。自然権の本質は無限定な自由である。社会的権利の本質は、この原初の自由を全面的に剝奪することにある。社会を形成したあとで、自然権の一部がほんのちょっとでも残っていたとしたら、法律に従おうとまったくしないこの部分に対して、法律は、いったいいかなる権力を持っているというのだろうか？　自然状態(6)は裁判官も禁制も所有権も認めない。自然状態を構成する独立性がその対象との関係で維持されていたとしたら、他のすべての対象に関係した命令の有効性を証明するために、人はどのように振る舞えばよいというのか？　法律の目的は、法律の権威からだれひとりとしてまぬかれることができないようにすることにある。法律は、その人の身分がなんであれ、いついかなる場合でも、すべての人間を服従させようと努める。だから法律は、すべての人間から意志の行使を例外なく奪わなければならない。法律は、法律が確立した権利に反するような、あらゆる類の権利をすべての人間から剝奪しなければならないし、法律がすべての人間を隷属に追いこんだのだから、そうした隷属から逃げ出せる出口をひとつも彼らに残しておいてはいけない。

かりに牢獄が二〇の扉を持っていれば、それらを閉じて、そのうちの一九の扉に錠をかけるだけでは十分ではない。というのは、すべての囚人がたったひとつ、あいたままになっている二〇番目の扉を通って脱出するだろうからである。これと同じで、社会あるいは法律は、まず、人間の能力すべてを完全に奪い取らなければ、そして、人間が自然から受け取ったあの原初の独立を廃止して、二度と復活しないようにしなければ、命令を厳かに言い渡しても、まったく無駄であろう。人間が持ち続けてきたとわれわれが仮定している政治的自由意志の残存部分の力を借りて、命令から巧みに逃げる自由が相変わらず残っていることだろう。

だから、社会が最初に行なう作業は、自然権を人間からいかなる手だても残さずに、奪い取ることである。法律学者たちがなんと言おうとも、彼らの自然権概論は、そろいもそろってみな隷属概論である。それらはこの権利の墓碑銘である。地上の全域が自然権の墓場である。自然権について話題にしながら、「彼はここ

（6）この一文は、野沢訳、二五〇ページ上段。

に眠れり」[7]、と言うことができないような場所は、世界には存在しない。

社会諸制度は、このようにして抹消された自然権に、同じ名前を持たされているが、その効果が正反対である権利を置き換える。社会諸制度は、先行するすべての種類の権力を廃止することからはじめる。それは、みずからに由来しない権力に、人間たちのあいだで、我慢することはまったくない。その振る舞いは、まさにあの征服者たちの振る舞いに似ている。征服者たちは、宮殿にはいると同時に、彼らがそこで見つけた役人全員の役職任命状を破いてしまう。そして、それらを保管することが適切と判断したなら、彼らの名前で、新しい任命状を役人に返すのである。

今日、人間たちが社会から受け取っている任命状、つまり彼らを人類の大権のなかに固定する任命状は、すべて所有権に縮約することができる。それが自然権の名前で呼ぶことが適切であるような権利である。しかしながら、この権利は[8]間違いなく民法的権利でしかない。所有を排他的なものにするのが権利書である。世界を無数の小さな所有地に分割し、境界線と引き換えに、そのそれぞれに所有地を囲む人びとを個別に与えるのは法律である。法律は、実際、或るやり方をとって自然なものになっている。言い換えると、それは、今日、人間が置かれている状態と切り離し得ないものとなっている、ということである。法律は、人間の現在の地位と必然的に結びつけられている。しかし、この必然性は、衣服を着用する必要性と同じく、この状態の帰結であって、原因ではない。それは、この地位から生まれるのであって、それを生産することなど、さらさらできない。

このようにして地上で自然なものになったこの原理は、人間のあらゆる制度の幹となった。社会のなかで、篤い尊崇を受け、実践されている諸法規はすべて、この原理に関係づけられる。それは、市民生活と社会生活のどの時代にも、そこからもっとも離れているように見えるどの時代にも、例外なく適用されている。それは、人間と同様に国家の青春時代と老年期を同じように取り仕切っている。それは、人間と国家の誕生と死を包みこんでいる。最後に、それは、あらゆる種類の立法制度の目的となり、土台となっている。この点は、これから述べることで、容易に理解されることだろう。[9]

(7) 原文ラテン語。墓石に彫られる墓碑銘。
(8) 野沢訳、二五一ページ上段参照。
(9) この一文は、野沢訳、二五一ページ上段参照。安斉訳、一九三ページ参照。

第三篇　婚姻に関係した法律の発展について

第一章　結婚とその公共的制度について

畑と草原を分割し、それらに主人を与えたことだけでは、十分ではなかった。使役することを目的として奴隷たちを小屋のまわりに定住させるのに成功しただけでは足りなかった。この件に関して作られた諸法規は欲望にしか関係していなかった。すぐに快楽においても、秩序をもたらすために諸法規を作らなければならなかった。欲望は人類の意図しない頽落を引き起こすのに対して、快楽は、その全面的破滅を引きいれたことだろう。これらの快楽のうちで、両性の結合こそは、もちろん、強烈無比なものであった。この快楽も、地上で起こったばかりの奇妙な革命の被害を最初に受けざるを得なかった。

放浪生活を送る習慣を失うにつれて、人間たちが互いにいっそう近づくようになるやいなや、愛はその影響力を彼らに及ぼしはじめた。同じ人間が未開で分散しているときには、それは片時の印象にしかすぎなかった。種がその保全に適した存在を再生産することによって、そこでは利益を得ていたが、しかし、個体の方はその歓びを味わってはいなかった。愛がわれわれにもたらしてくれるすべての歓びのなかで、彼らはたったひとつの歓びしか知らなかった。それは、もっとも本質的ではあるが、しかしながら、不完全きわまりないものであった。彼らにとって、欲望は強烈であったから、その享受の方は、それよりさらに盲目的なものになっていた。

しかし、団体に結集し、定住するようになった人間たちのあいだでは、愛はいっそう高貴な形態を帯び、いっそう魅惑的な外見を持った。自分を見るという習慣は、欠点と魅力に注意を向かわせた。そのときまでは、美しさは空しい魅力でしかなかった。暴力と機会だけでこの愛のあかしを決定していた。しかし、愛のあかしは、自発的で、期待されたものである限りでしか、このように甘美な名前には値しないのである。やがて、人は期待と希望の値打ちを認めはじめる。女たちは、慎重に準備された抵抗によって、恋人を奮い立たせたり、愛を拒むことで自分を美しく見せたりする技術を学んだ。

不幸なことに、諸悪が混じることで醜くならない善などない。森のなかでは一時的な興奮にすぎなかったことが耕された畑のそばでは、恐ろしい情熱となり、おびただしい犯罪の源泉となった。獰猛な男は自然の衝動に盲目的に屈していた。衝動が充たされるやいなや、男のうちでは、すべてがかき消えるのであった。文明人にあっては、性的欲求は必要よりも長く続いた。性的欲求が先回りして必要を満たすこともしばしば起こりさえした。

人が追い求めているのは、正確に言うと、もはや愛される対象の所有ということではなかった。とても気持ちのいいこの感情は、愛情や好意や情愛などと呼ばれている。より好きということでは、人は満足しなかった。犠牲が要求された。享受の幸せで満足するよりも、分配の恐怖に引き裂かれた。繊細さの気まぐれや嫉妬の激情を味わった。愛が流血を呼ぶことも、目が火と燃えあがることも、激昂するあまり、愛を生まれさせた魅力そのものまでもが破壊されることも、たびたび見られた。

統治術がまたもや救いにこなかったら、社会は紐帯のなかでも、とりわけて甘美な紐帯によって、滅びに向かって進んでいただろう。社会は、御しがたいこの情熱に対しても、等しく法律の軛《くびき》を広げた。社会は、愛の情熱からすべてのその激情を取り去ったわけではないにしても、少なくとも、その危険性がめったに生じないようになるまで、激情を減少させることには成功した。

そのために、社会は、財産所有を排他的なものとしたうえで、この財産のうちに女性を数えいれた。男女の結合は、やがて新しい臣民を社会のために産み出すはずであるから、社会は、畑とその耕作者の所有権を固定させるために用いたのと同じ原理で、この結合を固めた。命を与えた子供を取り違えることができないようにし、胸元で命を授けていた母を取り合うことができないようにするために、自然がすべての女性に与えた、多産になるように努力する権利と自然がすべての男性に与えた、女性を助けるという権利に、法律は条件を付けた。助けを受け入れようとする女性がたった一度だけ、男性のあいだから夫を選び出す権限を持つという取り決めがなされた。選択の対象となる男性の命が続く限り、あるいは、少なくとも男性が本当に選択を放棄しない限り、他のすべての男性がこの選択を尊重する義務があるという命令が出された。

奢侈が男女の結びつきを高くつくものにできなかった時代には、自然が十分に自分の力で援助していた男女の結びつきを促進することなど、考えられもしなかった。しかし、恥ずべき行為には目がつけられたし、真正の宣言によって押印される前に、婚姻の約束に引き続く諸結果に身を任せるような娘や寡婦に対しては、残酷な刑罰が宣告されさえした（＊1）。そうすることによって、大胆さを鎖につなぎ、弱さを支えようとしたのである。そのときから、子供たちの運命は定まった。彼らを産むことに身をささげていた人びとは、子供たちを愛し、お互いに愛し合うためのもうひとつの動機を持った。法律によって合法化された愛情表現のこの担保は、子供たちに命を与えた結合を、いっそう生き生きとしたものにし、いっそう感動的なものにした。

（＊1）本篇、第二二章、参照。

子供たちを育てるうえでの困難や子供たちを失うことへの恐れは、両親に新たな種類の苦労を知らしめたにしても、素直に子供たちを抱くことや従順で数多い子孫のなかに甦った自分たちの姿を見て満足することは、両親のために新たな歓びの源をも開いた。母親は、自分の腕のなかで子供たちがほほ笑むのをみると、彼らを出産するときに、強いられた苦労を忘れ、父親は、子供たちの身体と心が育って、彼の仕事を受け継ぐように準備ができているのを見て、彼にとっては、こんなにも役に立つ果実に値した縁組に満足した。母親も父親も、かつて命を子供に与えるために一緒になったように、子供たちを育てるために協力し合うので、教育の労苦そのものが多産性のもっとも甘美な、価値の高い報酬となった。

第二章　所有精神は、いかにして結婚を、女性にとって、まぎれもない隷属に仕立てあげたのか

正直に言わなければならないが、女たちが例の深い感情をほしがったのは、自然の生産物のなかに置かれたこの新しい秩序が彼女らに対してもたらした結果を忘れ去るためであった。彼女らは、新秩序の対象というよりも、むしろその犠牲者だったのだ。財産分配ののちに暴力を避けることが重要になったときに、刑罰

の度合いにおいて、適正な節度を通り越してしまっていたのと同じだけ、立法者たちは、強欲よりもさらに繊細で、強欲よりもはるかに狂おしい情熱が引き起こしかねない災禍に対しても、度を越した用心をした。立法者たちは、悪いことをする連中の腕力を食い止めるためには、男たちの血をおびただしく流さなければならないと信じこんでしまっていた。他方、彼らは、愛が害あるものとなるのを妨げるためには、愛を吹きこむ性の方から、その自由を奪うこと以外に、方法はないと思いこんだのである。

だから、立法者は、女性を、このうえなく完全な従属に押しこめた。彼らは、与えられた伴侶に対する無制限の所有権を夫に付与した。立法者たちは、生活の不幸を慰める役割を自然から与えられている、優しい、愛想がよい協力者を女たちのうちに求めよ、と男たちに勧めることをしないで、反対に、彼女らを従順な奴隷としか見ないことを男たちに許可した。女たちは、気にいられるために作られているというより以上に、服従するために作られているとされ、彼女らを所有していることでかかってきた費用を、長い、骨の折れる隷従によって、男たちに弁償するために作られているとされたのである。

言うのもつらいことだが、真実なので言わねばならない。原初の法律によれば、結婚は、男たちの側からする物件取引にすぎなかった。この結合は、男たちが獲得していた女性の美しさに対して、無制限な権力を男たちに渡していた。そして、この権力の使用には、彼らが買い取っていたものの価値に比例した支払いがいつも先だっていた。これは、数ある古い慣習のなかでも、一番多くの痕跡を残している慣習である。最高に尊敬を払うべき、最古の人類の年代誌は、この痕跡で満たされている。東洋では、習俗と習慣が流行に劣らず、変わらなかったが、その東洋が異論を唱えようのない証拠の数々を今日に至るもなお、提供している。

アブラハムの執事がリベカにイサクと結婚するようにお願いに行ったとき、彼は、主人のラクダのなかから一〇頭を選び、主人が持っていたありとあらゆる種類の財産のうちから、いくらかの部分をラクダに乗せて、[1] 出発した。ベトエルの国に着いて、リベカ自身から、執事は捜していた家族を紹介され、家族全員に贈り物をし、だれからもお返しをもらっていない。彼は兄弟、母親、若い娘に、衣装と金銀の壺を与えている。そのとき家族は彼にこう言っている。彼女はあなたの前にいます。「どうぞお連れ下さい」[2]。このようにして結婚がまとめられ、彼女はラクダに乗り、老エリエゼル[3]に連れられて出発した。彼女は、売却が完了して、買い手に渡され、その目的地に送られる一種の商品のようなものである。聖書が示すところでは、正確には、彼女は父の家を出て、彼女の乳母と侍女しか連れずに旅だったという。

ヤコブがラケルをめとろうと思ったときも、同じことである。彼は嫁資金について話さないどころではない。彼は、義父のために苦労の多い奉仕を行なうことからはじめている。彼は、いずれ娘に指図する権利を手に入れるために、彼の労働と辛苦によって、あらかじめ支払いを済ませている。結婚の取り決めは、一種の契約で、それは、歴然たる商取引である（＊1）。ラバンは、一方にラケルを置き、他方に彼の甥が彼に

(1) ここで、『創世記』、第二四章、第一〇節の「主人から預かった高価な贈り物を多く携え」という文章がラテン語でウルガタから引用されている。以下、たびたび、ラテン語原文が挿入されるが、ほぼ意味が同じなので、省略した。

(2) 『創世記』、第二四章、第五一節参照。

(3) 『創世記』、第一五章、第二節によると、アブラハムの執事の名前。

してくれるに違いない奉仕を置いて、両者を釣りあわせている。「お前は身内の者だからといって、ただで働くことはない」と彼は言う。ヤコブは「下の娘のラケルをくださるなら、わたしは七年間あなたの所で働きます」と答えている。ラバンは、それに対して、「あの娘をほかの人に嫁がせるより、お前に嫁がせる方が良い。わたしの所にいなさい[4]」と返答している。

（＊1）『創世記』、第二九章。

この厳粛な取り決めにもかかわらず、祝宴の夜に、ラバンは、それでもなお、長女と次女を入れ替えることによって、ヤコブを欺かないではおかない。次女を買い取るために族長［ヤコブ］は、もう七年間、自分の自由を譲渡せざるを得ない。それから、ヤコブは、一四年間の隷従生活と、もう六年間の、これまた労苦に満ちた召使い生活を送ったのちに、彼にはこれほどにも高くついた二人の妻を連れて、祖国に戻るために、旅だった。彼がなにがしかの富の所有者になったのは、彼らの家族から恩恵を受けたからではなく、天の計らいのおかげであり、彼の驚くべき仕事ぶりのおかげである。

このようにして買い取られた妻たちは、夫の財物の一部となっていた。夫は、絶対的所有権に付随する権力を彼女らに対して持っていた。父親は、娘たちにつけた価値を受け取ると同時に、代価を彼に支払った婿のために、自分が持っていた権力一切を捨て去った。彼は、婿にすべての彼の権威を譲渡した。隷属は、たしかに結婚生活の優しさによって緩和されたものの、それでもやはり、隷属は現実のものであり、苛酷であることには変わりはなかった。

今日では、ほぼアジア全域において、同じことが行なわれている。そこでは、結婚は同じような手続きにいまだに従っており、そこからは、同一の帰結が出てきている。妻たちを買い取る必要性は、彼女らを閉じこめる力と同様に、いまだにその全幅的威力のなかに、アジアでは存続している。夫を受け取ることによって、妻たちは、主人の手のなかに移る。彼女らは、自由という代価を払ってしか、母親になることを許されていないという習慣は、この広大な地方では、あらゆる法律のうちで最古の法律になっているのと同じく、侵犯することなど到底考えられない法律になっている。

かくして、当初から、民法的結合のふたつの支柱は、一方では、男性の最大部分の奴隷制であり、他方では、女性全員の奴隷制であった[5]。社会諸制度の建物が建てられたのは、こうした苦しみに満ちた土台のうえにであった。社会は、少数の所有者たちのことだけを視野にいれ、社会の成員の四分の三の負担において、これら少数の所有者たちの幸福と富裕と余暇を保証したのであった[6]。

第三章　女性の民法的隷属は、ド・モンテスキュー院長閣下が信じたように、専制主義の帰結ではまったくないこと、それとは反対のことさえ言いうること

(4)『創世記』、第二九章、第一五、一八、一九節。
(5)『剰余価値学説史』、八六ページ参照。
(6) 同書、同ページ参照。

この女性の民法的奴隷制が生まれたのは、余すところなき無政府状態、したがって、少なくとも、ほかの人間すべての自由を奪い取っていた男性にとっては、最大限の自由があった無政府状態のまっただなかにおいてである。その奴隷制をド・モンテスキュー院長閣下は、専制主義の付属物と見なしている[1]。そのかわり、彼は、人類の諸権利における女性の復権を、穏和な君主政体のばねのひとつとして示している。彼の言うことを信じるとすれば、アジアにおいては、女性が幽閉され、夫の財産の一部となり、彼女らの結婚利得は生活保障だけに限られるというのである。また、アジアにおいては、主人の疑りぶかい繊細さを安心させるのに適しており、彼女らの情欲を消し去るか、または、そこまでいかなくとも、彼女らの情欲を眠りこませるのには適している、単調で穏やかな、引きこもり生活を彼女らは後宮で送るというのであるが、こうしたことが起きるのは、アジアにおいては国民自身が隷従状態にあるからであり、毒素を持つ専制主義のひと吹きによってすべての人心が凍てついている国では、女性の気まぐれや浮気っぽい心や無分別が大嵐を巻き起こしかねないからであり、女性の陰謀が引き起こす悪が拘束なき社会という快楽によって相殺されないからである(＊1)。

(＊1)『法の精神』、第七篇、第九、一五章、第一六篇、第九章〔邦訳、中、九二ページ〕など。

しかし、君主制においては、気にいられたいという欲求によってこれらの欠点が緩和され、修正され、行政の穏やかさと合体させられるので、かえってそれらは、名誉の養分となり、産業の源泉となっている。女性のがらくた趣味は、発明の才に活力を与え、享楽的な余剰品の取引をうながす。彼女らは暴力とは距離を置いているために、陰謀が危険性を減じている。偉大で、気高いものすべてに対する、女性本来の感性は、彼女らに身をささげるだれに対しても、心の気高さによって目だつようになる必要性を強制する。これらのさまざまな効果が組み合わさって、女性に対する全般的な丁寧さ（ギャラントリー）の風潮ができあがる。それは国の風潮となり、嫉妬心を鎖につなぎとめる。それは、正確に無秩序を許さないので、無秩序ではないかという疑いをかけることを妨げる。こうして、女性は、「ただひとりの男性の快楽に」自分をとどめ置くように見えて、「すべての人びとの楽しみのために奉仕しもする」（＊2）ようになる。

（＊2）『法の精神』、第一六篇、第一一章［邦訳、中、九六ページ］。

そのうえ、ド・モンテスキュー院長閣下は、専制主義が東洋の本来的政体で、君主制は北方の風土に適した行政であるということを原理として設定するばかりでなく、根本的な公理としてさえ設定していたので、現実に存在する事実を彼の理論で説明することは、彼にとって難しくないことであり、また、どうしてアジ

（1）「女性の隷従は、あらゆるものを濫用することを好む専制政体の精髄に極めて適合している」。なお「民法的」は、civil の訳語だが、この形容詞は、たいてい「市民的」と訳されている。訳者が参照する訳書では、「公民的」という訳語が当てられる。それらの意図はともかく、ランゲにあっては、商取引を前提とした社会的諸関係を形容する言葉として civil が用いられているので、「民法的」という訳語を当てた。また、同時にこの言葉は、ほぼ一六世紀以降の西欧で、「宗教的」、「軍事的」、「自然的」、「政治的」、「公共的」と対立的に用いられるので、「世俗的」、「文民的」、「社会的」、「市民的」という訳語が適切な場合もある。

アでは、隷属が女性の宿命であるのに対して、ヨーロッパでは、女性がこのうえなく穏やかな自由を享受しているのかについて、その理由を示すことも、難しくないことである。これらすべての格率を発展させることによって、彼がした以上に才気を示すことなどだれにもできないくらいである。彼以上の巧みさと心地よさで、彼が取り扱っていた主題にそれらを適合させることは、不可能であった。しかし、才気と心地よさなど、真理と経験が問題であるときには、なんの価値もない。ところで、真理と経験は、ド・モンテスキュー氏の原理と真正面からぶつかる原理に導くように私には思えるのである。

真理と経験がわれわれに教えてくれているところでは、一般に、どのような風土においても、どのような政体のもとでも、女性の民法的自由は、いつでも男性の公法的自由と逆比例している。彼女らは、国家がより自由になるにつれて、より奴隷的になり、より幽閉されるが、反対に、専制主義と奴隷制が国家において進んでいけば、それだけ彼女らは、より自由になり、より抑制が利かなくなる。彼女らの閉じこめまたは独立性を必然ならしめるのは、地球の緯度の高さでもなければ、行政の異なる形態でもない。習俗の堕落または厳格さは、彼女らの夫の公法的自由だけで決まるのである。どのような類の政体においても、習俗は健全なものでありうるし、堕落したものでもありうるので、その結果、女性の自由は政体の種類とはなんの関係もないということになる。言い換えると、よしんば、それが政体の種類となんらかの関係があるとしても、それは、まさに彼女らを堕落させるか、それとも彼女らの気力を奪うかの関係でしかない。

専制主義は、堕落からしか生まれることはできない。しかし、堕落は、習俗が女性に与えていた隷属の鎖を断ち切ることに伴って生じるし、恐らくは、その原因ですらある。厳格な規律が彼女らを隠居所に閉じこめる限りで、勇気と美徳が花咲く国が見られる。適当な時期がくれば、それにもう一度、粗野さが結びつけられることがあるかもしれない。しかし、この表面的粗野さは、帝国と個人の幸福を形づくる本質的な礼節に対する障害にはならない。

彼女らがこの隠れ家から出ると、彼女らとともに、勇敢さと丁寧さ（ギャラントリー）が花咲くのが見られる。勇敢さと丁寧さ（ギャラントリー）は、彼女らにとってひとつの利益である、とほめそやされている。それを疑うのには、十分な根拠があるだろうが、しかし、確実なことは、それが国家にとっては損失であるということだ。これらの人工的性質は、悪徳でも、美徳でもない。それは、悪徳や美徳を隠したり、真似たりするための仮面であり、すべての芸術作品のように、あっという間に、雲散霧消してしまう。それらは、軟弱さと性的放縦のためにたちまち席を作ってしまう。こちらの方は、より自然であり、したがって、より長つづきする。

そうなると、肉体は萎《な》え、魂は卑賤になり、法律は破壊される。女たちは奢侈を通じて君臨し、専制主義は、奢侈と女たちによって確立される。いかなる風土においてであろうと、いかなる行政のもとにあろうと、自然的または精神的原因とは独立して、これが帝国の変わらざる進行であり、その力強さあるいは衰退の進行である。そのことに納得するには、歴史を紐解くだけでよい。

たしかに、ローマ市を創建するために、ロムルス(2)と結託した山賊どもほど、自由で、軛《くびき》に慣れなかった存在はないほどであった。彼らの王を名乗る人物は、自分で作った法律に自身が従う首長にすぎず、それ以後設けられた、彼らの末裔たちの執政官（コンスル）よりもその権力は弱いものであった。彼らの法体系を定めることが問題になったときに、彼らの第一関心事は、彼らの妻たちに対する生殺与奪権をみずからに与えることであった。彼らは、妻には離婚を禁じ、自分たちにはそれを許した（＊3）。彼女らがワインを飲んだときには、彼女らを殺しても構わなかった。彼女らは、食事や祭りから排除されていた。彼女らは公衆の面前に姿を現わすことさえしなかった。彼女らは永久の庇護のもとで暮らしていた。父親、夫がいないときには、兄弟またはほかの親戚が彼女らの導き手となり、彼女らの主人となった。

（＊3）『ローマ法制史[3]』とこの問題を取り扱ったすべての書物を参照せよ。

彼女らの状態は、執政官行政〔前五〇九年以降〕のもとで、ごくわずか和らげられた。執政官行政は、ローマに野放図な自由を導入したが、それはひとえに、暴君による暴虐きわまりない抑圧に自由を徐々に引き渡すためだった。まさにそのとき、離婚に協力したり、あるいは、離婚を要求したりさえする権利を妻たちが獲得したのである。彼女らは、社交的な集まりでみずからを危険にさらした。彼女らには饗宴への参加が認められた。しかし、彼女らは、皇帝たちのもとでのみ、それを娯楽としたのである。この瞬間から、彼女らは、少しずつ市民生活のあらゆる役割のなかに戻った。彼女らは、暴君政治と専制主義が勢いを増すにつれて、統治に参画するようになった。

リウィア[4]は、アウグストゥス[5]と帝国に大いなる権力を振るった。メッサリナ[6]、アグリッピナ[7]、ポッパエア[8]は、クラウディウス家やネロ家[9]を公然と差配し、両家を通じて世界を取り仕切った。女性の権利を制限していた旧来の法律のすべてが、少しずつ廃止されるまでになった。妻たちに民法的自由を最大限認めた時代であるユスティニアヌス[10]の時代は、専制主義がローマ人のあいだで、完成された時代でもあった。

同様の帰結を招いた証拠をほかにいくらでもあげて、それらを詳しく説明することができるだろう。女たちの無制限の自由がいつでも習俗の壊乱に比例していたこと、それが専制主義のもっとも確実な方策である

(2) 紀元前八世紀頃に、双生児のレムスと協力して、ローマを創建したとされる伝説上の人物。

(3) 『ローマ法制史』(Histoire de la Jurisprudence Romaine) は、アントワーヌ・テラソン (一七〇五—一七八二) という高等法院の弁護士が書いた著作で、一七五〇年にパリで公刊された。

(4) リウィア・ドルーシラ (前五六—後二九)。初代ローマ皇帝アウグストゥスの妻。

(5) アウグストゥス、ガイウス・ユリウス・カエサル・オクタウィアヌス (前六三—後一四) 初代ローマ皇帝。オクタウィアヌスという名前で知られたカエサルの甥。ローマ帝国の創建者。

(6) メッサリナ、ウァレリア (一五頃—四八)。第四代ローマ皇帝クラウディウス (前一一—後五四) のいとこで、その妻。予期せざる夫の皇帝即位とともに、彼女の残忍かつ淫奔な性格が表面化し、政治の混乱を招いたあげくに、ローマ随一の美男子と噂されたガイウス・シリウスと結婚していたことが露見し、皇帝によって死刑に処された。

(7) アグリッピナ (一六—五九)。ゲルマニクスの娘で皇帝ネロの母。ネロを帝位につけるため、自分の夫クラウディウス帝を毒殺したとされるが、のちに自分も息子ネロに殺害される。

(8) ポッパエア、サビナ (五六頃没)。執政官ポッペウス・サビヌスの娘。当代随一の美女と言われ、淫奔で名高い。メッサリナと有名ダンサーを奪い合ったことから、風呂場で残虐な殺され方をした。

(9) 第四代、第五代ローマ皇帝の家柄。

(10) ユスティニアヌス (四八二—五六五)。一世。東ローマ帝国皇帝 (五二七—五六五)。北アフリカ、イタリア、スペインの異民族支配と戦う一方、国内法の整備に力を注ぎ、ローマ法大全であるユスティニアヌス法典の編纂を成し遂げた (五二九)。

とまで言わないにしても、少なくともそれは、専制主義とは切っても切れない結びつきを持った、このうえなく魅力あふれる伴侶のひとりであることを示すことは可能であろう。

私も承知しているが、アジア人の例を私に挙げる人がいるだろう。しかし、それは、私が提起したことを揺るがせるどころか、反対に私の正しさを確証してくれているのである。アジア人が専制主義のもとに屈従していると私が信じているなどとはとんでもない話である。この専制主義という言葉を私がどういう意味で使っているかを、私はほかのところで説明するつもりである。私は、この語がどれほど多くの誤解を引き起こしてきたかを詳細に説明するつもりである。私がこの点についてこれから言うつもりであることと、ここでそれについて言っていることとを比較するなら、おそらくわれわれがトルコ人やペルシア人の統治体について与えている忌まわしい名称のすべてが、いかに馬鹿げたものであるかがわかってくるだろう。東洋の諸国民は、われわれが北方の無政府的野蛮性のまっただなかでおびただしく産み出された法律の山とともに想像しているような、嘆かわしい抑圧のもとで呻吟しているどころか、反対に、彼らは、われわれよりも現実に自由なのである。彼らが彼らの後宮を慎重に封鎖するという心づかいを持っていることに、彼らの風土と統治体は影響を及ぼしていなかったこと、彼らが女性の美しさと合体し、その美しさを買ったり、それを捕虜に対するように思いのままにしたりする慣習を維持していることは、彼らにあっては、なにも、耐え難いほどの専断的権力の結果などではなく、むしろ、社会の第一原理とともに彼らに伝えられてきた古い習俗に彼らが忠実に従っていることの結果であるということに、人びとは納得がいって当然であろう。

第四章　多妻または多夫制について。それはド・モンテスキュー院長閣下が言ったような、風土の結果ではまったくないこと

『法の精神』によれば、多妻または多夫制[1]は風土の果実である。幾人もの男にたったひとりの女を与えなければならないか、それともたったひとり男に何人もの女を与えなければならないか、それを決めるのは、当該地方の気候である。この点に関しては、気候こそが法体系を定め、後宮を開くか、閉じるかし、後宮を建てるか、ひっくり返すかを決めるのである。

しかしながら、世界のどの部分においても、赤道直下においてさえ、たったひとりの女性で満足している国民が見受けられてきた。反対に、多妻または多夫制がアジア北部の砂漠地帯においても、タルタリア[2]の氷

(1) フランス語の polygamie は、配偶者が複数である結婚を意味するので、このような訳語を当てた。しかし、どちらかを明らかに指す場合には、一夫多妻制あるいは一妻多夫制の訳語を当てた。

(2) タタール地方のことで、諸説あって、タタール地方を確定するのは困難である。しかし、一八世紀ヨーロッパのタタール地方の概念は、経度では、七〇度から一四五度まで、緯度では、三五度から極北の七〇度付近までの広範囲に及ぶ地域。ヨーロッパ人がタタール人の住む地域をタルタリア（タタール地方）と呼んだのは、まったくの偶然だが、ギリシア神話で天国と冥府の中間に置かれた暗黒地帯のタルタロスとシベリアからシナにかけて分布する民族の名称であるタタールとが音韻上類似していたからである。

のまっただなかでも、慣習となっているのが見られてきた。家畜の群れに食料をほとんど与えない、冷たくて、硝石を含んだ、あの土壌の上で放浪している牧畜民は、移動式の家のなかに複数の女を集めている。ほとんど永遠に続くかに思える、かの雪は、自由にも、一夫多妻制にも、隠れ家として役だっているが、ド・モンテスキュー氏は、前者と後者が両立しがたいと信じているのである。

風土がより温暖なお隣のシナでは、一夫一婦制の結婚しか契約されない。たしかに、宣教師たちは、若い大変教養のある娘たちが買われていると付け加えている（＊1）。彼女らは、家の女主人に対しては、女召使の代わりとなり、夫に対しては、なにかそれ以上のものの代わりをしている。宣教師たちによれば、これらの非合法な交渉の結果生まれた子供は、正妻の持ち物となる、というのである。

（＊1）デュアルド神父[3]の『シナ帝国の描写』を参照。

しかし、宣教師たちは、この微妙な問題については、思い違いをしてしまったのではないだろうか？　彼らは、他の多くの旅行者のように、一般に許容されている風俗として、性的放縦の特殊例を挙げていなかっただろうか？　見知らぬ国で途方に暮れた人間には許されるようなすべての誤謬のうちで、これは、このうえなく常識的で、もっとも使い古された誤謬である。アジア全域でのように、シナでも、こうした類の不可思議は、注意深く公衆の目からは遠ざけられているだけに、ヨーロッパ人説教師たちは、この主題に関して、それだけいっそう誤解に陥りやすかったのである。宣教師という職業と仕事は、そうしたことをつっこんで研究するのに、あまりふさわしくはなかった。

正確な事実に証言がもとづいていて、正確にそれが報告されていると仮定すると、少なくとも、彼らの証言からは、ひとつの反論しようのない真実が出てくる。それは、シナには主要な、公認された妻はひとりしかいないということである。彼女に付け加えられている女たちは、従属した愛人ばかりで、彼女らは正妻に依存して生活し、正妻に仕えるとともに、自然の特権や母親の特権のなかで最大の部分を、正妻のために手ばなすことを強いられてさえいるということである。母親の名前がほかのどこよりも、名誉あるものとされ、貴重なものとされている国で、それを法律が残そうと望みさえしなかった不幸な女たちを、正妻として見なすことができるだろうか?（＊2）

（＊2）　デュアルド神父を参照。

アフリカのいくつかの国では、事情はほぼ同じである。そこでは、一夫多妻制がおそらく強く勧められ、広がっている。それは、子供を売ることが一家の父親の主要な収入のひとつとなってからの話であり、独立と哲学と人間性をほめそやすヨーロッパの賛美者たちが、毎年、ギニアの海岸へ赴き、酒樽にはいっている有害な飲み物を、両性の黒人からなる船荷と交換するようになって以来の話である。このことは、非常に売

(3) ジャン＝バティスト・デュ・アルド（一六七四―一七四三）のことで、イエズス会士。彼は、シナに派遣されていたル・ゴビアン神父（一六五三―一七〇六）らのシナ便りを編纂したほか、『シナ帝国の描写』(Description de l'empire de la Chine) を一七三五年に公刊した。

れ行きの良い品物を増産するようにうながしている。以前には、ほかの場所と同じく、世界のこの部分でも、結婚相手の人数は、風土の作用ではなく、むしろ結婚を約束する個人の力、いやむしろ、その個人が富裕であるかないかによって、上下していた。

一夫多妻制、言い換えると、広大な後宮を持つ自由は、一般に、アメリカ全体では、王冠の権利であった。モクテスマ[4]は自邸に三〇〇〇人にのぼる妻や娘を持っていて、彼女らを入念に護衛していた。そのうえなお、彼のために、四方八方で女たちが探し求められてきた（＊3）。しかし、個人となると、つまり、国としては、こんなかねのかかる特権を享受していなかった。彼自身も、彼のすべての同類と同じように、この制度に満足しているより以上に、これには参っていたに違いなかった。それは、彼らの趣味というより以上に貼《はり》紙なのである。この貼《はり》紙は、彼らにこの奇妙な種類の家畜小屋を維持せよと強制していたし、彼らの不安を増殖させていた。そのうえ、おそらくは、彼らの快楽以上に後悔の念を増殖させていたのである。

（＊3）ドン・アントニオ・デ・ソリス[5]の『メキシコ征服史』を参照。

小さな空間に細かく分けられたこの女性集団は、王国の飾りを形づくっていたのであって、王の幸せを作っていたのではない。この飾りは、王にとっては、迷惑千万な奢侈であり、どの国でも玉座の栄光にとって必要だと信じられてきた、あの余剰品のひとつである。それは、おそらく玉座のとげにも相当しない。世界の半分以上の地域では、風土にもかかわらず、法律は、臣民の労苦と不快感を節約するのに十分な賢明さを持っている。

第五章　同じ主題の続き。一夫多妻制は所有精神の結果であること

宗教の掟や国家の法律によって、本当の意味で、一夫多妻制が許されている国は、インドやペルシアやアラビア、そしてトルコに服属するアジアの例の部分以外にはほとんどない。これらの地域では、イスラム教より、はるか前から一夫多妻制が存在している。マホメットはそれを取り入れさせたにすぎない。この幸せな神格化された詩作者にして、花開いた宗教の創始者がひとつの宗派を設立しようと考えたとき、彼が教義を広げようともくろんだすべての国において見たものは、慣習によって妻を複数持つことが聖化されていることであった。したがって、マホメットとしては、その多妻制を丁重に扱うことしかできず、せいぜいのと

(4) モクテスマ（一四八〇—一五二〇）。ナワトル語ではモテクソマ。そのほかにモンテスマとも、モテスマとも呼ばれる。メキシコのアステカ帝国モクテスマ二世（一五〇二—一五二〇年）のこと。スペインの征服者コルテスが帝国に上陸したとき、彼はアステカの王ケツァルコアトル神の帰還の予言を信じていたため、コルテスをその化身または使者と誤解したと言われる。ベラクルスで起きたスペイン人兵士殺害を理由に生じたコルテスのクーデタで、捕虜となり、王国崩壊を招き、みずからも暴動にまきこまれて死んだ。

(5) ソリス・イ・リバデネイラ、アントニオ・デ（一六一〇—一六八六）。スペインの劇作家・歴史家。一七歳のときに戯曲を書き、それ以後、ヨーロッパの演劇界をリードする作品を著わす。歴史家としては、一六八四年に『メキシコ征服史』(Historia de la conquista de México) を著わした。その散文は新古典主義の精華と称される。

ころ、その数を制限することぐらいしかできなかった。彼がやったのはこのことである。

彼は、そこから彼の信仰のなかで、もっとも人を喜ばせる信仰箇条のひとつを引き出しさえした。彼は、それを来世での生活における彼の支持者たちへの褒美としたのである。現世では、人間の弱さがしばしば褒美を無益なものにし、ときには、褒美が重荷にさえなるので、その代わりに彼は、来世では、それが至福の変わらざる源になると約束したのである。なぜなら、そこでは、力はいつでも欲望のあとにつき従うであろうからである。

この慰めとなる道徳は、おそらく、それを説く宗教の真実性を裏づけることになったであろう。勝利が何度も繰り返されたときにも、絶え間ない征服がその布教師たちに敬意を払うことを教えたときにも、この道徳は、もはや信心しない人間を見いださなくなったに違いなかった。だが、ほかのはるかに暑い国では、自由を芽吹かせることができなかったのに、この道徳の目的になっている自由が、風土の産物だったということについては、信用してもらうことができるだろうか？　自由は、むしろこうした地域では、またもや習俗の不変性の結果であるということほど、蓋然性の高いことはないのではないか。習俗の不変性は、族長と同時代の人間か、あるいは族長の先祖かが確立していたのと同じ服装、同じ法律、同じ習慣を、現代のアジア人たちに対して保存してきたというわけである。

彼らを養っている大地は、異論の余地なく人類のゆりかごである。だから、最初の法律が生み出されるのを大地は見てきたのである。この大地の上でこそ、社会的結合の最初の諸原理が成長してきた。そしてそれは、所有の原理以外のものではない。ところで、ひとたび、妻たちを財産の数のうちに入れ、社会的結合がそれを自由に処分できるようになるやいなや、また、妻たちを、高価ではあるが、売り買いができる財物と見なし、家や天幕を所有者の意志通りに飾るという用途を持ち、家族を増やすという用途に適した財物と妻たちを見なす決心がつくやいなや、彼女らを複数持ったり、彼女らをとっかえひっかえしたり、思うがままにその人数を増やしたりする権利の方も、こうした思考様式の間違いのない、自然な結果であってはいけなかっただろうか？

少数者の手に集中された所有は、あり余る富をたちまち生産した。この点はのちに示すことにする。そして、あり余る富は、余剰を生産した。この余剰から、交換が生まれたのである。交換の手段として、余剰品が使われるのだが、しかし、余剰品の使用が気持ちの良いものになり得たのは、一番喜ばせるものを交換が所有者に供給した場合に限られていた。ところで、男は、訓練による気質の強化と粗食の維持で、精力を永遠に保っていたから、そうした男の目から見た場合には、今日と同じく、その頃からも、いや、その頃であれば、今日以上に、女たちが財産のなかでもっとも貴重なものであったので、この分野で取得物を増やすことは、富裕の第一目標とならざるを得ず、その第一用途とならざるを得なかったのではあるまいか？

世俗法はそれに反対することはできなかったし、それを制限することもできなかった。女たちを多数獲得することは、所有の必然的成果であったが、世俗法は、その所有を擁護するために精を出していたのである。だから、世俗法には、富裕の用途も、濫用も断罪することはできなかった。まさに、この問題に関して精神を啓蒙し、改革することは、別の時代の、別の格率にとっておかれたことであった。世界と法体系が生まれたばかりのこの時代には、法律の影響力は、男が妻を何人獲得できるかを定めるほど、広がってはいなかった。その影響力は、男が獲得してしまっていた妻たちの享受を男に保証してやることに限られていた。

この自由が、言い換えると、この許可がひとたび人類と社会の幹にはいりこんだとき、それは、少なくともその株が保存されてきた国においては、そこで生き続けた。それは、移植されるなかで、修正され、本性を損ない、あるいは、破壊されさえした。しかし、この自由は、それが生まれたアジアにおいては、その力全部とともに、保持されてきた。そこでは、それは、風土や文化や行政には依存せず、男の数や女の数にも依存しない基本法となった。それは、これらの国が何度も繰り返し味わってきた宗教的動揺や社会的動揺や自然的動揺のすべてに耐えてきた。それは、そこでは、ターバンや長い服と同じように、同一の理由で、そして習慣とその驚くべき古さで、土着し、維持されてきた。

肉体的慣習は、精神上の慣習にくらべると、はるかに風土に依存した状態にあるように、作られていると思われるにもかかわらず、地上のすべての地域において、この肉体的慣習は、そうした風土による影響と決定的に矛盾している有様である。だとすると、風土とはなんの関係もない精神上の慣習に、風土が影響を及ぼしているなどと、どうして信じることができようか？　ペルシア人は、乾燥した灼熱の空の下で、一二から一五重量リーヴル(1)もするターバンを巻いている（＊1）。バスク人(2)は、ピレネー山脈の霧のなかでも、簡単なへヤネットをかぶっているだけである。オランダ人は、この上なく美しい木の茂みともっともよく遮蔽された散歩道で、大洋に洗われる水辺の敷地を飾ることに喜びを見いだしている。それは、冬と氷霧の居住地と呼ぶことができる。スペイン人は、いつも灼熱の太陽で干上がった、乾燥した敷地に、庭を配列したり、ブドウ棚の木陰を自分のために作ったりするすべさえ知らない。

（＊1）　シャルダンの『旅行記』、第四巻、一五一ページ参照。

風土が人間の振る舞いに一役買うようになったとするなら、おそらく、それは、テセル島(3)の海辺よりも、バレンシア(4)やカディス(5)の近郊で、薄暗い大通りに木を植えさせたことだろう。それが、イスパハーンの住民に影響を与えるようななんらかの原理を持っていたとしたら、それは、彼らの後宮に人を増やすことよりもむしろ、彼らの帽子の厚みを減らす方向に作用したことだろう。

第六章　風土とは無関係な別の諸原因が所有精神と協力して、一夫多妻制の導入をうながすことができた

最初に文明化された諸国に一夫多妻制を導入するのに力あった、この社会的原因に、自然から引き出され

（1）〇・五キログラムに相当するフランスの古い重量単位。
（2）スペイン北東ビスカヤ湾岸部に分布する少数民族。当時この地方は、気候が少し寒冷で（現在の統計では、むしろ温暖）、雨量が多い（現在の統計では、スペイン随一に雨量が多い）と見られていたので、ランゲは、バスク人が厚い帽子をかぶっていないことがおかしいと指摘しているのである。
（3）北海上に浮かぶワッデナイライデン諸島（西フリージア諸島）最南端の島。大陸から五キロメートルほどしか離れていない。ランゲの時代にはオランダ領。
（4）スペイン中部の地中海に面した海岸都市。気候は、温暖で、冬でも一〇度以下にならない。乾燥して、雨はあまり降らず、年間で五〇〇ミリメートルにも達しない。
（5）スペイン南部アンダルシア地方の大西洋に面した古くからの港湾都市。気候は、平均二三度と高く、冬でも一五度以下にはならない。降雨量も少なく、年間六〇〇ミリメートルほどである。

てくるもうひとつの原因を、さらに加えることができる。それは、風土とのあいだにそれほどの関係を持っていないにもかかわらず、習俗とのあいだには、はるかに密接な関係を持っているものである。風土について簡潔に言うなら、それは、どこにおいても、法律の父ではなかったし、とりわけ、本源的な法律あるいは基本的な法律の父ではなかった。言われているところでは、インドでは、大地の豊饒さがあらかじめ彼らの欲望のすべてを充たしているので、人間は容易に隷属させられてしまったそうだ。北方の凍りついた沼地は、反対の原理から、同じくほとんど根拠はないのだが、自由の防壁としてわれわれに与えられている。しかし、このようなインドから、北方の沼地に至るまで、ほとんどすべてのことをやっているのは、気まぐれであり、政治であり、言い換えると、一般に偶然と言われているものであって、風土は微々たることしかやっていない。ほんのちょっと風が吹いただけで、風土の影響力は、その方向を変えてしまう。また、その影響力は、ほんのちょっとした衝撃が加わっても無に帰してしまう。このことの証拠を供給していないような歴史などない。

社会の創始者たちにとって、婚姻法を決めるときに、社会の政治組織をその後に管理した法律にならうことはできなかった。社会の創始者たちのあいだで、所有精神が一夫多妻制を確立したのでなかった場合にでも、きわめて慎重な観察が一夫多妻制の受けいれを彼らに強いたに違いない。その頃、若さのなかにあった自然は、両性を性質の違いで区別しようと望んだために、異なる性質を両性のために保存していた。男性は、まだなお、自然の精力全体を享受し、女性はその慎み全体を享受していた。男性は、多産性の原理を実行するという目的で、しばしば性的欲望を感じ、ほとんどいつでもその役割を果たす力を持っていた。女性は、かけがえのない預かりもののために、長くて苦労の多い保護に身を捧げるので、預かりものを受け取った途端に、もはや対象を持たなくなった愛想のよさを避けるのがつねであった。

動物たちでさえ、われわれにこのような抑制の例を与えてくれているから、それは、侵すべからざる一般法則であって、粗野な人類の最初の設立者たちでも、その一般法則の適用を免れようとは、思いもしなかったに違いなかった。その後、この一般法則の適用から子孫を免除することを認めたのは、奢侈である。奢侈こそが、子供を作らないで、快楽を与えるすべを男に教え、女には、その快楽を求めるすべを教えた。最近の諸世紀で言われている礼儀正しさとかと称されるものによって、両性間に画された境界線が曖昧になってしまったのも、この奢侈の指導によるのである。

そのとき、最強の人間の弱体化に比例して、おさまりがたい最弱の人間の強欲が増大した。それとともに、結婚のつけたりであるべきであり、夫婦結合を形成することへの励ましであるべきであったものが、結婚の意図になり、その目的になってしまった。そうなってみると、人びとは、母性の義務よりも結婚の大権を好むようになり、自然の資源自体を自然自身の作物に反する方向に向ける危険を冒してまで、夫婦は、ほんの少しの手違いでも、子供を作れないで終わるような情欲のほとばしりに、ためらいもなく身を委ねてしまった。

原初の時代に起こったことは、こういうことではなかった。それぞれの使命に忠実な両性は、どちらもその約束を正確に履行していた。女性は、その果実の妊娠に応じることで、結婚の目的を達成したのちは、妊娠の進行を遅らせることになるかもしれない快楽を拒むことで、妊娠に相変わらず順応していた。彼女らは、自分では、もはや女性への献身の誓いを受け取る状態にはないと思っていたから、それがほかのところへ運ばれても、嫉妬とか、不安とかを抱くことなく事態を見ていた。

男性の方はと言えば、彼らは、快楽を享受するための気づかいよりも、快楽を有益なものにするための気づかいに夢中になっていたから、そうした快楽を分かち持つための新たな対象を探すのがつねだった。彼らは、移り気ではあったが、無節操ではなかった。彼らは、結婚の義務に忠実である一方で、結婚の権利には背いていた。彼らは、妻の多産性が彼らのおかげだったので、妻を見捨てることなど一切なかった。しかし、男性は、伴侶の女たちを妻に結びつけるために、休みなく努力していた。伴侶の女たちは、妻から無上の喜びを奪ってしまった障害と同じ障害に彼女ら自身が服したときには、妻にただちにその喜びを返すのだった。だから、男たちには、複数の妻を持つことを許した方が合理的だったのである。男が耐え難い無為徒食に落ちこんだり、あるいは、ときには犯罪に走ったりすることが恐れられていたに違いなかった。多産性を維持するはずの手段そのものによって、かえって多産性を傷つける気に男性が陥るのを避ける必要があった。それこそは、まさに自然の目的に適応することであった。自然の第一目標は、人口を増やすことにある。人間を増やすためだけに、自然は、人類に彼らの子孫のなかで再生する能力を与えたのである。このかけがえのない能力を賢明に分配したことほど、自然の計画を全幅的広がりのなかで達成するために好都合なことは、ほかにないと思われる。

第七章　複数の妻を持つことが男たちに許されることがありえたとしたら、複数の夫を持つことが女たちに許されることなどけっしてありえなかったこと

どちらか一方の性に、その性の存在様式と生活様式が必要としていた慰めを認めた場合には、他方の性について、同じような心づかいを自慢するようなことにはならなかった。実際、このような心づかいには、いかなる種類の利点もなく、危険のすべてを抱えこむことになっただろうからである。だから、たったひとりの妻と複数の夫との結合が合法的に推奨されることなど、どこにおいてもまったくなかった、と私は確信している。ところが、このような端からありもしない悪弊をプーフェンドルフ男爵とド・モンテスキュー院長閣下は、ありそうな事実のなかに数えいれてしまった。しかし、そんなことを喋り散らしてきた旅行家を彼らがあまりにも信頼しすぎてしまったということを見るのは、たやすいことである。

ドイツ人作者［プーフェンドルフ］については、タプロバーネ［セイロン島］人、魚食人、木食人、遊牧民、

洞窟人、アガテュルソス人[1]を長々と引用している。これらは、シチリアのディオドロスやソリヌス[2]やクシフィリノス[3]やアガタルシドス[4]やストラボンに拠っている（＊1）。言い換えると、彼は、怪しいどころの騒ぎではない、ごくわずかな知識さえ持たない幾人かの著作家の証言にもとづいた、不正確きわまりないお話程度のものを典拠としているのである。このことは、結論と言い切れるほどの力を彼の断定に与えることにはなっていない。

（＊1）『自然法と万民法』、第六篇、第一章、第一五節[5]

ド・モンテスキュー氏については、プーフェンドルフよりは少しましな自前の応援団に、ディオドロスやアガタルシドスの権威などとは違った重みを持つ権威を加えている。彼は、シナとその周辺地域を踏破し、啓蒙哲学者としてこれらを叙述した、かの有名な宣教師たちの報告書を引用している。彼は、実際、宣教師たちが目撃証言者という資格で、事実を自分自身の目でたしかめたかのように、彼らの証言を根拠にし（＊2）、その事実から帰結を引き出している。

（＊2）『法の精神』、第一六篇、第四章を参照。

しかしながら、こうした奇妙な種類の多妻または多夫制に関して宣教師たちが言っていることは、自分自身で発見したことの成果ではないという点を見ておかなければならない。ド・モンテスキュー氏が引用するデュアルド神父の『シナ帝国の描写』のなかにあるレジス神父[6]の報告書からの抜粋がチベットのラマ教徒についてふれながら、このことについてはっきり言及しているのである。しかし、とても度を越した、けしからぬことおびただしい結婚の約束が交わされた現場を、神父自身が自分の目で見たわけではなかった。彼がそれについて報告している内容は、シナの皇帝によって、地図を作成するためにチベットに派遣されたシナ人の報告書から写されたものである。

「私がお話しした（とレジス神父は言っている）閣下が皇帝に奉呈なさった報告では、そこに（チベットのブータン。そこは大ラマと大勢のその他のラマ、その祭司とその仲間が住んでいる場所である）はびこる恥知らずな風習について隠しおおせなかったのです。兄弟であるにもかかわらず、そして『通常は』同一家

(1) ヘラクレスの息子アガテュルソスに由来する民族で、トランシルバニア地方（ルーマニア北西部）のサウロマタイ（サルマティア）人と同定されている。ウェルギリウスは『アエネーイス』でアガテュルシー人と呼び、彼らが入れ墨をしていたと記述している。そのほかの民族はいずれも空想上のもので、魚食人は、シナからアフリカまでの海岸地方に住むとされ、木食人はエティオピア人に属し、木の新芽や枝を食すとされ、洞窟人は、紅海西岸やダニューブ河沿岸に住んでいたとされる。

(2) ソリヌス、ガイウス・ユリウス。三世紀頃の地理学者で、世界の諸地方の民族を紹介した書物を残した。

(3) クシフィリノス（小）、ヨハネス。一一世紀末頃のギリシアの歴史家。コンスタンティノープルの修道院で、ディオ・カッシウス（一五五？―二三〇？）の『ローマ史』の簡略本を作ったと言われる。

(4) アガタルシドス、クニデス。紀元前二世紀頃のギリシアの歴史家、地理学者。アラビア半島の民族誌を書いたとされる。

(5) バルベラック訳では、とくに第二巻、一三八ページ。

(6) レジス神父、ジャン＝バティスト（一六九八―一七三八）。イエズス会士で、シナへ派遣されたフランスの宣教師。清の雍正帝（一六七八―一七三五）の命令で、地図の作成に取り組み、『皇輿全覧図』を完成した。雷孝思がシナ名。

族の兄弟であるにもかかわらず、ひとりの妻が複数の夫を持つことが許されています。子供は兄弟間で分配されていて、長兄には最初に生まれた子供が割り当てられ、次男以下には続いて生まれた子供たちが割り当てられます。かくも恥ずべき無秩序をラマ僧に責めたときに、彼らはチベットでは女の数が少ないからと弁解しました。実際、『家族のなかでは』女の子よりも男の子の方が多いことが見受けられます。罪を正当化することにしか役だたない浅はかな理屈です。それは、タタール人〔満州族〕の振る舞いによって、十分反駁されています。彼らは、似たような行き過ぎにはまったく走ってはいません……」（＊3）。

（＊3）　デュアルド神父の『シナ帝国の描写』、第四篇、四ページ[7]参照。

したがって、たったひとりの女が慰みものとして、男たちを後宮に囲っているのをレジス神父が見たわけではないのである。つまり、シナの貴族がその話を間違って理解したか、あるいは、間違って報告したかのどちらかであったかもしれず、あるいは、まるごと嘘であったのかもしれないのだ。そのうえ、それが本当のことだと仮定しさえしても、『法の精神』の作者がそこから引き出した結論に反する考察に、それはいくらでもきっかけを与えてはいないだろうか？

まず、それは、彼が報告しているみだらな風習をブータンのラマ部族だけに限定している。こうなると、問題の地域はチベットのごく狭い地区にしかならない。しかも、チベット自体がタルタリアの取るに足らない部分である。彼は、幾人かの兄弟がいる数家族のなかでのみこの風習が行なわれている、と想定しているようにさえ見える。そうなると、もしこのような慣例を正当化することが可能だったとしたらの話だが、このことで、この慣例を、或る意味では、弁明しようということかもしれない。

次に、物語の作者は、混乱した、曖昧なやり方で、説明しているので、作者が事態をよく見てなかったのではないかと強い疑念を持つことが許されている。「長兄には最初に生まれた子供が割り当てられ、次男以下には続いて生まれた子供たちが割り当てられます」というのだが、しかし、夫になる兄弟が二人しかいないときに、次兄にもっとも重い負担がかかっているのではないか？　あるいは、長兄は、次兄が父親であるかないかが非常に怪しい子供たちの、おまえは父親だと主張して、次兄に助けに来るように求め、それで次兄を慰めているのではないか？　これとは逆の場合で、たったひとりしか子供がいないときには、複数の父親が子供に命を与えたのは自分だと、名誉を争うことも可能になる。そうした場合、掟は、またもや年齢に子供を委ねるのだろうか？　観察者がほんの少しだけ正確で、ほんの少しだけ賢かったら、彼の話にはこれらの難点が付きまとって離れないことぐらいは、あらかじめ分かっていただろうに。と同時に、そうであれば、彼は、それに対する解決策を与えたに違いない。ところが、彼がまったくそのようなことをしなかったので、彼を、月並みな旅行家の列に、戻し入れることができる。月並みな旅行家が自国に帰って物語っていることは、外国で見てこなかったことより以上の大胆さをいささかも持っていないのである。

（7）ランゲは四六一ページと記しているが、プレイヤッド版の『法の精神』では、四六ページと記されている。しかし、ガルニエ版では、四ページとなっており、これは一七三五年版の『シナ帝国の描写』に即しているので、このページ数を採用した。

そのうえ、ラマたちがその無秩序を糊塗しようとして用いている、言うところの申し開きなるものを報告しながら、作者は、実際、チベットでは、「家族のなかでは、女の子よりも男の子の方が多いことが見受けられます」と付け加えていないか？　しかし、このことからは、そういう性の不平等分配が国全体でも同様に起こったとか、この不平等分配のために、問題になっている恥知らずな淫売行為が必要とされることもありうるとか、という風な結論に持っていくことはできない。フランスとおそらく世界のすべての国は、そうした家族を見かけるのは、なにもチベットだけとは限るまい。少年の数が少女の数よりも多い家族というのを見かけるのは、なにもチベットだけとは限るまい。フランスとおそらく世界のすべての国は、そうした家族で満ち満ちている。しかし、自然は、近隣で犯した明白な誤りをそれぞれの場所で修復している。自然は、あちらでは一方の性を過剰にした代わりに、こちらでは、それを修正している。そのことによって、自然は、人類のなかに秩序を保ち、一般にすべての自然の生産物に見られる均衡を保っているのである。チベットでは、自然が別のやり方をとっていると信じることを、引用された文章が許していないことはたしかである。ブータンの高位聖職者に関する顰蹙を買う弁護論に、この文章はいささかも力を付け加えるものではない。

最後に、そういう理由も成り立ちそうだとして、ド・モンテスキュー氏が頼りにしている理屈に、宣教師がただちに攻撃を加えている様子を見ることができる。宣教師は、タタール人の慣例とそれを比較している。タタール人は、同一の風土に住んでいるから、彼らのところでは、少女よりも少年の方がたくさん生まれているのを見ることになっても当然であろう。実際にこうした不平等が起こっていればの話だが。そうなったら、タタール人も不平等に耐えられるようにするために、同じ対策に助けを求めたことだろう。しかしながら、彼らは、相変わらず自然と慎みのきまりに忠実なままであった。彼らは、相変わらず、ひとりの男に複数の妻を妊娠させるようにする一方で、多数の男の無上の喜びにたったひとりの妻がこたえるという、耐え難いほどの義務から、妻を免れさせているのである。

第八章 同じ主題の続き。『法の精神』に見いだされる、信じられるどころか、それ以上に眉をひそめてしまう別の引用

ド・モンテスキュー院長閣下は、同じ意見を擁護するために、さらに(＊1)フランソワ・ピラール[1]の旅行記を引用している。彼は、マラバール地方では、一妻多夫制が国で聖化された風習になっていると請け合っている。しかし、旅行家自身が言うことでは、これらの男たちは兵士なのである。彼が打ち明けて言う

(1)ピラール・ド・ラヴァル、フランソワ(一五七八頃―一六二三頃)。フランスの航海者で、一六〇一年にサン＝マロを出帆し、東インドに向かい、一六〇二年から一六一一年にかけてのモルディヴ諸島およびインド海岸部の紀行報告を著わした。彼は、モルディヴ諸島のあと、ベンガル地方に向かい、そのあとインド洋に面した西部インドのマラバール海岸を訪れ、そこで一妻多夫制を発見したと記しているが(Voyage de Pyrard de Laval aux Indes orientales (1601-1611), Chandeigne, Paris, 1998, I, p. 354.)、レーナルの『両インド史』、東インド篇、上巻(拙訳、法政大学出版局)でもこの風習は紹介されているから、一八世紀では、事実として認定されていたのであろう。彼が投獄の憂き目を見たゴアからブラジルを経て、本国へ帰還するのは、一六一一年一月末のことである。彼は、同年に報告書をまとめて公刊し、その後、一六七九年にまとまった報告記が公刊されたあと、フランスでは、絶版となっていた。

には、バラモン(2)のあいだでは、すなわち人民のなかで商売に携わる部分では――こちらでは、裕福なブルジョワジーと呼ばれるところだろうが――女たちは、この特権を行使するという決心を一度も固めたことがないというのである。それは、軍人身分に全面的にとっておかれている。ド・モンテスキュー氏はその理由を見つけ出そうと努力している。

（＊1）『法の精神』、第一六篇、第五章参照。

「ヨーロッパでは」と彼は言っている。「兵士は、結婚することが禁じられている。マラバールでは、風土がそれ以上のことを要求するので、彼らの結婚をできるだけわずらわしくないものにするだけにとどめたのである。こうして、ひとりの女が幾人かの夫に与えられた。このことによって、家族に対する愛着や家事への配慮がそれだけ減少し、これらの男たちに軍人精神をそのまま残しているわけである」（＊2）。

（＊2）『法の精神』、同篇、同章参照［邦訳参照、中、八七ページ］。

同じ作者のすべての説明のように、この説明も巧みである。しかし、フランソワ・ピラールが間違ったのではないかと疑うことの方がより簡単で、より真実に近かったのではないだろうか？　彼は、ナイル［戦士カースト］またはマラバール地方の武士階級の兵士の幾人もが共通した女主人の手厚い接待を穏やかに享受するのに、協力しているのを見た。そこから、この合意が法律のもとにあったとの結論を引き出したのである。

しかし、われわれの野営地と守備隊も、毎日のように同じ光景を提供しているのである。そうした光景にインド人が驚かされて、われわれの従軍女商人による淫売行為がヨーロッパの法律である、とこのインド人が主張したら、それには、十分な根拠があることになるだろうか？　そんなことを真面目な顔をして公表するために、彼の国に帰ることが彼には許されているだろうか？　そして、バラモンのだれかが自分の話を同胞にわかってもらおうとして、同胞に、次のようなことを言ったとしたら、話の作者とその解釈者がそれについては、十分な考察を加えていなかったのだ、と人びとが考えても、仕方がないことではなかろうか？すなわち、結婚を、できる限りわずらわしくないものに仕立て上げるような男女結合へと兵士たちを駆り立てるのは、おそらく、われわれの兵士たちをその職業にいっそう強く結びつけるためであり、子供と家事が引き起こす兵士たちの注意力散漫から彼らを免れさせるためなのだろう、とバラモンは彼らに言うのである。

ついでながら、この点を指摘することは、私には許されていよう。ド・モンテスキュー氏は、非常に啓蒙された批評家であり、そのうえ、非常に善良な裁判官であるので、とりわけ旅行家らの常軌を逸した物語に、彼が奇妙なところを見つけ、それが新たに説明を要するような場合には、荒唐無稽な物語に関して、驚くべきほど信用しやすい軽信家になるということである。そのとき、彼は、そうした話に全幅的な信頼を寄せ、ついには自分自身の原理に打撃を加えるまでになるのである。

（2）原文ではバラモン（Bramine）とあるが、同じく『両インド史』を参照すると、商業を生業とするカーストに属するバニア人（Banian）の間違いかもしれない。

だから、たとえば『法の精神』、第一六篇、第一二章では、彼は、議論の余地なく明白な公理として「自然は羞恥心を植え付けることによってすべての国の国民に語りかけたこと、羞恥心は両性の法的な第一のものであること、自然は、男性には大胆さを、女性には恥じらいを与えたこと」〔邦訳参照、中、九六ページ〕を定めている。同じ篇の第一〇章では、彼はこう言うのである。東洋では、「風土の難点をまったく自由に任せたら、どの程度にまで無秩序がもたらされることになるかがわかる。自然は、そこでこそ力強さを持ち、羞恥心は理解しがたいほど弱いのである」。その証拠は、東インド会社の設立に役だってきた『旅行記集』によれば、「パッタニー(3)では女性が淫奔なことはなはだしく、そのために、男たちは彼女らの誘惑から身を守るために、或る種の護身用の用具を作ることを余儀なくされている」〔同、九四ページ〕ことである。

そもそも、この奇妙な引用のきっかけとなっている格率には、明白な矛盾がありはしないか？　自然は、風土とは違うものなのだろうか？　この点を疑うことがそもそもできないのであるから、羞恥心が自然の産物であれば、それが風土によって破壊されることなどありうるのか、という話になる。自然と風土とのあいだになんらかの違いがあったと仮定してさえ、風土の効果は、自然を強めること以外のどのようなものでありうるのだろうか？　そしてそのとき、力を倍加させた自然が、みずからの産出物である羞恥心を弱体化させるようなことが、どうしたら起きるのだろうか？　こうしたことすべてにおいて、なにかしら理解しがたいことがあるのは、たしかに、かくも偉大な人物がこんな理屈を採用してしまったからなのである。

次に、彼は、例を出して、この推論を正当化したのだが、それは、かくも分別を持った哲学者によって、留保も、検討もなく、提出されてしかるべき例であったのだろうか？　引用された書物の編纂に貢献した報告書の作者のように、教養のない商人なら、誘いの言葉につけこみたくてたまらない水夫たちに、パッタニーの数人の娘たちが言い寄ってきているのに衝撃を感じても、私はそれに驚きはしない。歳を食っていたり、壊血病を患っていたりした商人が、彼女らの誘惑をわずらわしいと思ったことにも、いらだっている彼が居酒屋にいる数人の酌婦の習俗から、国全体の女の習俗を判断したことにも、私は驚かない。しかし、『法の精神』というような真面目な本のなかに、不快感と無知によるこのような誤解が組みこまれること、この本のなかで、誤解が真面目な根本的格率をもたらすきっかけとなり、その根拠となること、また、作者の目のなかで、これらの誤解が、けしからぬことおびただしく、矛盾のきわみであるような帰結を正当化するようになることには、私は、飽きずに驚きあきれるばかりである。

ド・モンテスキュー氏は、十分に知識と教養を備えた人間であるので、パッタニーがどこにあるか知らないわけがない。そこは、インドの他の地方と同じ風土であり、同じ習俗であり、同じ法律であり、同じ宗教である。そこを支配しているシャム人の姿がそこでは見かけられるし、そこで交易をしているシナ人やバニ

(3) マレー半島の中部東海岸の海港都市で、南シナ海に面している。

ア人[4]やムガル人[5]やマレー人が見かけられる。マホメット教は、もっとも広く受けいれられている信仰である。夫の嫉妬心も、女性を囲ってしまうことも、そこでは、アジアにおいてと同じく慣例になっている。私は、こうしたことのすべてが護身のための用具を必要とすることと、どう折り合いをつけるのか、疑問に思うのである。

繰り返しになるが、ほかのいたるところでと同じく、おそらくパッタニーでも、かねと引き換えに快楽と悔恨を提供するお節介な娘たちがいるのである。しかし、彼女らの愛想のよさを風土の影響の証明として見ること、男たちが財布の紐をしっかり締めること以外に、彼女らから身を守るために、なにかほかの手段を必要としていると信じること、その結果として、戦いに姿を見せるためではなく、戦いから逃げるために、一大王国の男たちが武装し、鎧兜を身につけているという風に描き出すことは、なにひとつとして真実ではないので、私はあえて大胆に言うが、これは、ド・モンテスキュー氏自身の高名さで覆い隠せないほどの馬鹿さ加減だと言わなければならない。

男たちがこういう奇妙な類の怯懦に追いこまれている国は、いち早く壊されるだろう。しかし、もう一度、こんなに滑稽な逸話を否定しても、なにも厄介なことにはならない。われわれは護身具なしに平気で歩いている。たしかに、護身具を必要とする場所が世界にあるとしたら、それはパリとロンドンの通りであろう。夜が戻ってくると、そこに、お天道様とあまりなじみのない、奇妙な種類に属する雌コウモリが戻ってくるときがある。その際には、パッタニーの住民に認められた対策を実行に移さなければ、と外国人男性の歩行者が考えても、無理はないだろう。しかし、フランス全土で、あるいはイギリス全土で、そうしたことが必要であると言いたてることは、許されることではないだろう。たとえ、女たちと男性歩行者とのあいだに、彼を女たちの誘惑から守る障壁が築かれる注意が払われていなくとも、そのことから、両国の女たちのそばでは、こわがる必要のあるすべての事柄を男が持っているという結論を引き出すことも許されることではないだろう。

ド・モンテスキュー氏の本は、この種の引用と、それに劣らず大胆な帰結とに満ち溢れている。そのことをもって、これが悪い本だと結論づけることからは、私は十分距離をおいている。これは優れた著作であり、ひとりの偉大な天才の作品である。私はそう言ってきた。私は、それが含んでいる崇高な真理を尊重し、採用するが、しかし、その誤りを尊重したり、採用したりすることを望まない。彼の名声と私の論拠とで、決断するのは読者だろう。

(4) インドのカースト制度のなかで、商業にたずさわる身分。ヒンディー語では、バニヴァー (banivâ) で、文字どおり「商人」を意味する。カースト制度の各身分が独自の宗教観を持っていたことから、『百科全書』によると、一種の偶像崇拝であるバニア教が成立していたと説明している。

(5) インドにムガル帝国(一五二六—一八五八)を打ち立てた支配民族。ムガル帝国はフランス語では、通常、Empire du Grand Mogol(大ムガル帝国)と呼ばれ、正式には「ムガル人たちの帝国」(Empire des Mongols)と呼ばれる。ここでムガル人とは、モンゴル人と同語である。父方がティムール(一三三六—一四〇五)、母方がチンギス・ハーン(一一六二—一二二七)の末裔と称したバーブル(一四八三—一五三〇)が王朝の創建者だったので、アラビアの歴史家がこの名を王朝に冠し、以後、イスラム圏およびインドの歴史家もこの名称を踏襲した。

いずれにせよ、本章で私が取り扱っている主題に戻るとすれば、人の話とは裏腹に、多妻制はけしからぬことではまったくないし、それは有用なものでありうるのである。多夫制は、慎みのなさと無益のきわみである。多妻制は人口増につながるが、しかし、多夫制はそれを根源から破壊するだろう。自然は、自然がわれわれに味わうことを許してくれた快楽でさえも節約する。自然は、その褒美を快楽の節度と結びつけている。自然が画した限界を越えて、快楽を推し進めると、快楽は実りないものになりはじめ、すぐに無味乾燥なものになる。いつも過剰は、過剰が産み出す無益さか、あるいは無感動かの物差しである。だから、女たちにあっての淫奔ほど、不毛なものはなにもないということがわかる。多産性を淫奔の危険のうちに数え入れる女たちに対してに、淫奔の結末について予断を抱かせるためのたしかな手段は、無条件で淫奔に身を委ねてみることである。

こういう犯罪的な救済手段が市民諸法によって合法化されるようなことは、けっしてありえなかった。市民諸法の創始者は、実際的な効用を視野にいつでもいれていたというわけではなかったが、しかし、どこにおいても、彼らは、彼らが指導する国民の数が増加することに有益であると信じたとき以外は、無秩序に口実を与えるほどそそっかしくはなかった（＊3）。しかるに、この犯罪的な救済手段は、絶対に正反対の結果しかもたらすことはできなかった。したがって、文明開化した諸世紀の堕落によって、しばしばその慣例が実地に引きいれられてきたにもかかわらず、なんらかの法体系にそれがはいってきたことがあると言うことは、そもそもできない相談である。

（＊3）しかしながら、リュクルゴス(6)やソロン(7)のように、われわれのもとに残っている彼らの法律についての理念こそ、真に人が抱くべき理念である。

第九章　一夫多妻制それ自体について。そして古代人において、一夫多妻制は人口に有益であったか、それを害するものであったか

私は、いま一夫多妻制が人口に有益であったと述べたばかりである。私は、それが人口を大いに助けてきた、と主張した。それはなにも、一夫多妻制を正当化しようと私が思っているからではないし、われわれに適した規則としてそれを紹介しようと思っているからでもない。それはキリスト教によってきっぱりと禁止されてきた。福音書によって一夫多妻制に反対する判決がくだされたことほど明確なことはなにもない。

まさに神的なこの法律は、人間の諸制度に服さなかった。それは、人間の諸制度と戦っているかのように見えるから、しばしば自然の姿を作り変える。それは、たったひとりの男性が複数の女性と結婚することを排斥してきた。われわれにとっては、それだけで、そうした結婚を禁止するのに十分である。この禁止を更

（6）古代ギリシアの神話上の人物で、スパルタの法体系を創始したとされる。

（7）ソロン（前六四〇頃―前五五八頃）。古代ギリシア、アテナイの立法者で、七賢人のひとり。アテナイ民主主義の法体系を創始したとされる。

新してきたわれわれの市民諸法を限りなく尊重すべきものにするには、それ以上のことは必要ない。それは、いかなる推論によっても支えられる必要はなかった。それが正しいものであるためには、それを発出なさった神のように、存在するだけで充分であった。

しかし、一夫多妻制それ自体を考察して、一夫多妻制の諸効果を検討すること、つまり、その有用性とか、その社会的不利益とかの検討を犯罪行為に仕立てあげるほどにまで、この禁止は拡大されてはいない。その意味では、多くの著作家が一夫多妻制を諸情念にとって余計な、あるいは危険でさえあるお目こぼしとして、それを排斥してきた。ド・モンテスキュー院長閣下は、「それは、人類にとっても、両性のいずれにとっても、また、それを濫用する者にとっても、濫用の対象である者にとっても、有用ではない」（＊1）と言っている。

（＊1）『法の精神』、第一六篇、第六章［邦訳、前掲、中、八八ページ］。

ほかの著作家は、もっと極端に走った。たったひとりの男に仕えさせる妻の数を増やしてはならないと命じることは、禁止の反対である自由化と比べると、人口に有利に働いた、と彼らは主張した。一夫多妻の禁止は、結婚を神聖なものにすると同時に、結婚を社会にとって、より有益なものに変えている、と彼らは主張し、ひとりの男に、多数の後継者を獲得する気にならせる一番確実なやり方は、たったひとりの妻のもとに男を死ぬまで固着させることだ、と主張することを恐れなかった。

そのことを証明しようとして、彼らはアジアに目を向けた。彼らは、世界のこの部分を覆い、それを醜い姿に変えている後宮や宦官の光景に想像力をたじろがせてしまった。彼らがこうした場所について語ったことによると、そこでは、奴隷となったか、あるいは毀損されたかした自然がたったひとつの対象のなかで生きながらえているが、それは、ただ、その周りを取り囲む人びとすべての不幸のためだけであり、そこでは、命を与えるために作られている魅力に対して、死が専制支配を及ぼしたり、あるいは、剝奪が絶望の主体で、享受が専制主義あるいは隷属身分の証書であったりしているそうである。

この点では、彼らに道理がある。このように壊敗した一夫多妻制は、実に破壊的である。しかし、一夫多妻制は、それ自体によってこの致命的効果を産み出すわけではまったくない。まさに一夫多妻制の忌まわしい添加物を通して、諸情念の洗練化がそれに付け加わったのである。アジアの人口が減っているのは、ひとりのイスラム教徒が複数の妻を持っているからではまったくない。彼がみずからの安寧のために、妻たちに取り巻きを与えなければならないと信じ、彼の名誉と呼ばれているものを物陰に隠そうとしたために起こったことである。そして、この取り巻きは、実際には、彼の不甲斐なさにすぎない。

人口に対して犯されている修復不可能な実際的誤謬がそこにあるのだ。多数の後継者を獲得するために、後宮の所有者が努力のすべてを傾注してもむだである。彼は、そこで美に対して絶対的な敬意を表しているが、それでもその敬意は、彼がそこで自然に対して犯した不当行為をまったく修復しない。永久に子供を持てなくなるように運命づけられた大勢の男女奴隷、地上ではぞっとするほど恐ろしい亡霊以上のものではない状態に追いこまれた大勢の男、女主人の低い価値を共有する希望をけっして持てないまま、女主人の奴隷状態を共有することに身を捧げているたくさんの娘たち——そこにアジアにおける人口に対する文字通りの暗礁がある。官能的なあのハーレムに人口が墓場を見いだすようになったのも、そのせいなのだ。ハーレムでは、拘束状態の雰囲気のもとでしか、幸福はけっして姿を見せることはない。そこでは、快楽は、それを与える女たちにとって債務であり、それを受け取る男たちにとっては、しばしばそれは困窮である。

反対に、原初の時代には、一夫多妻制は、女性にとっては不自由のきっかけにはならなかったし、男性にとっては、耐え難いほどの重荷にならなかった。強制された美徳に貞節を仕立てあげるあの忌まわしい予防策もまだ知られていなかった。この忌まわしい予防策にかかると、骨の折れる務めを強制することによって、それは、果たすべき務めに備わっているはずの利点を残すことさえしないのである。

妻たちは、夫にとっては、従順で貞淑な伴侶となった。彼女らは、家事と家族の教育を夫と分担していた。彼女らの野心は、家族を取り仕切ることと家族を増やすことに限られていた。そのために彼女らが他人の助けを求める必要はなかった。

一方で、妻は複数いたけれども、その数が過剰になることはけっしてなかった。他方では、すでに言っておいたように、男性の若さがほぼ衰退するときにまで、質素で勤勉な生活が延びていた。したがって、男たちは、いつも彼らの妻の心のなかに、彼らに由来する権力と権威を保存していた。彼らは、それらを尊重させるために、暴力的手段を用いようという気にはけっしてならなかった。

第一〇章　一夫多妻制が女性の強制的閉じこめを必要とするのは、本当かどうか。そして、みずからすすんで、彼女らがその状態に耐えるように、彼女らを導くことはできないものであるかどうか

しかしながら、ド・モンテスキュー氏によると（＊1）、一夫多妻制が支配する国では、「戒律の代わりに閂《かんぬき》が必要である……。家庭内秩序がこのようなことを要求する。弁済不能の債務者は債権者からの追及を逃れて身の安全を図ろうとする」。たしかにうまい冗談である。しかしそれに根拠はあるのか？　それは、自然と経験によって打ち消されないか？　古代史と現代史は、債務者に時間的余裕を認めるばかりでなく、他人の手への借金の移動を無料で行なってさえいるほど、十分、寛大で無欲な債権者の例で満ち満ちてはいないだろうか？

（＊1）『法の精神』、第一六篇、第八章［邦訳、前掲、中、九〇―九一ページ］。

『創世記』でわかるように、族長の妻たちは、自分たちの下女を自分たちの競争相手に喜んでしていたのである。下女たちは、彼女ら自身の女主人からの懇請で、母親となっていた。女主人の方は、夫にみずからすすんで下女たちを差し出していた。子供を産めない妻、そしてしばしば子供を産めなくはなかった妻も、彼女らの女奴隷たちの多産を喜んでいた。彼女らは、女奴隷たちの多産を利用することに熱心だった。彼女

らは、その果実を自分のものにしていた。下女による子供の誕生に与えていた同意を、母性の優しさと酷似した優しさの再現として見ていた妻たちは、生まれた子供と自分自身の腹を痛めて産んだ子供とのあいだに、なんの差別も設けなかった。彼女らは、こうした子供たちへの無垢な愛撫によって、子供たちに命を与えるための犠牲にさせた下女たちに償いができていると信じていた。

こうした精神力を発揮できたのは、なにも族長の妻たちだけとは限らない。すでに見てきたが、宣教師たちの報告によると、大帝国では、毎日のように、その例がいまでも更新されている。シナの女たちは、こうした場合に、自分自身とその感情とをやはり制御することができている。彼女らの場合には、もっと勇気があり、もっと度量が大きいと言っても構わない。彼女らは、このようにして下女から生まれた子供を養子にし、下女には名誉しか残さずに、母性の下準備を下女には免除してやることを認めるほどなのである。非常に得になる役割のなかで、彼女らと交替することを認められた下位の競争相手たちは、なにも好きこのんでそうしているわけではない。したがって、下女たちには、女主人の夫にありがちな不実さに文句を言うことが許されているのであろうし、夫の移り気を忌まわしい放縦と見なす権利を女主人以上に彼女らは持っているのであろう。

ところが、シナの女たちはそうはしない。彼女らは、自然がまったく与えてくれなかった子供たちを法律の手で、反撥なく受け取る。彼女らは、厳粛な誓約によって彼女らと結びつけられている父親を心のなかで深く愛している。彼女らは、数多くの家族の先頭に立っている自分を見ることに、誇りと喜びを感じるようにしている。彼女らは、自分たちの実質的権利と衝突する横奪につらい思いで怒りを爆発させる代わりに、賢い地主のように、その果実を自分のために保存することで、横奪を罰して満足しているのである。賢い地主は、よそ者が自分の地所に建物を建てるのを静かに放っておく。建築が終わったとき、建物の所有権が彼らにあるということが必ず認められることを彼らはよく知っているからである。

こういう考え方と行動様式は、情念の日常語には著しく反するが、しかし、それを導入することは、思いのほか、簡単である。ひとりの夫が死んだとき、死体のうえですすんで自分の身を焼こうとするように、慣習法によって妻たちを導くことができるのであれば、とげとげしくならずに、生きている夫の分割所有を許す気に彼女らをならせることは、そんなに不可能なことだろうか？　彼女らは、一般に男以上に、他人が彼女らに与えようとしている刻印を受けいれやすい。彼女らは、世論が作り出した義務さえも含めて、彼女らの義務を男以上に大切にする。したがって、世論が彼女らを説得するのだ。彼女らは、ひとりの夫の愛撫をひとり占めするようにはできてない、というわけである。こうして、複数の競争相手との競合に彼女らが静かに耐えている姿が見られることになる。

実に、この奇跡を引き起こしているのは、習俗なのである。それは、一般に、徳高き国でしか起こりえない。それは、仕事に没頭する働き者の国民のところでしか実現しない。そうした国では、怠惰が両性に対して禁じられているし、懶《らん》惰は貴顕のしるしになってはいない。そこでは、名門貴族の青年が軽佻浮薄な娯楽や犯罪活動にしかふけらないのを見かけることはまったくないし、彼らが美徳を誘惑する遊びと無垢な者を堕落させる栄誉とを手に入れているのを見かけることもまったくない。そうした国で、女性に与えられる最初の教訓は、騒々しい、おおっぴらな快楽を追い求めてはならない、ということである。そうした快楽は、彼女らの名誉にはならないし、より包み隠された彼女らの名誉を汚す快楽をたちまち必要とするからである。彼女らには、隠れ家にいることをこのめと教えられる。隠れ家を美しく飾るために作られた魅力を、悔やむことなくそこに隠し、ひとりの夫によってのみ無邪気にそれがほめられることができるようにせよ、と教えられる。さらに、家庭内をうまく取り仕切ること、父による愛情のあかしと子供たちによる優しい尊敬のあかしとを受け取ること、最後に、この小さな王政のなかで平和を保つこと、主人と臣下とのあいだで、いつでも仲介役を務めること、美と感謝が与えることができる、最大限、広げられた支配権を、そこで心おきなく享受すること――これらのことから、幸福が成り立つようにせよ、とそこでは教えられるのである。

こういうように作り上げられた国民にあっては、一夫多妻制が危険なものになりうるなどということをだれも心配しない。風土の外観にもかかわらず、そこでは、鉄格子も閂《かんぬき》もないのに、やんごとない夫婦のなかでこの結合が存続しているのが見られる。そこでは、もともとの権利を完全に放棄するのではないが、すくなくとも、利子を苦もなく減額するのを見ることができるほど、寛大な債権者の姿が見受けられるだろう。債務者は、いつでも支払い条件の主人公であるので、自分が弁済不能に陥る羽目になるのを恐れるようなことはけっしてない。一方では、彼は新たな債務を契約する前に、自分の資金と相談するだろう。他方では、債務者は、気軽に付き合える債権者をいつも見つけるから、債権者の訴追から身を守るために注意しなくても済むだろう。

もっとまじめに語るとすれば、とやかく言われていることはさておいて、たしかなことは、このように正しい限界内に封じこめられてきた限りでは、一夫多妻制は人類にとって有益なものでしかなかった、ということである。その後、神がそれを廃止した方がいいと判断なさったとすれば、それはなにも一夫多妻制それ自体が害を及ぼすものだからではない。それは、おそらく、われわれが習俗の単純性からはるか遠くに離れてしまったために、われわれの堕落が単純性を必要とする状態に耐えられなくなったからなのだろう。つまり、多妻制は、われわれの先祖にあっては、けっして好結果をもたらさなかった以上に、悪弊をわれわれのあいだにもっともたらしたからなのだろう。

第一一章　離婚または離縁（＊1）。それが所有精神の結果でもあること

一夫多妻制が原初に正当化されたことを所有精神と関係づける必要があるとすれば、離婚制度も所有精神へと遡らせる必要がある。これら二種類の権利のうち、多妻制は、夫に獲得物を増やすことを許し、離婚制度は、獲得物が彼らに似つかわしくなくなったときに、そこから彼らを解放することを許していた。両方の権利は、ともに同じ原理から出発していた。つまり、所有権を手にいれることができていて、彼の性的欲望が固着していた対象のすべてについて、所有者に割り当てられる絶対的支配権から出発していた。

（＊1）このふたつの用語の意味については、本篇の第一四章を参照。

釣り合いがとれず、あまりにも持続しすぎる絆からは、嫌悪感が生まれる可能性がある。そうした嫌悪感に対して、離婚という予防策を講じて満足してきた国は数多くある。一夫多妻の慣習よりも、実際にはそれ

を相殺する離婚の慣習の方をこのむ国民も、いくつか存在する。こうした国民にあっては、お互いに相手のことが気にいったときに、結婚することを許可する代わりに、もはやお互いに好きでなくなったときには、別れることができるのだという、慰めになる希望を、結婚の許可に結びつけている。二人の配偶者が背負っていた鎖は、最初の揺さぶりで容易に断ち切られるという本性を持っていた。この容易さは、後宮に救いを求めることを免除していた。なぜなら、妻を取り替える権利は、複数の妻を持つ権利とほぼ同じ意味合いを持つからだ。

おそらく、妻を取り替える権利は、多妻の権利よりも都合がよいものでありさえしたのだろう。それは、数のわずらわしさによって打ちのめされることなく、変化を楽しめるという快楽を与えていた。それは、ひとりの夫の愛情表現に、たったひとつの対象しか与えていなかったが、しかし、いつでもそれは、彼が愛していた対象であった。彼の注意は、分割されることが一切なかったために、より優しいものとなっていた。彼の妻は、競争相手をまったく恐れる必要がないと確信していたから、貞節を守り続けることは、よりたやすかった。まさにこのことから、一夫多妻制は、それが有用であろうとすれば、それを採用していた国民に、より多くの美徳を要求していたということ、また、離婚は、習俗を堕落させがちな国民にとっては、よりこのましいものであった、ということが出てくるのである。

しかし、最初のうちは、ふたつとも実施されて、不都合はなかった。それらは、社会が置かれていた状況では、必要でさえあった。かろうじて素案ができたばかりで、まだ、ただひとつの対象にしか、市民諸法がかかわらなかったときには、ひとりの裕福な男が幾人かの妻で自分の天幕や穴居を飾って、自分の余剰を現実化する権利を市民諸法が彼に禁じるわけにはいかなかった。それと同様に、余剰にうんざりしたことが男に欲望を生じさせたときに、市民諸法は、守るべき妻たちを裕福な男に指名することもできず、彼女らに暇を出すという特権を彼から奪うこともできなかった。取引を契約するか、それを破棄するかして、彼は自分の財産を運用していた。彼は法を順守していた。いやむしろ、市民諸法が彼の気まぐれに順応せざるを得なかったということである。

第一二章　離婚は一夫多妻制とほとんど同じほどに、女性の自由を害するものであったこと

この原理が原初の法体系のすべてに途方もない苛酷さを発散させているのを見ると、その苛酷さについて、驚きをもって思い致さないわけにはいかない。いたるところで、この原理は、人類の四分の三の諸権利を忘却することを強いていた。それは、人類の四分の三をもっと容易に隷属させるためにのみ、男性を集めているにすぎないように見えていた。女たちに主人を与えるこの原理は、その主人の気まぐれに女性の状態を寄りかからせるためにのみ、彼女らの地位を固定していたかに見える。女性の弱さをいたわる代わりに、この原理は、彼女らの人格を愚弄することを教えていた。自然から女性が得ていたすべての大権のうちでは、用途が夫と共通しており、夫自身が享受をあきらめるのでなければ、彼女らから剝ぎ取ることができなかった大権しか、ほぼ彼女らには残されなかった。

われわれは、この指摘の的確性が一夫多妻制に関して詳しく論じられるのを見てきた。離婚手続きをはじまりのときに定めた諸規定においても、一夫多妻制のときに劣らない明証性とともに、指摘の的確性が現われている。離婚手続きは、最古の昔からすべての民族に存在している。それは、われわれに知られている最初の成文法のなかに、神聖なものとして見いだされる。別れ話を持ち出す排他的権利を持つのは、いたるところで、男性のみである。どこにおいても、女性は、侮蔑をもって、夫の腕で押し返される姿を見る危険にさらされている。彼女らは、彼女らの魅力を斟酌せずに、その性向も考えにいれることなく、男性のもとに呼ばれたからである。それは、歴史がおびただしい例を提供している真実である。

ローマで最初に作られた城壁の内側で徒党を組んでいた山賊たちがこの点に関して、どのような態度をとったかは、すでに見てきた。彼らが昔取った杵柄《きねづか》で、女たちを手にいれたあとで、彼らは、暴力によって服従させた不幸な女たちを合法的に追い出す権限を、自分たちのためにとっておいた。彼らは、離縁を通告する権限を持ちたいと願い、離縁状を受け取る危険にさらされまいと望んだ。この点に関して、われわれに残されている彼らの諸法律のひとつでは、立法者は、ひたすら身の安全だけを狙い、それをたしかなものにしようと配慮するあまり、女性への配慮に起因する尊敬心を犠牲にしている（＊1）。

（＊1）『ローマ法制史』における離婚に関するロムルスの諸法律を参照。

モーセの律法においても同様である。モーセは、婚姻の解消を許すとともに、夫を唯一の決裁者とし、そして、夫の意志以外の前提を一切取り払って婚姻解消を完了する権利を夫に与えている。彼は言う（＊2）。

「人が妻をめとり、その夫となってから、妻に何か恥ずべきことを見いだし、気に入らなくなったときは、離縁状を書いて彼女の手に渡し、家を去らせる」。

（＊2）『申命記』、第二四章、第一節。

ヘブライ法が家族の家政にどのような専制主義を持ちこんでいたかがわかる。ローマ法と同じく、ヘブライ法も、妻たちを夫の裁量に完全に委ねていた。厳格さということになると、ヘブライ法は、ローマ法よりもはるかに極端にそれを押しやってさえいた。ローマ法は、一度断ち切られた結び目を結わえ直す権利をまったく禁じていなかった。この寛大さにかかわる明確な史料はわれわれに残されてはいないけれども、古代の歴史家たちが引用しているカトー(1)の例は、その考え方を確証するのに十分である。

聞くところによると、ひとりの友への配慮から、カトーは妻を離別したあとで、この友が死んだときに、もう一度彼女を引き取ったという。そして、彼は、そのことでだれからも非難されていなかった。もし、法律が結婚よりも離婚の方に、より強い堅固さを付与していて、離別を許すと同時に、再度一緒になることを

（1）カトー、マルクス・ポルキウス（前二三四―前一四九）。監察官（風紀取締官）カトーまたは大カトーと呼ばれる。古代ローマの政治家。平民出身で、第二次ポエニ戦争（前二一八―前二〇一）を戦った。弁論の才に恵まれていたため、政界で頭角を現わし、紀元前一八四年に、監察官に選ばれ、ローマ共和制の最高権力者となった。ローマの美風を守るために、ギリシア、ヘレニズムの影響を排除するように努め、奢侈と女性の経済的自由に反対する法律を作った。

禁じていたとしたら、カトーの高い位ととりわけ彼の性格からして、彼は、かくもおおっぴらに法律を破ろうとするような人間ではなかったはずである。

しかし、ユダヤ人にあっては、許可と同様に、禁止も真実まちがいなかった。『申命記』の同じ箇所で、モーセは言っている。「その女が家を出て行き、別の人の妻となり、次の夫も彼女を嫌って離縁状を書き、それを手に渡して家を去らせるか、あるいは彼女をめとって妻とした次の夫が死んだならば、彼女は汚されているのだから、彼女を去らせた最初の夫は、彼女を再び妻にすることはできない。これは主の御前《みまえ》にいとうべきことである」(＊3)。

(＊3) 『申命記』、第二四章、第二節。

これほど厳格な戒律は、ヘブライ人にあっては、妻の地位を大変もろいものにしていた。この戒律のせいで、妻たちは、一回目の離婚が起きることさえ、危惧しがちであった。二回目の離婚には、まちがいなく不名誉が結びつけられていたため、それを恐れてのことである。戒律の目的は、妻たちを従属状態に置き続けることにあった。しかし、その原理の方は、かの所有精神でしかありえなかった。所有精神は、すべての原初の法律を突き動かしたのちに、修正された法律のなかにも、かすかに姿を見せていたのである。

モーセに想を与えていたのは聖霊である。しかし、純粋に世俗的な政治組織に限られた対象のなかで、また、人間の知識が秩序を十全に確立していたような事柄においては、この立法者は、彼が人民に与えた植民地のために、エジプトで遵守されているのを目にしたか、あるいは伝承によってヤコブの家系に保存されてきたかした格率に順応していたのだ、と信じることを妨げるものはなにもない。ところで、所有精神とその諸法規は、こうした場合にも存在していたのである。周辺に暮らしていた諸民族の例にならって、族長たちに一夫多妻制を採用させたのと同じ理由が働いて、離婚にかかわる基本法においても、族長たちが大変長いあいだ一緒に生活してきたエジプト人たちの慣例を真似るように、彼らの子孫を仕向けることができたのである。

第一三章　先に述べたことと矛盾するかに見えるエジプト人の風習と言われているものを検討する

もし、たしからしさを欠いてはいないこの考え方が受けいれられていたなら、また、ユダヤ人の政治組織がこの点に関しては、彼らの旧主の政治組織となんらかの関係を持っているという説に納得ができていたなら、そこからは、ピラミッドの建設者に帰せられてきた、頑強きわまりない不条理を否定する驚くべき論拠が出てきたであろうに。或る歴史家は、ナイル河の河岸では、妻が家のなかでは絶対的女主人であり、結婚の契約によって、まったく盲目的な従属状態で、夫は妻に従わざるを得なかった、と真面目な顔をして、とんでもないことをわれわれに言ってのけてきた。

このような契約は、ド・モンテスキュー氏も指摘するように（＊1）、自然にも、理性にも反することである。しかし、彼はこうも付け加えなければならなかったように私には思われる。すなわち、自然と理性に反することが長持ちすることは、ほとんどありえない、と。シチリアのディオドロスを尊敬して、彼の証言を丁重に扱わなければならないと言っても、これほど馬鹿げた、けしからぬ風習を、検討もなく、言葉通りに信じなければならないほど十分な強さを、彼ひとりの証言は持っていない。古代の諸国民にあっては、彼らの古さゆえに、社会の土台となっている原理や慣例が揺るぎないものとして再び見いだされる。エジプトの習慣とされているものは、こうしたすべての原理とも、すべての慣習とも衝突する。ナイル沿岸住民の頭が相当おかしかったということが事実だったとしても、そうした素質を持っていたのは、古代の諸国民のなかでも、彼らだけであったろう。

（＊1）『法の精神』、第七篇、第一七章。

タキトゥスは、ゲルマン人男性が女性に操られるに任せていて、彼女らのなかに神的ななにかを彼らが認めていた、とはっきりと語っている。しかし、これらの女たちは、預言者であり、神がかりの人間であって、その権力を、女性ということで認められた優越性に負っていたわけではなかった。人びとは、彼女らが天から厚遇されていると信じていて、その天からの特別な霊感が彼女らの権力の源だったのである。

同様に、デルポイ[1]では、聖なる三脚床几[2]（＊2）へ登り、そこで、不可思議な穴から蒸散していた、未来を開示する有名な蒸気を受け取る特別な権利を巫女が持っていた。しかしながら、ギリシアにおいては、正確な意味では、奴隷とは言えないものの、女たちは、最大の隠遁状態で暮らしていたのである。習俗は、彼女らを、その意志によらない、一種の監獄にはいることを余儀なくさせていた。そして、女という性は、デルポイに神官を提供するという栄誉を持っていたが、他の場所では、この栄誉は、より幅広い大権を彼女らに与えてはいなかった。

（＊2）ついでながら指摘しておくことにするが、古代の歴史ないし寓話のすべてにおいて、巫女と三脚台に登る彼女らの権利の話ほど、一般に受けいれられている話はない。しかしながら、正しい判断力を持っている人という名前をほとんどいつもその名前に結びつけられているプルタルコスは、この逸話を正確な言葉で打ち消している。彼の『言葉の意味についての論』の文章を見てほしい。彼はそこでこう言っている。「いかなる女性であれ、神託に近づくことは、女性には許されていない」と。ほかのところでは、彼は巫女とその神聖な職務の存在を認めていることは事実である。彼は、三脚床几で神託を告げる権利を女性だけが持っていたことを認めている。彼がもう少し軽い若干の自家撞着でさえ、不注意によって、あえてやってのけていたのだとしたら、批評家によって当今の憐れな人間はなんとひどい仕打ちを受けていることになるだろうか！　だが、それは一五世紀前の古代という美しい盾なのだ。プルタルコスは、自家撞着や不条理で満ち溢れているにもかかわらず、やはり数世紀を経るまで、正しい判断力を持っている人プルタルコスであり続けるだろう。

（1）ギリシア中部、パルナッソス山の山麓の古代都市。アポロンの神殿があり、そこで神託を巫女たちが受け取った。

（2）デルポイの神託を受けるときに、巫女たちが座った特別な床几。

エジプトではいたるところで女性が享受していたと言われている大権は、地上では類例を見ないものかもしれない。もし、われわれが関心を示している主題に関して、エジプト人の法典がヘブライ人の法典のひな形だったとしたら、また、自称女主人を追い出すという例を、イスラエルの子供たちに与えた最初の人間がとても従順なその夫だったとしたら、この大権は、はるかに衝撃的なものに見えていたに違いない。

これらの古代歴史家たちが、そろいもそろって、あまりにも矛盾と誤謬に満ちているので、戦慄を覚えないでは、彼らに準拠して一言でも付け加える大胆さを持つことはできないくらいである。女たちを、彼女らの家庭では、玉座に座る女王として紹介したのち、かの同じシチリアのディオドロスが、子供たちには、こうした女たちへの尊敬心を欠いても構わなかったということと、彼らの父親のみに子供たちが尊崇の念を示す義務があったということとを同時にわれわれに教えているので、だれがいったいこのようなことを信じるであろうかと思ってしまう。この深遠な自然学者は言っている。「彼らの出生のまがうことなき責任者は、父親であり、母親は、胎児に住みかと養分を提供するだけなので」(3)、父親のみを尊崇する必要があるというのである。

この最後のくだりは、私が思うには、エジプト人がどのようなやり方で彼らの妻に対して振る舞っていたかについて、われわれが抱くはずの観念に、最初のそれよりも、はるかによく一致する。しかし、註解者たちは、前者の文章が載っていた章を説明したとき、はじめの文章を生かしたのと同様に、彼らが後者の文章と幸運にも出くわしたとき、それに関して、自分たちの考察に、同じく活躍の場を与えた、ということを私は隠すべきだとは思わない。一方の註解者たちは、メンフィスの住民の尊敬すべき丁寧さ（ギャラントリー）

を賞賛していた。他方の註解者たちは、自分たちの命の源であった女性に対する男たちの忘恩と公然と戦っていた。とりわけ、有名なル・クレール(4)は、モーセ五書の他の多くの箇所と同じく、十戒の掟のなかでも、父母を敬えと勧めているモーセがエジプトの悪い風習について間接的な批判を浴びせるつもりだった、と主張した(＊3)。

(＊3) ル・クレールの『出エジプト記註解』、第二〇章、第一二節参照。

このことをたしかめようとしても、それは、不可能でもあり、きわめて無駄なことでもある。私にとって明白で、興味ぶかく思えることは、いわば離婚の系譜学のようなものを確定することであり、離婚の起源を証拠つきで示すことである。ところで、この起源は所有精神でしかありえない。所有精神は、ひとたび、人間たちをとらえたら、彼らのあいだで、社会の土台となり、人間たちを制限する使命を持つかに見える諸規則自体において、もっとも自由な独立性を所有精神に保証するように、立法者たちを強いたのである。

(3) シチリアのディオドロス、『世界史』、第一巻、第二七章。

(4) ル・クレール、ジャン(一六五七―一七三六)。ジュネーヴ出身で、オランダに移ったアルミニウス派の学者。ピエール・ベール(一六四七―一七〇六)の論敵。新約聖書の仏訳を行なった。リシャール・シモン(一六三八―一七一二)を反駁した書もあり、聖書考証学にもかかわった。ジャーナリストとして、『古今東西文庫』(一六八六年)を発刊するなど、全欧の学界にその名を知られた。

第一四章　離婚にはいくつかの修正が加えられたが、その趣旨が無に帰すことはなかった

このように夫だけの裁量に任された離婚は、一夫多妻制よりもはるかに妻たちにとって苛酷だった。一夫多妻制は、結婚の諸権利を分かち持つように妻たちを追いこんだが、離婚は、結婚の諸権利を妻たちから根こそぎ奪いがちであった。一夫多妻制は、もっぱら彼女らに仲間を与えるだけであった。離婚は彼女らから夫を奪っていたうえに、二度と夫を見つけられない危険に彼女らをさらしていた。

離縁は、妻たちの名誉のうえにいつも汚点のようなものを残していた。もし、精神または肉体のなんらかの欠陥が離別を必要ならしめなかったとしたら、最初の夫が離別を決意することができたとは、考えにくかった。悲しき宿命によって、彼女らの同意そのものが疑いを強め、彼女らを失った埋め合わせをしようという気になり得たであろう夫たちを、かえって遠ざけたに違いなかった。妻が美しければ、美しいほど、二度目の結婚は、夫には難しいものになっていたに違いなかった。まず、妻の姿の魅力が夫を誘惑したが、当の夫自身が恥知らずにも妻を追い出しているのを見たとき、彼女の魅力がなんらかの隠された不完全さによって、まったく消し去られていなかったのだということを、どうして信じられようか？　それを試してみた夫以外に、この点に関してだれを信用すれば、より確実だったのだろうか？

前章で引用しておいた、『申命記』の恐るべきあのくだりに複数の法律家が施している説明を採用しなけ

ればならなかったとしたら、もっと悪いことになっていたであろうに。彼らによれば、第二節で認められているかに見える、新しい夫の腕のあいだに身を投げても構わないという許しは、第三節によって完全に打ち消された寛大さである。この言葉、すなわち「彼女は汚されているのだから、……これは主の御前にいとうべきことである」は、最初の結びつきが解消しがたいものであることを証明しているし、その結びつきから逃れる立場に夫を追いこんだ、すべての妻に対して、厳粛な追放を宣言している、と彼らは言っている。

われわれは、この厳格な解釈が現代の法廷に響き渡っているのを聞いてきたが、しかし、ここは、それについて議論する場ではない。ヘブライ人のあいだで、そしてまた、われわれのあいだで、こういう解釈がどれほどの正確さを持つことができたとしても、たしかなことは、ほかの国民にあっては、それは受けいれられてはいなかったということである。初期のキリスト教徒を例外とせず、すべての人間が離婚を、夫婦の結びつきが完全に解消されたことと見なしていた。二番目の夫が抱く恐怖感や無理もない不信感以外に、新たな契約に対する障害を離婚がもたらし得るなどということを、彼らはまったく考えていなかった。

一方の性だけに離婚に伴う責任を帰していた排他的厳格さは、少しずつ他方の性の利益に沿って、緩和された。妻たちには、離別を要求する権限を分かち持つことが認められた。鎖の重さを分かち持っていた妻たちがその鎖に異議申し立てを行なう権利が彼女らに渡された。妻たちは、一夫多妻制を保持していた国々でもこの特権を享受した。しかし、妻たちにとっては、この公平な心づかいが完全な自由の担保であったなどと信じてはいけないし、はじめから、非常に重い費用がかかる義務を彼女らに押しつけていた所有精神に、この心づかいがまったく違反していたと信じてもいけない。彼女らに対して適用された緩和措置のなかには、厳格さの名残が認められる。より大きな愛想のよさが彼女らに示されたときでさえ、彼女らは、まだなお冷酷に取り扱われていた。

第一五章　離婚を引き起こす自由が妻たちに認められることに対して最初に設けられた障害

夫は、いやいやながら離縁する権利を妻に認めていたと思われていたので、妻にも夫との離縁を許すと同時に、寡婦資産(1)を犠牲にすることによってのみ、彼女らがその権利行使を買い取ることができる、と定められた。夫は、自分の側から離縁する場合には、それを支払わなくてはならなかったが、しかし、妻から夫に対して離縁が表明された場合には、夫にはなんの義務もなかった。

この問題に関して、すべての東洋人の法解釈は、今日もなおこのようになっている（＊1）。すでに指摘したように、習慣と同じく法律も不動であるこれらの広大な国々で受け入れられている格率もこのようである。そこを支配しているマホメット教は、なにものも変えてはいなかった。それは、信仰においては、いくつかの革新を作り出したが、しかし、世俗的行政の原理となると、それらのすべてに順応した。それは、とりわけわれわれが話題にしている原理を聖化してきた。

（＊1）シャルダン、リコー(2)、その他、東洋について話してきた旅行家たちを参照。

それは、妻たちに認められているように思われていた恩恵を撤回するための間接的なやり方である。それは、離縁の許しで妻たちを優遇するときに、値段を設定したことであった。それは夫の自由を打ち固めることであった。夫が結婚の合意条項を清算するときでも、妻が生活していけた場合には、借りていたものがあれば、それを支払うことだけが夫には義務づけられていたのに対して、妻の場合には、生活費を自分自身で支弁した場合にだけ、同じ大権の享受が認められたのである。これは、大権をあえて利用しようとする機会が稀になる立場に妻を置くということであった。離縁の権利享受が妻たちには高くつくために、妻たちは、ほかの権利をすべて捨てることによってしか、迫害から逃れられないようになっていた。それはまるで、雌羊たちが狼の追跡から逃れようと、茨の茂みを飛び越えたがったときに、茨に引っかかって羊毛を残していくようなものだった。

(1) 結婚の際に夫から妻に与えられる財産で、夫の死後にその権利を妻が行使できるとされていた。

(2) リコー、ポール。ロンドンの商人。一六五〇年にケンブリッジ大学を卒業。ヨーロッパ、アジア、アフリカを旅行。一六六一年には、イギリスのコンスタンティノープル駐在臨時大使に任命。八年の勤務ののちにスミルナ駐在領事任命され、一一年にわたり、英土外交と中東貿易の発展に貢献。二四年間の中東滞在ののち、帰国し、国王顧問となるが、名誉革命で免職。その後、ハンザ同盟都市の弁理公使となり、海外勤務。一六六九年ついで一六八九年にオスマン帝国に関する報告記『オスマン帝国の現状の歴史』を公刊し、トルコ人の政治格率を紹介して、大当たりをとる。本書は、フランスでも翻訳され、版を重ねた。一七〇九年には、その後のオスマン史の著作とともに、『オスマン帝国史』全六巻が編纂された。一七〇〇年に死没。

この法律は、いみじくもシャルダンが指摘しているように（＊2）、避けることがほぼ不可能な不都合を引き起こしており、この法律が存続している国においては、その弊害が目だちすぎるほど、目だっているということである。「妻に寡婦資産を支払うことなしに、妻を追い出したいと思う関係者の夫は、妻に対してずいぶんひどい取り扱いをし、妻が自分の自由のためにすべてを犠牲にしてまで、離婚を申し出ざるを得ないようにするのである」。法律は、たしかにこの弊害を予想していなければならなかったけれども、それを是正してはいなかった。しかし、この弊害は、法律の創始者たちに影響を与えていた精神について、われわれが言ってきたことを、鮮やかに証明する証拠となっているのである。

（＊2）『パリからイスパハンへの旅行』、第二巻、二七二―二七三ページ(3)。

第一六章　同じ主題の続き。離婚を引き起こす自由が妻たちに認められることに対して二番目に設けられた障害

妻に残された特権の値段を男性に対してさらに安くするために、別の手段が見つけ出された。不正な夫の権力から妻が身を引き出しても、そのことゆえに、妻が自身の主人となることはなかった。妻は、別の鎖につながれる場合にだけ、自身の鎖を断ち切れるのであった。ローマ人にあっては、妻は、三人の子供の誕生が彼女を解放したのでなければ、再び両親の庇護のもとに戻ることになっていた。妻は、このように子供の

数を増やした場合にのみ、市民の諸特権を共有しはじめるのであった。それは、公共の有用性のために、一般規則に例外を設けることであった。その場合には、人口増をうながそうとする法律が女性の隷属を要求していた法律と対立していたことになる。そして、前者に優越性を残したということは、母親に正義を返そうとする欲求の果実というより以上に、国家に子供の数が増えるのを見て喜ぶような政治の果実であった。

しかし、古代の立法者によってつけられた道から、現代の立法者を離れさせるように誘うものがなにもなかったアジアにおいては、こうした例外自体が起こらなかった。母性は、その労苦と危険をぬぐってしまった妻たちの状態には、いささかも変更を加えなかった。暴君的な夫の支配から妻たちを引き出す一種の叛乱は、法律によって正当化されていたにもかかわらず、彼女らにとっては、別の暴君を彼女らに与えるということ以外の果実を持っていない。彼女らが自由を回復するのは、ただそれを失うためだけであった。それはまるで、敵に乗っ取られたガレー船の徒刑囚のようなものであった。徒刑囚は、敗北者の敗北の一瞬だけは、櫓を漕ぐことから解放されたけれども、たちまち勝利者のために櫓を再びとることを強制されるのである。

旅行家たちが証言していることによると、妻が夫に離婚証書を送達するか、しないかのうちに、両親は別の男性に彼女を転売することを急ぐというのである。それにしても、合法的な妻しか存在しない。したがって、妻を販売する行為は、裁判官の前で契約が交わされることによってなされたから、妻は、瞬間的な独立

(3) Chardin : Voyages de Mr. Le Chevalier Chardin en Perse et autres lieux de l'Orient, tome second, p. 272-273. 邦訳参照、シャルダン、『ペルシア紀行』、佐々木康之ほか訳、『17・18世紀大旅行記叢書、6』、岩波書店、所収、三四〇ページ。

に向けたほぼ無益な努力を失敗覚悟で試みることができた。カニゼ(1)または奴隷妻、言い換えると、ペルシアでは儀式ばることはしないで買い取られた妻は、この手だてさえ持たない。彼女らの隷属は永遠に続く。あるいは、少なくとも、彼女らの解放は主人の不興からしか生じ得ないし、そんなことはまず起こらない。というのも、とシャルダンは言っている、富裕なペルシア人たちは、彼らに仕えてきた女の享受を他人にまったく認めたがらない。アジアでは、法律が離婚権の行使を女性に許すと同時に、女性のために法律が付与したがった表面的な寛大さがどのようなものに切り縮められているかがこれでわかる。

第一七章　同じ主題の続き。離婚を引き起こす自由が妻たちに認められることに対して三番目に設けられた障害

ローマ人自身のあいだでも、いま話題にした寛大さは、はるかに誠実で、はるかに効果を持っていたが、しかし、新しい諸法規をあえて古い土台のうえに築きあげたために、人びとがなお古い土台をいかに尊重していたかを示すかのごとく、この寛大さには限界があった。キリスト教よりはるか前に、統治体によって許されていた離婚は、十分な離婚理由を申し立てたときに限って、司法によって追認されていた。ローマ法解釈の編纂において書きとめられたこれらの理由の詳細が示しているのは、もっとも完全な平等を夫と妻とのあいだで確立しようと考えていたかに見えた瞬間にも、どのような不平等がまだ夫と妻のあいだに存続していたかである。

夫の側からの離縁の動機になり得るいくつかの理由のなかには、深刻なものもあるが、しかし、非常に軽いと見なし得るような理由も見つかる。たとえば、夫が知らないときに、妻が他の男性たちと食事に行くと、夫は離婚できる。妻が許可なく外泊したり、夫の意に逆らって見世物に行ったりすると、夫は離婚できる（＊1）。もっと薄弱な理由で夫が離別を求めたときでさえ、法律は、持参金の返還と金銭による無償譲与以外にいくつかの罰を妻に押しつけている。子供があった場合には、この無償譲与の所有権は子供にとっておかれる（＊2）。

（＊1）『新勅法』[1]、一二二、第一五章と一一七、第八章。

（＊2）『新勅法』、一一七、一三章。

反対に、妻の側からの離縁は、このうえなく強力な請求理由に支えられている必要がある。夫が彼女の命を奪おうとしたか、統治体に陰謀を企てたか、彼女に売春をさせようとしたか、不義密通をでっちあげて妻

（1）ランゲは Canisé と綴っているが、シャルダンは、Canizé と綴っている。Chardin : ibid., p. 262. ペルシア語では、家内女奴隷を意味する。邦訳ではカニズもしくはガニズとしている。邦訳参照、シャルダン、前掲、三三二ページ。

（1）『新勅法』（Novellae）。ユスティニアヌス帝の編纂になる『ローマ法大全』中の法令集のひとつで、五三三年に完成した『法学提要』（Institutiones）と『学説彙纂』（Digesta）以降、五六五年の皇帝崩御までに出された一五八の勅法に関するギリシア語で書かれた法令集。『新勅法』は、親族、相続法などに関して改革的な勅法を含んでいる。なお『ローマ法大全』は、五二九年に完成した『ユスティニアヌス法典』（Codex）と合わせて、四つの部分からなる。

を訴えたか、夫が「妻のいるところで不義に身を委ねたり、彼女自身の目の前で不義を働いたりするほどの放蕩ぶりを示した」（＊3）か、いずれかである必要がある。立法者は、控えめに、次のように付け加えている。「こういったことは、これ以上ないほど激しく、結婚した女性を傷つける。というのも、とりわけ、彼女らが貞淑であるなら、寝室に関係したすべてのことには、きわめて注意深くなっているからである」。

（＊3）『新勅法』、一二一、第一五章。

さらに『新勅法』、一二一、第一五章は、夫が妻を鞭で打つ習慣を持っていることを妻が証明できたなら、離縁することを妻に許している。しかし、『新勅法』一一七、第一四章は、この許可を取り消している。それは、この請求理由が離縁には十分ではないとの裁決をくだしている。そして、棒打ちや鞭打ちを妻に加えた場合には、夫は、結婚しているあいだは、自分自身の財産のなかから、夫が結婚によって得た利益の価値の三分の一を妻に割り当てるようにとの刑を宣告しているにすぎない。

妻がその他の理由で自由になりたいと主張するなら、また、妻が離縁を執拗に表明するなら、法律は、妻からその持参金を剝奪する。そして、子供があるときに限って、持参金の用益権を夫に移している。「反逆する妻については、司教の手によって、現地の裁判官の責任に委ねられなければならず、僧院へ彼女を送る世話をしてもらうまで、彼と一緒にいなければならない。そして、彼女は、この僧院に一生、閉じこめられることになる。彼女の財産については、三つの部分に分けられ、そのうちのひとつないしふたつの部分は、親疎の度合いに従って、相続人に残され、第三の部分は、所有権ごと僧院へ与えられる。そして、もし裁判官が先だつ手続きのすべてを字義通り実行することに留意することを怠るなら、彼には重い罰金が科せられ、他の評定官には、ほぼそれの半分の罰金が科せられる」（＊4）。

（＊4）『新勅法』一一七、第一三章

こういう食い違った規定のなかに、それらを書き取った人間精神の影響力を認めない人はひとりもいない。古くからの慣習に起因する尊敬の念を、ふたつのものが要求していた配慮と両立させようとした立法者が困惑している有様が見られるのである。一方では、ローマ人の諸科学と栄光の残骸のうえで理性が耳に響いていたために、理性が配慮を要求していた。他方では、かくも長きにわたって軽蔑されてきた妻たちが配慮を要求していたのである。彼女らは、何世紀にもわたって、帝国の繁栄が彼女らを不自由で、拘束された状態に引き留めてきたことに対して、帝国の没落を機に復讐していたのである。

ひとりの女芸人の恋人であり、夫であり、奴隷であったユスティニアヌスは、テオドラ(2)が擁護していた性を厚遇するのを怠ることはできなかった。しかし、彼の女主人の意志に譲歩すると同時に、彼は、先祖の格率を打ち消すことは恥だとも思っていた。彼は、直近の先達たちの基本法のなかから、女性にとってもっとも利益となることを収集した。彼は、女性の独立に手を貸すと見られていたが、その一方で、彼女らの鉄鎖

(2) テオドラ（五〇〇頃—五四八）。東ローマ帝国皇帝ユスティニアヌスの帝妃（五二七—五四八）。帝国の政治に大きな影響力を持ったと言われる。

を全面的に打ち砕こうとはあえてしなかった。彼が女性をいかなる状態に置いたかと言えば、それは、正確に言えば、隷属でも、自由でもなく、むしろ両方の混合状態であった。とはいえ、隷属の方がまだまさってはいた。

第一八章　離婚は、それ自体として人口にとって有益だったのか、それとも危険だったのか

効き目が現実にあるというより以上に、夢まぼろしであった緩和剤によって、このように修正され、緩和されてきた離婚は、東洋の残りの全域と同じく、ローマ帝国においても、長らく普通法の一部であった。キリスト教の君主たちは、何世紀ものあいだ、離婚を彼らの王令の対象にしてきた。そして、教会規律は、世俗権力から発せられたこれらの諸法規に厳密に対立するものでは、まだなかった。

初期の指導者たちは、新たに改宗してきた異教徒たちに対しては、心づかいをする義務があると信じてきたが、キリスト教の純粋性は、そうした心づかいから、少しずつ自由になり、その後は、われわれに対して、別の格率を吹きこんできた。キリスト教の純粋性は、同じ家に同時に複数の妻を実際に引きいれる一夫多妻制と同じく、かの擬制的な一夫多妻制をも禁じてきた。それは、ひとりの夫とひとりの妻が結ばれることを侵すべからざる戒律にしてきた。

この結びつきを断ち切る権利を持つ唯一の力は死である。われわれのあいだで、人間による裁きがやって

いいとされてきたことは、せいぜいのところ、戒律の世俗的な効果を中断する場合がときにはある程度のことだった。体質的な相性の悪さがあることや、眉を顰《ひそ》めさせるような騒ぎとか、なにかもっと取り返しがつかないこととかが起こることに対する恐れがこの対策を用いるように司法を追いこむときがそれであった。しかし、人間の目には、表面上弛緩しているように見えた結びつきでも、神の前では、相変わらず解消できないままだった。司法官は、その締めつけを緩めたものの、結婚に効力を持たせるうえで不可欠と判断された手続きのなにかが欠けてしまったのでなければ、結婚を壊そうとは思わなかった。

そういうわけで、本章の冒頭に置かれた疑問は、われわれにとっては、純粋に理論上の問題でしかないのである。この疑問を解決しても、実践上、それはけっして重大な結果をもたらし得ない。ちょうどそれは、われわれが同じ分野において、一夫多妻制に関係して提出した解決策が、実践上、重大な結果をもたらし得ないのと同じことである。ここで問題になっているのは、公共的な利点であって、霊的な規則の有用性云々ではない。後者は、神御自身が教会という機関を通じて、われわれにお伝えになったものであり、あらゆる類の有用性にまさるものである。

したがって、今日、キリスト教は、離婚を無条件で禁止しているのである。不幸で、不似合いな愛人関係への嫌悪に対抗して、かくも長きにわたり自由に利用されてきたこの方策を、キリスト教は濫用的と断じてきた。この神崇拝は、それに帰依する人間に対して、自然の効能と諸力にまさる効能と諸力を与えている。それは、快楽をはねつける勇気を人間が持つとき、感覚からの快楽の剝奪を高貴なものとする。それは、人間がわかっていて快楽に身を委ねるときには、その習慣を矯正する。それは、いついかなる場合にも、穏やかさと忍耐を命じている。それは、状況の不都合が、状況を変革するのに十分な理由となることを必ずしも望まない。それは、情欲を鎖につなぎ、情欲が人間の心にいつもきまってかきたてる習慣を持っている大嵐を防止するか、あるいはこの大嵐を静める。

こうすることによって、キリスト教は、あらゆる契約のなかでも、動揺の危険にさらしている部分がもっとも多い契約を解消できないものにすることが、危険を伴わずにできたのである。非難して当然であると思われるときでさえ、契約から逃れることを禁じると同時に、キリスト教は、それを、より耐えうるものにするためのさまざまな理由と救いの手を提供している。結婚を永遠の絆にすることで、それは、夫婦が不満を言わずにこの絆に我慢することができるように、夫婦関係の安定に大きな価値を認めている。

離婚の廃止を新しい法律のなかで正当化するために、以上のことだけで我慢しなければならなかった。しかし、神学者や教会法学者がやり、教会に関係のない、その他の著作家たちまでもがやってきたように、一夫多妻制と同様に離婚についても、それは結婚の趣旨に反するなどとあえて言ってのけたり、また、妻とともに夫がもはや暮らしていくことができなくなる場合に、それぞれの夫が妻を捨てる権利を持っていたら、社会が傷つけられるだろうし、打ち勝ちがたい嫌悪感や反撥心が結婚を忌まわしいものにした場合に、夫のもとをそれぞれの妻が去ることができるようにしたら、社会が傷つけられるだろうなどと主張したりしたとき、第一の問題と同様、第二の問題についても、彼らが思い違いをしてしまったことは明白である。必要がなかった戒律をいんちきな推論で彼らが支えたがったことは、火を見るより明らかである。

妻がひとりである場合は、妻を愛さなければならない。彼女によってだけ、国家に子供が与えられなければばならない。いまわのときまでその妻と結ばれたままでいなければならない。神聖な義務を果たすのに熱心なあまり、どんなに不愉快なことが引き起こされようとも、そこから逃れるための出口は、死以外にはない。これらの格率は、われわれにとっては、抗弁の余地のないことである。私はすでにそのことは認めてきた。そして、それらは、一個の真正なキリスト教徒としての振る舞いをいつまでも、規制していくに違いない。

しかし、政治上の理由とは別のいくつかの理由があったために、わが神的立法者［モーセのこと］は、このつらい隷属を侵すべからざる義務に作りあげる決心をしてしまったのである。神的立法者は、諸帝国を強化するか、弱体化するか、どちらかのための手段を視野にいれていたのではなく、結婚の結び目が純粋であるかどうかを視野にいれていた。そこから、はじめの数世紀のキリスト教徒をも含めて、キリスト教徒や異教徒やユダヤ教徒のあいだでは、社会を構成していた人びとの弱みに対して、いまよりも少しばかり甘かったことで、社会が損害を受けたかもしれないなどという結論を導き出してはならない。

人口にどのような利点が戻ってきていたのかという側面から、離婚を検討してみると、利点が著しくあったということがわかるだろう。キリスト教が性的節制を美徳とし、自発的不妊を完徳にしてしまう前では、結婚は、男としての役割を果たす力を自然によって拒まれた男性を除いて、すべての男性にとって、自然の第一法則のひとつであった。自然によって拒まれた男性については、義務の証書そのものに義務の免除が書かれていた。

二人の配偶者がたまたま義務を免除される事例に当たっていた場合には、社会はそこで失うものなどなにもなかった。死んだ二本の木が一緒に腐っていくのを放置しても、たいしたことにはなり得なかった。いつのときでもこういう事例は、頻繁に起こるはずがなかった。

しかし、めいめいの配偶者が、別々に他人の家に自分の器官の欠陥を持ちこんだり、子供を産めない女が精力の強い男に分け前として落ちて来たり、性的不能の男が子供をたくさん産む女と結婚したりしたときには、実りのない契約をしたという不都合のほかに、どれほど多くの不都合がそこから結果するに違いないかがわかろうというものだ。契約が彼らのなかにあった限り、人類は破壊された状態にあった。さらに、女の方も男の方も、自分の無用性にこっそりと赤面しなければならないし、お互いが相手を、あまりにも多くの弱みがあるとか、あまりにも欲望が強すぎるとかと非難する権利があると思っているので、こうした針の蓆《むしろ》のような状況の成果として、居心地の悪さを避けることはできなかった。

このような居心地の悪さは、法律が肉体を近づけるよりもさらに強い力で、両方の心を離れさせていた。憎しみや絶望や人間の魂を揺さぶることができるこのうえなく荒々しい動きに身を委ねた不幸な夫婦は、彼らの絆に腹を立てていた。苦々しい思いで絆を激しく揺さぶりながら、夫婦は、それを振りほどこうとする欲求と希望が再び生まれてくるのを感じていた。政治は、彼らの強い願いを聞きいれ、賢明に行動していた。不運な結び目を断ち切ること、そして、自由の剝奪がかくも致命的な帰結を持っていたので、もう一度、当事者たちに自由を返すということは、まさに、政治の側からする賞賛に値する行動であった。

当事者たちが失敗覚悟で、あえてもう一度、自由を犠牲にしたときには、国家は、これらの新しい結合のひとつから誕生した子供を、少なくとも、今回は手にいれることになった。女性の側の気質に大きな不均衡があったことだけが原因で、一回目の結婚で子供を作れずにいたときには、二回目の結婚において、もっと頻繁に起きていたことは、女性が自分と同等の男性を見つけることができたことであり、夫があまりに弱すぎれば、多産性の原理を満足することも、抑制することもできないので、この多産性の原理を正しい限界のなかに閉じこめていた男性を見つけることができたことであった。

第一九章　自分の好きなときに離婚することができるのだという期待感は、結婚における結合を害するものであったかどうか

「別れる自由は嘆かわしい結果を持っていた」とフルーリ師[1]は言っている。「人びとは、以前よりも軽い気持ちで、結婚の契約を交わし、以前よりもお互いに我慢しなくなっていた」(*1)。こんな風に語ることは人間の心がわかっていない証拠である。心のなかでは、欲望が禁止から生まれるということ、物事を見ても無関心でいさせるための確実な手段は、その物事を許すことである、ということをだれが知らないというのだろう？　かの有名なことわざ、「禁止されたことにわれわれは殺到する」――どの言語でも、同じ意味の表

(1) フルーリ師、クロード(一六四〇―一七二三)。はじめパリ高等法院の弁護士。一六六九年に僧籍にはいり、フェヌロンとともに新教徒改宗事業に携わったあと、一六年間、宮廷の教育係補佐を務めた。ルイ一五世の聴罪司祭。文筆家としても有名で、著作には、ランゲの引用している『イスラエル人の習俗』(一六八一)のほかに、二〇巻にのぼる『教会史』(一六九一―一七二三)などがある。

現が通用しているが——は、その反対命題とともに、ふたつの明白な真理となっており、日々の経験によって、これ以上ないほどに証明されている。

（＊1）『イスラエル人の習俗』(2)を参照。

だから、離婚の有用性にもかかわらず、また、その魅力にもかかわらず、離婚が許されていたときには、それが当たり前のように行なわれていたに違いないと思ってはいけないのである。法律が離婚を合法としていたときには、離婚はおそらく稀だった。今日のように、法律が離婚を有罪にしているときには、離婚がしばしば起こるはずだなどと思える人間は珍しいが、それくらい、当時、離婚は珍しかった。離婚は、結合と結婚の持続性を害するどころか、反対に、たいていいつもそれをさらに先へ引き延ばすことだった。

この命題には証明が必要だと言うのなら、ローマ人の例がそれを手助けすることだろう。ローマ人は、離婚権を実際に行使するようになる前から、幾人かの著者たちによれば、三〇〇年間にわたって離婚を許可してきたようであり、別の著作家たちによれば、五二〇年間もそれを許可してきたようである（＊2）。ペルシア人の例もある。彼らの場合は、ふたつの権力が離婚を正当なものとして是認しているにもかかわらず、この極端な対策が取られることはめったにないようだ（＊3）。どの国民の例も、離婚権を実際に行使することよりも、むしろ離婚の許可を確保してきたのである。人間精神は、一般に、治療薬を調達することの容易さが、実際に治療薬を使うことにまさる多くの効果をもたらすような病人なのである。治療薬がほしいという欲望をけっして感じないためには、治療薬をどこで見つけることができるかを知っていれば、それで十分である。

（＊2）　ハリカルナッソスのディオニュシオス、[3] プルタルコスなどを参照。

（＊3）　『パリからイスパハンへの旅行』、第二巻、二七二ページ。[4]

こういう一貫性のなさは、自然のなかに存在しており、古代人はその利点の全体を受け取っていたのである。古代人にあっては、嫌悪の瞬間は、自発的で確実な別離に導くに違いないので、当事者双方ともに、そうした瞬間を引き起こしかねない事象からは、なるべく離れるように、より一層の注意を払っていた。結合は、それを断ち切る力によって、かえって強固なものになっていた。夫婦愛は、ときとして、小さな家庭内の不満によって揺り動かされたけれども、すぐに立ち直るのがつねであった。和解がすぐになされた。というのも、完全な独立に支えられた共通の利害がその仲介者になっていたからである。

われわれのあいだでは、夫婦の悪いめぐり合わせや彼らのいさかいや彼らがお互いに仕掛け合っているたくらみやそれに起因する嫌悪感や、さらには家庭内雑事と呼ばれる事柄は、数ある警句のなかでも、だれも

（2）Mœurs des Israélites Chrétiens, Nouvelle édition, Tours, 1867, pp. 48-49. 正式題名は、『イスラエル人とキリスト教徒の習俗』で、その第一四章がイスラエル人の結婚を扱っている。

（3）一世紀頃のギリシアの歴史家。ハリカルナッセオス出身であるところから、ハリカルナッセオスのディオニュシオスと称される。ローマで、修辞学を教えるかたわら、二〇巻の『ローマ故事』を編纂した。

（4）邦訳参照、シャルダン、『ペルシア紀行』、前掲、三四一ページ。「二つの権力」とは、王権とイスラム教の宗教権力である。

が取りあげるごく普通の題材である。それは、演劇の主題としてはもっとも多産なものに属している。同じことは、個人の会話についても言える。離婚の習慣が永続してきた国民にあっては、事態は同じではない。私は、彼らの本や彼らの詩が困った家庭を笑い飛ばす冗談よりも、幸せな家庭に関する賞賛の言葉を多く含んでいるということを指摘しておく。

その原因は、おそらく、彼らがあらゆる結婚の約束に、その拘束を緩める自由の観念を結びつけていることにある。歩き通さなければならない、自分の前の果てしない人生の道筋が見えず、死には救いを期待できない人間は、目がくらんで見えなくなっていたり、不幸が起こったりして、悪い伴侶を選んだとしても、その果てしない道に思い切ってはいっていくのに、それほど不安を抱いていないし、もっとしっかりとした足取りで、その道を歩いていく。なぜなら、そうした人間は、道のりとか、伴侶とかに疲れを感じるとすぐに休憩できる自由がいずれにせよあることをよく知っているからである。

さらに、鎖を永久に背負わされていると思っていたなら、それにくくりつけられることにまったく我慢できない人間でも、人類と結びついた奇行や自家撞着のきわめて自然な帰結によって、努力せずにその鎖を断ち切る自由がいずれにせよあるとなれば、その鎖を心地よいものと思い、しばしばそこからけっして離れられないということになるだろう。以上が、結婚制度のかたわらにつき従ってきた相違ない、離婚の社会的効用であった。そして、いまだに離婚の社会的効用はこういうようなものである。それはまるで、毒の予防薬である健康に良い薬草が、毒と同じ風土のなかで成長しているのを見るようなものである。

第二〇章　一夜夫について。離婚に関するマホメットの戒律のあの奇妙な条項について推測する

三度離縁した女と四度目の結婚をしようと夫が思ったときに、マホメットの戒律は、奇妙な手続きを命じているが、そうした手続きをとることについての説明は、いま、詳しく論じたばかりの原理と同じ原理のうちに求めなければならないのではないかということについては、私はわからない。だれでも知っているように、三度離縁した女を、夫は、まずは別の男と結婚させなければならない。彼は、この新しい配偶者の手からしか、妻を受け取れない。これが世に言う「一夜夫」[1]を取るということである。

この儀式は、われわれのあいだでは、その名を冠したイタリアの笑劇のために有名になった。しかし、慣習の相違が劇のなかでわれわれに滑稽に見えさせるものも、アジア人にとっては、とてもまじめなことなのである。

(1) ランゲは Hulla(s) と綴っている。フランス語ではHを発音しないが、この語は、アラビア語の khulayn（フライン）を語源とする。その意味は、「妻の側からの離婚請求」である。ところが、ランゲも書いているように、『コーラン』（第二章、第二三〇項）では、三度離婚した場合には、別の夫と結婚しなければ、四度目の結婚が妻にはできないことになっている。この掟から、離婚した女性と便宜的に一夜だけの結婚をする夫のことをフラ（khula）と呼ぶようになった。この奇妙なトルコやペルシアの習慣は、ヨーロッパの旅行家の目に留まり、一夜夫のことを、フランス語では、hulla と綴るようになった。

である。諸国民全部が同じような習慣を採用してしまうことは、不可能なことであったろう。宗教がこの習慣を正当化する秘密の理由を持っていなければ、それを聖化することに、宗教が、そして世俗諸法が協力したなどということは、信じられないことである。ところで、離婚を忘れることに先だつはずの束の間の結合と以前に別れた夫婦の永続的な再結合から、人口にとっての利益を引き出したいという願望を立法者が持っていたというのが、この秘密の理由なのではなかろうか？　いくつもの観察は、この着想に力を与えることに貢献している。

『コーラン』は、三回連続して離婚したあとで、同じ人間同士のあいだで、同じ回数の再和合についてだけ、一夜夫の仲介を要求している（＊1）。ところで、結婚を解消することと再び結婚することとがこんなにも簡単であると、そのような夫婦は、子供のない夫婦でしかないだろうと、考えることは容易であった。子供は、こういう繰り返される変更には、障害物となったであろう。それはちょうど、陣をたたむときに、輜重があると、それが軍隊の行進を妨げる障害物になるようなものである。習俗の単純性が大家族を天の恵みと見なすことがまだ許されているようなこれらの国では、実を言うと、彼らを養うのにほとんどかねがかからない。しかし、もし子供の数が和解と対立してこなかったなら、彼らに対する優しさは離別に反対してきたに相違なかった。こんなにもしばしば断ち切られ、再結合される結びつきが多産な結びつきではまったくないという結論を戒律がくだしていたことは、正しいことであった。

（＊1）　シャルダン、『パリからイスパハンへの旅行』を参照(2)。

したがって、無益な試みで身をすり減らしてしまっていた不幸な夫たちを救いに行くことが戒律の務めであった。一方で、いつまでも残存している愛情の貯えの方は、互いの心を近づける傾きを持っていたのに対して、憎悪と子供を持てない関係への後悔が互いの心を離れさせたが、その深く傷ついた心をいやすためには、特効薬を探さないで済むわけがなかった。

治療法を見つけることは容易だった。しかし、処置は、妻に対してしか行なうことができなかった。一夜夫を介在させることによって、戒律がそれを引き受けたのだった。彼は、彼女と一緒に四〇日間住まなければならなかった（＊2）。根治を施すためには、それが可能であると想定するだけで十分だった。病人の世話をして、良い結果がなにも得られなかったなら、病気は治らないものと判断できた。そうなると、戒律は、非難さるべきなにものも持たなかった。というのも、戒律はできることをやっていたからである。しかし、彼らに関して幸せな成功が次に続けば、一夜夫のお節介な仕事のあいだに流れたほんの少しの時間と一夜夫の後継者の復権は、成功の名誉が自分のものであると主張することを後継者に許していた。ふたりのうちのどちらが医者だったかを区別することはできなかった。わが風土の医者たちのように、夫は、治癒に貢献しなかったこともありえたのに、治癒を自慢することが許されていた。

（＊2）『パリからイスパハンへの旅行』を参照。

（2）Chardin : op. cit., p. 272. 邦訳参照、シャルダン、『ペルシア紀行』、前掲、三四一ページ。

こういう人を喜ばせる不確かさからは、いくつもの利点と二人の市民の再結合と第三の市民の誕生が生じていた。それは、姦通に耐え忍ぶという恥辱から夫を免れさせ、不貞に対する後悔から妻を免れさせていた。女性の弱さにいつの時代にも結びつけられている汚辱を、男性に押しつけることなく、女性がその果実を収穫することを戒律が許していた。このようにして、戒律は、公共的利害と道徳的有用性とを和解させた。この点で、この戒律は、あの顰蹙を買う諸規則からは、区別されなければならない。私は、これらの規則が過度の道徳壊乱を極端な公共的無益さに結合しているので、その存在については、あえて否定してきたのである。

『申命記』の戒律と実に明白に矛盾するこの巧妙な戒律は、マホメットの発明になるものとは思えない。マホメットは、自分の法典を作ろうと努力した際に、まさにヘブライ法典を、彼の法典の大部分において参照していたのである。彼は、そこにイスラエルの子孫の多数の慣行を保存してきた。これらの慣行は、マホメットの同胞であったアラビア人の慣行でもあった。彼はそれに背いたときがあったが、それは、彼が征服をもくろんでいた地方に受けいれられていた慣習を考慮してのことにすぎなかった。

全体として、マホメットは、世俗的諸制度のなかに、ほとんど革新らしい革新を持ちこまなかった。彼が自分の想像力に活躍の場を与えたのは、この条項に関してではない。彼は、星々への彼の旅行譚に最大の奔放さを許した。人びとに感銘を与え、民衆を誘惑し、そして、どのような宗派の確立にも役だつような彼の恍惚感、天使たちとの交感、天国の官能的な心象、不条理な奇蹟、的はずれな夢は、ほかの多くの国で聖書と称されている書物と同様、『コーラン』のなかでも見いだされる。マホメットは、来世にかかわる事柄においては、ほとんど良識を用意することはなかった。しかし、彼は、現世にかかわるすべての事柄においては、きわめて慎重であった。彼の度外れな気まぐれは、法体系にまったく影響しなかったので、それは、寛容で、賢明なものとなっていたし、そのうえ、それは、全アジアで、時間によってもっとも広く是認されるようになった慣習にお墨付きを与えることしかしなかった。

したがって、一夜夫の儀式もそのひとつであると信じても構わないのである。この儀式は、実に遠い昔の時代に遡ると推測できるし、それは、離婚が結婚の不愉快さの治療法であるのと同様に、離婚の悪弊に対する治療法として、早い時期から考案されてきたものであると推測できるのである。

第二一章　離婚と離縁という言葉は、『法の精神』がそれらに与える意味においては、違う事柄を意味しているのかどうか

私は、本書の全体を通じて、離婚と離縁のあいだにいかなる区別も設けてこなかった。私は、ふたつの用語を完全に同義のものとして、あるいは少なくとも、反対の意味を持たないものとして使ってきた。ド・モンテスキュー院長閣下が離婚と離縁について持っている考えはそのようなものではない。彼は、どちらにも排他的意味を付与している。彼は、ふたつの用語を誤解して使ってほしくないと思っている。かりに彼がそれらに与えている定義が根拠あるものだとしたら、たしかに誤解は誤謬の危険にさらされよう。

「離婚と離縁には違いがある」と彼は言っている。「離婚がなされるのは、双方の気が合わず、相互に合意

がある場合である。それに対して、離縁は、ふたりの当事者のうち、一方だけの意志と利益のために、他方の意志と利益からは独立してなされる」[1]。

その結果、彼は「法律が男性に離縁する権能を認めているすべての国では、法律は女性にもそれを認めるべきである」ということを通則として立てている。それだけではない。彼は付け加えて言う。「女性が家内奴隷状態で暮らしている風土では、法律は妻に離縁を許し、夫には離婚を許すだけにしておくべきであるように思われる」[2]。その後も、こういうことが、この大作家の流儀で、すなわち機知と同じくらいの優美さを持って展開されている状態なのである。

かくも巧みに提出された説明と戦わなければならないとは、残念である。しかし、忘れられた習慣とか法律とかは、どのような意味にも解釈できるので、それらについての気持ちのよい寓意や巧妙な解釈は、そのままやり過ごすことができても、言葉にふりかかって、その効力と用法を制限するほど破格な定義となると、話は別である。

言葉は事物の必然的なしるしである。もし、一度でもそこに混乱と不確実さが紛れこむなら、のちのち、言葉が表現する事物をどのように認識できるというのだろうか？　もめごとやほぼすべての科学を損なう不条理は、その大部分が、言葉の濫用とその意味の定義における正確さの欠如、あるいは、それらがけっして持っていなかった意味をそれらに付与する大胆さに由来している。

しかるに、ド・モンテスキュー氏の定義は、この後者の場合にあてはまっている。なにがいったい彼に、このような定義を抱かしめることができたのかを私は知らない。しかし、民法集成にちらりと目をくれるだけで、その定義を訂正する必要があることを彼に対し証明するのには十分だったろう、と私には思われる。そこで明瞭に見て取れることは、離縁の方は結婚の解消を目ざす法行為であり、当事者の一方あるいは双方の請求を通知する司法手段であるのに対して、離婚の方は、結婚の解消そのものに法務大臣が承認を与え、解消を言い渡すということを意味する以外に、両者のあいだに区別はないということである。これらの手続きの二番目のものは、一番目のものの結果、その帰結にすぎない。一番目の手続きは、まさに訴訟をはじめる請求令状とわれわれが呼んでいるものであり、二番目の手続きは、訴訟を締めくくる最終判決である。さらに、離縁状は、離婚係争に着手するのに用いられる証書にすぎず、この係争は、裁判官の介入によって完成するものである。離婚を完成する裁判官こそは、当事者たちの請求に理ありとして、離婚に合法的存在性を与えるのである。

双方から来ようと、一方だけから来ようと、そこから帰結する離別は、それがまがいものでなく、法律によって追認されてさえいれば、いつでも離婚である。裁判官の許可を欠いていたためか、あるいはほかのなんらかの理由のために、証書に効果がないままであるとき、離婚のない離縁があり得る。しかし、離縁なくして、離婚はありえない。離縁は、必然的に離婚の準備手続きであり、離婚の動力因である。

この問題について論じてきた昔の法律家のすべての文章が決定的な証拠を携えて、証明しているのは、こ

(1)『法の精神』、第三部、第一六篇、第一五章。邦訳参照、前掲、中、九八ページ。邦訳では、「協議離婚」と「一方的離婚」との違いとしている。

(2)邦訳参照、前掲、中、九九ページ。

のことである（＊1）。彼らは、いつも離縁（repudium）を、結婚の解消に目ざす事柄、それを産み出すものと呼んでいる。反対に、彼らは、離婚（divortium）という名前を、実行され、完成された解消に与えている。有名なガイウスは(3)（＊2）、こう言っている。「離婚は、人心の多様性から、あるいは、結婚を破棄する当事者たちが異なる側から進めていることから、このように名づけられている。離縁、すなわち確証された権利放棄について、この言葉が用いられる。あなたの係争をこのように進めよ……」(4)。

（＊1）『学説彙纂』の第二四篇で、第二章「離婚と離縁」（De divortiis et repudiis）の全体を参照。『ユスティニアヌス法典』、第五篇、第一七章、『新勅法』、二二と一一七、二二では、第一五、一六、一九章、一一七では、第七、八、九章、以下の諸章を参照。

（＊2）『学説彙纂』、第二四篇、第二章、第二節。

御覧のように、法律家は、離婚について語りながら、語源学を定義に代えて用いている。というのも、離婚は、正確には、どちらかの側からそれを進める自由でしかないので、実際には、離縁のあとにつづいて起こるからである。しかし、この自由を手にいれさせる法行為について、すなわち離縁（repudium）について語るときには、彼は、それについての決まり文句を必ず引用する。このことは離縁の本性と有効性を決定している。双方の当事者が加わろうと加わるまいとにかかわらず、裁判官の前で「権利放棄」が行われ、法律が命じている表現のなかに収まりさえすれば、離婚は、やはり起こる。

『学説彙纂』の同じ第二四篇で、その第一章、第五七節には、法律家パウルス(5)に提出された問題がある。

その言い回しは、われわれの関心を占めている難題を抗弁の余地なく一刀両断にしている。問題になっているのは、妻が交わした結婚の約束で、妻は、要望した通りの金額を夫から受け取ってしまった場合である。「私たちの人生が続くなかで、私たちの結婚が破綻した場合には」と妻はこの夫に言っている、「私は、もし原因もなく離縁状をあなたに送りつけたり、私の側から離婚が起こってきたことが証明されたりしたなら、私は結婚を建て直すことを約束します」。

博識ぶりが頼りにされているように見える著名な法律家が与えた答えを、私はここでは検討しない。それは不条理のきわみである。しかし、われわれに関心のあることは、そのことではない。私は命題の用語にとどまる。(一) そこにはっきりと見て取れるように、離婚は、ふたりの当事者のうちの一方からでも来ることがあるということである。というのも、離婚が妻の側から来る場合には、妻は自分を債務者と認識しているからである。(二) 同じほど明白にそこで見て取れることは、離縁(repudium)が証書であり、それが送られていたということである。言い換えると、それは、あいだに執達吏か、帝国のなかでその職務を遂行して

(3) 二世紀初頭に活躍したローマ法の法律家。『ユスティニアヌス法典』の作成に役立つ『法学提要』の作者と言われる。

(4) ランゲの訳文は、『学説彙纂』のラテン語原文を参照しながら、訂正して訳出しておいた。以下、ランゲの訳文に関しては、訂正の必要があれば、断らずに訂正しておいた。

(5) 二三五年頃に亡くなったローマ法の権威。ローマで弁護士をしていたが、ヘリオガバルス帝(在位、二一八—二二二)によって、追放されたのち、アレクサンデル・セウェルス帝(在位、二二二—二三五)のときに復権し、属州知事となった。ローマ法に関しておびただしい業績を残し、その断片が『学説彙纂』に収められている。

いた法律実務家のだれかが介在して、送達されていたのである。そこには、離縁（repudium）と離婚（divortium）というふたつの言葉が見られ、それぞれがその本来の意味で使われている。そして、それは、ド・モンテスキュー氏がそれらに与えている意味からはかけ離れている。

同じ問題に関して誤りに陥った、赫々たる名声を持つ著作家は、ひとりだけではない。民法大全に関するゴドフロワ(6)の冗長きわまりなく、退屈なことおびただしく、無益きわまりない註解のなかで引用されている有名なキュジャース(7)は、これらふたつの言葉に少なくとも、ド・モンテスキュー氏と同じくらいいんちきであり、反撥を買う点では、彼をはるかに上回る意味を与えている。「離婚は」と彼は言う、「結婚の解消と離縁、婚約の放棄を指示している」（＊3）。

（＊3）『学説彙纂』、第二四篇、第二節、註解。

誤りに気づくには、彼の言葉が引用されている註記が施されている法文の箇所を読みさえすればよい。「婚約の解消を実行するためには」と同じガイウスは言っている、「婚約放棄をも実行することが命ぜられている」。この「をも」という言葉は、婚約の解消が夫婦のあいだでも、婚約者たちのあいだでのように、起こっていたことを証明している。なかんずく、まさに夫婦のあいだで、婚約放棄が用いられなければならないし、特別な広がりを持たせてのみ、それは婚約者に適用されていたのである。

第二二章　姦通について。原初の時代には、まさに所有精神の帰結として、姦通はきわめて厳格に罰せられたこと

われわれが言ってきたことに即せば、すべての古代の民と現代の国民でも、その大半がどのようなやり方で夫婦の絆を見てきたか、また、いまも見ているかについて、正確に心に描くことは容易である。彼らの目には、それは、単なる民法契約にすぎない。この契約によって、人類のなかでは、女の所有権を男に独占的に付与しているということである。この契約の目的は、共同体が引き起こしてしまうであろう無秩序や暴力や争いを予防することである。本来、その基礎となっていることは、一方の性の諸特権が他方の性のために、他方の性の手のうちに全面的に譲渡されることである。

契約は、同一の原理から出発していた証書のすべてと同じように、初めから、拡張と解消が可能であると

---

(6) ゴドフロワ、ドニ一世（一五四九―一六二二）。大ゴドフロワとも呼ばれる。フランスのカルヴァン派の法律家。一五八〇年にジュネーヴに脱出し、同地で法律を講じた。アンリ四世に呼び戻され、バイイ裁判所長官に任命される。サヴォイア公の侵略を受け、スイスからドイツへ脱出。フランス大使に任ぜられるが、三〇年戦争に巻きこまれて、心労が重なりストラスブールで死去。一五八三年に『民法大全註解』を著わす。

(7) キュジャース、ジャック（一五二二―一五九〇）。フランス、トゥールーズ生まれの法律家。『法学提要』の講座を主催し、著名な法律家を育成した。新教徒であったと言われる。

宣言された。それに参加していた当事者たちには、自分たちに好きなようにそれを変え、好きなように、その条項に変化をつけることが許された。法律は、彼らにそれがふさわしくなくなるやいなや、彼らの意志にもとづいて、それを破棄する権限を彼らに残しさえした。この点に関しては、福音書の光に照らされる幸せを持っていなかったすべての国民が同じ様式で考えてきた。彼らの格率のなかでは、両性のどちらかの大権に最大限の広がりを与えるか、最小限の広がりを与えるかの違いしかなかった。

たしかに、結婚をこのように考える思考様式は、その宗教的純粋性に著しく反している。それは、神御自身がわれわれにそれを伝えようと望まれた崇高な諸観念と衝突する。それは、結婚の真正性とも、結婚の解消しがたさとも合致しない。われわれのところでは、人間たちによって地上で発せられた誓言に、神性によって天上でなされる追認が真正性と解消しがたさを与えている、しかし、単に理性の助けを得ただけでは、結婚をこれ以上純化することは、多分、不可能であった。世界を支配しはじめていたうえに、法体系そのものを左右していた所有権という、あの専横な原理を越えたところにまで達することは、可能ではなかったということである。

キリスト教は、結婚を、宗教が基礎となり、保証人となる行為に仕上げている唯一の信仰である。聖職者が夫婦によって与えられる結婚への同意の必然的な証人となり、結婚を打ち固めるのは、われわれのあいだでだけの話である。それどころか、ひとりの司祭の足元で、結婚を確固たるものにするという義務は、普遍的ではない。そして、結婚の堅固さを永久に保証する神聖な文句を口に出すことを、この義務に付け加える必要性は、イエス・キリストを立法者としても、神としても認めている国に限られている。

世界の残余部分では、世俗権力が臣民の結婚を合法化する権利を自分のためにとっておいてきた。そこでは、世俗の司法官の介入が真に必要不可欠な唯一のものである。高位聖職者の協力は、祝典の費用と豪奢さを増大させるだけの、どうでもよい儀式である。しかし、儀式は、法行為の有効性にいささかも影響力を持たない。キリスト教が結婚を高い位に昇進させたことは、そこでは知られていない。純粋に世俗的な政治組織の対象にそれを仕立てあげることで、人びとは満足した。いたるところで、妻たちの所有権を授ける権力またはそれを解消する権力は、他のあらゆる種類の財産を管理することにおいて、秩序を保つことに日夜目を光らせる任務を負った手のなかにとどまった。

これがおそらく、姦通者に対して、初めから、かくも情け容赦ない刑罰を宣告させた理由である。姦通者は、あがないえない形で死をもって罰せられた。彼らは、石を投げつけられて殺されたり、焼かれたり、生き埋めにされたりした。所有権を混乱させた人間すべてと同様に、そして、おそらくそれと同じ根拠で、この種の犯罪は、残忍な懲罰を免れえなかった。ひとつの罰せられ方しかなかった。というのも、罰に相当するものがひとつしかなかったからである。刑罰の度合いしか知られていなかった。というのも、十分に成長した一種類の原理しか存在しなかったからである。それは、排他的所有の原理である。法律が躍起になって予防しようとしたり、修復しようとしたりしていたあらゆる類の無秩序が直接衝突していたのもこの原理とである。

法律は、畑の強奪者に対するように、妻を誘惑する男に対して、厳罰を持って臨んだ。法律は、人目を忍ぶこの悦楽を所有者から盗みを行なうこととして見ていた。彼の快楽に対する支配権までも含めて、彼の支配権をいったん聖化してしまうと、法律は、彼とその享受を相争おうとすることに我慢ならなかった。そして、実際のところ、快楽を共有することは、彼からそれを奪うことではなかったし、木の実や草原の草を盗むことと他人の妻の近くで自然本能の運動に身を委ねることとのあいだには、大きな違いがあったにもかかわらず、立法者たちは、そこにまったく区別を認めようとはしなかった。どれでもいいから、これらの行為のひとつについて有罪と認定された人はだれでも、彼らの目には、彼らが禁じてきた盗みの罪人として立派に通ったたし、その結果、罪人は、命を失うまでの容赦ない刑を宣告されたのである。

第二三章　同じ主題の続き。前章で提出された事柄の新たなる証明

姦通に対するこの厳格さのおおもとの原因は、姦通が引き起こすかに見えた不公正であった、と多くの著作家は考えた。不実な妻とその共犯者をあれほどかたくなに罰することによって、家族のなかに縁もゆかりもない相続人がはいりこんだのを修復し、この闖入者が正統相続人たちの損害のうえに相続の一部を受け取るのを妨げようと人びとはもくろんでいたのだ、と著作家たちは信じこんだ。夫婦の所有権に現実に及ぼされた損害を斟酌するよりも、子供たちの権利のために細やかな心づかいをする方がこの分野で厳格な命令を課すことに、はるかに貢献してきたということを彼らは確信した。

この動機は、その後、完成された社会の諸法規には、大いなる影響を及ぼすことができたが、しかし、生まれたばかりの社会の設立者たちの目には、それは、それほど大きな力を持つはずがなかった。彼らは、遠

く離れた、不確実なこの不都合——その証拠は当然のことながら、隠されたままだった——に心を動かされるよりも、むしろ、彼らが採択させようと努力していた諸制度の根本原理に対する公然たる侵犯の方に強く心を動かされていたに違いなかった。

社会の設立者たちが主として相続の正統性を保護することを念頭に置いていたのだったら、この点に関しては、無秩序の結果がどれくらい危険であるかという程度の高低に従って、相続の正統性を混乱させる危険に対して向けられていた無秩序の刑罰の方を、むしろ修正したに違いなかった。もし彼らが相続人たちの混乱を防止しようと望んでいただけだったとしたら、そして、いつかは父親に生まれるであろう子供への父親の財産の不正な割り当てを防止しようと望んでいただけだったとしたら、彼らは、横奪者の誕生によって確証された大罪にだけ刑罰を限っていたに違いなかった。もし彼らが、その結果からは独立に、犯罪の遂行そのものを、明白なる犯罪として、また、新たに確立された権利に対する反抗として見なしていなかったのなら、存在しないことも大いにあり得る軽犯罪に対してまでも、ぞっとするような、必ず効果のある刑罰を宣告したりはしなかっただろう。

非合法な交渉のいずれもが相続秩序を破っていたわけではなかった。すべての妻の不貞が家族のなかで、これほど苛酷な予防策をとらなければならないようなもめごとや乱脈を引き起こしていたわけではなかった。姦通がいかなる点においても、家族に害を及ぼすことができない瞬間があった。たとえば、アウグストゥスの娘(1)のやり方は、法律の目から見ると、この意味において姦通を正当化した予防法であった。

彼女は、彼女の夫の性的快楽がその自然な結果を産み出したということを、曖昧さのない前兆で認めたときに限って、恋人の性的快楽を喜んで受けいれることで、自分の義務と気質を調和させているように見えた。彼女は、彼女の夫や子供の権利を侵害しないで、自分の好みを満足させる正しい手段をとったように思われていた。こうした官能的悦楽と司法との巧みな和解は、道徳の諸規則に従えば、無実ではないが、法体系の諸規則に従えば、無実となったに違いない。というのも、彼女は、立法者が恐れていた不都合を予防していたからである。

また別の事例もある。犯罪的な手練手管を用いて自然の能力を鈍らせないようにしながら、結婚した女がそれを利用して、自分の夫の子供たちに競争者を与えることを恐れないでいることができた場合である。まったく、もし法律が多産性の濫用だけに用心しようとしていたのなら、この多産性の濫用で有罪と認められる犯罪者だけに、その敵意を限定していただろうに。しかし、行為の結果ではなく、まさに行為そのものが法律の警戒心をかきたて、その厳格さに武装を施していたのであるから、その結果、法律が厳罰に処そうともくろんでいた犯罪は、非合法で、禁じられた結合の果実によって、共同相続人たちに及ぼされた損害ばかりではなかった、ということになった。他の違反、言い換えると、夫の所有権にこの結合そのものが与えた損害に対しても、法律が報復をし続けようと考えていたことは明白である。

第二四章　いままでのところで確立された所有権の原理に、宗教がどこかの国では背いたというのは嘘であり、宗教が結婚において不貞を容認したというのも嘘であること

社会の幼年時代には、この暴力的な原理は、いまだ発達していなかった道徳の純粋性の代わりを務めていた。それは、夫婦の安定性を、盲目的で、実際的な必要性としていた。もっと明確な理論がそれを自発的義務にしあげる前の話である。男性も、女性も、習俗がなにを許し、なにを禁じているのかについて、きちんとした観念を抱いていないので、政治が禁止あるいは許可を公布する任務を負っていた。政治は、その命令を大胆にも破ろうとする人間が出てきた場合には、恐ろしい脅迫をそれに結びつけていた。そして、そうした人間は稀にしかいないはずであった。一夫多妻制と離婚とがそこに緩和を持ちこんだことによって、命令を遵守することが、少なくとも男にとっては、苦しいことではあり得なくなっていたことは、正直に打ち明

(1) 第二代ローマ帝国皇帝ティベリウスの妻となったユリア(前三九―後一四)のこと。アウグストゥスの三番目の妻とのあいだに生まれた。ランゲの例にあるように、性的放縦で有名で、あまりの乱行に、父によって島に監禁され、外部との接触を禁じられたのち、三番目の夫ティベリウスと離婚させられた。カラブリア地方に戻されたのち、父の死後、生活の糧を絶たれ、餓死したと言われる。彼女は、二番目の夫アグリッパとのあいだには、五人の子供に恵まれたから、彼女のエピソードはこのときのもの。序論、訳註(47)参照。

けておかなければならない。

以上が、この問題に関する法律の発展における原始諸社会の歩みで必然的にあったはずであり、おそらく現実にもそうであったのだろう。すべての原始社会は、これらの結合を増やしたり、それらが重荷になるであろうときには、それらを断ち切ったりすることを許すとともに、結合が断ち切られなかった限りにおいて、結合を無限に尊重すべき対象とした。すべての原始社会は、通告された結婚が夫の所有物を庇護するための乗り越えがたい障壁となることを望んだ。ひとたび男の腕に委ねられた女たちが人類の残余部分を、彼女らにとっては絶滅したも同然のものとして見なす義務と彼女らの処女性の犠牲を受け取った幸せな人間のために、全部がとっておかれなければならないという義務に服させられなかった原始社会など、ひとつもありはしない。

これらの格率は、堅苦しさを一層和らげ、厳しさをさらに緩めた外観を帯びて、あとになって、修正されさえしながら、それでもやはり、現実的にひたすら打ち固められる一方であった。それらは、社会の良き一般秩序に由来している。それらは、社会の最強の絆であり、もっとも確実な社会の守り手である。家族の休息と安全、したがって身分の安泰は、まさに人びとが格率に対して持っている尊敬の念にかかっている。優しい方法でそれらを聖化し、その実行を容易にしてきた習俗は、なにものにも代えがたいほどの奉仕を統治体に対して行なってきた。公権力の監視と協力で、それらがないがしろにされるような国があったとしたら、そのような国は、必ずや崩壊に行き着くだろう。

しかしながら、国全体で売春を国是にし、それればかりか、それを信仰箇条とすることに熱心だった国があると描写して見せることを恐れない古代の著作家たちが存在している。そうした著作家は、古代に限らず、当代でも存在する。たとえば、アッシリア人(1)は、年に一度、妻たちがその趣味を持つかに見える人びと全員に無制限な媚《こび》を売って、ウェヌス〔愛の女神〕をたたえるということを妻たちの義務にしていたなどと言われている。旅行家たちは、娘が多産である証拠を示せば、その証拠は、娘にとっては、即座に結婚を決めるためのたしかな担保となるような国を見てきたなどと大胆にも請け合っている。旅行家たちは、報告書と称される、誤りと誤解、さらには嘘までもしばしば含んでいる膨大な雑集において、多数の国の国民が家では性の放縦を許しているし、貞淑に対して、あるいは貞淑の見かけを持っていた不妊女性に対して、彼らがきわめつきの軽蔑を浴びせかけていたなどと書き留めている。

私は、バビロン(2)にあったアシタロテ(3)のウェヌス神殿を見たことがまったくない。私はマダガスカル島(4)に

(1) セム族の支族で、古代には、ティグリス河上流のアッシュール、ついでニネヴェを首都としたアッシリア帝国(前二五〇〇頃—前六一二)を形成し、前八世紀には、バビロニア、ダマスクスを征服、ユダヤ王国を属国とした。

(2) 現在のイラクのティグリス・ユーフラテス河下流地方バビロニアの古代都市。ユダヤ民族が神に背いたとして、この地に新バビロニア王国のネブカドネツァルによって拉致された。また、有名なバベルの塔は、ここに建築された。

(3) 元来はフェニキア人の女神とされるが、旧約聖書では、カナンで崇拝されていた豊饒と生殖を司どる神。バビロンでは、処女の犠牲を要求したという。

(4) 東アフリカのインド洋に浮かぶ島。フランスが植民地開発に取り組んだことで、多くの旅行記が書かれた。レーナルの『両インド史、東インド篇』(拙訳、法政大学出版局)の下巻でも、一夫多妻制と性風俗の放縦についての記述がある(第四篇、第四章)。さらに「離婚は普通である」と報告されている。

行ったことがない。旅行家たちが主張するには、この島では、娘たちがとてもみだらな特権を享受しているという。私は、長々と続いた世紀のおかげで尊敬される存在となった歴史家たちや目撃証言者を自称する旅行家たちがそれについて報告していることを、積極的に打ち消すことはできない。しかし、私は、これらの奇妙な原理が絶対に社会の本質そのものと矛盾するということをどうしても指摘しないではいられない。原理の許容をありそうなことにするには、少なくとも、その効果はどのようなものであるか、あるいは、その原因はどのようなものであるかについて、それらに従うことが義務となっている場所で、われわれに知らせてくれなければならないだろう。

バビロンの法律が夫たちに彼らの名誉を犠牲にするように義務づけていたのは、宗教のせいだと言われている。快楽を通りがかりのすべての人に共有させていたのは、結婚を司る女神の恩恵を賞賛するためだった。彼らが女神信仰を広げることに同意していたのは、人類を慰め、保存してくれる神性に対する感謝の念からだった。妻が外国の祭司たちとともに宣教に協力することを夫たちが許可していたのは、神性の崇拝者の数を増やそうというもくろみがあったためであり、そして、これほど心地よい慣習によって獲得された新信徒たちがいつの日にか、彼ら自身の妻を祭りの日にバビロンにつれて行って、彼女らを犠牲に加わらせ、祭りの華麗さを増そうと、おそらくは期待したためであった。以上が、こういう恥ずべき慣習があり得ることを証明するために、語られている最良の説明である。

しかし、こと道徳となると、すべての異教は、純化された理性の諸原理にしか立脚してはいなかった。異教は、同一の源から発する世俗諸法と矛盾したものではけっしてなかった。世俗諸法が強固きわまりない峻厳さでもって、ふしだらの見かけまでも死罪に処していたのに、このふしだらを、道徳が良心を結わえることができる義務にまで仕立てあげるようなことが、どうして望まれるであろうか?

世俗諸法は妻たちを閉じこめていた。それは、いわば、社会から妻たちを追放していた。妻たちが主人として受けいれた男性以外の男性にあえて目をやることを世俗諸法は彼女らに禁じていた。世俗諸法は、ほんのささいな愛想のよさでも、恐ろしい懲罰で脅迫し、弱さの代価として死を提示していた。良識が発見させ、採用させた諸規則を確定するために打ち建てられた宗教が、諸規則と戦い、それらを破壊する任務をまさに負っている別の諸規則を引きいれただろうか?

法律の印璽のもとで契約された公共的結合に反する秘密の婚姻のいっさいを、世俗諸法がどのような厳格さで禁止していたかについては、すでに私は述べておいた。われわれに残されている古代の史料は、戦慄せしめる証拠をそれについて提示している。手に刀を帯びて性的節制を勧め、性的節制を忘れたという初犯の容疑にも、司法の剣を振りかざしている立法者がいたるところに見られる。私は、そのたった一例だけを引用することにしよう。

『創世記』に書き記されている、ユダの義理の娘タマルのあの話をもう一度、思い出してほしい(＊1)。彼女は二度も寡婦のままであった。彼女には、三度目の夫が約束されていたが、彼女には夫が与えられることはない。家長である族長のもとに、最後の息子が残っている。その息子は、当時、使われていた掟によって、タマルの腕のなかで、次々と死んだ二人の兄弟の代わりを務めるように定められていた。この最後の息子に対する族長の優しさのために、儀式は延期されている。

（＊1）『創世記』、第三八章。

この遅延にしびれをきらした寡婦は、祝祭日に娼婦に変装する。彼女は、ユダが通るはずの街道で、ユダを待った。彼女は、ユダが彼女の接待を欲するように、彼を導く。ユダは、それがタマルだと認識しないいま、彼女の接待を受ける。彼が接待を懇望するときには、あまり神経質にはなっていないように見えたが、いざかねを支払う段になると、彼は非常に几帳面な姿を示す。

数か月後、この交渉の果実が現われる。そのことを義父に知らせに人がやってきた。彼は義父に言う。「あなたの嫁タマルは姦淫によって身ごもりました」。族長は、「あの女を引きずり出して、焼き殺してしまえ」と冷たく言い放った。

その後、彼が妊娠の原因だと分かったとき、彼は決定を軟化させたことは事実である。彼は、害悪が彼自身から来たことを認め、自分の不注意を責めた。その不注意というのは、彼女の欲望と欲望を充足したいといらだつ期待に若い寡婦を委ねたままにしておいたことである。しかし、結局、単なる密告にもとづいて、あれほどの冷血ぶりで、あの恐ろしい決定をくだしているということは、この件に関しては寛大さがいかに知られていなかったかということを証明している。そこに見られるのは、醜悪きわまりない残酷さにまで厳格さが押し進められている様子である。

というのも、判決のなかでは、罪びとである母親から、無実の子供が引き離されてないということが見られるからである。犯罪が死をもたらした母親とともに、炎のなかで命を落とすように、無実の子供が無差別に断罪されている。この恐るべき野蛮さは、原初の掟の残忍性がすでに十分軟化させられていた時代にもなお、存続していたが、こういう野蛮さは、バビロンのウェヌス神殿とか言われる場所での顰蹙を買うような儀式について、人がなにを考えなければならないかを十分に示している。

義理の娘である寡婦をユダ自身が誘惑したのに、その寡婦に対して、焚き木に火をつけよ、という命令を彼が与えていたその場所は、結婚している女たちが夫の承認のもとに、法律の同意を得て、同じ過ちを罰せられずに繰り返すことが望まれているような場所であった。まさにメソポタミア[5]においては、すでに繰り返し指摘されてきたように、四〇〇〇年がなお慣習を変化させなかった国で、したがって、また、たかが数十世紀の隔たりでは、それほど驚くような相違を引き起こすことができなかった国で、これほど矛盾したこのふたつの場景が繰り広げられているのである。

(5) ギリシア語語源で、「二つの大河のあいだ」を意味する言葉。現在のシリアからイラクにかけて広がる大平野部を指す。古代文明発祥の地で、ティグリス河とユーフラテス河に囲まれた肥沃な地方。最初にメソポタミア南部に、バビロニア帝国が興り、やがて北部にアッシリア帝国が興って対立した。

第二五章　同じ主題の続き。これらのふしだらが本当のことであり、許されたとしたら、それは、どのような混乱を市民社会にもたらすことになったに相違ないか

少しでも、落ち着いて考えるなら、どこの場所においても、法律は、みずからが出している諸命令に対する侵犯を利点にすることはできなかったし、ましてやそれを宗教的行為にすることもできなかったことがわかる。そんな度外れな一貫性の欠如があれば、それは社会の土台そのものを掘り崩したことであろう。社会の土台は、家族のなかに不安や絆の解消や漁色の趣味を持ちこんだことであろう。それは、祭りの時期と妊娠が重なった子供については、すべて家族から追放させることになったであろう。

こういう一時的な結合の果実は、どうなったというのだろうか？　出生と結びついた単なる疑いに引き続いて起こる粛清から、彼らが逃れることができたとして、屈辱と苦渋に必然的に彩られた生活の流れのなかで、彼らの運命はどうなってしまったというのだろうか？　夫が家族の増加に寄与することがないまま、毎年、ウェヌスをたたえるために自分の家族が増加するのを見るという危険を冒すことに、夫が同意してしまったなどということが信じられようか？　その出所を偽る手段がなかったであろうに、恥ずべき産物に夫は自分の家ですすんで我慢したなどということが信じられようか？

これは、見ず知らずの血筋から生まれた子供が嫡子に及ぼすことができたはずの害に対して注意を払うと

いう事例となったはずである。こんな慣習は、それを続けてきた社会のなかに、全般的な転覆を引き起こしたことであろう。さもなければ、こうした害悪を避けるために法律が対策をとったという記憶の方が慣習そのものの記憶よりも、はるかに注意深く保存されてきたに違いなかった。そうした記憶に触れることなく、おかしな慣習の方に立ち止まることができたことになる。そして、害悪に対する対策を指摘することなく、歴史家たちが害悪についてだけ、われわれに語り出すやいなや、他の多くの事例と同じく、この事例でも、歴史家たちの証言については、世間が普通に考えている以上に、歴史の検証に関して多くの権利を持っている理性や自然や経験に訴えることができるのである。

娘たちにとっては、母性というものが結婚への道であるような僻遠の国を、われわれの前で描き出してくれる、これらの滑稽な報告については、誤解がある、と私は倦むことなく繰り返し言う。彼らがこのことを題材にして物語る性的放縦の逸話は、明らかに悪習であって、証人の無知がこの悪習を法律と取り違えたのである。これらのけしからぬ話を評価判定し、それらを正確な価値に戻すためのたしかなやり方がある。それは、不注意な旅行家に成り代わって、われわれの習俗のなかに、同じ先入見の素材が見つけられないかどうかを探ることである。つまり、われわれのあいだで有頂天になっている判断力のない観察者たちが、われわれの振る舞いのいくつかについて、同じくらい根拠が薄弱な漠然とした印象を持つことができないかどうかを検討することである。

そこで、たとえばフランスでどんなことが起こるかに目を向けてほしい。描写[1]を濫造するわが国の連中のうち、その四分の三ほどと肩を並べるくらい、或る外国人男性が少しでも軽率であれば、彼は、不貞にいかにも無関心にフランス人が耐え忍んでいる有様に驚かされて、そこから、フランス人にあっては、妻を友人たちに貸すことが慣わしになっている、と結論づけることはできない相談だろうか？　彼は、パリとそのほかのところでは、結婚の風紀警察[2]が不貞に対する夫の一時的な弱腰と両立しないわけではまったくないし、夫婦の結び目をほどけなくする法律を欺くためのもっとうまい手段を彼らが見出していなかったのだと確信し、そのようなことを大胆にも彼の同胞に向かって、言って見せることはできないだろうか？

この同じ外国人男性は、或る娘の存在に目をつけるかもしれない。その娘は、怪しげな評判で名を馳せているが、しかしながら、金持ちでありさえすれば、そしてたとえ彼女が金持ちでなくても、とりわけ、彼女が美貌であれば、求婚者の大群に言い寄られるわけである。花婿志願者たちの目からは、彼女の名声がしおれてしまうしみが、名声を守る金ぴかのベールの下に消え去るのを、この男ははっきりと見るだろう。新婚初夜に通常は結びつけられている労役をフランス人はなによりもひどく恐れていたこと、そして、それを免除してくれる妻を見つけたときにだけ、かつてないほどに彼らが自慢することを、わが旅行記製造者が自国に印刷させに行くことほど、無理もない話はないのではないか？

われわれは、このように同胞の信用につけこむ、愚にもつかない物語作者をおそらく笑い飛ばすであろう。われわれは、これほど筋が通らない不適切な事柄を信用する同胞の一部の愚かしさと戦うだろう。とはいえ、以上のことは、彼らがわれわれに言っていることと同等の意味を持つのである。そして、われわれがその点を疑うなどとは、思いつきさえしないことである。こういうことは、おそらく、信じやすい性格によるよりも、それ以上に怠け癖によるものである。

第二六章　本篇の結論

私がこの主題に関して、言うことができたことをすべて言ったなどとは、とんでもない話である。私は題材を論じつくすことからは、はるかに離れた所にいる。しかし、私は、一般的な根本原理を定立した。その展開は、読者の熟考に委ねる。未開の原人の自由な無政府状態の生活から、文明化した原人がわれわれに引き渡してくれた支配もしくは隷属の状態への移行がどのようなやり方で、私によれば、まちがいなく行なわれたかを解明しただけで、私には十分である。

彼らを、ともに団結するように押しやっていた秘密の動機が拡張され、修正されるとともに、この連合の

(1) ここでは旅行記ブームを皮肉っている。ランゲの時代には、一八世紀の初頭から続いてきた旅行記ブームの名残があって、いい加減な旅行記や正真正銘の空想旅行記などが出回っていた。ランゲが批判してやまないモンテスキューも、その種の旅行記の大蔵書家で、おまけに本人自身も、『ペルシア人の手紙』を書いて大当たりをとった空想旅行記作家でもあった。

(2) フランスにやってきた外国人旅行家がフランスの風俗を本国にどれほどいい加減に伝えているかを、ランゲは外国人旅行家に成り代わって示すことによって、逆に、ヨーロッパの旅行家たちの無知な早とちりを批判するとともに、いい加減な旅行記に頼って議論する著作家たちを皮肉っている。

利点を生かすように主張した人びとすべてのために、遵守すべき公共規則のもとに横奪者たちの共通利害が連合を従わせてしまうやいなや、公共規則の適用が可能とされたさまざまな対象に、規則を適用していく必要が出てきた。私は、両性の結合に関して、その効果はどのようなものであったかを明らかにした。私は、最初の政治的組織がどのような考慮から確立されたのかを示した。また、多少ともその質が落ちていたり、あるいは逆に、それがいずれにせよ、完成されていたりする国が存在することはともかくとして、最初の政治的組織の痕跡は、地上の全域を通じて、いまだに残存しているのである。

強欲による争いを避けるために、畑の所有権と畑を肥沃にすることに関連した労働力が確定された。同じ狙いで、女性の所有権も固定された。そのときから、女性の取引は、生活のなかでもっとも重要な仕事のひとつを形成するようになり、成長していたこの社会に支柱を提供することになった。しかし、社会が発展するなかで、人びとが従っている動きは、社会が形成されるときに従っていた動きと同じであった。社会が二番目に受け取った支えは、最初に受け取ったそれとおなじ原料からできていた。両方とも、のちに建てられた建物すべてに共通するあの幹から、つまり、基礎になっている排他的所有権というあの大原理から、同じように引き出されてきたのである。

人類の一部が奴隷身分に陥れられはじめてからは、この部分が自分の労働で他人を養うように定められた。この奴隷身分を長く受け継いでいくことに特別に捧げられる別の一部がほぼ同じ隷属状態に置かれた。少数の所有者のために、法体系が形づくられたが、その所有者たちが望んだことは、彼らの享受が平和的であり、絶対的であることだった。所有者たちは、競争と言い争いを免れることを切望していた。彼らの運命に、持続的なやり方で彼らが結びつけた伴侶たちの人身の完全無欠な所有権を自分たちに保証することを、彼らは要求した。

自然の賜物の利用を、ひとたび、制限し、変質させたあとで、彼らは、彼らを取り巻いていたものすべてを隷従に追いこみ、この隷従からなにかが逃れることをもはや許さなかった。彼らは、このうえなく甘美な快楽のまっただなかにさえ、強制を持ちこんだ。彼らは、隷属の手のなかに愛の炎が置かれることを愛に強制し、自由をゆるぎないものにするために、もっとも使いやすいと、私には思われる激情のあいだに、服従を移植した。

以上が結婚の起源であり、結婚の公共的制度であった。性の隷属は、その印璽であり、第一条件であった。妻たちは、彼女らが切り盛りしに行く財産の、自身が一部であるものとしてしか、ひとりの夫の天幕にはいらなかった。この基本的格率は、それが誕生した国で、現代まで永続してきた。それは、いまだなお、この問題に関してアジア全体の法律学の簡略版になっている。そして、それが習俗の純粋性をアジアで永続化するのに役だっていないにしても、たしかなことは、それが堕落から習俗を遠く離れさせているということである。

とはいえ、正直に打ち明けなければならないが、一方の性の諸権利に関するこの種の犠牲には、実際の損失補償が伴っていたのである。法体系は、一面では、女性の忌まわしい状態を深刻化しながら、他面では、それを有効に緩和するように努めていたのである。妻たちは、その自由を失った。しかし、彼女らは、彼女らを守ることに利害関係を有するひとりの擁護者をかち得た。結婚をすることで、彼女らはひとりの主人を受け取ったが、しかし、彼女らは、ひとつの支えも確保したのであった。そして、彼女らの意志を自由に行使することは、彼女らの自尊心には気持ちよく映ったかもしれなかったが、しかし、この従属は、彼女らの弱さにとっては、多分、それ以上に有益なものとなった。

自然が人びとの誕生に貢献するという大権をずいぶん高く女性に売りつけたことは、たしかである。自然は、それを告知する準備手続きの不愉快さの全部とそのあとに続く労苦の面倒さの全部を彼女らに残した。自然は、誕生を用意する快楽だけをオスに分割して与えた。以上が一般規則であり、それにすべてのメスが立場上従っている。このことは、一般規則を避けることも、改善することも、もともとできなかった動物たちのすべてにあっては、いまだに有用であった。

人間たちにあっては、これを緩和することが立法者たちの第一願望であったことを信じなければならないかどうかは、私にはわからない。しかし、たしかなことは、それが立法者たちによって打ち立てられた諸制度の第一効果のひとつであったということである。自然が怠ってきたかに見えていた公平さに満ちた均衡状態を再確立することが立法者の制度からは、知らず知らずのうちに、両性のあいだで生じてきたのである。子孫を持つことの満足を切望したどの人間にとっても、いわば、固定したしるしを自分につけるという侵すべからざる義務が存在するようになり、たったひとりの男の愛撫にひとりの女を捧げることによって、そこから生じるはずの結果に対して、間違いようのない原因が指定されてしまうとすぐに、父親の義務は、より拡張されたものになり、母親の義務は、より軽減されたものになった。

父親は、みずからの結合の果実が本当に自分のものであるということに、疑いを持つことはできなくなっていた。それらの果実が彼自身の一部を形成し、彼自身の実体から出てきたということは、たしかであった。そのときから、父親は、それらを優しく見守る気になり、人類の原始状態であれば、拒んだかもしれない援助をそれらに与える気になった。彼は、それらの教育にみずからすすんで協力し、それらの弱さを補い、それらの無知を善導し、彼の伴侶によるそれらへの心配りにおいて、彼女を助けることに同意した。さらに、彼は、自分の伴侶がもともと重荷を背負うようにはできていなかったように見えるので、彼女の重荷を背負うことにも同意した。

しかし、彼が自分で担っていた労苦のすべては、そうした労苦から妻を解放したことで、妻にとっては、ひとつの安らぎであった。彼女自身は、自由の喪失を、彼女の主人となった夫が協力しようとしてくれた仕事の代償と見なすことができた。それに結びつけられていた支配の観念は、夫の目には、仕事の不快さを軽減するものと映った。そして、いまから語ろうと思う父親と子供との関係は、夫婦双方がやわらげ合った、これらの異なる感情から形づくられたのである。

第四篇

家庭内秩序と相続または遺言による財産移譲に関係した法律の発展について

第一章　社会の始まりにおいては、父親は、子供に対する無制限な権力を享受していたこと

社会を構成していたすべての個人、言い換えると社会の重荷を担っていたすべての個人の境遇が、社会の創成期に定まるのをわれわれは見てきた。力と結合を誇示する一部の個人は、自然が彼らにまったく与えてこなかった権利にためらいなく侵入し、個々人の小さな所有を確保するために、大きな全体の財産を細切れにし、他者の奴隷制のうえにみずからの独立を打ち立て、彼らの同類の大群の頭を彼らの足で容赦なく踏みつけることによって、人類の第一身分にのぼりつめた――われわれはその有様を見てきた。

恐怖によって卑しめられ、あり余る富によって裏切られた他の一部の個人が、なんらかの知識の獲得で、彼らの権利の喪失を償い、その後は、悲しみと苦しみのきわみである労役に身を捧げ、彼らの主人に余剰を供するために、必要なものを持ちさえしないことに同意してきた有様をわれわれは見てきた。われわれは、彼らの価値低下の進展を解きほぐすことに努めた。われわれの探求によって、われわれは、慎みのない貪欲がその原因であり、暴君的な力がその道具であったことを発見した。彼らの振る舞いと彼らの抑圧者たちの振る舞いを跡づけるために、往古の諸世紀を包む暗闇のまっただなかにはいりこんだので、富裕の原理がその発明者たちに対する自由の値段に相当し、すべての害悪のこの源が、不幸にもそれを発見した手に害を及ぼすものになっていたことを見ても、われわれはもはや驚くことはなかった。

さらに、人類の継続と結びついている快楽でさえも、自然が蒙っていた全般的革命の影響を感じさせているようにわれわれには見えた。社会制度は、情熱のなかで一番激しいものをつなぎとめる鎖を、われわれの眼下で鍛えてきた。われわれは驚きを持って指摘した。一方の性の激情に社会制度が注意を払うあまり、他方の性の自由を破壊するまでになったことと地上の平和を永続させるために、争いを生じさせかねなかった魅力を捕囚状態に社会制度が追いこんだことがそれである。

無政府状態の最初の混沌から抜け出したときの人類の状況は、以上のようなものだった。なんらかの秩序を伴って、専制主義あるいは奴隷制を享受しはじめた最初の世代の状況も、以上のようなものだった。最初から、社会のいくつかの部分のあいだに存在した関係もこういうものであり、少しの年月のあいだは、良好な秩序を維持するのにそれだけで十分であった。しかし、原初の関係は、新しい関係を必然ならしめ、速やかに新しい関係を産出した。新しい関係を採用した世代は、別の世代が育ってくるのを見た。その存在様式を定めることも、その義務を決定することも同時に必要になった。

ところで、理性が語り、歴史が証明していることは、これらの義務の簡略版、あるいはむしろ、それらの全体は、生まれつつある若芽に全面的隷属を強制することに尽きていたということである。若芽を産んだ幹に対する留保なき服従に、それらは、早い時期から習慣づけられた。自然は、幹から若芽が切り離されることを許していたが、しかし、社会は、若芽にそのことをもはや許さなかった。事物の新しい秩序のなかで、若芽は、まさにこの幹からだけ、生活の糧を受け取ることができるようになっていた。そして、若芽が幹から引き出していた食料は、それらの能力すべての強制的譲渡と引き換えで、販売された。

これは疑うことができない事実である。それは、われわれのもとに残されてきた古代の歴史史料の全部によって証明されている。初期の立法者たちが父親のために独立した玉座を、家族のまんなかに建てることに専心していたのを証言しない史料などひとつとしてない。いたるところで、父親は、恣意的専制君主に仕立てあげられている。植えられた木に対する権力が庭師に与えられるように、父親が生まれさせた子供に対して、庭師と同じ権力がいたるところで父親に付与されている。

この法律は、記憶にないほどの昔から制定されている。起源がわれわれにはあまり知られてはいない、すべての民族においても、この法律が効力を持っているのが見られる。インド人も、ペルシア人も、ガリア人も、ユダヤ人も、ギリシア人も、ローマ人も、それを採用してきた。ひとつの例外もなく、始まりの民族のすべてにとって、この法律は法解釈の基本原理であった。すべての国が、父親に認められた無制限な権力を家族の第一紐帯に仕立てあげてきた。

ユスティニアヌスの治世のもとで出版されたローマ法集成において、皇帝に雇われた編纂者たちがどのような基礎に立脚していたかは、私は知らない。彼らは、『法学提要』、第一篇、第九章[1]、第二節で、「父親の子供に行使される権力は、ローマ市民を特徴づけるものであり、それと同じような権力を持っている民族など存在しない」と言っている。この断言はもちろん間違いである。しかし、彼らの仕事は、まさにこの権力が全面崩壊した時代のものであっただけに、いっそう彼らの口にこの断言がのぼったことは、滑稽である。他の皇帝たちの皇帝返書は、すでにこの断言を強く揺さぶっていた。ユスティニアヌスはそれを無効にしおおせた。この権力の広がりを自慢するのは、それを破壊する人間の仕事であってはいけなかったように思われる（＊1）。

（＊1）　この点に関しては、本篇第二七章を参照。

たしかなことは、父親の子供に対する権力は、果てしなく世界に広がっていたということである。始源において、すべての父親は、貧しいときには、彼らの子供を売る権利を持ち、子供が奇形であったり、彼らが子供の養育を望まなかったりしたときには、生まれた時点で子供を遺棄する権利を持ち（＊2）、彼らが子供に不満であれば、彼らを叩き、何歳になっても、彼らを殺す権利を持っていた。父親は、子供が獲得してきた財産を横取りしていた。父親は子供を勝手気ままに廃嫡していた。最後に、拡張され切った、このうえなく自由な権利は、家族を構成していた子供に及ぼされる家長の権利であった。

（＊2）　スパルタのリュクルゴスや、ローマのロムルスの法律は、この残酷な遺棄が必要だとしている。

そして、この権利は、その性により、永遠の隷属に捧げられた娘を含んでいただけではなかった。その厳格さは、世間では、娘に比べてはるかに満足のいく役割を演じるように定められた少年をも等しく包含していた。厳格さは、末裔にいたるまで及んでいた。父の同意のない結婚契約は無効だった。父の称号は、それを持っていた息子を解放しなかった。つまり、彼と彼の息子は、相変わらず、父祖に依存したままだったと

（1）ランゲは、『法学提要』、第一篇、第一〇章としているが、第九章の誤りであろう。英訳本を参照した。

いうことである。そして、結婚した息子が稼いできたものはすべて、彼自身の父親がもはやそれを売ることができなくなっていた。もっとも、この緩和は、後代に帰すべきものである可能性がある。また、妻から家長が奪われるやいなや、もはやたくさんいる子供を養うことができなくなる家庭の不運な妻に対する憐憫のために、この緩和が認められたという説を信じても構わない。

始源において家父長的専制主義は、限界も、例外も持たなかったと考えることを許す事実ばかりである。世界の一方の端から他方の端にいたるまで、家父長的専制主義は、受けいれられ、尊重されていた。子供が母親の乳房から出てきて、深刻きわまりない依存状態に隷属しないような国はひとつもない。社会制度の果実である恒常的で過酷な隷属が、自然によって要求される一時的で必要不可欠なあの捕囚状態に取って代わらなかったような国はまったくない。自分の子供に対する無制限な父親の権力は、自分の妻に対する夫の権力と同様、立法権力の異論の余地ない第二の役割である。

いかにして無制限な父親の権力が少しずつ失墜していったかを検討する前に、また、いかにしてそれがこのような衰退地点――そこまで父権が追いこまれている姿をわれわれは見ている――にまで、落ちこむことができたのかを検討する前に、そのおおもとの理由を示す必要がある。かくも長きにわたって世界中で採用されてきたこの権力を導入するように、動機づけた、もともとの原理を示す必要がある。間違いなく社会の基礎であり、今日の社会を維持しているすべての取り決めの基礎であるものとして、われわれが与えてきた独特の豊饒な原理となんらかの結びつきがあるかどうかを確証しなければならない。

哲学者、法律家、人間性の研究者（モラリスト）は、この対象に関して、思弁に耽《ふけ》りすぎて、種ぎれになってしまった。彼らはみな、矛盾した見解を採用している。彼らは、彼らのだれもが真理を擁護してきたことに確信を持っている場合と同じくらいの自信で、お互いに争ってきた。しかしながら、だれかがこの目標に到達したとは、私には認められない。全員が終わりなき推論に没入してきたが、しかし、その成果は、彼らが探し求めていた理由から離れることであった。

第二章　子供に対する父親の権力に関して、何人もの著者の体系は互いに矛盾している

一群の著者たちによると、ひとりの人間が他の人間に命を与える行為は、前者が後者に対する支配を獲得することの正当な土台である。「親は『代』によって、子に対して権利を取得する」とグロティウスは言っている（＊1）。ホッブズは同じことを考えている（＊2）。彼は、子供を作る能力のなかに、産出することができるであろう果実を例外なく処分する権利が存在すると見ている。彼によると、そこからの帰結である従属から逃れることは、許されていないのである。そして、個人が存在していることだけで、だれかほかの個人から当の個人が存在性を受け取った以上、個人の存在性は、ほかの個人の命令への無限定な服従の資格である。

（＊1）『戦争と平和の法』、第二巻、第五章、第一節を参照［邦訳、第一巻、三四三ページ］。

（＊2）　ホッブズ、『市民について』、第九章［邦訳、本田裕志訳、京都大学学術出版会、二〇〇八年、一八四—一八五ページ］を参照。しかし、この哲学者は、出産にもとづいて打ち立てられる権力——彼によれば——を母親だけに限っている。そして、この点に関しては、彼は一貫しておらず、自分自身とも合致していないということを指摘できる。彼はまず、最高の権力（domaine）つまり支配権（dominium）が出産だけで獲得されるわけにはいかないことを確立する。次に、彼は、母親の権力から、人間が他の人間に対して獲得できるあらゆる類の権力を派生させている。ところが、彼自身によれば、母親の権力は、彼女が与えた誕生にしかもとづいていないのである。

こういう奇妙な主張を支持する人びとは、それでも、こう言い張っている。生まれて以来、そして、正確に言うと、誕生時には、人間は、命を授けてくれた作り手の恣意に任されているが、しかし、この同じ人間が、成長して、助けなしに生きていけるほどの力をつけた途端に、再び自分自身の主人に戻るのである、と。彼らは断言する。息子は、父からの派生物として、自然権によって、父のものであり、そして、同じ息子が成人した場合には、彼らがそう言っているように、息子は父親と同等になり、感謝を伴う尊敬の念は、両親に対して息子が義務づけられている臣従の礼にすぎない、ということが社会の法律からわかる、と。ほかの多くの著作家は、この格率のこだまを返し合ってきた。彼らは、それぞれなりのやり方で、格率を繰り返し言い、それを飾ったり、それに註釈を加えたり、それをさらに細かく分割したりしてきた。この格率がまったく奇妙な結果を引き起こしていたことなど、彼らの目には、はいらなかった。格率が承認されると、そこからはこんな結果が出てくることになるのである。自然は、父親の専制主義に子供を委ね、社会は、彼らをそこから引き出す。つまり、自然は、彼らを隷属に運命づけ、社会は、彼らに無上の幸せである解放を保証するというのである。一方が彼らに鉄鎖を与え、他方が彼らに自由を獲得させるというわけである。

こういう意見は、それでもなお、それに根拠があるとしてだが、それを主張する人びとの見解と著しくそぐわないと言えよう。彼らの体系の根底には、社会が自然状態にまさる利点を持っていることをはっきり感じられるようにする、ということがある。しかし、同時に彼らは、自然状態が社会より劣るなにものも持たないということを証明しようと夢見ている。つまり、社会は自然状態の完成にすぎないし、文明人は、いわば、改善され、より良いものに変えられた未開人にすぎない、というのである。

とはいえ、いま示されたばかりの意見からは、まったく正反対のことが結果として出てくるはずである。社会は自然と直接対立するものであるという結論がそこから引き出される。つまり、人間は、みずからを文明化するときには、人間の体質とその現実的本質とが示してくれている道から、自分を引き離す道をたどり、もとの道に二度と戻ることはないことをそこから推論することが許されている、ということである。それこそは、人間がその同類と仲間になることに執着した瞬間から、人間は、彼の真の使命に明らかに背いていることの証明となるに違いない。

この考えは、たしかに、それを採用している人びとの意図には反することになるけれども、私の考えを応援しにやってくるであろう。人間という被造物は、それ専用の存在様式のために作られているが、多数の人間を徐々に一か所に集めてくると、彼らの相互関係はこの存在様式と対立し、それを破壊することになるので、人間の段階的結集は、まさしく、文字通りに、その破壊である、ということをこの考えは証明することになる。それは、本書の第二篇の末尾で、私が提出したことについて、その証明を完成することになる。そこで、私が言ったことは、いわゆる社会の自然権なるものは、自然の真の権利と支え合いの関係を持つことはできないということである。子供は、彼らの父親との関係で、自然権が彼らを置いた状態にはもはやいないという、ただその一点から、われわれが跡づけている社会制度は、自然権と適合しないという結論が道理を持って導き出されるはずである。

私は、これらの体系の一貫性の欠如とそれらの擁護者たちの矛盾を大いに利用することができるだろうが、しかし、私にはその必要はない。私は、真理のために、ひとつの誤りを利用しようなどということは望まない。私は、彼らのいんちきな原理に、ゆるぎないものと信じる原理を対置する。私は、自然が義務を押しつけたのは、両親に対してだけであって、子供にはそんなことはしていない、と主張する。自然の諸法則に従えば、両親はすべてを与えるために作られ、子供はすべてを受け取るために作られている。この同じ自然法則に従えば、両親は、与えたものの返還を求めることはできないし、子供は、与えられたものを返すように義務づけられてはいない。自然の計画やそれが強制する義務だけに、話をとどめるとすれば、両親は、すべてを子孫に義務として負っており、子孫は、両親に感謝の義務があるだけだということになる。これらの原理に変更を引き起こしたことで、われわれがその恩義を負っているのは、まさに社会に対してだけなのである。

第三章　同じ主題の続き。子供に対する父親の権力は、彼らの子供に生命を与えることに根拠を置くものではないこと

自然がなにひとつ無駄なことをしていないということは、たしかである。自然は、その目的を充たすことしかしない。そこに到達してしまうと、その向こうに自然は行こうとはまったくしない。その目的とは、主として種の保存である。自然は、まさにこのことに熱心であり、その配慮は、このことに向かっている。自然は、ほかの目標を持たなかったように思われる。そして、自然との関係を持たないものはすべて、自然からはやってこない、と大胆に言い切ることができる。

種の保存をもたらすには、なにをやらなければならないか？　子供に生命を与えるために、父親と母親がお互いに協力すること、そして、子供を育てるために、また、年端がいかないときには、弱さゆえに危険にさらされているので、そうしたあらゆる危険から子供を守るために、お互いに精を出すこと以外になにもやることはない。しかるに、自然は、それに見事に応えてきたのである。自然は、一方では、生殖に適した器官を両親に与え、そして、それらを用いる気にならせる性的欲望を彼らに与えた。自然は、欲望に身をまかせ、生殖器官を用いるという文字通りの欲求を両親のために作り出し、そのうえ、本能的優しさを彼らに吹きこんだのである。すべての動物種において、この本能的優しさは、少なくともメスを無意識のうちに抑えつけ、彼らの子供の養育や保護にメスをよりいっそう特別に捧げている。

われわれは、次章において、子供を育てるという両親に課せられた義務のこの二番目の部分が、子供のなかに問題の権利を打ち立てることができるかどうかを検討するだろう。われわれは、子供に最初の食料を供給する手に、子供の教育が子供に対する専制権力を授けることができるかどうかを決定しようと試みるだろう。しかし、明白なことは、この絶対的権限が子供の誕生の結果としては、生じ得ないということである。というのは、誕生がそこにおいてなにかに影響を及ぼすなどということは、できない相談だからである。息子が誕生したときに、父と息子のあいだに存在するようになる関係は、権限の拡大とはなんの関係もない。というのも、父親がなにかを息子に命令することができるようになる前に、息子は呼吸をし、生きているからであり、自然の目的は、息子に生命を与えるように父親に誘いをかけることだけであるからだ。

小児が十分な活力をつけて、脆弱さによって結びつけられてきた支えから離れることができるようになった瞬間から起こることについて、自然は心配しなくてもいいし、心配するはずもない。自然は、小児が受け取ってきた配慮をただちに別の子供たちに返すように義務づける処置を取ってきた。すべての生き物は、自然の計画では、発芽する傾向を持つ果実であり、また、成熟期に達するやいなや、同種の生き物を産み出す傾向を持つ果実である。地上をたちまちにして覆い、飾ることになる幹が、自分から出てきた芽に依存するように強制することが自然の計画にはいっているなどと主張できるだろうか？

すべての動物についても事情は同じである。すべての動物が命を受け取った。すべての動物が命を与えなければならない。すべての動物は、命という不確かな財産を伝えた個体を、今度は、その個体が別の個体に同じものを伝えることができるようになるまで、守ってやり、見張ってやり、養ってやらなければならない。

しかし、彼らの個体に対する権利は、その脆弱さに救いを与えることに限られている。個体の力を横取りすることが許されるまでに権利が極端に走るなどとは、ありえない話である。個体に対する権利は、命を与えた個体を危険から遠ざけることを目的として持っているのであって、その悲惨をますますひどくすることが目的ではない。自然はみずからの利益のためだけに、動物たちを強力な存在に仕立てあげる。個体は、援助を要求することをやめるやいなや、服従をやめる。そして、個体がひとりで自分の食料を調達できると感じた瞬間は、十全な権利を持って、自分の自由を所有する状態にはいった瞬間でもある。

したがって、個体がその根拠となっている行為そのものによって、逆に根拠を奪われることがあり得ると主張することは滑稽なことである。自然の諸法則に従えば、生まれることは、その隷属を引き起こすことであるどころか、反対に、多分、個体がもっとも自由であるような生活環境に囲まれることなのである。そうだとすると、生まれてきた個体は、必要にのみ、また、同類すべての悲しき特性である弱さにのみ、服従していることになる。必要や弱さを免除されていないその両親は、命を授けるという義務を彼よりも余分に背負っていた。つまり、存在性を与えた両親は、そのあとも、まだまだ長いあいだ、その存在性を保つという義務を保持しているのである。彼が存在性を受け取る瞬間は、同じ義務に拘束されることからもっとも遠く離れている瞬間である。それは、自然が両親の心に整えた秘密のばねに最大の力を与える瞬間でもある。これらのばねは、援助なしでは済まない個体に援助をふんだんに与えるように両親を導くのである。

こういうことだから、個体が日の光を見たときから、両親のもとを去る決心をするときまで、子供への依存性（いつも自然状態しか考えない場合には）のうちにあるのは両親の方なのである。両親にまぎれもない支配権を行使していると見なされ得るのは、誕生した個体の方である。というのも、この個体に骨の折れる奉仕をするように定められているのが両親だからである。実を言えば、社会は、両親の損失補填を受け持っている。そして、この点で、私がのちに述べるように、社会はきわめて公平な相殺を行なうのである。しかし、自然はそんなことを望んでもいなかったし、それに取り組むこともできなかった。自然は、子孫を手にいれる能力を両親に戻した。それは、自然の目から見て必要であった能力であって、自然が欲してもいない別の能力の源泉にそれがなるように、自然は命令したわけではないのである（＊1）。

（＊1）　有名なロック[1]は、まさしく同じ意見である（プーフェンドルフの『自然法と万民法』、第六篇、第一章の訳解者が引用している『市民政府論』、第二部、第七章を参照）。しかし、彼は、社会状態に、成人した子供の独立性を移している点で、間違いを犯した。この独立性は、自然状態においてだけ生じるのだから。

第四章　まずは、母親に対する子供の従属を根拠づけることができるのは、教育の配慮ではないこと

他の哲学者たちは、子供を産むことが両親になんらかの権力を与えるにもかかわらず、そうであっても、教育を支える配慮こそがそれを補完すると考えている。とりわけ、プーフェンドルフ男爵は言っている。

「父親は、子供を養い、育てようと企てたときに、実際に父権を与えられはじめる」（＊1）。彼の註解者であるジャン・バルベラックは付け加えている。「教育は、父権と父親に対する子供の相互的義務との直接的な根拠である」（＊2）。しかし、両氏、ならびにこの考えを抱いてきたか、または、それを提供してきたか、どちらかの人びとがまたもや思い違いをしてしまったことは明らかである。

（＊1）『自然法と万民法』、第六篇、第二章を参照[1]。

（＊2）同、註記[2]。

子供を産むことそれ自体と同様に、教育は両親の務めである。それは、自然が彼らに押しつけているひとつながりの義務である。子供を育てることは、子供を作るという義務の付属物である。子供を作ったあとで、彼らを育てなければならない。これらふたつの行為は、どちらも同じ目的に向かって貢献している。ふたつとも、同じくらい必要で、ふたつとも、いわば強制されているとすれば、また、両親は、出産と同様、育児も、免れ得ないとすれば、本質的に同一のものである育児は、出産と同様に、後続の諸権利を正当化するこ

（1）ロック、ジョン（一六三二—一七〇四）。イギリスの経験論哲学者。ランゲが引用している『市民政府論』の第二部は、『統治二論』のうちの後篇部分。バルベラックによるロックの『市民政府論』を引用した註記は以下の箇所にある。Pufendorf : op. cit, tome II, p. 168–169.なお原本の柱《はしら》の章表示とページ番号に誤植があるため、以後のランゲの引用指示もしばしば間違っている。

（1）Pufendorf : op. cit, tome II, p. 189.

（2）Pufendorf : ibid, tome II, p. 188.

とはできない。

ところで、自然は、子供を産むように両親を駆り立て、生まれた子供を養うように、両親を強制するということは、疑うことができないことである。まず、メスに関しては、とりわけ人類の場合には、自然の意図を見誤る恐れはない。自然は、母親の胎内で、妊娠させ、成長させてきた果実に母親が結びつけられるように、母親をしばりつける。果実が母親の胎内から出てきたときに、自然は、生まれた果実に養分を供給するように、母親に命令する。母親がこの義務を免れようとするのを妨げるために、自然は、母親の健康と、いわば彼女ら自身の生存とを、義務の履行の正確さに依存させてきた。

時期が来れば、幼児の必要に応える恵み深い液体で、母親の乳房は膨らむ。もし、彼女らがその利用を幼児に拒むほどの冷酷さを持っているなら、また、幼児が母親の同情を要求し、母親にその義務を思い出させようとして、泣き声を出しているのに、もし、社交界のむなしい快楽や非人道的な優雅さが母親にそれを聞こえなくさせているなら、幼児を健康にするこの栄養分は、母親に対する恐ろしい毒素に変えられるのである。それは、血のなかに逆流し、血液全部を汚染する。それは血に火をつけ、血を燃やす。残酷きわまりない変調を伴う長期の苦痛が、犯罪的な無関心の廉《かど》で、母親を罰する。そして、母親は、世話を頼まれた子供から生命の源泉を奪うことを恥とも思わなかったので、しばしばこの生命の源泉から死を授かる。

以上は、おそらく、母親にとってはきわめて明瞭な服従の合図であり、見られるように、服従は小児の必要とまさに関係しているのである。小児には、それを要求する権利がある。しかし、小児には、母親を従わせるだけの力はないだろうから、自然がこの服従を必要とさせるように努めたのである。自然は、小児の涙が合図となること、そして母親がそれを拒んではいけないのではないかとびくつくことを望んだ。自然は、間違いなく有効な即座の罰が拒否の野蛮さに必ず加えられるような形で、すべてを整えたのである。

これほど思いやりのある注意は、たしかに、その対象となっているものを隷属に引き渡すような、自然の側からの意図を予告するものではない。そこから、自然は、いつかは小児が自分の自由を行使できる状態になるように、小児のためにたくさんの助けを用意すると同時に、この同じ自由の剝奪がその代価となることを望んだなどという結論を導き出すことは、馬鹿げている。小児の弱さは、援助を求めるための資格である。そして、援助を認める母親自身にとって、それらが有益であるということは、援助が無償であるためのもうひとつの資格である。そこから彼女が受け取る慰めによって、母親はその代償を得ている。援助をふんだんに与えることによって、履行を怠ると罰せられるという、神聖で、侵すべからざる義務を母親は果たしているだけなのである。

第五章　同じ主題の続き。子供に対する父親の権力は、教育にもとづくものでもあり得なかったこと

父親に関しては、私は、彼らの隷属性が母親の場合と比べて、それほどめだつものではないということを認めている。私がそのことを言っておいたように、本当の自然状態では、依存性は皆無そのものである。メスだけに子の養育に伴う苦労と子に生活の糧を供給する必要性が降りかかる。しかし、その場合、自由は少

なくとも相互的なものとなろう。つまり、父親は、子供になにも供給しないから、子供になにかを要求する権利がないことになろう。

この状態が打ち破られ、そこから帰結する肉体的・相互的独立性が社会から生まれる精神的隷属に譲歩するとたちまち、その時点から、今度は、夫が義務を背負うように強いられる羽目に陥る。もっとも、その義務は、母親の場合と比べれば、おそらく厳しくはないだろうが、しかし、不断の義務ではある。それは、夫の側から、より自発的に背負われるが、しかし、そうはいっても、夫にはそれから逃れる力は、もはや、ほとんどないに等しい。そこに存在する唯一の違いは、父親がそれを避けると、後悔の念を抱く危険にしかさらされていないことであって、母親の場合は、即座の肉体的懲罰を受ける危険にさらされるということである。そのとき、男の心に作用しているのは、まさにいつもの自然である。しかし、自然は、オスを動かすために、別のばねを用いる。自然が新生児のそばにオスを固定するために使う絆は、別な風に織られている。

一般に、自然は、われわれと似た個体に対する同情への傾向をだれにでも与えてきた。このひそやかで、力強い感情の力を社会は弱める。社会はその効果を制限する。社会は、ほとんどいつの場合でも、それに沈黙を押しつける。社会がその声をかき消さない場合でも、社会は、それをほぼ全面的に効力のないものにする。社会の作品である個別利害は、社会が廃棄した感動に耽ることを妨げる。そして、社会がわれわれの体質をまったく変えることができなかったにもかかわらず、また、或る種の音が打ち叩くときに、情け深い人情味を心に伝えるために作られている耳の器官が、その機能をいつでも果たし続けているにもかかわらず、それでもやはり真実であることは、われわれが一緒に暮らすことによって、あまりにもしばしば、われわれの平穏を乱しかねない不意のこの感情を遠ざけることに慣れているということである。

そこで、自然は、実に、われわれの仲間たちの大部分に対しては、効き目がなくなってしまったこの動機から、また、自然が仲間たち全部のために、われわれに吹きこむ意図を持っていた同情心という、いわばこの余剰品から、父親を子供のそばにつなぎとめる新たな本能を、父親の心のなかに組み立てるのである。まさに、他の人びとに対する同情心を犠牲にして、自然は父性愛を形成する、同情心は、父性愛の損失で増大する。そして、夫は、人類の残余部分に対して、無関心をいっそう多く味わっているだけに、一層多くの優しさで、自分の妻が乳を飲ませている小児を見ることに慣れる。

薄い色の弱いワインを大寒気にさらしてみたまえ。ワインの精気は、まずは、液体の面積全体に等しく拡散することで、やわらげられたあと、冷気でできた、液体を覆うぶあつい殻の下にたちまち圧縮される。この精気は共通の中心に集められる。精気はそこで驚くべき活力を結合によって得る。例のぴりっとからい塩分を欠いた外被は、作用も、香りもない、死んだ塊しかもはや提供しない。一方、外被の下では、アルコール度の高い、清澄なエキスが形成される。それは、強さで舌を驚かせるのと同じくらい、その透明度で目を喜ばせる。

盲目的な心の動きについても同様のことである。自然状態では、この動きは、苦しんでいるすべての人間の方へ、例外なく、われわれを向かわせる。動きが散らばって存在している心の方を、ひとたび社会が凍えさせてしまい、社会が形成されて以降は、人間が所有しているすべてのものが収められているあばら家のなかに、この動きの力を社会が集中してしまい、さらに、壁によって彼と隔てられているすべてのものを、自分にはかかわりのないものとして見なし、自分の目の下に、あるいは、自分の近くにいつまでも存在しているものだけが、自分に関係しているものである、と見なすほどにまで、社会が人間を導いてしまうと、たちまち、人間を制していたこの衝動は、自分の類に属する生き物が近づくと、はるかに狭い輪のなかに限定されてしまう。この衝動は、みずからが追いこまれた空間の小ささに比例した活力をそこで得るのである。そうなると、それは、縮められた分だけ一層、荒々しくそこで作用する。それは、以前には、魂を揺り動かすだけしかしなかった。いまでは、それは魂を引き裂く。それ以来、狭い囲いの内側に、家族は孤立したままになっているので、家族を構成する人間のうちのひとりが他の人間に苦痛を与えようものなら、そのほんのちょっとした痕跡でも、以前より激しく他の人間に影響を及ぼす。その激しさたるや、彼がもはや関心など持っていないよそ者の大群の叫び声や呻き声の比ではない。

こうした精神状態と合わせて、たったひとりの男の排他的激情に女を委ねるという最初の誓約が喜んで受けいれてしまったあばら家のなかで、なにが起こるに違いなかったかを検討してほしい。九か月待ったあとで、官能的結合の果実を苦痛とともに引き渡さなければならなくなった瞬間が到来したら、どんな情景が持ちあがったかを思い浮かべてほしい。そのときこそが、おそらく夫婦感情の勝利であり、父親の優しさの時代であった。

分娩のあのほほえましい場面は罠であった。父親の快楽の結果に対して、自然が父親に与えた無関心は、この罠にはまって、そのなかに消え去った。母親の叫び声が子供の泣き声で中断されるあの瞬間、あるいは、分娩の準備と産みの苦しみによる極度の疲労にもかかわらず、母親が苦痛を伴う満足感で、苦労の多い努力の成果を見つめると同時に、分娩の原因となったあとで、その証人となる夫をも見つめるあの瞬間には、父親は自分自身の主人ではもはやなかった。獰猛きわまりない心を揺り動かすのに、とてもふさわしいこの絵は、それが目に提示されると、間違いなく原初の男たちに深い感銘を与えた。

原初の男たちは、だれもが、苦しみで呻く配偶者と愛撫の未熟な対象物とのあいだで、宙ぶらりんになり、配偶者の思いやりと赤ちゃんの弱さ、そして両方が流す涙で、強い印象を受けた。彼らは、この感動的光景に、このうえなく激烈な情動で揺り動かされるのを感じた。彼の腕のなかに受け取ったばかりの無邪気な被造物の泣き声が初めて彼の耳を揺さぶり、彼の心の奥底まで、自然のこの絶対的な声を響かせたとき、愛と憐憫がただちに彼にしみこんでしまった。そして、新しい事態は、この自然の声に、永久に黙ることを余儀なくさせているように思われた。

そのとき彼は、或る意味では、別の感覚を獲得し、また、それまで彼にとっては、未知のものであった考えを獲得した。自分の意志から出たわけではないが、しかし、抵抗するわけにはいかないような感情に突き動かされ、母親の涙をぬぐうために母親に気持ちを傾かせながら、彼は、愛情たっぷりの同情心で、子供を自分の胸に抱きしめた。彼は、そう望んでも、子供から離れることはできそうにないと感じた。彼は、子供から離れたら、不安を抱かないではもはやいられなかった。この最初の瞬間に、子供に食料を与える喜びを得るために、彼の同伴者と相争うことはできなかったとしても、少なくとも、彼は、子供の保護と安心を保証するような別の世話仕事を、急いで、分担した。

多産性が再び二重にした、ひとつの愛のこの証《あか》しをいつでも目にするために、彼らは、それを彼らのあいだに置いた。彼らの視線は、ゆりかごのうえをかすめて、交錯した。弱さと無邪気さのこの避難所のうえで、彼らの魂は、渾然一体となり、新たな愛の炎と新たな生活をそこから汲み取っていた。母親の状況の辛苦に満ちた身分上の役割のなかで、ひとりの頑健な連れ合いを彼女に与えた原理とは、こういうものであった。注意深い番人と熱心な守護者を幼年期にもたらした動機とは、こういうものであった。

私が思うところでは、父親が果たしたこの義務のなかに、息子に対する無限定な専制主義を正当化するための権原を見つけることは難しい。たしかに、それは、この息子の心に感謝の念を生まれさせたに違いなかった。あとになって、振り返ってみると、息子の母親の夫は、彼の幼年時代の支えであり、青春時代の賢明な指導者であったことが息子に示されていた。しかし、そのことだけから、息子は、自分自身の意志を捨てなければならなかったと断言することは、理性の基本的な原理から遠ざかることである。また、ありとあらゆる気まぐれに隷従することが望まれていた息子が、援助にまつわる重要性も、範囲も、知ることができなかった時代に、彼に与えられたこの援助のせいで、これらの気まぐれに従う義務を負ってしまった、と主張すること、さらに、非常に一般的で、重要きわまりない結果について、ひどく限定され、きわめて軽い原因しか指定しないことも、理性の基本的な原理から遠ざかることである。それは、わざわざ良識と真理を傷つけに行くようなものである。それは、社会で一番役に立っている、社会の主要な諸法規のひとつに、馬鹿げた起源を与えようとすることであり、したがって、その権威を失墜させることである。

第六章　同じ主題の続き。この問題に関するプーフェンドルフの一番目の勘違い

プーフェンドルフ男爵は、驚くべき軽々しさで、この問題の全体について、不条理なことを言っている。彼は、父権に関して、『自然法と万民法』、第六篇で長い一章（＊1）を書いた。彼は、父権の源泉、時代、限界、効果を詳細に検討している。彼がそれについて言っていることは、そのほとんどすべてが、かくも名声のある人物の側から出たものとは、思いもつかないような勘違いの連続である。私は、それらのすべてを指摘することに取り組むことはしない。しかし、私は、そのいくつかを指摘するのを慎むことはどうしてもできない。それらに対する反駁は、われわれが取り組んでいる対象のうえに、新たな光を投げかけるだろう。

（＊1）　第二章。

まず、この著作家は、いたるところで、自然的自由と社会的隷属との奇妙な混同を犯している。彼は、毎回、後者からしか生じ得ない結果を前者のせいにしている。だから、たとえば、彼は次のように言うのである。「厳密な意味で父権と呼ばれているもの以外に、自然的自由のなかで父親が暮らしているか、市民社会のなかで父親が暮らしているかに従って、流儀はいろいろであるが、いずれにしても父親は、家長としてなんらかの権威をも持っている」（＊2）。そして、この権威は、自然的自由においては、「ばらばらに分かれて、独立していたそれぞれの家族が、やがて小さな国家に似通ったものを持つようになってから、その長に

なった人間が、たしかに少しの至高権を握る権力をも、持つようになった」ことから成立している。

（＊2） 同章。[1]〔原本乱丁〕

このドイツ人〔プーフェンドルフ〕が自然的自由の状態として見なしているものは、まさにまぎれもなく完全な市民社会の状態であるということは明らかである。父親でも、ほかの人でも、だれでもいいが、ひとりの首長が自分の命令下に複数の個人を集める瞬間から、また、ひとりの人間が他の人間たちに命令する権利を持った時点で、それはこの自然的自由の破壊の瞬間なのである。罠と少しでも関係を持っているように見えるどのようなものでも、それを野鳥が目にした途端に飛び去るように、自然的自由は、それを束縛することのできるあらゆる類の規則が近づいてくると、消え去ってしまう。それは、秩序と両立できないのではなく、規則と両立できないのである。このことは、非常に異なったことなのである。自然的自由は、みずからの欲望以外の主人を認めず、みずからの自由意志以外の法律を認めない。それは、他人の自由などにまったく期待しないで、自分の自由を守る。それは、暴君に我慢することからほど遠いのと同じほどに、奴隷を作ることからもほど遠い。

したがって、スウェーデンの歴史学者は、[2]ひとりの首長に服従している状態としてそれを描いているので、間違っている。自然的自由は、家族も、国家も、主権も認めない。それが存続している限りでは、父親は、力強い存在として、同じ自然のなかの弱い存在に対して、そうとは知らずに、生存を与える。息子は、第二の個人として、時間が経つにつれ、それとわからないうちに、彼を作ってくれた人間と同じ度合いの力を持つに至る。そして、今度は、彼の番で、彼は、後代の人間を世界に住まわせるが、しかし、後代の人びとにそれ以上のことを知られることはないし、後代の人びとについてそれ以上に気にかけることもない。

社会が単独で、こうした関係を、彼らのあいだで、一変させるのである。そのときこそ、父親と息子の双方は、お互いに対して、独立している状態にあることをやめる。そのときこそ、彼らは、相互に果たすべき義務を持つ。この時代においてこそ、息子の首に軛《くびき》がはめられる。その引き綱は、父親の手に届いていて、父親の意志が牛追い用の専横な突き棒となって、息子はそれに逆らうことはできない。しかし、父親を息子の絶対的主人に仕立てあげる強力なこの武器を市民諸法が前者に託するとき、当の市民諸法を正当化する理由とはなんであるか？　プーフェンドルフ男爵によれば（＊3）、それにはふたつあるという。

（＊3）『自然法と万民法』、同所を参照。

第一に自然法である。父親と母親に、自分たちの子供を世話するように命じるのは、これである。「しか

（1）Pufendorf : op. cit, tome II, p. 194.

（2）プーフェンドルフのこと。彼は、『ゲルマン帝国の国制について』（一六六七）が巻き起こしたスキャンダルでハイデルベルク大学を去ると同時に、スウェーデンのカール11世の引きで、ルント大学教授に就任したが、ここでも『自然法と万民法』が神学者から非難されたために、教授職を辞した。それと引き換えに、彼は、カール11世付きの歴史編纂官に任命され、スウェーデン史を著した。その後も、歴史家としての評価は高く、一六八六年にドイツのブランデルブルク選挙候の歴史編纂宮廷顧問官に任命され、ベルリンで生涯を終える。序論、訳註（72）参照。

るに」とこの著者は言う。「子供の年齢のせいで、子供が自分自身を導く力もなく、自分の必要に応ずることも自分自身ではできず、自分の利益さえ知る力を持たない場合、父親と母親が子供を申し分なく育てるために、どのような手段があるだろうか？　それから、また、ひとつの目的を義務づける人ならだれでも、目的に到達するために絶対的に必要な手段を用いる力を、同時に与えるものと見なされている。そこから出てくる結論は次のようである。自然が父親と母親に彼らの子供の面倒を見るように命令したとき、同時に自然は、結果を出すために彼らには必要となる限りで、子供に対する権威をそのためだけに彼らに授けたのである。したがって、自然は、父親と母親の指導に服する義務を子供に強制しもしたという結論が出てくる。それなくしては、父親と母親の権利も使いものにならないだろうからである(3)」。

このくだりとそれが含んでいるつじつまの合わない理屈とが、いかに子供っぽいものであるかをプーフェンドルフが感じていなかったことは驚きである。実際、そこからどのような結論が出てくるか？　歩くことができない自分の子供を母親が危険から救い出すことができるためには、子供を彼女の腕のなかに持ちあげる力を彼女が持っている必要がある。母親が子供を産着《うぶぎ》でくるむことができるためには、子供を産着《うぶぎ》で包む手に子供が抵抗できないことが必要である。これは、たしかにだれも知らないわけではないことであり、だれも異議を唱えないことであり、同時に、解明する必要がある点とは完全に無関係なことでもある。

たしかに、子供の保護とその弱さとが助けを必要としている限り、助けを受け取る子供が恩恵深い手に服従させられることは、必要である。暑さが子供の四肢を麻痺したままにしておくとき、また、子供にしみこむ寒さに対する対処法を子供がまだ知らないとき、子供が子守りの親切から逃れ出て、自分を温めなおしたり、湿った服を脱いだりする忌まわしい権力を持っていたら、子供は命を落とすであろう。しかし、この依存性は、すべて彼の必要に根拠を持っているのである。依存性は必要と同時に終わる。つまり、依存性は、子供にとって、この必要より長生きする契約の源泉ではありえないということである。幼年期の子供は手引き紐で引っ張れるだろうから、三〇歳になれば、子供に対して権威を持つと主張することは、六か月目に子供を横たえていたのと同じゆりかごに、三〇歳になった彼を眠らせたいと望むことに劣らず、滑稽なことであろう。

第七章　同じ主題の続き。この問題に関するプーフェンドルフの二番目の勘違い

「さらに」とプーフェンドルフは付け加えて言っている、「これは第二の理由であるが、父親と母親の権威は、子供の『推定』同意にもとづいている。したがって、それは、一種の『暗黙の』合意にもとづいているのである」(＊1)。このことを彼は、長いひとつの推論で証明している。その内容は次のようなものである。子供たちに与えられる手助けは、子供たちにとって有益なものであり、かつその手助けは、子供たちに対して強いことが言える権威を必要としているので、分別ある年齢に達したら、この権威の承認のために、子供たちが手を差し出したに違いない、ということを想定することができるし、それゆえ、まるで子供たちが権

(3) Pufendorf : ibid., tome II, p. 189. 引用箇所は第二章「父権について」から。

威の確立に同意したかのごとく、正当性を持って、彼らを権威に服させることができるというのである。
（＊1）同所。[1]

バルベラックは、この同意の力とそれが両親に授ける権力とをまさに事実として認めている。しかし、バルベラックは、この同意を、「推定」同意ではなく、「暗黙の」同意と呼びたがっている。彼は、この同じ訳解書の別の学識溢れる註記[2]を参照している。そこにおいて、彼は、偽りの、「暗黙の」、等の修飾語を持つ同意とはなんであるかを教えている。というのも、これらの恐るべき学者たちは、事柄に関してよりも、修飾語に関して、もっと頻繁に、議論しているからである。

われわれとしては、無益であるのと同じくらい荒唐無稽な同意なるものに、どのような名前が与えられるかを知ることなどには、まったく興味がない。それが推定であろうが、暗黙であろうが、子供の意志がそれに協力しなかったら、たちまち、それが有効であるためには、のちに批准することが必要となろう。ひとりの青年の従属を正当化するためには、その影響が感じられるようになる歳頃に、彼によって確認される必要があろう。そして、手にすることができるかもしれない、彼に対する権力の正当性が、そのときには、存在していなかった、先のいわゆる同意にもとづくのではなくて、まさにこの事後確認だけにもとづいて、打ち立てられることになるだろう。

プーフェンドルフは、「留守のときに、人に事業の管理をしてもらっていた」ひとりの人間の例を引いている。「彼は、彼に代わってこの仕事をしてくれる人が支払いをしたときには、その分を弁償するという契約を暗黙のうちに交わしているものと推定される」[3]。しかし、こんな理屈は、証拠の大いなる欠乏を告げているだけである。この事例とわれわれが検討している事例とでは、いかなる種類の関係もない。

留守をしている所有者の土地を他人が改良したり、彼の屋敷を維持したりする際に、この所有者が負った暗黙の義務とはなんであるか？　管理をしてきた世話好きな人間が支払うことができた前払い金を、返済する義務である。それで、なぜこの義務が所有者を拘束すると見なされるのか？　ふたつの理由からである。第一に、世話好きな人間は、持ち主に対してどんな義務も負っていなかったからであり、彼が実質的な前払いを行なったからであり、彼の善意が彼に損害をもたらし得るものになることは、正しくはないだろうからである。第二に、修復された土地の主人は、その所有権と同様、その享受をも保持しているからであり、同時に、そのことから、それを改良するために使われたかねの果実を、彼は受け取るからである。

しかし、こちらではすべてがまったく違っている。まず、両親は、まさに彼らの義務を履行するために、子供の面倒を見てきたのである。彼らの真の役割は、子供を養うことであり、子供を育てることである。これが彼らに自然が運命づけたことである。自然が彼らに重荷を背負わせたのだ。彼らは、自然のもくろみに反する方向に行かないでは、それを免れるわけにはいかなかった。私は、そのことを打ち勝ちがたいほどに、証明したと思う。しかしながら、報酬を確保する契約の基礎に、子供の面倒を見ることを据えていたのだと

（1）Pufendorf : op. cit, tome II, p. 189.
（2）該当箇所は、『自然法と万民法』の第三篇、第六章、第二節の註記（3）である。Pufendorf : ibid, tome I, p. 369–370.
（3）Pufendorf : ibid, tome II, p.189.

したら、彼らの側からは、絶対に無償でなければいけない夫役に、代価を支払わせていることになるであろう。これでは、果たすべきとされた義務を履行したために、かねが彼らに支払われたことになるであろう。おまけに、引用された例では、主人が不在のうちに改良された土地は、相変わらず彼の所有物のままであるのに、こちらの例では、子供に対する世話は、子供から自由を奪うことをめざしている。まさに、子供の力の用益権を横領することによって、彼は、子供の力を獲得する手段が得られたことになる。いつの日にか、ひどく高い利子を要求する権利を手にいれるためだけに、子供のまわりにあらゆる類の助けを積みあげているようなものである。最後に、それは、分別のなさを利用して、本当の財産や身体の支配権を当の分別から剝ぎ取ることであり、主人がやってきたときに、主人をそこから追い出すためだけに、この領地を飾り、その増大を助けることであろう。しかるに、このような横奪は、いかなる権力をも根拠づけることができないことはたしかである。

第八章　同じ主題の続き。先に述べたことに関する説明と本篇、第三、第四、第五章の弁明

生殖行為は、その成果となった個人よりも、その快楽を味わっていた個人に対して、より多くの義務を押しつけると私は述べた。自然状態においては、誕生を受け取ることによって、いかなる約束をも交わさなかった代わりに、誕生を与えることによって、非常に広範囲にわたる約束を交わしたことになる、と私は主

張した。私は、次のことを証明した。すなわち、両親にとっては、自分たちの子孫に対する教育が神聖で、侵すべからざる義務であり、この義務を彼らから免除してやれるものはなにもないこと、それとは逆に、子供たちが自分で食料を探すことができない限りは、子供たちには、養育されることしか義務づけられていなかったこと、そして、子供たちの体力が十分発達を遂げたことによって、それを利用するすべを彼らが知ったということが証明されたとき、子供たちは、両親がやってきた世話から解放されることがそれである。最後に、私は、父親と母親の世話がいかにして彼らの権力の終わりを急がせていたか、そして、人は、両親なしで済ませられるようになるやいなや、いかにして彼らに対する服属を、自然の諸法則に従って、やめることになったかを、私の考えているところでは、十分明確に説明した。

たしかに、両親に対して子供が苛酷な取扱いをするように、私が推奨したがっているということではない。私が父に対する息子の忘恩を正当化することを主張しているなどとはとんでもない話である。本書のあとに続く部分は、この非難から私を十分に守ってくれるだろう。しかし、それを読んでしまう前にも、あえて非難しようとするほど、十分な判断力を備えた批判者がいる。私が非難に値しないことでは、私には十分な確信があるものの、それでもやはり、非難を避けるに越したことはない。書き手が公平な裁き手とだけ付き合っていることに確信が持てれば、はるかに少ない注意で済ませられるだろう。しかし、それ自体としては、正しい言葉でも、それを解釈する人びとによって誤解されただけで、それが断罪をやすやすと引き起こす有様を見ていると、少しばかり、長くなる危険を冒してでも、努めて明快に説明して、説明しすぎるということはない。

自然の諸法則によれば、幼年期の代価であった骨の折れる世話から青春の訪れがひとりの人間を解放するのだ、と私は、実際、言っている。血の沸き立ちが彼に与える力を、彼は、ためらいなく、思うように使うことができる。必要もないのに、他人に損害を与える方向にその力を向けさえしなければ、意志に反する方向に彼の歩みを向けさせるように主張したり、彼を隷属させるために、いまは、生き生きとした活力を喜んで享受しているのに、そこへ彼を導いた昔の援助を請求したりする権利を持った人は、世界中に、だれひとりとしていない。

しかし、社会状態においては、すべてが変わる。社会が導入し、必要とする息子の優しさは、社会が世界に作り出した最大の財産のひとつである。それは、社会が世界に引き起こした害悪の大群に対する毒消しである。そこから生じる尊敬のこもった愛情は、人生の両端をとても優しい感情で近づける。それは、自然が幼年期のためだけに準備してくれたのと同じ支援を老齢期のために用意する。この愛情は、子孫の感謝のなかに、老人が失ってしまった力と同等のものを老人に再発見させる。それは、子孫自身が、老人の力のなかで、彼らがまだ持っていなかった力に対する補足と、かつて、めぐり合ったことがあるのと同じである。

援助と愛情のこの相互取引は、或る年齢を、別の年齢への援助として次々と役だたせる。この取引は、人生の始まりにおいて、それを利用してきた人間にとって、かつて利益があったのと同じくらい、力の終焉期にそれを利用する人間にとっても利益がある。さらに、それは、いつの時代にも、息子の感謝によって父親の愛を正当化する。

しかし、とても立派で、とても有益なこれらふたつの美徳のうち、一方は、自然資源の一種の濫用によってのみ自然的なものになり、他方は、その範囲の全体において、人工的なものであるという点を見ておくことにしよう。ふたつとも、社会の果実である。それらは、排他的利害にもとづいて打ち立てられた、われわれのところのような社会の果実でさえある。私は、現実のなかで、これとは別の美徳があり得るかどうかについては、検討しない。きわめて偉大な人物が——彼らの意見によれば——この絆なしで済ませられる社会制度を考え出してきた。

眠りながら、プラトンが彼の国家の見事な建物を建て、彼が、そこでは、すべての女性を共有にすることと国家以外の父親を認めないこととを唱えていたとき、たしかに、彼は、父性愛を制限することで、それを無に帰していた。彼は、息子への愛を広げすぎて、それを壊していた。彼の都市国家では、どの父親も、他人の息子以上に、自分の息子を可愛がることができないので、たちまち、彼らは、だれの息子も可愛がらないことに行き着いてしまったはずである。どの息子も、父の資格を手にいれるために努力していた男たちすべてに、分け隔てなく、同じ敬意、同じ尊崇を抱くことを強制されていたので、彼らは、反対の道を通って、同じ無感動に行き着いたに違いない。実際、だれをも愛さないことと万人を愛することとのあいだには、言葉の違い以外の相違はほとんどない。

プラトンの国家は、一度でも実行に移そうと試みられたことのある仕組みではない、ということは本当の話である。みなが一致して、それを絵空事として見なしてきたことも、もっともな話だ。しかし、結局、この項目のせいで、プラトンの国家は、このような評価に値したのではない。そのうえ、彼の原理は、われわれの原理ではまったくない。われわれの制度の基礎は、ひとつには、女性共有制ではまったくない。なぜなら、それは、起源においては、反対に、女性の奴隷制から成り立っていたからである。この同じ制度は、父親の愛情を避けたり、子供の隷属を廃止したりすることなど、思いつきもしなかった。というのも、それは、子供を父親に対する完全このうえない従属状態においていたからである。そして、この仕組みの淵源こそ、われわれが探しているものなのである。

第九章　所有精神が父親に子供に対する無制限な権力を授けた真の原因であること

われわれが提出した諸原理について、そして、作り手に感謝することに慣れた若者が自分たちのまわりで育ってくるのを見た原初の男たちがどのような状態にあったかについて、深く考えたいと思っている人にとっては、原初の男たちがわがものにした若者に対する権威の源を見つけることは、難しいことではない。自分たちの安心を確実なものにしたいという渇望は、世界に住みつくための仕事を自分たちと分担しようとしていた配偶者たちに対する、ほぼ制限のない支配権を、彼らに切望させ、獲得させた。彼らの所有物を隠匿したいという渇望、不安なく彼らの畑と家畜を保持したいという渇望は、あの若芽が顔を出すのを大いに感動して見たあとで、恐れを持って同じ若芽を見はじめていた彼らのうちに、この若芽を配偶者たちと同じ状態に追いこむという考えを生まれさせた。

この排他的な囲いのなかに、所有権が誇らしげに宿営していたが、気づかれぬうちに、そこをおびただしい数の住民が満たすようになっていた。これらの住民は、のちのち、原初の男たちにとっては、信用できない存在になるかもしれなかったが、しかし、もはや彼らには、これらの住民をそこから追い出すことは、許されてはいなかった。これらのわらぶき小屋は、横奪の隠れ家となり、享受の舞台となったが、数年も経たぬうちに、力においては平等で、数においては、それらを建てた人間よりもまさっている、新参の個人の大群で溢れかえるようになっていた。暴力で線引きがなされた放牧地の板囲いと貪欲でうがたれた堀で守られた、分割地や囲い地が立ち並ぶ大地のうえで、増加した消費者たちに、順位を割り当てなければならなかった。

男という資格で、彼らはそこで権利を行使しなければならなかった。そして、情熱と欲望に満ち溢れた男として、そこでのもめごとをひどく恐れさせなければならなかった。煮えたぎる血が彼らを活動的にしていた。彼らの心のなかで享受の例が強欲を成長させ、それが彼らを不正な存在に仕立てあげることができた。今日では、道徳的諸関係が社会の力と絆を作っているが、そのうちのなにひとつとして、この頃には、まだ存在していなかった。息子の命を作った人間に対する息子自身の尊敬をこめた献身に価値を認めようとする発想を、なにものも彼らに与えることはできなかった。長期にわたる一連の善行に対して、感謝の念からなされる意志の無私な犠牲から生まれる内的満足感を想像することが彼らにはできなかった。

彼らは、暴力によって服従させられた奴隷たちに囲まれていた。この見世物は、権力者になるためには、どのような手段を用いなければならないかを、その十分な数とともに、彼らに示していた。そのうえ、彼らは、彼ら自身の父親を、怒りっぽくて、粗暴で、彼らの所有権には、おそらく、狂気に至るほどの嫉妬心を持ち、この問題に関しては、法律があるにもかかわらず、彼らの隣人との激しい言い争いの頻発にさらされている人間と見ていた。これらの法律は平和を推奨していた。しかし、攻撃とか、防御とかに先だって、自分たちに勢いをつけるために、いつも咆哮を発するあの獰猛な動物たちのように、専制主義は、所有権を主張したり、押し広げようとしたりするときに、激昂した叫び声を発していたから、そのあいだで法律の声は聞き取れたであろうか？

法律の果実を摘み取っていた父親たちの情熱がその声をかき消していたとするなら、同じ情熱によって主張を無に帰せしめられた子供にとっては、法律の声は、どれほどか弱く見えたに違いなかったか？　お前たち自身も横奪者になれ、という励ましの声があちこちから聞こえてくるなかで、自由への性向と、たしかに時折ではあるが、顔を出す所有に対する関心は、それらの証人にして、いつかは、それらの犠牲者になることを恐れなければならなかった人間たちに対して、それほど恐怖を引き起こすはずもなかったのではないか？　私が想像するには、父親の力強さと子供たちの弱さが続く限りは、父親は安心したままでいられるし、子供たちは従属状態に置かれたままである。しかし、彼らのあいだで、比率が変わったときには、また、年齢が父親から奪った力を、同じだけ子供たちに与えたときには、奪われた方は、自分が最初の例を与えることに貢献した暴力的権利を、最後には、子供たちが自分に向かって乱暴に行使するのではないかとどれほど不安にならなければいけなかったことか。

それ以来、自分たち自身の領地のまんなかで、戦慄するように運命づけられた所有者は、信用のおけないこの敵たちが自分たちのもとで育てられてきただけに、いっそう不幸な生活に落とされる憂き目を見ることになった。彼らは、すすんでその幼年期を保護してきた。彼らはこの敵たちを可愛がり、優しく見守ることに慣れてしまっていた。この敵たちを追放することは、彼らの心に嫌悪感を催させていた。そのうえ、これは、確実な打開策ではなかっただろう。それは、不正に口実を与えることであっただろうし、絶望で強欲を活気づかせることであっただろう。もっと穏やかな、はるかに賢い道が選択された。なくそうとしていた不都合からくる害悪を恐れる以上に、もっと多くの利益を産み出す薬が使われた。

そのために、子供たちに所有権を分けることは認められずに、彼ら自身が所有権に服属させられた。彼らが所有を混乱させるのを妨げるために、自分たちが所有の一部であるという自覚を彼らに強いるような存在様式が定められた。早くから、彼らは、完全な服属、つまり絶対的な従属に順応させられた。子供たちに対して厳しい仕打ちをするこの権利を恩恵の混ぜ物で和らげていた手には、すべてのことが許され、その手に反対するなにごとも許されなかった。そこからのほんのちょっとした乖離でも、叛乱として罰することと不服従のかげりに対して容赦なく厳罰をくだすこととがその手には許された。

たしかにこれは極端な方策であった。しかし、状況は、そのほかの方策を含んでいなかった。法律の初めての素案においては、言っておいたように、立法者たちが寛大になることはあり得なかった。立法者たちは、彼らが適正な範囲内に縮小しようと望んでいた、いまだ形の定まらぬ社会の諸部分に、重い大槌で手加減を加えずに大打撃を与えていた。彼らは、もっと繊細な手段ともっと洗練された注意で、彼らの仕事を完了し、終了するという心づかいを、別の時代と別の働き手に委ねていた。

妻たちが忠実でなくなることを妨げるために、立法者たちは、彼女らを奴隷身分にするすべしか知らなかった。子供たちから、父親の身ぐるみ剝ぐという魂胆を取り去るために、立法者たちは、父親を彼らの境遇の決裁者として見なすように子供たちに強いた。彼らは、子供たちから命を奪う権利を父親に授けると同時に、子供たちに命を与えるという、父親が持っていた権力を尊重するように、子供たちに強制した。かくも恐ろしい権利で武装したこれらの専制君主たちは、それ以後、後顧の憂いなく君臨した。彼らは、恐れを吹きこむ立場に身を置くことによって、彼らが味わっていた恐れから身を守った。

第一〇章　同じ主題の続き。この権利はいとも簡単に確立されたに違いなかったこと、そして、それは社会の原理そのもの、すなわち排他的所有にもとづいて打ち立てられていたこと

この新たな権利は、所有権の監視人になっていただけではなかった。それは、所有権の必然的発展でもあった。父親たちが子供たちを恐れる理由がなにもなくなったであろうとき、孵化したばかりの法体系は、もしそれが首尾一貫したものでありたいと願っていたなら、家族のなかで彼らを絶対的な主人として確立することは避けて通れなかった。法体系によって父親たちの手に置かれた王杖は、第二の簒奪からの守り手である以上に、第一の簒奪の必要不可欠な独占的所有物だった。異議を唱えようがない畑の所有者として父親たちが認められ、尊敬されるようになるやいなや、その果実を分け合うことを父親たちによって認められていただれからも、父親たちは認められ、尊敬されることが必要だった。まさにこの原理に従って、成人した息子たちに与えられた食料は、彼らに対する正真正銘の権利を打ち立てはじめたのである。

息子たちの隷属を正当化しえたのは、彼らの母の乳房を本能で彼らがしぼっていたとき、彼らの涙に強制されて認められるあの母乳などではまったくない。彼らの隷属を正当化しえたのは、彼らがゆりかごのまわりで這いつくばっていたとき、彼らの弱さに対して与えられる同情のこもった配慮などではまったくない。こうした効果を産み出すことができる唯一の理由は、私が説明したばかりの理由に従えば、四肢が強くなった彼らが、自分自身以外のなにものにも頼らなくて済むようになった時代において、彼らが受け取る食料である。

そのとき自然は、息子たちの解放を宣言していた。そのとき自然は、彼らに世界全体を開き、そこへ、彼らの食料を求めに行かせた。麦穂と奴隷制が交差していた耕地から、彼らが身を引き離す勇気を持っていたのだから、また、彼らがあえて、森のなかに引きこもり、もはやほかの逃げ場を持たないという戦慄すべき自由をそこに求め、自分の特性のすべてとともに、その自由を選んだのだから、言い換えると、苛酷だが、健康的な生活を選び、富裕を知ったときにのみ重荷となる平穏な赤貧を受けいれたのだから、たしかに、彼らは、所有が彼らのうえに広げようと準備していた網にはひっかかっていなかったことになる。彼らの日々は、このうえなく穏やかな平安と幸せきわまりない独立のなかで、流れていたことになる。

しかし、怯懦と習慣が、生まれつき彼らにはめられていた軛《くびき》のもとに、彼らを縛りつけたままにしておいたとき、また、幼い頃から、見るのを楽しみにしていた見世物である奴隷労働に、彼ら自身が身を捧げることによって、そして、大地を耕したり、動物の群れを監督したりして、奴隷を助けたあとで、彼らが奴隷とともに手を広げて、彼らの労働の報酬になる食料の割り当てを受け取ったとき、その瞬間からあとは、彼らは、所有者の支配に、奴隷同様、服属させられたのである。それこそまさに彼らの隷属の時代であった。この歩みは、彼らの側で、互いに対立するふた通りの生き方のどちらかを自発的に選択する行為を前提としていた。彼らは、選択と結びついていたすべての利益と同様、すべての不快さの危険をも冒すことなしには、どちらかひとつを選ぶことができなかった。

社会の基本証書によって、あらゆる果実は、それらが収穫された土地と同じ資格で、畑の主人のものになっていた。主人の知らないあいだに、果実を横取りすることは、できない相談だった。もしそんなことをすれば、罰を受ける危険にさらされ、横奪者に宣告される追放処分を食らう危険にさらされた。しかし、主人に分け前を要求することもまた、彼の所有権に従うことであった。彼から分け前を手にいれることに同意することは、それを拒む彼の権利を認めることでもあった。したがって、それは、主人が分け前を認めたときには、主人に対する義務を契約することでもあった。

第一一章　法律とは無関係に、社会状態そのものが父親に対する子供の無制限な絶対的服従を必要ならしめていたこと

しかし——と人は言うだろう、この義務は、際限のない覇権、あるいは限界のない専制主義を父親に承認するまでには至っていなかった。あの食料が報酬だったからであり、食料を要求していた側にはなにがしかの権利がそれに対してはあったからである。報酬のために広げられていたこれらの手は、それに相当した労

働のしるしをまだ持っていた。その後、麦打ち場のなかで穀物を踏みつけていた牛自身の口をふさぐことを神聖な法が禁じた。大地に穀物を産むように強いてきた働き者の腕は、牛以上のなんと多くの公正さを持って、その一部をわがものとすることができたことか！　息子であれ、奴隷であれ、この母なる大地の胸元を耕作で熱心に切り裂くことを決意しただれでも、また、犂《すき》でそこにつけた傷口に汗水を注ぎながら、大地を耕してきただれでも、大地を覆っていた傷への支払いに充てられる豊かな収穫物に対する自分の寄与分の返還を求める権利があった。

したがって――と人は付け加えるかもしれない、耕作奴隷に提供される生活の糧が代償であって、彼の奴隷制の源泉ではなかったのと同じように、収穫物を芽吹かせるのに貢献した息子が収穫から天引きする食料は、彼から横領することなどできなかった公正さであって、彼を従属に投げこむことができるような約束などではなかった。彼は公平を要求して、所有権を傷つけていたが、まったく、それ以上に、公平が彼に拒まれた場合には、公平さと衝突してしまうことになったことだろう。

こんな風に推論する人は、すぐに問題の状況を忘れ去ることができる人なのだろう。彼らには、社会が形成されたばかりの瞬間における人間の全般的立場について、よく考えてほしいものだ。人間は、ふたつの階級に分けられていた。ひとつの階級は、横奪者かつ征服者であり、この階級は、その成功を通じて、命令を与えることに捧げられていた。もう一方の階級は、打ち震える耕作者で、その敗北を通じて、命令を受け取るように運命づけられていた。一方は、絶対的所有者で、他方は、臆病な農奴であり、主人か、奴隷かであり、支配権の過剰か、隷属の過剰かである――当時、このようなものが人類のふたつきりしかない区分であった。

いかなる中間階級も存在することができなかった。力学的技術はまだまったく存在していなかった。富裕に租税を課し、貧困を奢侈の有用きわまりない道具にする、あの巧妙な発明品は、世界では知られていなかった。腕力以上に、手の巧みさの方に高い評価を与えさせるような、引っ張りだこになっているあの方策をだれも活用していなかった。完成された社会のなかに、他のふたつの階級からは独立した第三の身分を打ち立てるこの方策は、金持ちたちには必要なものとなり、彼らの悪徳を助長しながら、彼らの余剰を消費する。それは、まるで、太りすぎのからだのなかの熱のようなものである。そうしたからだでは、吹き出物が覆うことで、熱がその体液を吸収するのである。

したがって、われわれがすでに言っておいたように、人類全体は、二種類の人間から成り立っていたのである。一方は、享受の至福に置かれ、他方は、剝奪の苦悶に置かれている。ところで、こういった配置よりもあとに誕生した子供たちは、どの階級に属するに違いなかったか？　両親の目と手のもとに彼らがとどまってきた限りでは、少なくとも、所有者の階級に属するということにはなり得なかった。それに、彼らは、両親から身を引き離すために、なにを稼ぎ出したというのだろうか？　彼らは、他人の所有権によってすでに物権設定がなされていなかったような、なにを所有したというのだろうか？

彼らは、牧畜生活に従事しただろうか？　彼らは、まだ主人を持たない牧草地に家畜の群れを住まわせようと企てただろうか？　ほったらかしになっていて、手にいれるためには、昔の所有者たちと争わなくても済む、最初の占有者に開かれた、樹木の生えてない草地に家畜の群れを導いただろうか？

しかし、彼らは、これらの家畜の群れを形成するのに必要なものを、どこから引き出してきたのだろうか？　彼らは、原初の牧者のように、世話の限りを尽くしたおかげで従順になった野生動物から、家畜の群れを作ろうと思ったのだとしたら、もう一度、狩猟者になることからはじめなくてはならなかっただろう。彼らは、森のなかをさ迷い歩かざるを得ない羽目に陥ったことだろう。そして、彼らがもっと定住的な別の生活を知ったあとで、この流浪生活を再びはじめることに専心できたり、別の生活の魅力を味わってしまったあとで、その生活から離れる決心をつけることができたりすることは、ほとんどあり得ないことである。

おまけに、彼らの探索が成功しても、その成功自体があらゆる瞬間に、その危うさを彼らに思い出させたことだろう。まだごく最近のものである伝承は、彼らの父親たちの富の源を彼らに教えたに違いない。彼らは、彼らのあばら家のまわりで鎖につながれているあの農奴たちが、まずは、羊飼いであったということを、激しい恐怖とともに、いつも思い出したことだろう。彼らは、技術の発明者たちにこれほど害になる、当の技術を棄てることをわれ先に誓ったに違いない。この技術は、富裕の根から奴隷制を出現させ、富のふところ自体のなかで欠乏を芽吹かせていたのである。

彼らは、耕すための畑を遠くに探すことにしたのだろうか？　彼らは、遠く離れた、どこかの谷で、原初の農耕者の原理と振る舞いをたどり直してみただろうか？　しかし、この農耕者と同じ理由が働いて、彼らは、危険な孤独にたちまちうんざりしたはずである。彼らは、原初の農耕者のように、孤立したときには、必ず同じ運命を味わうことになると痛感したに違いない。こういうためになる考察を彼らが馬鹿にしたなら、たちまち彼らは、彼らの犠牲において、その正しさを知ったことだろう。利益の多い探索に従事していたとしてわれわれが描き出した、あの人間の狩猟者たちと、守りもなくたったひとりで遭遇した彼らは、彼らが軛《くびき》を避けたと思いこんで、自慢していたにもかかわらず、その軛《くびき》にたちまち人間の狩猟者たちによってつながれてしまったことだろう。彼らは、彼らの両親の公正な権力のもとで暮らさない代わりに、よそ者の暴君的権力のもとに陥る危険にさらされていたはずである。

彼らは、人類の第一区分に据えられることはあり得なかったので、当然のことながら、彼らは第二の区分に属することになるしかなかった。彼らは、社会が設立されたこと、それ自体によって、この区分に難なく投げこまれていた。全体の秩序は、父親たちの個別利害とは無関係に、彼らを隷属に委ねた。法体系の助けを得て、父親たちが家族全体に対する絶対権力を文字通りひとりじめしたとき、必然的に、おのずから、事物の現状に従っていた賢明な規則を、彼らは、法律によって、ひたすら打ち固めるのみであった。

第一二章　無限定な父権は家族のなかで平和を維持するために必要であったこと

この過度の従属が、社会諸制度の本性あるいは父親の利害によって、正当化されない状態にあっても、それは、子供自身の利害によって正当化されることになった。子供たちの自由が彼らの生命の作り手にとって危険でないかもしれなかった場合でも、それでもやはり、彼らから自由は剝奪されなければならなかった。それは、自由が父親と子供のお互いに対して有害な使われ方をするのを妨げるためであった。両親を尊敬するように子供たちを追いこむには、こんな共通の鎖など必要でなかったと仮定しても、彼らのあいだで、互いに手加減し合うように強いるためには、それが必要だった。

共通の鎖なしには、あばら家のなかは、残酷きわまりない分裂の舞台となったことであろう。一緒に暮らすという義務は、彼らにとっては、争いごとの汲めど尽きせぬ源泉であったはずである。そして、同じ始祖から全員が出ているという考えが家族をお互いに近づけたに違いなかったが、にもかかわらず、所有権が近接していることによって、彼らの心のなかに、おびただしい情熱やおびただしいむら気が広がり、それが絶えず彼らをばらばらにしがちであったに違いない。

兄弟がお互いに愛し合うことを義務づけるべく、われわれの法律とわれわれの習俗が努力を払っているただなかにわれわれ自身は、いるので、彼らの憎しみがどれくらい頻繁に生じ、どれくらい凶暴なものになっているかは、わからないのではなかろうか? お互いに愛し合っているような家族がふたつあるとすると、互いに嫌い合っている家族が一〇〇もある。血がもっとも濃い親族のあいだでこそ、とりわけ一緒に育てられてきた親族のあいだでこそ、激烈きわまりない競争がその後に勃発するのである。家族のふところで生まれた異議申し立ては、われわれの法廷が判決をくだすのに躍起になっているものの最大部分を占めている。

いまだ粗野な人間たちは、自分たちの感情を装うすべも知らず、それを抑えるすべも知らなかったから、避けることなどできない、このとげとげしさが、彼らのあいだでどれほど容易に成長し、表面化したことであろうかということを想像してほしい。同じひとつの婚姻盟約から生まれた果実のあいだで、両親は、なんらかの選択を勝手にしないということは、難しかった。両親の目から見て、才能とか、優美さとかが抜きん出ていれば、はっきりとした選好が正当化されるであろう。年齢による弱さとか、体質の弱さとかがあれば、両親の目からは、より多くの根拠から、選好に値するように見えたことであろう。

しかし、偏愛を示すどのしるしも、そのようなものを持たなかった子供の目にとっては、ひどい侮辱とか不公正とかに映ったことだろう。憎むべきお気に入りに対抗して、すべての子供が連合したに違いない。お気に入りへの優しさが行き過ぎると、他の子供たちにもそれを要求する権利があったから、この過剰は彼らへの優しさに害をもたらすように見えたので、お気に入りに責任をなすりつける機会をすべての子供が狙うことになったであろう。われわれが語る歴史上の最初の殺人は、このような類の嫉妬から引き起こされた。大地を染めた最初の人血は、兄弟のなかで妬みぶかいひとりの手がまき散らした、他のひとりの兄弟の血であった(1)。

もっと時代がくだると、残酷さでは劣るものの、無慈悲であることに変わりはない息子たちが、老年期の主要な支えとして父親が見なしていた息子たちのひとりから、容赦なく父の愛情をだまし取る有様が見られる。ヤコブは、自分の愛するヨセフが野獣に食われたと思って、涙を流したが、彼はさほど思い違いをしていたわけではなかった。父親の悲痛な誤解を冷酷に引き起こしたあとで、息子たちが彼の絶望を無感動に耐え続ける非情さを持っていたことを考えると、彼ら以上に残忍無比な動物を想像することは難しいくらいである(2)。

地上全体で、このような場景はやむことなく繰り返されたことであろう。多妻制がなおさらそれらを頻発させたうえに、いわば、このようなことが起こるのも、多妻制のゆえに、一層致しかたないことにしたに違いない。最初に争いごとが起こったときには、利害関係者のだれもが、ためらいをそれほど持つこともなく、よそからはいってきた女の一族に反抗して立ちあがったことであろう。家長の家が何人の子供を産める妻を含んでいたかによって、その数に相当する部分に家族は、はからずも分裂してしまったに違いない。そして、競争相手の胸を突き刺し、彼らの血を最後の一滴になるまで流させながら、すべての人間は、自分たちが親戚の血筋であったと考えるよりも、むしろ血筋から敵同士にすぎなかったと考えたことだろう。

父権は、すべての人間を無差別に包みこむことによって、軋轢の汲めど尽きせぬこの原理を飲みこんでいた。父権は、すべての人間を同じ軛《くびき》に結わえることで、争いごとを避けていたのである。自分たち自身のために、お互いが愛し合うように、父権が彼らを仕向けていなかったからには、父権は、彼らを隷属させているように見えることから、争いをしていては、全員を保護していた人間を侮辱することになりはしまいかと思うように、彼らのめいめいを追いこんでいた。自由な平等などというものは、終わることのない戦争を引き起こすことになったはずである。それに対して、服従の平等は、もっとも確実な平和維持の手段だった。

第一三章　話題にしたばかりの権力を妻たちに渡すことはできなかったこと

この最高権限、この絶対権力は、家長を非常に強力で、とても尊敬される存在にしていたが、いま見てきたばかりのことを参照するなら、妻たちがそこから除外されなければならなかったことを理解するのは容易

（1）兄カインによる弟アベルの殺害を指す。『創世記』、第四章。（2）この兄弟相剋のエピソードは、『創世記』、第三七章にある。

である。妻たちがいかなるやり方においても、それを請求できなかったことは、推察されることである。家庭内で、骨の折れる手仕事に閉じこめられた妻たちは、命令を受け取るだけに制限された自分を見て、それを与えることなど思いつきもしなかった。どんな例外も認めないこの権威を彼女ら自身が恐れていたし、彼女らは、それを横奪することなど考えつきもしなかった。まさにヘラクレスの棍棒は、オムパレ(1)の手に渡すために作られたのではまったくなかった。

古代においては、みずからの性に押しつけられていた厳格な制限を超えたところに登っていた高圧的な妻たちの例にお目にかかれないわけではない。彼女らは、全体としては彼女らの魅力に帰すべきではない支配権を家族のなかでさえ享受していた。たとえば、『創世記』においては、サラは、時折、彼女の夫に手ひどく命令をして、自分の言うことに従わせている様子が見られる。

彼女は、アブラハムと女召使いのあいだに生まれた息子が彼女自身の息子で、大切な跡取りであるイサクと遊んでいるのを見て、さっそく族長にこう言っている。「あの女とあの子を追い出してください。あの女の息子は、わたしの子イサクと同じ跡継ぎとなるべきではありません」(＊1)。アブラハムは、と聖書は続ける、まずは、この命令を悪くとった。「このことはアブラハムを非常に苦しめた」。しかし、その後、啓示があり、彼は軟化し、不幸な女召使いを、彼女の息子とともに、誠意のあらわれとして、少しのパンと水をつけてやって、門の外へ追い出すことで、彼の妻に全面的な満足を与えた。

(＊1)『創世記』、第二一章、第一〇節。

サラの発言は、しっかりした、気性の激しい女性を表わしている。しかし、彼女は、法律によって自分が支えられていると思っているようにも見える。女奴隷の息子は自分の息子とともに、財産を継ぐべきではない、と彼女が決然とした調子で告げていることは、私が言ってきたことには反して、父権が限界を持ち、妻がその限界を利用することが許されている、と考えることに根拠を与えるかもしれない。そこから、少なくとも、家庭の管理権が共有されていること、そして、この機会に、ずいぶんはっきりとものを言っていた妻だから、ほかのいずれの機会にも、彼女は同じように行動する権利を持っていたはずだという結論を引き出すことができるかもしれない。

しかしながら、このように推論することは間違っているだろう。第一に、サラがあれほど高圧的に喋る状況というのは、例外的であったということである。問題になっていたのは、一連の奇蹟によって告知され、約束された息子の権利であった。彼の誕生もまったく奇蹟的であった。彼の誕生は、一〇〇歳の父と九〇歳の母のおかげであった。神は、彼を神の民の首長となるべき運命に定めてしまっていた。これほど素晴らしい特権に極度に執着することがサラには当然許されていたし、また、奴隷の息子が天より祝福されし者とのあいだに、なにかしら平等性のようなものを設定したいと望んでいるかに見えただけで、傲岸にも奴隷の息子を追い払うことも、サラには許されていた。

(1) ギリシア神話に登場するリュディアの女王。ヘラクレスを買い取り、怪物退治をさせ、みずからも男装をして、ヘラクレスの棍棒を使って活躍した。

第二に、この指摘の正しさを裏づける事実があるということである。同じサラが、彼女の夫に対する敬意を欠くことに、一層多くの口実をおそらくは持っていたと思われる別の複数の機会に、夫に対して、より以上の敬意を示している姿が見られるのである。サラの証言によるのであるが、サラの前に、サラに損害を与えて妻となったこの女召使いは、彼女を軽んじていた。サラは、アブラハムに愚痴をこぼすだけで満足している。そして、彼女は、正真正銘のお墨付きをもらったときにしか、彼女の競争相手の傲慢さをあえて罰していない（＊2）。

（＊2）『創世記』、第一六章を参照。[2]

したがって、彼女の例は、私が定立した一般原理に背反するものではない。最高権力が夫ひとりの手にあったということは、やはり事実である。彼の子供と子供を与えてくれた妻たち、それに彼の才覚あるいは幸運によって家のなかに溢れかえっていたあらゆる類の富は、すべて、完ぺきこのうえない所有権つきで、夫に属していた。つまり、彼に対して、すべてのものが完全無欠な従属状態にあり続けたということである。この専断的支配の証人となった妻は、そうした支配の例外ではなかっただけでなく、いかなる場合でも、彼女はこの支配権を行使するために、姿を現わすこともできなかった。

このように、妻の手から武器をとりあげながらも、それでもなお、古代の立法者たちは、父親自身の安心のためには、母親を尊敬する義務を子供たちの精神のなかに叩きこむことがいかに重要なことであるかを、当初から、感じていたのである。両親が吹きこまなければならなかった恐れのあいだに政治が差異を設けたからには、両親のために政治が要求していた崇敬の種類のあいだには、差異をまったく設けなかった。両親のどちらかに反逆した息子は、どちらであるかにかかわらず、等しく自然本性にもとる忌まわしい犯罪者と見なされた。

モーセは、生命を授けてくれた者たちをたたえよと命じたときに、母親を父親から分けることをしなかった。この原理は、どの世紀にも知られており、採用された。母親を殺した殺人者のオレステス[3]は、復讐の神に委ねられた。アルクメオン[4]は、同じ罪のせいで、同じ罰を蒙っている。ロムルスは、父か母かを殴った子供はだれかれかまわず、地獄の神々に捧げている。なぜなら、彼が法律のなかで使っている parentem という言葉は、父と母という二重の意味を持っているからである（＊3）。

（＊3）『ローマ法制史』の著者がまったく見てなかったことがこの点である。この法律を報告するときに、彼は、parentem[5]を単に「父親の」と訳している。

---

(2) このときには、サラは、まだサライと呼ばれ、アブラハムはアブラムと呼ばれている。

(3) ギリシア神話上の人物で、アガメムノンとクリュタイムネストラのあいだに生まれた子とされる。父を殺した母を復讐のために殺害するが、蛇髪の復讐の女神エリニュエスたち（furies）に引き渡される。

(4) ギリシア神話上の人物で、アムピアラオスとエリピュレのあいだに生まれた子とされる。父を売った母を殺害し、同じ復讐の女神たちに委ねられ、諸国をさまよった。

(5) 語源は両親を意味する parens で、両親への服従を意味する。

さらに、社会の基本精神が妻たちをほったらかしにしていたので、立法者たちがそれを注意深く補っている姿がどこにおいても見られる。彼らは、妻たちが彼女ら自身の立場とは両立しえない権力から、平穏を得ることができないので、それを道徳的あるいは宗教的規則によって彼女らに与えてやろうと努力している。時折、彼女らがなんらかの権威的行動に大胆にも及ぼうとすれば、サラの例で見たように、夫のお墨付きでその権利を獲得する必要があった。そして、この権力行使それ自体が、彼女らの隷属を示す証拠になっていたのである。

第一四章　同じ主題の続き。この問題に関してのホッブズの誤謬に対する反駁

有名な哲学者ホッブズは、この問題に関して、こういう原理とはかなり異なった原理を持っている。すでにそれを見てきたように、彼は、子供を産むことで母親は子供に対するあらゆる支配権を獲得する、と主張するばかりでなく、自然から派生するこの原初の支配権は、父権を例外とせず、社会秩序になっても存続しているあらゆる類の権力の起源であるということも認めている。その結果、ひとりの人間は、彼の母親がまずは服属したことだけから、彼の父や君主や祖国に服属するということになる。というのも、その母親は、彼女の果実である子供を遺棄するか、自分が戦争で捕らわれるか、どこかの国家の女市民となるか、さらには、自分の夫に従属するという条件のもとに結婚するかして、直接的にか、間接的にか、自発的にか、強制的にかは別として、自分の持っていた権力の移譲を行なってしまったからなのである。ところで、夫は、

こうした条件によって、母親の主人に指定されたことから、結果的には、彼女との結合の産物についても、その主人となる。彼女を迎え入れた国家の君主と同様、彼女を女奴隷にした男とか、彼女が棄てた子供を養育した男とかは、同じ理由から、彼女の権利を受け継ぎ、権利の全範囲において、それらを行使することができるのである（＊1）。

（＊1）　ホッブズ、『市民について』、第九章、第三、四、五節[1]。

先の諸章でわれわれが述べたばかりのことによるならば、ホッブズの列挙がどのような点で正確さを欠くか、どれほど彼の原理がいんちきであるかを感じとれないような人はひとりもいない。彼は、この問題を論じてきたすべての人びとと共通した誤謬に惑わされているのである。多くの目新しいことを大胆にも試して

（1）邦訳、『市民論』、本田裕志訳、京都大学学術出版会、一八四―一八七ページ。ランゲは、次の文章をラテン語原文で引用している。「自然状態においては、子供を産んだ女性はみな母親になると同時に女支配者となる。……それゆえ、子供に対する元来の支配権は母親に属する。……けれども、支配権はさまざまな仕方で母親から他の人々へと移行する。第一に、母親が子を捨てることによって自己の権利を放棄ないし投棄する場合である。……第二に、母親が戦争で捕虜になった場合、この母親の子として生まれたものは、母親を捕えている者に属する。……第三に、母親がどこかの国の市民であれば、この国において最高命令権を持つ者は、この母親から生まれる者の支配権を持つことになる。……第四に、妻が夫に身を委ねて、命令権が夫にあるという条件で生活共同体を形成した場合には、この両者から生まれる者は母親に対する父親の命令権ゆえに、父親に属する」。（邦訳、同書、一八五―一八六ページ）

いる、と彼が非難されているのはともかくとして、彼の誤解を引き起こした主要なきっかけは、古代の意見からさほど遠ざかってはいないところから発している。

彼が見ていなかったことは、社会秩序が自然状態の絶対的なまったき転倒であるので、自然状態で存在していた諸関係のうちのなにひとつとして、社会秩序において、後継を産出できなかったということである。母親の権力は、果実の保存のために必要な役割に限定されており、その役割を果たしやすくすることのみを目ざしていたので、のちのいかなる権力の源泉にもなり得なかったということを彼は見てなかった。純粋な自然状態においては、息子に対する権力は、息子が成人した途端にもはや存在しなくなるので、そんな権力を母親はだれにも移譲することができなかった、などということを彼は思いつきもしなかった。

この譲渡と称されるものが空想的で滑稽なものになるのは、とりわけ父親の権力に関係するときである。母権の本質は、幼年期の必要とともに期限切れとなることである。父権の本質は、母権の終焉となるところから始まることである。母親は、弱い人間たちに対してしか、権利を持たないし、この権利は彼らに奉仕することから成り立っている。父親は、われわれが語っている時代には、とりわけ頑健な人間たちに対して権利を持っているか、あるいは、そうした権利を持ってしまっていたかのどちらかであった。父親が制御していたのは、彼らの力であった。彼は、この力に対する正真正銘の支配権を享受していた。そしてその利益の全部は、それを行使していた人間に帰していたのである。それにたまたま服従する状態にあった人間がそこからなにがしか有益なものを引き出したとしても、それは、間接的にそうなっていたのである。そして、このような支配権を制定することで、人が視野にいれていたのは、彼らのような服従した人間たちではなかった。

さらに、両権力のうち母権は、自然が種の再生産のみに関心を持っていたから、そうした自然の計画と一致するものであった。父権の方は、種の保存を財産の保全に従わせるような社会の計画とのみ合致していた。これほど異なるふたつの原理のうち、一方が他方のおかげで誕生したなどと、どうして言えたのか？　妻自身が自然状態では、その息子が彼女なしに済ませることができる年齢までしか、女主人にとどまっていなかった。社会状態において、彼女は、二度と戻らぬ形で自分自身の手をすり抜けていた権力を、この年齢を越えてまで、彼女の夫にどのようにして移譲したというのだろうか？

なにかの権力を伝えるためには、その権力を享受していなければならない。あらゆる意味において、あの人口に膾炙した俚諺ほど、知られていて、真実を突いているものはない。すなわち、「なんぴとも所有せざるものを与えず(2)」である。ホッブズが主張するように、自然秩序において、たとえ母親が子供に対するなんらかの権利を、彼女が子供を育てているからというので、保持することができたとしても、この種のすべての権利と同じで、母親の権利は、社会の設立の瞬間に消えてなくなってしまったことであろう。われわれが証明しておいたように、社会は、母親に由来しないものをそこからくすね取るようなことはしないはずである。しかるに、性が主張することができていた前々からの大権について、社会が存在するようになった瞬間

(2) 原文はラテン語だが、ランゲは「所有せざる人間」となっているところを、「所有せざるもの」と、正確に言い換えている。

に、それらの享受をこの性に返すどころか、反対に、社会がやった初仕事は、この性を隷属に陥れることであった。子供の自由に対して専断的な専制主義を女性のために打ち固めるどころか、人がまずはじめたことは、女性から自由を奪うことであった。このような有様で、どうして、女性は他の人びとの自由を移譲したり、あるいは与えたりすることができたというのだろうか？

「それは」とホッブズは言う、「自分の夫に従属するという条件のもとに結婚することによって」である。しかし、この結婚行為から派生する従属は、自発的なものではなかった。ひとりの主人の命令に妻たちを委ねる法律が彼女らにひとりの夫の愛撫を与えることによって確立されたのは、彼女らの告白を受けてではなかった。彼女らは、この主人に身を任せることすらしていなかった。彼女らは、彼に売られたのである。したがって、売り買いをした張本人である両親こそ、その結果である権力のまがうことなき源泉として見なさなければならないだろう。ホッブズの仮説自体においても、結婚は、子供たちに命令するための父親の紛れもない資格であると仮定することによって、彼がこの資格を受け継いだのは、妻からではなく、彼が妻を買い取ったわけだから、その売り手の両親からであるということになる。

ホッブズの体系において、この部分がいかにもっともらしく見えようとも、それが支持しがたいものであることは明白である。まず、畑とその不幸な耕作者たち、ついで、妻たちとその子供たちの全部がひとつの専断的権力に服従させられる状態になったのは、少数の人間を、他のすべての人間の決裁者・所有者にすることを目ざしていた、たったひとつの原理の結果によるのである。つまり、こんなことになったのは、この少数者のまわりに排他的にあらゆる類の富を蓄積することを目的とした制度ができたことの避けがたい帰結によってである。

この原理は、たしかにつらく、峻厳である。教育によってそれが緩和されなければ、いやむしろ、それで得をする人類の一部の私的利益がこの原理を強固なものにするために、考えつく限りでの手段をことごとく使わせなかったとしたら、それは、耐え難いものとなったであろうに。しかし、結局は、それはあるがままに存在し、けっして破壊されることはない。この原理は、社会を樹立するために必要だったように、社会を保持するためにも必要なのだ。それのみが社会の秩序と調和を保つのである。

第一五章　同じ主題の続き。この問題に関するロックの原理を検討する

私は英語がわからない。私は、市民政府に関するロックの論考がフランス語に訳されているかどうかも知らない。したがって、私は、彼自身の論考を直接読むことができなかったし、彼に帰されている考えが本当に彼の考えなのかどうかも分からない。しかし、ジャン・バルベラックがプーフェンドルフに関する註解書に含まれるひとつの註記のなかで、イギリスの著作家の本に含まれている一章の抜粋を作ってくれている。そこには、私の考えとはまったく正反対のくだりが見られる。もし私がはっきりと彼自身を問題にしなければ、ロックの名前を信用して、バルベラックは、私の論拠よりも彼の方が勝っているとするかもしれない。しかし、私は、ひとつの制限しか持たずに彼と議論する。それは、私がロックの考えについて、目にしたのは、原本の著者ではなく、むしろ抜粋の著者であるということである。私は、ロックのものだとされている

意見を彼が本当に抱いていたものと仮定することによってしか、彼に答えない。

ところで、この有名な人物は、バルベラックの説明によると、次のようなことを言っている（＊1）。「子供に課せられるすべての義務は、母が協力し、少なくとも父も同じくらい貢献した生殖にもとづいているので、父と母のどちらも彼らの結合から生まれた人びとに対して、平等な権利と権力とを持っているとの結論が出てくる。だから、正確に言うと、この権威を、通常しているように、父権と呼ぶのではなくて、両親の権力と呼ばなければならないだろう。つまり、父権という呼称は、子供に対する権威の全体がただ父親だけに存すると勝手に思いこむ恐れを引き起こすような表現の不正確さなのである」。

（＊1）『自然法と万民法』、第六篇、第二章、第一〇節〔原本は乱丁〕、註記二[1]。

われわれはすでに本篇第三章で、このくだりの最初の部分については、詳細に答えておいた。われわれがそこで示しておいたように、生命を与える行為は、それを受け取っていた生き物に義務を押しつけるなどという話からはほど遠い。反対に、生命を与えることに貢献する人びとにとってこそ、実際の義務がそこから帰結するのである。しかし、これらの義務自体は、一方の側では、それらを他方が必要とする限りでしか続かない。それらは、少なくとも自然状態においては、幼年期とともに蒸散する。したがって、そこから、幼年期と交替する年代に対して父親と母親が平等な権力を持つという結論を引き出す代わりに、まったく正反対の結論から、父親と母親はどちらも権力を持っていない、と言わなければならないのである。

社会秩序においては、もはや同じ話ではない。しかし、そこでも、相変わらず権力の平等性というのは絵空事に属する。ホッブズがきわめてはっきりと言っているように（＊2）、最高権力は分割しえない。ふたりの平等な主人を仮定することは滑稽である。彼らが平等であるという一点から、少なくとも、同一対象に対しては、彼らはもはや主人ではなくなるに違いない。これらふたつの用語は矛盾を含んでいる。つまり、共有された所有地が所有権を排除するのと同じで、享受の同等性は、その破壊なのである。

（＊2）『市民について』、第九章。

この点に関してロックの体系のあとを追ってきたすべての著作家[2]が感づいていたのはこのことである。とりわけグロティウスは、このことにはっきりと気づいた。「もし」と彼は言う、「その相互において支配権について争いが起こるならば、性の優位のために、いやむしろ優秀性のために、父親の権力に優先権が与えられる」（＊3）。多分、彼は原理を承認しながらも、いわゆるその弁明なるものを削除するわけにはいかなかったのだろう。こんなにまずい理屈でそれにつっかい棒をしようというのは、同じほど反論の余地のないひとつの真理を貶《おとし》めることである。

（1）Pufendorf : op. cit, tome II, p. 194. ランゲの孫引きの箇所は、『市民政府論』の第六章、「父権について」、冒頭の第五二節のくだりである。

（2）「ロックの体系のあとを追ってきたすべての著作家」として、グロティウスの例が挙げられているが、もちろん、グロティウスは、ロックの一世代前の著作家である。ランゲはロックを知らなかったようである。

（＊3）『戦争と平和の法』、第二巻、第五章、第一節「子に対する親の権利について」〔邦訳、第一巻、三四三ページ〕

一方の性の優秀性は証明されたなんてとんでもない。自然は、両性のどちらにも、それぞれ区別された役割を割り当て、それらを正確にこなすこと以外のなにかに、両性を服属させるようなことはしないので、こうした自然の計画には、性の優秀性などまったく存在しない。実際には、それが確立されるのは社会諸制度によってである。しかし、それは男女の性に関係しているというよりはむしろ、個人いかんによるのである。ひとりの男が彼の妻よりも優秀であるということが決められた。それは別に、一方の性が他方の性を実際に超越しているということではない。社会はたしかに付帯的なものを変えることはできるが、しかし、事物の本質に触れることはまったくない。しかるに、自然秩序のこの本質は、相互的な自由であり、そこからは、雌雄間の完全な平等が帰結されるのである。

いずれにせよ、見られるように、ふたつの権力の承認が両性を一緒に滅ぼしかねない戦いのきっかけとなり得るということをグロティウスは正直に認めることができなかった。戦いを終わらせるためには、秤《はかり》が一方に傾く必要があることを彼は認めている。彼が打ち明けていることによると、一番重い秤《はかり》皿がまさに父親の手に落ちなければならないのである。私は別のことを言っているわけではない。しかし、グロティウスと私とのあいだには、以下の相違がある。彼はそこからくだらない理由を持ってきている。そして、私の理由の方は、反論しようのないものであると私は僭越ながら考えている。

男が家族のなかで、より力を持っているのは、家族が存在する状態においては、彼の権威が、家族を現在ある状態に作りあげてきた作業の必然的な結果であるからだ。家族が存在する瞬間から、彼は絶対的首長である必要があるからだ。そして、彼が家族のなかで命令することをやめていたなら、家族は解消されなければならないからだ。彼の本性からは、彼は主人を持つはずがないし、従者を持つはずもないとしたら、社会の本性によって、彼は、かわるがわる、従順になったり、専横的となったりしなければならないし、彼が息子でしかない限り、従属しなければならないし、彼が父親になったときには、命令しなければならないということになるからだ。

だから、ロックの抜粋は、男の権威が分配に従うべきであると主張している点で間違っている。著者は、父権が、区別なく、共同で両親に属していると主張するに足る正当な理由を持っていない。ひとつの表現において、いわゆる正確さの欠如こそが、子供への排他的権限を父親に帰させたのである、とほのめかしても、彼は、さらに多くの根拠を持っているわけではない。

排他的権限は、ほかの財産の所有権と同じ名目で、父親に属している。それは、父親にしか属さず、彼の承認を得てしか、他人の手に移ることはできない。この原理は、最初の発見のひとつで、世界でずっと継続されてきた。それが反論と弱体化を味わったのは、もっと時代がくだってからでしかない。専制的な手綱で、父親は家族全体を支配しなければならない。その手綱を父親の手に置き戻す法律ができた日付は、垣根または堀で畑を囲うことが許された日付とほぼ同じである。

第一六章　父権は限界を持たないにもかかわらず、思いのほか穏やかなものであったこと

しかしながら、子供の条件は奴隷の条件と同じくらいつらいと思ってはいけない。彼らは、ほぼ同じ軛《くびき》をつけているにもかかわらず、この服従の平等性は、彼らのあいだで、待遇の平等性を産み出すと考えるべきではない。彼らは、彼らを指揮する強力な手の動きにどちらも無差別に否応なく従わざるを得ないにもかかわらず、子供は奴隷よりも慰めを得る多くの理由を持っている。

奴隷に対しては、無理もない不信感がいまだに専制的な権威を重くのしかからせていたが、父親の優しさは、おそらく子供に対しては、こうした権威を緩和していた。所有者の家に奴隷をくくりつける唯一の絆とは、恐れであった。したがって、奴隷の心のばね全部を破壊することで、叛乱を予防していた重圧感を、奴隷たちのあいだでは、いつも維持する必要があった。いつでも罰する用意のできた棍棒を振りあげた姿でのみ、所有者は現われなければならなかった。一連の残酷な振る舞いによって、無慈悲な態度を彼らに対して保つことが義務づけられていた。そして、のっけから奴隷を不幸せにしたので、彼らの悲惨さを募らせないでは、もはや済ますことができなくなっていた。というのも、悲惨さは主人の至福の土台であったからだ。

子供の境遇はずいぶん違っていた。彼らにあっては、恐れは愛を排除しなかった。彼らは父親の権力の対象である以上に、その道具となっていた。父親の下で震えるように子供たちを追いこまなければならないと

政治が信じてしまっていたから、必要性が彼らを腹心に任命し、彼らを支柱に仕立てあげていた。いったん、彼らの身分が固定され、彼らの従属が十分に認知されるやいなや、彼らは睨《にら》まれる存在であることをやめていた。彼らが家長に対してごたごたを引き起こす懸念はもはやなくなっていた。こうした状況から身を引き離したいという願望を彼らから奪い取るために、彼らが家に忘れてきたものがあっても、同じものがほかの場所でも見つかるという期待を彼らに抱かせないように、家長は彼らに対して振る舞っていた。

だから、想像されるほど、父親の支配は耐え難くもなかったし、屈辱的でもなかった。必要であるのと同じくらい我慢できるものにそれをすることにすべてが協力していた。父親の支配は、慣習によっておのずと緩和されていた。思弁のなかでは、それは限界を持たなかったし、また、そうしたものでなければならなかったが、にもかかわらず、実地ではそれは、十分に狭い限界を受けいれていた。そうだとすると、すべてをよく検討するなら、子供が自由でなくなって、得をした以上に損をしてしまったかどうかを判定するのは難しくなるだろう。

ほかのすべての召使いに服従の例を与えることで、子供たちは、だれも服従から逃れられないように見張る権利を獲得していた。彼らは、生まれつき専制君主の代理官だった。専制君主の血筋から出てきた人間たちより以上に、彼を申し分なく代表するのにだれが向いていただろうか？　少なくとも、彼に反抗する目的で権力を濫用しないように、二重の絆でしばられていた人間たちより以上に、信頼性を持って、権力の行使をだれに託せることができただろうか？

ほんのちょっとした過ちでも、たしかに、絶対的主人のなかに容赦ない厳格さを呼びさますことがあり得た。限界のない権力が釣り合いを欠いた峻厳さを引き起こすことを恐れるべきであった。なにものにも剛腕を押しとどめる権限がないような場合、怒りがそれを導いたときには、それは、あまりにも重すぎる打撃を与えることができた。分別を欠いたり、予断を持っていたりする専制君主が罰を科すとき、その罰が犯罪を上回ることも起こり得たし、社会にとっては保全することに利益がある、ひとりないし複数の市民を彼が次々と社会から剝奪することも起こり得た。

こうした不都合は現実的なものであった。しかし、そうしたことを引き起こし得る原因そのもののなかに、それは対処法もしくは予防薬を持っていた。罰するために武装された手の力と独立性を見て、人びとは、もっと注意を払うことによって、犯罪者となることを避けていた。過ちに対する刑罰を裁定する権力の範囲について考えをめぐらすとき、人びとは、過ちを犯すことに、さらに一層戦慄していた。権力が吹きこんでいた恐怖は、権力を行使する機会をごく稀にしたに違いなかった。そして、ほとんど権力を使用しないようにするには、そうした権力が存在するだけで十分だった。

そのうえ、小さな悪から生まれることができないような、大きな善など存在していなかった。そして、立法者がまったくたじろぐはずがないもののひとつは、これであった。父親をあまりにも強力な存在にすることの危険よりも、子供をあまりにも自由な存在にしておくことの危険の方が大きかった。父親には権力の濫用がいわば認可されていたけれども、この濫用は、社会を強固なものにすることを目ざしていた。子供が独立性を振り回したら、それは、社会をどうしようもなく破壊したことだろう。社会の土台は、大多数の人間からすべてを奪い取り、少数の人間にすべてを与えるような剝奪である。社会の絆は恐怖であって、それがこの不平等分配を尊重させるのである。服従を必要ならしめる権威か、叛乱を正当化しかねない自由か、このどちらが社会の維持にとってより好ましく、社会の精神により適合していただろうか。

父親の専制主義は、修正を認めていた。子供の解放は、行き過ぎにしか向かい得なかった。だから、法体系が子供に損害を与え、父親に利益を与えることに決定したことも驚くにはあたらない。平和を保つために作られる諸法規が工事の半分に相当していた建物を支えることは、当然のことであった。家族同士で分裂がまったくなかったときには、戦争は首長間でしか起こり得なかった。だから、このことが、社会の設立によって受けやすくなっていた動揺を大いに減らしていたのである。

第一七章　父親のあとを子供が継ぐことを認めた排他的権利は、子供に強制されてきた従属に対する代償であったこと

いま見たばかりのことすべてにもとづけば、従わされたばかりの軛《くびき》に、新しい世代が耐えることをいやがらずに認めたとしても、驚くべきことではない。それを拒むことは、精神的に新しい世代には無理であった。長い幼年期を通して、新しい世代はそれに慣れてしまっていた。新しい世代の力強さを虜《とりこ》にしていた力は、彼らの弱さを助けてくれていた力のあとを、ごくわずかではあるが、受け継いでいた。子供は、父親を思いやりのある恩人と見るのをやめる前に、父親を恐るべき主人と見ていた。これらふたつの観念は、いわばひとつに融合している。つまり、同一人物を見るときのふたつの見方は、相互に和らげ合ったり、強め

合ったりしていた。だから、それらの観念が産み出していたに違いない、混乱しているけれども、効き目のある感情は、力の激しい恐怖あるいは情け深さの濫用をも、同様にあらかじめ封じていた。服従と優しさを同時に引き起こすために必要であったものしか、そこには残っていなかった。

しかしながら、まだそれだけでは十分ではなかった。恐れと愛は、たしかに人間精神の強力な二大動機である。しかし、双方の効果は情熱によってしばしば妨げられる。そのうえ、それらの力は、だいたいいつも情熱をかきたてる対象が目の前にあるかどうかに依存している。この力は、増大においても、減少と同じく、遠く隔たっているか、それとも近接しているかの程度に比例している。安定した活力をそれに与えるには、まだなお、それに付け加えなければならないものがあった。それは、さらに有無を言わさぬ動機であり、ほかのすべての感情に勝利する感情であり、目の前にないことで激しくかきたてられ、遠く離れていると感じる距離感によって養われる感情である。この感情は、情熱そのもののなかにその淵源を持ち、情熱をあおりながら、それらすべてを屈服させる。その動機というのは期待であって、そのとき政治は、それを巧妙きわまりない形で利用するすべを心得ていたのである。

恐れられていた主人の頑強な手は、社会構造物の最初の礎石を置くのに役立ったが、その彼も、そろそろ老年期が近づいてくるのを感じはじめていた。時間は、彼の作品をゆるぎないものにする一方で、彼の人身の方を攻撃していた。彼は、宿命的な終末に向かって自分が引きずられていると感じていた。すべてがそこへ行きつかなければならないということを、悲しい経験が彼にすでに十分すぎるほど教えていた。彼は、非常にうまく確立されたあの所有権が彼から離れ去る瞬間のことを垣間見ていた。すでに彼の目には、あの恐ろしい瞬間がさらけ出されていた。そのときがくると、力によってうず高く積み重ねられたおびただしい財産のなかでは、一基の墓に必要分のほかに、彼には、もはやなにも残されないに相違なかった。

彼は、やがて財産所有を放棄せざるを得なくなるが、その財産をだれに残せるというのだろうか？　彼の労働と彼の戦いに比べたとき、彼の後継者はどんな風でなければならないか？　それは、彼の手元で実に長い時間をかけて育てた、ほかのすべての人びとに彼自身戻らざるを得なかったのではないか？　彼らは、彼の財産の維持と増大に寄与してきた。彼らがその果実を収穫するのが正しかったのではないか？　彼らは、一連の長い年月のあいだ、彼に結びつけられ、彼に服従したままで来た。彼らを自分の所有権に迎えいれることで、彼らの気づかいに感謝することを、生きているあいだに身ぐるみ剝がれるのではないかという恐れが妨げてきたという以上、彼の死後であれば、当然、彼らにはそれを主張する権利があったのではないか？それに、所有はやがて永久に彼の手を離れるのだから、彼らにその所有を認めさせるのに協力することを、いったいどのような利害が妨げることができただろうか？

父親は、子供たちの賞賛と尊敬を自分自身で享受するために、子供たちの主人であり続けたがった。しかし、彼は、彼自身の血による奴隷制を恒久化するという考えを持ち続けることができていただろうか？　そのうえ、子供たちは、父が子供たちに背負わせてきた鎖とともに、無関係な権力のもとに移ることに同意したであろうか？　子供たちを抑制していた力がたまたま解消されれば、彼らは元の自由を取り戻してしまわなかっただろうか？　あるいは、子供たちからもう一度、自由を奪うために、あえて努力が試みられた場合、そのことによって争いが起きてしまい、さんざ苦労して導入してきた新しい秩序がその渦中で壊滅しかねなかったのではなかろうか?

どの家父長も、おそらくそれぞれの側で、こうした考察を重ねていた。きわめて差し迫った利害が子供たちを、まわりで生じていたことすべてにさとくならせ、注意深くならせていたので、子供たちにも、同じ考察が生まれていたに違いなかった。同じ考えを共通して採択したことは、たちどころに、一般規則を導いた。この規則は、父親側の安全に拍車をかけ、子供たちの服従を、それがより自発的なものだったために、かつてなくたしかなものした。

子供たちには、もはや一時的な隷属のほかにはなにも要求されないように見えた。この一時的な隷属には、恒久的な代償が付けられさえした。彼らは、間違いなく起こる解放を時間の経過から獲得できるのではないか、と期待しても構わないことになった。彼らは、従属の必要性を長いあいだ味わったであろうが、そのあとになると、今度は、彼らが命令する番になり、この権利に行き着いても構わないことが彼らには約束された。彼らには、気持ちの良い展望が示された。それによると、いつか、彼らは尊敬され、恐れられることになる。また、おそらくは、彼らがその役割を果たすときに持っていたであろう正確さと同じだけの正確さで、彼らはいつか奉仕を受ける身分になるのである。結局、父親に支配権が全面的に認められていた事物のなかに、彼らが数えいれられたのは、支配権を継承する排他的権利も同時に彼らに認められたからであった。

すべてのものが所有権に従属させられていたので、これらの移譲のうちの或るものは、そうした所有権を守る城壁となった。ほかのものは、我慢強く甘受してきた長期間の隷属に対する代価となった。そのときから、家長は、自分の子供の数が増えることを、まるで自分の財産が増大することのように、見なせるようになった。所有権がいつの日にか子供に戻るに違いないので、子供に関わり合いを持たせはじめた家長は、財産の防衛と管理を彼らに任せた。彼は、これらの番人の数が増えていくのを、不安感を持たずに眺めた。彼のおかげで存在するようになった番人たちは、それ以来、彼のためのほか、もはや存在することができなくなっていた。子供に対する家長の気づかいは、より優しくなった。そして、彼の愛着は、彼の支配権の平安と同じ割合で増大した。

子供の側からすれば、彼ら自身の相続財産として、父親の財産を見なすことが許されたので、一時的なものでしかない剝奪は、損失補填されたようなものだった。まさにそのとき、軛《くびき》につながれる習慣といつまでもつながれたままではないという確信から、彼らには、軛《くびき》は、いままで以上に心地よいものに見えてきたのである。彼らが承認していた家父長的権威のもとで、彼ら自身が新たな従属者に命を与えることによって、彼らは、これらの従属者を父親の権威に隷属させることに喜びを感じた。先祖は、父親の帝国の国境を広げることになった多産性を熱狂的に証言する証人だった。家族の先端がいつも伸び広がりながら地歩を獲得するのに対して、中心にいる父親は、一本の共通の幹のように、すべての枝が自分とつながっているのを見て、悦に入っていたのである。

第一八章　前章に含まれることを証明する証拠。父親の家にいない子供たちはその相続にあずからないこと

私は、相続での排他的権利が政治の作品であったと言った。政治は、それによって、歳相応の血気盛んな状態のなかで、ずいぶん多くの人びとの不安感を抑えようとし、それと同時に服従の軛《くびき》に我慢する忍耐強さに報いようと望んだ、と私は主張した。情熱は、享受することがいかに心地よいことであるか、ということを彼らに感じさせることができていた。自然は、彼らにそのための手段を与えていた。丈夫な腕を持って生まれた彼らは、もし、彼らの心のなかに、誘惑を遠ざけたり、あるいは、誘惑を抑えつけたりすることができる、警戒心の強い番人を生まれさせていなかったら、どの瞬間にも、彼らの手の届くところにあるものをわがものにしようとなりがちであったかもしれない。

この番人というのは、以前なら、力でしか取ることができなかったはずのものを、いずれは、公正さのおかげで得ることになるという期待感であった。少し待つことによって、彼らは後悔から免れ、危険からさえも免れていた。彼らから彼らの父親を守ってきたこの同じ期待感は、彼らの子供の企図からも彼らを守っていた。彼らは、もっとあとに享受していたが、さらなる安全がそこにはあった。彼らがひとたびそこへ到達したときには、現在の平安は、彼らの過去の心づかいに対する償いとなっていた。

したがって、相続の原理をまず確立した民法の当事者の原理は、以上のようなものであった。まことにこ

れは真実なので、子供が父親の家に住んでいなかったという、ただそれだけの理由で、その子供が、そのときも、ずっとあとでもなお、相続からは外されたくらいである。父親の家に残った子供たちは、せっせと財産全部を自分たちだけのものとして集めた。彼らは、家にいない子供の権利を自分名義で集めていた。そして、家にいない子供たちは、離隔しているということで、彼らの大権を喪失した。

このように、遺産をもらうためには、遺産を代償とする不快と労働を分担しておかなければならない、と判断されていた。息子という名前に付属した諸特権を請求するためには、辛酸をなめ、役割を果たしておかなければならなかった。後者から身を引いた人間はだれでも、前者の資格がないことになっていた。離隔が自発的なものであれ、強制されたものであれ、それは同じ結果を持っていた。子供から相続権を奪うための方法としては、父親の家から子供を遠ざける以外に、人びとは長いあいだ、ほかの方法をまったく知らなかった。このことについては、もっとも説得力のある証拠を与えているのは、アブラハムの話だけである。

最初に、テラが、カナンの地に彼を呼ぶ神の命令に従って、父の家から離れる話がある。『創世記』は言う。アブラハムは「蓄えた財産すべて携え、ハランで加わった人々と共に」出発した（＊1）。テラの父親が彼に相続分の前渡しをしたとは言われていない。この旅は、あとに残された彼の家族から彼を永久に引き離すことになるが、その旅の便宜をはかるために、なんらかの財産分与を行なうことが問題になったとも、言われていない。

（＊1）『創世記』、第一二章。(1)

そんなことを推測することもできない。テラはまだ元気いっぱいであった。アブラハムは、彼が七〇歳のときの子であった。彼はまるまる二〇五年を生きた。彼は、彼の息子が出発するとき、まだ一四五歳にしかならなかった。息子は七五歳で彼のもとを離れた。だから、二度と帰らないと、テラを捨てた族長を富ませるために、テラが財産を棄てたなどと仮定してはいけない。テラにはほかにも子供がいたし、まだなお子供をもうけることができたとなれば、一層、そんな仮定をしてはいけない。さらに、アブラハムは、その頃から、金持ちになっていたように見えるなどということを仮定してもいけない。

どこからこれらの富が彼のもとへやってきたのだろうかと疑問に思っても、なんらかの確実性を持って、それを解明することは、たしかに大変難しい。しかし、所有の法律が強固になりさえすれば、それが緩められることもあり得た、と考えることによって、富の源泉を垣間見ることができるだろう。父親は、子供たちのそれぞれに、一頭の家畜を割り当てたというのは、かなりあり得る話である。父親は、その管理を彼らの才覚に委ね、そこからあがる利得を彼らに残した。(2)

甥のヤコブとのラバンの取引は、もっと近い縁者のあいだで起こり得た契約の例である。家畜で金持ちになったと見られる一家の家長で、子供が何人かいる父親であった彼は、家畜の管理を子供たちに委ねたが、それは自然なことであった。子供たちの忠誠に報いるため、あるいは、彼らの監視を励ますため、父親は、彼自身が強制した条件に即して、子供たちがその産物を分け合うことを彼らに許したということも、自然なことであった。彼らは、いわば父親の小作人になっていたのである。父親は、一年の地代が毎日のように増加させていた家畜の群れの土地所有者にとどまることに満足していた。子供たちがそこから引き出してきたものを、彼らの側で、増大させるために、彼らの幸運や知恵を用いることを父親は妨げなかった。

こうしたやり方は、アブラハムが父からなにも受け取らないまま、父の家をあとにしたのに、どのようにして金持ちになることができたかを、容易に想像させてくれる。とはいえ、彼は自分の力で幸せになった。彼の損失を引き起こすに違いないと思われていた事件を、天の庇護が彼にとっての利益に変えていた。彼の妹だと誤解されていた彼の妻を、淫蕩な君主が彼から奪い取っても、彼にはそこから数知れぬ贈り物が戻ってきたのである。彼には、雌羊や牛や奴隷が与えられている。すなわち、当時、知られていたあらゆる種類の富が彼に与えられたのである。(3)

神の怒りは誘拐者に対して爆発しているだろうか？ 誘拐者は、奪い取った獲物を返すように、神の力で強制されているか？ 原状回復は、アブラハムにとっては、誘拐のときと同じくらい利益があがるものに

(1)『創世記』、第一二章、第五節。ハランはユーフラテス河の支流バリフ河中流の古代都市。現在のトルコのシャンルウルファ。旧約聖書ではロトが居住していたとされる。本篇、第二〇章を参照。

(2) 一頭の家畜(pécule)。語源的には、ローマ時代の制度で、奴隷が解放されるためにかねを少しずつ貯めたことを指し、そのほか、扶養される身分でありながら、副業で稼ぎを得ることや聖職者のへそくりなどを指す。しかし、この語は、ラテン語の pecus つまり「家畜」から派生しており、家畜は往古の遊牧民族においては、富の源となっていたことと、時代が『創世記』の時代であることを考慮して、原義を採用した。

(3) この挿話は『創世記』、第一九章、第二〇節にある。

なった。どちらも彼に恩恵を引き寄せた。彼の妻を取られたとき、彼は贈り物でいっぱいになっている。妻が彼に返されたときも、彼には贈り物が雨のように降り注いでいる。これほど天に寵愛され、これほど地上で扱いのよかった男なら、莫大な財産を手に入れたとしても、驚くにあたらない。彼が時期尚早の分配によって、彼の兄弟たち(4)を貧しくしないで、彼らと別れることができたとしても、驚くにあたらない。

とはいえ、かりに彼が父親の財産に権利を持ったとしたら、それを要求する時期は、五五年後のテラの死のときだっただろう。アブラハムが自分をまだ相続人と認識していたとしたら、そのときには、彼は帰郷して、その資格を有効にしなければならなかった。しかしながら、彼は静かに動かずにいる。彼は彼の家族をまったく忘れている。彼は、故郷に残した財産のことにも、かの地で起こったかもしれない数々の変化についても、思いをめぐらすことはない。彼は、家族に対しては、自分のことをよそ者と見なしている。

彼が故郷のことを思い出すのは、息子のためにそこへ嫁を探しに行くことが問題になったときでしかない。そのとき彼は、この用事を託した使者を故郷に送る。自分の意志で外へ出たのに、テラの相続に彼が取り分の権利を保存していて、離隔のみが彼の権利主張の妨げになっていた場合には、エリエゼルの旅は、逃してはいけなかった絶好の機会ということになる。純粋な寛大さから彼が相続権を放棄していた場合には、そこから利益を得ていた彼の兄弟や甥たちの感謝を当てにすることができるということになる。そして、親族は、彼に感謝のしるしを与えるはずであった。

どちらの場合にも、アブラハムは、彼の代理人に、彼が権利を自分のためにとっておいたのか、それとも、彼はそれを放棄してしまっていたのか、どちらであるかを教えなければならなかった。返還請求権を訴え出ることができたのなら、その理由を代理人に教えることを怠ってはいけなかったし、訳がわからなくなる恐れのある感謝を受け取る危険に彼をさらさないようにしなければならなかった。しかしながら、彼の主人は、彼になにも言わない。彼が指示したことは、結婚をもくろんでいることだけだった。望み通りの女性を求め、彼女を手にいれるやいなや、彼の使命は達成される。代理人も、交渉相手の親族も、彼を派遣した族長も、この一件全体を通じて、ほんの少しの一時的利益に関してさえ言及しない。したがって、そのような利益が存在しなかったことは、なるほどと思えるどころの騒ぎではない。

すべての面でこのように無関心であることは、次のように結論づけることをわれわれに許している。すなわち、アブラハムがなにも再請求しないのと同様に、親類縁者は、すべてを守りながら、律法にかなったことをしていたということである。一方の側も、他方の側も、沈黙は功績を伴いもしなければ、不正を伴いもしなかった。サラの夫は彼自身で断念していた相続権を残念に思うことはなかった。それに、神がアブラハムの信仰に報いるために、いろいろと彼を厚遇して、その償いをしていた。ナホル(5)の子供たちは、相続では神に感謝しなかった。というのも、ナホルの子供たちがナホルのいないうちに、その財産を彼から奪って自分たちのものにするときに、まさしく神からではなく、法律からそのようなことをしたからであった。

(4) アブラハムの兄弟はナホルとハランだが、そのうちハランは父より早死にしている。

(5) ナホル　アブラハムの弟で、ハランに定住し、その子供たちはアラム人の祖先となった。

第一九章　同じ主題の続き。新たな証拠で、子供たちが不在であれば、父親の相続から は除外されたという結果を導き出す

この歴史のひとこまから私が引き出した帰納推理は、私には当たり前のことに思える。以下に、なにかもっと説得力があることを示そう。サラにとって憎むべき存在になっていた奴隷の息子を追い出すように、夫に要求しようと、サラが怒りに任せて使った言葉については、すでに見た。彼女は、「あの女とあの子を追い出してください。あの女の息子は、わたしの子イサクと同じ跡継ぎとなるべきではありません」と言っている。この短い言葉は、私が言ってきたことについての完全な論証を伴っている。

単純な追放が明白な相続廃除でなかったら、サラのような権利主張の強い女がこんな軽い用心だけで満足しただろうか？　ひとりの息子の不在が父親の全財産をもうひとりの息子に持たせてやることになるのでなかったら、自分の息子の権利にこれほど執着している母親が別の息子を追い出せと要求する程度でとどまっただろうか？　問題の息子がいつか戻ってくれば、自分の息子の権利が怪しくなるかもしれないというのに。父親から遠く離れて生きて行こうとするだけで、小さなイシュマエルが父親の相続から排除されてしまうのでなかったら、ハガル［女奴隷］の競争相手は、イシュマエルから相続権を奪う必要性を、イシュマエルを追い出す理由として、与えただろうか？　離れ去ることが彼の権利を侵害しなかったのなら、サラは、非情なやりかたよりも、さらに、もっとこまごまとしたやりかたをとって、仕返しをしたはずであった。

追放された息子に、父親の意志を示すこのしるしを尊重するように強いるとともに、帰還した息子に利害心が請求させる気にならせたかもしれない父親の財産のなかに、彼の帰還に負けないほどの障害を設けた法律がなければ、サラの振る舞いには、機転という以上に不注意なところがありさえしたということになっただろう。それは、寵愛を失った息子の恨みに大事な息子を曝《さら》すことであった。それは、気まぐれな偏愛のおかげだったかもしれない遺産を、力づくで、いつかは奪い取られる羽目に陥る状況に大事な息子を置くことであった。ほんの少しあとになると、(1)羊飼いのヤコブによってひどく傷つけられた戦士エサウがヤコブに近づくだけで、ヤコブが打ち震えているのが見られるように、ヤコブと同じくおとなしくて、お人よしのイサクなら、アラビア人たちの父(2)となった人を恐れるべきであったろうに。イシュマエルは、パランの荒れ野で育てられ、巧みな狩人(＊1)となったが、情け容赦ない盗人でもあったから、おそらく、他人の財産を奪い取る前に、自分自身の財産の正当な原状回復を求めることから物事をはじめたに違いなかった。

(＊1)「彼は野生のろばのような人になる。彼があらゆる人にこぶしを振りかざすので人々は皆、彼

(1) ここに引用される挿話は、アブラハムが寵愛した息子イサクの二人の息子エサウとヤコブに関するもので、『創世記』、第二五―二八章にある。なお、ランゲはエサウを「戦士」としているが、実際には、「巧みな狩人」(第二五章、第二七節)と呼ばれている。

(2) アブラハムと女奴隷ハガルとのあいだの子イシュマエルのことで、彼はアラビア人の始祖となった。イサクが恐れるのは、父の偏愛によって、イシュマエルを排して、相続権を得たからである。

にこぶしを振るう。………弓を射る者になった」。『創世記』〔第一六章、第一二節と第二一章、第二〇節〕。

ところが、こういったことは起こらなかった。ハガルを息子ともども追い出すときに、アブラハムは、母親の肩にパンと水でいっぱいになった革袋を背負わせてやったが、ハガルの息子は、それらで適法なものの全部とする立場に追いこまれた。彼は、この不平等な分配に文句をつけようなどとは、けっして考えなかった。彼は、彼の荒れ野と弓矢を世襲財産の全部とすることで満足した。その後、イシュマエルは、略奪精神を彼の子孫に伝えるが、それまでに彼がこの精神を発揮するのは、彼の幸福な弟を犠牲にしてではない。いつでもイシュマエルは、イサクの財産のなかで、彼を正当化していた資格を尊重した。ところが、この資格は、サラが宣告し、アブラハムが実行した「あの女とあの子を追い出してください」という乱暴な決定にほかならなかった。それが一般的な神聖不可侵の法の結果でなかったら、イシュマエルのような男に、この決定がこれほど威厳のあるものに見えたということは信じられようか？

それでまだ全部ではない。寡夫となったアブラハムは再婚する。彼は、たったひとりの妻で七人の子供を持った。彼は、多分この妻だけで我慢しなかった。聖書は、彼の複数の側女《そばめ》からできた子供について語っているからである（＊2）。しかしながら、彼の計画は、神の命令にかなっていて、彼のすべての財産をイサクに残すことであった。これらの財産を彼に保証するために、彼はなにをしているか？　彼は、イサクだけを彼の家で保護している。彼は、生前からほかのすべての子供を遠ざけている。サラは死んでいた。彼は、イシュマエルほど苛酷な扱いを彼らに対してはしていない（＊3）。彼は、彼らに贈り物をして、東の方へ彼らを移住させている。その結果、彼が死んだとき、イサクは財産の管理だけを引き受けて、同時にその所有権をも独占的に受け継いでいる。この活動は、彼を唯一の相続人に認定させるのに十分である。大変多くの人間が彼の権利を攻撃するのに利害関係を持っているが、しかし、それにもかかわらず、彼の権利に異議を唱えている人間はひとりもいない。彼らを沈黙に定める法律が存在していることの明白な証拠である。

（＊2）『創世記』、第二五章、第六節。

（＊3）「側女の子供たちには贈り物を与え、自分が生きている間に、東の方、ケデム地方へ移住させ」（同所）た。

アブラハムは、非常に寵愛された息子から競争者たちを排除する遺言を作ることができていたのだ、などと、言う人間も多分出てくるだろう。イサクは相続者というよりは、むしろ受遺者であり、彼ひとりが相続する特権は、普通法の一般措置にもとづくよりも、それ以上に、ひとつの法律証書のなかに明記された、死のうとしている父親の特別な意志にもとづいていた、と考える人間も多分出てくるだろう。

しかし、このような事態が起こったのだとしたら、聖書作者は、それに言及するのを忘れてしまっただろうか？　イサクとヤコブに向けられた特別な偏愛は、民族が請求しようとしていた諸権利の基本であったが、モーセは、まさにこの民族のために聖書を書いていたのである。だから、偏愛を説明することのできる、いかなる特殊事項についても、彼は忘れていない。モーセは、彼の物語に信憑性を与えるにふさわしいすべてのことを把握している。この信憑性には、史実を書き取らせていた聖霊の影響から彼の物語が受け継いだもののほかに、人間の事蹟を寄せ集めたもののなかから、彼の物語が受け取ることができたものも含まれている。

モーセは、カナンの地の全域を族長たちに見せて回り、それを奪い取るように、族長たちの子孫を励ましていた。彼は、いたるところで族長たちの通過の跡を示した。この点になると、彼はごく些細な細目にまで立ちいった。彼は、自分が率いていたユダヤ人たちに、彼らの先祖を見せるいかなる機会も逃さなかった。モーセがユダヤ人たちを帰らせると約束した土地を占有するように、ずいぶん前から彼らの父祖は、召命されていたのである。彼は、「命を与え」、「目を見開かせた」井戸[3]についても、「マムレの木」[4]についても、「ベテルの祭壇」[5]についても、エサウを害してヤコブに与えられた祝福についても、最後に、彼の民族に関係しうるものすべてについても語っている。この点に関しては、神御自身がそれを必要だと判断なさらなかったとしても、彼は、われわれには些細なことと見えるような些末な事柄にいたるまで、一切なにも省かないように注意を徹底している。

天のお気に入りであることに由来するすべての大権をイサクに譲ることになり、嫉妬深い連中に、イサクの諸権利に対する尊敬の念と彼の人格に対するこまやかな心づかいをもっとかきたてたかもしれないような遺言という価値の高いひとつの情状に、モーセは知らんふりをきめこんだだろうか？　モーセは、彼が指導していた植民地の創設者のひとりの物語にとって、こんなに重要な特殊事項を公表しなかっただろうか？　アブラハムは、彼の息子に優しさのしるしを与えながら、同時に、彼の後代にかかわるなにごとかを同じ行為のなかで、おそらく語ったに違いない。神は。将来について彼を啓発なさったに違いない。こんなに大事ないくつかの事柄を神がお託しなさった一族だから、彼らに有利になるように、将来起こり得る出来事を告知することと預言することを神は彼におゆるしなさったに違いない。その後、ヤコブが死の床でやったのはこのことであるから、(6)アブラハムの耳は、彼の後代のために取り決められた素晴らしい約束によって、幾度となく打ち叩かれてきた。子孫を産出する名誉を彼と共有していたはずの人間に、非常に大きな利益を請け合うことによって、その約束を彼は蘇らせたことだろう。それこそは、人びとの目に排他的贈与を正当化するための手段でさえあったに違いなかった。こうした贈与は、それなしには、度外れなことに見えたかもしれなかったからだ。

アブラハムが妻を埋葬するために、洞穴と一緒に小さな畑を買い取るとき、立法者〔モーセ〕は、動機と契約の準備手続きと取引の完結について正確きわまりない物語を作っている(＊4)。彼は、畑と洞穴の地形学的描写まで与えている。洞穴は両面を持ち、マムレの方を向いている。周囲の境界内の畑は、地所とと

(3) シナイ半島北部、ネゲブ地方の都市ベエル・シェバの荒れ野にあった七つの井戸。荒れ野をさまよったハガルは、この井戸のおかげで目を開かれ、彼女の息子のイシュマエルは、この井戸の水のおかげで命をつないだ。

(4) 死海西方の都市ヘブロン北郊の村マムレに生えていた樫の木で、アブラハムがこの木の下に天幕を張って住んでいた。

(5) アブラハムが最初に移り住んだカナンの地で、ヨルダン川中流の西方にある都市シケムの南方の都市。彼はここに祭壇を最初に建てた。

(6) 死の床で遺言行為を行なうのは、ヤコブからである。『創世記』、第四七章末尾を参照。

もに売られる木で囲われている。これほど注意深い、情報によく通じた歴史家が、四方八方に注意して、類似した詳細な事実を取ってきているときに、一見したところでは、ほとんど興味をそそるようには見えないのに、わざわざ彼が報告している他の書類と同じくらい興味深い書類を、まるまる書き写すのを忘れたとでもいうのだろうか?

（＊4）『創世記』、第二三章〔第一六節―第二〇節〕。

だから、すべてのことから、われわれには、アブラハムは実際にまったく遺言をしなかったのだと信じることが許されているのである、ここにこそ、否定的証拠が決定的となり、不作為が肯定の力を得る案件があるのだ。イサクは、父の死のときに、その財産を取り集められる場所に彼だけいたので、異議なく父の跡を継いだ。兄弟のなかで、ひとりとして彼を不安がらせる人間はいなかった。というのも、制定され、承認された権利に従って、彼は行動していたからである。ここから結論づけられることは、私がそう言ってきたように、不在は相続財産に対する自発的ないし強制的放棄を伴っているということであり、したがって、相続に導入された秩序は、政治の作品だったということである。

そのことによって、政治は人心を支配しようと望んでいた。それは父親の所有権を打ち固めていた。政治は、その射程内で、父親の権力を誇示する機会を増大させていた。それは、父親に、叛逆する子供には罰を、従順であり続ける子供には褒美を与えるための容易な手段を与えていた。政治は、同時に家族の四散を予防することにも、注意を払っていた。剝奪の恐れと享受の希望は、家族の成員を首長のまわりにつなぎとめていた。彼のまわりで、家族の成員は、熱意と愛情と精勤をお互いに競い合った。というのも、これらの徳目の値打ちは彼らの実践によって決まっていたからである。

第二〇章　同じ主題の続き。子供がない場合でも、傍系血族は相続に呼び戻されなかったこと

不在に結びつけられた罰は、所有者の死後、彼の財産の分配を取りしきった精神を十分に証明している。しかし、それ以上のことがある。分配の規則を書き取らせたのは、まさしく政治であった。自然および血の濃さは、あまりにも顧みられなかったから、故人が子供を残さなかったときには、その財産は、親類縁者にまったく戻らなかったほどである。いかに傍系血族が近縁であろうとも、故人の所有権は傍系血族には移らなかった。故人の所有権は、息子の役割を比類なく代表してきた奴隷のひとりに移るのがつねであった。法律は、故人の家で生まれ、彼と一番長く暮らしてきた家内奴隷のひとりを彼の相続人として与えていた。それは次のようなことを想定していたからなのである。つまり、その人間は、隷属にだれよりも耐え忍んできたはずの人間でもあり、したがって、損害賠償を返還請求する権利をほかのだれよりも持っていた、というのである。

これについては、私は、『創世記』のなかで、私にとっては、疑いようがないと思われたひとつの証拠を見つけている。私の例を『創世記』から引き出すのを好む理由は、第一に、その著者が神感を受けた人間で

あったこと、第二に、この神感を受けた人間が巧みな、教養ある立法者であったこと、第三に、彼の作品がこの分野に存在する最古の史料であること、そして、作品のいたるところに、古代の精神が認められ、その格率を私はここで展開しようと思っていることにある。ところで、『創世記』は、主人に子供がまったくなかったときに、血がもっとも濃く、住むところがもっとも近い傍系血族よりも、彼のそばで熱心に仕えていた奴隷を、反駁の余地なく好んでいることを証明する鮮やかな文章を含んでいる。

アブラハムの名前がまだ二音節［アブラム］でしかなかったとき、彼は、神と対話をしているが、そのとき、最高存在は彼に庇護を確約し、限りなく魅惑的な希望を抱くように彼に勧めている。「わが神、主よ。わたしに何をくださるというのですか」と族長は言っている。「わたしには子供がありません。家を継ぐのはダマスコのエリエゼルです。……御覧のとおり、あなたはわたしに子孫を与えてくださいませんでしたから、家の僕《しもべ》が跡を継ぐことになっています」。すると、神は、彼にこうお答えになった。「その者があなたの跡を継ぐのではなく、あなたから生まれる者が跡を継ぐ」。これが『創世記』の第一五章、第二、三、四節の簡単で忠実な訳である。

プーフェンドルフとバルベラックはこの文章を知っており、引用した（＊1）。しかし、ふたりともそこからずいぶん奇妙な帰結を引き出している。このときから、アブラハムは、生きているあいだに富を処分する計画を持っていたというのである。彼らによると、アブラハムは、遺言によって、若いエリエゼルを彼の包括受遺者に指定することを考えていた。アブラハムが「家を継ぐのは彼です」と言っていたとき、それは、奴隷がなんらかの既得権を相変わらず持っていたからではない。そうではなく、族長は、エリエゼルに与えたかった権利を視野にいれていたからである、というのである。

（＊1）『自然法と万民法』、第四篇、第一〇章、第五節と註記一および第四節註記四。[1]

バルベラックがこの絵空事を繰り広げている註記は、ポリカルピウス・ムレルス〔ラテン語名〕という名のライプツィヒの教授によって、この絵空事がすでに叩かれていたということを私に教えてくれる。私は、ライプツィヒの教授とめぐり会えたことにたしかに満足している。私は、ポリカルペ・ミューラー〔ドイツ語名〕氏と同一意見であることに非常に満足している。しかし、われわれふたりは、そろって、理性と真理の意見に属していることをもっと喜ばなければならない。

まず、前章で私が使うことができたと考えている、この体系に反対する決定的手段なるものは、遺言をする権利がその当時、知られていたということは、怪しいどころの騒ぎではないということから成り立っている。地上でひとりの人間が持っていた財産に関する権利は、その人間と同時に雲散霧消していたということを、間違いに陥る心配などせずに、断言してもおそらく構わないだろう。彼の占有は彼の生存とともに終わっていた。死んだ人間の意志に生きている人間が従属することも、死後の世界にまで享受を拡張することも、まだ、そこまで考えが及ばなかった（＊2）。

（1）Pufendorf : op. cit, tomeI, p. 568, 569.

（＊2）この点に関しては、本篇、第二三章を参照。

次に、所有精神にかかわるこの種の妄想がすでに生じていた——たしかにこのことを証明するのは難しい——ということが本当だとした場合でも、そして、その頃から人間たちは、彼らの支配権を死者の腕のなかにまで知らせる手段を発見し、もはや彼らが存在していないときでさえ守られていた諸命令を、息を引き取ると同時に、書き留めておく手段を発見したと思える場合でも、プーフェンドルフもバルベラックも、それで、より一層有利になることはなかっただろう。引用された文章には、遺言についてのいかなる痕跡も存在しないし、それに類似するなにものも存在しない。反対に、あらゆる表現は、その発想を遠ざけている。アブラハムが言っていることのなかには、そして、神が彼にお答えなさっていることのなかには、選ばれた人間のために、熟慮してなされた、なんらかの自由処分があったのではないか、と推測させることができるような言葉が存在しない。そんなこととは程遠いのである。

族長は、魂が苦しみもだえるなかで主に向かって語る。苦痛に満ちた一種の激情のなかで、一種の抗議の思いをこめて、彼は主にこう言ったのだ。「あなたは、私に多くのことを約束してくださいました。でも、どのようにしてあなたの数々の思召《おぼしめ》しを使えばいいというのでしょうか。それらの果実を収穫することが許されるのは、私でもなく、私の家族でもありません。それらは、法律が継承者として定めるよそ者の手に移るのです。あなたは、子供をもうける能力を私にはお拒みになりました——『あなたはわたしに子孫を与えてくださいませんでしたから』(2)。ですから、私にはぬか喜びとなった、あなたがお与えくださいましたさまざまな特典のすべては私が育ててきたひとりの奴隷、すなわち『家の僕』(3)の餌食となることでしょう。まさにこの者が私の死によって、私の全財産の主人となることでしょう』」。

明らかに、以上がアブラハムの言葉の意味である。バルベラックが言うように、彼の言葉は、執事の息子にすべての財産を確実に得させる計画が彼の側で作られたということを告げているどころか、反対に、人がそこに発見するのは、自分の財産を執事の息子から奪い取り得ないことに対する強烈な悔悟の念である。ヘブライ人の父祖は、彼がこれから富ませざるを得ない手について考えて、ため息をついているのである。彼は、ダマスクスの人間つまり「あのダマスクス人」(4)の血に彼のすべての財産を移させる瞬間を、胸が締めつけられる思いで、想像しているのである。アブラハムのように穏和な性格のなかでは、憤《いきどお》りは、ほかの人の性格のなかでと同じくらいの激しさを持っているようには見えないけれども、それは十分に彼の発言のなかににじみ出ているので、誤解しようにも誤解できないくらいである。

私が彼の言葉に与えている説明は、神が彼にお答えなさったことによって、さらに一層よく確証される。アブラハムが恐れている人間に彼の相続が落ちていくのを見るのが彼の心配事であるのに対して、彼を再び

(2)『 』内は、『創世記』、第一五章、第三節の文章をウルガタ(ラテン語)からの引用。

(3)同、『創世記』、第一五章、第三節の言葉をウルガタから引用。

(4)邦訳では、「ダマスコのエリエゼル」となっていて、ランゲが引用するウルガタのisteというラテン語が訳されていない。ダマスコは、現在のシリアの首都、ダマスクスのこと。旧約聖書では、ノアの長男セムを始祖とするアラム人が居住していた地方の中心都市。

安心させようとして主がもたらしなさった唯一の道理は、彼自身が息子を持つことである。このことは、息子だけが奴隷を排除できたということを証明しているし、実際に、イサクが誕生しなければ、エリエゼルがアブラハムのすべての権利に相続人として補充指定されただろうということを証明している。

もしアブラハムが遺言を作る権限を持っていたら、こんな風に彼が彼の親族のことを全部忘れてしまったなどと仮定できるだろうか？　彼は、ごく身近に彼の甥のロトを持っていた。アブラハムは、みずから後見人になって彼を助けてやろうと考えていたし、しかも、ロトは、アブラハムにとって、不満の種を与えた形跡もないのである。アブラハムに相続人を選択する権利があったとすると、メソポタミアのハランには、彼の血筋の相続人を提供できるほかの甥たちもいた。しかも、彼らは、アブラハム自身の父の墓のまわりで暮らしていたのである。代々受け継がれた隷属によって恥辱の烙印がまだ押されていた奴隷の息子よりは、彼らをアブラハムは好んだのではないだろうか？

アブラハムは、自分が父親になったのを見て、自分の家族のことを非常に愛するようになったので、彼の息子の民族に天が保証してくれていた祝福に、ほかの民族の女をあずからせたくないと望むほどであった。息子に彼が妻としてあてがうのは、彼の姪のうちのひとりである。彼女の住まいは、驚くほど遠く離れていたが、両親から姪を獲得しなければならなかったので、いくら遠く離れていても、そのことは、彼の息子を両親のもとへお願いにあがらせる際の妨げにはならないのである。神は、アブラハムに捨てさせた近親者たちに対する例の愛情の回復[5]を彼にお求めにならなかった。だから、愛情よりもっと強力な法律が愛情の発現を妨げていなかったなら、また、普通法が、主人の生前に、傍系血族に損害を与えながら、ひとりの息子と同じ条件で執事の息子に、主人が管理してきた相続財産を確実に得させるのでなかったら、アブラハムは、ロトや、あるいは彼の弟ナホルの子供または孫のだれかを彼のそばに、もちろん呼び戻したことであろう。彼は、神の前で、自分が直系相続人を持っていないことを嘆いたほどだから、自分で神に対してこの計画を示すことに喜びを見いだしたはずであろう。彼は、自分には幸運と祝福の受け取り手となるべき相続人がいないので、それらが彼のもとから去ろうとしているのを見て、近親者のために、自分にそれらを譲ってくれるように神に懇願したことであろう。彼がまったくそんなことをしなかったのは、もちろんそうできなかったからである。私がすでにあれこれと、いろんな手を使って法律の精神を詳しく説明してきたように、このようなことになっているのは、家のなかで主人を助けてきた人間だけが相続者として認められる法律があったからなのである。法律の目から見ると、傍系血族などは、取るに足らないよそ者にすぎなかった。法律は、彼らにいかなる特典も認めていなかった。彼らにはなんの効用もなかったからである。彼らは所有者への従属の外で暮らしてきた。したがって、彼らは、従属を耐え忍ばせるものにしていた特権にあずかるべきではなかったのだ。

（5）元の恋人との恋愛関係の復活をテーマとした同名のイタリア喜劇が一七三二年にフランス語に翻訳されており、それへの言及と推測される。

第二一章　デュアルド神父が引用するタタール人の法律および『法の精神（エスプリ）』の著者が精髄（エスプリ）を見落としたアジアの慣習法について説明する

したがって、まったく異なり、まったく知られていないふたつの法律があるのだ。それについて、私は、古代から証拠を見つけることに成功した。これらふたつの法律は、たしかにわれわれにとっては、新奇なものである。それらは、われわれには奇妙なものに見えるに違いない。しかしながら、それらは完全に破壊されていると想像してはならない。推論によってのみそれらの存在を証明することができると考えてもいけない。それらはまだ世界の大きな部分に存在している。それらは、非常に多くの民族を支配している。彼らは、現在まで、原始社会の諸規則を保存してきたし、われわれの改正と称されるものの弊害を経験していないという幸運を手にしているのである。

これらふたつの法律の第一番目のものは、不在の息子から、父親の相続を剝奪するという法律である。タタール人の国を丹念に調べ、彼らの習俗を研究してきたわれわれの宣教師たちの報告によると、タタール人のあいだでは、それは、その効力をまったく失わずに維持されているという。この国は、その起源が最古の世紀に没し、世界の始まりに由来する。その慣習はその起源と同じくらい古く、その生活様式と同じくらい不変不動である。だから、彼らが今日やっていることは、彼らの父祖たちもそれをやっていたと言うことができるし、このように世代から世代へと遡っていくと、われわれの時代のタルタリアほど、過去の族長時代に似ているものはなにもない、と言い得るのである。

タタール人家族において相続のやり方を決める慣習法は、原初の人間たちのあいだで遺産を処分する慣習法の確認である。通常、父の死後、財産を受け取るのは、男性の末子である。なぜこうなるかというと、他の男子たちは、力をつけるにつれて、早い時期から親元を離れ、ほかの場所へ居を構えに行くからである、と言われている。ド・モンテスキュー院長閣下は付け加えて言う。だから、父親と家に残る男子が彼の自然な相続人なのである、と。

しかし、他の男子たちが家を出た途端に、彼らが二度と戻ってこぬよう、家の戸を法律が彼らには閉ざすからでなければ、なんでこの男子が自然な相続人であることになるだろうか？　言われたように、不在が権利の消滅を伴っていなければ、なんで他の男子たちには家へ戻ってくることが禁止され、家では息子としての権利を行使することが禁じられるのだろうか？　彼らの新しい居住地を形成するために、早い時期に、彼らに家畜の群れを与えるのは父親である。しかし、この大盤振る舞いは、父親が死んだときには、平等分配が彼らに産み出すものに、おそらく相当しないはずである。父親がいかに気前よく彼らを扱おうと、おそらく、彼は、彼らのために財産が枯渇することはない。彼は、彼らに与えるより以上のものを末子のために取っておく。彼が生前に彼らに自分の財産の部分をどんなに分配しても、彼が死んでからの分配から彼らが排除されることには、いつでも、彼らにとって過剰損害がある。

しかし、法律は、この点に関して、彼らの不平不満をまったく聞かない。法律が望んだことは、家長のもとに一番長く住まいしていた者が家長の富の最大部分で報いられることであった。家長に属していたものに対する支配権を譲る相手は、だれよりも長く家長に服従してきた息子である。そこで、家長は財産の一部をほかの子供たちに譲ることによって、彼らに恩恵を施した。つまり、法律は彼らから残りのものを剝奪することによって、彼らの値打ちを定めたのである。

　全面的に傍系血族を排除する法律も、世界のこの同じ部分ではやはり維持されている。トルコ人は、アゾフ海[1]の奥地から、したがってタルタリアから、この法律を移植してきたにせよ、あるいは、彼らの征服事業のなかでそれが確立されているのを見て、採用した——これもやはりあり得る話であるし、その古さをやはり証明していると言えよう——にせよ、たしかなことは、法律が彼らの帝国のなかに存在しているということである。男の子がいない男性が亡くなると、太守[2]が自分をその相続人にする。彼は、この当事者のなかで、息子の役割にもっとも近い役割を果たす奴隷にまず割り当てられる権利を自分に適用する。この変更は軽微である。それは法律の適用にしか影響を及ぼさない。しかし、それでもそれは、法律の精神をはっきりと理解することを妨げない。

　ド・モンテスキュー院長閣下には、そのことがわかっていなかった。とはいえ、彼はこの法律について語っている。しかし、彼はその危険しか指摘していない。彼によると、「そこから結果することは、国家財産の大部分が心もとないやり方で所有されるということである」[3]。この帰結はむろん正しくない。このような帰結を引き起こす慣習の方は、その原理において、道理あるものであるのと同じくらい、それを実行しても、害をもたらし得るなどという話にはならない。

　まず、法律を実際に適用する機会というのは、そう頻繁に訪れるはずがない。独身はアジアでは知られていない。女召使い奴隷の子供は、配偶者になっている女奴隷の子供のように相続する能力がある。母親の資格は、息子の嫡出性に一切役だたない。最大限の勿体づけであれ、最小限のそれであれ、儀式の数は、結婚の効力には、まったく関係がない。われわれのあいだでは、自然的結果が政治的結果に依存するのに対して、かの地では政治的結果が自然的結果に従っている。これは非常に違う点である。

直系相続人を持つことに多大の便宜が図られているので、それをたまたま欠くようなことは、どれほど稀なことであるに違いないかがわかる。だから、太守の権利は、確固不動で、真正のものであるにもかかわらず、ごく些細なものに縮小されているに違いない。彼は、それを行使する機会をそれほど持っていない。そうした機会が生じたときでも、偶然が彼に与えた財産の所有権を実際に確保できるということから、彼がそ

(1) 黒海北東部にあるドン河の河口の内湾。ランゲはフランス語で、Palus Méotides と綴っているが、これはアゾフ海を示すラテン語から転用された地名である。この地域のタタール人とは、一三世紀初頭のモンゴル人の西征で、移住してきた人びとを言う。彼らは、ドン河河岸のサライを首都として、キプチャク汗国を建国したが、この地のタタール人は急速にトルコ化した。

(2) ランゲは大文字を使っているので、オスマン帝国の皇帝を指しているが、『法の精神』の邦訳では、小文字が使われているために、「大領主」と訳している。

(3) ランゲは『法の精神』、第五篇、第一四章から引用している。邦訳では、「ある人が男の子を残さずに死ぬと、この大領主が所有権をもち、娘たちは用益権しかもたないので、国家の財産の大部分は容仮的に占有されるということになる」(『法の精神』、前掲、上、一三九ページ)となっている。他の邦訳では、「ある男が男の子をもたず死んだ場合にはスルタンが所有権をもち娘は用益権しかもたないので、この国の財産の大部分は不安定な仕方で所有されているにすぎなくなる」(『世界の名著、モンテスキュー』、井上尭裕訳、中央公論社、四一四ページ)となっている。

れを自分のために確保するという結果に行き着くわけではない。彼は、彼がそれで報いようと望む臣下のだれかひとりに、それを譲る。それは、ちょうど、死亡時の財産没収権から生まれる人道にもとる利益を、通常は、他人が受け取っても構わないとわが国王たちがしているようなものだ。わが国王たちは、忌まわしいこの儲けを国王財産に受けいれることで、宝物蔵を汚したことにはまったくならない。彼らは、それを気前よく使うことによって、彼らにその所有権が認められるという法律の野蛮性を減らしている。

代々の太守（スルタン）は同じ政策をとっている。彼らは、この予期せざる利益を彼らの配下の者たちへの褒美にしている。このようにして与えられた財産に対する権利を彼らが自分のために確保するのは、どこまで行っても、せいぜい一種の臣従礼のためである。そして、彼らが彼らの手元にその所有権をとっておいたとしても、また、現実には、彼らが彼らの受贈者にその用益権しか譲らなかったとしても、それは、ド・モンテスキュー氏がしたように、「国家の財産の大部分を所有する仕方が心もとない」と言うための理由にはならないであろう。

第二二章　同じ主題の続き。右記の慣習法について語るとき、ド・モンテスキュー氏はどれほど思い違いをしてきたか

この著作家の体系によれば、国家の不動産の大半を君主の手のなかに置くことになるという、この慣習法に、彼はさらにふたつの慣習法を加えている。第一のそれは、と彼は言う、「太守が大部分の土地を彼の軍

隊に与え、勝手気ままにそれを処分している」ことである。第二のそれは、「太守が帝国の官吏たちの相続財産をことごとく奪い取っている」ことである。これらすべてがどれほど正確さを欠いているかについて、私が指摘するのを許してほしい。大前提は、帰結が不正確であることに劣らずいんちきである。これらの動機のどちらも、トルコにおける土地所有様式に、ほんの少しの効果も及ぼすことはできていない。それは、多少脱線する危険を冒してでも、私が証明せずにはいられないことである。

第一に、太守は彼の軍隊になにがしかの土地を与えている。しかし、ド・モンテスキュー氏は、それが軍事恩典であり、征服以来、この用に供せられた資産であるということを考えていない。土地は軍の部隊に属している。つまり、太守（スルタン）は、わが国王たちと同じく、その用益権者を指名するだけなのである。わが国王たちも、大僧院長の称号を授けるが、真の所有権者は僧族である。それは、ティマール[1]所有者と呼ばれるものである。オスマンの君主は、国家の守護者たちに向けて、この報酬を使う国家責任者なのである。

ヨーロッパでは、それを国家のために祈る人びとに分配する。トルコでは、国家のために戦う手にそれを取っておく。それぞれの国には、それぞれのならわしというものがある。だから、この点に関してわが国で確立されている慣習法は、それとは少し違う慣習法に従っている外国の人びとに対して、われわれを不正な存在にするはずがない。ふたつの制度の原理を検討してみても、両方の慣習法は、等しく賞賛に値する。しかし、一方の慣習法が他方の慣習法以上に、ド・モンテスキュー氏がそれに帰している効果を産み出すこと

（1）トルコ語で、征服で獲得された軍事封土を言い、オスマン帝国の戦士に授けられた。

ができるわけではない。キプロス島[2]で、何人かのイェニチェリ軍団[3]の老兵士をティマール所有者に任命しても、トルコにおいて不動産所有権に害を与えないことは、マルタ騎士団[4]の騎士をプロヴァンス地方あるいはラングドック地方の修道騎士領の所有者に任命しても、フランスにおいて不動産所有権に害を与えないのと同じである。

第二に、太守が帝国官吏全員の相続を奪っているというのは、まったくもって本当のことであるか？　諸報告書は、正反対のことを証明する文章で満ち満ちている。コンスタンティノープル［オスマン帝国の首都］では、高位にある人間の息子は、父の重職を相続することはまったくない。しかし、だれもその財産には異議を唱えない。物故したパシャ[5]の子供たちは、馬の三本の尻尾[6]を付ける権利を持っていない。ちょうどそれは、聖王ルイ勲章[7]佩用士官の子供たちが、父を失ったときに、十字勲章を付けることが許されているとは、主張しないのと似ている。しかし、剝奪は、功績に対してのみ認められるべき個人的栄誉に限られる。それは、出自に付随することが認められている諸特権にまで拡張されることはない。ダーダネルス海峡[8]の城を指揮する司令官は、ダンケルク[9]か、バイヨンヌ[10]かの国王代理官と同じくらい平穏無事に、確実に、彼の家族に財産を残している。

死ねば、財産が君主に帰属することになる男性については、私はアジアでは、二種類しか見たことがない。後宮で君主本人に仕えるように特別に配属されている宦官か、あるいは君主が死なせる犯罪者かのどちらかである。これらの事例のうち、前の事例では、君主は、話題にされてきた太古の法に単に従っているだけである。宦官には子供がまったくいない。つまり、普通法だけが彼らの跡継ぎになることを君主に許していたのである。しかし、そのうえ宦官は君主の奴隷である。宦官とその財産は君主に帰属している。だから、彼らが死んだときに、君主が財産を手にいれるのは、もっと早くにでも取り戻すことができたはずのものを、自分の所有に戻しただけのことである。あとの事例では、君主は跡を継ぐのではなく、没収するのである。君主が受け取るのは、遺産ではさらさらない。それは、彼が科した罰である。どちらの事例でも、故人がいかに金持ちでも、いかに権力を持っていても、君主が獲得するのは、土地ではなく、黄金や宝石や女性や馬や大きな動産であって、不動産ではまったくないのである。

(2) 地中海東部、トルコ南岸、シリア西岸の島。オスマン帝国の領土だった。
(3) オスマン帝国独特の徴兵制度(デウシルメク)により成立した常備軍。一六世紀から一九世紀まで続く。帝国領内のキリスト教徒の少年を選抜し、奴隷軍人として訓練を施し、皇帝直属の近衛部隊とした。ヨーロッパ人は、勇猛果敢なイェニチェリ軍団に恐れをなし、その恐怖は、この軍団を伝説化するほどのものであったという。
(4) 十字軍遠征と巡礼守護のために結成されたヨハネ騎士団が一五三〇年に神聖ローマ帝国皇帝によって、地中海のマルタ島を与えられたことから、その名がある。また、プロヴァンス地方もラングドック地方もフランス南部地中海沿岸地方。
(5) オスマン帝国の地方長官のこと。
(6) オスマン帝国のパシャが役職のしるしとして槍先に付けた馬の尻尾で、一、二、三本とあり、三本が一番位が高い。
(7) ルイ一四世が設けた勲功制度にもとづいて、軍功を挙げた軍人に対して与えられた褒章。
(8) 黒海の支海マルマラ海からエーゲ海へ通じる細長い海峡。もちろん、オスマン帝国領。
(9) フランス北部、英仏海峡に臨む港湾都市。
(10) フランス南西部、ビスケー湾に注ぐアドゥール河河口の港湾都市で、古代ローマ時代から海運で栄えた。

非常に重要なので、しておかなければならない指摘がある。それだけが、おそらく、ゴシック的無政府性[11]から誕生した行政すべてよりも、アジアの諸政体が優れたものであることを証明するからである。われわれのところでは、これらの行政の混乱を解きほぐし、そのばねを働かせるのにさんざ苦労している。専制君主などと称される、わが大陸のこの部分の君主たちほど、土地財産が少ない君主はいない。彼らの収入は、現物で支払われる租税から成り立っており、人民を押しつぶすどころか、反対に、人民の負担を軽減している。また、税関からも成り立っているが、これはまさにその名にふさわしいものである。というのも、税関は心優しく、下級官吏は正直で、収税吏は公平無私であるからだ。彼らの収入は、財産没収からも成り立っている。それは、司法の突き棒であり、あるいは、その代価である。それは、公職にある人間以外にはけっして降りかからないし、無実よりもしばしば有罪から巻きあげる。最後に、それは、臣民の涙に値することなく、彼らの愛情のしるしとして、自発的に差し出される贈り物から成り立っている。それは、大臣たちの面目を汚すことなく、君主を富ませる。

これらのさまざまなものがもたらす総額は、国家を負担から解放するのに役だっている。おかげで国家は一度も債務者を持たなかった。それは、不幸な人間を作ることなく楽しめ、歓楽が失望へだれをも突き落とさないような君主の気晴らしのために使われる。それらの剰余金は、国庫に貯えられて、前例のない災害や思いがけない災難で上納金を倍加せねばならないときに、この過酷な必要性から人民を免れさせる。夢幻の所有地を増大させるために、なんで人民を犠牲にするのかわけがわからない。その所有地は、主人の世襲財産となるより以上に、土地管理官たちの世襲財産となる。それは、先祖がかつてなしえたわずかなことを、今日ではすべてのことができる人間に思い出させるために役だちうるだけであろう。

大身の振る舞いもほぼ同じ原理に沿っている。余所でと同じく、かの地でも彼らは、卑劣な行為を重ねたおかげで権力者となっている。彼らは君主の悪徳から利益が得られるときには、恥も外聞もなくそれを煽《あお》り立てる。しかし、彼らの隷従の代価は、彼らの家計における出費に充てられるか、官能的奢侈の対象で蕩尽されるか、基本的必要のために彼らの金庫に貯めこまれるかのいずれかである。彼らは、これらの取得から家門の栄光作ろうなどとは考えない。しかし、われわれのあいだでは、それらは、非常に長いあいだ貴族の特権になっていたあとで、いまでは、もはや富裕の特権にほぼなり果てている。

ド・モンテスキュー氏の言うことを信じるとすれば、この種の財産に対する彼らの無関心は、大身が「それを享受できないことを恐れている」こと、そして、「盗んだり、隠したりすることができる金銀だけを自分のものだと思う」[12]ことから来ている。しかし、ド・モンテスキュー氏は間違っている。この政治手法は、たしかに非常に誤解を生みやすい。金銀が容易に隠せるものであるなら、同じく奪われるのも容易である。貪欲土地は強欲な太守（スルタン）や彼の宰相[13]の貪欲をそそるようなことは、はるかに少ないに違いない。

(11) ランゲは、封建制をゲルマン部族に代表される北方蛮族の法制と見て、その混乱を指摘しているのである。序論、訳註(12)を参照。

(12) 『法の精神』、第五篇、第一四章。邦訳参照、前掲、上、一三九ページ。

(13) オスマン帝国の行政の最高権力者。フランス語の visir は、イスラム諸国の行政権力の最高責任者を意味するアラビア語のワジール（wazīr）が語源。

をそる餌《えさ》と彼らが雇った殺人者に対する報酬をこのようにして用意するにしては、大身の側は、あまりにも不器用でありすぎるようである。

だから、この動機が彼らを導いているのではない。土地を取得することに、彼らがほとんど執着していないのは、彼らの所領が彼らの誇りを満足させるなにものも持っていないからである。アジアでは、所領は爵位になっていない。所領は、所有者に地位も名誉も与えない。アジアでは、少しのかねと引き換えでは、小暴君の後継者にはなれない。一村の支配権の残骸も買えない。男爵位の名義と大権が貧しい貴人の手から、彼を破産させた高利貸しの手に移ることはまったくない(14)。

トルコで、高貴な人間を飾り立て、圧倒するような豪華な所領を、同じひとつの家のなかにおびただしく貯めこむ奇癖から、彼らを免れさせている原因はこれである。トルコでは、土地所有権は、その真の使命に従って、土地を有効に活用する人びとの手に残っている。これらの土地そのものは、そこでは、土地所有者そして国家と同じくらい稼ぐ。大身の官能的な富裕は、彼らを干からびさせ、荒廃させる。小身の活発な産業は彼らを養い、豊かにする。このことによって、万事は、適正にその席にある。権力者は金銀やダイヤモンドを蓄積する。言い換えると、彼らの顕職のようにもろい、輝かしい富を蓄積する。真の宝物、しっかりと安定した富――それらの主人の幸せと安全を作る宝物と富は、自分たちの労働のおかげでそれらを得ている無名の人びとのところにとどまっている。そして、無名の人びとを馬鹿にしている連中でさえ、生きていくためには、彼らにすがっているのである。

だが、こうした考え方と行動様式からは、ド・モンテスキュー氏の帰結を完全に壊す結果が出てくる。太守（スルタン）が罰する犯罪者がいかに金持ちでも、あるいは、彼に相続させる宦官がいかに金持ちでも、没収と世襲財産が帝国金庫に運びいれるものは、貨幣や宝石や馬や馬とほぼ同じ身分に陥れられている人間でしかない。土地所有権が被害を蒙ることなどありえない。太守なら、彼のすべてのパシャの首を刎ねても、ひとつ余計な小作地を持つことにはなり得ない。また、残された彼の臣民たちは、彼ら自身が買い取ったはずの土地で、あるいは、彼らの先祖から譲られてきたであろう畑をやはり穏やかに耕していることであろう。

おそらく見た目ほど、私の主題に無関係ではない脱線話をしたあとで、私は元へ戻ることにする。こういう次第で、タタール人の慣例も、トルコ人の慣例も、等しく、私の原理を支えに来てくれていると私は言う。まず、相続権が確立されると同時に考えられるようになる精神について、私が打ち出した主張をそれらは確証してくれている。私は、あれこれと思いを巡らすことに身を委ねた結果、私の思弁で導き出される帰結と記憶にないほどの昔からアジアにあった慣習とのあいだに、一致が見られることに、われながら讃嘆せざるを得ないのである。そうした指摘をする機会を読者が持つ場所は、私の著作のこの場所で終わりというわけではない。

---

(14) ヨーロッパ、とくにフランスで、伝統的な貴族制の経済基盤を掘り崩し、絶対王政の確立を手助けした官職売買の弊害を皮肉っている。

第二三章　遺言について。遺言のならわしは長いあいだ知られなかったと信じる理由

支配権つきで自分の財産を享受すること、専制君主のように、自分の家族のなかで命令をくだすこと、自分の家のなかで王となること、口答えも不満のつぶやきもなく、かしずかれている自分を見ること、あらゆる尊敬とあらゆる賞讃のまとであること――これらのことはたしかに大きな喜びである。そして、原初の所有者は、その喜びをあますところなく味わっていたはずだった。しかし、結局、彼らにとっては、われわれにとってのように、人心に非常に心地よくおもねるこれらの対象すべてから、身を引き離さなければならないときがやってきた。命を受け取り、それを与え、それを失う――これは、人間の生涯における三つの時期である。それは穀粒である。穀粒は、その損失を償う役割を持つ茎を産出したのとほとんど同時に、色あせ、乾く。

人間は、生まれるやいなや、死の準備を整えなければならない。妻の腕のなかで人間の弱さの官能的忘却にふける瞬間、そして、妻が命を与えたばかりの子供を、夫が自分の腕のなかに、感動してぎゅっと抱きしめる瞬間は、これらの死の想念をしばらく中断する。しかし、それは、すぐさまそれらの想念をもっと激しくし、もっと差し迫ったものにするためにすぎない。そのときから、どの瞬間も彼を墓場の方へ急がせる。そこは、彼が彼の父親の灰をしまいこんだ場所である。すべては彼に警告している。彼の子供が彼の灰をそこへ混ぜこむのに遅れを取らないであろうことを。

彼が子供たちの別れの言葉を受け取るとき、彼にとっては無に帰す現世において、子供たちが不幸にはならないだろう、という風に考えることは、たしかに彼にとっては、ひとつの慰めになる。衰弱しつつある手で、いまわのときに子供たちを抱きしめられたら、心残りを減らすことができるという思いは、平穏な境遇を保証するものを子供たちに残せると想像することと同じであり、子供たちが父親にした奉仕がその見返りを持ち、このうえなく愛情のこもった仕事になってきた財産管理の結果、財産が彼の心のなかで一番大切にしている対象に移るであろうと期待することと同じである。

しかし、結局のところ、遠くに離れていく利害は、さほど強く彼の心を動かすことはできない。これらの財産が彼の子孫に残ることを彼が切望するようになるのは、よそから彼のもとへやってくる部外者の意見のせいなのである。財産が自分のあとどうなるかについて安心していなさい、そして、生前には財産の享受についてあなたに保証を与えた法律に、死後の所有権を定める面倒を任せなさい、と理性が知恵を彼に授けているように思われる。自分の手でもはや財産を仕切ることができないのでは、と彼が感じるとすぐに、財産の使い方については心配などするな、と理性が彼に言って聞かせる。あれこれの心づもりが成就するのを彼の両目でたしかめられなくなるのに、死にゆくときにその心づもりを表明するような苦労を節約するように、理性は彼に勧める。

これらの心づもりの実行について、彼自身がその証人になることができるあいだは、心づもりが几帳面に守られることが彼の心を動かし、彼の関心を強く惹くことである。彼が所有しているものを彼が使うことができる限りでは、彼の所有物は彼に確保されていて、侵害されることはないからである。しかし、彼がもういなくなったときに、人がそれをどうするかは彼にとって大事なことなのか？　夜のあいだは、夢が心に強く影響を及ぼすかもしれない。しかし、目ざめた瞬間には消え去る幻影がどうなったかについて、起きていても不安を抱かなければならないのだろうか？

すべてを捨て去らなければならなかったあの残酷な瞬間において、人間たちの行動を決めてきた規則は、長いあいだ、こういうものであった。子供たちに遺産を確保すること、あるいは、傍系血族に相続除外を伝えることに対して、彼らのうちのだれひとりとして抗議しようと思わなかった。彼らは、生きているうちは、絶対的主人にとどまりたいと思っていた。彼らは、支配権を享受できている限りでは、それに極度に執着し、強力にそれを守っていた。しかし、彼らは、無用のものになっていた権力を長く伸ばすために、無駄な努力で疲れ果てることはなかった。彼らは、死が彼らから奪い取っていた王杖を保持しようと、死と戦うことはまったくなかった。

彼らは、強制された相続[1]で彼らが感謝されることを要求さえしていなかった。彼らは、相続に彼らの意志のいかなるしるしも加えなかった。法律が彼らのために相続人を指名していた。そして、アブラハムの例で見たように、彼らは、法律の措置に従っていた。彼らは、法律の命令を避けたり、あるいは法律の命令に反対して戦ったりする権利を自分のものにはまったくしていなかった。彼らは、自分たちのことを「旅行者」と見なしていた。いままさに出発しようとしている町のなかで、順位を決めるべきだと主張することは、旅行者にとっては、まったく適切ではない。王冠を譲ろうとするときには、廷臣のあいだで、だれかを選び出すことなく、一番王冠にふさわしい人間にそれを譲ると宣言した、あの君主のように、すべての人間が行動していた。ところで、一番ふさわしい人間とは、彼らの目から見れば、法律が指名した人間であった。出だしで別の秩序が望まれるようなことになっていたなら、それはうまくいかなかったかもしれない。戦わなければならない利害が多すぎたことになっただろうし、消さなければならない声が力強すぎたことになっただろう。生きている者に害を与えてのみ、生きている者よりも長生きするという満足を死者に与えることが可能となったことだろう。彼らの最後の措置は、存在しない未来にまで広げられたので、失効しているように見えたことだろう。

子供たちは、現前する父親の意志を尊重するようにきっちりと追いこまれてしまっていた。そして、父親に与えられた専制的な権威は、父親の意志をますます恐るべきものに見えさせていた。しかし、それを行使してきた人間の動かざる死体を、彼ら自身が土で覆ったあとになっても、彼らがそれを承認し続けることを望んだなどということは、きわめて疑わしい。開くことをやめた口から命令が来るのを待っていたなどと信じることは、自然ではない。ましてや、彼らが、このように限界を越えて広げられた権力に従ってきたとか、命令を実行するように要求することがだれにも許されていないのに、そうした命令に彼らが従ってきたとかと考えることも、自然ではない。

それぞれの家族は、まだ個々に孤立していて、他の家族とは間接的関係しか持っていない。また、すべての家族をひとつにまとめるのに適した原理、すなわち一般主権が存在していない。おまけに文字がまったく

（1）同年（一七六七年）、同所（ロンドン）の異本では、「相続」（succession）が「譲渡」（cession）となっている。

発明されていない。だから、死にゆく父親たちがその最後の心づもりを、ゆるぎないやり方で表現するという考えと願望を持っていたとしても、あらゆる種類の便宜が欠けていた。父親たちは、その考えと願望を、まわりを取り囲んでいた子供たち自身に、つまり、父親に従わないで済むことに関心を持つ証人にしか、託すことができなかったに違いない。そして、父親の命令が存在することは、子供たちには、命令を作った人間が破壊されることと両立しえないように見えていたとしたら、命令を尊重しないことに子供たちは気が咎めただろうか?

自分たち自身で享受することに性急で、実に長いあいだ囚われていた自由を所有する自分の姿を見たくてたまらない彼らは、新たな鉄鎖が自分に与えられるのを、どう見ても、大人しく座視していなかったものと思われる。彼らは、現実的権利を破壊してしまいかねない架空の所有権の濫用に対して、激しく抗議しただろう。彼らは、行き過ぎにまで押し進められた、耐え難いほどの従属を公然と捨て去ったことだろう。そして、彼らは石で父親の墓を閉ざしたばかりなので、その石とともに、彼らの父親の心づもりに対する彼らの尊重の気持ちも埋められたに違いなかった。

だから、この原初の時代においては、息子の尊敬をおそらくかき消しかねなかったほどの差し迫った利害によって、あえてこの尊敬心を危険にさらす人間など、ひとりもいなかった。家長は、その専制的支配権を、それから離れる瞬間まで、現世で平和裡に享受することで満足していた。そのとき、家長は、それがもはやとどめておくことができなかったものであるかのように、留保をつけずに、専制的支配権が逃げ去るに任せていた。個別財産の相続は、それ以来、王冠の相続に限定されてきた法律に従うことになった。所有者の権力は、所有者とともに消え去っていた。そして、所有者の全権利は、例外なく、所有者に取って代わった、生きている人間に移っていた。

第二四章　遺言は所有精神の産物であること

しかしながら、時間が経過するとともに、死にゆく者たちに別の慰めを与えようとの思いつきが出てきた。それは、彼らの目の届くところで、財産をすでに管理してきた人間の手だけに彼らの財産の所有権が移ると考えることとは別の慰めであった。不愉快で、わずらわしいこの考えを彼らに蘇らせたのは、おそらく人間の心が弱かったせいだろう。もっとも愛してきた人間たちを幸福にしてやれることに死にゆく者たちが確信を持つことは、彼らにとっての満足だったからには、死にゆく者たちに取って代わる喜びが彼らを失ったことの苦痛を弱めていたことが、少しでも、財産をすでに管理してきた人間たちのなかに見えることは、彼らにとっての不満足だった。彼らは、感謝どころではない、無上の喜びで彼らの遺産が受け取られることを考え、そして、遺産を自由に処分できないことが彼らから遺産譲渡の強みの全部を奪っていたことを考えるにつけ、彼らはなにがしかの苦痛を覚えていた。

死にゆく者たちにとって、あの強制された放棄をみずからの意志による譲渡に変えることができればどれほどうれしかったかは理解された。直系相続人の安心に、少しばかり不安を混ぜても、悪いことではないだろうと思われた。なにものも直系相続人の期待を裏切ることができない場合、ひとつの追認の要求に彼らを従わせることを前提とすれば、直系相続人の期待が持っていた悲しみを催させる点も、より我慢できるものとなっていた。それは、彼らよりもよそ者を選択しようとのもくろみがあったということでは、まさになかった。しかし、そうする権利があるということは、よいことだと思われていた。直系相続人の身ぐるみを剝ぐ権力が行使されることを恐れる限りは、この権力は、彼らの注意をいっそう長続きさせたし、権力行使には出ないであろうということに彼らが確信を持つようなことにでもなれば、それは、彼らの感謝の念を一層、活発なものにしたということは、十分見当がつくことであった。

だから、何世紀も経って、従属の安定した習慣が子供たちを軛《くびき》によく馴れさせてから、そして、従順であることが、いわば彼らの自然なあり方となったときに、彼らに関係した法体系の原理は、彼らを恐れさせていた措置とともに、変化した。政治が子供たちに認めてきた諸特権を再び彼らに持たせることが許された。隷属を彼らに我慢させるための弥縫策の必要がもはやなくなっていたと思われたときには、もはや彼らには隷属しか残されていなかった。そして、父権は、子供たちから剝奪された大権の犠牲のうえに、成長した。

そのとき、所有精神がその全幅的広がりのなかで再び現われた。それは、恐れになにがしかのものを譲っているように見えたし、私欲にもとづく心づかいで引き締められているように見えた。所有精神は、失ってしまったように見えた地歩のごくわずかを再び所有に組みいれた。所有精神は、この表面的な喪失で得をしさえした。それは、所有精神にとって、その帝国を誇示する新たな機会であり、所有精神が思うがままにすべての社会制度を処置し、それらを勝手気ままに聖化したり、廃止したりしていたので、どれほどそれが社会制度を全般にわたって隷属させていたかを示す新たな機会だった。

所有精神は、家長と家族の成員のあいだで過去に結ばれたあの契約のようなものを撤回した。この等価交換の取引は、家長の支配権に根拠を与え、成員の尊敬の念に代価を与えていたのだが、所有精神はそれを破棄したのである。それは、従属者の奉仕を主人のために確保し、所有において主人に取って代わる権利を従属者のために確保していた、あの二次的な契約を取り消した。相続の不変の権利が確立されたことによって、両親の権力が或る意味で弱体化していたけれども、所有精神はその十全性を両親のために回復した。

そのために、所有精神は両親に虚構の享受を仮定した。死をもってしても、この享受を中断できず、その結果は、原因が消失していたあとでも、存続するとされた。スコラ哲学の用語を使わせていただくとすれば、それは、基体なくして存続した様態であった。このときから、所有権は所有者よりも長生きすることになった。それはまるで円天井を湾曲させるために使っていた支えを取り去ったあとで、円天井が空気で支えられているように見えるようなものである。父親は、あたかも不死であったかのように、その財産を当然、処分する権利があった。父親は、墓場から彼の子孫に対して長つづきする法律を口述するために、墓場の階段のうえにとどまることを許された。

この現実的根拠を持たない所有権を行使するための証書は、遺言書と呼ばれるようになった。この革命によって損害を受けていた子孫は、革命がおこったときに、あえてそれに不平を漏らすことはなかった。彼らの不平が役に立たないほど、あまりにもしっかりと、必然的に法体系が確立されたからである。子孫は、言葉に表わせない苦痛で、彼らの期待が後退するのを見ざるを得なかった。いや後退というよりは、むしろそれは期待の消滅であった。或る価値を期待に与えることができていた、ただひとつの確実性のようなものをそれは失った。それからというもの、彼らは、専制君主の善意から引き出した主張以外の主張をもはや持たなくなった。そして、従属は、少しばかりの緩和をそれにもたらそうとしているように思われたのに、そのまったき厳格さのなかで、再確立されたのだった。

第二五章　所有者に認められた遺言の権利を正当化するために、ライプニッツが持ち出した滑稽な理由

遺言を残す権利の確立、つまり父権を無限定に延長することは、たしかに子供たちの権利に裂け目を作り出すことであった。しかし、それは父親たちの権利の結果であった。最古の遺言は、社会の建立以来、その根本原理に従って、えこひいきを持っていなければならなかった。子供たちにとっての不幸は、父親にとっての利益であり、すべての家族にとっての一般利益でさえあった、ということを正直に言わなければならない。秩序と平和は、彼らを支配していた権力が一層広がるにつれて、社会で打ち固められた。個別的濫用がその果実であったが、しかし、それは、そこから結果した普遍的利益に比較し得るものではなかった。

その後、幾多の国民の法律によって、採用され、打ち固められたこの新機軸は、おそらく、そのほかの支えを必要としなかったのだろう。それは、それが存在すること自体によって、その原理のように聖なるものとなっていた。暴力的横奪を尊重すべき享受に転換し、幾人かの不正な個人を他のすべての人びととの合法的な主人に仕立てるために、十分な権力を社会が持ってしまうやいなや、社会は、これらの主人に対して授け

る所有権を、無限大に拡張することも十分にできるようになっていた。社会が現実的結果を想像上の所有のせいにすることと死によって移譲された諸権利が生きている者たちの権利そのものと同じくらい堅固になるように命令することを、なにものも妨げていなかった。こういう手口を引きいれていた政治だけで、そのことを許可するためには十分であった。形而上学のなかにその正当化の理屈を探しに行く必要はなかった。遺言者の魂の本性に遺言の有効性を結びつけるようなことはしなくてもよかったに違いなかった。

しかしながら、こういうことを、名前の方が著作よりもはるかによく知られている、ドイツの或る哲学者がやったのである。ライプニッツ(1)は、法学を説明するためにわざわざ編まれた或る論考のなかで、大変真面目くさって、遺言を有効にする本当の理由は、われわれの魂が不死であるからであり、それなくしては、遺言がなんの効果も持たなくなるだろう、と述べたてている。「しかし、死者が」と彼は言っている、「まだ実際に生きているので、彼らの財産の主人で相変わらずあり続けている。だから、彼らが残している相続人は、単に彼らの事業を請け負った代理人として見なされるべきなのである」(＊1)。

(1) ライプニッツ、ゴットフリート・ヴィルヘルム(一六四六—一七一六)。ドイツの数学者・物理学者・哲学者で、同時に外交官でもあった。新旧のキリスト教会の合同を推進するとともに、「普遍記号」を提唱し、学問分野の統合を図った。ここでランゲが引用する『法学の新しい方法』(Novae Methodus Jurisprudentiae) は、『法学教習新論』(Nova methodus discendae docendaeque iurisprudentiae) とも訳され、一六六七年にライプニッツが弱冠二一歳でアルドルフ大学に提出した学位請求論文である。なおランゲのラテン語表記で、Novae となっているのが、異本では、e が落ちている。

（＊1）『法学の新しい方法』を参照。私は、この本も、この馬鹿げた理屈も、自分で探してみようという気には、たしかにならなかった。私にこの文章を指示してくれ、その著者を私に教えてくれたのは、バルベラック[2]である。私は、原本にもとづいて彼の引用を検証する以外に骨の折れる仕事をしなかった。

以上が、モナド[3]の発明者の体系によれば、ひとりの人間が自分の財産を自由に処分し、自分の思うがままに相続人を選べる理由なのである。バルベラックは、このくだりを知っていて、引用した。彼は、同時に、ライプニッツを偉大なる天才と呼んでいる。実際、これは、しばしば彼をほめたたえるときの修飾語である。しかしながら、この断片と彼の本がおびただしく含むその他の断片は、彼がそのような賞讃に値したということを証明していない。私は、あらかじめ彼と彼の支持者たちに心から謝りたいが、しかし、私は、ライプニッツの考えかた以上に度外れなものがあるかどうかはわからないくらいなのである。

その結果——ライプニッツが言っているようにではないが——、死者はつねに彼の財産の主人であり続けるが、しかし、そうなると、すべての人間がその起源を帰している当のアダムは、この下界のまがうことなき唯一の所有者であるということになってしまうだろう。われわれの父親、われわれ、そして、われわれの子供たちは、彼の執事にすぎず、彼の事業代理人にすぎない。ときには、所有地がどのような仕方で運用されているかを調べたいと彼が思っても、彼が必ずしも彼の代理人に満足を覚えるわけではないということは、正直に言っておかなければならない。

さらに、正直に言っておかなければならないことは、彼の管理人全員の会計監査をするという厄介な仕事は、彼にとっては、末期の日になるだろうということである。原初の委任に従って、めいめいが会計を受け取り、それを返し、めいめいが順番に受託者になったり、委任者になったりして、最初の族長たちは、世紀の終わりまで、いつでも、アダムに対する彼らの代理人たちの管理運営の保証人であるだろう。したがって、人類の創始者から訴えられないような子供たちは、ほとんどいないことになるだろう。

これほど気のふれた想像は、ひとつの真面目な著作のなかでその席を見いだすようにはできていなかった。たしかに、それは反駁するに値しない。ライプニッツが与えられた栄誉に十分に値すると私がもし思っていたら、彼自身によるこのような栄誉の忘却について、彼を非難せざるを得ないことを私は残念に思うことだろう。しかし、彼の名声が私に引き起こす驚きは、逡巡と手加減から私を免れさせる。私が著者たちの名前を脇に置いておき、ただ彼らの著作のみに即して、彼らの良いところを評価しようと決心を固めてから、ずいぶんになる。ライプニッツの諸著作の本性は、この心づもりのなかで、私を十分堅固にした。彼の名前のそばに彼の諸著作を置けば、そして、彼の制作物のうちで、幾何学にまったく属さないものに一瞬立ち止ま

（2）『自然法と万民法』、第四篇、第一〇章、第四節、註記四。
Pufendorf : op. cit., tome I, p.569.

（3）ライプニッツ哲学の重要概念で、「単子」とも訳される。単子は、世界を構成するもっとも単純な実体とされ、一七一四年の『単子論』で展開された。

るなら、フォントネル[4]やほかの賛美者たちがそれらについて作った賛辞のなかで、彼が偉大に見えるのと同じくらい、ここでは、彼は卑小であることを見つけて、驚かされる。

ライプニッツの名声は、明らかに党派的関心事である。フランスはデカルトを持っていた。イギリスはニュートンを持っていた。哲学の民兵全体がこれらのどの国においても、これらの大立者のひとりの旗下に結集していた。そこから、民兵は団結によって、より一層力を得たように見えていた。充実と空虚[5]の信奉者たちは、どちら側でも、より一層秩序正しくぶつかり合おうとして、指揮官のうしろに整列していた。ドイツは、同じような利点を持って、この体系の闘技場に姿を現わそうと望んでいた。そして、ライプニッツは、ニュートンと微分計算の発明を大胆にも競っていたから、同国人たちがイギリス人に対して準備していた戦争において、彼らを指揮する資格があると見えていたのである。

しかし、それは、偉大な指揮官に率いられた歴戦の兵士を攻撃しようとしていた、装備の貧相なコサック[6]軍であった。彼らの首領は、或る意味で肩を並べて戦うことができていた幾何学を離れるという無謀な行動に出た。彼は、形而上学という流砂のなかに姿を消した。彼は、敵をそこまで引き寄せることにひそかに自信を持っていたが、しかし、敵は、そこまで彼を追いかけてこなかった。幾何学と実験にのみ助けられて進軍していたニュートンは、不滅の発見をしたが、それらの発見に泥を塗ることがライプニッツにはできなかったために、彼は、理解不能の言葉が終わりない推論の原因となり得るような諸体系とこれらの発見を釣り合わせようと試みた。

だから彼の哲学は、ライン河の向こう側でしかひと財産を作れなかったのである。しかし、そこにおいてさえ、彼の哲学は、それほど熱心な擁護者をけっして持たなかった。彼の支持者たちは、いまでは彼がもたらした武器に赤面している。しかしながら、かつては、民族的熱狂、つまり人びとの気分から生まれる奇妙な種類の愛国心が賛辞をばらまかせてきたために、その後は、ほかの多くの賛辞がそうであるように、それを繰り返し言うという習慣によって、賛辞が支えられてきたというわけである。それらは、外国人の目をくらませてきた。そして、おそらく同じ効果を後代にももたらすことであろう。しかし、考え抜かれた検討ではなく、ひとつの先入見こそが、これまでライプニッツを大人物と誤解させてきたということは相変わらず本当のことである。

第二六章　遺言する権利は、父権のように、その効果において無制限であったこと

法体系のなかに遺言する権利が引きいれられたとき、そこで、それは、いわば父権の付けたりでしかな

(4) フォントネル、ベルナール・ル・ボヴィエ・ド（一六五七―一七五七）。フランスの哲学者・詩人。近代科学の普及に努め、啓蒙の先駆的思想家となった。フランス・アカデミー会員（一六九一）で、科学アカデミー会員（一六九七）。

(5) 自然学におけるデカルトとニュートンの対立。前者は近接作用論の立場から空間の充実を唱え、後者は遠隔作用論の立場から空間が空虚であることを主張した。

(6) 一五世紀に中央アジアから南ロシア一帯に移動してきた騎馬民族で、独立を求めてロシア政府にたびたび反乱を起こしたが、一七六四年にエカチェリーナ二世（一七二九―一七九六）によって、自治が認められた。

かったために、父権のように限界を持たなかったに違いなかった。社会の基本的法律のせいで、相続に対する子供の権利は、自然からやってくることはありえなかった。この同じ一連の法律から、死によってさえ、父親の所有権は、もはや中断されることはないために、彼らの権利行使のなかでその性格を保存した。所有権は、ちょうど、その享受のように、父親たちが残していた財産の分配において自由で、絶対的で、独立したものでなければならなかった。父親たちは、勝手気ままに、ひとりないし複数の相続人を選び出したり、彼ら自身の息子を相続の分配に与《あずか》らせたり、そこから彼らを排除したりすることが許されていなければならなかった。それはちょうど、彼らが自分たちの家に息子たちを残しておいたり、あるいは彼らをそこから追い出したりすることが許されていなければならなかったのと同じであった。

これが実際に起こったことでもあった。父親たちは、生前に財産を管理していたのと同じ専制主義で、遺言によって彼らの財産を処分した。彼らの最後の意志を変えることはおろか、それから逃げることすらも、もはや許されていなかった。文字の発見は、この新しい法的慣習を導入したこととたしかに合致したはずであるから、文字は、父親の最後の意志を表明し、誤解され得ない形で、それを保存する手段を取りやすくしたのである。遺志を含んでいた証書は、墓のように、神聖なものになった。死者の意志に反抗すること、あるいは、彼らの遺灰を汚すことは、等しく憎むべきふたつの犯罪的企てと思われた。

これらの原理が玉座の相続さえも左右するアジアでは、その全域において、いまだなお、これらの原理が生きながらえている。後継者を指名する自由を持っているのは、個人だけではない。王も同じ特権を持っている（＊1）。ほんの少しの小作地にも主人を与えるように、国に君主を与えるのは、生まれた順番ではなく、父親の意志である。そして、各人が各人の好みで、現在の享受から、享受が自分のあとにだれに移るべきかを決めるための資格を引き出している。

（＊1）デュアルド神父の『シナ帝国の描写』、第二巻、一一ページ[1]とアジアの統治体について論じてきたすべての著者を参照。

ローマ人の法律は、独立性に過度に執着し、自由を崇拝の的にした共和国のために作られているから、同じ格率を聖化した。ところが、われわれが考えるには、これらの格率は、本質的に専断的な権力の存在と切り離しがたく結びついているのである。十二表法[2]は、財産分与のためには、父親の意志が侵すことのできない規則であることを決定した。この決定は首尾一貫したものであった。ロムルスは、父親に子供に関する生殺与奪の権利を委ねたが、十二表法がこれを裏書きしたのである。十二表法は、そういうわけで、所有物に

（1）デュアルドは、『シナ帝国の描写』で、清のホンタイジ（一五九二―一六四三。崇帝と表記）が「六歳にしかすぎなかった、彼の息子の順治を後継者として宣言する時間がなかった」と記しているが、実際には、後継者を指名する王の権利を当時の満州朝廷は認めていなかったために、太宗の弟のドルゴン（一六一二―一六五〇）が幼帝順治（一六三八―一六六一）の擁立を宣言し、みずからは摂政王となったというのが王位継承の真相である。したがって、史実としては、清帝国においても、後継者指名が皇帝の権利に属するようになるのは、康熙帝（一六五四―一七二二）からである。

（2）紀元前五世紀半ばに成立したローマ最古の法典。十二の表に書かれて公布されたのでその名がある。序論、訳註（44）参照。

まで権利を拡張しなければならなかった。十二表法がこの権利に打撃を与える自由を少しばかり与えたからと言って、それに限界を設けることはできなかった。財産に対する無限定な権力は、人身に対する無限定な権力の必然的帰結だった。息子を売ったり、殺したりすることが許されていた人間から、息子の相続権を奪う権利を取りあげることはできなかった。

父親の権利を取りあげる事態になる例はひとつだけあった。私が社会の始まり以降、そう言ってきたように、それは、死が享受の中断として見なされ、いっさいの権威の終了として見なされる場合であった。そのときには、故人に属したものすべてが故人の同意なく自由に処分されたが、それで道理に衝撃を与えることはなかったのである。故人は、もはや財産に対してなんの権利も持っていないわけだから、その行く末を彼抜きで決定しても、彼になんの害も及ぼすことにはならなかった。彼は、法律が彼に相続人を選ぶことを許さず、逆に彼に相続人を指名してきたことに対して、異議を申し立てることはできなかった。

しかし、目を閉じることで、彼があらゆる類の権力を失わないという瞬間から、また、彼の所有権が彼のあとにもなお生き続けた時点から、そして、彼自身がもはやいなくなったときにのみ効果を発揮する証書によって、随意に所有権を譲り渡すという大権を彼に認めた時点から、権力の行使に限界を指示することには、矛盾があるということになったに違いない。というのも、この権力の本性が限界をまったく認めないことにあったからである。それに限界を設けることは、その価値を下落させることであった。それを制限することは、それを破壊することであった。それが死者によって行使されようと、生きている者によって行使されようと、その本質は完全な自由にあった。墓場の向こう側に権力を拡張するようなことをまったくしないか、さもなくば、こちら側で持っていた力の全体をそれに残すか、どちらかでなければならなかった。

第二七章　遺言する権利に関係したアテナイとローマの法律について、ド・モンテスキュー氏の意見を検討する

プルタルコスによると、アテナイの法体系は、こうした統治術からは逸脱していたというのだが、それは本当のことである。この歴史家はわれわれに教えてくれる。ソロンまでは、遺言をすることは、この都市国家では許されていなかった。必然的に、財産は、法律によって指名された相続人に移らなければならなかった。このことは、この問題に関して前章で述べた事柄すべてを裏書きする。祖国から立法者に選出されたソロンは、遺言の手続きを導入した。しかし、彼はそれを子供がいないまま亡くなった市民にのみ制限した。こうすることによって、彼は、古代法を破ったものの、それを破壊することはなかった。彼は、或る部分でそれを巧みにかいくぐり、他の部分でそれを保持していたのである。

ド・モンテスキュー院長閣下は、「アテナイの古い法律がローマの法律よりも首尾一貫したものであった」（＊1）と思っている。しかし、それは、ド・モンテスキュー氏がふたつのまったく相いれない事柄を想定しているからなのである。彼によると、ローマ人の立法者は、父権に最大の範囲を与えると同時に、それを制限しようと思っていたというのである。彼らは、父親が家庭ではすべてのことができるように望むとともに、それにもかかわらず、父親に財産をそこから出させないようにすることを望んでいた。

(＊1) 『法の精神』、第二七篇。ここには一章しかない〔邦訳、下、一二四ページ〕。

「彼らは小国家の土地をすべての市民のあいだで分配した。相続の規則における彼らの目的は、分配が混乱するのを防ぎ、同じひとりの人間にいくつもの所有物が集められるのを妨げることにあった。だから、彼らは、子供たちと父親の権力のもとで暮らしていたすべての卑属の二種類の相続人しか定めなかった。そして、これらの者がいない場合には、男系のもっとも近い親戚を相続人にすると定めた。しかるに、遺言に対する無制限の許可は、この法律を巧みにかいくぐっていたし、ひとりの父親の気まぐれがもともと父親の家に結びつけられていた遺産を、ほかの家に移していたことから、分配の混乱に門戸を開いていた(1)」。見られたように、ド・モンテスキュー氏がこの部分に関して、ローマ人の法律のなかに見いだした一貫性の欠如なるものは、こういうことから成り立っているわけである。

一貫性の欠如が実際にあったかいなかを判断するためには、実際に立法者たちの目的が分配の混乱を防ぎ、法律が制定されたときに、それぞれの家族の手に落ちた取り分だけに家族を制限することであったかどうかを検討することだけが必要である。ところで、そんなことをロムルスも、ヌマも(2)、十人委員も、けっして考えたことはなかったということを証明するふたつの理由が私にはある。

第一の理由は、それが父親に認められていた同じこの遺言の権利であるからなのである。しかし、それこそがまさに、解明しなければならない対象であり、そして、難問のきっかけとなっていることをひとつの証拠として見なすことが拒まれるかもしれないので、反駁の余地がないと私には思える第二の理由を以下に示することにする。それは、ローマでは、生きている限りは、財産譲渡が許されていたからなのである。或る家からほかの家に財産を移すことは、ローマ人立法者にとっては、まったくどうでもよいことに思われたので、彼らは財産の取引を許可した。彼らは、それを予防しようなどとは端から考えていなかったので、必然的に取引を引き起こすはずの慣例を承認したのである。

財産は、直系ないし傍系の男子相続人がいないことよりも、売却を通じて、はるかに頻繁かつ容易に家族から出ていった。こういう不都合を本当に十人委員が治そうと思っていたのなら、譲渡を禁止するか、その影響を制限するか、どちらかのことをしなければならなかったはずである。彼らは、ユダヤ教徒の法体系が父親の遺産をそれぞれの家系ごとに保持することを決然と引き受けていたように、全贖宥(3)の法律を確立したはずである。売却は、パレスティナ地方においてと同じくローマでも、法律によって期間が定められる単なる賃貸借契約でしかなかったということにしたはずであろう。その結果、法律は、支払われた代価

(1)『法の精神』、第二七篇。邦訳参照、下、一二一―一二二ページ。ランゲによる引用は原文に忠実ではない。

(2)古代ローマ、伝説の第二代王。紀元前七一五年から紀元前六七三年まで統治したとされる。その支配は、宗教的敬虔を利用したもので、のちにマキアヴェッリが統治の模範とした。

(3)ユダヤ教では、ユダヤ民族のカナン入植を記念して、五〇年を節目に奴隷解放や借金の棒引きや諸権利の原状回復が行なわれたことから、この五〇年節をヨベルの年または全贖宥の年と呼んだ(『レビ記』、第二五章)。ちなみに、この制度は、カトリックでは、一四世紀初頭から聖年として全贖宥が行なわれ、徐々に濫用されて、一五世紀半ばからは、二五年に一度、そしてローマ法王の指示で任意の年に全贖宥を行なう特別聖年の制度も設けられた。

を借金としてしか認めなかったに違いない。法律は、債権者に賠償するために、或る一定の年月のあいだ、安心のために担保として設定された物件の用益権しか債権者に残さなかっただろう。その年月が過ぎれば、借金を返し、すべての債務を免除されることになった本当の所有者のもとに物件は返されることになっていいたはずである。

しかし、テヴェレ河の岸辺では、(4) 他の統治方式とおなじく、長所と短所を持っていたこの統治方式を採用しようと考えた立法者はいなかった。彼らは、たったひとりの人間に多くの遺産が集まることを妨げようとはほとんど考えていなかったので、債権者には、債務者の全財産を呑みこんでしまったあとで、債務者の人身まで自分の所有物とすることを掛け値なしに許していたのである。彼らは貧者を富者に売り飛ばし、市民の自由を高利の借金の代償とした。

共和国がすべての時代を通じて味わった不幸と紛争の責任を帰すべきなのは、ド・モンテスキュー氏がしたように(＊2)、遺言する無限定な自由などではなく、まさにこの残酷な法律なのである。自分自身の子供よりも、よそ者を好むことができる父親が見いだされることは、本当に珍しいことに違いなかった。このような措置は、自然や慣例から攻撃されたために、国家の基本法にどのような影響も及ぼすことができなかった。しかし、支払い不能に陥った債務者、したがって、過酷きわまりない奴隷身分に身を落とした市民に出会うのは、日常茶飯事であったに違いなかった。

（＊2） 同章。

『法の精神』が語る、富裕と貧困との忌まわしい差別をローマに持ちこんだのは、これである。これこそが人民をとげとげしくさせ、人民にとってあの元老院を憎むべきものにしたのである。元老院は、見かけは、まことに尊敬すべきものに見えたが、中身は、質屋集団にしかすぎなかった。そこにこそ若干の市民が過剰を所有し、無数の市民がなにも持たない原因があるのだ。そこにこそ、人民がむなしくも土地の分配を再三要求せざるを得ない羽目に、いつの時期にも、陥った原因があるのだ。人民は、元老院議員(5)の配下として、

(4) ローマの中心を流れる河。テヴェレはイタリア語で、ラテン名はティベリス。
(5) ランゲは、「元老院議員」という歴史用語に pères conscripts という古いフランス語を当てている。文字通りには、「徴募された父親たち」という意味である。この父親(père)という言葉をわざわざ使うことで、ランゲは、元老院議員が人民にとっては高利貸しであり、質屋集団であったことを皮肉っているのである。

彼らの利益のために戦っていたのに、元老院議員にふさわしからぬ種々の策略によって押しつぶされ、奈落に突き落とされた。(6) だから、人民は、土地の分配に与《あずか》っても、それは、そのすぐあとに土地を奪われるためにすぎなかったのである。

歴史を紐解けば、土地法(7)を眼目として生じたすべての叛乱が、債権者によって破産させられた債務者の絶望をきっかけとして起こっていたことを目にすることだろう。不平不満を口にした人びと全員のなかで、遺産を自分から剝奪した自分の父親の苛酷さを非難する人間などひとりもいない。すべての人間がこぞって、生きていくために遺産を売り払ってしまったと泣き叫んだり、高利貸しの死を呼ぶ手練手管によって、遺産が食い尽くされたとわめいたりしている。元金に利子をいつも合算する高利貸しどもは、元金と利子とを交互に使って、貸金の三倍化、四倍化を達成し、その結果、債務者の元手のすべてを吸い尽くすことに成功していたのである。

ド・モンテスキュー氏がローマ人の没落に関して明快な一論(8)を作ったとき、没落の主要な原因のひとつをこのように誤解してしまったことは、まさに驚きである。これに劣らずやはり驚きであることは、ローマ人の法律は無数の非難に値するのに、よりにもよってもっとも非難するに当たらなかったところに彼が立ち止まったことである。ローマ人の法律は、矛盾しているどころか、実に首尾一貫していることは明白である。ローマ人の法律を支える土台のひとつは、父親の専制的な権力と女性の民法的奴隷制である。あるいは、もっと柔らかい表現を好むのであれば、女性の永久従属である。しかるに、遺言にあたって父親に認められた無制限の権利と女性よりも男性をとることとは、これらふたつの原理から自然に生じるが、そうなるのは、われわれがそのことを示してきたように、それら自身が相互に必然的な関連性を持っていたからなのである。ソロンがそうしたように、遺言の権利を窮屈にすることは、最大多数の市民に関しては、この権利を廃止す

(6) ここで「人民（peuple）」というのは、ローマ市民の資格を持つプレブス（plebs）のことを指す。彼らは、不完全ながら、土地所有者であり、戦時には、自前で武器を調達し、長槍と盾を持った重装歩兵として、元老院の命令のもとに、外征に従軍した。彼らの経済的地位は、第二次ポエニ戦争が始まる紀元前二一八年頃までは、安定していたと言われる。しかし、第二次ポエニ戦争を境として、国を襲った度重なる飢饉やカルタゴ軍による略奪で加速された農業危機とそれに伴う財政危機のために、プレブス層の没落が始まった。彼らは、元老院議員たちによって債務奴隷にまで落とされ、大きな社会問題となった。このようにして、紀元前一三三年の護民官ティベリウス・グラッススによる土地改革の試みまでのあいだに、奴隷制にもとづく大土地所有制が、カルタゴ軍の災禍を奇貨として、とくに中南部イタリアにおいて急速に進み、それとともに初期ローマの発展を担った独立自営層の解体も加速された。

(7) 紀元前二世紀半ばの古代共和制ローマでは、大土地所有（ラティフンディウム）が発展し、それとともに、ローマ軍の中核を担っていた小土地所有の独立自営農民が零落し、自分の肉体しか所有しないプロレタリア層が発生していた。事態の進行を危惧した護民官ティベリウス・グラックス（前一六二—一三三）とその弟のガイウス・グラックス（前一五三—前一二一）は、小土地所有の復活と自作農の創出をめざし、土地の再分配を盛りこんだ土地法を制定した。この法律によって公有地の占有を制限して、ラティフンディウムの進行を食い止めようとしたのである。しかし、この土地改革は、奴隷所有者＝貴族の激しい反撥を呼び起こし、元老院の保守派によって、ティベリウスは暗殺され、弟のガイウスも自殺に追いこまれた。爾来、ヨーロッパでは、「土地法」とグラックス兄弟は、プロレタリア化した旧農民たちの土地再分配を目指す闘争のシンボルとなった。

(8)『ローマ人盛衰原因論』（Considérations sur les causes de la grandeur des Romains et de leur décadence, 1734）のこと。

ることであった。子供を持たない者だけに自分の財産を自由に処分する権利を認めることは、そこから父親を排除することであった。それは、主人の権利を従属者に譲らせることであり、従属するために作られている国家の一部分を、命令するように定められた他の一部分より好むことであった。

もし、われわれがすでに説明した非常に重要な考察と理由とがこの振る舞いの妥当性を証明していなければ、本当のところは、こういう振る舞いのなかにこそ、一貫性の欠如があることになっただろう。アテナイの法律は子供の利益を考えていた。子供の利益を思えばこそ、アテナイの法律は、所有権をその自然的限界にいれていたのである。それは、よそ者の損害のうえにのみ、限界を越えることを所有権に許した。ローマの法律は、父親の大権しか考慮しなかった。それは、この大権を、できる限り遠くへ押し広げた。両方の法律は、ともに社会の原初的諸制度に支えられることができていた。しかし、後者は、前者より以上に社会の精神に正確に従っていた。ソロンは、社会の精神に順応した。社会の精神を修正することで、そこから離れた。十二表法は、綿密きわまりない几帳面さで、一貫性がなかったとド・モンテスキュー氏が非難した諸規定のなかのひとつにおいても、十二表法は、それ以上に一貫したものはどこにもないほどであった。

第二八章　父親の権力の弱体化の原因は、夫の権力の減退の原因と同じものであること

先に述べたことに従えば、遺言をする権利は、社会の幹から出たふたつの主要な枝のひとつ、すなわち父

権を庇護するために、所有精神がとった新たな予防策だったということを見るのは容易である。原初的諸制度は、ふたつの目的、すなわち妻に対する夫の権力と彼らの子供に対する父親の権力しか、視野にいれていないように思われた。まさにそこには、文明の時代に人間の原始的法典のなかに盛りこまれた最初のふたつの法源があるのだ。それは、固定さるべき最重要ポイントでもあったし、それにおそらく、維持すべき有益きわまりない法規であったろう。

しかしながら、少なくともわがヨーロッパにおいては、時間の経過によって最大の被害を蒙ったのが、この同じ権利の諸部分である。これらの法規を作成させた原理からこれ以上に遠ざかった部分は、まったく存在しない。すべての部分のなかで、まさにここにおいて、当今の立法者たちは、古代の精神への結びつきをこれ以上ないほどに希薄にしてしまった。そして、彼らは、そこにおいては、古代の精神を攻撃することを義務と、より一層考えるようになったのである。

われわれは、結婚について語りながら、立法者たちの格率のなかにこの変更の源泉をすでに示した。われわれは、夫婦権力の廃止が統治体の堕落に由来していたことを証明した。妻たちの解放の進展は、彼女らの祖国の破壊があったればこそだということに納得がいったと思う。彼女らに市民権を認めてもかまわないということになったのは、都市国家がもはや存在しなくなっていたからにすぎない。彼女らの鉄鎖がゆるめられたのは、そこから彼女らを解放したのと同じ手が今度は、彼女らの夫に背負わせるために、鉄鎖をを必要としたからからにすぎない。

同じことは、子供についても言える。同じ原理が彼らを鎖につないできた。同じ原因が彼らの釈放を引き起こした。古代の単純さ、つましさが続いた限りで、子供の母親のように、このうえなく専制的な軛《くびき》に従属していた彼らは、母親のように、悪徳を積み重ねることによって、それを揺さぶった。彼らは、彼らの父親が奴隷制を味わいはじめたときにのみ、自由になりはじめたのである。家族のなかで子供の民法的独立の進展は、いつでも、国家における父親の政治的従属に比例した。

前の事実の証拠を提示する同じ歴史がうしろの事実の証拠をも提供している。古代の立法者たちが大いに尊重していた原理があのように奇妙な価値下落を起こしたこと、正真正銘の社会精神と極端に対立する法解釈があのように発展したことを、私はローマ人のあいだでたどってみることで満足することにしよう。まさにローマ人のあいだでこそ、情欲に一層肩入れし、したがって情欲から一層寵愛される別種の権力によって、家庭内権力が攻撃され、破壊されたことを私は示そうと思う。

ロムルスは、ひとつの村を建設するために山賊たちが連合した集団の首領であり、あるいは、むしろその法律顧問であった。状況がたまたま運よく重なって、数世紀のちには、この村は途轍もなく大きな帝国の首都となった。歴史家たちから王の称号で飾られているロムルスは、法体系を整える際にも、彼のいわゆる臣下の同意なくしては、なにもあえてやろうとはしなかった。ロムルスは、父親の手に裁きの剣を置き、父親を家族全員の運命の専断的な主権者にした張本人だった。この生まれたばかりの共和国においては、妻も、子供も、家僕も、全員が父親に例外なく従属していた。そして、そこでは、市民を取り囲むすべてのものの隷属のうえに市民の自由が打ち立てられたのである。

元老院は、人民がひとりの王を持つのではなくて、一〇〇人の王を持つがゆえに自由なのだと人民を説得しよう望んでいたが、あの有名な法律編纂事業は、当の人民が法律を使用することを考えて行なわれた結果、十二表法では、この自由処分権が保存された。習俗はまだこの権利を攻撃していなかったし、国家の構成自体がそれを支えることができていた。ローマの創建者によれば、十人委員は、父親が子供の生殺与奪権を持つこと、そして父親が意のままに息子を売り飛ばせることを望んだ。彼らが命令したことは、次の諸点である。子供の子供、そしてその子供といった風に、子供が同じ条件に服すること、父親が子供を売り、子供を危険にさらし、彼らの犯罪に対して、公共権力に諮《はか》ることなく、彼らを罰することができること、父親が家庭ではただひとりの裁判官であり、ただひとりの絶対的な政務官であること、最後に、子供の仕事から生まれた果実、すなわち子供がみずからの才能や技術や幸運によって稼いできたものすべてが父親に属すること（＊1）、そして、父親のもとにあるとき、子供は父親を富ますのに適した道具になることがそれである。

（＊1）『ローマ法制史』、第一部、第七節。

これらの原理は、共和国の若さが続く限りで、変質することなく保たれた。それらは、元老院議員が勇敢な高利貸しにすぎなかった限りで、そして、時折人民が叛乱によってその借金を棒引きする権利を保存していた限りで、いかなる挫折も蒙らなかった。しかし、元老院議員たちの意気地のないしみったれがひとりの

(1) カエサル、ガイウス・ユリウス（前一〇〇頃—前四四）ローマの将軍で、ガリア地方の平定を行なったのち独裁者となった。共和派によって暗殺された。

元老院議員の湯水のごとき浪費に国家を売り渡し、カエサル(1)がわが祖先たちの亡骸《なきがら》で、ローマを買い取ってしまい、ローマで、アウグストゥスが市民の血のなかに自由のむなしい幻影を溺れさせてしまったそのときに、残された市民たちは、彼らの政治的諸権利に負けず劣らず重要な彼らの市民的諸権利が減退して行くのに気づいた。

臆病に賞賛されているこの暴君以来、罪を犯した自分の息子に対する刑罰を、もはや父親ひとりでは決められなくなっている事態が見られるようになった。父親は、親族や友人たちを集めて協議することを余儀なくされていた。判決がくだされるのは、家長ひとりからではなく、この家庭内裁判所からであった。アウグストゥスは、息子を裁くという忌まわしい羽目に陥った両親の家へ自分自身で赴くほど、この権力に執着していた。彼は、自分の目の前で、合議の決定にお墨付きを与え、古来の法律に対する見せかけの尊敬心のなかに、それらの破壊を用意する手段そのものを隠しいれていた。

ローマ人に従属しているにせよ、彼らと同盟しているにせよ、諸国の王たちは、君主と父親という彼らの二重資格が彼らを、独立した地位に、より一層置くはずであったのに、アウグストゥスの同意なしに、自分ひとりで、この恐ろしい剣の権利を家庭内であえて行使しようとはもはや思わなかった。ヘロデ(2)は、自分の子供のだれかを死なせる前に、注意深く、皇帝と相談をしていた（＊2）。彼は、ローマの君主の許可を得てはじめて、エルサレムで宣告された血みどろの判決を執行させた。

（＊2）　ヨセフス、『ユダヤ古代誌(3)』を参照。

オクタウィアヌス［アウグストゥスのこと］によって打ち固められた玉座の専制的な権威は、彼の後継者たちのもとで新たな成長を遂げた。それは、伸び広がり、国家全体に侵入することで、一本の大河が無数の小河川を呑みこむように、父親の権力を吸い取った。なによりも関心を引き、主権の重要きわまりないしるしだった生殺与奪権は、これまた最初に攻撃された。ハドリアヌス(4)は、まことに無理もない事件（＊3）だったにもかかわらず、生殺与奪権を行使した父親を罰した。厳しい扱いをするぞと息子を脅かした別の父親には、すでにトラヤヌス(5)が息子の解放を強制していた。そして、解放は家庭内裁判権の終わりであったことは、周知のとおりである。

（＊3）妻が息子によって誘惑されたので、父親はこの息子を殺したのである。

(2) ヘロデ一世大王。ユダヤ王国の王（前七三／七四―前四）。猜疑心が異常に強く、わが子を手にかけた。さらに、福音書によると、イエスの誕生を恐れ、嬰児を皆殺しにしたという。

(3) 邦訳、『ユダヤ古代誌』、秦剛平訳、筑摩書房、5、一五八ページ。

(4) ハドリアヌス、プブリウス・アエリウス（七六―一三八）。ローマ帝国皇帝（一一七―一三八）。叔父トラヤヌス帝の養子となり、その帝位を引き継いだ。軍事的才能に恵まれ、異民族の侵入を防ぎ、各地の叛乱を鎮圧した。外敵を防ぐために城壁を築いたり、大規模な土木事業を行ない、帝国の整備に努めるとともに、法制度の改革も行なった。

(5) トラヤヌス・クリニッス、マルクス・ウルピウス（五三―一一七）。ローマ帝国皇帝（九八―一一七）。スペインのセビーリャ近郊の出身。軍事的才能に恵まれ、ユーフラテス河・ライン河遠征で軍功を立て、ゲルマニア地方の総司令官となる。ネルウァ帝（三二頃―九八）の養子となり、帝位を継承。外征を継続し、最大版図を実現した。

この裁判権は、君主の諸権利を危うくさせるので、すべての君主によって、このように黙って浸食され、徐々に廃棄された。ついにそれが消滅したのは、いつのことか、はっきりと示すことはできない。知られているところでは、この権利は、ディオクレティアヌス(6)よりも長生きはしなかった。彼の統治下では、子供の命がもはや国家の主権者以外に依存しなくなって久しかった。彼は、子供を売る権利を間違いなく廃止することで、別種の権力から子供の人身を引き出しきった。

その後、コンスタンティヌス(7)がそれを復活させたかに見えるのは（＊4）、この権利にいくつかの修正が加えられたからなのである。ところが、それらの修正は、父親が失ったものを父親に返そうなどとは、いかに彼が望んでいなかったかを証明している。かねのかかる家族から解放されることに彼が同意したのは、父性のためではなく、赤貧のためである。子供の売却は、以前なら、父親の専制主義のひとつであったのに、彼の法律ができてからは、もはや絶望的行為以外のものではなくなった。

（＊4）これらの君主たちの法律については、『ユスティニアヌス法典』を参照。

人身に対する父親の権力を廃止するとともに、法律が父親に与えていた権利と財産に対する使用権がそれ以上に尊重されなくなった。この問題に関するあらゆる変更は、君主制の時代からである。共和制は、父親の権利を打ち固めるためにさまざまな法規を作ったのだった。共和制の廃墟のうえに屹立した政体は、この権利を巧みに避けるために諸法規を作った。そうしたことは、ユスティニアヌスまで続き、彼が父親の権利に、とうとう最終打撃を与えたのである。まさしくこの皇帝のもとで、ローマ人の品位の下落や腐敗や不運が頂点に達した。彼のもとで、いまだに残っていた父権の亡霊が最終的に雲散霧消したのである。

蛮族が属州を引きちぎっていたのを尻目に、法律編纂を手がけ、撰文集の馬鹿でかさで、帝国領土の減少を忘れ去ろうとしていたかに思われていたこの立法者は、相続の満期がきた財産については、父親にはその用益権のほかは、もはや残さなかった。別な言い方をすれば、その所有権を持っていた子供にしか、それを残さなかったということである。こんなことをやったあとでは、当今の法解釈がそんなに遠くにいなかったとしても、おそらく、もはやなにひとつ父親からは奪い取ることができなくなっていたであろうに。当今の法解釈は、事態をさかさまにしてしまい、いまでは、息子が金持ちになることができて、父親が赤貧に陥ることがあり得るようになってしまった。息子が富裕に溺れる一方で、父親は貧窮によどむことがあり得るのである。

それどころではない。今日、ヨーロッパに現存する法律に従えば、父親が追いこまれている状態は、法律

(6) ディオクレティアヌス、ガイウス・アウレリウス・ヴァレリウス・クラウディウス（二七〇／二八八―三三七）。コンスタンティヌス一世大帝。ローマ帝国皇帝（三〇六―三三七）。コンスタンティウス帝の息子で、ディオクレティアヌス帝のもとで、軍功をあげる。分立する皇帝を次々と退け、三一二年からは単独皇帝となり、翌年のミラノ勅令でキリスト教を国教とする。

リアヌス（二四五―三一三頃）。ローマ帝国皇帝（二八四―三〇五）。ヌメリアヌス帝（二八四歿）の死後、兵士から皇帝に担がれ、マクシミアヌス（二五〇頃―三一〇頃）と帝位を分け合ったのち、帝位が乱立することになる。混乱のなかでディオクレティアヌスは、東方皇帝となる。

(7) コンスタンティヌス、フラウィウス・ヴァレリウス・アウ

のなせる業《わざ》であり得るのである。法律は、父親が母親の財産相続人であり、母親の権利を行使しているということを口実にして、息子の要請を受けて、しばしば父親の財産を巻きあげている。法律は、息子の命の作り手から、財産の最大部分を剝奪する許可を息子に与えている。あのおぞましい権利回復の主張に、法廷は我慢強く耳を傾けている。両方の当事者の一方は、良俗によって排除されるべきであるのに、司法が味方であると宣言することを強いられている当事者なのである。叛逆する息子は、司法の庇護を受けて、平然と公共の憤激に立ち向かい、彼の慰めとなる財産を安心して享受している。

ここはこれらの問題を取り扱う場ではない。しかし、たとえば、ド・モンテスキュー氏のような大作家が、力強さや持ち前の洞察力で、問題をとらえたなら、この弛緩が社会全体に対して及ぼしてきた忌まわしい結果にたじろいだことであろう。ヨーロッパの端から端に至るまで、途方もない訴訟の増殖が感じとられており、おそらくそれがヨーロッパにおける最大の害悪のひとつになっているが、この増殖の主要原因のひとつがまさにここにあることは、苦もなくわかることであろう。父親に権力を返してみたまえ。司法を疲れさせている争いごとの半分はなくなる。しかし、習俗が損なわれている君主制では、それは不可能な作業である。それがなぜかを見なければならない。

第二九章　共和制が堕落しない限り、どうして父権は共和制のなかで維持されるのか

まずたしかなことは、このように市民的な専制主義と政治的な専制主義とが両立できない理由は、君主の

徳にも、行政の寛大さにも、人間の命に対するこまやかな心づかいにも存するのではないということである。父親の手のなかで彼らが打ち砕いた王杖は、厳格な王杖であるにもかかわらず、彼らがそれを亡き者にしようと決断したのは、寛大さからでも、人間の命を尊重する気持ちからでもない。そこには、この種の統治体の性格など存在しないのである。アウグストゥスにならって父権を攻撃したトラヤヌスも、ハドリアヌスも、きわめて偉大な君主であり、知識と善意に満ちた最高権力者であったとしても、同じ計画を引き継いだ彼らの後継者たちは、ほぼ軒並み、残忍さの怪物であるか、あるいは、ひ弱さのきわみであるかのどちらかであった。

皇帝の最大多数は、獰猛な性根か、女々しい心かの持ち主であった。彼らは、絶えず血みどろの処刑を命令するか、あるいは、そうした処刑の証人であるか、どちらかの権利に彼らのすべての権利をもとづかせていた。不快な窮状から子供を解放することにこのような暴君を導くことができたのは、同情心の原理ではおそらくない。彼らが子供の運命を決める排他的権力を自分たちだけのために取っておいたのは、子供に対する優しさのためではまったくない。彼らが家族内部に平等性を引きいれたのも、家族の成員をもっとたやすく処分するために彼らが家長に対する叛逆を許したのも、人道からではない。

統治体の本性そのもののなかに、こうした振る舞いの動機を求めなければならないのである。その働きを解きほぐすには、彼らの行政の秘密のばねを研究しなければならない。まさにこの研究においてこそ、大胆にも私が確立した例の通則、つまり、夫または父親の権力は、ひとつの国家における習俗の腐敗度を測る真の温度計であること、したがって国家の政治的原理の解体程度を測る真の温度計であるという法則が間違っていないことを確信させるものが見つかるはずである。

真面目に考える人ならだれでも、たちどころに納得するだろうが、専制主義の支配がどの程度遠くにあるか、または、どの程度近くにあるかを知るためには、家族のなかで存続している秩序と、家族の成員のお互いに対する立場とを検討するだけでよい。統治体の名称がどのようなものであっても、法廷を前にして夫の面目に泥を塗るような権利を妻に法律が与え、自分の命の作り手を裁判官の前に引きずり出す権利を子供に法律が与えるやいなや、統治体が専制主義的なものになっているか、あるいはそうしたものになろうと準備を整えているかのどちらかであることに確信を持ちたまえ。

習俗がまったく変質していない共和制においては、こんなおぞましい光景は生じないし、そもそも生じるわけもない（＊1）。慎みのない妻あるいは堕落した息子が司法の腕のなかに隠れ家を見つけることはない。習俗と社会の一般利害が彼らを軛《くびき》につないでいるのに、その軛《くびき》から解放されたいと彼らが望もうものなら、司法は頑なな厳正さで彼らに対して武装する。司法が彼らの不平不満に対して、時折、剣を振るおうと決心するのは、彼らの大胆さを助長するためではなく、それを罰しようとするからなのである。

（＊1）　私がここで共和制について言っていることは、法律が整備された君主制についても、同じように理解されるはずである。こうした君主制の土台は、まだ徳性にある。そこでは、国家を統治する首長に不安と嫉妬心を与えることなく、各個人は自分の家で平和裡に統治することができる。そのうえ、私の理解では、共和制という言葉は純粋な民主制しか意味しない。わが政論家たちが躍起になって共和政体として見なしたがっている貴族制は、あらゆる行政のなかで一番腐敗している。いやむしろ一番堕落していると言うべきである。したがって、貴族制はこのうえなく専制主義的である。それは、生まれるやいなや必然的に堕落する。それは、ただひとりの人間による権力が持っている欠点ならすべて持っているのに、長所の方は一切持っていない。それは、同じひとつの国家のなかで君主の数を増やしている。したがって、それは、人民の負担とともに、暴動や悪徳を増大させている。これ以上無慈悲な統治体はまったく存在しない。これ以上情け容赦ない統治体はまったく存在しない。これ以上暴君的な統治体はまったく存在しない。真の専制主義とは、貴族制の最終段階でしかない(1)。

その理由は簡単である。これらの国家が、うまく統治されている限り、また、国家の力と健康を形づくる調和を国家が保っている限りは、国家における普遍的目標は、秩序と平和を維持することにある。国家を構成する諸権力は、すべてその起源を同じひとつの源泉に関係づけているので、相互に嫉妬したり、お互いに

(1) この註記には、これ以上ないほど明確にランゲの政治的立場が現われている。ランゲはモンテスキューが支持していた、絶対王政の対抗軸たる分散的、民主的貴族制に反対していたのである。それが民衆を絶対君主のほかに、種々様々な小君主たちに隷属させる政治システムだったからである。もちろん、彼が次章でも詳論するように、西洋的専制主義にも彼は反対であったことは指摘しておかなければならない。これがランゲをしてアジア的専制主義を擁護せしめた基本動因だった。

競争意識を持ったりはしない。それらは、公共の利益のために打ち立てられている。それらは、公共の利益をもたらすために働くこと以外の目的を持たず、そのことに成功すること以外の栄光をまったく持たない。

司法官たちは、団体の構成員であることをやめないので、いつでもその団体に従属しているが、法律が守られてさえいれば、彼らは満足していて、平静を保っている。法律の執行を容易にする手がどのようなものであるにせよ、彼らは、自分のためにはなにも望まず、共同の平和が彼らの仕事の唯一の目標になっているので、彼らは成功には拍手を送る。だから、彼らは、ひとつの絶対権力によって和らげられ、平和をもたらされた家族を見て、喜ぶに違いない。こういう絶対権力は、家族の服従と平安に責任を負っているのである。彼らは、父親が子供たちに引き起こす恐怖や尊敬心を見ても、不安を覚えないはずである。というのも、父親につきものであるこういう感情は、父親自身が恐れ、尊敬している上層部に対する考え方のあかしであるからだ。

彼らの目から見ると、父性は最初の司法職である。統治しなければならない対象物に、一層近くで父性が関係することになれば、それだけその効果はたしかなものになる。だから、彼らは、その大権をみずからすんで、増大させることに貢献するはずである。彼らが父親に授ける権力なり、名誉なりのそれぞれの称号は、彼らにとっての利益である。父性が強さを増せば、それだけ一層、彼ら自身も力を増す。父性は、彼らの命令に従うことをみずからの信条とする。これらの称号で飾られた市民に通達される諸命令は、父性の支配下にあるすべてのものに対して、彼らの意志が神聖なものになればなるほど、一層厳密に完遂されるだろう、ということに彼らは十分な確信を持っている。共和主義的自由の手のうちにある父親専制主義は、子供を指揮監督するうえで、一番確実で、一番手軽な手段となる。だから、最下級の下士官を見かけても、兵士が震えあがるほど、大きな軍隊のなかに厳しい規律が行きわたっているときにのみ、かつてないほど将軍は服従されているのである。

この種の国家においては、各市民が主権の一部を持つことを基本法の本質としている、ということを付け加えておこう。本当のことを言えば、彼らが十全に主権の一部を享受するのは、集会においてでしかない。参加する各市民は、彼らが結合することによって形成される巨大な機械の歯車にすぎない。その運転は、機械を構成するすべての部分の内的対応のみから生じる。そして、団体全体を結びつける法律を整えるためには、法律を守ることが義務づけられているすべての成員が法律の確立に協力する必要がある。

しかしながら、彼らは、散会したときでも、彼らの大権すべてを失うわけではない。彼らは、共同で行使してきた権力のなにがしかのものを個別に保持している。モーセが最高存在との会話から出てきたときに、彼は、とても長いあいだ神の光を浴びていたために、その痕跡を顔につけてきていた。共和主義者もこれと同じで、彼らは、ひとつの集会から出てきて、彼らの家に帰るときには、彼らが行使したばかりの権力でまさに輝いて見える。権力は相変わらず彼のなかに存在する。それは、支配すべきものとして彼らに残されている領分の広さに比例している。

この領分とは、彼らのおかげで存在するようになった家族である。家族を彼らのまわりに集めて、社会が最初にやった作業は、彼らを家族の絶対的裁定者として確立することであった。彼らが絶対的裁定者であることをやめるためには、彼らがその権利を失ってしまうことが必要だろう。しかし、だれが彼らに権利を失わせてしまうだろうか？　それは、彼らがまだ自由であるので、外部勢力ではない。それを放棄することができたのは、全員一致の同意からでもない。人は、あらゆる特権のなかで図抜けて自尊心を満足させるものを、みずからすすんで捨てはしないものである。常識を備えている限りは、自分に痛い思いをさせる人間などいない。父親の権利を放棄するということは、有害な狂気の沙汰であろう。そんなことをする手合いが他の種類の行政すべてを斥けて、民主制の平等を選び取るほど賢い人間だったのか、疑わしい。

それに、彼らが権力なしで済ませることに同意してしまったとして、その権力を彼らはだれにお返ししたというのだろうか？　彼らが権力を委託した相手は、たちまち彼ら自身に対して、それを濫用してくるだろう。家のなかで全権を持つことになった人間は、家の主人を隷属させるのに遅れをとることはなかっただろう。だから、彼が家で命令を単独でくだす権利を自分のために取っておいたという証拠は、国家のなかで、彼が自分の持ち分については、相変わらず命令を自分でくだしている点にあるのである。

したがって、どの共和主義者も、自分の家では、彼の同僚市民からは独立した形で、主権者であり続けるのである。そして同僚市民の方も、広場では都市国家の残りの構成員との競争でしか、大権を持っていないにもかかわらず、彼らの家では、同じ大権を享受している。彼らが一般的な法律を確立するときには、まさに家庭内最高主権の力だけを借りさえするのである。もし、各市民が個々別々に当人から生まれ出てきた諸個人すべての主人でなかったとすれば、当人から生まれ出てきた諸個人が集会ではまだなお投票権を持たないのに、いったいどのような力を借りて、市民は、集会から持ち帰る命令に従うように、これらの諸個人を強制するというのか？　父親によって公的に採用された規則が民主制のなかで彼らを縛りつけるしかない。

もし、彼らの資格と権力が、彼らの家にまで彼らとともについてこなければ、また、彼らが連合したときには、彼らは他人の子孫自身を彼らに従わせ、彼らがひとりであるときには、彼らの子孫を彼らに従わせるのでなければ、民会で王であったあとで、全員が彼らの権力と資格を街路に残すことになるだろう。

第三〇章　どうして専制主義が発展すると、必然的に父権の破壊をもたらすのか

見ての通り、共和国がそれ自体として名誉と徳性を重んじる限り、そこにおいては父権が尊重されるための非常に強力な理由が存在する。しかし、富裕や奢侈や芸術や遠くから専制主義に道を用意する不実な教養のありとあらゆる方策に助けられて、専制主義がそこに巧みに忍びこむとき、父権を廃止するための差し迫った理由もまた、そこには存在する。専制主義の存在がもはや激しい恐怖を引き起こさないほどにまで、人心を腐らせてしまっているとき、一挙にそれはそこで羽根を広げる。それは、極彩色の羽根の下に、治癒しない傷を人類に与える針を隠している。専制主義は、血管を引きちぎり、人間の血を呑むのに役だつ恐るべき用具を、比較にならないほど魅力に満ちた見かけのもとに隠している。

まさにそのとき、父親の権威は、その廃墟で肥え太る専横的権力に負けてしまう。そのとき、木陰で、安全な隠れ家を自由のために与えていたこのたくましい木の根を一匹の見えない虫が突き刺す。木は紅葉し、ひからびる。それは、その栄光にうんざりしていた無分別な大衆の拍手が鳴り響くなかで、そして、権力の喪失の原因と帰結とを解き明かすことができる、良識ある少数の精神に惜しまれながら、衰弱し、最後には

死んでしまう。

　専制君主は切に平和を望んでいる。しかし、それを実現するための力にしようと思っているのは、国家成員の団結ではない。専制君主が借りようとしている力は正反対の動機である。彼は、なにひとつ彼に対して団結しないように、すべてを分裂させることを目標とする。彼は、大枚をはたいて密偵と子分を買い取る。ほんのちょっとした調和の見かけも、彼を戦慄させる。もちろん、彼の厳格さが恐れをかきたて、そこからその調和が生まれたのでなければの話である。彼にとっては、お互いに愛し合うすべての市民が疑惑の対象である。彼は、お互いに嫌い合わずに生きている人間すべてを、彼の敵として見なす。団体とか、個人とかのあいだで、ほんのちょっとした同情心が生まれれば、専制君主にはそれが陰謀に思えてくる。彼は、彼に不安をかきたてるすべてのものを粉砕して、陰謀に対して安心を得ようとする。

　こういう考え方と一緒では、いかに父親の権威が専制君主に恐怖感を催させるかをだれが見ないというのだろうか？　家族をその首長に結びつけている絆を緩めるために、いかに彼が急がなければならないかをだれが感じないというのだろうか？　賢明で寛容な行政は、父親を子供たちの監視役として示す。専制主義は、反対に、子供を父親の見張人に指名する。彼は、自然な秩序をひっくり返して、彼の利益にいっそうかなう馬鹿げた秩序を確立する。彼は、自分に服従したすべての家に紛争が蔓延するときにのみ、安心するのである。

　専制君主は、あらゆる類の密告を奨励する。そして、告発された側にとって、密告を差し出す手が、より高くつくものであればあるほど、それだけ一層、密告は、彼には貴重なものに見えるのである。国家に対する見せかけの愛情で、息子は彼の命の作り手を危機に陥れるが、専制君主はそんな息子をもてなすのである。彼は、犯罪に対してよりも、無実の者に対して使われる場合が多い烙印(1)を勝手気ままに押して、人道の諸権利のすべてを廃止させる(*1)。彼は、配偶者に、夫の心情を注意深く探ることを命じ、そこから犯罪を形成するもの、あるいは、疑惑でもいいから、それを形成するものを引き出して来た配偶者には、大金を払おうと持ちかける(*2)。最後に、たとえてみれば、家族の秘密に小さな穴をあけて光をそこに通すこと、そこで起こったことすべてを彼に教えるような相互不信をそこにばらまくことに、専制君主は一番気を使った。それはちょうど、これから訪れようと考えている暗い場所に灯りを新たにつけるようなものである。

(*1) この問題については、ユスティニアヌスの諸法律を参照。それらがわれわれに教えてくれることとは、流刑に続く市民権停止は、父親のすべての権利を期限ぎれにしたということである。この種の追放は、共和制の時代には知られていなかった。それは、専制主義の発明品のひとつだった。

(*2) この問題についても、ユスティニアヌスの諸法律を参照。妻からの離婚要求を許した主要原因のひとつは、彼女の夫が国家に対する陰謀を企てた場合にある。このユスティニアヌス法典のなかでは、妻でも発見可能な秘密の陰謀しか、明らかに問題になっていない。公然たる陰謀は、即断即決で罪人の死によって罰せられたようである。そして、その妻は、離別の要望をしないでも、夫か

(1) 焼けた鉄鏝《ごて》で、罪人の肩につけた赤いしるし。この野蛮な刑罰は、フランスでは一九世紀まで続いた。

ら解放された。したがって、そこに付けられた条件から、間諜と密告者に妻を仕立てることをうながす隠れた企図がたまたま見つかるということは、明らかである。法典は離婚を裏切りの代価としている。

専制君主は、服従されることを望むばかりでなく、ひとりで統治したいと思っている。というよりむしろ、ひとりで権力を持っていたいと望んでいる。彼に直接由来しないあらゆる種類の権威が彼を脅かす。彼は、役職そのものを彼の思い通りに破壊できるものにすることは考えるが、役職に指名する支配者にとどまろうとは、それほど思っていない。彼は、あらゆる法律をまさに自分の気まぐれや思いつきに合致させる。いまにも彼は、帝国の基本法を変更する権利を持ちたいと望んでいる。彼がこの権利をまったく行使しないときには、目こぼしをしているのだと彼は言う。そして、彼がそれを行使するときには、自分は正しくありたいのだと主張する。まさに予期せざるこれらの変動の危機のなかで、また、全体的転覆と切り離すことができない苦境のなかで、処刑の遅れに彼はいらだち、その原因ではないかと疑いをかけた人びと全員を彼は無分別に打ち倒す。

ついでに言っておくと、専制君主を血まみれの容赦ない存在にするものがそこにあるのだ。彼が残忍になるのは、彼が抵抗に出くわしているからにすぎない。人びとが彼に抵抗するのは、彼が破壊したがっているからにすぎない。彼が破壊したがるのは、彼の本性に変革嗜好があるからにすぎない。確立されたものの存続を容認していれば、彼は専制君主にならなかったはずだ。刷新は彼の生存と切り離せない。真の専制政体だけが、革命に法律が苦しめられる政体なのである。ド・モンテスキュー院長閣下、さらには、すべてのわが著作家たちをさえをも含めて、彼らの諸原理とまさに正反対の重要な注意事項である。それは、われわれがアジアの諸政府に関係して陥っている先入見に明るい光を当てるのに、それでもやはりふさわしい。

したがって、専制主義は、自分の欲望をどうにかして満たそうとして、それが登場する際にゆるぎないものと思えた諸権力を、できる限り、破壊すべく努める。専制主義は、肩書が専制主義にしか由来しえないように、別の権力でそれらを置き換える。最古からあり、このうえなく神聖で、なによりも独立しており、さらにはこのうえなく活動的でさえあるのは、父親の権力である。そして、それは、専制主義が用心する最初の権力のひとつでもある。専制主義権力およびいつでも気が向いたときに専制主義が剝奪する大臣たちの権力しか、国家のなかに存在しないことが専制主義の目標であり、その利益でさえある。したがって、専制主義は、ほかの権力のうちに、みずからの許可状を必要とすることなく存続している競争相手を見いだすことを恐れて、ほかの権力に我慢するような気はさらさらない。

こうした狙いで専制主義が思い切ってやってみる働きかけが善意と優しさという言い訳のベールをかぶることができればできるほど、容易にほかの権力を廃棄できたのである。ユスティニアヌスは、父権に関する法解釈による旧来の諸規定すべてを変更する際に、次のように断るほどの慎重さを示した。自分ないしその前任者たちは、「これらの古い格率が自然に背反することをやっていた」ので、それを訂正し、「時代遅れの法律の誤謬を正した」(＊3)のだ、というのである。しかしながら、これらの古い格率は、共和制の青年期においては、共和国の守護者であったのだ。それの代替としていたものこそ、共和制の失効を告げていたのである。言われている誤謬は、ローマ人の帝国が全盛期であった時代において、ローマ人の英知をなすものだった。そして、それの代替として用いられていたいわゆる啓蒙なるものは、帝国の没落をひたすら照らし出すのみであった。

（＊3）「過去の神聖なる元首たちは自然に反するこのようなことが我慢ならない……昔の困ったこれらの法律は改善される……」［原文ラテン語］、『法学提要』、第三巻。ユスティニアヌスは、『学説彙纂』においても、『法典』においても、『新勅法』においても、同様の言葉づかいをしている。

これらのもっともらしい空威張りは、おそらく法律の前文に置かれるのにはふさわしい埋め草であった。専制主義が国民に向かって、お前たちの先祖の習慣はあまりにも厳しすぎるので、余がそれを緩めに来た、と叫んでいるのは立派なことだった。夫が専制君主のように家庭内で支配するのでは、あまりに苛酷すぎる。なんの手だてもないまま、妻と子供と奴隷を彼の恣意に任せることは、非人道的だろう。彼らのだれに対しても安定した権利を与えなければならないが、その権利は君主に由来する。だから恩義を感じなければならないのは君主に対してだけである。彼らの財産と彼らの首を個々の主人の気まぐれから引き出さなければならない。とどのつまりは、個々の主人も、共通の主人を前にしては、同等である。

正直に認めるが、これほど誠実な発言はないくらいだった。しかし、奴隷たちを打ちのめしていた残酷な取扱いから、クラウディウス[2]（＊4）の野蛮な愚鈍さが最初に彼らを守ったと見られるとき、また、軍事的に流された主人たちの血で、ローマを溺れさせる一方で、ネロの血みどろの軟弱さが公然とあの不幸な人びとを守り、彼らの命を手続き抜きで奪うことを禁じるのが見られるとき（＊5）、そして、おそらくは、かくも長きにわたってローマの緋衣を汚した帝冠のカルトゥーシュ(3)のいくつかのおかげで、子供たちが解放されたことを考えてみるとき、最後に、暗殺する権利を自分のために取っておきながら、父親と主人から罰する権利を奪い取ることを勧めるようなこれらの怪物どもの統治術について反省を加えるとき、彼らの振る舞いの原理がいったいどうなっているのかはわかっている。

（＊4）この君主は、奴隷が病気にかかったので、経費節約のために主人が彼を追い出したのを見て、奴隷が主人から逃れるためにやって来たのであれば、彼を解放せよと命じた。

（＊5）司法官の許可を得なかった場合には、主人の権力が奴隷の命に及ぶことを制限し、奴隷を動物の危険にさらすことを禁じたペトロニア法が持ちこまれたのは、ネロの治下である。『ローマ皇帝史(4)』、第四巻、第二篇。

(2) クラウディウス、ティベリウス・ドルスス（前一〇―後五四）。第五代ローマ帝国皇帝。アウグストゥスの甥の息子。病弱で、文才はあったが、統治能力に欠け、愚鈍と称されていた。ネロの母親アグリッピーナと結婚したため、その奸計にかかって、毒殺されたという。

(3) バロック時代に多用された額縁状の装飾枠飾り。渦巻状なので、渦巻装飾、巻軸装飾とも呼ばれる。ここでは、皇帝の名を彫った帝冠。

(4) 『ローマ皇帝史』　ジャン・バティスト・ルイ・クルヴィエ（一六九三―一七六五）の著作で、一七五〇年に初版が刊行された。アウグストゥスからコンスタンティヌスまでの皇帝列伝。

彼らのいわゆる寛大さがすべてを腐らせようとする欲望にすぎなかったことは、明白に見て取れる。彼らは、父親を隷従させるためにしか、息子を解放しなかった。彼らは、夫を捕虜にするためにしか、妻を自由にしなかった。彼らは、主人を押しつぶすためにしか、奴隷を守らなかった。全部の皇帝が、彼らのうちのひとりに帰せられる公理すなわち「分割して統治せよ」を注意深く実行に移していたのである。そして、人間にとって、不幸のきわみは、人がこの残酷な人間性のゆえに彼らに感謝してきたことであり、かくも致命的な毒を隠し持っていた善意からの贈り物を、拍手にまさるとも、劣らないくらいの感謝で、受け取ったことである。

第三一章　アジアの慣習法では、専制主義と父権が同等に現在も効力があると信じられているが、そのような慣習法は確立したばかりの諸原理と相矛盾するかどうか

私が前篇ですでに予測していた反論がここで必ず繰り返されるであろう。アジアの諸統治体について私に話が蒸しかえされる。私はこう言われる。アジアにおいては父親が子供の絶対的主人でありながら、その父親は彼らの君主の奴隷ではないかというのである。彼らは、同時に抑圧者であり、抑圧される側である。彼らの家族が彼らの気まぐれに服従させられているとしても、彼ら自身が今度は、宰相や宦官の気まぐれに服従させられている。この父親の権威ほど専制主義的な権威はまったく存在しない。だから、それは、宰相や

宦官の権威と両立しないわけではまったくない。そして、おまえが広げて見せたすべての原理は、おまえが拠っているいろいろな例にもかかわらず、いんちきである。というのも、いまだに存続する、疑うことはできない別の例で、それらは攻撃されているからである。

かまびすしく議論されているけれども、ほとんど知られてはいないこの問題から離れて、専制主義そのものを論じる場〔『アレクサンドロスの世紀の歴史』の第二版のこと〕を私は設けるつもりであるから、やがて私は、それを参照することができる――すでに私は参照してきたが――ようになるはずである。私の希望通りに、ありうべきすべての主張を蹴散らすのに十分で、詳細な回答がそこにおいて見いだされよう。しかし、私はここで、たとえそれが、本当の観念に対する準備を読者に整えてもらうためだけであっても、ひとこと言わずにはおれない。これらの観念は、奇妙に見えさえする可能性があり、またそのように見えるに違いないが、しかし、それでもなお、新奇さ以上の真実味を持っているのである。

アジアでは、父権は、ほとんどいかなる変質も蒙らなかった。アジアでは、息子の従属はその全幅的広がりにおいて、まだなお存続している。そこでは、とても耐えがたいほど重い専制主義によって、父親が押しつぶされていると信じられているが、しかし、父親は、父性を構成する関係が確立された時代において、父性に結びつけられたすべての権利を享受している。父親が呻吟しているとされている抑圧などと称されているものは、父親が家では王であり、絶対君主であることを妨げてはいない。太守〔スルタン〕やスーフィー(1)

(1) ペルシア国王を西洋人はこのように呼んだ。

やムガル王朝が臣民に及ぼしていると憶測されている、あの限界なき支配権は、家のなかで家長が及ぼしている支配権ほどにも専横的でも、異議を唱えられないものでもない。はるかにそれ以下である。これが本当のところであり、そう言っておくだけにとどめなければならなかったことである。

しかし、あれほど多くの諸国民が幸せに暮らしている統治体に、専制主義なる忌まわしい名称をつけるのが適切であるとか、社会と同じくらい古い平和的行政を汚れた呼称によってのみ指示することで、公平になれるとか、君主の休息が臣民の幸せにかかっており、最下層の市民の首が国家にとっては、宰相の首と同じくらい値打ちがあり、宰相の首よりも落とすのが難しいくらいに完璧な王政を、厚かましくも、恐怖感だけを持って見ることが正しいとか、さらに、われわれの迷妄を解くための考察がおびただしく示されているにもかかわらず、あの古めかしい観念に固執するに足る正当な理由をわれわれは持っているだとか——たしかにこうしたことは嘘っぱちであり、文学や哲学の名誉のために、いや、それ以上に真理を考慮して、けっして主張してはならなかったことである。

実際、専制主義とはなんだろうか？　それは、あらゆる統治体のなかで、一番変化しやすい、安定をもっとも欠く統治体である。それは統治体ですらない。人間の気質を多様化する原理の列に、身体不随とか、卒中とかを加えることは馬鹿げたことだが、それと同じくらい、この統治体を社会にとって自然な行政のあいだに数えいれることは馬鹿げている。働きすぎたり、遊蕩にふけりすぎたりしたあとで、身体に熱病が発生するように、奢侈が大損害を招いたあとで、病が帝国をとらえ、殺すのである。死なないで、人間が長いあいだ激情を持ち続けることができないのと同じく、王国が破壊されずに、長く続く専制主義に従属していることはありえない。

この政治的熱病が続くあいだ、癒しがたい狂乱が国家の全成員を揺さぶる。とりわけ、頭を揺さぶる。もはや彼らのあいだには交際もなく協調もない。きわめて常軌を逸した狂気が実現される。このうえなく賢明な注意が消えうせる。深刻きわまりない重大事件が陽気に処理される。そして、このうえなく軽佻浮薄なものが、もっとも重々しい典礼集全体と一緒に議論される。規則のどれにも従うということがないので、規則が増産される。命令が削除されるので、王令が積み重なる。夕べの法律が翌日の法律で帳消しにされる。まさしく夢のなかで、次から次へと、現実味がないのに出てくる幻影のように、万事が過ぎ去り、雲散霧消する。

例によって妄想と貧困の過剰に追いこまれた国は、あらゆる見世物のなかでも、奇妙きわまりないものでありながら、同時に苦痛に満ちたものを提供する。そこでは、遊蕩のはじける笑いと同時に、絶望のうなり声が聞こえる。いたるところで、富の過剰が赤貧の過剰と対照をなしている。そこでは、卑しむべき大身が恥ずべき快楽以外のものをもはや味わうことはなかった。打ちのめされた下層民は、その弱々しい腕では、もはや掘り返すことができなくなった大地を涙で潤しながら、息を引き取っている。その大地の果実を、それらが生まれる前であっても、餓狼のごとき貪欲が干からびさせ、あるいは焼き尽くしている。田舎は人口を減らし、都会は不幸な人間で満ち溢れている。財政のポンプで絶え間なく吸い上げられる臣民の血は、大河となって首都に注ぎ、そこで洪水を起こしている。それは、首都で無数の壮麗な宮殿を建築するための漆喰として使われる。その結果、宮殿と同じ数だけ、奢侈のための城塞ができたことになり、この城塞から、奢侈は暇に任せて、思う存分、世間の不幸をあざ笑っている。

そして、こういう恐るべき混乱のまっただなかでは、専制君主が申し分なく承認された権威を享受しているなどと思ってはいけない。専制君主が権力にこれほどしがみついているのは、彼の権力に異議が唱えられているからにすぎない。彼がこれほど権力を拡張することに餓《かつ》えているのは、それを縮小しようと人びとが努力しているからにすぎない。彼からなにひとつ受け取っていないと主張する植民地や会社で、彼を取り巻くすべてのものが満たされている。実際それらの起源は、専制君主の起源より、相当古いのである。言葉が支配するのは、事物ではなく、人間なので、名称が変わっていない以上、事物の方はまだ過去のままであると思われている。事物は同じ大権を要求している。というのもそれは、同じ儀式で招集されているからだ。

いらだつ専制主義は、これらの亡霊に打撃をもたらすが、その打撃の全部は、人民のうえに再び落ちてくるのである。しかし、専制主義は、自分をしっかりさせようと、なんとか努力をしてみるが、その努力自体で、自分自身を弱めてしまう。その玉座は、自分が破壊した権力の残骸のうえに打ち立てられたものなので、ざらざらし、不均等で、断崖がいたるところにある土台しか持っていない。専制主義は、ほんの少しでも動くと、その下で玉座がぐらつくのを感じる。大いなる恐怖のなかで、安心を得ようとして、専制主義は、自分を不安がらせ、完全な平衡状態のなかに身を置くのを妨げているあの不均等を、足で遠ざけたり、押しつぶしたりしようと試みると同時に、自分が占領している場所で、より一層の力をこめて、自分を固める。しかし、その位置では、その努力は長続きし得ず、また、十分な力を持ち得ないので、障害となっているすべてのものを消滅させるわけにはいかない。そこで結局、専制主義は自滅する。遅かれ早かれ、それは計画を遂行し終わる前にひっくり返される。そして、専制主義は、あれほど残酷な拷問をかけてきた国を、自分の没落の道連れに、奈落へ落とす。専制主義に酷似している熱病が病人の命とともに雲散霧消するように、国も、専制主義と同時に消え去る。

これが専制主義に生き写しの肖像である。皇帝の名前を、いつでも変わることなく汚した山賊どもの影響が長いあいだ続いた結果、ローマにおける専制主義は、以上のようなものになった。名声においては劣るものの、同じ不幸を味わってきた他の無数の諸国民にあっては、専制主義はこのようなものであった。奢侈の毒殺者としての魅力に負けてしまって、専制主義を城内に引き入れるほど不注意なすべての国民にあっては、それは、以上のようなものになるに違いない。アジアの行政にふさわしいとされた、これらの特徴のひとつでも存在するかどうかを、いまはっきりさせることは容易である。

第一に、アジアでは、習俗が厳格で、奢侈が知られていない。官能的悦楽がほかのところでのように、アジアでも発覚するようになってきたが、しかし、それは、少なくとも、大身のもとにとどまってきた。国のこの部分は、日頃から、もっとも尊敬されているにもかかわらず、もっとも興味を引く部分を形づくることはけっしてない(2)。官能的悦楽は、疑いや恥辱や不信や後悔とともに後宮の奥深くに隠れている。彼らがは

(2) ランゲは、ここでイスラム教国(アジア諸国)に関するモンテスキューの考察を念頭に置き、それに反論を加えているのである。モンテスキューは、『法の精神』、第一五篇、第一二章において、イスラム教国では、「国の最大部分が他の部分の官能的悦楽に仕えるためにしか作られていない」と指摘している。

いってくるのを妨げようとしても無駄である。官能的悦楽がすべての通路を宦官で塞いでいるのに、彼らは宦官の大群を突破して、通路を切り開くからである。官能的悦楽は、それを引き裂くあの蛇どものまんなかで、悲しげに生きている。いやむしろ、高い城壁が避難場所を自分たちのために作ってくれていると考えてきたのに、城壁は、官能的悦楽が身を捧げてきた、あれほど多くの魅力と同様に、それ自身の墓場となっているのである。

とても嘆かわしい快楽を買い取るためには、巨額の費用が必要になるので、少なくとも、そのことがこの種の快楽から人民を守っている。人民は、自分の快楽においては、洗練も、拘束も設けない。そこに人民が持ちこむ単純さは、それに輝きを与えることなく、人民自身の幸せを保証している。族長の妻に対してのように、ブルジョワジーの妻に対しても、徳性と慣例が依存の愛や引きこもった愛をかきたてる。こうした愛は習俗の保護者である。それは、貞節のための、したがって公共の自由のための確固たる避難所である。それは、奢侈に対する、したがって専制主義に対する突き破ることのできない城壁である。

第二に、慣習がこれほどまで変化しない国は、まったく存在しないし、ひとたび法律が定められると、これほど確固不動の頑丈さを法律が帯びるようになる国もまったく存在しない。慣習も法律も、ほかのいたるところでそうであるように、時間がそれらを衰えさせるのではなく、反対に、時間が経つにつれて、そこではそれらは確固たるものになっていく。そこでなにかを新しくすると言っても、それがなになのかはわからない。慣習や法律は、そうした不動さをひっくり返したがる君主の欲求に対して、打ち勝ちがたい障害を設ける。そして、われわれが夢想のなかで、専横きわまりない権力を持っているものと思っている太守（スルタン）やスーフィーこそが彼らの帝国の諸法律にみずから従っており、法律を使ってしか統治を行なうことができないでいるのである。たしかに真の専制主義とは、まったく両立しがたい、もうひとつの性格ではある。

第三に、普通の人間、人民と呼ばれるもの、すなわち国民がこれほど幸せで、これほど大切にされる国も、また存在しない。君主も、その大臣たちも、ただひたすら国民の安寧のみに日夜気を配っている。彼らは、彼らの安寧が国民の安寧にかかっていると感じているからだ。ここからでは、われわれには内閣のなかでの血みどろの革命と見える事件が国民のために犠牲を払ったことでしかない。支配者の側からの権力濫用とわれわれが間違って判断してしまう事柄は、権力を濫用した張本人である不忠な行政官に対して、彼が権力を行使したことでしかない。しかし、われわれは、根拠もなく不幸な人びとを罰している姿しかほとんど見かけることがない事態に慣れているので、そして、われわれが司法と呼ぶものは、われわれのあいだでは、しばしば権力者たちの暴力装置でしかないので、パシャの首が代償になった処刑のことを知ると、われわれは反撥を感じるのである。賢明で慎重なたしかさの結果でしかないものを、われわれは暴君的厳格さと名づけている。

第四に、ひとたび、専制主義が公法の原理を汚染してしまうやいなや、公法に関係したすべての案件に難解さや混乱が生じるのにひきかえ、アジアの公法は、明快、判明、正確なものになる。その単純さにこそ、その美が存するのである。アジアの公法には、不確かさにつながるに違いない忌まわしい複雑化が幸いにして欠けている。真の専制主義を危険極まりないものにする権力のあの多数性がまったくない。今日は正しいのに、明日になると正しくなくなるといった事態を作り出す、法律と命令のあの朝令暮改がまったくない。玉座を疲れさせ、揺るがすような以前の権力の残骸などもまったくない。自称、人民の守護者どもがまったくいない。彼らときた日には、人民の特権を請求するふりをして、自分たちの特権を増大させることしか考えていないし、費用がさほどかからないために、人民の特権を放棄しなくてもよい場合にのみ、それを守っているだけのことである。

さらに第五に、アジアの統治形式が長期にわたって持続していることだけで、大胆にもそれをどす黒く塗り替えて、その評判を落とそうとする帰責の数々に対する抗弁しようのない返答になっている。野望は世界の他の部分と同じように、この部分を荒廃させてきた。ノルウェーの氷のなかでと同じく、この素晴らしい風土（クリマ）においても、人間たちはお互いに殺し合ってきた。彼らは、武器を手にしたことによって、［北］極周辺にいる熊どもの獰猛さに打ち勝ってきたとすれば、回帰線周辺［熱帯］では、ライオンや虎の獰猛さをしのぐことをしてきた。そこでは、国家が追い出され破壊されてきた。国家は次から次へと交代した。しかし、政治的格率はまったく変わらなかった。

いたるところで、征服者は、みずからの征服事業を打ち固めるために、征服地の習俗を選択してきた。敗北者をつなぎとめるために、勝利者は敗北者の諸法律に従ってきた。彼らは、敗北者の統治体を採用してきた。かりにこの統治体が本当にわれわれが想像している通りのものだったら、血でしか養われていない、あの野蛮な無政府状態とそれとをごっちゃにできたとしたら、専制主義という名前のもとで指示される、あのおぞましい怪物は、はたして諸革命のなかで死滅してしまわなかっただろうか？　あれほど幾度となく広大な地域を動かしてきた振動のまっただなかで、それは壊滅してしまわなかっただろうか？　まるで愛を産み出すのにふさわしい絆かなにかのように、人類の途轍もない恐怖と荒廃のために作られている恐るべき鎖を人は保存してきたとでもいうのだろうか？

住み慣れた未開の森から出て、わが先祖がローマ帝国という死にかけた巨躯を解体しかかったとき、彼らは、自身が横奪した地方において、その慣習を是認したか？　彼らは現地の宗教を採用したが、しかし、その統治術を保存することは、注意して避けたのである。というのも、彼らがわがものにしたすべての属州を専制主義の壊疽《えそ》が腐らせてしまっていたからである。そして、諸国民の方は、彼らの新たな支配者たちの徳高き粗野さに、昔の支配者たちの我慢ならない慇懃無礼よりは、居心地がはるかに良いと感じていた。

アラビア人も、トルコ人も、タタール人も、これと同じ振る舞いを踏襲しなかったのは、おそらくその必要がなかったからだろう。それとも、侵入した地域に彼ら自身と同じ慣習を彼らは見いだしていたからかもしれない。そうだとしても、彼らは勝利の前にも生きていたわけだから、それは専制主義ではなかった。あるいは、彼らは、抵抗を排して、征服された民の慣習を変更していたかもしれない。しかし、彼らは征服後も長く生きたわけだから、またもやそれは専制主義ではなかった。ところで、アジアの主要な国は、次のどちらかの場合に当てはまった。勝利者が敗北者の法律によって支配されるか、あるいは、敗北者が勝利者の法律によって支配されるかのどちらかである。しかし、念のために指摘しておかなければならないが、どちらの側でも、優位に置かれたのは、最古の法律であり、最良の法律がより好まれたということである。

以上の考察を拡張することは容易であろう。しかし、いかに専制主義とアジアの行政とのあいだに、ほとんど関係がないかについて感じとらせるためには、これだけで十分だろう。われわれが両者をごちゃまぜにすることに執拗にこだわるのは、言葉のまぎれもない誤用を通じてである。したがって、そこに公権力と私的権力とが仲良く存続しているのを見ても、驚いてはならない。そこに穏健な君主と強力な父親を見いだしても、驚くべきではない。一方における栄光と他方における権威とが並び立ちえない事態を作り出す原因が、そこではまだなお成長していなかったからである。

私は正直に打ち明けるが、われわれが大変間違った姿で思い描いているかの諸帝国において、人間が最初に設立した制度を描いた、非常に傷みの少ない絵を判別して私は喜んでいるのである。そこにおいて、私は、社会のゆりかごのそばに再び帰りたいのである。私は、文明に向かって人間たちが踏み出した最初の一歩の痕跡を周辺に見分けることに喜びを感じている。私は、そこにおいて、原初の統治体を、そのまったき力のなかで考察すること、そして、短所をはるかに凌駕する長所とともに、現在もなお存在している原初の市民諸法を考察することに、まったく倦むことがないのである。

実にそこでこそ、法体系の真の精神を、今日でさえ、学ばなければならないのである。ギリシアの古代哲学者たちがやっていたように（＊1）、まさにそこへ、市民権と社会的同盟の土台について、真の概念を取りにいかなければならない。われわれは、むなしい言い逃れでわれわれの統治術を満たしてきたが、それらの逃げ口上をきれいさっぱり取り除いた、単純で道理にかなった統治術がそこにこそ見つかるのである。最後に、そこでこそ、行政全体が単一の原理に支えられている。この原理は、理解しやすく、また使いやすいので、いかなる複雑な歯車装置もその運行を遅らせることはないくらいである。

（＊1） この問題をつっこんで研究すると、それは、さまざまな考察に汲めども尽きせぬ源泉を提供してくれる。そうした考察をやってみることについては、読者に私はお任せする。私は重要なひとつの考察だけを示しておく。そのようなことをするのは、ギリシアのすべての立法者たちと哲学者たちが東洋へ格率を求めに行き、それらを彼らの祖国でその後発展させたからなのである。ピュタゴラス派[3]、ソロン派、タレス派[4]、プラトン派は、彼らの研究対象に関して、アジアに知識を熱心に獲得しに行き、彼らはそこに知識を見つけた。ところで、われわれがそこで出会うであろうと主張している専制主義は、今日と同じように、その当時からたしかにアジアにあったのである。したがって、これらの大胆な自由の防衛者たちは、専制主義がそれほど自由と並び立ちえないものだとは思っていなかったのである。彼らは、彼らの同僚市民たちが非常に大事にしていたあの偶像を強固なものにするのにふさわしい手段を、偶像が侮辱しか受け取っていなかった場所で、はたして学び取っただろうか？　賢い植物学者は、命を保存するのにふさわしい薬草を墓場に捜しに行くだろうか？　多分、これらの大人物たちは、自由とわれわれが名づけるものに関して、われわれとはずいぶん異なった観念を持っていたのだろう。というのも、彼らは、われわれが非常に不純だと思って

（3）紀元前六世紀頃のギリシアの哲学者・数学者。南イタリアのクロトンにピュタゴラス派の共同体を作り、数学と宗教を結びつける宗派を形成した。

（4）タレス（前六二五頃―五四六頃）。ギリシアの小アジア植民地ミレトスで活躍した古代ギリシアの哲学者、自然学者。日蝕の予言をしたとされる。

いる源泉から諸規則を汲み出そうとしていたからである。しかしながら、この対象に関しては、だれの判断に委ねなければならないのだろうか？　対外関係ではピラミッドとしてしかそれを認識しないわれわれにか？　それとも、独立性のふところで生まれたために、それを守ることに命を賭け、その利点を詳論するために著作を捧げてきた彼らにか？

わが先祖は、まさにわれわれヨーロッパ人にも、この原理を伝えてきた。それをまったき純粋性のなかで保存するかどうかは、われわれ次第であった。しかし、われわれの風土に比べて、はるかに変わりやすいわれわれの精神が整合性を欠いていたために、われわれには、例の得難い不変性のなかで、耐え抜くことが許されなかったのである。われわれは、それでもっと幸せになることなく、原初のあの原理を傷《いた》め、解体し、変質させてしまった。われわれの変わりやすさは、原理を完成するどころか、その本性をねじ曲げてきた。それを、矛盾だらけで、有害で、滑稽な制度の大群で覆ってきたので、われわれにはそれが見分けられないものになってしまった。

アジアでは、原初の原理はこの有害な混交から身を守ってきた。それは、そこでは単純さとばねを保存してきた。父権は重要な主枝のひとつである。その主枝は、アジアでは、幹と同じくらいの力強さで維持されている。帝国全体がひとつの家族としてしか見られないような、幸福な風土のなかで、各家族は、そこで小さな帝国を作るものとされている。家族においても、帝国においても、権力の全体は、そこでは首長の手に委ねられる。そして、平和な行政のもとで幸せである臣民は、かなり粗野な諸国民のもとで、あるいは、彼らをあえてあなどろうとするほど野蛮である諸国民のもとで、別の体制が生まれさせる無秩序や混乱などというものを、同情心溢れる恐怖感情を伴ってしか知らないのである。

第三二章　本篇の結論

われわれがいま提起したばかりの諸原理の諸帰結は、目につきやすい。その結果、社会にとって有益きわまりない仕組みのひとつは、父親への子供の服属であったということになるのは明白である。この服属を打ち固めることを目ざすすべての手段は善である。また、直接的な原初の権威は、政治体のすべての部分にはいりこむと同時に、そこで政治体が自己の維持のために必要としている柔軟性や服従をいとも簡単に育成するが、服属を緩めるだけで、子供たちはこの原初の権威を破壊するので、ただそのことだけからしても、服属を緩める方向に作用するすべての手段は悪である、ということになる。

社会的階層秩序におけるさまざまな身分の結合を恒久化するためには、市民権力以上に、父親の権力は、その全幅的広がりとともに、はるかに有益である。それは、いつの時代にも、同じ力強さで作用する。その諸命令を尊重させるためになんの助けもいらないし、それを伝えるためにどんな形式的手続きもいらない。これらの命令は、与えられるとすぐに知られるし、知られるとすぐに完遂される。諸命令は権力に由来するが、その権力の方はほとんど無限であり、それが行使される領域は非常に限られているので、遠く離れていると、それを弱めることができないし、距離によってその本質が損なわれることもあり得ない。命令は無視されることも、異議を唱えられることもあり得ない。その執行を指図しなければならない腕は、いつも命令を通知する口の射程内にある。この位置関係が言い訳も遅延も認めないし、ましてや叛逆など認めるわけもない。

ところが、市民の権力となると、これらの長所のどれひとつとしてそれには存在しない。家長が小さな彼の機械を運転するのに役だつ力と同等の力で、市民の権力は巨大な機械を動かさざるを得ない。しかし、小さな機械の場合には、この量の力だけで十分であり、より遠くに届くが、巨大な機械の場合には、それでは無力である。力不足を補おうとすれば、倍の努力を払うしかない。そのとき、機械は、もはや均質で穏やかな動きをしない。そうした動きは、機械を保護するどころか、乱暴な振動のために、機械を破壊してしまう。全体が疲弊し、全体が消耗する。というのも全体が同程度に緊張しているからだ。

君主が命令をくだすとき、別人が命令を執行させなければならない。命令を発する権利を持っている権威から本当に命令が出たのかどうかをたしかめるためには、形式が必要である。権威が要求していることがなにかを知るまでには、莫大な時間が流れ、しばしばその企図が挫折するくらいである。権威は、仕方なくたくさんの人手をかねで雇わざるを得ないが、その量がまたもや権威を困らせ、権威を遅らせる。権威は、あまりにも有効でありすぎる武器を彼らに再び渡すことをいつも懸念している。権威はひとりではなにもできないし、さりとて、あまりに強力すぎる援軍に助けられることも気が気ではない。権威は、代理人に権力の一部を委ねるが、代理人たちがたまたま権力を濫用すると、代理人の言いなりになりはしないかと思って、権威自体が衰弱する。

実のところ、この不信感には理由がある。不信感を正当化する強い恐怖から身を守る唯一の手段は、家父長的行政に救いを求めることであろうし、それを君主権の主要な仲間にし、切っても切れない協力者にすることであろうし、君主たちが知らないあいだでさえ、彼らのために働いてくれる、あの幸せな類の行政官を、全力で支えることであろう。この行政官だけは危険なものにはけっしてなり得ない。父親は、家のなかで臣従礼の対象になっているので、それ以上にその野心を拡張しようという気にはならない。子供が父親に持っている尊敬の気持ちは、それがどれほど遠くに追いやられようと、子供を簒奪者に仕立てあげることはけっしてないのである。

したがって、明らかなことは、すべての統治体が真のおのが利益にはっきりと目ざめているのであれば、統治体自身の腐敗がこの競争相手を恐れることを学ばせるので、そうした競争相手に擬せられている人間以外に、このうえなく丁重に扱わなければならない人間はひとりもいないことになる、ということである。競争相手の諸権利を破壊するのではなくて、その代わりに、統治体は、それらを拡張することをみずからの喜びとし、義務としなければならないだろう。統治体は、その結果を横取りすればいい。家族内部に広がっているこれらの名もない権力のすべては、同じ数の梃子となるに違いないし、それを動かすように決定するのは、統治体にとっては容易なことであろう。これらの分散した力のすべては、統治体に奉仕するためにしか、結集されないので、統治体はそうした力のおかげで強力なものとなるに違いない。

もうひとつ明白なことは、この神聖な権利を打ち消してしまった哲学者たち（フィロゾーフ）は社会の第一原理を、おそらくは彼らの意図に反して、攻撃してきたということである。有名なロックは言っている

（＊1）。「理性を連れてくる年齢になれば、そのことによって、子供は父権の外に置かれ、子供は、子供自身の主人となり、そういうようにして、自由との関係では、子供は父母と平等になる。それは、法律によって規制されている未成年の年齢が過ぎれば、被後見子が後見人と平等になるようなものである」[1]。

（＊1）　私がすでに引用した同じバルベラックの抜粋において。グロティウスも同意見である〔『戦争と平和の法』〕。第二篇、第五章、第六節〔邦訳、前掲、第一巻、三四五―三四六ページ〕。

このことは、自然状態では本当のことであるかもしれない。そこでは、子供の必要の停止が子供を助ける両親に対する義務の停止でもある。しかし、社会状態においては、これほど偽りであることはなにもない。理性の年齢が無条件で子供を解放するために十分であれば、また、この年齢が父権から子供を引き出して、二度と元の状態に帰ることがないということであれば、他のすべての種類の権力を、だったら、この同じ年齢が等しく無に帰せしめなければならない。私が自分で行動できるようになるとすぐに、それだけで私が私の父親と平等になるのなら、どうして同じ理由から、私は私の君主と平等にならないわけがあろうか？　私の命の作り手に関して、社会だけが私を軛《くびき》に従属させていても、私の知能と生命力が発達すれば、その軛《くびき》をぶち壊せるのだとしたら、私のためになにもやってくれなかった帝国の首長がどうして、父親を上回る多くの特権を持っているのだろうか？　彼の大権は、少なくとも私の父親の大権と同時に終わる。そして、父親に対して私の解放が完全であるのなら、帝国の首長に対してもそれはさらに一層完全でなければならない。この帰結は避けがたい。そして、それがはらんでいる危険は、原理が危険であることを証明している。この原理から帰結が必然的に出てきているのだから。

（1）Pufendorf : op. cit. tome II, p.194.

第五篇　奴隷に対する主人の権力に関する法律の発展について

第一章　奴隷制について。奴隷制とはなにか

妻たちを買い取る権利、妻の数を増やす権利、勝手気ままに妻を追い出す権利は、所有者の快楽を保証していた。彼の子供を専制主義的に支配する権利は、彼の安息をたしかなものにしていた。これらの対象に関して作られているすべての法律は、彼の所有を確固たるものにしていた。法律は彼の家を飾り、よそ者の暴力に対抗する防衛者を彼に与えていた。その結果として、堅固であるのと同じくらい心地よい権力が所有者のために生じていた。しかし、それだけでは十分ではなかった。享楽的平安、言い換えると絶対支配は、欲求の襲来から彼を守ってはいなかった。

自然の措置を巧みに避け、自然によって打ち立てられた秩序をさかさまにするように、初めて彼を向かわせたのは、このしつこい感情であった。しかし、所有者は、それを満足させるために手段を用意することにとどめ、それから逃れることはしなかった。彼はその刻印を、いわば強めることしかしなかった。彼の必要は、彼の支配権とともに増大し、彼の欲望は、彼の享受とともに増大していた。彼の側から労苦を払うことなしに、その必要を満たすために、彼には奴隷を持つことが許された。

私はすでに何回もこの単語を使ってきたが、その意味を定義することはしなかった。われわれの言葉が貧しいために、ほかの多くの単語の場合と同じで、この単語には、いくつもの意味を当てざるを得ない。それは、単純な意味と比喩的な意味とに取られる。つまり、あたりまえの意味のときもあり、また、隠喩的な意

味のときもあるということである。ひとがある男の奴隷である、というのは前者の意味である、自分自身の悪徳の奴隷である、というのは後者の意味である。諸個人が奴隷であるというのは前者の意味で、帝国が奴隷である、というのは後者の意味である。個人の隷属は帝国の自由と両立しないわけではまったくない。そして、同じく、個人の自由も帝国の隷属と両立しないわけではまったくない。というのも、自由という単語は、その反対語と同じく、いろいろな意味に受け取られるからであり、混同が許されない関係を指示しているからである。

この単語について実行することができる主要な分割のひとつは、公共的隷属と私的隷属とを分け、市民的自由と家庭内自由とを分けることから成立する。ここでは、これらの用語のひとつを定義すれば、それで十分だろう。もう一方は、絶対に反対の意味を持っている以上、後者は、正確に、前者ではないものになるであろう。

公共的隷属とは社会一般の隷属のことである。それは、首長に対する成員の暴力的従属を想定する。それは、首長の側では、抑圧や気まぐれな残忍さを適切に意味し、成員の側では、堕落した卑しさや意気地なさを適切に意味する。しかし、そうは言うものの、公共的隷属は、市民の人為的諸権利にしか触れることはない。それは、慣習上の諸特権を損なうだけである。それは、社会秩序が人間に残した諸大権を構成するものについては尊重する。諸規則の破壊者であり、その敵である権力のうえに公共的隷属が築かれているにもかかわらず、権力が熱望する専制主義は、諸規則を厄介払いにしようと努めるので、諸規則そのものだけに襲いかかる。

この隷属は、すでに述べたように、長つづきできるものではない。それは、伸び広がるせいで、弱体化し、消耗する。それは、その被害を受けている人びとにとってと同じ程度に、それを享受している人間にとっても負担になる。そのときには、鉄でできた手綱で帝国を指揮しなければならないが、その手綱自体が奴隷の口に負けず劣らず、主人の手を疲れさせる。この恐るべき重荷は、奴隷たちの側では、そのひとりひとりを打ちのめす一方で、わずかな時間のあいだに、奴隷の叛逆と主人の没落とを必然ならしめる。

しかし、もうひとつ別の種類の隷属がある。それは、もっと長つづきし、どこにでも見られ、一見したところ、もっと費用がかかりそうなものである。それは、諸個人の自由だけしか攻撃しないし、人格を汚すことだけしかしない。これこそ厳密な意味で、人が奴隷制と呼ぶものである。この言葉は、その適用対象になっている存在にとって人間性の諸権利すべての破壊を意味している。それはもはや人間ではない。状況によって、それは無感覚な道具であったり、活動的な役畜であったりする。奴隷はもはや自分の目でものを見ることはできない。奴隷は、他人の意志の動きについていくことしかもはやできない。奴隷がこうした状態にとどまる限り、生存自体が奴隷のものではない。さらに、二本の足で歩くしかないこと、鳴いたり、いないたりするすべがないこと、彼が死んだとき、彼の肉も皮も利用しないことを除けば、彼と牛あるいは馬とのあいだにもはやいかなる種類の違いもない。

彼は、牛や馬のように、市場に連れて行かれる。彼の四肢の強さあるいは弱さを鑑定するために、牛や馬のように、彼は速足で歩かされ、飛びあがらされ、走らされる（＊1）。購入者の不安げな好奇心に対して、なにごとにつけ彼には、隠しだてすることは許されてはいない。奴隷は、性による区別もなく、最大限の自由検討にさらされる。自然が奴隷に拒否してきたものを、技芸自体がしばしば奴隷に与える。商人の欲深い目は、奴隷のうちに、売り手の巧妙さにしか由来しない完成品を見破る（＊2）。奴隷は、裸にされて、人を欺こうと望む技巧とだまされることを望まない疑念の検査に交替でさらされる。この忌まわしいたらい回しに対して、奴隷の魂のなかで恥辱が抗議をしたとしても無駄である。このような感情は、奴隷のために作られてはいない。奴隷の肉体はすべてのことに耐えなければならないし、奴隷の心はなにも感じてはいけない。品位を落とす検査に、恥ずかしがらずに同意することが奴隷には強制されている。奴隷の美しさは讃嘆を呼び起こすが、そうした讃嘆自体がいつもその恥じらいに対する侮辱の成果であり、奴隷の力強さに対してなされる高い評価は、彼に用意された価値下落に比例している。

（＊1）奴隷市について語っているストライス(1)やその他の旅行家たちを参照。

（＊2）商品を粉飾したり、偽装したりするために人間の博労《ばくろう》たちがこの時代に使っていた巧妙な手段についての詳細を、古代のどの著作家も、われわれに保存してくれなかったことは残念である。い

（1）ストライス、ヤン（?―一六九四）。オランダの航海者で、本名はヤン＝ヤンスゾーン・ストライス。オランダを一六四七年に出発して、インドから日本、台湾をめぐり、一六五一年に帰還した。一六五七年には、北方探検を試み、ロシアにはいったが、カフカス地方で投獄された。一六七三年に帰還後は旅行記の執筆に取り組んだ。旅行記は『モスクワ、タルタリア、東インド紀行』と題されて、オランダ語で出版。一六八一年にはそれがフランス語に訳された。ランゲが読んだものは、おそらく一七一八年にアムステルダムで出版された版であろう。

ずれにせよ、この取引にかかわっている現代の博労《ばくろう》たちのあいだで常用されている秘訣から、それを判断することが可能である。たとえば、最高の値がつく黒人は、ぶあつい唇を持つ黒人である。こういう黒人は、他の黒人よりも頑健で、働き者として通る。こうした力と忍耐を示す幸せなしるしを持たないまま、彼らの国からかどわかされるという不幸を持った黒人がいる。販売のために彼らを公衆にさらす前に、彼らの唇は針で突き刺される。その突き刺し傷に火薬を詰めて、それに火が着けられる。そこから結果するのは手術――こんなことを信じることができると思うが――の考案者に大変な利益をもたらす腫れ物である。ほかにも、感心しても感心しきれないくらい巧妙な、人間臭い手術がたくさんある。

さらに感心するかもしれないことがある。キリスト教徒のあいだでは、ふたつの国民が比べようがないほど熱心にこの取引に取り組んでいるからである。それはイギリス人とスペイン人である。イギリス人は、たばこや屑鉄と人間とを交換しにギニアに行く。彼らは、黒人をアメリカの居住地へ移送する。現地では、彼らはもう一度、彼らと銀とを交換する。スペイン人は、このおかしな種類の商品を大々的に消費している。したがって、奴隷制の廃止をキリスト教のおかげとする一方で、そして、哲学もそれに拍手を送る一方で、従順きわまりないキリスト教徒たちが人間を買い取る慣習を保存し、もっとも偉大な哲学者たちが人間を売り飛ばす慣習を保存しているのである。この点については、本篇末尾を参照。

彼は、主人の利益によって命じられない行動は、もはやひとつとしてできない。主人は、彼の労働の果実を横取りするばかりでなく、彼の快楽からさえも利益を引き出す。自然の本能に身を委ねる能力を彼が奪われないときには、このうえなく甘美なこの本能は、ひとつの罠であり、彼に向かって悪用される。貪欲は、あらゆる方向で、奴隷の存在をもてあそぶ。それは、奴隷を恒常的な生殖不能に運命づけたり、あるいは、奴隷に一時的な生殖能力を残したりしながら、そこから期待できる利益を測り、組み合わせる。まさにこの計算の結果に従って、貪欲は、取り返しのつかない損失を蒙らせるために短剣で武装したり、交接の成果を自分にとっておくために、奴隷を結婚させるように導いたりする。貪欲は、奴隷に愛を味わうことを許すのではない。貪欲は、オスと交尾するようにメスにうながすのである。こうした恥ずべき結合の産物は、生まれるとすぐに貪欲がひとり占めする獲物である。この獲物は、その使用目的に従って、働きかけを受け、切断され、変質させられる。両親は、これらの残酷な取扱いの証人であるが、それを茫然自失の無感動で見つめるか、あるいは、黙って苦痛に耐えながら見つめるか、どちらかの羽目に陥る。両親は、恥辱を分かち持つおかげで、そうした感情を失っていたり、彼らが価値低下に慣れ親しんでいるために、習慣がその甚だしさを隠していたりしていなかったら、彼らが結びつけられている動物たちよりも何千倍も不幸になったことだろう。

以上がまがうことなき奴隷制である。以上が厳密な意味での隷属であり、われわれがこれから語ろうとしているものである。その原因と結果を知ることは大事である。その起源と利点を議論することが問題である。かくも恐ろしい人間の損壊はなにのせいなのか？　人間一般の諸権利に関するかくも完全な忘却はどこから派生してくることができたのだろうか？　われわれがこれまで見てきたことを総合するならば、これは、解答を出すことが難しくない問題である。しかしながら、それは、この問題を取り扱ってきた著作家たちのあいだでは、無数の誤謬と偽推理のきっかけとなった。手短にこの点に関して彼らの原理を検討することは、私の主題と関係ないことではまったくない。それは、奴隷制が社会と切り離せないこと、見た目を変えたときにでも、社会には、いつでも奴隷制が存続していることを証明することにわれわれを導くに違いない。そして、おそらく素のままの形では、奴隷制は、まさに忌まわしい、ぞっとするようなものである。しかし、非常に強く根を張った先入見がわれわれに、奴隷制の廃止を誇りに思ってもかまわないと言ってくれているにもかかわらず、奴隷制をわれわれは惜しまざるを得なくなるだろう。

第二章　家僕制の起源について。プーフェンドルフらが推定する家僕制の起源は間違いである

グロティウスも（＊1）、プーフェンドルフも（＊2）、他の著者も、家僕制〔家内奴隷制〕は、元来、社会と同じ根拠を持っていたと考えてきた。その点では、彼らは正しかった。しかし、彼らがどの点で間違ったかというと、それは、家僕制に対しても、社会に対してのように、全員一致の自発的な同意という、あの架空の存在を当てはめようとしたことである。このことがいかに馬鹿げているかは、証明しておいた。間違いは、平等な人間しか見つからないことを残念に思い、主人を持ちたくてたまらないという自由人を想定した

ことにある。間違いは、自由人が罠で捕まえられたがって、自分で罠を作ることに取り組んでいる姿を描いたことであり、自分たちが処刑用の柱にくくりつけられることを切に願って、心から喜んでみずから柱に抱きついたり、自分たちとその子々孫々を永久に捕えておくはずの鎖の一端を余所者の手に卑屈に差し出したりするほど、人間という名の臆病な被造物が存在することができたと考えたことである。

（＊1）『戦争と平和の法』、第二篇、第五章、第二七節〔邦訳、第一巻、三六八―三六九ページ〕。

（＊2）『自然法と万民法』、第六篇、第三章。

ひどいこの自己健忘症は、理性に激しい嫌悪感を催させる一方で、心の自然な感情におおっぴらに異を唱えている。また、習慣も教育も、われわれが持っている自由への性向の痕跡をことごとく破壊できるわけではないから、この自己健忘症は、そうした御しがたき自由への性向にも著しく反している。それゆえに、そんなものを、われわれが遺憾に思っている結果の根本原因として認めるわけにはいかない。故なくして、人は大きな犠牲を払うことはない。奪われるものが重大な対象であればあるほど、それを断念させる原理の方も、すぐわかる強力なものでなければならない。どのような生き物にとっても、自由を犠牲にすることがすべての犠牲のなかで文句なく最大のものである。したがって、人間たちのあいだで最初にそれを取って食べた人間にとっては、そのようなきっかけになり得たのは、きわめて専横的な力でしかない。

しかし、プーフェンドルフがそれに与える原因は、この部類の力でもある、と彼の支持者たちは答えるだろう。彼によると、最初の奴隷たちを鎖につないだのは、窮乏である。彼らを主人の足元へ導いたのは困窮であり、主人に身を委ねる、という法律を彼らに対して作ったのは困窮である。彼らを飢えて死ぬ羽目に陥れていた自由なるものを、彼らにとって、費用のかかるお荷物にしてしまったのは、困窮である。彼らは、非常に残虐な死の苦悶よりも、彼らに命を取っておいてくれる精神的虚無化を選び取った。飢餓による衰弱という絶望のなかで、彼らは、彼らの自由を食料から切り取った。そこから、主人と奴隷のあいだで相互契約が生じた。主人は奴隷に必要なものを供給することを引き受け、奴隷の側では、主人に食糧を供給することを約束するのである。これが人類の最大部分における、かのおぞましい価値下落を、争いなく、穏やかに、世界に引きいれた原理なのである。退化した種族で田舎を覆ったあとで、暴力を振るわずに、彼らを家に住まわせたのは主人である。人類のこの不幸な階級に固定された諸個人のだれひとりとして、それを嘆いたり、あるいは失ってしまった大権を請求したりする権利を持っていない。それは、権利喪失が自発的なものだったからであり、彼かあるいは彼の先祖かのどちらかがその代価を受け取ってしまったからである。

こういう主張はもっともらしいが、しかし、それを打ち破ることは難しくはない。財産の不平等こそが奴隷制の母であり、赤貧こそが人間に鉄鎖を要望するように強いたのだ、とあなたがたは言う。しかし、自然が平等のままでいるように定めた生き物のあいだで、また、世界が含んでいる富のすべてに対して、同一の主張を持っていた生き物のあいだで、いったいどこから、この不平等それ自体が生じ得たのか？　かかる赤貧が生じ得たのか？

私は、外部の暴力によってのみ富が彼らから剝《はが》され得たのだ、ということを論証しようと取り組んできた。私は、彼らの諸特権が消散してしまったのは、戦闘ののちでしかないことを示した。この戦闘の結果、大多数の人間からすべてを取りあげ、少数者にすべてを付与することになったということである。窮乏は、恐らく、大多数の人間を共同の分配から締め出し、全体の財産を少数者の私的資産にするこの厳しい措置の成果だった。窮乏は、後者を富裕な所有者に変え、前者を万策尽きた乞食に変えた社会から生まれたのである。

しかし、乞食たちの自由が彼らの変身よりも長生きしてしまっていたとしたら、変身の諸効果は、つねに一定不変であっただろうか？　自由が彼らに押しつけていた厄介な義務に、変わらざる正確さで、厳格に乞食たちは従うことになっただろうか？　腹を空かせた彼らが果実でいっぱいになった木の下を通りかかったときに、果実に手が届くように、腕をあげる力を彼らがまだ持っていたとしたら、はたして彼らは果実を集めることに気が咎めただろうか？　節度を示すこの最初の例は、違う行動ができないという無能力によってのみ、与えられることができたということは明白である。それに劣らず明白なことは、この能力の喪失が自発的なものではなかったということであり、また、奴隷制が能力の喪失そのものを誘発してしまったのだということである。したがって、奴隷制が窮乏の原因であるから、窮乏に奴隷制は先だっていたということになる。

この隷属は、金持ちが貧乏人を食べさせはじめてからというものは、具合のよいものに見えはじめた、とプーフェンドルフは言う。しかし、彼は、富と貧困は、隷属以外の根拠を持ちえなかったとは思いもしない。他人の気前よさに頼って、生活の糧を手にいれるように追いこまれた人びとが存在するようになったのは、問題の他人が彼らの略奪品から少しの分け前を彼らに返してやれるほど、十分に富裕だった場合だけである。彼のいわゆる寛大さは、彼がわがものにしたこれらの人びとの労働による果実に関して、その少しの部分を返還することでしかあり得なかった(1)。

しかし、これらの果実をわがものにするには、彼は、それらを実らせていた人びとの主人にすでになっていなければならなかった。これらの人びとが果実に手を出すことを首尾よく禁じようとするなら、すべてのものに対する絶対的支配権を彼はすでに持っていなければならなかった。人手をかねで雇い、それを使って肥沃にした畑の生産物を平和的かつ独占的に享受することができるためには、耕された畑の所有権を彼が持つだけでは、十分ではなかった。耕作者の人身そのものの所有権を持つ必要がなおあった。

富者が土地を運用するために、彼らの命令で動く人手を持っていなかったとしたら、土地を奪い取ることは、富者にとっては、突飛きわまりない行動になっていたに違いなかった。しかし、他人の利益のために、このうえなく過酷な労苦にみずから身を投じに行っていた、あの隷属した人夫たち、また、犂《すき》にみずからをくくりつけて仕事をしたあとでも、耕作者たちを畑で助けてきた牛並の報酬で満足を感じていたあの勤勉な耕作者たちは、はたしてみずからすすんでこの奇妙な種類の構成に追いこまれ得たとでも言うのだろうか？　おまえたちはすべてを生まれさせ、そして、なにも享受してはならない、と耕作者たちは申し渡されたはずだが、このもの言いは、自由のなかで署名された契約の力によるのか？　あなたがたのおかげで、やがて大地は収穫物で覆われるはずである。けれども、あなたがたは、あなたがたの生活の糧として麦穂を保存するどころか、かろうじて風害を防ぐための麦わらを持つだけであろう。まさにあなたがたの努力によって、ひからびた砂地や水びたしの沼地は、のどかで肥沃な畑に変わるに違いない。そして、畑が産み出した豊かさの証拠をほかのところへ移すために、あなたがた自身の手を使うことになろう。どのような人間だったら、このような取引を喜んで受け入れる決心を固めることができただろうか？　そして、この取引の諸条件に応じる人びとが力づくで市場に連れて行かれたとしたら、彼らはすでにまぎれもなく奴隷であったのではないか？　自分の(2)ために収穫するのではないのに、種を蒔き、自分の安楽な暮らしを他人の安楽な暮らしのために犠牲にし、希望なしに労働するという、まさにこの義務から隷属は成り立っているのではないか？　まがうことなき隷属の時代とは、鞭を振るわれて、無理やり働かされた人間たちが存在し得た瞬間ではないのか？　ただし、彼らを馬小屋に連れ帰って、数升《ます》の燕麦［カラス麦］を彼らに与えることは、あり得るが。

完成された社会でこそ、食料は、飢えた貧乏人にとっては、彼の自由に対する十分な等価物であるように見える。しかし、始まったばかりの社会のなかでは、この不平等交換は、自由人には嫌悪を催させるに違いない。それを提案しても構わないのは、捕虜に対してだけである。捕虜が持っているすべての権利の享受を彼らから奪ったあとでのみ、彼らにとって不平等交換は必要なものとなり得るのである。主人がライオンを養っている檻のなかで、数匹の飼い馴らされたライオンが大人しくしている姿を見かけることがある。たまたま、ライオンが檻から抜け出しても、彼らはそこから逃げ出すことを潔しとしない。あるいは、彼らは、なにごともなかったように、そこへ戻って来る。しかし、ライオンたちが最初にそこへはいったのは、みず

（1）以上のパラグラフで「他人の気前よさ」以下の文章は、「……である」までの文章は、『剰余価値学説史』、八七ページを参照。『剰余価値学説史』、八六―八七ページ参照。

（2）以下、次のパラグラフの「……必要なものとなり得るので

からすんでだろうか？　ライオンたちを牢獄になじませることについに成功したのは、長い、苛酷な訓練を経たからではないのか？　ライオンの獰猛な性質を制圧したのは、まさしく飢えである。しかし、この飢えは、ライオンたちにとっては、奴隷制の帰結なのではないか？　捕獲が先行していなければ、彼らはけっして飢えを経験することはなかったであろう。

以上の推論のすべてはまことに単純なものである。その原理は実に具体的であり、その帰結はあまりにも明白なので、私には、啓蒙された人間がどうしてそういう推論をしなかったのかがわからない。私に、詳しく論じてみる気にならせた思いつきの数々を、どうして彼らが採用できたのか、言い当てることが私にはできない。しかしながら、同じ対象に関しては、私がさらに、もっと想像もつかない事柄があることを正直に打ち明けなければならない。それは、ド・モンテスキュー院長閣下がこの対象をどういう風に取り扱ったかということである。

第三章　奴隷制の起源に関するド・モンテスキュー氏の意見を検討する

この問題に関して、『法の精神』では六つの章（＊1）とめぐりあう。全部がその章題として「奴隷制の起源について」を掲げている。この偉大な天才が奴隷制の本性と源泉を提示するのが見られると期待してしまう。彼のあとに続けば、その原理と結果に深くはいりこめると期待が高まる。彼の透徹した慧眼を逃れることができるものはなにもない、と思ってしまう。数人の名士の言いようであるが、人類の恩人との名前を彼にふさわしくさせたと言われる書物においては、人間一般にとってきわめて興味をそそる主題に関して、語られるかぎりですべての事柄を見つけられるだろう、と期待してしまう。

（＊1）第一五篇、第二、三、四、五、六、七章。

これらの章のうちの三章では、冗談しか見当たらないというのは、まさに驚きである。残りの三章は、少しは真面目である。しかし、三章のうち二章はきわめて短い。それらは、ひどく軽薄な考察を含んでいるので、本が思わず手から滑り落ちるほどである。驚きながら、印刷とか、装丁とかになにか間違いでもなかったかどうかを探りたくなる。『法の精神』という不滅の論説のなかに、労働者の勘違いで、別の著作の断片が挿入されたのではないか、と不審に思う。

実際、第一五篇の第六章と第七章において、彼はわれわれになにを教えているだろうか？　著者は言う。「奴隷制に関する権利の真の起源を探求すべき時が来た」[1]と。彼の側からするこの探求は、モスクワ人が非常にたやすく売られるということを、とどのつまりは、われわれに教えてくれるのである。そして、彼は続ける。「私にはその理由がよくわかる。これは、彼らの自由がなんの値打ちもないからである。アチェ[2]では、

（1）『法の精神』、邦訳、前掲、中、五九ページ。
（2）インドネシアのスマトラ島最北端の都市。この町の奇妙な風習については、旅行家たちが報告していたので、有名だったが、多分にイスラム教に対する偏見が含まれていた。

だれも彼もが身を売りたがっている。……これらの国家では、自由人も政府に対してあまりにも無力なので、政府に対抗して権力を振るっている人びとの奴隷になることを求めるのである。ここに、穏和な奴隷制に関する権利の起源がある。残酷な奴隷制の権利の起源は次の通りである（第七章）。暑さが肉体を弱め、勇気をもはなはだしく弱めてしまうので、懲罰の恐れによってのみ困難な義務を果たす気に人間たちがなるような国が存在する」(3)。そこには、われわれの心を占める対象に関して、『法の精神』がわれわれに教えてくれるすべてのことが、このうえなく厳格な正確さで認められる。

たしかにそこには、教訓になるようなものはなにもないし、主題に立ち戻るようなものさえ皆無である。ド・モンテスキュー氏は、おそらくずいぶん怪しげな、あるいは、少なくとも、きわめてくだらない瑣末な特異事項をわれわれに示している。彼は、あれやこれやの民族に関係した詳細にこだわっている。これらの詳細が本当のことであるとした場合でも、ほかのすべての事柄に絶対になんの影響ももたらさないであろう。しかも、この言葉足らずなもの言いでさえ、矛盾に満ち満ちている。

モスクワ人の自由にはなんの値打ちもないだって！　しかし、それだからこそ、それは、なぜなのかを言わなければならなかった。それなくしては、この大げさな判決は、思考しない人間なら、だれの目から見ても辛辣に見えるのと同じ程度に、思考する人間なら、だれの目から見ても軽薄なものとなる。いったいどうして、一ロシア人の自由が一ポーランド人の自由と同じ値打ちを持たないようなことになるのか？　異なる度合の良さを持ち得るような事柄が存在するが、しかし、自由とはこうした部類にはまったく属さない。自由は良いものであるか、あるいは、自由は存在しないかである。悪い自由は架空の存在である。自由に値打ちがないので、自分の自由を売り払う人間は、だれでも、商人をだましている。彼に自由を売ったのは、自由人ではまったくないのだ。それは奴隷である。彼は市場に行く前にすでに奴隷だったのだ。

こんな風にモスクワ人を見ていいのかどうかを知るという問題が残っている。話によると、彼らは、公共的隷属に屈従させられ、専断的な政府に従属させられているという。しかし、こうした類の行政は、市民的自由を破壊することからは、はるかに遠く隔たっている。それどころか、反対に、市民的自由がより一層強固なものになるとき以外には、公共的隷属がそれほどしっかりとしたものになることはけっしてないので、ペテルスブルク住民の自由には値打ちがなにもないし、自由が彼らにとっては厄介者なので、それを彼らは安値で与えている、などと、どうしたら口にできるのか、私にはわからない。

統治体に対抗する避難所を統治体の暴君どものもとに見いだそうとして、アチェでは人間が売られているだって？　しかし、アチェでは、いったいだれがこんな風に売られていると推測されるのだろうか？　おそらく身分の低い民だろう。そして、ブルジョワジーや商人である。言い換えると、あの働き者の有用なミツバチである。巣の高所に配されたスズメバチどもが蜂蜜のとんでもない浪費をしているために、彼らはせっせと蜂蜜を集めに回っているのである。しかし、ド・モンテスキュー氏が忘れていることは、彼自身の原理によっても、彼が専制主義と呼ぶものに従属している、かの諸国家においては、「ごく少数の市民の首が安全で、パシャの首は常に危険にさらされている」のでなければならないはずだということである。

(3) 邦訳、前掲、中、六〇—六一ページ。

こういう事態にあっては、抑圧に抵抗する隠れ家を見つけようと期待していいのは、抑圧されている人間のもとであることになるのか？　恐れるべきなにものも持たない人びとが庇護を求めに行く先は、なにからなにまでこわがっている人間であるということになるのか？　アチェのように支配されている諸国では、人民は大身以外には、敵をまったく持たない。君主は人民の報復者であって、そのこけおどしなどではない。暴君政治を行なうのは君主の名においてではまったくない。反対に、まさしく彼の名において暴君どもが罰せられるのである。君主権力以外のいっさいの権力から独立していて、自由なままでいることを心配するように、無名の臣民たちを持っていくほどの恐怖感をいったいどうして、君主がかきたてることができるというのか？　鳩が猛禽に追いかけられているときには、鳩は主人の家に避難所を求めるが、しかし、鳩を守り、養ってくれる主人の支配圏から脱出して、急いで鶚《はしたか》の爪のなかへ飛びこむ鳩の姿は見られない。

ほかの場所でのようにアチェでも、大身におもねって取り入るすべが知られていると私は信じている。彼らによるいたわりを求めてのことである。残忍な熊の前で寝るのは、熊に食われないためである。かつてローマで見られたような種類の庇護がありさえするかもしれない。より尊敬されるために、高官の子分という評判を取ろうと努めることがあり得る。法体系は、これらの絆を締め直すことができたし、また、国家の両極端を利益で結びつけ、小身にはより一層の安全を与え、大身の情け容赦ない性格をより一層弱め、こうして懲罰のときの虐待を減らす目的で、双方の真の義務をそこから生じさせることができた、と私は想像する。

しかし、この自発的な、利益本位の結びつきを実質的な奴隷制として見なすこと、そして、それが市民的自由と両立しがたい現実的従属を引きいれていると仮想することは、なにもかもごたまぜにしがちで、愚劣なうえに無知なわが旅行家たちによる、またもや軽率な間違いである。われわれが、こんな旅行家たちを通じてしか、古代ローマのことがわからない不幸な状態にあったとしたら、彼らは、同じように奇妙で、同じように不当な観念を古代ローマについて与えていたことだろう。この結びつきを奴隷制の本源的な原因の列に加えること、さらには、一生涯、このうえなく恐ろしい恥辱のなかを這いずり回るように定められ、主人がこれらの不幸な人びとから人間の姿を奪い取ることができなかったからというそれだけの理由で、かろうじて人間の姿をとどめていさえするような運命を持った多数の不幸な人びとを地上で繁殖させることがこの結びつきによってできたのだと信じることは、誤謬を採用することである。そうした誤謬は、熟慮によって破壊されるし、哲学が追放すべき類のものである。

さらに、強制されてしか人が働かず、辛苦をいとう怠け心を劣悪な待遇によってしか主人が鍛え直さないような焦熱の国が存在する。私はそうであってほしいと思う。そこからなにが結果するだろうか？　彼らの奴隷の懶惰《らん》を見て、これらの主人は過酷になり得たということであって、この懶惰《らん》こそが奴隷制を産んだということではない。ということではない。声をかけてもわからないように見える、あまりにも鈍重な牛を耕作者は容赦なく打ちのめす。しかし、牛の鈍重さゆえに、牛は犂《すき》につながれているのではない。調教で、さまざまな動作をするように馬を育てることは、その天性から、できないのだとしたら、だれも馬を叩き直そうとはけっして思わなかっただろう。馬は手なずけられる動物だと思えたからこそ、そうでなかった馬そのものを減らすことが企てられたのだ。鞭や拍車や口籠《くつご》など、その他、主人の仕事を助けるとともに、弟子の素直さを同時に必要とするすべての道具を発案させた原因がそこにあるのだ。

人間も同じである。労働することができる状態にあったということをたしかめていなかったとしたら、人間たちの労働を利用する気にはけっしてならなかっただろう。労働への順応性に満足することが起こったあとでこそ、執拗に続くものぐさ状態に腹が立ったのである。突き棒で脅すのが野生の雄牛に対してではないように、軛《くびき》を重くのしかからせるのは、自由人に対してではない。野生の雄牛も、自由人も、誇りを罰する準備をしているときには、誇りをすっかり失ってしまっていたのである。彼らがすでに決定的に奴隷でなかったら、だれも彼らの奴隷状態を悪化させようなどとは思いもしない。

したがって、この点に関して『法の精神』が提示する理由はどれひとつとして、一般に通じるものではないし、十分なものでもない。せいぜいのところ、彼は、いくつかの国においては、隷属の外観あるいは濫用がいかにしてひどくなり得たかをわれわれに推測させるのが関の山である。しかし、隷属を生まれさせたものがなにかについては、彼はまったくわれわれを啓発するところがない。どんなときにも、一方の極から他方の極まで、木陰が世界を覆っているほど恐ろしく大きいこの木から伸びている二、三本の枝を彼はわれわれに発見させてくれる。しかし、彼はその幹をわれわれに示すことからはほど遠い。

これら二章のなかにある唯一の真理も、陳腐で知られたものである。「人間は、すべて平等に生まれついているのだから」とド・モンテスキュー氏は言う、「奴隷制は自然に反している」(4)と。いやまったく、だれがそんなことを疑うというのか？　文句なく、それは自然に反している。しかし、いったい奴隷制だけがこうした特徴を持っているのか？　われわれを取り巻くもののすべてが同じ事情にあるのではないか？　富、赤貧、法律、銃、家屋、靴などのすべてが自然に反していないか？　これらすべてのものについては、その必要性が奴隷制に比べて、より低いのか？　これらすべてのものは、社会の構成に、あるいは、社会を構成する人びとの要求のなかに、必ずはいっていないか？

人間はみな生まれながらにして平等である。もちろんだ。しかし、人間たちの結合体は、この平等とともに存続するのだろうか？　平等を破壊することは、その本質から来るのではないか？　平等を烏有に帰す方向への第一歩とは、平等の完成ではなかったか？　毛虫と蝶という存在様式のように、ふたつの存在様式がある。毛虫と蝶は、同じ主体のなかで共存することはできない。醜い幼虫が消えうせたときにのみ、まばゆい昆虫が羽根を広げる。原初の独立と社会諸制度についても、光沢を除けば、昆虫の場合と同じである。社会諸制度は、原初の独立のあとに続き、その残骸から成立している。奴隷制は、正真正銘の蛹《さなぎ》である。有益である以上に奇妙な、利益がある以上に害があるようなこの仕組みは、この蛹《さなぎ》から生じるのである。それは、結集した多数の人間たちから、一種の有機体を作る。この有機体においては、一方が休みなく働く四肢を表わし、他方は、彼らの果実を平和裡に享受する頭を表わす。

したがって、奴隷制が[5]自然それ自体に反しているのかどうかを検討することは、大事なことではない。そうではなくて、奴隷制が社会の本性に反しているかどうかを検討することが大事なのである。しかるに、奴

(4) 邦訳、同書、六一ページ。
(5) 以下、「……社会とは不可分である」までの文章は、『剰余価値学説史』、八六ページを参照。

隷制が社会とは不可分であることに納得するのがあまりにも容易なことなので、だれかがわざわざ、そのことをあえて主張するとは、私には思えないのである。

第四章　奴隷制の真の起源について、そしてその後、それをはびこらせた諸原因について

私は、奴隷制の起源をすでに発見したので、もはやこの起源について探索することに注意を向けるつもりはない。それは、社会の起源と同じなのだ。社会と民法的隷属は一緒に生まれた(1)。人びとが公共的奴隷制を知ったのは、長い時間が経てからにすぎない。しかし、個人だけを隷属の鎖につなぐ奴隷制は、人間たちの集合と同じ日付を持っている。いかなる堅固な連合も、奴隷制抜きでは生じなかったであろう。馬なしに騎兵部隊を組織することは不可能であるのと同じで、他人のために働く用意のある奴隷がいなければ、人間たちのあいだで恒久的な同盟を確立することも不可能である。社会の重量全部を背負う、強靭で、従順な、疲れを知らぬ動物のようなものが社会にとっては必要である。奴隷制は、まさにこの役割を、奴隷制によって不名誉な烙印を押される不幸な人びとに押しつけるのである。私がすでに幾度となく証明しておいたから、これ以上、この点について語ることは、同じことを繰り返し言うことになり、それは無駄なことであろう。

実を言うと、私は、始まりでは、奴隷制は土地の耕作と家畜の群れの飼育だけから成り立っていたと思っている。奴隷制のもとに置かれた幸薄き人びとには、ほかの奉仕はまったく求められなかった。奴隷の主人

は、奴隷に食料を供給するどころか、主人の方が食料を奴隷たちに期待していたのである。しかし、結局、彼らがこの本質的な点に応じたとき、彼らの任務は果たされていたのである。これらの主人たちは、まだ見栄っ張りでも、虚弱でもなく、豪奢のなかで堕落してもいなかった。彼らは、一群の怠惰な家僕で屋敷を一杯にして自慢するようなことはなかった。彼らは、家僕が自発的に平野に散らばって、それを肥沃にするのをそのままにしていた。彼らの土地に十分な手入れがなされ、彼らの家畜の群れが丁寧に世話されていれば、彼らは、自分たちのなりふりが構われなくとも、やすやすとそれを許した。

その頃の奴隷の状態は、想像されるほど過酷なものではなかった。ド・モンテスキュー氏が物的隷属と呼ぶものがこれである。しかし、そこから人格的隷属までの距離は長くなかった。畑に散らばったこれらの奴隷を自分の近くへ再び呼び寄せ、これらの勤勉な耕作者を軟弱な召使いに変え、彼の畑が必要としていた人手を上回る数の奴隷を自分ひとりのまわりに集めて仕事をさせる気に主人をならせ、豊かな収穫の道具を奢侈の道具にするためには、ほんの少し文明開化を進めればそれでよかった。そして文明開化は遅れるはずもなかった。

文明の進歩は、奴隷が有益となりうる機会を増やした。食料の安定的確保は、それを享受していた人びとにとっては、快楽の追求と一層惰弱な生活への嗜好を導いた。そのときまでは、怠惰は労苦を避けることに限られてしまっていた。怠惰は、安逸を手にいれることを思いついた。自分でやるのは不快で、他人にやっ

---

(1)『剰余価値学説史』、八六ページ参照。

てもらうのは気持ちがいい、たくさんの事柄があることに気がついたというわけである。まずは、必要のためにだけ望まれていたよそ者の助けに、いまや余剰品を求めて依存するという状態に人は身を置いた。

そのうえ、退屈と無為が精神を研ぎ澄ましていた。魂は肉体の休息で苦しんでいた。有益で労苦の多い仕事に戻らなくてもいいように、くだらないことや有害なことが心に描かれた。それらは、発明者たちにあまり快楽を与えず、子孫には、多大な不幸を引き起こすことになった。芸術や科学、そして、理性の発達と心根の堕落をうながした怠惰のために、ありとあらゆる養分が考え出されていた。それらを用意する習慣は、他のあらゆる種類の仕事に対する嫌悪感を増大させていた。だから、屋敷内にたくさんの雇用を作り出さなければならなかった。これらの雇用のすべては、家長の安逸な生活に関係しており、また、まさしく彼の君主となっていた享楽的平安を維持する目的を持っていた。

彼は四肢の使用を軽んずるほどだった。彼は、いわば人工の腕と脚を自分に付けたがった。こういう外部の器官によって、障害も遅滞もなく彼が動けるようになるためには、彼のまわりに、彼の目くばせで動かせる自働人形の類のものを積みあげなければならなかった。しかも、自働人形の運動をより適切に組み合わせるために、自働人形はひとつの同じ精神から、命を受け取る必要があった。このような資質を要求していた職務がだれにふさわしいかと言えば、それは奴隷でしかあり得なかった。このことが奴隷の数を増大させるという考えを思いつかせたのである。

奴隷の数をうまく増やしていくために取られたすべての手段のうちで、最初の、もっとも自然な、もっとも穏やかな手段は、子供たちを彼らの父親の身分に固定することであった。それは、価値低下させられてしまった命の作り手の子孫に不名誉な烙印を押すことであった。それは、根元を断罪した同じ判決を若芽にも宣告することであり、自由を奪われた人間から生まれる人間ならだれでも、彼のように奴隷になるべし、と決定することであった。その後、戦争がやってきた。それから、赤貧のために引き起こされた借金やその他の原因がやってきた。隷属の蔓延を助ける原因はいくらでもあった。原因がいくらでもあったおかげで、人類を打ちのめすすべての災禍のうちで、まるでこれが一番恐ろしくないものででもあるかのように、奴隷制という災禍はいたるところに広がった。

第五章　出生から生じる奴隷制について。奴隷制はそれ自体として不正であるというのは、本当であるかどうか

尊敬すべき多くの著作家たちは、この種の奴隷制に激しく抗議してきた。彼らは、一家族がその頭に刻印されることも、たったひとりの人間の喪失が何世代にもわたる喪失を引き起こすことも、ひどいと思ってきた。彼らは、この原理を是認する民法の公準に真っ向から反対してきた。ド・モンテスキュー氏は、それを認める人間の理性はまともではないと言っている（＊1）。彼に比べて有名であることには変わりはない、

もう少し現代に近い別の著者[1]は、もっと力をこめて、それを排斥している。彼は、それを支持した法律家たちが、人間は人間に生まれつくわけではないということを、別の言葉で決定したのだ、と主張している。法律家たちの身分の重さと彼らの格率の残酷さとのあいだに奇妙な対照を見つけた著者は、不当な自己満足を手厳しく論難した。法律家たちは、子供を取って食おうとしている怪物を子供のゆりかごのそばに得々として導いていたことになるからである。この著者は、それが人類の諸権利に対する侵犯であったということ、そして、すべての暴君政治のなかでも際だっておぞましいもののほかは、それに対してけっして寛大ではあり得なかったということを証明しようと努力した。

（＊1）『法の精神』、第一五篇、第二章［邦訳、前掲、中、五三ページ］。

実際[2]私には、あの偉人たちが社会の基本的な諸制度のこの箇条について、どうしてあんなに叫び立てたのかわからない。たしかにこれは過酷だし、情け深い心には反撥を起こさせる。しかし、社会状態のなかで、自然に反するあらゆる仕組みに反対の声をあげ、それがかきたてる同情心を正義と見なすことを望んだら、われわれは、どこまで進むことになるだろうか？　政治の目に、こんな感情がなにほどのものでもないのは正しい。それが個人の行動を導くのはおおいに結構だが、全体を見ることに専念するときには、それを追い払わなければならない。立法者、つまり法体系についてものを書く人間は、法体系にきっかけを与えた人間と同じく無情でなければならない。法体系は自然の諸権利の廃絶に完全にもとづいている。だから、法体系を維持する手段を語る際に、再び呼び出すべきは、自然の諸権利ではない。

だとしたら、奴隷である父親の子供に対して及ぼされる権利も、父親自身に損害を与えて横奪された権利と同様に不正なものでないことは明白と思われる。前者は後者から派生する。最初のものは二番目のものの結果である。親を奴隷にし得た者はだれでも、その一族をも同様に扱うことができた。親たちの特権を守る力のなかった原理は、その一族に関しても同じく無力でなければならない。正しい奴隷制などけっして存在しなかったのか、あるいは、すべての国の国民の一致した同意では、厳格な法律を正当化するには不十分だったのか。たしかに。しかし、諸国民はそろってこの法律を採用し、そのおかげで、彼らは堅固な団体を形成しているのである。あるいは、また、所有が犯罪であり[3]、それを伝える権利が不正の延長であるのか、それとも、世襲的な奴隷制が正しく、それに服する者も、塹壕のなかで砲弾になぎ倒される工兵以上に同情するいわれはないか、どちらかである。どこにおいても、工兵が必要である。農民に生まれついたという、まさにそのことによって、砲火のもとで大地を掘り返しながら、栄誉もなく死んでいくように定められてい

（1）『人間不平等起源論』（一七五五）の著者、ジャン＝ジャック・ルソーのこと。ここでランゲは、『人間不平等起源論』、第二部からルソーの言葉をそのまま引用している。ルソーは、奴隷制を是認する法律家を次のように非難している。「奴隷の子は生れながらにして奴隷になるべきだと荘重に宣告した法律家たちは、別のことばで言えば、人間は生れながらにして人間になるべきではないと決定したことになる」。（邦訳、『人間不平等起源論』、本田喜代治・平岡昇訳、岩波書店、一一六ページ）なお、ヴォルテールも、みずからの研究ノートにこの表現をそっくり書き写している。

（2）以下、「……無力でなければならない」までの文章は、野沢訳、五四〇ページ下段。

（3）以下、「……どちらかである」までの文章は、野沢訳、五四〇ページ下段。

る人びとにわざわいあれ。その一方では、貴人は、危険に身をさらすことがもっと少ないのに、ほかのすべての敬意を獲得しているのだ。

地位、身分の違いが世間には必要である。これらの地位がひとたび定められると、それは家族のなかで存続することが決められた。父親の財産の享受を息子に保証することから、公正さが成り立つことになった。息子が父の身分のなかで、父の跡を継ぐこと、そして、息子が父の財産を継承することが期待された。そこにこそ、富める人間や自由人がその子孫のあいだで、富と自由を永続させることができる理由がある。法律は、後代の人間に彼の財宝と独立性を移すことを許している。このしあわせな継承をなにか外部にある原因が中断しに来ない限りは、それは、世代から世代へと不朽のものになり、一番最近の世代が最初の世代にもともとは割り当てられていた支配権を無理なく受け取るのである。

同じ理由から、奴隷の境遇も相続人に移らなければならない。しかし、奴隷は、一生のあいだに彼を憔悴させきったあの隷属の鎖を除くと、なにを死後に相続人のために残すことができるだろうか？　奴隷は、相続人に富裕でも譲渡したかのようにして、その恥辱を彼らに譲渡するだけの話である。たしかにこういう相続は悲しい。彼らがそのような相続を放棄することはたやすい。しかし、彼らの作り手が輝かしい地位を受け取っていたら、社会は、その地位に彼らが昇れるように、手を彼らに差しのべたことだろうから、それと同じで、相続人に命を授《さず》けた奴隷を卑しい身分に悪い運命が置いた以上は、社会は、彼の相続人をためらいなくそこへ、またもや押しこむことができるのである。彼らの出生は、彼らの利益に沿って資格を作ったはずだったのに、出生は、彼らの利益に反する資格のひとつとなっている。この資格が相続人を幸運に導いたとしたら、彼らは、人が彼らを尊敬するように要求することができたはずなので、資格が彼らを抑圧に委ねる場合でさえ、それを尊重するように彼らを強制することができるわけである。さらに、主人の継承と奴隷の継承は、同じようにして、継承人に降りかからなければならない。ふたつの継承が産み出す結果のなかにはなんらかの相違があるとしても、継承を押しつける権利のなかには、どんな違いもありはしない。

まさにこの権利を決定するのは摂理である。人びとは言う。現世には幸運と不幸しかない。この俚諺は、われわれが取り組んでいる主題に関しては、哲学のどのような大演説よりも、輝きを放っている。かりに私がフランス陸軍元帥の生涯を受け取ったとしたら、私は大貴族になったに違いない。私がアルジェの捕虜に生まれたとしたら、私はみじめな徒刑囚にしかならなかっただろう。このふたつの場合のどちらに私が置かれるかは、偶然に依存したことである。しかし、私の栄誉と私の不運とは同じ原理を持つに違いなかった。このふたつの場合の後者であっても、私は、私を不運にとどめるために、私の出生が弊害をもたらしたことに不平を漏らすべきではなかっただろう。というのも、元帥の地位に就かされるという幸せを私が持ったなら、この同じ弊害が等しく私を栄誉に定めてくれたであろうからである。

この問題をどのような仕方で見ようと、いつでも見るべきなのは、所有権の相続がひとたび適切だということになれば、所有権の剝奪の方も、適切だということにならなければいけないということである。非人道的だと思わなければならないのは、この帰結を聖化する法律の方ではなく、むしろ、それに理由を与える法律の方である。社会そのものが自然的諸原理の奇妙なあの価値下落にもとづいて打ち立てられているのである。息子が自分の手柄で名をあげることができるように、息子の血が父親の恥辱によって汚されていなければば、なすすべもなく社会は解消されるに違いない。

第六章　同じ主題の続き。世襲的な隷属は子供たち自身にとっては有益であり、父権とは別のところから生じること

私はさらに先へ進む。父親の奴隷身分がこの不吉な結果をまったく持たないと仮定したら、また、失ってしまった特権を奴隷が子孫に伝えることができたと仮定したら、そして、その人格のなかで侮辱されている自然が子供たちの人格のなかでは尊重されると仮定したら、彼らはどういうことになるだろうか？　彼らはなにで食べていくのだろうか？　彼らはだれから食料を受け取るのだろうか？　彼らは最大に自由だが、しかし、万物のなかで最大に不幸だ。世に言うこの恩恵なるものは、社会の残余部分にとってのように、彼らにとっても、このうえなくおぞましい不運の源となろう。

第一に、子供たちが生まれながらにして自由であると宣言することは、彼らを餓死するように運命づけることである。餓死の危険から子供たちを守るのは父親の責任であろう。しかし、当の父親自身が見ず知らずの人間の気前の良さによってのみ、餓死から身を守っているにすぎない。彼はなにも持っていない。そんな彼が子供たちになにを与えてやるというのだろうか？　彼は、余所から自分の食料を受け取る。そして、分配を統括する経済［節約］は、彼の取り分が分配に値するものであることを許さない。どのようにして、父親は、彼らに与えた命を彼らのために取っておけばよいのか？　主人は、彼の面倒を見てくれるし、彼を手

当てしてくれるし、彼に水を飲ませたり、養ってくれたりするが、しかし、こういう主人は、自分自身に有益であるために、彼に救いを与えているにすぎない。主人が奴隷のなかで、支援しているのは人間などではまったくない。彼が養っているのは、働き者の動物なのである。

しかし、従順なこの種馬から彼が引き出したであろう若い仔馬たちを、法律が彼から連れ去りに来るとしたら、彼は、種馬に対してしたように、仔馬たちに対しても彼の牧場の干し草を惜しみなく与えるという義務があるなどと思うだろうか？　彼は、仔馬が出費を引き起こすようになる前に、彼の領地から彼らを追い出すことを急ぐのではなかろうか？　仔馬を自分のものにできないことになれば、この不可能性は、他の畑からも、同じように彼らを追放させることになるだろう。地主たちは、自分たちのものである家畜のために、畑からの果実を取っておくものだからである。追い出された仔馬たちは、食料を求めて、むなしくあちこち走り回ったあとで、囲い地の開かずの戸を足で叩いても、開けてはもらえずに、彼らを死に導くのに役だったただけのこの残酷な独立性を呪いながら、息を引き取ることであろう。

第二に、私はまたもや、人類愛あるいは父性の優しさが彼らのために奇蹟を起こすと仮定する。つまり、主人が彼らに無償の救いを認めたり、ペリカンを真似て、父親が自分自身の血で彼らを養ったりすると仮定してみるのである。[1] すると、彼らは世間ではどうなるのだろうか？ どのような地位を彼らは社会で占めるだろうか？ 彼らが父親の身分から抜け出したなら、社会での彼らの身分はどうなるのだろうか？ 彼らは自由ではあり得ない。彼らはどのような資格を持てば、自由になるのだろうか？

自由と奴隷制は、等しく法律の産物である。この法律は、一方の側では、奴隷が例外なくすべての権利とともに、主人に属することになる、と決定した。他方の側では、法律は、息子が父親への従属状態にあること、出生を受け取ったあとで、父から諸命令を受け取ることを決定した。これらふたつの法律は、奴隷の息子の自由によって、かいくぐられる。というよりもむしろ、法律は息子の自由によって破壊される。そもそも息子は、彼の父親の主人に属することなしには、父親に属することができない。父の軛《くびき》から彼を引き出して、自然権に従わせようとする法体系は、彼を父親の主人の軛《くびき》に従わせる民法に明らかに違反することになる。父親が彼の子供たちに対していかなる権力も持たない場合――それは社会の破壊を伴うことになるはずである。さもなければ、この権力を父親が保持している場合である。その場合には、父親の権力は、父親を支配している人間に服従させられるだろう。そうなれば、父権は、攻撃されることのない、世襲的な隷属の正しい起源となるであろう。

ローマ法では、戦争で捕えられた市民の奴隷状態は、彼の家庭内権力の廃絶となることが決定されていた。これほど賢明で、首尾一貫したものはなかった。このことなくしては、ひとりの人間の喪失は、国家にとっては、幾人もの他の人間の喪失を引き起こしたはずである。勝利者は、捕虜の人身に対する権利を持っていたのみならず、彼の家族全員に対する権利をも持っていた。この危険を避けるために、どうすべきであったか？　子供たちを束縛する絆を断ち切ることであった。彼らを不幸な捕虜に結びつけていた連絡を中断し、彼の不幸が彼らに対して及ぼすであろう影響から、彼らを守ることであった。また、彼から彼らを永久に切り離して、彼の不運の結果から彼らを引き出すことであった。それはちょうど、はるか遠くと連絡を取るための経路として彼に役だつことができた家々を打ち壊すことによって、火災の進行を食い止めるようなものである。

注意しておかなければならないことは、この場合、法律は、子供たちに、いかなる実際的変化も味わわせてはいなかったということである。法律は、彼らに別の身分を与えていたわけではまったくなかった。ただ、法律は、子供たちにいずれは戻ってくるはずの身分の享受を、彼らのために急がせただけである。法律は、父親の自然な死が持っていたはずの効果と同じ効果を父親の民法的な死に与えていた。彼の子孫にとっては、そこからは、彼らの出生に結びつけられた諸特権の、より迅速な所有しか、結果しなかった。彼らがつねに、そうであらねばならぬものになっていたのは、彼らが自由人から生まれたからであり、彼らは、自由人の後釜として彼のすべての大権に権利を持っていたからである。

(1) 一八世紀末のアカデミー辞典の説明によれば、ペリカンは、首の下の鎖骨のあいだに擬似食道となる開口部を持っていて、そこへ口ばしを突っ込んで、胃のなかから未消化の食料を引っ張りだし、子供たちに与えることから、自分を犠牲にしてでも子供を養う優しい鳥と信じられており、そこから「慈しみのペリカンは自分の血で子供を養う」という表現が出てきたという。一九世紀には、観察が進んだせいで、口ばしについている大きな袋に子供が口ばしを入れて、親鳥の食料を食べるとされている。

しかし、奴隷の息子が彼の父親のように奴隷でないとしたら、彼はどうなるだろうか？　彼が生まれたときの状態は、そのまま、彼がそのなかで生きていかなければならない状態である。彼がそこから逃げ出した場合には、彼はその向こうになにを見つけるだろうか？　それは自由などではないだろう。そのためには、法律が彼を解放してしまうことが必要となるだろうから。そして、私がいまそのことを証明したように、法律は、法律自身と矛盾した状態に置かれることなしには、そういうことをなしえないだろうし、社会の根本原理のひとつ、すなわち父権をひっくり返すことなしに、そういうことをなしえないだろう。しかしながら、自由と奴隷制との中間はありえない。自由に対して権利を持たぬ者は、だれでも、奴隷身分に生まれつく。それはちょうど、連隊のなかでは、士官でないものはすべて兵士であり、命令しないすべてのものは、服従以外の分け前を持たないようなものである。

第七章　同じ主題の続き。世襲的な隷属は、奴隷の子供たちがもし自由であれば、彼らの側からの危険を社会が恐れなければならなくなるので、これらの危険から、社会を守っている点で、社会にとっても好ましいものでありさえすること

第三に、最後の仮説を立て、この両立しがたい権利をうまく組み合わせることができると認め、泥だらけの水源からでも、澄んだ水の小川が何本も出て来ることができると認めると、だれも捕えることができず、

流れをそらさせることもできない独立した小川は、流れのなかにどのような効果をもたらすだろうか？　家長を尊敬するからこそ、家族の成員は、その法律を遵守しなければならないことを学ぶのである。しかし、ここには家長も家族もいない。奴隷の息子は、自由になって、彼の父親に感謝することを免除されるだろう。彼は、父親を馬鹿にしさえするだろうが、それも当然の話である。自由が隷属に対して優越性を持つので、息子は父親に対して優越性を持つことになる。彼は人間となるだろう。そして、人間は、牧夫の鞭のもとで震えるオスのラバに従うために作られているのだろうか？　それに注意するという、ただひとつの考慮だけで、立法者たちの目から見ると、世襲的な奴隷制を正当化するのに十分であったろう。

しかし、そのうえに、人道の再建者たちが人間を産み出すのにふさわしくさせようとしていた、このラバは、少なくとも、言うなりになったことと自分の力を犠牲にしたことによって、麦わらと大麦を手にいれている。夜になり、馬小屋に帰ると、彼がそこに見つける食料は、彼の一日分の労働に値したのだった。しかし、自分の出自を尊重しない、父ラバの生まれ変わりは、つまり、自分を産み出してくれたラバの羽根飾りと振り鈴を軽蔑するこの新しい種類の人間は、いったいどこからその食料を引き出してくるのだろうか？どのようにして、彼は食料の必要を満たすことができるのだろうか？

前のところで、私は、過剰な気前の良さ、あるいは愛情の過剰が幼少期の弱みに対して援助を行なうことになるかもしれないと仮定した。しかし、気前の良さも愛情も、なんらかの見返りを期待することによって、それ自体が養われていなければ、枯渇してしまう。気前の良さも愛情も、維持されるためには、現物もしくは感情のかたちでの補償を必要としているのである。鷲は、自分と同じくらい高く子供が飛ぶのを見る楽しみを、子供の教育のための労苦から引き出すことだけを望んでいる。しかしながら、鷲は、鷲の努力を補佐するのがあまりにも遅すぎると、子供たちを結局は見捨てる。彼の我慢は、子供たちの弱さと窮乏の過度な延長に抗してまで、長つづきするものではまったくない。

これと同じで、奴隷の息子が年端もいかず無力であるあいだは、同情心が援助を進捗させるが、しかし、力がついてくる年齢になれば、息子に対する援助は拒まれるだろう。父親は、支弁したかねの取り立て権すら持つことになろう。庇護者の損害を賠償せねばならぬのは、奴隷の息子であろう。同じほど神聖な権利で武装した債権者を満足させるために、彼はどうしたらよいのだろうか？

奴隷の息子は働くことになる、と人は言うかもしれない。彼のごつごつこわばった手は、手がまだ柔らかかった時代に渡された金銭の利子を支払うことになる。しかし、彼の労働の果実が彼の窮乏と同価値になるまでは、さしあたり彼は、借りを返せる金額以上のかねを受け取らなければならない。彼は借金を背負うことになる。そして、借金の安全を保障するために、彼は、彼自身の身体のほかにどのような担保を与えることができるだろうか？　だから、結局、彼は、彼に人が同情して奴隷身分から彼を救い出してやったのに、赤貧のせいで、奴隷身分のなかに再び落ちるのである。

次に、いつでも彼は、働き口を見つけるだろうか？　自由な日雇い人夫などには、関心がほとんど払われない。奴隷たちが所有されている環境では、彼らは必要とされることすらない。ひとりの奴隷を買い取れば、その奴隷に要求できることを、わざわざ日雇い労働者にかねを支払ってまでやらせはしない。したがって、彼が生きていくことができるためには、彼は、ほかのいかなる方策も彼に食い物をもたらさないのだから、力づくでそれを奪い取ることを余儀なくされるだろう。かねのかかる自由なるものが彼を強盗行為に導くわけである。基本的な社会法のひとつに違反して、彼の隷属の鎖をぶち壊させた残酷な人道主義には、他のすべての社会法を侵犯することをもってしか、答えられない。彼は悪人となることだろう。なぜなら、彼に対する善意は、容赦ない峻厳さが彼にもたらし得たかも知れない害以上の害を彼にもたらしていたのに、そんな善意を人は自慢しただろうからである。誤解されたこの寛大さは、彼を犯罪に走らせる。彼は、感謝どころか、それにもまして深刻な絶望を正当化するものを自分の身分のなかに見つけるだろうから、彼は、よりゆっくりとはしているが、しかし、間違いなくやってくる死を我慢強く待つよりは、不名誉な体刑を覚悟で、彼の恩人の首を切り落とす方を選ぶであろう。

とはいえ、この魅力的な体系の帰結がどのようなものになるかは、以上の通りである。それは、心地よさの見かけの下に正真正銘の非人道性を隠している。私は、批評家たちの口を封じるために、この体系をとことんまで論じた。私は、反論を防止するために、証拠を積み重ねるのを恐れていない。そうは言っても、父親がかつていできた重荷は、息子のうえに落ちかかってくるに違いない。彼の命の作り手が呻吟する同じ牢獄のなかに、息子を閉じこめることを急がないならば、息子のすべてを恐れるべきである。

示されたばかりの真理は悲しい真理である。しかし、その実行は、残酷というより以上に、なお一層必要不可欠なものである。奴隷制とあらゆる意味におけるその等価物を廃止しなければならないか、それとも、奴隷の息子が主人の息子に仕えなければならないかのどちらかである。所有権が森から人類を追い出したのだが、その人類に再び森を開いてやり、理性以外の法律を持たず、自然以外の主人を持たない広大な森林のなかに、彼を解き放たなければならないか、それとも、支配するように定められた世代が先行する世代の権利すべてを、いつまでも終わることなく継承しなければならないか——それと同じで、服従する世代の方は、自分たちと交代する世代に、彼らの馬銜《はみ》と馬具を限りなく譲渡しなければならないか、どちらかである。とどめはこの馬銜《はみ》に反抗する権利とそれを彼に提供しようとする手に噛みつくことで、その手を払いのけても、法律で罰せられずにすむ権利とを父親は持っているのか、それとも、息子は、父親のように、馬銜《はみ》を受け取ることを強制されることができて、彼のたったひとつの方策が、彼に指示された運動に従いながら、汗だくになることであるのか、どちらかである。

第八章　隷属一般に反対する哲学者たちの大演説から、考えなければならないことについて

私が語ってきた著者たちは、世襲的な隷属に怒りを爆発させると同時に、原初の隷属を、やはりそれに劣らず排斥していることは事実である。彼らは、奴隷制の権利は、一般に不正な権利である、と声高に語っている。それどころではない。彼らはそのことを証明する。この点に関しては、私は、彼らと同じように考えているし、そのことはすでに言っておいた。しかし、彼らと私のあいだには次のような違いがある。すなわち、彼らはこの不正義を有害なことと思っているが、しかし、私の方は、それが必要だと考えている。彼らは、あらゆる権利の敵としてそれを排斥するが、私はそれをすべての権利の根拠と見なしている。彼らは、

それを採用した人類を憐れんでいるし、その破壊を共同の幸福へ社会が向かう第一歩と見なしている。それに反して、私は、人類がこのような軽率なことをやってしまったことで、人類を憐れむと同時に、奴隷制のおかげで存在するようになったこの同じ社会を無に帰すことなしには、軽率さを修復することなどできないことに、断固とした確信を抱いている。

彼らは、実現可能と執拗に信じ続けている架空の平衡に従って、推論を進めている。私の方は、疑義をさしはさみえない確固たる事実に従って、推論を進めている。天秤のふたつの皿が同じ高さにとどまるには、どちらかの皿が重くなるようにしてはいけない。さて、社会の両極端が等しい重さを支えるとき、社会が維持されるかどうかを検討しなければならない。一方の皿が低下して、他方の皿の上昇を容易にしたときにのみ社会は始まる。社会が存続するのは、ひとえにこの不平等のおかげである。落ちていく人間を必ず重りで打ちのめさなければならない。奴隷制はそうした重りである。

「自由な人間が」とド・モンテスキュー氏は言う（＊1）、「自分を売ることができるというのは、本当ではない」。私もそう思う。しかし、自由人を奪い取ることができないというのは本当だろうか？　力づくで屈服させ、彼らから自由を奪った代わりになにもやらない、ほかのすべての動物たちのように、彼からもそのようなことができないだろうか？　「自由はそれを買う者にとっては、値段を持つとしても、それを売る者にとっては、値段がつけられない」。私もそれに同意する。しかし、自由を奪い取る人間にとっては、自由はいかなる価値を持つことができるだろうか？　彼に対する自由の値段は、それを使用すること、そしてそこから心地よさを引き出すことから成り立っているのであって、彼が与えるその等価物から成り立っているのではない。

（＊1）『法の精神』、第一五篇、第二章［邦訳、前掲、中、五四ページ］。

「人間たちに」とド・モンテスキュー氏は続ける、「財産の分割を許してきた民法は、この分割を行なわなければならない人間たちの一部について、彼らを財産の数に含ませることができなかった」。しかし、民法は、財産の数にいれるべきではなかった一部の人間を、財産の数にたしかにいれることができてしまったのである。民法は、そのことにしくじることはなかった。この作業は、民法の側から、強制されさえしたのである。私は、この作業なくして分割すべき財産などなかっただろう、ということを証明した。世界では、人間の自由が最初の取引可能な財物であり、所有権の最初の対象であった。貧困こそが富裕を産み出したのである。しかし、まさに奴隷制は貧困を産み出したのであって、少し怪しげな先祖の正統性を永久に聖化した民法が現われたのは、不幸を招くこの親子関係の帰結にしかすぎない。

この民法は、「なんらかの損害を含んでいる契約に関しては、原状回復をさせる。あらゆる損害のうちで、およそ測り知れないほどの損害を含んでいる合意に抗して、民法は原状回復を妨げるわけにはいかない」。もろもろの個別事案については、原則は正しい。しかし、問題の事案では、まったくそうではない。ここでは、損害が測り知れないほどであるとはいえ、それ以上に、原状回復はなお一層不可能であるに違いない。奴隷制は自然法を侵犯しているゆえに、あなたが奴隷制にさからって、私の原状を回復してくれるのなら、同じく自然法を侵犯しているあらゆる所有権にさからって、どうか私の原状を回復してくれたまえ。私の兄と私とで共通する母親がわれわれふたりに共同所有として、畑を与えてくれたとき、その畑を排他的に兄が横取りする権利を持っていたとするなら、どうして彼は、彼の利益のために畑を私に耕すように強いる権利をも持っていないと言えるだろうか？　想像するのがもっと難しい、ほかのなんらかの事件においてのように、この事件においても、値打ちがあるのは、まさしく第一歩だけである。第一歩が印されるやいなや、その第一歩は、次の二歩、三歩、さらにすべての前進を保証し、合法化する。

この問題に関する哲学的な大演説は、結局、どういうことに行き着くのだろうか？　まったくたいしたことには行き着かない。哲学的な大演説は、問題の一部以外に全体をけっして把握することはない。それは、奴隷制を激しく断罪し、社会に拍手喝采を送っていた。しかし、それは、台座を壊しながら、彫像を強固なものにしたいと望むことである。奴隷制は、それを味わう人間にとっては耐え難い。そんなことをいったいだれが疑うのか？　しかし、赤貧は、それに打ちひしがれている不運な人びとにとっても、同じくらい耐え難い。冬に一日一〇ソル(1)で、骨の折れる仕事をしたあとで、夜に氷の張ったあばら家に戻って、ひとかけらの黒パンをわら屑のそばで震えながら食べ、そのわら屑のうえに寝に行くあの人夫の状態は、とても心地よい状態であるだろうか？

富裕な哲学者よ。あなたは、あなたの書斎の心地よい暖炉のそばで、自由に関して、だれ憚ることなく自

(1) スーとも呼ばれるフランスの旧貨幣単位で、二〇分の一リーヴル。この頃、一日に最低必要なかねは、三〇スーと言われていた。

分の好きなように夢を見ている。だったら、あのみじめな人たちから剝奪したからこそ、あなたが享受することになった余剰を、彼らと共有することによって、あなたの夢を実現したまえ。あなたはとても几帳面だから、彼から取ったものを彼に返したまえ。あなたは、原状回復が正義であることを証明するのに取り組んでいるのだから、とても名誉なこととされている原状回復の例を実際に世間に与えたまえ。もしこの着想があなたに恐怖を催させるなら、もし事実において、あなたがあなたの本のなかで、とても上手に広げて見せている人類愛よりも、あなたの利己愛の方に執着しているなら、もう原状回復について語るのはやめたまえ。世間を現状のままにしておきたまえ。あなたは、紙のうえだけで、先祖の諸原理から遠ざかっているだけなのだから、そうした諸原理に対して、おぞましい冗談をなげつけるのはやめたまえ。諸原理の公正さなど、検討しないでおきたまえ。だが、その必要性を検討したまえ。

私は、ほかのところでもこれらの考察を繰り広げるつもりである。ここでそれについて私が言っていることは、奴隷制がその原理においては正しくないとしても、その持続期間においては正しいことを証明するのに十分である。つらい思いをしながら、そこにおいて境遇を嘆くように強いられている不幸な人間たちにとって、奴隷制は大いに許されている。しかし、立法者たる者、彼らの不満に心動かされるべきではない。奴隷制を容赦ないものにしなければならないのは、非情からではない。必要性からなのである。旅行者が馬を捨てて、歩いて行かざるを得ない理由に、悪路での疲労が挙げられないのと同様で、彼らが蒙る害悪があまりにも大規模だと言っても、彼らをその害悪から引き出す理由にはならない。

第九章　戦争によって引き起こされる奴隷権について

私は、奴隷制が自然に反していたとしても、社会には適していたことを示した。私は、隷属に生まれつく人間が存在しうること、そして、ゆりかごの時代から、この恐るべき特性を彼らに与えることで、彼らになにも不正なことをしていないことを証明した。厳格というより以上に、なお一層確固としたこの格率を光のもとに置くために、参照したのは、アリストテレス[1]などではまったくない。参照したのは理性であり、真理であり、事物の本質そのものである。純粋性における自然、それ自体に委ねられた自然というものは、自由な存在しか作らない。しかし、われわれの諸制度に隷属した自然、諸制度によって変質させられ、堕落させられた自然は、従属的な存在しかもはや産み出さない。こうした自然の子供たちが生まれた広大な種馬牧場で、彼らの腿《もも》に印がつけられたとき、彼らがあげる叫び声に、自然が答えることができるのは、押し黙った苦悩と無駄な溜息によってでしかない。

しかし、生まれ出たことでは、自由が破壊されなかった子供たちは、自由をいつまでも持ち続けることを確信しているだろうか？　自由を彼らに喪失させ得るような事故は、まったく起こらないだろうか？　それを

(1) 奴隷制社会に生きた哲学者アリストテレスには、後年、スペインの神学者によって、新大陸のインディオたちの奴隷化を容認する理由に使われる先天的奴隷人説があった。

彼らから奪うことができる不幸を、彼らは恐れるべきではないのか？　おそらく、彼らに対して、この不吉な帰結を持ち得る不幸がひとつならず存在する。われわれがここで取り組む不幸は、戦争で捕まえられることである。

たしかなことだが、われわれのあいだでは、この不幸は一時的な捕虜しか作らない。しかし、古代人にあっては、それは、よりいっそう長続きする諸結果を持っていた。それは、永久に、祖国から彼らを切り離した。それは、兵士に武器を捨てさせることを余儀なくさせると同時に、彼から市民という名目に付随する大権のすべてを奪い去っていた。彼を剣で突き刺す代わりに、彼を一本の綱で縛りあげることが敵に許されていたし、戦場で彼を生かしておいたあとで、公共市場で彼を売ることが敵に許されていた。彼を死から引き出すことができたのは、彼が価値を持っていたからだが、しかし、その価値は、隷属から彼を守るほどのものではなかった。そして、戦闘の初期局面では、だれかれとなく震えあがらせていたこれらの英雄たちは、おしまいには、彼らに対する勝利者の兵站の一部にしかすぎなかった。

人道とも、また、勇気にふさわしい尊敬心とも、極端に無縁な動機がこの権利を廃絶した。あるいは、こちらの慣用表現がお望みであれば、ヨーロッパのキリスト教徒のあいだでは、この権利が廃絶された、と言ってもかまわない。しかし、それは、相変わらず世界の最大部分で存続している。それは、アジアとアフリカの普通法をも作っている。それは、マホメット教徒に対するわれわれの諸戦争のなかで、われわれを指揮しさえしている。それは、このようにして、一方の側からは、公然と憎まれているものを、他方の側では、聖化している。それは、一見したところでは、この権利を拒否する人間たちが、それを採用している人間たちから、自分のものとして取ってくる優越性を正当化しているように見えるが、しかし、内実では、両者のあいだでの相違の全体は、次のようなことから成り立っているのである。すなわち、この権利を拒否する側は、まさに殺す楽しみを持つために、殺しているのに対し、それを採用している側は、それとは反対に、血を流さないことに対する損失補填を受け取ることに同意し、貪婪な蓄財欲で残酷さと釣り合いをとっているだけの話なのである。

どこから、この奇妙な種類の権利が出てきたのか？　それは正しいと言いうるだろうか？　赤面せずに、この権利の擁護者であると宣言することが許されているのだろうか？　兵士が自分の陣営のために払ってきた努力で、彼を罰するというこの恐るべきやり方は、人道を鼻にかけてきた著作家たちのあいだでは、批判しかまだほとんど見つかっていなかった。このやり方は、暴君的心情をいささかも持たず、同類を慈しんでいる人間を弁護者として持つことができるだろうか？　それを見なければならない。

第一〇章　戦争が産み出す隷属に関して判決をくだすために検討すべきなのは、戦争それ自体の正義あるいは不正義ではまったくないこと

この奴隷制は、戦争の権利の帰結である。その諸結果に関して推論をすることができるためには、戦争の本性をつっこんで検討して見なければならないように思われる。しかし、それは、なにひとつ解明しない方法であろう。社会によって押しつけられるいろいろな義務と社会の起源が関係を持っていないのと同様に、

戦争の本性は、戦争に必然的に伴う諸結果と関係を持ってはいない。人が戦争をするとき、そこから必然的に帰結するものがなにかを検討しなければならない。そして、戦争をすることを合理的な衡平原理が許すかどうかを検討するのではない。このあとの方の検討では、人間一般を嫌うすべを学ぶこと、そして、人間たち自身がおびただしい害悪にさらされるものにしてきた命を人間たちにとって、忌まわしいものに仕立てあげること――このこと以外に、いったいなにを得られるというのだろうか?

たしかに、衡平性それ自体は、爆弾とのあいだにどんな悶着も引き起こさない。たしかに戦争は不正である。社会創立以来、人間精神を誘惑してきたもっとも忌まわしい狂気のひとつとして、戦争を見なすということを私は宣言することからはじめる。攻撃者がなにかを勝ち取ることができても、それ以上に、彼が損失を蒙る危険にさらされている、という意味で、戦争は狂気である。有利さを自分に与えることにいくら長けていても、成功はいつも不確かである。運命は、いつも打算に仕えているとは限らない。侵略しようとしたら、略奪される危険を冒すことになる。他人の自由を罠にかけようとしたら、自分自身が仕掛けた罠にかかるかもしれない。

不可避的な災厄とおぞましい荒廃を戦争が引き起こすという意味では、それは忌まわしい狂気である。さらに、戦争がもたらす利益の分配にいかなる意味でも与《あずか》らず、戦争が罰する犯罪にも関与しなかった無辜《こ》の民のうえに、戦争が引き起こす最大の不幸が降りかかるという意味でも、忌まわしい狂気であり、戦争に持ちこたえるための手段を容易にとれるように、もっとも恐ろしいことでも、合法化することを余儀なくされるという意味でも、また、この怪物のぞっとするような大声が世界を震撼させるときには、所有権そのものまでもが、つまり、すべての権利を支えるこの聖化された原理までもが沈黙に追いやられるという意味でも、戦争は忌まわしい狂気である。戦争が続く限り、法律は眠っている、とだれかが言った。私は本当にそう思う。言い換えるなら、法律はその力を失うということである。しかし、陣太鼓の音が法律に引き起こすのは、眠りではない。死に至る失神である。そして、法律が疲れ切った様子で再びベッドから起きあがるとき、その様子は、どれくらい法律が戦争の被害を受けてしまったかを十分に証明している。

さらに、この狂気は、忌まわしくもあり、それに劣らず不正でもあることに変わりはない。それは、双方の側から生まれる。つまり、すべてを奪いたいという野心、あるいは、なにも譲りたくないという慢心から生まれる。部隊を動員する前に、公正さに耳を傾けるなら、争いは平和的手段で鎮静化されるだろうし、銃砲は、われわれの収穫物を荒らしに来る猪にとってしか、不吉なものではないことになるに違いない。双方が強情を張り合うという、ただそれだけの理由から、お互いに戦うのである。これは稀なことなのだが、神御自身がそこで奇蹟でもお起こしになって、口出しなさらない限りは、衡平性は、成功にはなんのかかわり合いも持たないし、不正な攻撃者が勝利を得たとき、彼は、係争中のものに対する尊重さるべき権利を、やはりぬかりなく獲得するし、敗北者は、彼らが一番弱かったという、ただそれだけのために、実際に勝利者の従属民となるし、彼らが再び武器を取るなら、彼らは叛逆していると言われるし、さらに、しばしば起こることだが、運命が彼らを裏切るなら、なんなく彼らは吊るされるので、これらの理由から、戦争の観念を提示すると同時に、正義の観念を再び呼び起こそうなどと望むことは、非常に異なっているどころか、まったく両立しがたいとさえ言いうるふたつの事柄を再び結びつけようとすることである、という結論が引き出される。

もし、君主たちの行動を左右するのが戦争の観念だったとしたら、正義の観念には根拠があるのではなかろうか？　もし、戦士の一方の側が間違っていなかったら、いつか人は戦うようになるだろうか？　また、防衛する人びとの大義の正しさは、攻撃者の不正の有罪宣告になるのではないか？　この点に関しては、釣り合いも、相殺もまったくない。両陣営が同時に正しいなどということは、そもそもあり得ない。衝突の準備を整えている両軍のうち、一方が祖国のために死のうと決心している市民から成り立っているなら、他方は車責《ぜめ》の刑(1)に値する極悪人部隊である。中間はない。とはいえ、勝利ののちにはじめて、忌まわしい名前、あるいは、栄誉ある資格がどちらに属しているのかを知るのである。栄光か、恥辱かをまさに運命が分配するのである。恥辱と正義とをどうして間違えようがあろうか？　強盗どもに身を売る娼婦は、悔やむことなく美徳を玉座から引きずりおろすようにして、やましさを覚えることなく犯罪に王冠をかぶせるが、こんな恥ずべき娼婦に、正義という名前をどうしたら与えることができるだろうか？

しかしながら、数人の著者は、戦争がその本性から衡平と組み合わせることができると仮定してきた。剣で武装した正義などというものが想像されているので、正義は征服者たちの行列に付いて行進するのがふさわしいと、彼らは信じた。いつもであれば、正義には天秤が与えられるので、一般に分配の際に持ちあがる喧嘩には、正義がなにか役割を演じることができると信じこんでしまった。なかでもグロティウスは、こういう考えに従って、大作をものした。しかし、グロティウスの大部な作品のなかから学びとるべきことは、まったくほとんどない。実を言えば、彼はそこで、暗殺し、破壊し、焼き、正々堂々と強姦するために、できる限り無秩序を少なく抑えるような掟をいくつか与えている。彼は、これらの蛮行のなかでも、飛び切り忌まわしい例を積み重ねる。そして、これらの血みどろの光景のど真ん中に、冷たく正義の見せかけを置いている。それは、彼らを脅かすためではない。彼らを大胆にさせるためである。

ああ！　グロティウスよ。なんと奇妙な寄せ集めをあなたは作ったことか！　あなたは正義についておしゃべりをしている！　しかし、その正義は、またもや軍事技術とのあいだで、区別すべきなにかを持っているのか？　正義の剣は野心の剣で打ち砕かれている。その天秤は、大砲の轟音が空中で震動を引き起こすので、その衝撃でぐらついている。この神聖な処女は、ぞっとするような雷鳴の最初の震音で、飛び去ってしまう。この処女は、遠くの方から、不和と貪欲が火と煙で不幸な地球を覆っているのを、涙にぬれた目で凝視している。彼女が平和から乞われて、再びそこに降り立つとき、あれほど長期にわたって地球を血みどろにしてきた苛烈さの跡が目にはいるのを恐れて、彼女はベールで顔を覆うのである。

以上が、たしかに、とても不完全ながら地上でなぜわれわれが彼女を見つけたか、その理由である。以上が、なぜかろうじて彼女の痕跡をわれわれが識別することができたか、その理由である。われわれが彼女について形づくっている観念は、歩行と背丈を持つ幻影の観念にしかすぎない。しかし、この筆舌に尽くしがたい美しさは、その享受を神性の最大幸福にしているのに、われわれからは、いつも隠されている。われわれの弱々しい目では、とてもあの輝きには耐えられない。もし彼女がその栄光のすべてとともに、われわれ

（1）中世ヨーロッパに発する残虐な体刑のひとつ。馬車の車輪に罪人を縛りつける刑で、国事犯などに適用された。

のまっただなかに姿を現わしたら、われわれのような不幸な人間はどうなってしまうだろうか？　われわれが大胆にも、彼女に対してしてしまったひどい侮辱が記憶されているから、われわれは、恥ずかしさと困惑のために死んでしまうだろう。われわれのすべてのもろい仕組みなど、彼女の光が近づくだけで、消滅してしまうだろう。それはまるで、秋に日が昇れば、夜の冷たさで木々のてっぺんを白くしていた凝結した水蒸気が融けてしまうのを見ているようなものである。

だから、われわれがこのおぞましい論争について取り扱うときには、彼女のことを脇へ置いておこう。われわれは、社会の土台を測深するときと同様に、戦争の諸効果について議論するときには、彼女について話さないでおこう。それらすべてが出てくるのは、正義からではなく、まさしく必要性からである。幾何学者のやり方で語るなら、戦争の諸効果も社会の土台も、公理であって、その陳述は証明を伴っているのである。学ぶために検討しなければならないのは、それらの真理性ではなく、それらの帰結である。そこから必然的に出てくるいくつかの系を集めること以外に、やれることはもはやなにもない。

この奇妙な公理からもろもろの系を引き出すことにしよう。その公理は、たくさんの仲間と殺人をするのであれば、許されること（＊1）と財産の保持のためには、人間たちの命が犠牲にされてもかまわないことを原理的に定立している。おそらくそこからわれわれは、人間の自由がもっと神聖なものであるわけではないこと、敵の喉《のど》をかき切ることができる人間ならだれでも、自分の利益のためであれば、敵と手を結んでもかまわないことを帰納することが許されることになろう。

（＊1） この点に関しては、『戦争と平和の法』、第三巻全体、しかし、そのなかでも第四章を参照されたい。そこにはとりわけおかしな一文が見つかる。私は、グロティウスの諸原理の頑丈さとそれらを支える諸例の選択を示すために、どうしてもそれを引用せざるを得ない。彼は、奪いつくす権利を許容と不罰の権利と呼んでしまったのか？ 彼は言う。「しかし、本題に戻れば、この許容が、どの程度に及ぼされるかは、幼児および女の殺害すら不罰的に行われること、しかして、これが戦争の権利に含まれているということからも知り得るのである。予はこのことを支持するために、ヘブライ人がヘシボン人の婦女子を殺害したこと、しかして彼等がまたカナン人およびカナン人と同盟していた人々に対して同じことを行うべきことを命ぜられたことを持ち出さぬであろう。けだし、これは他の場所で説明した如く、動物に対する人間の権利よりも大なる権利を人間に対して有し給う神の仕業であるからである。『詩篇』〔一三七章、第九節〕において、バビロン人の子を岩に投げうつものは幸なるべしといわれることは、民族間の共通の慣習を証明するのに一層役だつのである。ホメーロスの次の如き詩句もそれと同様である。『幼児の身体は地に投げ打たれたり、残忍なる軍神はすべてのものを慓《おびや》かしむ』〔『イリアス』、第二二巻、第六三節〕と。トゥキュディデス〔『ペロポネソス戦争』、第七巻、第二九節〕の記述する如く、古代において、トラキア人はミカレススを攻略した時、婦女子を殺害した。アッリアノス〔『アレクサンドロスの遠征について』、第一巻第八章〕は、マケドニア人がテーベを攻略した時同じことを行なったと述べている。ローマ人は、スペインの都イルグルスを攻略した時『無差別に婦女子を殺害した』とアッピアノス〔『ヒスパニア人の戦争』、第六章、

第三二節〕は述べている。タキトゥス〔『年代記』、第一巻、第五一章〕によれば、ゲルマニクス・カエサルが、ゲルマン人たるマルス人の村落を剣と火で荒廃せしめたと述べ、さらに付加して曰く『性の区別も、年齢の区別も全く慈悲を得られなかった』と。ティトゥスはユダヤ人の婦女子を野獣によって殺させるように公衆の眼前に曝すことすらした。しかも、これらの二人は残忍なる性質を有するとはけっして信ぜられなかった。この種の残忍性はかくまで慣習となって来たのである。それ故、〔ウェルギリウス『アエネーイス』、第二巻、第五五〇節〕プリアムスがピュッルスによって殺害された如く、老人もまた殺害されるとしても、一層不思議ではないのである」。〔邦訳、前掲、第三巻、九七二―九七三ページ〕

彼の本を構成するほとんどすべての引用とともに、こういうグロティウスの切りのない、むかつく引用を目にしたとき、良識ある読者の目には、そこからなにが結果として生じるだろうか？　人間たち、そしてとりわけ征服者たちは、いつの時代においても、狂った野蛮人であったということである。しかし、彼らが妄想の発作に襲われて、やってしまった無慈悲な常軌を逸した行動がなにか正当なものを持っていたということではない。そうであるにもかかわらず、グロティウスが証明したがったのは、この最後の点である。それなくして、同じページにどうしてこれほどおびただしい残虐行為を冷静に収集してきたのだろうか？

というのも、この点に関しては、私は、グロティウスが、第一篇、第一章、第二節で、どのように戦争を定義したかについてもう一度着目することが許されていると確信しているからである。彼は言う。「戦争とは、力によって争う人々の状態である」。〔邦訳、前掲、第一巻、四五ページ〕J・ルソー(2)への或る手紙の批判的作者は、この定義は一般に受けいれられている、と言っている。だから、この場合、全員がだれにもわからないことを採用したのである。

グロティウスが戦争について与えている定義は理解不能であるが、その代わり、平和についての定義の方も、彼の本のなかでは、さらに一層曖昧模糊となっているのである。彼は、第二篇、第二〇章、第三二節で言っている。「けだし、講和条約は、全従属者が安全であるために締結されたからであり、それはまた国家の全体のためにも、また部分のためにも締結されたからである」。これが、平和の定義としてクリスティーナ女王(3)の大使が与えたものである。彼がその作者だったので、これらの定義が理屈にかなっていると彼が思っていたことを信じなければならない。しかし、それになんの利害関係も持っていないわれわれからすると、それらが滑稽であると思うことはまったく許されていると正直に言わなければならない。

---

(2) ルソー、ジャン＝ジャック(一七一二―一七七八) フランスの啓蒙哲学者で、ランゲの論敵。

(3) クリスティーナ女王(一六二六―一六八九) スウェーデンの女王で、グスタフ二世の娘。ヨーロッパの多くの知識人と交わったことで有名。とくにデカルトとは親交があり、晩年のデカルトをスウェーデンへ招いた。

第一一章　ひとたび戦争をする権利が認められると、勝利者は、彼らの捕虜を釈放することにも、保護することにも、極端に慎重さを欠くこと

したがって、私は、戦争の権利が正当な権利であるかどうかを追究することはしない。私は、それが必要不可欠な権利だと言っている。私は、どの色の服を着て殺人が犯されるかに従って、殺人がその名前を変えるかどうかについては、疑問に思わない。私は名前が変わると推測している。そうである必要があるのだ。というのも、灰色の服を着た個人には、注意深く殺人が禁じられているが、彼らが青あるいは深紅の膝丈コートを着こむやいなや、この同一の個人に厳格に殺人が命令されるからである。戦争が行なわれており、戦争をやる人間が罰せられていないからには、戦争が大いに許されていることは明白である。つまり、森のなかでは山賊行為であるものが戦場では、英雄主義になるから、それは明白なことなのである。人間の喉をかき切る仕事を、たったひとりで、隠れた場所でやると、おぞましい極悪さであるが、おおっぴらに小フルートとトランペットの音に合わせてその仕事にかかると、それは高潔さのきわみとなるからである。最後に、油から石鹸を合成するように、人間の血は、それが作った染みを消し去る特性を持っているからであり、染みで手が汚れたときには、手をきれいにするために、手をもう一度血まみれにするだけで十分だからである。

この権利と称するものの存在がひとたび認められると、あるいはむしろ、この寛大さの必要性がひとたび

確立されると、それにより許される過激さに競争者のおのおのが身を委ねるときに、彼らはなにを自分に課すに違いないだろうか？　自分の力を温存することと敵の力を弱体化することである。これらふたつの目標のひとつを満たすことはすべて、合法的なものとなる。このおぞましい光景に打ち震える人間性は、たしかに、死に行く声で、できる限り厳格さを減らしてそれに取り組むように勧める。しかし、トランペットの音が人間性の呻きと忠告を押し殺す。兵士は、手に剣と炎を持って、彼が勝利者にならない場合には、自分が受けるものと予想していた被害を、敗北者に味わわせる用意をして、ほんの少しのためらいさえなく行進する。

それだから略奪し、破壊し、悔やむことなく虐殺することになるのである。それもまことに理にかなった話だ。略奪するのは、奪い取れるものすべてでみずからが富むためである。破壊するのは、持ち去ることができないものすべてで敵を貧しくさせるためである。虐殺するのは、防衛のために召集され得る人手の数を減らすためである。敵の備蓄食料を消費するのは、自分が持っている備蓄食料を節約するためである。あるいは、食料を焼いてしまうのは、敵からそれを取りあげるためである。武器を持てる敵国の人間を使い尽くすのは、狂人の体力を恐れて、狂人から血を抜き取るようなものである。これらの詳細は、すべて英雄主義の完全な構成部分である。それらは気弱な人間を打ちひしぎ、豪気な人間を持ちあげる。これらの詳細は、動機によって正当化されている。女性に関して、グロティウス（＊1）が肯定的に断言するように、よくよく考えたうえで、彼女らを強姦することは、時々は許されなければならない、と思われてきたのは、英雄にとっては、それがとてもふさわしい気晴らしだからである。しかし、私はその効用については、あまりはっきりとはわからない。それは、かつて戦闘計画にいれられたことがあったということも、ありそうにない。

（＊1）「戦争における婦女に対する暴行は多くの場所で許され得るとされ、また他の多くの場所では許され得ないとなす」。『戦争と平和の法』、第三巻、第四章、第一九節〔邦訳、前掲、第三巻、九八一ページ〕。とはいえ、グロティウスは、これらの行為を禁じている人びとの方が、それを許している人びとよりもよいということは、認めている。

かの栄光ある遠征の過程では、略奪と破壊はやむことはほとんどない。しかし、彼らはいつも人を殺すわけではない。このうえなく熱のこもった戦闘行動のあとでさえ、剣はなまくらになり、腕は疲れる。人は、疲労で人道的になり、糧秣を使い果たしたことで、同情心を持つようになる。だから、勝利者は敗北者を大目に見るのである。しかし、彼らを確保するために、勝利者は、自陣に帰るときに、自分のうしろで彼らを引きずる。勝利者は、これらの不幸な人びとを鎖につないで、歓喜の喚声をあげるが、それは、ライオンがこれから食べようとする餌食を爪で押さえながら、自分の尻尾で脇腹を打つとき、ライオンが発するうなり声にかなり似ている。

しかしながら、これらの捕虜をどうしようというのだろうか？　戦争の定め、すなわち戦争を企てたときの精神に忠実であろうとすれば、彼らの境遇に関して、勝利者はどんな風な決定をくだそうとするのか？　慈悲深いティトゥス(1)は、エルサレム攻城戦で、毎朝、五〇〇人を十字架にかけさせて、楽しんだ。しかし、それはユダヤ教徒であって、すべての人びとが戦うべきユダヤ教徒を持っているわけではない。すべての人びとがこの快楽を持つことができるわけでもない。そんなことになったら、ネロが同情のあまり気を失ってしまうだろうに。ティトゥスが人類の寵児と呼ばれるのに値したのは、このような命令を与えたからではないことを正直に打ち明けなければならない。

だから、勝利者は捕虜を十字架にかけなどしない。彼は、捕虜を斬首することすらしないであろう。昨夜の殺戮に嫌気がさしている剣を、今朝になって再び血の海へ突っこみはしないはずである。しかし、どのような決定を彼はするだろうか？「彼らがもはや危害を及ぼし得ないような具合に、彼らの身体を拘束すること」(2)というのが、ド・モンテスキュー氏によれば、戦争の真の権利なのである。

勝利者は、敗北者をおそらく送り還しはしない。それでは目標は達せられない。それは、彼の有利な立場のすべてを危険にさらすことであり、打ちのめされた敵に、立ち直りのための新たな手だてを与えることであろう。牢屋から出た捕虜は、胸いっぱいに、彼らの敗北の屈辱とそれを洗い流したいという切望をみなぎらせながら、祖国へ帰るだろう。とりわけ、避けがたいことだが、彼らに提供された綱に、喜んで両手を差し出す前に受けた処遇が悪かったのであれば、こういうことになる。

(1) ティトゥス・フラウィウス・サビヌス・ウェスパシアヌス(四〇／四一―八一) ローマ帝国皇帝(七九―八一)。父のウェスパシアヌス皇帝の命で、ユダヤ戦争を指揮し、戦争に勝利して、父から後継皇帝に指名された。その残虐な性格と漁色、放蕩からネロの再来と思われたが、即位とともに素行を改め、治世中は一度も死刑を執行しなかったと言われる。その穏和な統治から、「慈悲深い」皇帝と呼ばれ、「人類の寵児」とも呼ばれた。

(2) 『法の精神』、邦訳、前掲、中、五三ページ。

彼らを自分の目の届くところに置いて、念入りに彼らを見張らせて、彼らが反抗したり、逃げ出したりできないようにしておくだろうか？　それでは、彼らの食料費が勝利者の負担に降りかかる。それは極端に迷惑な話である。さらに、報復を熱望し、また、敵のひとりから命をもぎ取るためには、自分たちの命を喜んで犠牲にしようとまでする、これらのおびただしい人間たちを護衛するには、大規模な分遣隊がいくつも必要である。

このように、捕虜は勝利者を参らせる。彼らをもし養えば、自分の食料が彼らに食べられてしまう。彼らを養わないのであれば、彼らの命を奪わないでおいても、彼らにいかなる恩恵もたしかに施さなかったことになる。彼らは、彼らに張り付けなければならない見張り番によって、勝利者を弱体化する。彼らを諸都市に閉じこめておこうとすると、彼らを分散させるために必要な時間とそこから結果する守備隊の増派によって、彼らは勝利者の作戦を遅らせる。勝利者は要塞内部にスパイたちを養ってさえいる。スパイたちは、彼に不安を与えたり、彼に意見を与えることができたりするが、しかし、そうした不安と意見は、彼の前進を止めることができる。自由になれば、彼らは、再び戦いに戻るだろうか？　彼らは、連隊へ復帰するために、この瞬間しか待っていない。彼らは、勝利者が彼らの胸元から引き離した銃剣をいつかは、再び勝利者の胸元に突き刺すかもしれない。最初の戦闘で、この余分な兵力こそが彼の敵を優位に立たせるということも、ありえないことではない。勝利の諸結果をずっと先へ押しやらなかったために、この余分な兵力が彼の勝利の果実すべてを失わせせないとも限らない。

第一二章　同じ主題の続き。勝利者を安心させることができる唯一の手段は奴隷制であること。奴隷制は、勝利者の手中に落ちた敵の命を助けてやるように、勝利者に勧めることができる唯一の理由であること

ド・モンテスキュー氏は言う。「戦争になると、必要な場合以外でも人を殺すことが許されている、というのは間違いである」（＊1）。それはたしかにそうだ。しかし、この必要な場合とは、だったら、『法の精神』が望んでいるように、戦闘が終わった直後のたった数分だけに限られているのか？　それは、戦争が続く限り、無差別に拡張されないのか？　この恐るべき権力は、武器を私が取った瞬間から、武器を置く瞬間まで、私に付きまとうのではないのか？　私がきょうの危険から身を守るために、乱戦のなかで私がそれを用いることができたなら、どうして、その後も、あすの危険から身の安全を保障するためにそれを用いることができないことがあろうか？　ところで、あすの危険は、私が私の捕虜を釈放するなら、避けがたいし、私の命を奪うためのあらたな努力によって、私の手加減に応える状態に再び彼が戻れば、明日の危険は避けがたい。

（＊1）『法の精神』、第一五篇、第二章［邦訳、前掲、中、五三ページ］

ド・モンテスキュー氏は、君主が隣国と戦争をすることができるのは、隣国があまりにも強くなりすぎる

のを妨げるためだけだということを申し分なく立証した（＊２）。ついでに言うと、これはおぞましい原理である。征服者の不安のために、なすすべなく土地を渡すという原理である。それに従えば、もはや公平でない暴力はない。それに従えば、正当化されるようにならない横奪ももはや存在しない。とはいえ、これは、われわれの時代にも、あまりにも頻繁に実行されている原理である。それは、美術と礼儀正しさと哲学についてしか語られていない世紀のまんなかで、人類の年代誌のなかでも問題視されるほど果てしない流血を伴う戦争を引き起こした原理である。最後に、それは、大人物の心情が否認していた原理である。それは、彼から漏れ出たのだが、彼の筆の速さが原理の諸帰結を予見するのを妨げている一方で、彼の自然な善意は、この原理の諸帰結を嫌悪していたのである。

（＊２）『法の精神』、第一〇篇、第二章［邦訳、前掲、上、二六三ページ］。ド・モンテスキュー氏を弁明するためには、この最悪の原理を彼が数行あとで打ち消していることを見ておかなければならない。それに、彼が彼の本のなかにこの原理を差しこんだのは、単なる不注意にすぎない、と信じることに十分根拠がありさえすることも見ておかなければならない。

この原理が恐ろしいものになるのは、それが、不確実きわまりない危険を恐れて、確実な不幸を作り出すことに導くからである。私の隣人がいくら強くなっても、彼の強大さが私に死をもたらすものになるかどうかは、けっして定かではない。私が彼の意図を知ることができるのは、結果を通じてでしかない。彼が私を攻撃しない限りは、また、彼が私の所有地に手を触れることなく、自領の拡大だけに取り組んでいたり、私の地所に損害を与えることなく土地の改良にもっぱら力をいれていたりする限りは、彼がまったく私の敵ではないことは明白である。私は、残酷きわまりない不正義なしには、将来から私を予防的に守るという口実のもとに、彼の臣民と私の臣民を殺戮の危険にさらしたりすることはできない。世界には、実にわかりやすい真理があるが、これはそういう真理である。

しかし、それほど甘いわけではないが、もうひとつの、やはり明白な真理がある。それは、ひとたびこの隣人とその臣民が私の敵であることを公然と表明したときには、彼らがその企図を断念したことに私が全面的な確信を持つか、私を害することが絶対に不可能な立場に彼らが追いこまれるか、どちらか以外では、もはや彼らは、私の敵であることをやめるわけにはいかない、ということである。平和条約に署名するまでは、私はこの確信を持たない。いやむしろ、私は正反対のことを確信している。それまでは、彼らは、気持ちを切り替えていなかったことは確実である。したがって、それまでは、私に対する彼らの立場は同じなのである。

彼らが抵抗しようと、逃げ出そうと、戦おうと、降参しようと、武器を持って現われようと、武器を持たなかろうと、彼らは私の敵である。私が最強であるために、彼らは、きょう私に害を及ぼさないが、しかし、彼らは、もしその力を持てば、あす、私に害を及ぼすだろう。彼らが私に近づいてきて武器を放り投げても、私が遠くへ行けば、その途端、彼らはその武器を再び取るだろう。私が確信を持っているのは、以上のことである。

したがって、私は、彼らに対して、戦争権をその全幅的広がりのなかで、行使できるのである。私にとっては、そうしなければならない焦眉の必要性がある。可能な限りあらゆる手段を講じて、私の損失のために活動することができないような立場に彼らを置くことが私には許されている。しかし、良き政治術策としては、この結果を確実に産み出すことができる手段は、ふたつしか存在しない。それは、彼らを殺すか、または、彼らを売るかのどちらかである。

ふたつの決断のうち最初の方は、難しいことを私は正直に認める。それは、征服者たちにとってさえ、嫌悪を催させるに違いない。彼らの仲間や猛獣のあいだで、彼らは最上位を占めることができると私は信じるが、そうした仲間や猛獣は、怒りや飢えで突き動かされているときにだけ、殺しまくる。それと同じことで、どんなに情け容赦ない戦士でも、情熱の赴くままに、歓喜して大地にまき散らした死体の切れ端を、冷静になったときにも、増やすなどということは拒むものである。

戦士を非常に穏やかにさせるのは、おそらく本当の意味での人間性ではあるまい。というのも、すぐに彼は同じ発作に再び落ちこむだろうし、同じ憤怒に身を委ねるだろうからである。しかし、かなり時間を置けば、彼は、彼の妄想が彼には気持ちいいものにしていた感情の動きを、再び恐れるようになる。立ちのぼるあの血の蒸気は、ついには、彼の臭覚に不快感を与える。屠殺業者の仕事をいつもするように追いこまれると、彼は戦慄する。戦闘から出てきて、彼の恋人と一緒に夜食を取ろうとして手を洗ったのに、再びその手を汚すように彼が決心するのは難しい。というのも、英雄が残酷行為のあとに快楽を喜んで持ってこさせ、蛮行のあとに官能的悦楽を持ってこさせるのに気づくことは、どうでもよいことではないからである。

だから、輝かしいどころか、なお一層破壊的な神罰の鞭の一本に、光栄にも、私自身がはいっていると思うことによって、私は、捕虜を殺すことの嫌悪感から、彼らに命を残してやろうとするだろう。しかし、理性は私に叫ぶ。そんなことをすると、ただでさえおびただしくいる私の敵の数を増やす恐れがある、と。理性は私に示してくれる。少なくとも、敵が私を攻撃しに来ることがないような無力の状態に敵をとどめておくために、私は、私の防衛者のうちから、これと同じ人数を減らしている、と。このことは、いつでも私にとっては、きわめて不利な結果を招くし、私が武器を取ることで目ざした目標には真っ向から反することになる。

私が魔法の杖を持っていたら、また、扉が開かれたときでも、あの騎士たち全員が出られない城を、呪文で私が建てることができたら、そして、彼らがその城で自然の欲望も自由への切望も味わわずに暮らしていくことができるように、彼らに魔法をかける秘術を私が持っていたら、もちろん私は、穏やかに彼らをそこに閉じこめたままにすることを余儀なくされることだろう。そうでないと、私は疫病神として、破壊的な悪魔として見られることになるからだ。といっても、もっとすごい護符を持っている人間が、私のガラスの城壁をこわしに行くぞ、と私を脅かさなければの話である。なぜなら、もしそんなことにでもなれば、私は私のすべての権利に立ち戻って、彼らが彼らの諸権利に再び戻ることを妨げようとするはずだからである。私は、私の杖に代えて、剣を使うことを強いられるであろう。あの恐ろしい勇士たちにかかわっても、私の心が平安であるためには、また、私が道の途中で、彼らと再び出くわす恐れがもはやないようにするためには、彼らから命を奪うか、いかなる護符でも断ち切ることができないほど重い鉄鎖を彼らに背負わせる必要があるだろう。言い換えると、私自身で彼らを監視する義務から私が免れることに利益を見出している主人による監視に、彼らを委ねることが必要であり、彼らが私を害することになるような彼らの国へ、彼らが再び戻ることを妨げるための配慮をかねの亡者に委ねる必要がある。しかるに、これは、奴隷制からしか期待できないことである。

注文通りに自然のあらゆる資源を持つことができる魔術師にとってさえ、このぞっとするような代替案が理にかなったものであるとしたら、われわれのように、政治術策という手立てしか自由にできない、弱くて不幸な被造物からすると、どれほどそれは理にかなったものになっていることか。実を言うと、われわれは、われわれの仲間を破壊することにしか、この手立てを用いてはいない。しかし、結局、それは、われわれの破壊を防ぐためのものである。われわれを殺すために、だれかが姿を見せたとしたら、それがだれであろうと、この人間を殺すことがわれわれにできるということはたしかである。われわれが攻撃者から、彼らの欲望を取りのけてしまわないで、彼らの力だけを奪ってしまったとき、攻撃者が相変わらずわれわれに対して犯罪的であることはたしかである。したがって、われわれの注意というのは、現在に対してのように、未来に対しても広げられるべきである。攻撃者がいま無力であるとはいえ、われわれの注意は、それよりも長生きしなければならない。現在の無力さは、自発的なものではないからだ。また、彼のたちの悪い性向が戻ってくることをあらかじめ避けなければならない。この性向は、攻撃者が解放された腕を持った途端に危険であるのと同じくらい、必ず生じるものであろうからだ。

第一三章　この主題についての反論に対する第一の回答

こういうように敗北者を扱うことによって、私は、ひたすら自然の防御権を生かしているだけだということは明白である。私は、彼の怨念から自分を守っている。私が彼を捕まえた戦場に、彼が再び姿を現わすのを見る恐怖から私は解放されている。私は、私自身の善意のなかに、敵が私に向かってくるための手立てを見つけることを妨げている。この手続きのなかで、私は、可能な限りで最高に優しい蛮行しか犯していない。というのも、戦争の権利は、命を奪うことを公然と許すことにあるのに、私は諸自由の破壊だけにそれを限定しているからだ。

だが、と人は言うだろう。あなた自身が認めているように、敵の支持者に対するすべての権力をあなたに与えているこの敵意の状態は、和平条約の署名までしか持続しない。彼とあなたとのあいだで、条約が締結されるやいなや、仲直りが生じ、憎しみが消え去る。そうなると、あなたは、慎重であったために、敵の臣民である人びとを味方につけることを義務と考えていたのだから、もはや彼らを恐れるための理由を持たないことになる。あなたは、彼らの命がもはやあなたを害することはできないので、彼らに命を残してやることばかりでなく、もはや存続していない動機だけを盾に、あなたが彼らから剝奪した自由を、彼らに返してやることをも余儀なくされている。

しかしながら、あなたは彼らを外国人に委ね、その外国人が彼ら自身をすでに売渡し、遠くへ運んでしまったとしたら、自由の返還は、もはやあなたが関係する事柄ではなくなっている。長い戦争の経過のなかでは、彼らを引き出すことができないような国へ、彼らが運ばれて行ったこともあり得る話である。彼らは、おそらく、新しい状態のなかで、疲労や劣悪な待遇や失望で、死んでしまっていることだろう。また、彼らが生きていたときには、少なくとも彼らがその時点では、あなたの敵であることをやめているとあなたが認識しているので、その機会に、あなたは誤りを修復すべきであったにもかかわらず、あなたは取り返しがつかない誤りを、彼らに対してしてしまったことになる。

この推論は、全体として、しっかりしているというよりも以上に、いかにももっともらしい。それは、いんちきな原理に支えられている。私が手に武器を持って捕まえてきたのに、平和条約への署名は、私の敵である人びとすべての隷属の鎖を壊す義務を私に押しつけるというのは、本当ではない。私が彼らを奴隷身分に陥れたのに対して、戦争の期限が切れたときには、奴隷制をやめなければならないということも、本当ではないし、私の国を破壊しにくるために彼らの国を離れた人びとをもう一度、国へ連れ帰ることが、公正さの規則によって私に強制されているということも、本当ではない。

第一に、正直に言うが、平和の目的は、戦争が産み出す害悪をやめさせることである。その効果は、憎しみを消し去り、敵対行為を中断させることである。平和は人間性から涙を拭い去る。それは、人間性の傷を癒すために活動する。それは、人けのない地方に正義と商業と豊かさを連れ戻る。そして、あの天女たちのすべてを連れ戻る。彼女らは、マスケット銃[1]の音を最初に聞いただけで隠れてしまった。砲弾が吐き出した火で、なおさら真っ黒になり、爆薬孔[2]が投げ出した瓦礫ですっかり覆われた戦場は、それを汚染している腐った血でびしょ濡れになっていたが、そうした戦場のうえを、天女たちは、ただ震えながら歩いていたのである。

平和が産み出す財産が価値を高めるにしたがって、ますます、平和を持続することが人類にとっての関心事となる。ところが、戦争捕虜の祖国への帰還が平和にとって致命的な革命の合図となる場合が無数にある。敵がもし弱さだけで和平に署名したのであれば、戦争捕虜が帰されてきたときに、敵は兵力の帰還を見て、ただちに和平を破棄することを考えても、当然のことである。あなたが虎の牙を折り、爪を叩き切ったとき、虎は、屈従が続く限りは、多分大人しくなり、隷属しているだろう。しかし、彼の武器とともに獰猛さが彼に戻ってくる。再び牙と爪が生えてくるのを感じるにつれ、ますます虎は誇りを示すようになる。もしあなたが虎に牙全部と作った爪を一挙に彼に返したら、どういうことになるだろうか？　彼が第一にそれを用いてすることは、宣戦布告であろう。感謝の最初の一仕事として、彼は彼の恩人を食べてしまうだろう。

諸帝国についても事情は同じである。いつも起こることだが、消耗が彼らに武器を置かせたのだ。血をこのうえ失うことができないと思った彼らは、条約に応諾させられたのだ。彼らは条約を通じて、競争相手の血を節約することを約束する。だとしたら、これもまたいつも起こることだが、この条約は、その成果である弱さが続く限りでしか持たない。弱さがどこかに消えてしまったと思った途端に、彼らは復讐に走るだろ

（1）一六、一七世紀に使われた大口径の歩兵銃。
（2）稜堡や城壁を吹き飛ばす目的で、地下に掘られた穴。穴には爆薬を詰め、爆発させる。

う。彼らは、厳粛かつ慈悲深い証書のおかげで、活力を取り戻したのだが、さっそくその証書を無視する。静養休暇で狂喜した彼らは、彼らの傷をふさぐのに役だつ器具を処分しようと急ぐだろう。

ところで、彼らに捕虜を返還することは、新たな紛争を引き起こしかねないこの静養休暇を加速することではないか。戦争の目的が彼らを全面的な落胆に投げこむことであるなら、平和の目的は、世界の平和がかかっているこの意気消沈を延長することであるはずだ。ところが、捕虜の返還は、それとは反対で、平和を破壊することに間違いなく効き目のある特効薬である。そうすることによって、慎重さを欠く勝利者は、運命が彼に与えてくれた優位性を再び偶然の手に戻してしまった自分を発見するのである。彼が命を救い、戻してやった同じ戦士がたちまち、彼のお目こぼしの償いを求め、暴力のみが──と彼らは言うだろうが──彼らからもぎ取ることができた約束に、大声で異議を唱えるのを勝利者は目の当たりにすることになる。

第一四章　同じ主題についての反論に対する第二の回答

第二に、君主たちにとって、和平会議の手続きが侵すべからざる約束に思えることができたと、経験に反することを仮定し、あとになって間違いなく論争の原因もしくは口実になるほど、まずい文章でほとんどいつも書かれている仲裁条項に、大がかりな儀式を催して署名すれば、永久に仲良くなると君主たちが信じたと仮定してみよう。誓約や人間の命や、世のなかにあるもっとも恐ろしいもの、あるいは、神聖このうえないもののすべてをもてあそぶ途方もなく強大な諸強国のうえにも、個人には違反することがまったく許されてはいない公の誓いが同じ支配権を及ぼすとしたときでも、そこから、戦争で生まれた捕虜に和平が祖国への入り口を再び開くはずだという結論にはまだならないだろう。彼らの主人たちは、彼らを自由にして送り返す義務を、それでさらに負うことになるわけではない。蒙ってきたであろう、いわゆる被害なるものについて、彼ら自身は、その修復を要求する権利を、和平でそれ以上に持つことになるわけではないだろう。

あなたとあなたの臣民は、自由に、みずからの意志で、武器を置いたのであるから、あなたがたはもはや私の敵ではない。この手続きのあとでは、あなたがたは、山賊としてまかり通るのでもなければ、私はあなたがたを害することはもはやできない。というのも、あなたがたは私を害することを断念したからだし、私もそのことを確信しているからだ。その点で殺す必要性は期限切れになっている。今後は、われわれは、けっしてやめるべきではなかったもの、すなわち人間と兄弟に再び戻るのだ。われわれの和合がもし長く続いていたなら、ほとんど時間をかけずに、われわれの敵対関係が産み出した恐怖の残存物を拭い去れただろうに。

しかし、和合の幸せな結果は、われわれの諸身分の構成員のうちで敵対の犠牲者だったことがない人びとに限定されている。国の真の権利、または僭称された権利、というよりもむしろ、野望とでも言うべきものを自分たちがその走狗となって守ろうとしたことの代償を、どのようなやり方であるにせよ、不幸な人間たちは、支払ったからには、彼らが失った自由には、どの時期においても、諦めをつけなければならない。ちょうどそれは、彼らの命を危険にさらす戦いの前に、命に諦めをつけたようなものである。不幸な人間たちのあいだでは、これらふたつの原理は、火を見るより明らかな結びつきを持っている。

私は敵を奴隷にすることで満足しているが、もし、敵全員を私が殺したとしても、あなたがたは、きっと彼らの命を蘇らせろ、などと要求はしないだろう。しかるに、私は、文句なく彼らを殺すことができるのである。捕虜身分になったという、そのことだけが、私の剣の刃から彼らを引き出した。もし、必要不可欠な残酷さと同じ意味を持つ捕虜身分というものを、貪婪な蓄財欲のおかげで、私が思いついて、それを採用するということがなかったら、私は彼らに死を与えざるを得なくなったに違いない。しかし、私は、敵を市民身分の廃絶に追いこんだ方が良いと判断したが、この廃絶の方が、私が彼らに蒙らせることもできたはずの暴力的破壊が及ぼす結果よりも、まだしも限定された結果を持つはずではないか？

彼らはもう私の敵ではないだって！　そのことは認める。しかし、彼らは、できるものなら、私に対して振るいたかったはずの無慈悲な権利を、私が彼らに対して用いたときには、彼らは私の敵だった。その結果は、死に服させることが賢明だと運命によって判断された人びと全員の修復不能な肉体的喪失でなければならない。もし私が無慈悲な権利にその外延の全体を残した場合に、効果が持続したであろうと思われる期間よりも、私がそれを制限しようと望んだときの効果の持続期間の方がどうして短いなどということがあろうか？　私の寛大さは、彼らの修復を私に要求する根拠になるだろうか？　おまけに、私があなたを十分厳しく処遇しなかったからということで、あなたは、私に敵対する資格を手にいれることになるのだろうか？

彼らは、もう私の敵ではない！　そのことはたしかだ。しかし、そこから、彼らが敵であったときに、私に及ぼそうと彼らが望んだ害悪と引き換えに、彼らが蒙っている懲罰を、私がやめさせなければならないという結論が出てくるだろうか？　私の隣人は、私の畑と彼の畑とを分ける境界に非常に背の高い木を持っている。その木が私の地所にはみ出ていて、影を作り、私の収穫の妨げになっている。司法は、その木を私が切り倒そうと、根こそぎにしようと、どちらでも構わないと判断する。司法は、私が小麦を刈り取ったら、木を再び立て直すようにと、私に強いるだろうか？　私の大地には、もはや木によって致命的になり得るようなものはなにもないからという理屈で、木を私は元の場所に返すことを余儀なくさせられるだろうか？

おそらくそんなことにはならない。斧から木が受け取った死、あるいは、少なくとも、木が蒙った位置移動は、私に一時的な害を木が与えたことによる永遠の罰である。木も、その主人も、それに文句を言える筋合いではない。私に、木を夏のあいだは優しく寝かせてやって、秋の終わりには、根元から木を立て直すということが可能であれば、私にとってよりも、木にとって、一層難儀なこの顛末に、万全の注意を払ったうえで、私は満足するだろう。私は、春、最初に日があたるときには、低くなれと合図を送るだけである。私は、北風と氷霧に勇敢に立ち向かうために、木の幹が再び立ち上がるのを心配せずに見ることになる。

しかし、こんな処置は実際上できない。私は、乱暴で長持ちする作業でしか、木が私に引き起こす現在の被害から身を守ることはできない。のこぎりで足の高さに挽く代わりに、根っこと一緒に取り払うことで我慢していたら、そして、木を広場で挽き割らせる代わりに、ほかの場所へ植えに行くことを私が許していたら、元の場所が六月に木を追い出す理由を持っていたのに、一二月に木をそこへ再び持ってくるように、私に迫ることにはもっと根拠があるというわけではおそらくあるまい。私は、木が私を害していた場所から、それを遠ざけることを許可されていた。その場合、ふたつの方法を私は持っていた。ひとつは、荒っぽいやり方で、もうひとつは、厳しさをもっと軽減したやり方である。私は、このふたつの方法のどちらを取ったにせよ、それがもたらす結果については、同じくらい無実である。ひとつは、斧で命を落とすという、木にとっての不幸であっただろう。木を育てた根を残したまま、生まれた土地から遠く離れて生きることを宣告されるという、これもまた、もうひとつの不幸である。しかし、そのことで、告発しなければならない相手というのは、私ではない。私をひどく恐れさせていた損失から、木を犠牲にすることで自分自身を守らなければならないという必要性の方である。

この例は、われわれを悩ませる難問を永久に雲散霧消させるに違いない。戦争中に奴隷になった戦士は、平和になれば、彼の自由を請求することなどそもそもできない。というのも、彼の隷属の継続期間は、私が彼を捕虜にしたとき、私が見つけた彼の状態の欠くべからざる結果であるからだ。私が武器庫を閉じて、部隊に暇を出そうという欲求が私に起こったときには、彼を釈放するという条件のもとで、彼を私が売りに出したとすると、だれも彼を買わないだろう。そうなると、私は彼を世話せざるを得なくなる。しかし、私は自分を衰えさせることなしには、彼の世話をできないだろうし、彼を牢屋で見張るために必要になってくる注意によって、多分、戦場で彼に勝つために私に必要だった力よりも多くの力を失わずには、彼の世話をできないだろう。それだから、私は、私の救済のために、彼を殺す義務のなかに置かれることになろう。

奴隷制は条件であって、その条件のもとに私は彼の命をそのままにしたのである。厳粛な契約によって、奴隷主に私の諸権利をその瞬間に移したのだから、奴隷主は、そのあとに起こる諸事件について情報を取る義務はない。主人がかねを渡すやいなや、彼に関しては、物事は、契約の時期に物事があったのと同じ状況にあり続ける。彼がかねを支払った奴隷は、死に捧げられた犠牲者である。主人は、自分の利益のために死を犠牲者からかすめ取ったのである。そして、このからだに良い行為が奴隷に取っておいた命を、自然が再び奴隷に対して要求しない限りは、彼は、どの瞬間においても、彼の恩人の意志が彼に押しつける義務を満たすことに、命を用いなければならない。

物事をこちらの側面――健全な政治が示している側面――から見ると、兵士の捕獲が条約の受諾に先行するだろうから、勝利者自身を保全するために備えをしておきたいという欲求は、条約を越えてまでも、すべての兵士に対する権利を勝利者に与える、ということは、実に明白なことである。勝利者は、条約に署名したあとでは、それまで彼の努力あるいは追求にひっかかっていなかった兵士全員を丁寧に扱わなければならない。しかし、そこで壊滅してしまうはずの兵士、すなわち死者と捕虜は、和解の諸結果において主張すべきなにものも持たない。死者すなわち人間を殺すことを許した理由と同じ理由が、捕虜すなわち人間を鉄鎖に永遠につなぐことを許しているのである。捕虜を返還することは、それ自体が、合意されている和平に致命的打撃をもたらす行為であり、和平を必要ならしめた根拠を破壊する行為である。

それに、和平は遡及効果をまったく持たないし、そもそもそういう効果など持ちえない。和平が発表される瞬間に物事がある状態に、その後も物事をとどめておくという義務を和平は結果として持つ。しかし、和平は痙攣を静めにくるけれども、その痙攣が起こる前の状態に物事を再び戻す義務を持たない。それは、苦痛を和らげる薬である。しかし、それを処方する医者は、発作の暴力が産み出した憔悴をも、発作が持続した結果であるやせ細りをも、取り除く義務を持たない。憔悴とやせ細りを消し去るのは、時間であり、養生である。病人が失ってしまった肥満の回復を求めなければならないのは、自分自身の貯えのなかにである。

あなたがたが返還すべし、と言っているこれらの戦士たちは、双方の政治体を疲弊させていた体液のようなものである。双方の側から、お互いに相手を通じてそれを追放することで、われわれは、われわれの安らぎを回復することになったのである。この安らぎを危険にさらすことは、私がいま証明したばかりのことなのだが、政治体への戦士の影響力と活力から、まったく幸せなことに解放されていたのに、またもやそうした影響力と活力を彼らに返すことであろう。

第一五章　奴隷になった戦争捕虜は、彼の主人に対して、どのような種類の約束に従わされるのか。この点に関するホッブズとプーフェンドルフの奇妙な推論

死でおびやかされている戦争捕虜を、当の死からかすめ取るという取引は、捕虜に対しては義務を生じさせると、私は言い、また、この取引は、奴隷という悲しい部類の恩恵を捕虜に授けてくれた主人に奉仕するために、残りの彼の人生を犠牲にしなければならないという義務づけを、捕虜に対して行なうと私は言っておいた。この義務に私がなんらかの合理的で厳密な衡平性の観念を結びつけているなどと信じこむ不当行為を私に対して働いてもらいたくはない——私が望んでいるのはこのことである。また、善意に支えられるべき約束として、私が捕虜身分を見ているなどと想像してもらいたくはないし、約束を破るためにこのような奴隷が払う努力を私が否認しているなどと想像してもらいたくもない。この思考体系はホッブズとプーフェンドルフのそれであっても、私の思考体系ではない。

これらふたりの著作家は、それほどしばしば、互いに一致しているとは限らないが、しかしながら、この点については、ひとつにまとまっている。両者ともに、戦争捕虜の奴隷制は、当事者双方のあいだで、正式に表明された条項のもとに決定された、自発的な「協約」である、と受けあっている（＊1）。彼らによれば、それはひとつの約束であって、双方の当事者が自分自身の約束ごとを持っている、というのである。一方の当事者は、奪うことをしない命を天秤皿に乗せている。他方の当事者は、盲目的服従の約束と奉仕をそこに置いている。彼は、相手に奉仕をすると約束したのである。このことが正確な代償を形づくっている。そして、同じ著者たちに言わせると、前者の支配と後者の従属を合法化し、正当化するためには、この代償だけで十分だというのである。

（＊1）ホッブズ、『市民について』、第八章、第一節［邦訳、前掲、二〇五―二〇六ページ］。プーフェンドルフ、『自然法と万民法』、第六篇、第三章。

社会のなかで起こっていること全部に、原理として、ひとつの自発的な協約を与えようとする、あの偏執狂をつねにそこに再確認しなければならない。大多数の人間の犠牲のうえに、少数者のために残酷な剝奪を導入したのは力であるのに、あり得ない架空の合意なるものを仮定することによって、人間たちのあいだで常套的に用いられている暴力と野蛮と残酷な剝奪の起源を正当化しようという狂気がそこに再び見いだされる。私はすでにいくつもの事例のなかで、この仮定がいかに馬鹿げていて、けしからぬものであるかを示しておいた。以下の事例においても、やはりこの仮定は馬鹿げていて、けしからぬものであることにかわりはない。

第一に、売り飛ばそうとする勝利者と自分の意志に反して売り飛ばされる敗北者とのあいだに、協約などないし、そんなものはありようはずもない。敗北者は、捕まえられ、捕虜にされ、武装解除され、鎖につながれ、運び去られる。たしかに、これらすべての作戦は、それほど長い交渉を先だてているわけではない。作戦を完遂する交渉、すなわち、買い手に敗北者の人身を引き渡し、彼がそれを連れ帰るための交渉は、他の交渉にまさる多くの情報を彼に伝えているわけではない。

彼は売り渡される。しかし、彼は相談を受けたわけではない。彼の隷属を完成する条約に参加するどころか、彼を打ちひしぐ隷属の鎖に対して彼が絶望的に立ち向かっている姿は、彼が鎖を背負ったままになることに同意していないことを十分に証明している。彼の主張を窒息させているのは、恐怖である。抗議しようとする欲求を彼が持っていることに備えて、彼の口には猿ぐつわがはめられている。彼の声がようやくにして漏れ出た場合には、また、彼を陳列している市場に、彼が不満の声を鳴り響かせたときには、いちだんと彼の声は聞き届けられるとでもいうのだろうか？　商人に売り飛ばされたあとで、彼が商人についていくことをその声の分だけ強制されないとでもいうのか？

私は彼に命を与える、とあなたがたは言う。彼は、それの見返りになにかを私に返さなければならない。可能である限りですべての権利を彼に対して私は持っているので、私がその代償として求めるのは彼の自由である。どうぞご勝手に、だ。この交換に彼が同意しているとあなたがたは確信しているので、協約という名でこの交換を飾っているのか？　この言葉の濫用は、あれほど多くの残虐行為に対して腹を立てているあなたがた自身の心に安心感を与えようとして、あなたがたが手にいれようと焦った言い訳ではないのか？　もし戦争捕虜に選択を委ねたら、どれほどの数の戦争捕虜が奴隷身分よりも死を選ぼうとすることか！　鉄鎖をかつぐことよりも、自分たちの血を注ぎこむことの方を好む、どれくらい多くの戦争捕虜がいることか！

しかしながら、あなたがたがつき従っているのは、彼らの性向などではなく、あなたがたの利益なのである。あなたがたが彼らの命を助けたのは、彼らの血があなたがたになにも産み出さない代わりに、彼らの鉄鎖があなたがたの儲けになるからにすぎない。しかし、このことにおいて、私の目にはいる相談者はあなたがただけである。奴隷は、黙ってあなたがたの決定を待ち、それを受け取る。そのあとで、決定に順応せざるを得ないように彼を強いるのは、力である。彼が批准した協約のおかげをもって、あなたがたが彼に命令をくだしているなどと、あなたがたが大胆にも言うとき、あなたがたは、彼にした侮辱以上の侮辱を彼にしていることになる。権利を侵害される側の当事者は、検討する権利さえ持たされず、利益の全部を協約から引き出す他方の契約締結者によって、その条項が口述されるような協約とは、なんと奇妙な種類の協約であることか！

私がすでに触れた抜粋によれば（＊2）、ロックは、捕虜がこの検討権と選択権を持っている、と言っている。「自分の受ける奴隷の労苦は、その生命の価値以上のものであると考えるならば、主人の意を拒絶することによって、自分の望む死をみずから招くことは自由にできる」[1]。そして、彼が服従しているとすれば、それは、彼が死よりも隷属を好んでいるというしるしである。そこから協約が生まれ、ためらいなくその達成を返還要求する権利が生まれる。まさにこれがロックの推論だとすれば、私はそれを残念に思うが、しかし、彼の先行者の推論よりも、彼の推論の方が、よりましだというわけではない。

(＊2)『自然法と万民法』、第六篇、第三章、第六パラグラフ、註記四のバルベラックの註釈。

捕虜は不服従によって、死を自分に招き寄せるかもしれない、だって！　たしかに。しかし、彼は自分に死をも与えることができるのだ。で、その結果はどうなる？　彼は、われとわが首を絞めないし、息を止めないし、毒をあおがないからといって、そこからあなたはどんな結論をくだすというのか？　ライオンは、彼を閉じこめている檻の柵に頭をぶつけることができる。そうするライオンが数匹いる。そこから、そうするすべてのライオンが町から町へ、通行人の好奇心を喜ばせるために、連れ歩かれることにみずからすすんで同意しているという結論になるのか？　捕虜は、まだなお命を保持している。つまり、彼は、撃たれて殺されるよりも、また、棍棒の下で息絶えるよりも、服従する方をより好んだ。そしたら、あなたがたは、そこから、彼は、逃亡によって暴力から逃れるという期待を持つことによってのみ、それを耐え忍んでいるにすぎないのに、彼がこの暴力を喜んで承認しているなどという推論をするのだ。

しかし、それは、暴力を濫用するために、彼の忍耐そのものを、またもやその名目とすることである。それは、少しも忍耐に依存せず、意志に反する隷従であることを最高に告げている行為を、彼の意志にもとづく行為と見なすことである。彼がみずからに死を与えたなら、それは、彼が彼の自由意志を行使するという事例であるだろうが、しかし、あなたがたが彼のためにした選択に彼がひたすら従っていたり、あなたがたが彼を置いた状況に、彼がとどまっていたり、あなたがたが彼を殺したくはなかったばかりに、彼が生きていたりしようものならただちに、彼が結びつけられているこの命そのものが彼の奴隷身分の記念建造物であることになるのだ。つまり、彼は、命を捨てていないから、すでに服従しているのだ。だから、あなたがたは、この選択とか言われているものを盾に取ることはできない。というのも、そうさせたのは、あなたがたであって、彼ではないからだ。彼の隷属は、あなたがたの利益のしからしめるところであって、彼の意志の作品ではないからだ。

第二に、かりにこの瞬間に、暗黙のものであれ、現実のものであれ、なんらかの協約を作るとすれば、彼を売り飛ばすことは、無駄なことになるだろうし、おぞましいことになろう。この取り扱いは、もはや戦争の権利や必要性から出てくる結果でさえなく、復讐心と蓄財欲の結果なのであるから。ここでは反対に、彼は、あなたがたに奉仕するために彼の捕虜身分を用いることを約束していると仮定しているので、彼のからだを確保するか、あるいは、彼から身を守るか、どちらかのためには、あなたがたを傷つけようとして自由を行使しない、という彼の言葉を引き出すだけで十分であろう。約束は、あとの方の事例で有効であると主張されているのと同じくらい、前の方の事例でも有効であるに違いない。そのときには、奴隷制は、もはや

(1)『市民政府論』、邦訳、鵜飼信成訳、岩波文庫、二九ページ。

正当化されないから、ぞっとするような野蛮ということになろう。奴隷制は、必要であることをやめているから、復讐の権利であって、戦士の権利ではないということになろう。

かくして、奴隷制を正当化しようとして、これらふたりの著者が主張する理由は、まさに奴隷制をこのうえなく不当なものにする理由になっているのだ。勝利者と敗北者のあいだには、いかなる協約もあり得ないということ、ただそれだけの理由から、勝利者が活用する無慈悲な権利の行使を、勝利者は敗北者に対して延長することができるのである。奴隷制が勝利者と敗北者のあいだにいかなる調停の道も開くことができないという、ただそれだけの理由から、最強の人間が最弱の人間の人身をわがものにすることが許されているのであり、必要性があって彼が握っている権力を、かねのために手放すことが賢明だと彼が判断するときには、だれかれ構わず、彼の気に入った人間に彼の代わりをさせることが許されているのである。

第三に、このような協約という発想は、使いものにならないどころか、なおそれ以上に馬鹿げている。もしそんなものがあったなら、捕虜にとっては、彼を抑圧する不幸を尊重することが法的義務となってしまうだろうから。彼は、盗みを働く罪人に自分をしなければ、自分をもはや救い出せないことになる。彼は、彼の主人の手のなかに、自分の人身とか、自分の命とかを委ねなければならないことになる。さもないと、彼は、取引の対象と価値とを同時に持ち去ることになるだろうから。幸せな偶然や彼の手腕によって、彼の土牢の扉が彼に対して開かれたときにも、それを再び彼は閉めざるを得なくなるだろう。さもないと、彼は誓約違反になる恐れがあるからである。力づくで、あるいは計略を使って、彼があえて彼の自由を取り戻そうとした瞬間に、彼は、社会が法律違反者に対して宣告する刑罰に捧げられると同時に、犯罪者が懲罰を免れた場合にさえ、社会の復讐である良心の呵責に捧げられることになろう。
私が引用したふたりの著者が主張しているのも、こういうことである（＊3）。彼らはこんなことを主張するまでになっている。すなわち、奴隷の隷従は、彼に残された命を根拠にしているばかりではなく、彼に与えられる行動能力をも根拠にしている、というのである。彼らは主張する。彼の主人が厳しさをよりゆるめて、彼を押さえこめば押さえこむほど、それだけ一層緊密に、彼は彼の主人に結びつけられるし、逃げ出す権利を彼から奪うためには、彼からその能力を奪い取らないだけで十分である、と。このことは、と彼らは言う。主人を安心させ、奴隷を制止する協約から明らかに出てくるもので、そうした協約なしには、著者たちが身体の自由と呼ぶことが適切であると判断したもの、言い換えると、行ったり、来たりする能力や、どのようなやり方であるにせよ、とにかく自分を有益な存在にする能力を、主人はけっして奴隷に認めることはなかっただろう。

（＊3）同所。

推論家の職業で有名になった人物がこんなにも正確さを欠きながら、推論家としての仕事を遂行していることは、奇妙ではないか？　なんていうことだ！　罠をかけて一頭の野生馬を捕まえたあとで、或るハンガリー人が馬に勒《ろく》をかませ、締めあげ、装備を施し、それに乗って、狩猟用に馬を役だてたからというので、ハンガリー人と馬とのあいだには、ひとつの協約があると仮定しても構わないとは！　その協約によって、馬は、彼の騎手を揺さぶらないようにすること、そして、馬の口を傷つける轡《くつわ》に、一生を通じて、従順な口を差し出すことを約束してしまったとは！　皮を取るために馬の皮を剝ぎ取る代わりに、彼の主人の快楽あるいは欲望のために、馬には、疾走する許可が与えられたからといって、そこから、主人と馬は、絶対に離れないという契約をともに協力して作った、と道理にもとづいて結論づけることになるとは！　しかも、馬が巧みに手綱を切ったり、轡《くつわ》を壊したりすることに成功しようものなら、馬は契約の諸条項に違反したなどと言うつもりであるとは！

まさに、これこそ正確に同じ事例である。主人が捕虜に彼の腕または足の使用権を返した動機は、どのようなものだろうか？　それは、つまり、彼をなんらかの仕事に就かせて、そこからあがる利益をひとり占めしようと主人が考えたということなのである。捕虜になった不幸な人間は、生きた自働人形である。そのために、動力となるぜんまいを組み立てる手間は省けるのである。しかし、彼が養われているのは、ただ、彼に供給されるわずかばかりの食料の代金を、彼の労働の成果で、たっぷりと彼に支払わせるためだけなのである。このような状態がなんらかの種類の合法的な協約の源泉であると、だれかがいつか信じこむことができるだろうか？　奴隷の隷従の全体は、奴隷を従順にならせるための轡《くつわ》の良質さにかかっていることを、だれが見ないというのだろうか？

第一六章　奴隷は、奴隷主に対して、なにを、どのようにして義務づけられていると言い得るのか

この問題を解くことは、以上のくだりに目を通したばかりであれば、あまりにも容易である。主人と奴隷のあいだには、いかなる類の協約も存在しないし、また、主人に奴隷の忠誠や愛情を保証するいかなる道徳的紐帯も存在しない。いったい奴隷は、なにを義務づけられているのか？　すべてを義務づけられており、しかも、なにも義務づけられてはいない。すべてだと言うのは、棍棒が奴隷をおびやかしているときである。なにも義務づけられていないと言うのは、棍棒が遠くに去っているときや、あるいは、巧みに棍棒を奴隷自身がつかんで、彼の隷属の保証人と一緒に、自由への道を切り開くときである。

ホッブズ、プーフェンドルフ、そしてその他の人びとは、抽象的な議論の影響で自分を見失ってしまったために、ふたりの人間のあいだでは、いったいいつの時期から、戦争状態または平和状態と彼らが呼ぶものが終わり、あるいは、始まるのかを決定していないのである。一方の人間が他方の人間の人身を買い取り、前者は後者から、真正の所有権を獲得したと主張するのである。しかし、明白なことは、こういった状況のなかでは、戦争もなければ、平和もないということである。あるいは、こう言った方がよければ、戦争も平和も、交互に、しかも事情に即して、継起するのである。服従しなければならない人間がそれを拒むとき、それこそまさに宣戦布告である。命令することをもくろむ人間が叛逆者を鞭打ち、自分の権利を宣言するとき、それは、平和条約への大きな道である。そして、平和条約は、この武勲のあとでは、すみやかに締結される場合がほとんどである。敗北者は自分の鋤《すき》に帰り、勝利者は自分の鞭を整える。ただし、どちらかが欲望に引きずられて、立ち去ったり、再び武器を取ったりすれば別である。また、最初の叛乱の際にかの強力な仲介裁国から来る救援を巧みに回避したり、あるいは、その救援を懇請したりすれば別である。

当事者間ですべての約束事を起草するのは、勝利者であることは明らかである。当事者たちにほかの相互的義務を差し出すことは、道理と言葉をもてあそぶことである。約款や取り決めは、当事者双方の側の平等、自由を前提とする。合意するには、拒む能力を持っていなければならない。約款は、それらを破棄することができる存在のあいだでのみ、形づくられる。それはちょうど、身体に運動する能力がなければ、身体が休憩を取っていると言えないようなものである。この能力がなければ、身体が休息を味わうこともまったくない。それは不動性であり、惰性であり、死である。同じことで、ゆめゆめ、奴隷が義務に縛られている、と言ったり、奴隷が約束してしまった、と言ったりしてはいけない。奴隷の命も服従もみな受動的なものだからである。奴隷に命を保存してやった力が服従の唯一の根拠である。そして、必然性が服従のたったひとつの担保である。

奴隷は、逃げようとすれば、立派に見える。逃げおおせれば、なお一層よく見える。彼は自分の自然権を行使しているのだ。しかし、彼の主人が彼を追いかけること、そして、再び彼を捕まえたときには、彼を厳しく罰することで、主人は間違ったことをしているのだろうか？　おそらくそうではあるまい。民法では、彼は正当と認められている。彼が持っているかねの価値は、これなのである。彼が返還を要求しているのは、彼の所有権なのだ。彼から所有権を奪おうとした強奪者を罰する道理が彼にはある。問題になっている事物について、つまり、強奪者自身の人身について、この強奪者がずいぶん前に、はるかに神聖な権利を持っていたにもかかわらず、一連の一般的社会制度によって、それでもなおこの権利を剝奪されたので、そして、とりわけ、その権利を主張するだけの力が彼にはなかったので、彼は、仕方なくこの権利に永久に見切りをつけるか、あるいは、巧みにそれを再び自分のものにしようと試みるか、あるいは、彼の企てが露見して、笞刑（ファラカ）[1]を宣告されたときに、あきらめて、鞭打ちに耐え忍ぶか、いずれかのことしか選べなかったのである。

隷属が確立されて以来、この原理がすべての国の人民の原理であった。それは、アジアやアフリカで、そしてヨーロッパにおいてさえ、その効力を全面的に保っている。チュニスとか、アルジェとかからうまく逃げ出してきた捕虜を、ほかの場所でと同じように、マルセイユでも、人びとはもろ手を挙げて歓迎する。下船のときには彼を祝福する。そして、彼のうまくいった脱出にほめ言葉を浴びせかける。しかし、ちょうどその瞬間にも、彼の例を真似ようと望んだが、運が悪かったのか、巧みさに欠けていたのか、脱出に失敗した不謹慎な徒刑囚を、人びとはそれでもやはり容赦なく鞭で叩かざるを得ないし、また、ひとりの自由なトルコ人を彼の祖国へ返還することによって、人びとは、ひとりのフランス人奴隷の逃亡によって彼の祖国が失ったものをそこへ返さざるを得ないのである。

しかしながら、約款やら協約やらのきわめて薄い影のようなものを想像することができたとしたら、また、

（1）オスマン帝国で用いられていた刑罰で、アルジェで捕えられたキリスト教徒の捕虜に加えられたと言われる。一メートル五〇以上の長さを持つ棒の二箇所に穴をあけて、そこに受刑者の足を突っこみ、地面に腹ばいにさせて、両腕を縄でくくり、二人がかりで、受刑者の足首を棍棒または牛の頸部靭帯で作った鞭で五〇回から一〇〇回打つ。オスマンの専制主義を象徴する刑罰として、ヨーロッパでは有名であった。

サレ[2]の私掠船によって鎖につながれたバルセロナの水夫がその船長に対して、あるいは、その後、彼が売り飛ばされたとしたら、彼の買い手に対して、彼の命を奪わなかったことと交換で、取るに足らない類の義務を取り決めてしまったのだとしたら、あの非合法の出発も、あの脱獄逃亡も、栄光あるものになったのと同じくらい、それが成功したあとでさえ、色あせたものになるのではないか？　こんな風にして逃げ出すことで、捕虜は、彼を買い取っている主人に現実的な損害を引き起こしているだけに、なお一層、脱走を非難の理由にすることには根拠があるということになろう。用語の厳密さの全体においては、捕虜は、主人がその代金として与えることができると思った量のデュカート金貨[3]を主人から盗んだのである。

しかしながら、主人の権力から逃れた奴隷が不正を犯していたかどうかを検討する気には、だれもけっしてならなかった。独立を回復するために、すすんで奴隷が失敗覚悟でするようなことを、岸辺で絶望している奴隷主は、いくら自分のかねを守るためとはいえ、あえてしようとはしないが、それを尻目に、奴隷を呼んでいる自由なるもののあとを追っかけて、波のまっただなかで泳ぐ大胆さを奴隷が持っていた場合には、どのような船の船長でも、船べりで彼を迎えいれることは拒まない。或るキリスト教徒がイスラム教徒に売られたときに、キリスト教徒が欺いたイスラム教徒に、そのときの代価を返還することが、この場合、義務づけられていたのかどうかなどということを、いかなる決疑論[4]の専門家も、疑問としたことさえなかった。

アジア人は、ヨーロッパ人を買うときには、市場に彼がいかなる資格で連れてこられたのかを知っていた。アジア人は、ヨーロッパ人がみずからの人身の販売にいかなる同意も与えてこなかったこと、そして、ヨーロッパ人の欲望のなかでもっとも激しい欲望がいつでも、人身の販売が廃棄されるのを見ることであることを知らないわけではなかった。逃亡の危険性は、販売価格に影響しさえした。彼は、デュカート金貨を渡す前に、或る一定の時間が経つと、彼がいままさに代価を支払おうとしている対象が抜き取られることによって、彼の金貨を失うことになる危険性を、その時間のあいだそれを使役することで感じる喜びと彼の支払総額から利子を取り出すという特権とに組み合わせた。そのうえ、彼に委ねられる餌食を見張るのは、彼の仕事である。餌食が逃げるときには、彼が嘆くべきなのは、彼自身の怠慢なのであって、怠慢につけこんだ外国人の背徳性ではない。簡潔に言うなら、彼の馬をしっかりとくくりつけておかなければならない。あるいは、馬が綱をほどくのに成功すれば、馬は森にたどり着くということに驚かされるべきではない。

(2) サレ。サルとも。現在のモロッコの首都ラバト北郊の港湾都市。古来、海賊の基地で、彼らは、サルタンと呼ばれて恐れられた。フランス王国はここに領事館に設置していた。

(3) 元来はヴェネツィア金貨で、デュカート (ducato) という名称は、ヴェネツィアを支配していた統領 (doge) に由来する。一六世紀半ばからゼッキーノ (zecchino) となり、それが中近東やオスマン帝国で流通して、セッカとアラビア語で呼ばれるようになった。同じ頃、ヨーロッパでは、イタリア南部を支配していたスペイン王国で流通した。

(4) キリスト教神学の一部門で、人間の行動の善悪について、ケースごとに審判を下す学問。本文にあるような、瑣末ではあるが稀なケースが好んで取り上げられ、果てしない議論が続けられたことで名高い。

第一七章　先の諸章で展開された原理に関する考察

したがって、ひとりの奴隷を作った力は、彼を保持するのにふさわしい唯一の手段である。しかし、その力を尊重することが奴隷に義務づけられるのは、ただ、彼がそこから逃げるすべがない限りにおいてである。彼の能力がどれくらいの度合いで欠如しているかが、服従の範囲となるはずである。人が彼に命令する権利を持っているのは、彼が服従を免れるすべがない限りにおいてである。そして、彼の解放許可証は、彼が隷属を逃れるのに成功したことのうちにある。このことには、反論の余地がない。

私がここで言っていることを、この著作のはじめの方で私が主張してきたことと比較してみると、不注意な読者なら、本書で問題として取りあげている一時的な奴隷制と私が諸社会の破壊しがたい土台として考えてきた恒久的な奴隷制とのあいだに、同等性を私が確立したと信じこむかもしれない。私は、一時的な奴隷制と恒久的な奴隷制が同じ原理から出発していると見ているので、それらふたつの奴隷制に私が同じ結果を割り当てていると、人は想像するかもしれない。トリポリの背教者[1]によってマルタ島と同緯度[2]のところで拿捕され、庭の手入れまたはどぶ掃除のためにモロッコへ売り飛ばされたアリカンテ[3]の小型船の船主が、原初の暴力に起因する仕組みによって、拘束されているのと同様に、人類はこの仕組みによって拘束されている、などということをおまえはほのめかしている、と多分、私は非難されるだろう。

この非難にはまったく遠慮というものがない。こうした非難をあらかじめ避けるためには、同じひとつの原因から帰結する諸結果の相違を検討するだけでよい。社会の設立へのそれらの影響の外延を深くきわめることで十分である。

社会のなかに力によって引きいれられた上下関係は、社会の本性と結びついており、社会の存在に由来する。社会の本性に背くと社会の存在は破壊される。それは傷のなかに残された槍の穂先である。それを傷口から取り出したら、怪我人の命がなくなる。怪我人の状態がいかなる苦しみを引き起こそうと、死なずに、その状態から身を引き出すことは、彼には不可能である。彼は、命が尽きるまで、無気力状態を引きずり、彼を維持する外部物体を引きずっていかなければならない。傷をなおしたら、怪我人は、間違いなく死んでしまうので、外科医たちの腕は、治癒を丁寧によけながら、せいぜいのところ、痛みの緩和を彼に供する程度のことでしかない。[4]

所有権がもともとは不正にもとづいて成り立っているにもかかわらず、なぜ神聖なものになったか、そのわけは以上の通りである。所有権を誕生させた悪徳に全員が加担しているのに、なぜ、政治が所有権に与えてきたつっかい棒が、所有権と同様に、尊重されるようになったか、そのわけは以上の通りである。それだ

(1) 一〇世紀の初頭に東方キリスト教を棄て、アラビア人に仕えたギリシア人背教者の海賊。トリポリのレオンとも呼ばれる。

(2) トリポリの背教者が活躍していた時代にマルタ島は、イスラム帝国の支配下にあったから、ヨーロッパのキリスト教社会とアラビアのイスラム教社会との同等性に関して、ランゲは皮肉を利かしているのである。

(3) スペイン、バレンシア地方の地中海沿岸都市。

(4) 以下の二パラグラフは、野沢訳、二五一ページ下段。安斉訳、一九六―一九七ページ参照。

から、共同の遺産相続のなかで、金持ちによって分配から排除された貧乏人は、その諸権利を失うことに同意しなかったのに、それらを要求するすべがないし、反対に、その諸権利を回復したりしたら、彼からそれらが奪われた際に用いられた邪悪な策略以上に、さらに一層危険だということになるのである。こうした考察[5]に従っていたからこそ、立法者たちは、彼らの諸法規の根拠として、それらを必要ならしめる唯一のものである不平等を選ぶことが許されているのである。そして、こうした不平等がなければ、社会の原理が解消されるために、社会全体が倒れ落ちて、粉々になってしまうかもしれないのである。

それだから気づくことは、立法者の側からする最初の不正の追認は、必要欠くべからざるものだから、正当なものに見えたに違いないということである。なにがなんでもそれに楯つこうと考える手合いはだれでも、そのことだけで、立法者が訴追すべきものに仕立てあげた共通の敵となり、彼らによって罰せられても当然の、有罪と認められた犯罪者となるであろう。この追認によって諸権利を廃止されてしまった人びとにとっては、これはひとつの不幸である。しかし、広大な建造物のてっぺんを支えるためには、建物の上部に置かれた装飾にも石が必要なように、その土台部分のなかにも石が必要である。土台部分の石は、大地のふところにひっそりと埋もれて、重荷全部を支えている。それに対して、重力の負担がなく、遠慮を知らない上部装飾は、主要正面で豪華に輝いている。それは、建物全体をそこから睥睨し、威厳に満ちてその正面を締めくくっている。土台部分の石を、圧迫から引き出そうとすると、上部装飾の石をひっくり返さずにはおかない。前者の位置を動かすことは、建物全体の破壊を引き起こすだろう。

こういう不平等な配置は、社会にも同じように見られる。いくら頑張っても、社会の[6]一番下の土台石に重みがかからないようにすることはできない。それは、ほかのあらゆる石の重みで永久に押しつぶされるためにある。秩序とか全体の調和とかいうのは、その石がびくともしないことだ。土台石が少しでも動かされれば、また、それが鉛直から少しでもずれると、すべては倒れ、すべてはまっさかさまに落ちてくる。しかし、土台石に迷惑をかけていた最上部の台座が落下してきても、土台石にはなんの得にもならない。それどころか、そのすべての残骸が再び降ってきて、土台石は、かえって過重な負担をすることになる。土台石は、むちゃくちゃに積み重なったこれらの瓦礫で、さらに一層、重量を背負う羽目になる。それは、建物が優美に建ち、各部分がその寸法通りの正確さで、自分で自分の重量を支えるのに役だっていたときに、建物本体が土台石にのしかからせていた重量の比ではない。

このようなわけで、隷属、あるいはこちらの方が良ければ、社会的上下関係は、社会の最大多数の成員にとっては、厄介で、迷惑な話なのだが、しかし、それは正当な軛《くびき》であって、それを揺さぶることなど彼らには、そもそもできないのである。それは、その有用性、その必要性によって、正当化されている。たとえ、人類がそれを避けることに成功しても、平和な独立についての思いつきを、きわめて軽いものにいたるまで、社会が完全に廃棄してしまったので、この独立に再び戻ることなど、できない相談なのである。あの慎みを欠く叛逆によって、人類は、新たな紛争に曝《さら》されるだけであろう。彼らは暴君を変えるかもしれないが、し

(5) 以下、次のパラグラフの「……びくともしないことだ」までは、安斉訳、一九七—一九八ページ参照。

(6) 以下、このパラグラフの「……びくともしないことだ」までは、野沢訳、二五一—二五二ページ。

かし、彼らの自由を再び回復することはない。きっと、この変更は、そこから期待していた利益以上に、害悪を彼らに産み出すだろう。人類は期待しても裏切られるだろう。ちょうどそれは、給与がもっと手厚く、待遇ももっと良いとの約束で、脱走した兵士たちのようなものだ。彼らは、彼らが選んだ兵役のなかに、しばしば、もっと厳しい節約ともっと苛酷な訓練を見いだすだけなのである。

しかし、一般社会を少しも利さないような、あの特殊な奴隷制については、同じようなことが言えないであろう。先の奴隷制が社会の健康ぶりを示しているのに、こちらの奴隷制の方は、社会の病気のひとつがもたらした結果にすぎない。アルジェに売り飛ばされたプロヴァンス人がアルジェ太守[7]の徒刑場から逃げ出して、身代金を払わずにヨーロッパに戻ってきても、世間にとってなにか大事なことだろうか？　法体系にとってなにか大事なことだろうか？　わが島々［西インド諸島］のすべての黒人がマロン[8]になっても、あるいはベルビセ地方[9]の黒人のように、彼らを鞭で叩くヨーロッパ人の一団よりも、彼らを避ける蛇の一群の方を好んでも、また、彼らに砂糖キビを栽培させながら、彼らにはそれを味わうことさえ許されていないので、彼らが砂糖キビを搾る労苦よりも、野生の砂糖キビを食べる楽しみを選択したとしても、全体の社会秩序にとって、なにか危険なことでもあるだろうか？

戦争がなくても、社会は、なにがなんでも、存続できたに違いない。というのも、戦争捕虜を奴隷にしない国でも、社会は存続しているからだ。人間的である以上に、啓蒙的な政治が戦争捕虜を奴隷身分に追いこむようなことをやっている国民は、奴隷のうちのだれかが逃げたときでも、彼らの破壊行為で国民が脅かされているなどと言うことはできない。これらの不幸な人びとは、逃げはすれども、復讐のことなど少しも考えていない。彼らのただひとつの目的は、彼らが幸運にも断ち切った罠から、一刻も早く離れることである。一匹のキツネがはまっていた罠を壊し、この獲物が手にはいったものと思っていた猟師の貪欲を欺いたとき、このようなキツネの逃亡で受ける被害よりも、奴隷の逃亡で、全体の調和が受ける被害の方が大きいということはない。

だから、彼らは、できればすぐに、自分たちが失ってしまった諸権利を再度所有しても、当然なのである。それらを彼らから剝奪した不正は、もうひとつの不正の際に私が語ったばかりの大きな動機のうちには、自分に都合の良い動機をひとつも持っていない。実際のところ、この不正は、十分な一貫性をもってその原因から派生する。言い換えると、戦争の権利がひとたび確立されると、それは不正の原因となるということである。しかし、この原因は、それ自体としては不必要なものである。折り襟の青または深紅の制服を着て、動物の毛を立てた縁なし帽または白い糸で縁取った帽子をかぶった殺し屋を野望が雇ったら、社会は、それで、もっと強固になるだけでいいのかもしれないが。こんな軍旗のようなものをひとたび得意げに身に付けたら、奴隷を作ることは賢明な策であり、必要でさえあるとは、たしかに私も思う。しかし、あのような装

（7）アルジェ太守（Dey）。アルジェを支配していたオスマン帝国の太守は、ペルシア語でデイと呼ばれていた。Dey はこの語をフランス語化したもの。

（8）マロン。フランス領西インド諸島では、逃亡奴隷のことをこう呼んだ。語源はスペイン語の cimarron（シマロン）で、「cima（山頂）に逃げた者」の意。

（9）現在のガイアナ（昔の英領ギアナ）のニューアムステルダムで大西洋に注ぐ河および同名の地方。一八世紀にはオランダの植民地で、コーヒーの一大産地だった。英語ではバービス、フランス語では、ベルビスと発音する。

いのもとに、二〇万人もの人間を変装させることに、けっして賢明さがあるとも、必要性があるとも、私は思わない。というのも、この装いは、それが強制する義務によって恐るべきものであるのと同じくらい、それの発明物によっても奇妙なものになっているからだ。

したがって、同じひとつの原理から出てくるこれらふたつの結果のあいだには、本質的相違が存在していることが感じとられる。人類に主人を与え、ガレー船を指揮するレヴァント人[10]の呼子にトルコのガレー船の漕役囚を隷従させるのは、同じく力である。人間を支配する司法職と人間を販売する市場（バザール）は、まさに力のおかげを蒙っている。しかし、市場の方は、ほとんど尊重されることはないのに、司法職の方は尊重されている。そのわけは、司法職は普遍的な効用性を帯びているからであり、市場は個別利益のためだけに、そこへ人が群がっているにすぎないからである。また、司法職は秩序を強固にしているからであり、市場は、自由に生まれついた生き物の生命や自由を、危険に対するまっとうな恐怖感に捧げることによって、秩序を乱しているからである。しかも、この恐怖感そのものは、不当きわまりない、血まみれの気まぐれからしか出てこない代物なのである。

市民としての諸権利を回復しようとして、逃亡奴隷が引き起こす損害などは、彼に逃げ出された国にとっては、ひどく微々たるものであるのに、彼が自分自身に作り出す利益たるや無限に大きい。というのも、自由はなににもまして貴重なものだからであり、社会諸制度の巧妙きわまりない予防策は、自由を破壊するためにもっとも適した仕組みに、自由という名前と見かけを残したことにあるからだ。自由を再び手にできる状況に孤立した個人があるときに、彼が自由を要求するなら、それは、彼がその義務を果たしているということである。彼は、自由を放棄するなら、自分自身を裏切っていることになる。彼の逃亡は、彼が逃げ出した場所に空席をもたらすけれども、彼は、彼が生まれた場所に生じていた不在の方を埋めに行く。それは、ひとつの砂丘から別の砂丘へと風によって運ばれた砂粒であり、反対向きの風が巻きあげられた元の場所へ砂粒を返すのである。この変化は感じとれないものである。しかし、大暴風が来れば、砂丘全体の位置が変わり、上へ下への混乱が起きる。旋風が起これば、砂丘の底の方まで風がはいりこみ、砂山を遠くへ散らしてしまう。そうなったときには、実を言えば、海岸は、平坦な表面のほかにもはやなにも提供しないだろうが、しかし、以前のように、表面にでこぼこがあったときよりも、そこは、はるかに危険になっているのである。それは、もはや地盤の緩い土地としか言いようがないだろう。そこを旅行者が行くときには、危険を前もって知らされる前に、彼は砂に呑みこまれてしまうのである。

以上が社会の本来的標章である。社会を作ったのは大暴風だが、万事を御破算にする旋風の危険をわれわれのだれが冒すだろう。共同の利益または願いは、すべてが現状に留まることにある。そこから、なにも変えないという義務が生まれる。孤立した砂粒は、数粒しか存在しない。最近の暴風がそれらを砂丘に持ちこんだのだが、そのあとで、砂丘からそれらの砂粒が離れて、あてどなく放浪することなら、許されるかもし

(10) レヴァント人。レヴァント（ルヴァン）地方の人間。フランス語で levant（ルヴァン）は、「日が昇るところ」の意で、フランスから見て、東方つまり地中海東部沿岸地方を指す。

(11) 以下、「義務が生まれる」までは、野沢訳、二五九ページ下段。安斉訳、一九八—一九九ページ。

れない。それにしても、砂粒全部が一挙に離れてはいけない。そのことが不正であるというのではないが、それでは大きな革命の原因になりうるのである。もしもアジアの奴隷が全員寄り集まって、武器を持って主人に立ち向かったら、難なく彼らは成功するだろう。しかし、アジアは略奪され、破壊される。それは悪いことだろう。すでに多くの国の国民がこの危険な現実を体験してきたが、しかし、それを予防するのがトルコ人やペルシア人の統治組織の務めである。統治組織こそが、実際に存在する力を使って、現実には存在しないが、ひょっとしてそれが発育することに成功したら、統治組織にとっては、まさに致命的なものになるような勢力が誕生するのを妨げなければならないのである。

第一八章　債務奴隷制について。正義と人道はそれを否認すること

自然は奴隷など作らない。しかし、私は、力が奴隷を作ったとき、自然それ自体の叫び声は無力で、父親たちの運命から不幸な子孫をもぎ取るほどの力を持っていなかったことを証明した。彼らの主人の利益のため以外には、子供をたくさん作ることがもはや彼らには許されるはずもなかったことを私は論証した。そして、子供を父親の所有物にしていた家内専制主義に、われとわが手で、自分たちの子供を捧げることを余儀なくさせたのは窮乏である、ということも、私は論証した。それはまるで、熱く燃える偶像の腕に家族を預けて、その火で彼らを焼いてもらうことを別の原理[1]がシリア人たちにかつて勧めていたようなものである。

永遠の恥辱に定められた、あのおびただしい数の奴隷たちからなる部隊に新兵を供給するのに、戦争の惨

害がいかに向いていたか、また、奴隷たちの富が享楽の余剰物で腹いっぱいになるように、彼らの赤貧を通じて、そうした余剰物を供給するのに、戦争の惨害がいかに向いていたかを私は示した。私は、この残酷な取引の公平性ではなくて、その必要性を明るみに出した。この取引が極度に不正で、並はずれて無慈悲であるにもかかわらず、それがいかにして、種々の義務を作り出し、それらの適用範囲を正義と理性が計算することができたかを私はわかってもらおうと努めた。

慎重さを欠くひとりの騎士が落馬して、足を砕かれ、その部分が壊疽にかかったときには、足を切断しなければならない。それは正しいことでもあり、必要なことでもある。それを命令し、実行する外科医は、残酷な人間では全然ない。むしろ同情心溢れる恩人である。患者は、外科医が彼に痛みを引き起こしても、文句を言うべきではない。苦痛に呻かなければならないのは、足を砕いてしまったことであって、彼の足が切断されたことではない。交戦権もこれと同様である。戦いを交えない方がずっと賢明であろう。しかし、とうとう憤怒と愚かしさのあの行き過ぎに立ち至ったときには、奴隷を作ることでしか、その結果を穏便に収めることはできない。身体全体を救うために、まさに壊疽にかかった足を切り取るのである。

奴隷を作るもうひとつ別のやり方があり、隷属を正当化するための第三の理由がある。債務者の弁済不能と債権者を満足させる必要性がそれである。最初見たところでは、それは、さしてけしからぬものではない。

(1) シリアを支配下に置いていたササン朝ペルシア(二二六―六四二)の国教だったゾロアスター教のこと。拝火教とも呼ばれた。

なぜなら、それは、前のふたつよりは公平に見えるからだ。それによって丸裸にされる人間は、彼らの不幸を避けることが、前のふたつよりは自由にできたように見える。返済遅延によってどんな危険が待ち受けているかは、借金をするときから、彼らにはわかっていた。彼らには、自分たちの無能力に対する刑罰がなんであるかも予測がついているはずであった。助けを得るために彼らが呑んだ条件が彼らに向かって行使されるとき、不平を言っても、彼らには、さほど根拠がないように思われる。

しかしながら、実は、この法律は、ほかのふたつと比べても、その無慈悲さにおいて遜色はない。債権者が返還する対象と法律が彼のために割り当てる損害賠償とのあいだには、いかなる釣り合いも存在しない。彼が支払うように迫っている総額は、彼の余剰分の一部でしかない。というのも、彼は、貸付のためにこの総額を自分から取り出すことができたからである。しかし、彼が債務者の人身をわがものにするとき、彼は債務者からすべてを奪っている。債権者は、自分自身が蒙っている被害にはるかに優る大きな被害を、債務者に対して引き起こす。債権者があまりにも待ちすぎたために失う恐れのあった総額は、機が熟す前の暴力によって、この不幸な人間から彼が奪う自由なるもので相殺することはできない。

法律は、一方で、債務者の眼下に危険を置いて、彼が危険を冒していたことを示し、他方で、ぎりぎりになってしか、債務者を犠牲者とする厳しい権利に承認を与えない、などと言ってはならない。こんな手加減などと言われるしろものは、夢まぼろしである。警告と猶予——すべてのものは、貧乏人を粛清するために一丸となっている。彼は、警告も猶予も利用することはできない。それらは、彼を欺く罠であって、彼を支える大黒柱ではない。

猶予は、たしかな財源がある人間にとってしか、利点にはならない。猶予を認める法律は、絶対的貧窮をやわらげるどころか、彼の破産をさらに忌まわしいものにすることで、それ以上に、完璧に彼を叩きのめす。この法律は、法的義務を彼が果たすための手段を彼に残すというよりも、むしろ、弁解するための言い訳を彼から奪ってしまう。猶予とは切っても切れない関係を持つ申請および法的有罪確定の費用は、新たな超過負担となる。それは、元金総額に付け加えられる、恐ろしくもあり、現実的でもある高利である。それを背負う不幸な人間の転落は、すこしばかり催促されなかったからと言って、より残酷なことでしかない。

警告とか言われるものについて、つまり、彼が援助される場合の諸条件を彼に知らしめることについては、警告の中身をじっくり考えるだけの余力がないという実情を見ない人がいるだろうか？　必要に迫られた人間は、指定日に総額を返さなければ、恐ろしい罰を受けるぞ、というはるか先の恐怖によってたじろがされるよりも、それ以上に、彼が借りているかねが彼にもたらす現在の安らぎの方がはるかにうれしいものだ。不幸のまっただなかにいると、より幸せな未来を期待しない人間なんてだれもいない。赤貧が希望を窒息させるために作られていると思えるのに、おぞましさがきわまった赤貧の腕につかまえられていてもなおのこと、希望は生きている。死すべき者たちのうちで貧窮をきわめる者がひとりの金持ちに助けてくれと懇願するときには、彼は、まもなく債務を履行することができるようになると約束する。一銭も返さない計画を十分練ったうえで借金ができる人間は、通常は、貧乏人のあいだには見つからない。

しかしながら、時間が貧乏人の迷妄を解きにやって来るとき、そして、運命の期限の到来は、彼らが時間を守っていることを明らかにするはずであったのに、かえってそれが彼らの無能ぶりを示す証人にしかならないとき、これらの不幸な人びとに対して、まことに無理もない不誠実さがこれほど苦い果実を生産することは、正しいことなのだろうか？　怒った債権者は、自分の信用をだまし取った――などと彼は言う――悪意に対して、激しい怒りをぶつける。債権者は、悪意がしばしば自発的なものではなく、強制されたものであることを見ようともしない。彼は、彼の頑固さを正当化するために、彼の同情心をかきたてるに違いない貧困を大いに活用する。

彼らは約束をしたが、それを守らなかったのだ！　しかし、彼らは約束を守るつもりでいた。だけれども、彼らの力など到底及ばない契約を彼らがしてしまったのは、彼らの心情に誠実さがあったからであり、同時に彼らが窮乏に苦悶していたからである。彼らにもう少し慎みがなくはなかったら、彼らは、腹が減って死んでいただろう。彼らの誓約の大胆さそれ自体が、誓約を書き取らせた潔白さの疑いようのない保証である。約束の軽さに、つい貧乏人の目がくらんだのは、迫り来る飢えのせいである。この否応ない動機は、援助の必要性を焦眉の急にしていた。そして、希望は、原状回復について、その疑う余地のない容易さを遠くの方で彼らに示していた。こうした動機と希望のあいだに彼らがはさまったとき、人類全体を支配するふたりの案内人に身を任せたことで、彼らを大げさに責め立てることなどできるのか？　彼らは誤りを犯さないわけにはいかなかったのに、これほど容赦なく誤りを罰する覚悟を人は決められるのか？　貧乏人が死ぬのを妨げてきた、あの見せかけの援助を、彼ら自身の生存で支払わせるようなことを彼らにするのか？　債権者は、彼らをいったんは貧困から引き出したあとで、当の貧困から彼らに対する権利を自分のために作るようなことが許されているのか？　間違いなく損失に彼らを導くような欲得づくの安らぎを、彼らに売りつけるようなことが許されているのか？

正義と人道が叫んでいるのは以上のことである。正義と人道は考える。いかに金額の総量が莫大にのぼろうと、それだからと言って、ひとりの人間の自由と等価値のものとして、それを見なすことはけっしてできない、と。自由が競売に付されること、戦闘の結果、しばしばその値段が極端に下がることを正義と人道が我慢し、この恥ずべき取引に抗議をまったく申し入れないのは、助言を求められることがそのときには、ほとんどなかったからであり、この恐るべき瞬間に口をきけないからであり、喉を切られ、戦場に広がった三万人に及ぶ死体の光景が生き残りを競《せ》りにかける権利を人が持つことに説得力ある証明を提供しているからだ。

しかし、大声を出せば、しばしば人びとが正義と人道に一層耳を傾けるわけではないけれども、声を大きく出すことなら許されている、もっと流血が少ない口論においても、また、道具だてがもっと平和的で、大砲に弾をこめても、それが決定的な手段たりえない論争においても、さらに、一見したところ、正義と人道に鼓舞されてしか行動しないように作られている法廷においても、なんらかの借金の保全のために、市民の人身そのものを抵当にいれるように無理強いするほど極端な野蛮性が存在することを、正義と人道はおおっぴらに諫《いさ》めている。だから、正義と人道は、あの忌まわしい契約に同意するなんて、まったくとんでもない話だ、と抗議しているのだ。政治と所有精神が自分たちの番が来たと、さらにもっと力をこめて喋り出さなかったなら、また、富裕に最高の効用をもたらすがゆえに、残酷きわまりない体系を政治と所有精神が押し通さなかったら、おそらく正義と人道の諫言は、勝ちを収めていたに違いない。

第一九章　弁済不能な債務者を立法者たちが奴隷身分に落したときに、彼らが根拠としたこと

私が議論の余地なく証明したように、社会諸制度の精神は、人身の保護どころか、財産所有の保持にある。(1) まさにこの目的に、社会諸制度は、すべてを結びつけ、この目的のためにすべてを犠牲にする。自然は、人間の全体的な共通利益のために、あらゆる種類の富を地上にふんだんに与えた。社会はこの特権を制限した。社会は、人類の最大部分が他の部分の享受の道具でしかないことを望んだ。社会は、秤《はかり》でいとも簡単に人間を量るが、しかし、この秤《はかり》は原初の司法のそれではたしかにない。まさにこの操作に従って、社会は彼らの価値について発言し、社会は、人類の最大部分を、その所有物のなかでもっとも卑しいものとして見なすことに心を決める。

そこから出てくることは、社会が人間を判断するときには、人間の性質にもとづいて判断するのではまったくなく、所有者としての資格にもとづいて判断するということである。人間に対する社会の評価は、彼らの所有物の規模で測られる。なにも持っていない人間は、だれであろうと、社会の目からは、消し去られる。彼は、なにか自分のものを持っているどころではなく、彼に命を長らえさせてきた食料の代価でさえ、他人のおかげを蒙っているとすれば、彼の消去は、彼が受け取った総額に比例して増大することになる。彼が生きていることそれ自体がいわばマイナスなのである。彼は、もはや借金によってしか社会とつながっていな

い。社会は、もし債権者の利益が彼の死と対立しないなら、彼にほとんど目もくれることなく、彼が死にゆくのを放置するに違いない。

しかし、債権者は、事件が起こって、彼の権利書が巧みにかいくぐられ、彼の債権が打ち壊されれば、すべてを失うわけだから、社会は、彼を安心させる抵当を捕まえることで、債権者が事件を未然に防ぐことができるようにする。債権者が訴追する不幸な人間の方は、自分自身しか、ほかに与えるべき抵当など持っていないわけだから、彼を訴追している人間には、彼の人身をわがものにすることが許されるのである。債権者がそこから引き出す奉仕で、自分の金銭的損失を償うことは十分根拠のあることだと宣言される。債権者が見知らぬ人間に自分の権利を移せること、そして、彼が獲得した権限が一枚の商業手形となり、それを売却することで、かつてなにひとつとして債務者が恩義を受けたことがなかった主人に、彼が無理やり従わされることが望まれさえするのである。

たしかにこれは、所有権を残酷に濫用することである。それは所有権の帰結を究極にまで押し進めることである。しかし、この帰結と濫用は、社会の避けがたい結果である。砂だらけの道を走りながら、豪華な四輪馬車が巻きあげているのは、ほこりである。乗り物の利益にまったく与《あずか》らない通行人しか、それをあまり迷惑なものとは感じてはいない。ほこりを彼らの目に運ぶ風は、ほこりを巻きあげさせている人間をほこりから守っている。それと同じで、社会は、この欠くべからざる野蛮さを所有権と一緒に引きずっているが、

(1) 以下、安斉訳、一九五—一九六ページ参照。

しかし、この野蛮さは、社会の心地よさをまったくといっていいほど感じていない人間にとってしか、致命的なものにはならない。所有権(2)は、所有権の剝奪にもとづいて打ち立てられる以上、貧乏人が失うのを防ぐためにあるのではない。それの唯一の目的は、金持ちが自分の所有物を失わないようにすることである。所有権はただそのためにできたのだから。

弁済不能な債務者の奴隷制が太古の昔からの建物のひとつであり、世界中に広がった建物のひとつである理由は以上の通りである。弁済不能な債務者には、借金が一種の変身を引き起こすことが、世界のどこにおいても、前提とされた。この変身は、彼に人間としての姿を失わせることなく、彼から人間性にかかわるすべての大権を奪っていた。彼の命は、外部の援助でのみ、保全されていたにすぎないから、外部の援助を彼が目にすることができなくなるやいなや、彼にはこの命は属さないものと見なされるのである。彼の血は、債権者が食料の代価を提供したことによってできあがるのだから、立法者たちからすると、債権者の財産の一部にしかもはや思えないのである。こういう発想があったからこそ、立法者たちは、弁済不能な債務者を売り飛ばすことや彼を自分の利益のために隷属させることをかつては許していたのである。彼らは、債権者のかねの横領者に対する完全な専制主義を債権者に授けた。その専制主義は、このかねそのものに対して彼らが債権者に付与したものと、完全さの点で変わりはなかった。

第二〇章　弁済不能な債務者の奴隷制は、一般に受けいれられてきたこと。この点に関するローマ法の恐るべき野蛮さ

この法規は、すべての国の国民の法律があまねく順応してきた法規のうちのひとつである。私がすでに語ってきた他のすべての国民と同様、例の国民にも風土は、影響を及ぼさなかった。ゲルマン人は、沼地の泥水（＊1）のなかでこの法規を採用してきたが、それは、アテナイ人がアッティカ地方（＊2）の乾燥した砂地のまんなかでそれを採用してきたのと同じである。借金はかねで支払うか、それとも自由で支払うか、どちらかでなければならぬ、という格言[1]は、あらゆる言語で表現されたあらゆる国の格言になっている。これから触れるつもりだが、われわれのあいだでも、それはまだ、その効力のすべてとともに、生きている。それは、われわれの法律がそこに修正と称するものをもたらそうとしているにもかかわらず、日々、確認されている。

（＊1）　タキトゥス、『ゲルマン人の風習について』。

(1) ラテン語原文は、aut in aere, aut in aute で、厳密には、「かねで支払うか、からだで支払うか」である。

(2) 以下、野沢訳、二五一ページ参照。安斉訳では、この文章の主語を「社会」と解釈しているが、「所有権」と解釈する野沢訳を採った。ただし、ses privations の解釈は異なる。

（＊2）　プルタルコス、『ソロンの生涯』。

格言のきっかけとなった原理は、ローマ人にあっては、十二表法の編纂者たちに非常に強い印象を与えたので、それに一切背かないようにしようと、彼らは、法律集のなかで、役たたずであるのと同じくらいむかつくような取引を神聖化してしまった。彼らは、たったひとりの債務者が複数の債権者を持つという、きわめて普通に見られた状況をあらかじめ考えていた。弁済不能の事態になったときに、複数の債権者全員を満足させようとして、彼らは、債務者の身体を細切れに切ること、そして、訴追者たちのそれぞれが債権の持ち分に比例した肉塊を持つことを命令した(2)（＊3）。

（＊3）　『ローマ法制史』、第三の表の第七番目の法律。

この法律は、それがまがいものでないことを確認するために必要な注意のすべてをつけて、発布された。所有権を擁護しようとする欲求は、法体系に妄想をもちこむが、かかる妄想の証拠としては、人間が見つけ得る限りで、おそらくこれがもっとも恐ろしいもののひとつである。人間が金持ちにとってどれくらい有用であるかに比例してのみ人間が量られていた。この物質的計算精神の明白な効果以上のものを想像することは不可能である。この点はいま言ったばかりであるが、十人委員は、薄切りに切り分けることを許したこの肉体を、一枚の布きれと同一視してしまっていた。おそらく、幾人もの個人がそれに素材を提供しただろうから、分配的正義が各人に自分のものを与えるために、それを端切れに分割しないではすまなかった。

この奇妙な算定の根拠は、債務者が他人の負担で生きながらえはじめた瞬間から、自分自身に対するいかなる権利をも債務者が取って置かなかったから、というものであった。彼の命は、見ず知らずの所有権の分け前によってのほか、もはや維持されなくなっているので、生命を維持していた食料の本性を帯びていたのだ。彼の四肢は、穀物所有者の領分となり、彼らがその肉汁をわがものとしていたのである。だれもが、かつては自分に属していたこと知っていたものを、そこに再び取りに行くことができるようになった。びっくりするほど正確な厳密さでこの再確認に取りかかることなど難しかったし、そのうえ、分配の際に、腕を養っていた人間に足が転がりこんできたり、頭を請求できたはずなのに、腹が転がりこんできたりすることなど、実際的にはまったくどうでもよかったことなので、法律は、四肢の解体一般を許しただけで満足し、分配の大いなる公平性には不安など抱かなかった。

それでもなお、法律は、その細密さを極限にまで押し進め、ぞっとするようなこの取引において、債権者に善意を推奨する始末だった。彼らが不器用であったり、債権者に返すべき分よりも多く切ったり、少なく切ったりしても、少なくともそれがだまそうという欲望を持っていないこと(3)を、法律は望んでいるのである。

(2) マルクス、『資本論』、第三巻、第一篇、第五章、第一節、「不変資本を構成する生産諸手段は資本家のかねだけを代表する（ランゲによれば、ローマの債務者のからだが彼の債務者のかねを代表するように）」。本章、訳註(9)参照。

(3) ラテン語原文は、si plus, minusve secuerint, sine fraude esto で、厳密には、「彼らがより多く切ったり、より少なく切ったりするにしても、欺瞞なしでなければならない」である。

註釈者たちは、熱愛の対象が産み出したこの恐ろしい作品を恥ずかしく思いながら訳したので、その意味を緩和し、法律のこの部分が含んでいるおぞましい滑稽さを救い出そうと試みた。彼らは、「欺瞞なしで」［原文ラテン語］を「罰せられずに」という言葉で表現した。こういうように訳すことで、彼らによると、十二表法は次のように言っているだけだというのである。司法上のこの屠殺行為に合法的に取りかかるべく集まった債権者たちは、偶然に任せて肉片を切り取っても、罰せられる恐れはないということがそれである。しかし、こんな風に法文を解釈することは、まさに文章の改竄《ざん》である。ひどい侮辱を人間性に加えることが体刑執行人には許されていたが、彼らがそうした刑を執行しているときでさえ、善意に忠実であるという聖なる刀を債権者が武器として彼らに与えよ、という意見をこの法文は明らかに含んでいる。それは、体刑執行人にとっては、犠牲を捧げる祭司が利益のために生け贄を捧げるときに、犠牲者の臓腑から自分の分け前を取るような形で手筈を整えるようにと説く精神訓話である。

別の註釈者たちは、この命令の全体を正当化しようと試みた。彼らは、これが単なる寓意であり、比喩的表現しか含んでいないと主張した。この債務者の解剖は、と彼らは言う、彼を販売したことに由来するデナリウス銀貨［ローマの通貨］の分割を債権者全員のあいだで行なっているにすぎない。それは一種の順序であって、債権者各自の債権者弁済順位がそこでわけへだてなく、決められるということなのである。順位は、われわれのところとは違って、債権証書の古さに比例するのではない。彼の債権額に比例した権利を総体に対して行使するために、順位を決めるのである。

このうえなく粗野な単純性だけをはっきりと示すこれらの法律において、十人委員が寓話を用いて喋るという突飛な思いつきを持ったなどということは考えにくい。そういうことを信じることができた場合には、今度は、この単純性がいささか度を越していることを認めなければならなくなるであろう。それは、法律の作者たちの側でさえ、説明に値するほどのものであったであろう。しかし、はるか遠い昔にそれに説明を与えようと思いついたにしても、その説明は、いかなるやり方をとっても納得できるものではない。クィンティリアヌス（＊4）とそのほかの多数にのぼる古代著作家は、この法律の法文を自然な意味でとってきた。アウルス・ゲッリウス（＊5）(4)には、それを非難している哲学者とそれを正当化している法律家が認められる。哲学者も、法律家も、そこに少しの寓意も想定していない。それを引用する（＊6）テルトゥリアヌス(5)でさえ、ローマ法の不完全さを示す証拠としてそれを与えている。もしテルトゥリアヌスが非難している野蛮性が言葉だけのものでしかなかったら、こんなことを彼はしなかったであろうに。

（＊4）『弁論家の教育』、第一二篇、第六章。
（＊5）『アッティカの夜』、第二〇篇、第一章。
（＊6）『護教論』、第四章。

(4) アウルス・ゲッリウス（一八〇歿）。古代ローマの文法学者。ギリシアのアテナイに滞在し、有名教師について研鑽を重ねたときの記録を『アッティカの夜』として残した。

(5) テルトゥリアヌス、クィントゥス・セプティミウス・フロレンス（一五五頃―二二〇頃）。北アフリカ、カルタゴ出身のラテン教父に数えられる護教論者。しかしその事蹟については謎が多く、モンタノス派に移ったのち、みずからの宗派を分離独立させた、と言われるが定かではない。

そのうえ、法律の作者たちの意図について取り違えることなどあり得ないほど、十分明確に法律は、それ自体で明らかである。法律は言う。「もし複数の債権者がいるなら、彼らは債務者を塊に切らなければならない。彼らがより多く切ったり、より少なく切ったりするにしても、欺瞞なしでなければならない。彼らがさらにそれ以上に望むなら、それをティベリス河[6]より外で販売しなければならない[7]」。

御覧のように、この文章は、三つのフレーズを含んでいる。第一のフレーズが譬《たと》えでしかなかったら、第三番目のフレーズなどは必要なくなったに違いない。そうだとすると、第一のフレーズは、第三番目の繰返しにすぎなくなろう。債権者たちに販売を行なうべき場所を示すのは、販売が債権者の好みに合っている場合だけである以上、同じことを言うのに、なにもふたつの条項を使う必要はなくなっていた。しかし、ここで問題になっている条項は、選択については、そのままにして触れていない。したがって、それぞれの条項が区別された意味を持つのである。そして、債務者を塊に切れ、と言っている条項は、もしあなたが望むなら、それを売れ、を記載する条項とは別のことを意味している。

そのうえ、第一と第三のフレーズのあいだにいかなる相違もないとすれば、三つのフレーズのうち第二のフレーズに含まれている妥当な考察は、いったいなにを非難攻撃しているのだろうか？　より多く切ったり、より少なく切ったりしに来るなら、それは欺瞞があってはならないなどと、どうして言わなければならないのか？　現金の分配なら、このような間違いに陥りやすくはなかったはずである。それに取りかかれたとしたら、刀と一緒にではない。立法者がそこで、まさに現実の解体について語っていることは明らかである。ほとんど訓練を受けたことのない、ああした屠殺者の未熟な腕だけを立法者が恐れていることは明白である。

解体を試みなければならない対象を屠殺者たちに引き渡すけれども、そこに悪意を加えないように彼らに立法者が勧めているときには、おかねの分配を立法者が視野にいれていたなどということをそもそも仮定することはできない。おかねの分配なら、技巧などどこにもはいる余地はないはずだからだ。当然のことながら、おかねの分配となると、証書の割当額で決められていただろうから。

さらにそれ以上のことがある。まさにこの法律の法文が以上のようであり、改竄《ざん》されずに、それが保存されてきたとするなら、もっとも一般的にそれに与えられる意味より以上に、さらにまことにおぞましい意味を、最後の条項から引き出すことが可能になっていたに違いない。販売に付すことが許されるのは、生きた債務者なのではない。それは、切断された彼の四肢であるはずである。まさに厳密な意味で切り刻まれる彼の肉で、債権者の損害を償うために、ティベリス河より外で、店を開くことが債権者には許されることになる。販売許可は、切ることの許可が出たあとではじめてやってくるし、できうる限りで最高の平等性を持って肉塊を分配せよという命令は、購買者の好奇心に肉塊をさらすことが許される市場の場所を指示するのに先だっているので、そこから、ギニアの黄金海岸(8)およびそのほかの場所について言われているように、ティ

(6)現在のイタリア、ローマの中心を貫流するティベレ河。

(7)この三つのフレーズからなる法文について、ランゲはラテン語原文を引用しているので、それを参照して訳出した。

(8)アフリカ中西部、ギニア湾に臨む現在のガーナの海岸地方で、黄金の積出港があったことからその名がある。もちろん、奴隷も商品としてここから積み出されていた。また、黄金海岸の東には奴隷海岸が連なっていた。

ベリス河の河岸には、この奇妙な種類の商品の小売りに当てられた場所があったという結論を導き出せるかもしれない。そうした場所がなければ、こんなに綿密に分配しても、ずいぶん無駄なことだったろうから。

こうした解釈を採用するためには、実を言うと、この時代のローマ人が人肉に少しばかり嗜好を持っていたと仮定する必要があるだろう。(9) 少なくとも、彼らのあいだでかねを高利で貸すことを生業《なりわい》にしていた人びとは、彼らの同業者の損害を賠償し、悪しき意図を持つ債務者に教訓となる例を与えるために、人肉を普段から競売に付していたと考えなければならないだろう。こうした観念は、ローマにとっては名誉になるものではない。しかし、結局、それは、ローマの歴史がわれわれに与えてくれる観念と、さしあたりは、言われているほどひどく衝突するものではない。この町は、世界をかつては荒らしまわった、極め付きの情け容赦ない高利貸しで満ち溢れていた。富裕な市民は、そこでは、この種のかねになる商売のほかはほとんど知らなかった。こういう人間にとっては、弁済不能な債務者の肉塊は、洗練された料理であり、生きているあいだは、同情のかけらもなく血をすすり取った不幸な人間たちを、死んでのち、食べることは彼らにとって自慢の快楽であった、と考えることは、おそらくさほど常軌を逸したことではないだろう。

このことが単なる推測にすぎないことを私は認める。しかし、さほど自然でもなく、さほど根拠があるわけでもない、古代に関する推測を、いったいどれくらい人は試してきたことだろうか？　また、どれくらい毎日のように試していることだろうか？　以上が、推測を許す法律の正確な文章である。もし私が学者であるとか、註釈者であるとかという名誉を、少しばかりの博識とともに、持っていれば、私は、やすやすと、見かけはまったく真理と見えるような体系を産み出させたことだろう。しかし、あいにく私は学者でもなく、註釈者でもないので、私はこの発見を放棄して悔いはない。それは、人類にとってはあまりにも恥となるので、私はそれを検証しようなどとは思いもしないほどである。

私はひとつの考察で満足するつもりである。十二表法にいかなる意味を与えようとも、それは、滑稽さのきわみと残忍さのきわみをつねに集めている。このような立法者たちは、人間の記憶のなかで、そして、法律学の知識を備えた人間たちのあいだで、ずいぶん輝かしい地位を占めるのに適しているようには見えない。それにもかかわらずわが王たちによる正真正銘の王令を凌《しの》ぐ力をわれわれのあいだで持っている法律編纂というものの基礎に彼らの諸法規がなっていることは、奇妙な話ではないか？ イタリアの小さな河の河岸にある小さな村のあの屠殺者たちの決定を、突如として、法律家が呼び出すのを聞いていると、憤慨する権利が人にはあるのではないだろうか？ われわれが持っている決定を真剣に説明したり、熱狂的にほめそやしたり、そしてわれわれが持っていない決定を苦しみながら嘆くことに疲労困憊している註釈者を見たとき、平然と笑い飛ばすことが許されているのではないか？

（9）弁済不能の債務者の肉をローマ人の債権者たちが食べる習慣を持っていたという「ランゲの仮説」については、マルクス、『資本論』、第一巻、第三篇、第八章、第六節、註記一五二参照。「同じ見解は、ローマの貴族にあっても、実用に供せられていた。彼らが平民の債務者に前貸ししたかねは、債務者の生活手段をとおして、債務者の血と肉に転化した。それゆえ、この『血と肉』は、『彼らのかね』であった。十表法のシャイロック的な法律はここから出てきた！ 貴族の債権者たちが時折、ティベレ河の向こう岸で、債務者たちの人肉を調理して、宴会を催していたというランゲの仮説は、さておくとしよう」。

古代の著者たちすべてのなかから、われわれに残されている断片を拾い集めるためには、想像もつかないような仕事が必要であった。それに献身している勤勉な精神の我慢を賞賛すべきであるが、彼らの趣味となると、そうはいかない。この仕事がわれわれの慣習法の編纂で刷新されていなかったら、それに続いて、雑然としたあの法律集成に関して作られた註釈集によって刷新されていなかったら、それは比類なきものになっていただろうに。ところでこれらの註釈集は、ときとして十二表法と同じくらい馬鹿げているにもかかわらず、それでもなお、十二表法と同じくらい野蛮なものではけっしてないという長所を持っている。

第二一章　弁済不能性に対して言い渡された奴隷制は、社会的効用を持っていたこと

ローマの立法者たちのためにこそ、この無慈悲で突飛な奇癖は取っておかれていた。そのほかのいたるところで、とくにアジアで、所有精神は、同じ原理で突き動かされていたにもかかわらず、より穏やかな姿で現われた。その妄想も、さほど狂気に走ってはいなかった。それは、債務者が自分の人身で支払う以外に手がなかったときに、それで自分を解放することを義務づけていた。しかし、債権者が利益を引き出すことが許されていたのは、彼の労働からであって、彼の肉からではなかった。債務者が労働を捧げるのは、債権者の現実的効用のためであって、不毛であるのと同じくらいぞっとするような復讐のためではなかった。

この手続きは修正を伴っていてさえも、残酷に見える。片時の安らぎの総額を返還することができなくなったことに、恒久的な隷属を結びつけるという発想とは、なじみになれないのである。この決定は、罰し

ている違反案件から身を守ることが一番できなかった人間たちのあいだで犯された違反のうえに正確に向けられているだけに、一層、けしからぬ思いが募る。不幸な人間がその不幸のまっただなかで獲得した短いくつろぎを、こんなにも長い体刑で贖《あがな》わせる刑を宣告しているので、そのような不幸な人間の境遇にはうめき声が洩れる。一瞬だけ、悲惨な境遇を中断してくれた援助が、まるで低すぎる堤防のように、彼にとってはさらに一層重大な不運の源になるのを見るとき、同情で心が打ち震える。こんな堤防では、河が氾濫して増水したときに、それを止めることができずに、数分間、近隣の村々を守ったように見えたけれども、かえって、村々の流失をそれ以上にたしかなものにするのに役だつだけであるからだ。

これらの反省は、正しくもあり、真実でもある。しかし、人は思弁においてのみそれらを承認することができるにすぎない。それらは、立法者たちを制止するようにできてはいない。全体的眺望のみが彼らの注意を引きつける唯一のものであるはずだ。個別の付帯請求は彼らには適していない。規則正しく生け垣のクマシデを刈りたいのであれば、若芽でいっぱいになった枝がのちのち溢れんばかりの緑を約束しているように思えても、数本のそうした枝を整枝するために、寄り道をするではないか？　諸国家も、法体系が刈りこむ大きなクマシデの生け垣である。法体系は、その能力の及ぶ限り正確にクマシデの高さを揃える。鎌の刃を操るには、たくましい、決然たる手が必要である。一層の目こぼしに値するような数本の枝にとっては、この手はおそらく致命的なものとなろう。しかし、それらの枝を犠牲にするのは、全体的秩序のためなのである。それらの枝を失うことから、あるいは、それらの全面的伐採からでさえ、生け垣の規則性が生まれ、見た目の美しさが生まれるのである。

社会がいったん確立されると、そのなかでは、事実と認められる赤貧が借金の唯一のきっかけであり、みずからの意志に依らない無能力が支払に対する唯一の障害であったとすれば、それを奴隷制で罰するなどという法律は、おぞましい法律であり、それは、人類全体の同意によって禁じるに値するものであったろう。しかし、大胆不敵な借り手を弁済不能にするのに役だつ別の理由がたくさんある。放蕩、不行跡、だらしなさ、怠惰は、万策尽きた債務者が行き当たる状況に多大の影響を及ぼす。ひとたび弁済不能性が合法的口実として受けいれられると、それは、きわめて広い範囲にわたる敗北となるので、古代の立法者たちは、その濫用を防ぐために厳しくそれを禁じざるを得ない羽目に陥った。全部の人がそれを利用するのではないかと恐れて、彼らはそれをだれに対しても残さなかった。彼らは、まったく罪がないのに弁済不能に陥る債務者も、ときには出てくることを十分自覚していた。しかし、例外は、彼らの計画のなかにはいるはずもなかった。そして、彼らの有罪宣告が、ときには、不当であることもあり得たけれども、その宣告について彼らが非難されることはなかった。というのも、大多数の場合は、有罪宣告が不当ではなかったからだ。

彼らの主要な目的は、各人は「各人にその財産を保存しておくこと」[1]であったし、また、そうでなければならなかった。貧乏人はもはや財産を持っていないし、彼が消費してしまった他人の財産の保全には、自身の人身を担保として持っていたので、法律は貧乏人を債権者たちから保護するわけにはいかなかった。その頃、債権者たちは、唯一の所有者であり、したがって、法による救いを要求する権利を持つ唯一の人間であった。抵当があるなら自分たちのかねを危険にさらしてもいい、と所有者たちが同意したので、法律はその抵当を彼らに差し出さざるを得なかった。借り手は、世間では、抵当に代わりうるものとしては、なにも持ち合わせていなかったので、彼の人身が抵当となった。だから、借り手を奴隷制に委ねるために、彼が連れ去られても、彼の叫び声は役に立たなかった。立法者は、憐れみの情が借り手のために懇願するのを、不承不承、拒絶していた。立法者は、借り手を捕まえた債権者にため息をつきながら力を貸し、この幸薄き人間のうめき声を感じるのを恐れて、両耳を、正当な理由があって、塞いでいた。

もうひとつ別の行為が、金持ちにとっても、貧乏人自身にとっても、ほとんど同じくらい害を及ぼすものとなったに違いなかった。金持ちは、すべての財産の排他的預かり人であった。彼は、垣根で所有地を囲って、だれもはいってこられないようにする権利があった。彼は、返還が確かな場合にだけ、赤貧でやせ細った不幸な人びとに、少し経ってから、自分が排他的預かり人であることを打ち明ける気にならないわけにはいかなかった。この動機がないと、飢餓で死にそうな彼の隣人は、非常に心の広い鷹揚さを金持ちが持っている——このことを信じるのはもっと難しいことだが——のでない限りは、彼を頑固な冷酷さの塊としてしか見なかったに違いない。

疲弊した家族を助けることで、金持ちがやろうとしたのは、かねの前貸しではなくて、施しのようなものである。貸し付けることよりも、与えることを決断する方が難しいし、これ以上ないほど、中身がいっぱいの財布は、まさしく紐ではるかに簡単に締められる財布であるし、それを開こうとすれば、これ以上ないほど、難しいので、彼らにそういうことをやる決心をつけさせるためには、彼らに借金の取り立てについて、

---

(1) 原文はラテン語で、厳密には、「法律は、各人にその分を割り当てることである」となる。

なんらかの安心材料を示す必要があった。ほかの手だてが定められた期日までに欠けているような場合には、債務者の人身、つまり彼の存在そのものを自分のものにしてよいという許可を当てにする以外に、安心材料をなにで支えればよいというのか?

現金《なま》が視野から消えてしまうとすぐに、自分の現金《なま》の行く末がいつも気になる富者を、こういう展望がないままでは、どうして安心させられるというのか? 法律は、富者が身をさらしていた、同情に身を委ねるという危険を減じながら、もう少し富者が同情心に敏感になるようにする手段を整えていた。法律は、貧者に対抗して恐るべき武器を供与しているように見えながら、実際には、貧者に救いを用意していた。実を言うと、その結果は、貧者にとって苦渋に満ちたものになり得た。しかし、こういうことがなければ、彼は、救いを手にいれることもなかっただろう。彼がその結果を受け入れることによって、さらされることになった危険は、それを拒むことを妨げる唯一の理由であった。

そのことはたしかに耐え難い。それはおぞましい。幸薄き人びとの見ている前で、心と財布が開かれることはたしかにより気高いことであろう。貧者のわらぶきの家に金持ちの手がかねをばらまきに行って、彼の善行に伴なう祝福以外の償いをそこから引き出さないことを金持ちの手が認めることは、さらに美しい。こうした思弁、こうした教訓話は、理論では讃嘆すべきである。しかし、だからと言って、実際に、そこになんらかの中身を作らなければならないだろうか? 残念ながらその必要はない。

所有欲(2)にとらわれだすと、とたんに心は偏狭になった。いうなれば、物質化した。利益以外の他の動機にはほぼ完全に門戸をとざした。心を動かすことができるのは、所有精神だけである。きわめて強く所有精神は、心を対象に結びつけているから、対象の喪失に対して心に安心感を与えることによってのみ、心を通わせるように促すことができる。それはまるで、子供を喜ばせているがらくたを、あとで返すと約束してはじめて、子供の手から引き出すようなものである。この不信感、それが産み出す無感動、そこから帰結する残酷な入念さについて、非難すべきは立法者たちなのであろうか？　たしかに、そうではない。これらすべての不都合を必然ならしめる構成を持った社会そのものを非難すべきなのである。

有名な哲学者（プラトン）は、どこかで主張している。君のものと僕のものが知られていない国家のほかに、幸せな国家はない、と。それは真実なのかもしれない。しかし、これよりさらに真実なのは、このような国家は政治学における絵空事だということである。それは、人間たちのあいだにある頭だけで考えられた存在である。所有権を取り除くやいなや、人間たちを結びつけることができる絆はなんであろうか？　また、所有権を保持するやいなや、所有物を区別する必要性をどうやって避けるというのか？　したがって、君のものと僕のものという恐ろしい単語が地球上に広げた忌まわしい影響からどうやって免れるというのか？　貧困の攻撃から身を守るために、富裕にとっては必要になる障壁のすべてを富裕にいかにして与えないで済ますというのか？　信頼に背いた動機がなんであれ、信頼できない借り手の人身そのものを債権者に委ねる以外のやり方で、借用証書を代弁する債権者の訴追に、いかにして応じようというのか？

（2）以下、「門戸をとざした」までは、野沢訳、二五一ページ下段。安斉訳、一九六ページ参照。

第二二章　われわれのところでの身体拘束は、弁済不能を理由にした奴隷制に当たること

だから、所有欲[1]と葛藤を起こす際は、いつでも人道など脇におかなくてはならない。これら二人の格闘家のあいだで持ちあがる争闘において、法体系が勝利の軍配をあげなければならないのは、いつでも前者の方に向かってである。法体系が所有欲に味方するときには、それをおおっぴらに、条件など付けずに、違反も遅延も認めない仕方で行なわなければならない。厳格さが為になり、頑固さが賞賛さるべきものになるのは、まさにこういった類の場合においてである。法体系がぐらついたり、臆病に見えたりするなら、それが守られることはけっしてないと確信することができる。軟弱に争いごとを決着させるよりは、決着がつかないままにしておく方がはるかによい。ひとつの裁定のなかで釣合の位置はいつもずれる。それは、負けた側の利益になるように向きを変えないのに、勝った側に害を与える。それは、どちらの側にも不満を抱かせ、新たな紛争に火種を与えるだけである。

ここで問題にしている対象に関するわが現代法の難点と言いうるものは、これではないだろうか？　私がすぐにでも検討してみようと思う動機のせいで、われわれのあいだでは、奴隷制があらゆる意味において廃絶された。白人を自己利益のために鎖につなぐことは、あらゆる白人に禁じられている。白人からびた一文借りていない黒人を白人が売ることは、許されている。しかし、借金を抱えていても、オリーヴ色または

灰色の肌の色は、幸運にもその肌の色を授かった人びとにとっては、この取引に加えられる危険からあらかじめ彼らを守る護符みたいなものである。髪の毛をはやし、帽子をかぶった生き物を市場で売却するために展示することは、ぞっとするような残虐行為であろう。しかし、羊毛のような毛で覆われた頭と黒褐色の網状膜(2)を持つ生き物であれば、ためらいなくそれを人びとは市場に連れて行くことができる。それは、奴隷身分に売り渡されるために生まれてきたことは間違いないような畜生である。こんな種類の動物を取引する商人の良心は、完全きわまりない安心感を享受している。

ずいぶん繊細になり、まさに感心するほど人間性の諸権利に敬意を払うとき、人が思い当たるのは、さもしい利益のためにわれわれの兄弟を奴隷身分に捧げるなどという発想にわれわれが耐え得なかったのではないかということである。ヨーロッパ人なら、悪質な借金の償いをさせるために、債務者を有輪の犂《すき》につなぐことを提案されれば、卒倒してしまうだろう。強制されてはいるものの、有益ではある労働によって、債権を弁済して消し去る以外に、債権から債務者が逃れるすべがない場合には、そのような労働に彼を義務づけなければならないと、ヨーロッパ人が忠告されたら、彼らは失神してしまうだろう。

(1) 以下の一フレーズは野沢訳、二五一ページ下段。

(2) オリーヴ色または灰色 どちらも、アジア人の肌の色を示す。前者は黄色人種のことで、後者はモンゴル、シベリアなど北部地方に居住する人種を指す。

(3) イタリアの解剖学者マルピーギ(一六二八—一六九四)が動物の表皮と皮膚とのあいだに発見した網状の組織。動物の舌や鳥の足、ついで人間の腕でも発見された。マルピーギは、この組織を用いて黒人の肌の色合いを区別した。

とはいえ、ヨーロッパ人たちも、アジア人や世界のほかの民族と少なくとも変わらぬくらい、金銭というものを高く評価している。彼らは、かねを貸したときには、ほかの民族とまったく同じほど十全にそれを回収することに重大な関心を寄せる。ヨーロッパ人にあっては、所有は、嫉妬深くないわけでもなく、強欲でないわけでもなく、強力無比でないわけでもない。だから、一面で、法律は、ゾイデル海[4]から地中海に至るまで、ヘラクレスの円柱［ジブラルタル海峡］からドナウ河に至るまで、社会を活気づけ、養うこの利害精神に適応しなければならなかった。他面、法律は、世界のこの美しい部分に住む諸国民が人道に対して持っているこまやかな尊敬心をおろそかにすることがないように気をつけなければならなかった。法律は、これらふたつの感情を和合させるのにふさわしい手段を探してきた。以下に法律が発見した手段を示すことにしよう。

法律は、債権者に、債務者の人身をわがものにすることを禁じてきた。しかし、法律は、債務者の人身を監禁すること、そして、例の用益に当てられた場所にそれを預けいれることを、債権者に許した。法律は、債権者自身の居宅を牢獄として与えることを望まなかった。監禁場所が居宅であったら、そこでは、費用を取らずに、債権者が債務者を養い、保護することができたに違いないし、それとともに、苛酷だが、かねにはなる労働に技巧ないし体力を債務者は当てることになり、それは、彼にとっては好都合なことだっただろう。そうなれば、双方ともに得をしたに違いなかった。債務者から自由を剝奪することを債権者に法律が許したのは、この剝奪が債権者にとってかねもうけになるからではなかったし、剝奪が彼の損失を償うことができるからではなかった。それどころか、反対に、債務者の拘留は債権者の諸権利の期限とされ、債務者の逃亡を未然に防止する注意を、まさに第三者の監視に委ねることを法律は定めてしまったのである。法律が規則として定めたことは、債務者を逮捕してくれと請願した人間が彼に食料を供与しなければならないことであった。というのも、ひとりの人間から食料を探し求める手段を奪っておきながら、彼を食料欠乏のままに放っておくのは、恐ろしいことであろうからである。法律が命令したことは、債務者が人生の残りの日々を牢獄のなかに連れて行くことであり、彼が家族と知り合いから永久に引き離され、自分自身にとっても、社会にとっても、無用なままになり、退屈という拷問や怠惰という体刑に引き渡され、悲惨と絶望によって少しずつ擦り切れていき、自分の生の瞬間ごとに自分を救いに死が来てくれることを願いながら、ついには、弁済不能のまま死ぬという恥辱とともに、借金から解放されないという悔恨を墓場まで持っていくことである。

ありとあらゆるこうした不幸を帰結として持つ作戦は、われわれのところでは、身体拘束、債務投獄と呼ばれるものに相当する。思慮がなさすぎる著作家が、われわれの慣習におけるこの緩和措置などと言われるものに関して、われわれを褒めそやしている。彼らは、そこに習俗の完成と法体系の進歩の明白な証拠を見つけたと思いこんでいる。自分たちが、言いつづけていたことについて、反省の労を彼らがとっていたなら、彼らはまったく違った言葉づかいをしていたことだろう。彼らは、この点に関するわれわれの法律を、隷属によって弁済不能性を罰する法律と比べてみると、ほぼ同じ程度に野蛮であること、そして法律が後者に比

(4) 北海からはいりこんだオランダの支海で、現在のアイセル湖。ヨーロッパの北の意。

べて、はるかに一貫していないことを見たことだろう。

第二三章　債務者に関する債務投獄の危険

実際、われわれのところでは、判決に従い、判決の意味内容を債務者に隠したまま（＊1）、執達吏たちが万策尽きた債務者を捕まえに来るとき、債務者は、奴隷として売られなかったことで、どんな利益を得るのだろうか？　囚人の立場に置かれたにすぎないことに、彼にとってどのような利点があるのか？　彼の境遇がこれで、より心地よいものになっているというのは、本当のことなのか？　大地にとどまって、自由で、澄んだ空気を吸い、自分の腕で苦労の多い仕事をこなして、少なくとも生活の糧に対する権利を獲得するような勤勉な人びとのあいだにいることよりも、土牢の悪臭を放つ暗闇のなかで呻吟する幸薄き人間の数を増やすように有罪判決がくだされる方が気持ちがよいのだろうか？

（＊1）　執達吏が令状を「小声で耳打ちをする」等々と呼ぶものがこれである。まさしく彼らは、この手品まがいのやり方を、自分たちの仕事のなかで、このうえなく見事な手際と自画自賛しているのである。身体拘束の判決が手品を用いる唯一の機会だと言うわけではない。しかし、手品が一番有効に働くのが身体拘束の判決なのである。これほどおおやけになり、これほど月並みになった濫用がこれほど罰せられずに済んでいるのは驚きである。この濫用が司法の指導者たちの注意を引く資格は十分あるように思われる。私は、司法行政がやむをえぬ濫用で満たされていることは承知している。しかし、どうして改革していいのかわからないような濫用を、もう少し我慢できるものにするためには、是正が容易なものから廃止して行く必要があるのではないだろうか？

債務者は、債権者の機嫌の悪さにさらされることはまったくないだって？　しかし、彼は、狭くて健康に悪い牢獄の塀のなかに、閉じこめられている。彼は、牢獄では、同じように藁《わら》のうえに寝かされる。彼は、なおさらひどく、虱《しらみ》によって貪《むさぼ》り食われる。そこでは、いろいろな病気にかかる。比べれば、栄養状態も悪いし、着ている服も粗末だし、病気になっても手当もしてくれない。苛酷な労働で力を使い果たすことを強制されてはいないだって！　しかし、彼は、やはり苛酷であることに違いはない怠惰に押しこめられている。休息は、自発的なものだから、自由の幸せを構成するが、しかし、無為は、強制されたものであるだけに、捕囚における最大の恐怖のひとつになっている。

おまけに、このような囚人は、犯罪の汚名を分かち持っている。彼は、大罪からしか出てこない恥辱の仲間にはいらされている。悔恨で引き裂かれ、体刑を待つ不安に責めさいなまれている極悪人ども、あるいは、冷静に自分たちの未来と過去を見つめるなら、そのことでより一層危険な存在にしかならない極悪人どものあいだで、彼は暮らしている。毎日、これらの極悪人が侮ってきた刑罰に彼らを引き渡すために、彼の仲間の何人かが連れ去られる。彼は、同じ境遇にとっておかれたほかの悪人どもが彼らに代わってはいってくるのを見ている。もし彼にほんの少しでも名誉の感情が残っていれば、この恐ろしい寄せ集めのまっただなかで、その心境はどのようなものになるに違いないか? 彼は、対話する相手とのあいだに、処刑台の観念が出現するようになったために、唇で言葉が息絶えることなしに、いったいだれに話しかけることができるというのか? 車責《ぜ》めの刑車の姿が彼の想像力と心を凍てつかせることなしに、彼はだれに近づけるというのか?

彼と同じように、不名誉のなかに突き落とされた憐れな人びとのこのごたまぜ集団のあいだには、無実の人間がいるかもしれない。しかし、ずいぶん長いあいだそこにとどまり得るということを疑うことは、裁きを侮辱することであろう。それに、なにによって、彼らが無罪であることがわかるというのか? 彼の心は、懊悩でふくれあがり、不運に責めたてられているので、自分の心情をぶちまけるというとても気持ち良い満足を、他人の心のなかに探し求めに行こうとするときに、彼はだれを信頼するだろうか? 彼は、処刑執行人が到着して、彼の腕から彼の新しい相談相手をもぎ取ることによって、会話が途切れはしまいかとしょっちゅう心配したり、命を終わらせに行く刑場で、生まれたばかりの彼の友情が彼とともに息を引き取るのではないかといつも気をもんだりせずに、会話に取りかかれるだろうか?

さらにそれ以上のことがある。このおぞましい滞在地では、彼の魂は、肉体よりもなお一層危険を冒している。彼の廉直さは、健康よりもはるかに危険にさらされる。そこへ彼がはいっていくときには、彼は不幸な人間にすぎなかった。そこから彼が立派な罪人として出ていくことは、大いにあり得るのだ。彼は、いわば犯罪の匂いだけをそこで嗅ぐ。濃密な空気がこのいやな臭気をそこで濃縮させる。この臭気がどれほど精神に働きかけることができ、性向をゆがめるか、だれが知っているだろうか? 全身の穴という穴を通じて、必ず臭気を受けいれるようにあなたがたがさせた、この幸薄き人びとがその毒性に対して、抵抗できるかどうか、また、不名誉のなかにうずくまっているおかげで、不名誉を引き起こす諸作用に彼がなじんでいかないかどうか、などということをだれが知ろうか？　また、必ずしも彼が逃げられるとは限らない極悪人たちの憂鬱《うつ》な気分や退屈感や会話や、そのうえ、孤独と怠惰が復讐のことだけに専念する時間的余裕を彼に残すだろうから、復讐心までもが比べようがないほど忌まわしい変貌を、彼のなかで引き起こさないとは、だれが言いきれるだろうか？

彼が拘留されているあいだ、彼の両耳を打つのは、体刑の話でしかなかったはずである。しかし、まさしくそのために、彼は体刑を恐れることが少なくなる。それについてさんざ聞かされたせいで、どんなことにも慣れっこになる。遅いか、早いかは別にして、いずれは伝染する神がかり的な熱狂を極悪非道は持っている。それは、改宗者を有徳な存在として作り出す。それにもまた英雄主義があるので、激しい恐怖も、加熱された心情を押しとどめる能力を持った制動装置にもはやならない。しかしながら、土牢のなかで、この伝染病に攻撃されると、あなたがたの囚人はどうなるだろうか？

この瞬間に幸運な偶然が彼の牢獄の扉を開けると仮定しよう。債権者の忍耐が枯れはてたか、あるいは、怨念が疲れはてたか、どちらかだと仮定しよう。そしたらどんなことが起こるだろうか？　あなたがたが債権者の気に入るようにと逮捕した人間は、債権者によって許されたときに釈放される人間と同一であろうか？　それどころではない。前者は平和を好む市民だった。後者は頭が狂った極悪人になるだろう。あなたがたは、社会からひとりの誠実な極貧の人間を奪ってしまったのだ。富裕に成り上がるためであろうと、富裕から奪うためであろうと、なにもつらいとは思わない罪人をあなたがたは、債権者に返している。彼は、以前なら借金を恥ずかしいと思っていた。いまは、犯罪までもがもはや彼を臆病にならせない。あなたがたは、おそらくいつかは、罪を犯すことを学んだ牢獄へ彼が舞い戻っているのを見ることだろう。以前よりも鉄鎖につながれる値打ちを増した彼の姿をあなたがたは見るであろうし、そして、途轍もなく残酷な学校の秘儀に通じさせるようにした借金よりも、はるかに恐ろしい、別の借金を公教育に彼がいままさに支払わせようとしている姿を見るであろう。

あなたがたの緩和措置とかいうものが債務者に対して、さほど嘆かわしい結果をもたらさなかったら、また、それが土牢のなかで、疲弊して、死んでしまうことにしか彼を導かなかったとしたら、あなたがたがそれに拍手喝采を送っても構わない理由が本当にあるかどうかを検討してみてほしい。この厳しさと寛大さがいりまじった代物から結果として出てくるものがなにかを見てほしい。人間性に由来する敬意と利害の諸権利とのこの奇妙な一致がゆくゆくは産み出す成果を評価してほしい。そしたら、慎重さを欠いたこの和合によって、あなたがたは、すべてを同じように危険にさらしてしまったのだということをいやでも認めざるを得なくなるだろう。

私がいましがた言ったばかりのことに従えば、あなたがたは、債務者に良いことをしてやらなかったことは明らかである。だったら、少なくとも債権者には良いものをもたらしてやったかどうかを、探すことにしよう。あなたがたの手続きは、債務者だけがそれで被害を蒙るのであれば、さほどとがめるべきものではないだろう。約束を果たすことができなかった不幸を債務者が持つやいなや、あなたがたの目には、彼は犯罪的である。つまり、あなたがたは、彼に対しては厳格さの義務しか負っていない。債務者にあなたがたが伝えようと望んでいた親切がまったく正反対の結果をもたらすだろうときにも、この結果が彼しか巻きこんでいないという条件さえ満たされれば、軽い悔恨しかそれで感じないことがあなたがたには許されている。しかし、もしその結果が、彼にかねを託した所有者にまで及ぶのであれば、そして、それが、借金の取り立てを容易にするどころか、所有者のかねを失うことが確実であることを確認させるだけであるなら、あなたがたは、あなたがたの的を完全にはずしてしまったこと、そして、あなたがたの法体系がこの条項に関して非常に不完全であることを認めて、その欠点を一段と強く名指ししてほしいものだ。

第二四章　債権者に関する債務投獄の不都合

債務者を逮捕させる情け容赦ない権利を債権者が債務者に対して行使するとき、彼が復讐する喜びを享受していることに異論の余地はない。債権者は債務者をゆっくりとした体刑に引き渡す。それは、少しずつ彼をむしばみ、その苦痛の隅々まで余すところなく感じる時間を彼に残す。しかし、法律そのものが残酷さの共犯者になっているのを見るのとは別の、なんらかの満足感が債権者にはそこから戻ってくるだろうか？　私が大変強く疑っているのは、このことである。債権者は、すぐに法律の配慮を悔やんでも当然ではないのか？　法律が彼に提供した弥縫策を嘆いても当然ではないのか？　これがありそうどころか、確実に起こることなのだ。

まず、法律が債権者に提供する援助は、ただではないという点を指摘することができる。つまり、法律は、彼の怨念を助けるために、彼にかねを出させるということである。かねの力でのみ、法律は、怨念を合法化する目的を持つ羊皮紙の文書を彼に売るのである。それを願い出る検事にも、それを送付する書記にもかねは必要である。さらに、それを実行する執達吏にも、「捕縛」の特典と気おくれを執達吏とわけ合う立会人にもかねがいる。ケルベロス(1)にもかねは必要だ。彼らが捕まえてきた不幸な人間を、ケルベロスが待つ冥府の入り口に突き落とすわけである。この恐ろしい扉は、黄金の音によってのみ開かれる。収監が実現するのは、この作戦にかかる税金を供託したときだけなのである。

これらすべての費用は、莫大にのぼる。費用は、当然のことながら債務者に関係していなければならないはずである。しかし、債務者が味わう処遇それ自体は、彼が金持ちではないことを十分示しているし、司法はなにも失いたくはないので、理の当然として、その前払い金を用だてる必要に迫られたのは、債権者である。そういうわけで、最初の損失は、彼にとっては、二番目の損失にさらされる機会なのである。債権者から奪われたかねを彼が回復できるのは、ただかねを支払った場合だけである。彼の敵をきわめて憐れむべきものにするために、彼が支払った分は、彼を救い、彼の財産を再び立て直すために必要であったはずの分よりり、高額にのぼることがしばしばである。

これですべてというわけではない。政府は、みずからが作り出した囚人たちを養う。政府は、犯罪に起因する懲罰の実例を与えるために、囚人たちを取っておく。政府は、適当と判断したときに、死を受け取ることができるようにするために、彼らの命を維持する。しかし、政府が個人の復讐のために犠牲に供する囚人たちは、政府と関係がない。こういう囚人たちに食料を供給するために心を配る責任は、政府にはまったくない。政府は、城壁と閂《かんぬき》を用意するが、それにはまったくかねがかからない。政府は、自分の持ち出しになるような援助を拒む。政府は、政治の虜囚には援助を認めるが、しかし、利害の虜囚には援助など認めない。とはいうものの、土牢のなかで、虜囚がすでにたくさんの不幸と戦ってきたので、土牢で彼らが飢えて死ぬのをだれも放っておこうとは思わない。そこでもう一度、この目的に債権者の復讐心が役立てられるわけである。債権者の復讐心によって抑圧されている憐れな人びとに、パンをもたらす義務を負うのは同じ復讐心である。私は、復讐心が供給する食事の調理が上品なものではまったくないことを知っている。不平を言いながらも、蓄財欲が料理の接待役を務める。この苦い味のパンをこねるのは、蓄財欲である。復讐心と蓄財欲という、このふたりのフリアイ(2)たちは、犠牲者にパンを投げる前に、パンに恨みを入念にしみこませる。犠牲者は、うめき声のほかに感謝の念を持たずに、パンを受け取り、彼の涙以外の味付けをせずにそれを食べる。

この出費は、いかに軽かろうと、しかしながら出費であることに変わりはない。この出費に先だったほかのすべての前払い金のように、この出費も取り戻すことはできない。この不可能性は、前払いをしなければ

(1) ギリシア神話で、冥府の入り口に陣取る番犬。多頭で、蛇の尻尾を持つとされる怪犬。

(2) フリアイ(Furies)。ローマ神話で蛇髪の復讐の女神たち。ギリシア神話では、エリニュエスたち。冥府の底に住むとされる。フランス語では、furies は「激怒」をも意味する。第四篇、第一三章、訳註(3)参照。

ならない必要性と同じ割合で増加する。元金の総額にそれらは加えられるのでは、と人は言うだろう。その通りだ。しかし、あのひとつの重荷がのしかかってきてさえ、耐え難くなった人間に対して、あなたがたがそれにさらに重荷を追加しようとしても、彼はそれに耐えられるだろうか？　彼は、借金が単純だったときに、それを弁済できなかったのである。だのに、借金が二重化したときにどうしてそれを支払えようか？

あなたがたは、かねが支払われることを望んでいる。だのに、あなたがたは、支払いを妨げることができるようなありとあらゆる手段に執着しているように思える。あなたがたの敵は弁済不能性なのだ。あなたがたが彼を確保することを急がないと、彼はあなたがたから逃げるに決まっている！　しかし、この身柄確保は、あなたがたの権利を強固なものにするどころか、それ以上に、権利を無に帰させるので、あなたがたにとって重要なことだろうか？　債務者を囚われの身にしても、あなたがたにはなんの利益ももたらさないのに、どうして、債務者の自由を心配するのか？　あなたがたが彼を強制的な無為に追いこんだことは、彼の解放にとって打ち勝ちがたい障害になっていると、あなたがたは考えているのか？

彼には、財産と言えば、もう彼の腕しかない。だのに、あなたがたは、彼から腕の使用権を奪っている。あなたがたは、あなたがたの権利書の信頼性について、彼の命以外に、質草も、担保も持ってはいない。だのに、遅かろうと、早かろうと、いずれにせよ、彼を殺してしまうにちがいない腐敗した空気のなかへあなたがたは彼を突っこんでいる。復讐は悪しき助言者なり、と言っている昔の金言の真実味をこれほど明白に示す証拠はあるだろうか？　あなたがたが自分で自分を害しようなどと、万が一、誓った場合には、その効果を産み出すのに、これ以上ふさわしい手段をあなたがたは選べるだろうか？　あなたがたが引き起こす害悪で、罰せられている。あなたがたの怨念は、あなたがたに役だつことなく、あなたがたを疲弊させる。あなたがたには、かねが戻ってくるどころか、それは、あなたがたからかねを奪っている。

あなたがたは恨みを晴らしている。そのことは認める。しかし、それはなんと嘆かわしい損害賠償であることか！　そんなものになんらかの価値を結びつけることができる野蛮人どもには、人道の賛美者を自任することがよく似合うのか？　人道を尊重するから、債務者たちを奴隷にしないのであれば、それだったら、彼らを囚人に仕立てあげることをやめたまえ。あるいは、債務者たちが囚われの身になることをなにがなんでも望むのなら、あなたがた自身が牢番になることを恥ずかしがらないようにしたまえ。半分、無慈悲であったり、半分、同情的であったり、しないでほしい。というのも、形を変えた同情心は、あなたがたにとって、破滅的であるのと同じくらい、彼らにとっては、残酷であるからだ。無慈悲というのは、それが全体的で、完全無欠である場合に限り、あなたがたにとって有益なものになり得るからである。

第二五章　弁済不能を理由にした奴隷制は、投獄よりもはるかに道理にかない、はるかに有益であったこと

債権者を貧しくしながら、債務者を殺すというこの小心な方式と、生身にメスを入れ、弁済不能性には隷

属以外の包帯を当てない諸国民の大胆な手術とを、これから比較してみよう。それが組織焼灼《しゃく》法(1)であることは、たしかにそうだ。それは、触れるものをみな焼却し、破壊する。しかし、ここで気をつけるべきなのは、それが死肉にしか触れないということである。あるいは、近接部分の肥満を吸収したあとで、それ自体ですみやかに死んでいく黴《かび》による異常生成物(2)にしか、せいぜいのところ、触れないということである。

本人に任されていようと、あるいは、土牢に監禁され、債権者の費用で生きていようと、弁済不能な債務者なるものは、重要な問題である。それは、社会にとっては、厄介な皮脂膿瘍である。健康な成員の滋養分を横取りし、政治体にとってはいかなる有用性もないまま、成員を骨と皮にしてしまうからだ。投獄は、外部の事故から皮脂膿瘍を守るだけの話だから、有効性を持たない姑息な手段である。おまけに、それは、下着で膿瘍を包むようなものだから、その下着のなかで、活動的な筋肉のためにとっておかれるべき賦活液を、思いのままに、激しくむしばむ根拠を膿瘍に与えることになる。

奴隷制は、反対に、皮膚膿瘍の本性を変える力強い特効薬である。それは、このうんざりさせる余分な生成物から有用な四肢を作りあげる。それは、余分な生成物を抑制する。奴隷制は、以前は有害であったこの生成物を、今度は、同じくらい有益になるように、成形する。この変身を産み出す手術は、最初見たところでは、苦痛を伴っているように見えはするが、しかしながら、そこからは、いかなる害毒も混じることなく、利益しか出てこないので、それを可能にする社会とそれを勧める立法者たちについては、褒めることしかできないのである。

ほんの少しでも、それについて考察しようと思いさえすれば、それが公共の利益であることは、疑おうとしても疑い得ないことである。この手段によって、債権者は、借金から取り出せるものはすべて、そこから引き出す。総額が莫大であれば、彼の新しい奴隷に対して獲得された所有権では、それを満たすのに十分ではないとは、私も思いたい。しかし、結局は、奴隷の人身が内有している価値は、彼を売ったとしたら、元金から差し引かれる分である。彼を引き留めておくとしたら、彼の労働の産物が元金の利子となる。この点だけが、彼の隷属状態と牢獄とのあいだで、実に本質的な相違を打ち立てるのである。隷属状態は彼を借金から解放する。牢獄は彼に負担をかけすぎる。それがまったく対照的な点である。

彼を養わなければならない。それはたしかである。しかし、食事を与える相手は、もはや動かざる怠惰などではない。それは、勤勉な活力である。もはや不幸な人間に、罪人の烙印をわかち持つように強制するのではない。彼の腕と彼が自然から引き出す資源の、大いに必要な、ごく普通の利用に再び呼び戻されるのは、一個の尊敬すべき存在である。大地の湿気よりもなお一層大量の彼の涙で腐敗した、少しばかりの藁《わら》を、疲れ切った彼の身体で圧縮するのは、もはや絶望の犠牲者などではない。他の人間たちの役務に身を捧げているのは、まさに一個の人間である。絶え間ない仕事が自分の不幸を考えることから彼を引き離す。彼は、身体能力の使用のうちにせよ、主人の慈悲深い性格のうちにせよ、そこに彼が失ってしまった独立性の埋め合わせとなるものを見いだすことが容易にできる。というのも、彼が貧困のきわみに追いこまれたために、彼

(1) 発赤薬や発泡膏などで、いぼなどの皮膚組織を焼却したり、破壊したりする療法。 (2) いぼやこぶなどの隆起物や腫瘍を言う。

の自由自体が彼にとっては、ひとつの重荷にすぎなくなっていたからであり、法律が彼の借金の支払いに彼自身を当てなかったら、彼は、自分の食料のために、自由を抵当にいれたり、あるいは自由を譲り渡さざるを得なくなったりしただろうからである。

弁済不能性に欠かすことのできない伴侶として与えられた奴隷制から生じる、疑う余地のないこれらの利益に、どのような害悪を対置できるだろうか？　利益をぐらつかせることができる、ほんのわずかな不都合だけでも存在するだろうか？　債務者はすべてを失ったのだ！　しかし、彼が破産した時期というのは、彼が彼の主人の手のなかへ委ねられる瞬間ではないのか？　それは、彼が所有に対して持っていた権利のすべてを、赤貧が彼から奪い取った瞬間である。それは、心もとない生存しかもはや享受しないように、赤貧が彼を追いこんだ瞬間であり、キルケーの魔法の酒(3)と同じで、彼の血管をめぐりながら彼の本性を変え、彼のうちで、一個の自由な存在が持つ大権を破壊して、隷従した存在の義務をそこに置き換えるあの致命的な援助を受け取るように、彼を追いこんだ瞬間である。

彼が社会から奪い取られているだって！　牢獄の奥にいるなら、社会にとって、彼はまったく別な風に失われていることになる。私が麻痺によってしびれた両腕を持っていたら、包帯でそれを縛って、いつまでも動かないようにして、おまえのために両腕を保存してやっているのだなどと、人は言うことができるだろうか？　激しい筋収縮が起きて、両腕に運動を返すことができるときには、私は、腕が私から奪われたことに不満を言わなければならないのか？　両腕の用益権を私に保証することに成功しさえすれば、両腕の麻痺を治す薬など、私にとってはどうでもいいのか？　この効果を絶対確実に産み出す厳格な方式と、私を苦痛から免れさせてくれさえしないで、私の病気の期間を引き延ばすだけの、ぶるぶる震える用心深さとのあいだで、私は均衡を取ることができるだろうか?

奴隷にされるこの不幸な人間は、主人によって虐待されるだろうだって! いかにも! あなたがたが不安を感じなければならないのはそのことなのだ! 赤貧のもとで、いままさに死にかけている彼の場合は、その赤貧によってなおさら不安を感じないだろうか? 例の怪物が特別に住みついている、牢獄という名のもとで知られている洞窟へ彼を突き落として、彼を絶望に委ねようとあなたがたはしているのだから、その絶望で、彼はさらに一層の不安を感じることになっていないだろうか? あなたがたは、老衰の不快さから老人を引き出そうとして、彼らを虎に食べさせている、あの未開人とそっくりだ。あなたがたは、或るひとりの人間の機嫌の悪さに彼が我慢しないのでは、と恐れている。そこであなたがたは、人類のなかでも比べようがないほど血も涙もない敵にためらいなく、彼を委ねているのだ。

あなたがたは、彼に借金を返すように要求している! しかし、だったら、彼に彼の両手を残すことだ。どんな種類の才能であるにせよ、とにかく彼の才能を発展させる手段を彼に残すことだ。囚われの身の四〇年が経ったあとで、彼の財布から最初の日よりも多いなにかをあなたがたは引き出せるだろうか? 彼の上で、恐ろしい入り口をあなたがたが閉めさせてしまう前に、彼がのぞき穴を通り過ぎた瞬間から、彼は、彼

(3) キルケーは、ギリシア神話で、太陽神ヘリオスとオケアノスの娘との娘とされ、魔法を使う女神。ホメーロスの『オデュッセイア』に登場し、オデュッセウスの部下に魔法の酒を飲ませ、豚に変身させたという。

自身と社会に対して無に帰せしめられたために、彼は死んでしまったのではないか？　だから、あなたがたの首尾一貫性のなさをわかってほしい。あなたがたは、彼に、彼がまったく持ち合わせていないかねを要求している。それなのにあなたがたは、かねを稼げる状態の外に彼を置いている。あなたがたは、彼があなたがたから逃げ出しはしまいかと恐れている。そして、彼があなたがたの勢力圏にいるときには、あなたがたは、これ以上ないほど完璧な無用性に彼を捧げようと努めている。ためらいなくあなたがたは、彼から財産のなかでも最大の財産である自由を奪った。それなのに、あなたがたは、彼に害悪のなかでも、一番小さな害悪を与えること、すなわち彼に労働を強制することを心配しているのだ。

さらに先へ進むことにする。彼にとって、奴隷制は、小さな害悪にすぎないだけではない。それは非常に大きな利益になる場合さえあるのだ。表面上のこの不幸は、彼の幸せの源になることがある。とくに、あなたがたが彼を遠くへ売り飛ばした場合がそれであり、彼を異国に移すような主人に、彼をあなたがたが引き渡す場合がそれである。こういう厳格な行動をとることによって、あなたがたは、あなたがたのすべての権利を使い果たしたのである。民事的には、彼は死んだ。あなたがたの債権は消滅した。なぜなら、債権は、墓場のかなたまでは広げられるはずがないからだ。

しかし、彼がたまたま息を吹き返したなら、言い換えると、彼が買い手の欲深い監視をごまかすなら、また、彼がずいぶん上手に隷属の鎖を断ち切るなら、彼は、彼の祖国へ戻ることになるだろう。彼は、あらゆる意味で自由な人間として、祖国へ帰還することになる。彼はもはや奴隷ではないだろうし、彼の借金は支払われているだろう。あなたがたは、彼をむしばんでいたわずらわしい病気から、民法的に仮装されたあの死によって、彼を救い出したことになる。彼は、墓から引き出されてくるときに、その墓に、彼の皮膚を覆っていたレプラ(4)とともに、自分の古い皮膚も置きざりにする。彼が再び現われるときの新しい皮膚は、白い色をしていて、健康で、捨てた皮膚を型くずれさせていたあらゆる潰瘍から免れているのである。

最長の期間に及ぶ牢獄は、彼にこのような幸せな展望を一度でも提示するだろうか？　それは墓場でもあるが、しかし、復讐と残酷の手で築かれたおぞましい墓場である。この墓場には、人間が生きたまま閉じこめられるだけである。それは、彼らをむさぼり食うレプラの期間を永久化する目的を持っている。彼らがそこに滞在しているあいだに、レプラは成長しさえする。彼らをやつれさせるげっ歯類のような潰瘍は、同じ割合で成長し、広がる。彼らの病気を治すためではなく、彼らを苦しめるためにのみ、人間の売買取引から第三者に寄託されたこの不幸な人間たちは、ただ彼らの生存を毎回呪うためにのみ、命脈を保っているにすぎない。そして、ついに彼らが本当に命を失うときがやってきて、あまりにも長いあいだ、彼らの叫び声を聞いていたために、耳が聞こえなくなっていた死が、死よりも耐え難い軛《くびき》から彼らを解放しようと決心し、安心できる隠れ家に殺到するように、彼らが死の腕のなかに飛びこもうと躍起になるときは、人間の野蛮性がかつて発明したなかで、もっとも長く、もっとも恐ろしい体刑を味わい尽くしたあとでしかない。

（4）癩《らい》病として恐れられていたレプラ菌による慢性炎症性疾患。実際には感染力は弱く、現代では薬で完全に治癒する。ハンセン病とも呼ばれる。皮膚と末梢神経が侵されるため、顔かたちが変わる場合もあり、そこから偏見が生まれたが、どんな広がりでも！　どんな力でも、この比較論に私が与えることができないなんてことがあろうか！　私の筆のもとに大挙して現われるすべての対象を、どれほど生き生きとした筆致であっても、私が描けないなんてことがあるだろうか？　私は、心の動きに従うだけにしなければならなかったのだ。冷淡きわまりない観客でもおののかせることができる絵を私は仕上げるつもりであった。しかし、読者がほんの少しでも感受性を持っているなら、想像力が容易に補充することができないようなことを、私はなにひとつとして言っていないはずである。この主題に関して自省してほしい。熟考すると同時に、詳しく調べてみてほしい。債務投獄は、あらゆる政治的手術のなかで、もっとも収穫が少ないものであるのと同じくらい、不正と一貫性の欠如と残酷さにおいて群を抜いている、ということに自分たちが確信を抱いたと感じないのなら、そんな連中には災いを。

しかし、借金の支払いを拒むことに罰が付けられていなければ、だれだって借金は払いたくない！　努力をさせるのは、懲罰の恐怖である。恐怖が怠惰を目ざめさせ、不義理をおびえさせる。たしかにそうだ。だから私は、懲罰を廃止せよなどとは言わない。なにか有効な懲罰を使うことの必要性を、私はあなたにもう一度示すのみである。あなたの寛大さをすぐ悪用する、言うことを聞かないあの群れを、鞭なしで管理しようなどと考えることは、私はお勧めしない。ただ、私があなたがたにお勧めすることは、よい罰を選べということだけである。

十分かねを持っていないために、牢獄を避けたり、そのつらさ全部を取り去る甘い措置を手にいれたりすることができない人びとだけを、あなたは、牢獄で脅かしているにすぎない。牢獄から逃げだすすべもないし、それを緩和するすべもない憐れな人びとにとってのみ、牢獄は恐るべきものである。したがって、この恐れがいくら彼らに働きかけても、罰せられないで済むかもしれないという期待が彼らに働きかけた場合にあげる効果以上の効果は望めない。かたくなで、支払い能力のある債務者は、この緩んだ罰を見ても、恐れは感じない。彼らはそれには慣れっこになっている。彼らは、実地でそれを巧みに避ける手段も、それを未然に防ぐ手段も知っているから、苦もなくその観念を受け入れる。

反対に、奴隷制は、有益な大いなる恐怖を万人に等しくかきたてる。なにも所有しない極貧者はこの大いなる恐怖にさらされる。その点は認める。しかし、少なくとも彼は、不健康な土牢にうずくまりはしない。彼は、彼の技能が発達するにつれて、少しずつ、借金を弁済するだろう。彼は交換で得をする。彼の債権者も得をする。交換で損をするのは、不誠実な債務者だけとなろう。

たとえば、詐欺破産(5)を働く人間は、資産を増やすために、「和解」などという名前で本当の顔を隠した明らかな詐取をもはや当てにはしないことになるに違いない。彼が彼の商店の入り口で、商店に残したであろう屑同然の商品を売るかわりに、最高かつ最後の入札者にせり売りするのが、自分自身の人身だということを知っていたなら、裁判所の書記課に貸借対照表を渡す前に、二、三度は、和解について考えるかもしれない。彼は、債権者たちにとってのみ現実的な損失になるような架空の損失を想定することを断念するはずである。破局は、無数の正直者の財産を破産に追いこみ、それをたくらんだ詐欺師の財産を確固たるものにす

(5) 計画倒産のことで、資産隠匿と架空の負債の計上によって破産を装う。破産者は一種の詐欺犯として、刑罰を受けた。

るが、わが市場は、いついかなるときでも、そうした破局によって揺さぶられはしないに違いない。

第二六章　弁済不能な債務者に対して身体拘束を可能にする法律を修正することによって、法律の緩和がもくろまれてきたが、この修正には不都合な点があること

少なくとも、一般に認められた慣習や既成の習慣に理性を服従させるよりもむしろ、理性の諸規則に従って、ときには、思い切って、自分自身で考えたり、一般に認められた慣習を評価してみたりする人びとの目から見ると、私がここで言っていることは、なにひとつとして目新しいことではないと思うことができるほど、私は人間に対して好感を持っている。こんなことを私が確信するようになったのは、時折、人びとが失敗覚悟でこの野蛮な法律に反対する努力をしてきたからであり、それに人びとが制限を持ちこもうと試みてきたからである。しかし、これらの努力はいつもひどく臆病なものだったし、野蛮な法律を攻撃していた大胆な人間をも、いまだに先入見が支配していた。また、これらの制限は不十分で、成功を産み出すよりむしろ、善意を表明する性質のものである。これらの理由で、彼らは、旧来の陋習を破壊するどころか、そこへ新しい陋習を導入しただけだった。債務ゆえの身柄の拘束をきわめて危険なものにしている不都合は、一切改善されなかった。不都合な点がより一層際だつばかりであったのだ。

その結果、いくつかの軽減措置が出てきたと言っても、それは、債務者のなかでも、もっともそれらを必

要としなかった部分に味方しただけだった。援助されたのは、債権者の膝元に身を屈して、呻き苦しむ弁済不能者ではなく、債権者などものともしない高慢な詐欺行為である。避難所が用意されたのは、債権者の側から見て、厳格さよりはむしろ援助に値すると思われる絶対的窮乏に対してではなく、耳が聞こえなくなっている、詐欺師のような富裕に対してである。債権者の負担で育成された、この富裕は、なんだかわけのわからない同情のようなものによって、彼のために建設された不当な防壁の背後に、債権者の追求を逃れて隠れているのである。

第一に、大多数の裁判所でかなり広く認められている慣習法では、債務総額ゆえに収監された囚人は、債務総額の三分の一を納めれば、土牢の扉を開いてもらえる。それは熟慮された人間愛の一閃であるかに見える。それを最初に採用した司法官たちには、たしかにこの見かけのもとで、それは現われたのであろう。しかしながら、実際には、それは、貪欲の限りを尽くすことにすぎない。それは、同情心溢れる人間たちの慈愛から力を借りるために、この貪欲によって編み出された秘密の仕掛けである。ときには、彼らは、かねを出し合って三分の一の金額を作り、ひとりの虜《とりこ》に自由を返さなければならないようにさせることもある。この寛大さそのものが、それに先だち、そのきっかけとなった厳格さの不正を示す疑う余地のない証拠である。

まず、この一時的解放は、債権者の権利のいかなるものも廃棄しない。債権者が総額の三分の一を受け取ったとき、彼に残りの三分の二を与えた判決は、完全に存続している。債権者は、適切と判断するとすぐに、好きなときに判決を再び執行させることができる。つまり、債務者の出獄は、夢まぼろしにすぎないことになる。債務者が夢にまで見た自由な状態で、数日が過ぎると、彼は、執達吏の大声で眠りからさめさせられ、閂《かんぬき》の音とともに、以前のように、牢獄へ再び閉じこめられるだろう。

次に、債務者が複数の債権者を持っている場合には、彼の命を蘇らせるはずのこの夢でさえ、生じないかもしれないのである。彼がまさに出獄しようとした瞬間に、世間で言われているように、彼を「再収監する」(1)自由を持つめいめいの債権者が牢獄へやってくる。この儀式は、債権者たちには数エキュ(2)の負担になる。しかし、これほど効き目がすぐに現われるような魔法の呪文はない。支払われた三分の一は、この冥府の悪魔どもに対する尊敬を彫りこんだ黄金の小枝(3)だった。「再収監」は、フリアイの呼子のひと吹きである。それは、獰猛さの全部を悪魔どもに返すのである。落ちていた不幸な人間の鎖は、自分で再び起きあがり、かつてとは比べものにならないくらいにきつく彼を再び縛りはじめる。ケルベロスは吠え、希望は逃げ、幸薄き人間はタルタロス(4)に再び投げこまれる。彼は、恥辱とつらさをゆっくり味わいながら飲み続ける。

再収監が生じなくとも、また、私が語っている三分の一釈放がその効果を全面的に産み出しても、それは、法律の側から見れば、より一層大きな一貫性の欠如にしかすぎないだろう。あなたがたは、三分の一を支払う人びとを解放し、それを支払わない人びとを引き留めている。だから、後者が逮捕されているのは、借金の一部のためでしかもはやない。しかし、彼らを拘留しておく動機が希薄になればなるほど、彼らを捕まえておく権力はますます野蛮になっていく、とあなたがたは考えているのか？　彼らの自由と対立する障害物が小さくなればなるほど、彼らから自由を奪うという無慈悲さはますます反撥を買うものとなる。自由と対立する障害がかきたてる恐怖感は、自由が減じるのと同じ割合で、増加しなければならない。私はあなたがたに一〇〇〇エキュ借金している。あなたがたは、私が持っていない一〇〇ピストル[5]を私があなたがたに与えるなら、私を出獄させるということを私に教えにあなたがたは来ている。あなたがたが私の無能力をよくよくたしかめたあとで、あなたがたは、この目的のためにのみ私を牢獄に引き留めておくとすれば、あなたがたは、借金の総額のために私を逮捕させたときよりも、二倍も残酷である。

しかし、と人は言う。一〇〇〇エキュ支払うよりも、一〇〇ピストル支払う方が容易だ。この減額は実際の軽減だ。あなたは、あなたの自由について要求されている値段に関して、あなたとのあいだで合意された値下げに文句をつけることは間違っている。あなたの感謝の全部をかきたててもよいくらいの緩和措置について、ぶつぶつ文句を言うことは、恩知らずである。

まったくそんなことはない。それは、詐欺師のような債務者にとってのみ有益であるにすぎない。彼らは、自分たちが持っているかねを隠匿して、彼らの債権者の激しい恐怖をよりうまく利用するからである。私が話している債務者というのはこんな手合いではない。こんな手合いは、牢獄以上のなにかに値する。しかし、私が本当に弁済不能であれば、さんざ、あなたが見せびらかしてくれた、値下げとか言われるものなんて、

(1) 刑法の定めにより、債権者は、すでに債務不履行で収監されている債務者の釈放に反対することができる。その行為を言う。債権者が複数いるときに生じる。
(2) 一八世紀に通用していた銀貨で、三リーヴル(フラン)から六リーヴルに相当する。
(3) 地獄の入り口を取り囲むように生えている木々のひとつが付けている枝のことで、冥府にはいるためには、その枝を悪魔たちに献上しなければならないとされていた。
(4) ギリシア神話で地獄(冥府)の底。
(5) フランスのルイ金貨と同重量で、一〇リーヴルに相当する。

私にとってどれほど重要だというのか？　なにも持っていない人間にとっては、一〇〇ピストルと一〇〇〇エキュとは同じことだ。ふたつの同じくらい不可能な取引で、より多く不可能であるか、より少なく不可能であるかなんて、問題にすべきことであろうか？

海を飲め、と私に命令しても、馬鹿げた狂気であろう。大洋ほど多くの水を含んでいないという理屈で、ローヌ河を飲めと私に命令すると、狂気が減じるだろうか？　そんな馬鹿なことを、とあなたがたは憫笑する！　名前こそ違え、これが、しかしながら、あなたがたの提案なのだ。私にはすべてがないから、あなたがたは私の人身を捕まえた。そうしておいて、私があなたがたにかねを渡せば、あなたがたは人身を解放しようと私に提案する。しかし、私にかねがあれば、私は、牢屋から私を出す気にあなたがたをならせるためよりも、むしろ、あなたがたが私を牢屋へ放りこむのを妨げるために、かねを捧げたいと望むのではなかろうか？

明らかではないか。あなたがたが私を自由に近づければ、近づけるほど、自由から私を隔てている距離をあなたがたが縮めれば、縮めるほど、それだけ、あなたがたは、私がそこに到達するための努力を私に払わせていることになる。あなたがたが私の心に与えているのは、正真正銘の吊るし落としの体刑(6)なのだ。私の魂は、あらゆる方向に長々と伸ばされ、回転させられ、望まれた目的に到達するために、あらゆる方向で苦労させられているうえに、目的に近づいていると思えば思うほど、それだけ手加減が加えられなくなってくるのである。そして、魂に対する体刑の発案者であり、証人であるあなたがたは、体刑の苛酷さを増大させる侮辱的叫び声とともに、厚かましくも魂を励ましている。その激痛を産み出す綱をきつく締め直しながら、あなたがたは、魂の我慢が終わるにはもう一歩もないのだ、と魂に言う。あなたがたは、無情な体刑執行人の冷血ぶりとともに、その困窮とその苦痛を見つめている。

第二七章　同じ主題の続き。弁済不能な債務者に対して身体拘束を宣告する法律にもたらされた、同じようにむなしい別の修正

緩和と称されている第二のものは、少なくとも司法官の明白な特別許可なしには、債務者を自宅で捕えてはならないというものである。それによってこの残酷な法律に制限を設けていると人は思いこんだのである。普通法は、公共の場所では、執達吏の職務を制限している。住居の扉は、執達吏がこじあけてはならない、尊重すべき障壁である。両足の使用権を剝奪されても、つらいとはほとんど思わない穏やかな人間は、どんなにいやなことを抱えていても、自分の家では、幸せに、平和に暮らすことができる。彼は、安全を確保しながら、窓から執達吏の立会人に勇敢に立ち向かうことさえできる。そして、たしかにそんな例には事欠かない（＊1）。

（6）おもに軍隊で用いられた刑罰で、両手と両足を背中でくくり、地上から数センチの所まで落とし、体重で四肢に激痛を与える刑罰。

（＊1）　判決にこの制動装置を備えつけてさえいない裁判所もある。たとえば、リヨンの判事団体［裁判所］などは、身体拘束の判決を下したら、いたるところで、個人の住宅のなかでさえ、それを執行させている。

われわれは、この寛大さに拍手喝采をしている。この緩和措置について語り出すと、恍惚となってしまう法律家がいる。彼らは、法律が厳格さのなかにも、一家団欒を大切にする気持ちを持っているなどと、ほめそやすことをやめない。私は、それがいかに場違いで、滑稽でさえあるかということを証明するのに注意など払わない。われわれの習俗のなかで明るみに出てきたのは、異教の残りかすである。それは、少しずつわれわれの法解釈にまではいりこんできたが、しかし、そこで、より道理にかなうものになったわけではないのだ。あなたがたがかりに、通りで私を逮捕する権利を持っているとしたら、どうしてこの権利が私の扉の閾《しきい》で消え去るだろうか？　私はもう二歩先で有罪になるのに、なぜここでは無罪であるのか？　どうして壁の厚さが、あなたがたに支払いを私が拒んだことの本質を完全に変えてしまうのだろうか？　しかも、私がこの都合の良い防壁に身を隠す注意を払う限り、私には危険がなく、私がそこから離れたら、もろもろの法律の厳しさ全部を味わわなければならない、とまで言うのだ。

これらの一貫性の欠如が示す愚かしさは、あまりにも歴然としているので、一貫性の欠如を感じとってもらうには、詳しくそれを見せればそれで済むくらいである。私はそのことに注意を向けない。私は、だれにとって、これらの制限事項が有益であるのか、だれの安らぎをそれらはもたらすのか、について検討するだけにしておく。それらが奇妙なのと同じくらい不公正であることを見つけて、私は驚いている。それらが貧乏人の損害にしかなっていないこと、これらの慎重な手加減が、公平に考えれば、手加減を請求する権利を持っているはずの人びとだけを苦しめるのに役だっているにすぎないことを見て、私は憤慨している。

まずは、債務者の家は、執達吏たちの厚かましさに対抗する神聖な避難所である。彼らの厚かましさは、海に沿って続く砂浜に打ち寄せる波のように、債務者の家まで来て砕け散る。しかし、それにこの障害を乗り越えさせるには、ほとんどかねのかからない儀式が必要なだけである。ひとりの裁判官の側からの単純な命令で、この侵犯が許可されるのである。このように、債務者が自分の家で逮捕されないという特権は、ちっぽけな可能性である。この特権がもたらす利点は、それを侵犯するのに、命令の伝達者が憲兵隊によって守られる必要があるということで全部である。伝達吏が通常使っている執達吏の立会人たちは、灰色の服を着ているが、それにかわって、青い服を着ている執達吏の立会人たちを伝達吏は連れて来る。そこで債務者が獲得するものは、運命が裏切ってしまった無実の人間として連れ出されるのを見る代わりに、自分が罪人として連れ出されるのを見ることである。物議や醜聞やとりわけ費用が大規模になる。このことは、彼にとっては利益ではない。

この権力行為が騒々しくなればなるほど、それを許す前に、襲いかかる相手の身分がますます詳しく調べられることになる。ほんの少しでも、債務者が有名であったり、彼の運命に関心を持つ愛人とか、親類の女性とかがほんの少しでもいたりすれば、この極端な手段を彼に対して取るようになるためには、彼の敵も、相当程度、力を持っているか、あるいは、彼の破産がよほどひどいものであるか、どちらかであることが必要になってくる。そのうえ、彼は、だいたいいつも執行前にそれを知らされる。彼らが大挙して彼を捕まえに現われるときには、彼は隠れている。扉を壊す警察吏自身も、扉の背後に彼を見つけられないことについては、十分な確信を持っている。

しかし、借金は抱えているが、庇護がまったくない憐れな人びと、また、信用厚いブルジョワとか、金持ちの高利貸しとかによって訴追を受けている幸薄き人びとには、同じように手加減が加えられるのか？　私は、それについては、経験に訴える。どれほど容易に身体拘束の判決には、彼の家で彼を捕まえてもいいという許可がつきものになっているかは、経験がわれわれに教えてくれている。禿鷲がついでにキクイタダキ［小鳥の象徴］を捕まえるようなもので、調子が狂わされることはない。戸を閉め切って、家具などひとつもないあばら家にいくら縮こまっていても無駄である。恐ろしい羊皮紙の文書が近づくと、戸は崩れ落ち、防御することなく、彼の追跡者の爪に彼を引き渡すのである。

しかしながら、ふたりとも同じように避難所のなかで尊敬されていると仮定しよう。司法は、身分が同じでない人間を取り扱うのにどんな差別も設けないと仮定しよう。彼らの立場の違いは、共通したこの大権が行使されるにあたって、なにか恐ろしい違いを設けないだろうか？　安全に自分の家にいるだけでは済まない。そこで生きていかなければならない。かくれ家で財産の残りを守り切った人、あるいは、財産を保全するためにかくれ家を当てにしている人は、そこにいて食料に困るということはない。彼は食料を探しに外へは出ない。それを彼に届けてくれる外部の人間の腕を彼は持っている。彼は、ひとつの場所に封じこめられている自分を見ても、おびえることはほとんどない。そこでなら彼は、飢餓から守られていて、自分ひとりで、飢餓をそこから追い出せるだろうからである。

しかし、これらの手だてをまったく持たない人間、また、商売や日雇い労働によってしか、飢餓から身を守れない人間に関しては、みせかけのこの手加減は、どんなことになってしまうだろうか？　窮乏が彼をそこから追いだし、窮乏が敵の手先どもの手に、自分から身を委ねざるを得なくさせるなら、手先どもには、彼の家で彼を侮辱することが許されていなくても、それがなんだというのだ！　こうした焦眉の急を要する必要性と戦って、万が一、彼が勝利を収めたときでも、また、慈愛に満ちた同情心が彼らの落とし穴から未然に彼の身を守ることができるようにしてくれたときでも、彼らは、いつでも彼をみごとにそこへ引き寄せることができるだろう。彼らの巧妙さは、「捕縛」と結びついている利益を期待することで鼓舞されているので、ほとんどいつでも、恐怖から来る慎重さに打ち勝つ。彼らの餌食に不意打ちを食らわせるために、彼らが持っている明敏さ以上の明敏さを、彼らの餌食が彼らから逃げるために備えていることは、ずいぶん稀なことである。

彼らが網に彼を引き寄せるために用いる手のこんだ計略のすべてを報告しようと望むなら、終わりがなくなってしまうに違いない。私は、私が証人になった、ただひとつの例だけを引用する。それは狡猾である。この例は、それを編み出した考案者のために名声を作ったのである。規則に立派にのっとった司法においてなら、みせしめの罰が彼にはふさわしいはずであったのに。

私が滞在していた州の或る町に、身体拘束刑に処された靴職人がいた。ずいぶん少額の支払いのためだが、しかし、訴追費用と利子が総額を著しくふくらませてしまっていた。ずいぶん前から、彼はもはや外に出ていなかったし、彼の弁済不能性が衰えることはなかった。彼の家具が売りに出された。すなわち、彼が寝るときに使っていた腐った少々の藁《わら》である。というのも、残りのものは、生きるために自分自身が食い尽くしてしまっていたからである。幸いなことに、彼は奥さんを亡くしていて、彼の貧困を分かち持たせる人間と言えば、六歳になる小さな娘さんひとりだけであった。毎日、昼になると、この子が半分裸の状態で、手にひび割れた瓶を持って外出するのであった。彼女は、少し離れたところにある家に行くのだが、しかし、そこは、父親の家から見えるところにあった。彼女は、施しをしてくれる人から少しばかりのスープをもらって、ゆっくりとそれを持ち帰っていた。子供のことと夕食のことが心配で、不幸な男は、戸のところに釘づけになったままだった。彼は、娘と夕食を全行程にわたって目で追っていた。輜重隊の入場は、少なくともその日については、飢餓の恐怖に逆らって、彼に安心を与えたので、その場合に限って、彼は自分の持ち場を離れるのであった。

彼は、ひとりの金持ちの債権者を相手にしていたが、この債権者は、金持ちに輪をかけて、なお一層冷酷非情な人間ときていた。この男は、彼の債務者が安全になっていることで、自分が侮辱されていると思いこんでいた。彼は、その安全を打ち壊すことが彼の名誉にかかわっていると見ていた。貪婪な金銭欲もさることながら、それ以上に復讐心から、彼は、俺に満足を与えろ、と執達吏に激しくせっついていた。執達吏のうちのひとりが子供と戸の小細工を確認した。まさにこの観察を、彼は計略の成功の基礎としたのであった。

翌日、小さな娘が彼女の重たい荷物と一緒に帰ってくる途中、彼女は、往来のまんなかで、変装をした執達吏の立会人によって、捕まえられ、スープがぶちまけられ、子供はひどく殴られた。この光景を見た父親はすべてを忘れる。彼は、世界で一番価値があるものを救うために、飛ぶように走る。彼は、彼の動きを注視していた一団によって、四歩も出ないうちに捕まえられてしまった。彼は牢屋に閉じこめられた。彼は、そこで貧窮と絶望で、四か月して亡くなった。彼の子供は、救貧院で、彼より前に死んでいた。

おびただしくある術策のうちのひとつの事例は、以上の通りである。司法の下級官吏たちは、司法が不幸な人びとのために持ちたいと願っていたかもしれない手加減をこんな術策でもてあそんでいるのである。十二表法に示された方策のあとで、これほど残虐非道な方策を考えつくとは、私は思いもしなかった。これは自然権の明らかな濫用である。それは治安組織に対する侮辱である。なぜなら、結局それは、公序良俗に反して、どの点から見てもまったく無実の女の子を虐待することだったからである。もし父親の優しさについてしっかりとした確信を持っていなかったら、こういう極端なところに行き着くようなことはなかっただろう、ということに注目してくれたまえ。その結果、父親の感受性それ自体が、また、貧困のまっただなかでも、彼が保持し続けていた心の善性が、彼に用意された罠となり、彼の破滅を完成した。この罠が使えるのは、すべてのものが欠けている貧乏人に対してだけであり、貧乏人だけがそれに引っ掛けられる可能性があるのである。

私が語っている対象に関係したあらゆる動機がこれと同じものである。したがって、債務者を狩り立ててきた猟犬の群れによって追いかけられていると彼らが感じるとき、債務者が救われる巣穴を尊重せよと法律が命令するのは、まことにむなしい同情心からなのである。この防御が尊重されるのは、穴熊の場合だけである。というのも、穴熊は、フェレット[1]を穴熊に向けて放つと、フェレットを絞め殺すからである。しかし、穴兎は、難なく巣穴から追い出され、彼らの隠れ家のすべての出口に備えつけられた袋に抵抗なく捕えられる。

第二八章　同じ主題の続き。身体拘束の法律にもたらされた、同じようにほとんど効果がない第三の修正

最後に、身体拘束の適用範囲に与えられた最新の限界は、それに服すことになる借金の種類で区別を設けたことである。身体拘束刑は、商売のせいでできる借金あるいはその形式を持つ借金にほぼ限られた。私は「ほぼ」と言うが、それは、商売とはなんの関係もない多くの借金が実際には、そのなかに含まれたままになっているからなのである。たとえば、一件の訴訟について敗訴側が支払う費用、裁判費用、判決料の支払いは、身体拘束刑を引き起こす（＊1）。少なくとも最後のふたつの項目が根拠としているのは、たしかに、王令ではまったくない。それらは判決を根拠としているのである。しかし、結局は、それでも、執行の際にそれらは発生するのである。そのすべてに関しては、熟考すべき点がたくさんあるだろう。私がそれらを削除したのは、私がそれらを見当はずれであるとか、余計であるとかと思ったからでは、たしかにない。

（＊1）　一六六七年の王令とその註釈参照。

したがって、一般には、商人とか、為替手形が譲渡される際に手形に署名をした人間とかだけが、期限までに支払の準備が少しもできていない場合に、さしあたり禁固刑に処される。この規則は、これまでの規則と同じように、適切さと衡平の外面を持っているので、良い先入観を人に抱かせる。商業における金銭の回転は、もっと速い。したがって、回転を遅らせることには、より多くの危険が存在している。だから、回転を正確にするために突き棒で駆り立てなければならないのは、この身分の特殊な職業に従事する人びとである。彼らが怠けると、ほかの無数の回転が遅れるという事態を必然的に招く。パリで一通の手形が焦げつけば、リヨンで、現金の流通が中断されることになる。だから、リヨンの商人を損失から救い出すために、厳格な懲罰の恐怖によって、遅滞なく支払うことをパリの商人に強制しなければならないのである。紙幣が発明されてからというもの、商業は、ひとつの巨大な団体［身体］以外のものではもはやなくなり、団体のあらゆる成員は、お互いにかかわりあいを持ち、事故を相互に分担することになった。足の動きが中断されると、すぐさま、頭が被害を受ける。だから、病気にかかった足にできるうっ血性の腫脹に即効薬を投じる必要があるのだ。この薬というのは、身柄の拘束に対する恐怖でしかありえない。

この刑を擁護するために、人が主張できる一番もっともらしい理屈は以上の通りである。しかしながら、私はこんなことを言うのを恐れるものではないが、それは、ここでもまた、法律側での恐ろしい誤解なのである。施すべき手術の種類を間違えるのは、へっぽこ外科医である。罹患した足に包帯を巻く代わりに、彼

（1）兎狩に使ういたちで、巣穴に潜りこむ習性を使って、兎を巣穴から追い出すのに用いる。

は足をもぎ取る。身体を救う代わりに、足が身体にある限りでは、彼は身体を死なせるのである。彼は、平気でむしばまれた部分に壊疽を与え、その腐敗を必然的結果として招く。

まず、だれでも知っていることだが、とうとう拒絶証書[1]にまで至った為替手形の四分の三は、専門の商人による署名がない。拒絶証書は、ぬぐい消すのに非常に厄介な汚点を商人としての名声につけるということを、彼らは知っている。彼らは、できる限り、最大限の注意を払って、それから身を守ろうとする。たいていの場合、その危険を冒す人間は、調子の狂った個人である。彼らの商取引は、必ずしも全額を受け取ったとは言えない総額について、莫大な利子を支払うことに限られている。彼らの為替手形は、商業という行為のためにある代わりに、高利という行為か、あるいはそれに類似したなにかの行為のため以外には、ほぼ一度も存在したためしがないと言っていい。

法律がこの種の約束に独特の特権を付けていることがわかったとき、貸し手は、自分たちの安全のために、この種の約束の方を好んできたし、借り手の方は、かねが欲しいのでそれに従ってきた。この手口をあらかじめ見破ることは、そんなに難しくはなかった。立法者は、それを予期し、結果として、それにあらかじめ備えなければならなかった。まさにこういうことを立法者はやらなかったのである。この失念から結果することは、王令の侵犯に立法者みずからが、毎日のように、手を貸さざるを得なくなるということである。立法者は、彼が禁じている高利の共犯者になる義務を、その都度、負わされる。立法者が手心を加えようと望んだのは、商業身分以外の諸身分である。ところが、立法者の打撃が向けられたのは、まさにこれらの身分に対してである。私は、その点では、明白でないことはなにひとつ言っていない。こういうことを知るには、実務家である必要などない。それが真実であることについては、日々の経験が無数の証拠を提供している。法律のこの規定は、それがあらかじめ防ごうともくろんだ類の濫用を増大させる以外の効果を持っていないということを、日々の経験は証明している。

しかし、そんなことが起こらなければ、立法者の意図は、それによってより良く達成されるだろうか？ 身体拘束が正確に商人だけに影響を及ぼすなら、その結果は、もっと有益なものになるだろうか？ 彼らを牢獄へいれれば、彼らに支払いを義務づけることになるというのは、本当のことだろうか？ 彼らの人身を差し押さえれば、彼らの弁済不能性に対する間違いのない処方となるというのは、本当のことだろうか？

この点に関しては、私が通常の債務者の投獄について語っていたときに、言ったことを全部思い出してほしい。私は、彼からかねを要求しようというときに、彼の腕を縛ることは滑稽だということを証明した。私は、彼の拘禁が彼の事業を破産させるけれども、債権者の事業を前進はさせない、ということを示し、彼の拘禁は、彼の弁済を加速する代わりに、必ず彼の弁済を遅らせる、ということを示した。走者の両足に重い枷《かせ》をはめて、そのあとで、以前よりももっと早く走れと彼に要求することは、常識に反することだろう。弁済不能な人間を牢屋にいれて、人がやっていることは、まさにこういうことなのである。

これらの理由があらゆる身分のために、無差別に、大きな力を持っているなら、商人が問題になるときには、なおさら大きな力を持っていることになる。貴族や僧族や金利生活を送るブルジョワを逮捕しても、彼

（1）手形の権利を行使しようと必要な手続きをしても、支払いが拒絶されたときに発行される証書。

らの仕事においては、月並みな混乱しか起きない。彼らは場所を移動しなくても、彼らの収入の方が彼らを見つけにやってくる。動かざることは、いわば彼らの本性的なあり方なのだ。彼らから外出する自由を奪っても、それは彼らから仕事を奪うということにはならず、むしろ彼らから快楽をもぎ取るということになる。

商人の場合は、同じでないどころの話ではない。彼の財産は彼の出席いかんにかかっている。彼が動く能力を失ったら、すぐに彼は破産させられる。おまけに、彼が拘禁されたという噂は、彼の信用に致命的な傷をつける。商売のこの貴重な養分は、徳と同じように、ほんのちょっとした風にもしおれてしまう繊細な花である。花の茎を折り、それを根の上で乱暴に引きちぎる恐ろしいつむじ風にそれをあなたがたがさらせば、どうなるだろうか？

大嵐が過ぎ去っても、花を元通りにできるなどとけっして期待してはいけない。商人の名誉を汚し、商人を痛めつけるのは、破産などではなく、破産を防止するために取られる予防策であるということは、実に奇妙なことである。詐欺破産では、最初の破産の利得が十分とは思えない場合、債権者から二度、三度と法外なかねをせしめても、罰せられないで済むことがある。遠方から彼は和解をしてしまいさえすれば、また、慎重な疑念が鉄鎖から彼を守ってしまいさえすれば、彼は商売からはじき出されることなどまったくありえない。彼が詐取したばかりの取引先は、彼との仕事を再開する最初の人となるだろう。

反対に、牢獄から身を守るすべを持たない不幸な正直者は、もはや彼の同僚たちの信頼を当てにすべきではない。彼は万策尽きて失墜したのである。彼は、商売から締め出されて、二度と商売に戻れなくなっている。そのうえ、常軌を逸したことに輪をかけるように、ほかの人間には寛大であったのに、同じ程度に、彼に対しては情け容赦ないことを和解のなかでさえ、人は自慢する始末である。鎖につながれた、不器用な善意には、ほんの少しの温情さえ拒む一方で、身体拘束の外へ身を置くすべを知った、目先がきく不誠実な人間には、人びとはあわててすべてを提供しようとするのである。その結果、私がそう言っておいたように、商売人を破滅させるのは、破産ではなく、彼の不器用さなのである。彼の名誉は鉄鎖でしか危うくならない。鉄鎖に相当する行動では、危うくはならないのである。

この先入見は、あらゆる先入見のように、たしかに馬鹿げている。しかし、それは既成観念になっている。また、それは世界に広がっている。したがって、それは、立法者側からの、より強力な関心を要求していた。無実の者にとって以外にはほぼ一度も致命的にならない、巧みに犯罪が避けて通るような種類の刑罰を拒むためのもうひとつの理由がこれである。それは、いかなる場合でも、容認できない。ほかのすべてにもまして、商業の場合には、なおさら容認しえない。資金を失った商人を逮捕するくらいなら、十二表法の政治を復活させて、彼の債権者たちに、彼を細切れに切ることを許す方がましだろう。というのも、そうすれば、彼の身分の魂であり、生命である彼の信用は死ぬからである。

第二九章　奴隷制の廃止について。それは社会にとって一般に善であるかどうか。この主題に関するド・モンテスキュー氏の意見を検討する

以上が、最古の昔における奴隷制の三つの源泉であった。われわれのあいだでは、源泉の口は閉められて

いる。それらを再び開くことが有益であるかもしれないと私はほのめかした。不幸にも私は、人道に反するまさに大罪を犯してしまったのではないか？　この考えだけが私をたじろがせる。私の信ずるところでは、私の原理は、これまで、仲間たちを不運におとしいれようとする人間の原理ではなかった。私は、真理と信じたことしか言わなかったし、社会という名前で飾られた、かの涙の谷のなかで、不適切きわまりない呼び名だが、人間の幸福と名づけられているものを助けることができると私が思ったことしか言わなかった。私は、理由をすぐさま表現することなしには、なにひとつあえて口にはしなかった。つまり、私は、つねに格率のそばに証明を置いてきたということである。私の頭脳が私を間違わせたとしても、私の心情は、私を一切非難していない。

私が確信しおおせるには、地上の一〇分の九のところで存続している奴隷制がいかにして、キリスト教のヨーロッパと名づけられたこのちっぽけな片隅から、外見上は、消え去ることができたかを見なければならないのである。奴隷制に取って代わった従属が産み出す諸結果を計算しなければならない。奴隷制廃止の利点と廃止を引き起こした動機を秤《はかり》にかけなければならない。奴隷制の廃止は有益なことであり、それを引き起こした動機は尊敬に値するものであるのか？　そこに私が解かなければならない、残されたふたつの問題がある。

奴隷制の廃止を採用させた動機の卑しさ、その不当性を明白にし、われわれのあいだでは、人類がなにひとつ得をしていなかったことを証明し、この自由という亡霊を人類に認めさせたのは、もっとやすやすと奴隷制を廃止したいという欲求であること、貧困が喜ぶ奴隷解放は、富裕に捧げることが望まれていた犠牲者を飾ってきた花飾りにすぎないことを明瞭に証明するなら、たしかに私は、心おきなく、私の意見に固執したままでいられるであろう。私には、恥じることなく私の意見を守ることが許されるだろうし、人間たちの憎しみを恐れるべきであるどころか、私は、彼らの感謝になにがしかの権利を持つことになろう。

奴隷制は、ほかのところでのように、記憶にないほどの昔からわが風土を支配したのち、廃止されている。われわれの法体系は、たくさんの自由を流れのなかに吸いこんでいたあの恐るべき河の河床を干上がらせた。この全体的解放は、人類にとっての恩恵として見なされてきた。隷属がもはや存在しなくなって以来、その廃止に賛辞を送った著作家の大群が存在してきた。彼らは、隷属が自然に嫌悪の念を催させること、それが社会秩序に反していたことを、理屈で証明するよりも、なおそれ以上に推論で論証してきた。

私は、とりわけローヌ河とライン河のあいだにある諸国が「フランス」(France) と呼ばれており、フランク族 (Franc) の国では、すべての人びとが自由 (franc) であるべきだという理由から、これらの諸国が隷属を容認することは不可能であると主張した人びとについては語らない。この場合は、われわれの父祖が自分たちの名称を組み立てることが賢明だと判断した際に使った音節の選択に、この美しき大権が起因している。他の多くの国民の場合に起こったように、われわれが音節の選択を万が一変えれば、大権は、万策尽きて廃絶されてしまうことになる。もしわれわれがフランス人 (François) を名乗ることをやめれば、今日では、或る言葉の書き方が牛と馬以外のものを陳列することを禁じている、わが市場へ、人間どもを連れて行くことが許されることになろう。私が思うに、政治の規則が正字法に根拠を置いたのは、これが初めてであろう。しかし、悪い冗談から派生させたようなものは、真面目な第一の権利であろうはずがない。

予期すべきであったとおり、ド・モンテスキュー氏は、はるかに堂々たる態度でこの問題に関して語っている。彼は真面目な事柄について語っている。彼はいくつかの理由を与える。しかし、それらは決定的なものであるのか？　それらに見かけほどの力があるのか？　そんな話ではまったくない。彼は、問題を解決する代わりに、巧みに問題をすり抜けている。彼は、われわれのあいだに奴隷がいることはいいことではない、ということを証明したがっている。ところが、彼の言っていることは、むしろ、われわれが奴隷なしでは済ませられないことをうまく証明しているのである。

「これについて正しく判断するためには」と彼は言う、「奴隷が各国の富裕で悦楽的な少数部分にとって有用かどうかを検討すべきではない。たしかに、彼らは、そうした少数部分にとっては有用であろう。しかし、別の観点をとるならば、だれが国の自由である部分を形成し、だれが国の奴隷となる部分を形成しなければならないかを知るために、国を構成する人びとのうちのだれかがくじ引きをすることを望むとは、私には思われないのである」（＊1）。

（＊1）『法の精神』、第一五篇、第九章〔邦訳、前掲、中、六三―六四ページ〕

こういう推論で、揺さぶることができないようなものは、社会のなかにひとつもない。身分を評価しようとして、そこにはいっていない人間が下すであろう判断にひたすら従うのであれば、忌まわしいものだと感じたり、忌まわしいものに仕立てあげたりすることができないような身分などまったくない。石工に生まれつかなかった人間が石工という職業を仕方なく選ばせられるかどうかを知るために、くじ引きをだれがしたがるだろうか？　大喜びで二者択一を受けいれる人間は、石工の仕事よりもっと苛酷な仕事をしている人間だけである。だが、落ちることで、失うことしかできないほかのすべての人間にとっては、こんな風に身を危険にさらすことは願い下げだろう。彼らは、事物が存在している状態のなかに、それがそのままになっていること、そして、慣れた手で大理石が荒削りされ続けることを要求するだろう。そのために、石工という職業が禁じられるに値するなどと言うつもりなのだろうか？

「だれにもまして奴隷制に賛成意見を述べる人びとは、それを一番嫌っている」。この格率がいかにいんちきだとしても、それは、それを作った人間の心情に忠実である。とても人間臭い偽推理で、口説き落されるのは立派なことだ。しかし、結局、だからといって偽推理にもっと根拠があるというわけではない。なんてことだ！　金持ちは、自分が自由人たちによってかしずかれているのを見ても、悔恨にとらわれないなんて！　彼が奴隷によってかしずかれることに震えあがっているなどと、あなたがたが信じているとは！いったい彼の分別はどんなものなのだろうか？　これらの自由人たちを、彼は虐待している。彼は、彼らを叩いている。彼の傲慢が雑多な色の飾り紐で、ごてごてと彼らを飾り立てすぎているために、かえって彼は彼らを傷つけている。彼は、日々の輝かしい勝利の豪華絢爛を奢侈にもたせるために、惰弱が発明したあの二輪戦車に乗って、彼のあとから彼らを引っ張って行く(1)。彼によって、彼らがさらされないような類の侮辱も労苦も、まったく存在しない。彼が彼らを使わないようなとても卑しい任務などない。とても不名誉すぎ

（1）古代ローマの習慣で、勝利のパレードの際に、二輪戦車に敗者を奴隷としてくくりつけて引きずって行くことを指す。

て、彼が彼らに要求しないような職務などない。そしたら、あなたがたは言うのだ。同じことを農奴(2)に命令することなら彼は嫌うだろうだって！　彼に嫌悪の念を催させるに違いないなにかの命令が、彼が行使している専制支配のなかにあったとしたら、いったいそれは、奴隷制を運用する命令であるよりも、むしろ自由を濫用する命令であるのではないのか？　農奴が廃止されるときには、農奴の席に自由人が置かれる。自由人たちを支配するときに、人は彼らを侮辱しているのである。いったいこれらの権利侵害の後者の方をなんのやましさも覚えずに冒す人間が、前者の侵害にどうして震えあがるなどということがあろうか？

「極貧の人間も、同じく奴隷制を嫌うに違いない」。そういう場合には、彼らはまったくの盲目であるに違いない。言葉が彼らをこわがらせているのであって、事物が彼らをこわがらせているのではないだろう。彼ら自身について、また、彼らを取り囲むものについて、少し振り返ってみるだけで、彼らは、たちまち意見を変えざるを得なくなるはずである。社会がその成員のために用意している身分のなかで、だれに対しても命令しないような立場にある人間すべてにとって、自由は、まことに忌まわしい特権でしかないこと、そして、現在の事態に従うなら、人間という被造物全部のなかで一番不幸なのは、まさしく主人を持たないかに見える被造物であることが極貧の人間にもわかるであろう。次章を読んだ人が納得してくれると期待している事柄がこれである。

「それゆえ、奴隷制に賛成する叫び声は、奢侈と悦楽の叫びであって、公共の至福への愛(3)の叫び声ではない」。最後の単語をド・モンテスキュー氏は、おそらく、全体の至福という意味で使っているのだろう。そうでないと、単語には意味がなくなる。いやむしろ、単語が場にとてもふさわしくないことになるだろう。

普通に行なわれているように、公共の至福という言葉で、彼が金持ちと少数の所有者の至福だけを表現したいのであれば、彼は自家撞着に陥っていることになる。まさしくこの階級だけから、奢侈と悦楽の叫び声は出てくることができるのである。隷属に賛成するこの叫び声は、叫び声を発している人びとの至福への愛によっては、引き起こされないと主張する前に、隷属はこういった人びとにとって有益である、と取り決められていることは、『法の精神』の著者には、あり得ない一貫性の欠如に陥ることであろう。

したがって、奴隷制の復興をあえて切望する人びとは、人類と人類を構成する個々の個人の、分割しえない、全体的な幸福を視野にいれていない、というのが、彼の考えなのである。正直に言うが、まさに私の考えていることは、そのことである。だからと言って、私がもっと恥じてしかるべきだということにはならない。私に前言を取り消させるために、私は望みたい。ド・モンテスキュー氏は、同じ事情にはない、なんらかの仕組みが世界のなかにあるなら、それを私に示してほしい。公共の至福という単語に彼が結びつける意味に従って、法律がそうした至福を目ざしていると言いうるような法律があるなら、それを私に示してほしい。

そんな法律はひとつもない。ないのだ。ひとつも。そんなものありようはずもない。公共の、言い換える

(2) ランゲはここでは奴隷と農奴を区別して用いているようだが、この区別は厳密ではなく、どちらも奴隷身分と解釈してよい。第三〇章以下を参照。

(3) ランゲの引用では、「愛と公共の至福の叫び声」となっているが、『法の精神』の原文通りとした。

と、全体の幸福な生活などは、不可能な話しだから、公共の財産を一手に集中することで、とどのつまりは、人類全体があたかも少数の人間だけで構成されているかのごとく見られるようにまでなった、そういう少数の人間の幸福な生活を、すべての法律は目的として持っているのである。例外なく、すべての法律は、これら少数の人間のために公布された。ほかの法律も同じだが、奴隷制を聖化する法律は、彼らの個別的な満足を目的として持っている。まことにそこにこそ、唯一神がいて、この世界では、すべてのものがそれに捧げられているのである。奴隷制を聖化する法律に反するどんな帰結がそこから出てくるだろうか？　この法律をうろんなものにしうるなにものも、たしかに出てこない。だから、これらの法律を廃止する権利が自分にはあると信じるためには、それらに似た法律すべてを攻撃することが必要になるに違いない。こういう改革をしたあとでは、われわれの諸制度のうちなにが残るというのだろうか？

「こうした事柄においては、各人の欲望が正当かどうかをあなたは知りたいのか？　だったら、すべての人びとの欲望を調べてみることだ」。すべての人間の欲望が正当かどうかを評価する仕方についてのこの格言は、最初見たところでは、すっきりしている。調べてみないうちは、それは、心を引きつける魅惑的な外観をしている。しかし、それは申し分なくゆるぎないものなのだろうか？　私の間違いでなければ、ド・モンテスキュー氏は、こう言いたいのである。だれもが奴隷を持ちたがる。そして、だれひとりとして奴隷にはなりたくない。したがって、奴隷制は容認さるべきではない。というのは、奴隷制が恐怖を与えない人はひとりもいないからだし、全人類の一致した賛同を得て、奴隷制は否認されているからである。『法の精神』ともあろう本のなかで、このような格率が社会道徳の公理として主張されることが、いかにして可能であるのか？

だれもが金持ちであることを切に望む。そして、だれも貧乏でありたくはなかろう。したがって、地表の上から、貧乏を廃棄しなければならないだろう。したがって、社会を解消しなければならない。すべての人が大きな権力を享受することを欲する。そして、だれもその権力に従属させられたくはない。したがって、あらゆる権力は嫌悪のうちにあるべきだ。債務者を裁判所へ出頭させる権利があって、とてもうれしいと思わない債権者などひとりもいない。しかし、召喚状を債務者に送る権限を債権者から奪うために、誓約をしない債務者も皆無である。したがって、執達吏は嫌悪すべき怪物である。そして、彼らに権限を与えている司法官は野蛮な暴君だ。

とはいえ、ド・モンテスキュー氏の原理を採用すると、推論する必要があるので、文字通りには以上のようなことになるのだ。各人が耐え難い状態から逃れようと努力しつつ、そこに他人を突き落とそうと努めるからと言って、この耐えがたい状態が不当であるのなら、その状態はよそ者に対してだけ望まれて、自分にはそれがひどく恐ろしく感じられるということだけからしても、社会全体は、人類に対する犯罪組織にすぎない。それは、人類に対する、中断されることのない侵害の連続である。あらゆる君主のなかでも最高に専制的な君主から、あらゆる隷属者のなかでも最高に屈辱的な隷属者に至るまで、自分を厚遇する隷属なら同意して、自分を不快にする隷属なら嫌悪しないような人間はひとりもいない。したがって、犯罪的でない隷属などない。奴隷制のように、人類の恥辱でない隷属などない。そして、啓蒙主義的同情心がわれわれに叛乱をそそのかすべきでないような隷属などない。以上が言うところの公理の諸帰結である。その教理のような外観にもかかわらず、実際には、それは、堂々たるものであるどころか、それ以上にいんちきなものであることがわかる。

以上が、『法の精神』のなかでも一番見栄えのする章のひとつのゆるぎなさであり、立派に仕上げられた心情がさらに歓喜して読む章のひとつのゆるぎなさである。機会が訪れたときに、以上のように分析せよと私に勧めたのは、またもや、ド・モンテスキュー氏に対する皮肉っぽい熱意ではないし、彼の本の値打ちを再度下げようとする計画的な意図でもない。私をそのように強いたのは必要性である。私の原理は、彼が採用した原理とは正反対のものである。私は、彼の意見がいんちきであることを論証するとともに、私の意見が正しいことを明らかにした。私を攻撃しようとすれば、必ず彼が引用されることだろう。私の批判者たちがあの権威にもとづいて作りあげるに違いない反論を未然に防止することで、私は批判者たちの苦労を省いている。私が宣戦布告したのは恐ろしい敵である。いま私が敵に手加減しているように見えるとすれば、私自身がいつかそれで攻撃されることを恐れてのことである。この戦術は、『法の精神』自体の或るくだりによって許されているのだが、しかし、私が示したように、政治の論争においては、危険きわまりないものである。だが、それは文学の論争においては、きわめて罪がないものである。この大人物が何度かは間違えていることを私が証明していなければ、彼のように考えないことについて、どうして私が身のあかしを立てることができるだろうか？

第三〇章　奴隷制は奉公人制度よりも残酷であることは本当であるかどうか

社会(1)の本質は、私が証明したように、富者に労働を免れさせることである。それは、新しい器官、疲れを知らない四肢を富者に与えることである。骨の折れる仕事はすべてそれらが引き受け、富者はその果実をわがものにして当然なのである。奴隷制が富者に支障なく実行することを許した計画とは、以上のようなものである。富者は、自分に奉仕しなければならない人間を買い取っていた。彼は、彼らに対して、議論の余地がない権利を持っていたが、そうした権利の由来は、といえば、彼がそれに関して代価を与えてしまっていたことなのである。この資格たるや、実に神聖なものであったから、立法者たちのなかでも図抜けて賢明な立法者である、神御自身から神感を与えられた政治家［モーセのこと］は、奴隷を虐待して二日あとに死んでしまうほどの事態になったときにも、その奴隷主に対して、「それは自分の財産だからである」（＊1）と言って、無罪を宣告しているほどなのである。

（＊1）『出エジプト記』、第二一章、第二一節。

奴隷制(2)を廃止する際に、富裕を廃止することも、その特典を廃止することも主張されなかった。原初の平

（1）『剰余価値学説史』、八七ページ参照。

（2）『剰余価値学説史』、八八ページ参照。

等性を人間たちのあいだに回復することなど、思いつきもしなかった。富者は大権を放棄したけれども、それはうわべだけのことにすぎなかった。だから、事物は、名称を別にすれば、同じ状態にとどまらなければならなかった。人間の最大部分は、最小部分に雇われ、最小部分へ従属して暮らし続ける必要がつねにあったのに、後者はすべての財産をわがものにしたのである。だから、奴隷制は、地上に永続したが、しかし、名前は、はるかに穏やかになったということである。われわれのあいだでは、それは、奉公人制度という称号で飾られた。それは、耳ざわりがはるかにいい言葉である。それは、痛ましさを少し減じた観念を想像力に与える。しかしながら、よくよくそれを調べてみれば、それは、人間性に対するはるかに冷酷な侮辱しか意味しないのである。

奉公人身分という言葉を、私は、怠惰が自発的奴隷制に献上する、あの裕福なのらくら者の身分とは解しない。こういうのらくら者は、彼らの良質な鉱山に確かな世襲財産を見つけていて、奢侈がとても高いかねを彼らに支払って、なにもしないようにさせているのである。彼らは奢侈の悪徳でこえ太っている。奢侈の虚栄が彼らに豪勢な服を着せ、その散財が彼らをなにくれとなく養っている。見せびらかしに対する奢侈の愛好が彼らをその快楽の一部に結びつけている。のらくら者に奢侈が要求することは、彼らの怠惰が奢侈の怠惰を美しく飾るのに役だつことがすべてである。奢侈が思っている必要とは、奢侈自身が感じているすべての不安から彼らを引き出すことである。こういう奉公人ならたしかに幸せだ。ただし、それは、彼らにとても甘い生活を供給してきた、これらの外面的楽しみを彼らから老いが奪いに来るまでのことである。

しかし、都市[3]と農村には、日雇い労働者とか、日雇い人夫[4]とか、いろいろな名前で知られている別種の奉公人が住みついている。彼らは、のらくら者に比べると、もっとあちこちにおり、はるかに有益で、[5]もっと働き者である。彼らは、奢侈のきらびやかな仕着せで体面をまったく汚されてはいない。彼らは極貧の仕着せであるきたならしい襤褸《ぼろ》をまとって呻吟している。働いて豊かな富を作りだしながら、自分ではけっしてそれにあずからない。富の方は、彼らがする贈物を受けとりたいときに、お情で受けとってやるような顔をしている。彼らが富に奉公していることについて感謝するのは、贈物に対してである。富の役に立たせてもらう許可を得るために、彼らが富の膝にすがりついているあいだ、富は、彼ら[6]にもっとも侮辱的な軽蔑をふ

(3) 安斉訳、二〇〇ページ参照。

(4) 日雇い人夫（manœuvre）。フランス語で manœuvre は、「手の労働」を意味する。man = main「手」と œuvre「労働」から作られた造語。古来、労働（œuvre）は、ギルド的職能組織に加盟した職人の専門的な仕事を意味した。彼らはだれかに雇われて、（賃）仕事をしているのではない。その意味では、「労働者」ではなく、あくまで職人なのである。その一方で、自分の身体、つまり「手」以外になにものも所有しないために、日々の雑役労働と引き換えに食料や手当や賃金をもらうことによってしか生計を立てることができない、専門的技術を持たない労働者が存在した。この種の労働者が誕生する条件は、生産手段からの生産者の引き離しである。古代ローマでは、借金のかたに奴隷身分に落された債務奴隷がこの条件に当てはまる。近代においては、この種の労働者が農村から都市への人口流入によって大量に発生した。ランゲは、古今を問わず、こうした非専門的労働者のことを、「日雇い人夫」と呼んでいるのである。この労働者概念は、一方の多数者における貧困の蓄積が他方の少数者における富の蓄積の条件になっている事態の指摘とともに、ランゲの近代社会の構造的把握の要石になっている。マルクスの言う、近代資本主義社会の膨大な「産業（労働）予備軍」がこれである。

(5) 以下、「顔をしている」までは、野沢訳、二五二ページ下段。

(6) この一文は、野沢訳、二五二ページ下段。

んだんに示す。富は、彼らに懇願させたあとで、許可を与える。架空の情け深さに対する現実の過剰のこの奇妙な交換において、受けとる側には、傲慢と軽蔑があり、提供する側には、卑しさと不安と熱意がある。それこそがわれわれのあいだで文字通り農奴に取って代わった奉公人の有様だ。どこの国でも、それが明らかに国民の非常に大きな部分を占める。最大の部分を占める。奴隷制の廃止がその部分にどういう実益をもたらしたかが問題だ。(7)(8)

私は率直に、かつ同じほどの痛みをこめて言うが、彼らがそこで得たのは餓死の恐怖に四六時中さいなまれることだけだった。それまで人間の最低の地位に置かれていた先行者たちは、少なくともそんな不幸を味わわなくて済んだのに。奉公人は、奴隷制に結びつけられた、ありとあらゆる劣悪な待遇にさらされているうえに、その埋め合わせとなっていた生活の安定さえ持たない。われわれのところの馬が祭りの日には、世話を受けるように、奴隷は、労働をしていないときでさえ、食べさせてもらえていた。仕事をしているときに、奴隷から引き出せる奉仕を期待しているから、休息のときでも、奴隷には食料が保証されていた。奴隷主の開明的な蓄財欲は、現在を未来のために捧げていた。開明的な蓄財欲は、一時的な無為に欲得づくの援助を認めていたが、それは、この援助の埋め合わせを勤勉な活動による努力でしてもらうことを当てにしてのことだった。そして、この蓄財欲の持ち物であった奴隷の体力を維持する必要があったので、体力の損耗を未然に防ぐために、どれほどかねがかかろうと、それを悔やむことは妨げられた。

しかし、自由な日雇い人夫となると、働いているときでも、しばしば報酬の支払いが悪いから、働いていないときには、彼はどうなるのか？　だれが彼の運命について心配するだろうか？　彼が衰弱と窮乏でたまたま死ぬことになったときに、なにがしかの価値を彼はだれに対して持つだろうか？　それゆえ、だれが彼の死を妨げることに利害関係を持っているだろうか？

彼は自由だ、とあなたがたは言う！[9]　いかにも！　そこにこそ彼の不幸がある。彼はだれにも依存していない。しかし、他人の方も、だれひとりとして彼に依存していない。彼が必要になる場合、できる限り安値で彼は雇われる。彼に約束されるわずかな報酬は、それと交換で彼が提供する労働日のための食料費にかろうじて等しい。彼が職務を手際よく果たすことを彼に強いるために、監視人たちが彼に差し向けられる。彼はせきたてられる。巧妙に、もっともな理由をつけて怠けることによって、彼が活力の半分も出さないのではないか、と恐れて、彼は突き棒で追い立てられる。同じ仕事にもっと長いあいだ雇われていたいと希望することから、彼の腕が止まり、彼の用具がなまくらになるのではないか、と心配なのである。不安げに彼を目で追う、浅ましい経済は、ほんの少しでも彼が自分にくつろぎを与えていると、そのことで彼に非難をあびせかける。一瞬でも、休憩を取ろうものなら、経済は、彼は私を盗んでいる、と主張する。終われば、雇ったときと同じように、このうえなく冷たい無関心さで、彼は解雇される。苦労の多い一労働日で、二〇ないし三〇ソル稼いだばかりだが、これくらいの金額で、あとの日に仕事が見つからない場合に、食料費と

(7) 以下、次のパラグラフの「済んだのに」までは、野沢訳、二五二ページ下段および二五三ページ上段。

(8) 『剰余価値学説史』、八九ページ参照。

(9) 『剰余価値学説史』、八九—九〇ページ参照。『資本論』、第一巻、第三篇、第八章、註記三八。

して十分なのかどうか、気にかけられることもない。

彼は自由だ！[10] まさにそのことで、私は彼を憐れむ。そのことで、彼は、彼に課されている労働において、はるかに手加減されない。そのことで、彼の命は、はるかに大胆に浪費される。奴隷は、奴隷主にとって貴重だった。彼にはかねがかかっていたからだ。しかし、日雇い人夫は、彼を雇う享楽趣味の金持ちには、費用がなにもかかっていない。奴隷制の時代には、人間の血は、なにがしかの価値を持っていた。彼らは、少なくとも、市場で売られたときの金額の値打ちはあった。もはや彼らが売られなくなってから、彼らには内在する価値が現実には、いっさいなくなった。軍隊では、工兵の価値は低く、糧食車を引く駄馬の価値は高い。というのも、馬がとても高いからであり、工兵はただで持てるからである。奴隷制の廃止は、この戦費の計算を日常生活に持ちこませることになった。そして、この時代から、軍の英雄たちがそうしているように、この種のことで値踏みを気楽にしないブルジョワなどまったくいない。

日雇い労働者は[11]、富裕に奉仕するために、生まれ、成長し、育てられるが、富裕が自分の領地で殺しまわっている野禽獣のように、わずかな費用も発生させない。不幸なポンペイウス[12]が根拠もなしに自慢していた秘密を富裕が実際に持っていたようなものだ。富裕は、大地を踏めば、そこから、彼の指図のままに動く、名誉を得たいと争う働き者の軍団を跳び出させるのである。この賃金労働者の大群は、建物を建てたり、庭木をきちんと揃えたりするが、しかし、彼らのうちからだれかが見えなくなっても、彼が空けたままにした席は、視界から消え去った点であって、だれもそれにかかわらないのに、たちまち再度、埋められるのである。次から次へと新しい流れが生じるので、大河の一滴は消えてなくなっても、愚痴が出ることはない。日雇い人夫もこれと同じなのだ。彼らは容易に埋められるので、それが彼らに対する金持ちの無情を育てる。彼らが消えたのを見ても、金持ちには不安がない。彼の執事が毎週、あるいは毎月報酬を支払う、このごろつきどものだれかが欠けても、金持ちが気づくことはけっしてない。彼が残念がるのは、彼らが持ち去る自分のかねだけである。金持ちが庭の並木道や回廊を気持ちよく散歩しているときには、こうした安逸は、幸薄き人びとのおかげなのに、彼らがきょうのパンを持っているかどうかよりも、彼らがきのうパンを見つけたこと、以前の日々にもパンを見つけたことについて、自分に対して彼らが恩義を感じているのだろうかと、そちらの方に、彼は、はるかに頭をめぐらしている。

彼らは自由だ！ しかし、言うところのこの解放が必ずしもいつも彼らの命の値段であるとは限らないということを考えれば、少なくともたしかなことは、金持ちは、絶えずこの解放に毒を盛っているということである。解放は、金持ちを、彼らに対して苛酷で、容赦ない存在にするばかりではない。それは、金持ちを

(10)『剰余価値学説史』、九一ページ参照。

(11)『剰余価値学説史』、九〇—九一ページ参照。

(12)ポンペイウス、グナエウス（マグヌス。前一〇六頃—前四八）。古代ローマ共和政末期の政治家、軍人。三頭政治ののち、前四九年からカエサルとの内戦にはいる。ガリア遠征からルビコン河をわたって南下してきたカエサルに敗れ、エジプトで暗殺された。ランゲが引用しているエピソードは、プルタルコスの『対比列伝』（邦訳、河野与一訳、『プルターク英雄伝』、岩波書店、（八）、「ポンペーイウス」、第五七節）にある。政敵カエサルがローマに攻めこんだら、守るべき軍隊がいないと言われたポンペイウスは、「イタリアのどこでも私が地面を踏めば、歩兵軍も騎兵軍も跳び出して来る」と豪語したという。

ほろりとさせる機会を彼らから奪うことでもある。すなわち、解放は、金持ちの同情を利用することが不可能な状態に彼らを置くのである。奴隷は、永久に、奴隷主の眼下にある。奴隷は、奴隷主の目に愛情をかきたてるか、あるいは、それに代わる習慣的な執着をかきたてる。奴隷が苦しんでいると、その叫び声が奴隷主の耳を打つ。奴隷に奴隷主が安らぎを与えるのは、人情からなどではなくて、痛ましい物音を静めるために、そうするのである。

しかし、日雇い労働者は、通りすがりに人が見るだけである。そのあとすぐに視線は彼に注がれなくなる。彼は、彼のわらぶき小屋で苦しみ、物音も立てずに死ぬ。どんなに壁がもろくても、彼のうめき声が壁を突き抜けることはそもそもできない。隔絶された孤独のなかに、彼をこのように追いやることで、富裕は実益を作った。富裕は、意図しない憐憫を感じる機会を減らしたのである。うるさくせがまれて援助がもぎ取られるときには、この意図しない憐憫は、援助を与えたという快感以外の成果を期待できないはずなので、言い換えると、富裕が一番執着していない快感しか成果として期待できないので、富裕の気分を害してしまい、しばしば彼の蓄財欲を傷つけてしまうのである。

以上、すべての考察とそのほかの同じ主題に関してなし得る多くの考察を、こんな風に先入見なく吟味してみるとき、農奴の境遇の方がわが日雇い人夫の境遇より、比べものにならないほど好ましいと、だれが感じないだろうか？　日雇い人夫には、主人はいない、と言われている。(13)しかし、これは、またもや言葉のまぎれもない濫用だ。それはいったいどういうことか？　彼らにはまったく主人がいない。彼らには、主人がひとりいる。並いる主人のなかでも、一番恐ろしい、一番権柄づくの主人が。それは窮乏である。窮乏は、残酷きわまりない従属に日雇い人夫を隷属させるのである。彼らは、特殊にひとりの人間の指図に従うのではなく、すべての人間一般の指図に従うのである。彼らがおもねらなければならないのは、ひとりの暴君の気まぐれに対してではない。探し求めなければならないのは、ひとりの暴君の仏心ではない。これでは、隷属を限定することになり、隷属は耐え忍べるものになろう。まさに彼らは、かねを持っている人間なら、だれであろうと、その召使になるのだ。このことは、彼らの奴隷制に、無限の広がりと無限の厳格さを与える。

ひとりの主人のところで居心地が良くなければ、と人は言う、少なくとも、彼らには、そのことを主人に言うという慰めがあるし、主人を替える力もある。奴隷には、そのどちらもない。だから、奴隷ははるかに不幸なのだ。

なんという詭弁！　まったく、考えてもみよ。労働をさせる人間の数は微々たるものだ。それに対して、労働をしている人間の数は測り知れないほど多い。私は信じたい。ひとりの金持ちが労働者に対して、人情味を示さないときには、彼らは、そんな金持ちからは離れ、彼らの仕事を別の金持ちたちに提供しに行く。が、しかしである。すべての良い席はたちまち取られるだろう。職のない働き手がまだ残ることになる。職のない働き手には、野蛮な主人の仕事でなければ、どのような方策があるというのだろうか？

あなたがたが彼らに与えた、かの表面上の自由は、彼らにとっては、なにに帰着しているか？[14]　彼らは、自分たちの腕の賃貸し料でしか飯が食えない。だから、それを賃貸しする相手を見つけなければならない。

---

(13)『剰余価値学説史』、九一ページ参照。

(14)『剰余価値学説史』、九二ページ参照。

さもなければ、飢え死にしなければならない。これで自由なのか？　職を得るためには、懇願しなければならない。嘆願しなければならない。あなたがたは、こういう卑しさでしか生きていけない人間のことを、独立している人間と命名している。彼らの生存が依存しているのは、奢侈の快楽である。彼らの村の領主という堂々たる称号を買い取った徴税請負人が自分の庭となんの関係も持たない場合には、彼らは、冬のあいだに寒さと無為のために死ぬことだろう。彼らが大地を掘り返し、彼らの汗で大地を潤したあとで、その大地の精華全部をわがものにするブルジョワがブドウの木の枝を落とせとか、彼の畑に肥料を施せとかと命令を与えなかったら、彼らはどうやって人頭税を払うことになるだろうか？　どうやってあのがつがつ食うハルピュイア[15]どもを満足させるのか？　こいつらは、ほんの少しでも借金の支払いが遅れると、神聖な名前で武装して駆けつけ、彼らのあばら家から、彼らを照らすと同時に彼らを温める貧相な暖炉の灰に至るまで、奪い取ってしまう。

　あなたがたは、正確にだれそれという特定の主人に属さないという幸せを、彼らの特権のうちに数えいれている。だったら、城内で食卓の用意をしているくだんの紳士たちと溝をさらっているあの不幸な人びとの集団とのあいだにある途轍もない差異を見たまえ。どんなに喜んで、どんなにおおいばりで、前者が不名誉な烙印を押された職務を果たしているかを見てくれたまえ。彼らは、宮殿のなかで、白い絹の靴下をはいて姿を見せている。こちらを見ると、どのような隷属とともに、奴隷制のどのような廃止とともに、有用な労働者たちがあれらの紳士たちを見ているかがわかる。彼らは、泥のなかに半分埋まりながら、夜に家族に少しばかりのパンを持って帰るために、毒性などものともせず、悪臭を放つ瘴気に息を詰まらせている。もっとも屈辱的な隷属よりも下位に彼らを置く状態を、あなたがたは自由と呼ぶのか？

ああ！　私に本心を聞かせてくれたまえ。あえてその勇気があるならば。これほど人道に背く変身について、その賛美者になることを恥とも思わなかった輝ける天才たちよ。真理に敬意を表してくれたまえ。正直に認めてくれたまえ。あなたがたが奴隷制の廃止を褒めそやしたときには、あなたがたは心情に相談するよりも、はるかに想像力に相談を持ちかけた。架空の自由が再確立されたことについて、あなたがたがおびただしい賛辞を与えたとき、あなたがたは、その見かけばかりを考えて、その結果を考察しなかった。あなたがたは、その効果よりもむしろ、この主題が提供することができた美辞麗句に強い印象を受けた。

人類の自称家庭教師たちのほとんどすべてを、彼らの大演説のなかで、制限するのは、不幸にして以上の事柄なのである。魅惑的文体のおかげで、いんちききわまりない先入見が真理という名のもとで確立されている作品があるが、そのような作品すべてを産み出し、それらを信用すべきとして流布するのは、以上の事柄なのである。その後、この真理なるもの自身が、ぐらつきながらも、繁殖する危険を冒すとき、真理の王冠を僭称したあの亡霊に、真理はどの点においても似ていないので、人は、真理を見分けられずに侮辱する。気の利いた表現で君臨している欺瞞に、まさに真理が対置されるので、真理は追放される。最良の精神、つまり、真理を味わうためにもっともよくできているとされる人びとは、それだけに一層激しく、侮辱で真理を打ちひしぐ。彼らは、真理の対抗者それ自身に侮辱を加えているものと信じきっているからである。習慣

---

(15) ギリシア神話で、鷲の身体をした三姉妹の女神で、暴風と死を司る。転じて、強欲な人間のこと。

が彼らの目を幻惑する。そして、嘆かわしい誤解から、彼らは、逆説しか訴追していないと勝手に思いこんで、理性の方を迫害する。彼らが真理を擁護していると得意になっても、彼らが守っているのは、誤謬なのである。私の読者諸氏よ、願わくは、私の本を裁くときには、この格率を思い出されんことを！ 一番大きな声を考慮にいれる世論は、必ずしもいつも一番堅固なものではないことを、どうか考えてくれるように！ それ自体で、そして、諸権威から独立して、深めるべき価値のある疑問がかつてあったとすれば、それは、ここで私が一瞬、議論しようと試みたことなのだということを心に留めておかれんことを！

第三二章　奴隷制は奉公人制度よりも、人口に有利であり、あらゆる意味において有益であること

人間のうちで奴隷制の廃止を調べたあとで、社会においてそれを評価することを企てるなら、どういうことになるだろうか？ 奴隷制の廃止は、特殊に最大多数の個人に対して、一般に、人類に対して、損害をもたらしたことに変わりはないことがわかるだろう。それは、成員たちを不幸にしている。しかし、それは、奴隷制が種の繁殖に有利であったのに比べて、その繁殖を止めてもいる。このことは、ふたつの状態のあいだに、またもや著しい差異を打ち立てている。この忌まわしい自由というやつは、父親を不遇な境涯に押しやるだけで満足しないで、そこから子孫が出ることをも妨害する。

少なくとも主人は、奴隷たちの性向を邪魔することはしなかった。彼は、奴隷たちが自然のもくろみに身

を任せることを禁じなかった。反対に、彼らの結合を促すことは、主人の利益だった。私がそのことを証明したように、残酷だが、直しようがない、社会の悪弊が隷属身分を世襲的なものにした。父親の身分が子供たちの身分を決定した。このようなわけで、家族の増加は主人の財産を増やすことになっていた。奴隷主は、家族の数を増やす手段を追い求めた。彼は、彼の種馬牧場に住んでいるすべての住民をできる限り、番《つが》わせるために、大いに心を砕いた。彼は、あらゆる本能のうちで一番心地よい本能に身を委ねることしか、彼らに要求しなかった。彼は、彼らの生殖にまつわる厄介事をみずから引き受けた。彼は、自分の財産である子供たちを教育する仕事も引き受けた。自分たちと自分たちの血筋の生活に関するあらゆる心配から自由になった両親は、熱心に、それを永久に絶やさぬために働いた。血筋が水準の低下のなかで生きていかねばならないことがいかに屈辱的であろうと、また、それが速やかに価値下落に追いこまれたことがいかに恥ずべきものであろうと、彼らが王国に投げ出すのは、いつでも有用な労働力だったのである。彼らが王国で取り木をすることで無限に繁殖していたのは、勤勉で、疲れを知らぬ、隷属の種だった。

われわれのまわりに目を向けよう。そこでなにが起こっているかを見てみよう。すべてのわがキリスト教諸国家を経めぐってみよう。従僕が住んでいる宮殿の屋根裏部屋から、小集落のあばら家までである。不幸な日雇い労働者は、季節の厳しさを避ける隠れ家をこのあばら家に求めているが、それはかなりむだなことである。われわれは、屋根裏部屋にも、あばら家にも、等しく人影が少ないことを発見する。しかし、その理由は、正反対である。前者は、富裕の気まぐれに敬意を払って、孤独な住人しか受けいれない。後者は、貧困が行き過ぎたために、やはり人気がないのである。

奢侈は、奉公人の献身で十分に見返りを引き出そうと、奉公人たちに独身を強いる。それは、より敏速で、より快適な奉仕をそこから引き出すためである。奢侈は、自分ひとりだけで彼ら全部を所有するためにしか、彼らに高い支払いをしない。彼のけちぶりは、妊娠の不便や妊娠を経験する女性に対して要求される優しい取り扱いやそこから帰結する、妊娠を産み出した男性における愛情の増大や女性にも男性にも妊娠が引き起こす時間の損失を、正確に計算した。そこからけちな主人が引き出した結論は、彼が雇う人間たちのあいだでの結婚は、自分の利害に刃向う危険な同盟となるはずだ、ということである。彼は、自分のものにはならないはずの子供に命を与えることを、彼らに厳しく禁じた。したがって、彼は自分の住まいの内部を庭と同じように満員にした。彼は庭では、葉っぱの美しさで目を楽しませるのにふさわしい、繁殖しない木々しか許さない。彼は、消費できないかもしれないという理由で、実をつけるかもしれない有益な木をすべてそこから追放する。諸州の奥へ追放されたり、赤貧のみすぼらしい巣に移植されたりしたこれらの木々は、そこでもっと多産になるわけではない。木々を見せかけの独立へ放り出したが、そこでは、独立性が木々の葉を再生させるのに適した露であっても、窮乏が根っこに点々と穴をあけるかじり食い虫となる。樹液を欠くこれらの根元からは、若芽が出てこなかったり、しおれそうな芽しか出てこなかったりする。すべてが黄色くなり、すべてがしおれ、すべてが歳を経る前に死んでしまう。これらの植林地では、かつては、隷属が非常に生き生きとした木陰と活力あふれる緑を維持していたが、いまは、自由の陰で、植林地が間引きされて、消え去るのを人びとは驚いて見ている。

ヨーロッパでは、種の顕著な衰退に驚きが広がっている。世界のこの部分で起こっている人口減の証拠を人びとは受けいれることができない。その原因が究明されている。農業の衰退のなかにその原因が見つけ出せたと人びとは思いこんでいる。しかし、農業の没落はどこからきたのだろうか？　行政からか？　税金からか？　夫役からか？　そのように言われている。部分的にはそれもあり得る。しかし、注意してほしいのだが、社会のこれらの潰瘍自体が、それを必要ならしめるもともとの原理を持っている。それが奴隷制の廃止だ。われわれの諸政府を堕落させたのは、この手術である。それは、諸政府を恐ろしい病気に差し出してしまった。その病気が、遅かろうと、早かろうと、諸政府を殺してしまうだろう。人間のあいだに認められるはずの不平等を破壊したかに見えながら、この手術は、計算することができない規模で、不平等を増大させた。そして、この増大の結果は、伝播していくのと並行して同じくらいの害を及ぼしている。

私が言ったように、奴隷の衣服や食料、それに彼の病気や彼の子供たちは、主人の負担であった。彼の農奴のために主人がしていた絶え間ない支出は、彼がそこから利益を引き出していたにもかかわらず、彼の現金を運び去っていた。それは、彼の実収入を増大させることによって、彼の財産を減らしていた。日雇い労働者の経費は、彼が富むのを妨げるのではなかった。彼の現金の永続的循環を彼に引き起こしていたのであった。

われわれのところでは、日雇い人夫は、彼の妻とともに、彼の腕の産物で生きていく必要がある。彼は、子供がいれば、子供を彼の一労働日の価格で養わなければならなかった。安くて不安定な報酬のなかから、彼が服を着るときには、仕立屋にかねを払い、病気のときには外科医に、結婚するときには司祭にかねを払わなければならない。日雇い人夫を雇っていた所有者は、これらのはっきり表に出ない、重い支出においてなんの役割も演じていない。日雇い人夫に日給として与えられていた一〇ソルないし二〇ソルと引き換えで、全部を少しずつ手にいれていくのは、彼の責任である。それは不可能なことであり、いかに取るに足らない額だとはいえ、この収入は、予測することもできなければ、避けることもできない無数の事故にさらされるという状態にあり、負傷や身体の不調が収入を干からびさせ、祭日や日曜日には支払いは中断され、減額されるし、最後に、ほかに手だてがない不幸な人びとには十分どころか、それにはまったくほど遠い額であるので、彼に残された唯一の慰めは、絶望を感じた生のあとで、死を救貧院に探しに行って、そこで死を見つけることである。

世にあることで一番恐ろしいことは、この給料の安さ自体が給料を減らすもうひとつの理由になっていることである。日雇い労働者が必要に駆られれば駆られるほど、彼はますます安く売られる。窮乏が焦眉の要になればなるほど、彼の労働のあがりは減っていく。彼は、片時の専制君主たちに、彼の奉仕を受けいれてくれるように、涙ながらに懇願するが、当の専制君主たちは、彼にはまだ余力があることを確信するために、恥ずかしげもなく、いわば彼の脈をとってみるのである。専制君主たちが彼に提供する報酬を決めるのは、彼の衰弱具合である。活力をなくして死んでいくのはまぢかいと彼らが感じれば感じるほど、死から彼を守ることができる分を、彼らはそれだけ差し引く。彼らのような野蛮人どもは、彼の命を延ばすものを彼に与えるよりも、むしろ彼の死を遅らせるものを彼に与えるのである。

おぞましいが、写生しただけのこの絵のあとでも、奉公人制度の弁護論者たちよ、あなたがたは、あなたがたの賛美ないし皮肉をあえて続けたまえ。私には、あなたがたのような天分も、才能もないが、しかし、私には、真実がある。少なくとも、この瞬間だけは、真実があなたがたよりも私を優秀にしてくれるのだ。左様、あなたがたの賞賛演説のこの対象、あなたがたが祝福するこの独立性は[2]、近代の洗練が産み出してしまったもっとも忌まわしい災厄のひとつなのだ。それは金持ちの富裕と貧乏人の赤貧を増大させる。貧乏人が使うものを金持ちは貯めこむ。貧乏人が節約を強いられるのは、彼の余剰に対してではない。まさに、彼の欠乏に対してである。彼が食料とは無関係の別の費用に捧げなければならないのは、彼の血であり、彼の生存の一部である。この義務は、彼の賃金に不足を作り出すうえに、なおまた、賃金を下げることに同意するよう彼に強いる。このことは、日々、彼の仕事の報酬を、一層、低い率に抑え、結果として、奴隷制よりも百倍も残酷な窮乏に彼を突き落とす。摂理[3]の実に驚くべき、実にしあわせな結果は、晩寝るときに明日《あした》パン代を稼げるかどうかわからない厖大な数の人びとが、絶望のあまり気がへんにならないということだ。

私は全部を語っているわけではない。それどころではない。私は、軽蔑され、冷たくされた――そう見えるのだが――行政のこの闇の部分が他のすべての政治部門、とりわけそのもっとも輝かしい部門とのあいだに持っている結びつきを示すことなら、できるのではないかと思う。たとえば、私は、奢侈と組んで人間種族[4]を絶滅しおおせるようになった例の驚くべき軍隊を養うことが、今日、あまりにも容易であることがわかったのは、ひとえに奴隷制の廃止のおかげであるということを示すことはできると思う。たくさんの兵士

（1）『剰余価値学説史』、九二―九三ページ参照。
（2）『剰余価値学説史』、九三ページ参照。
（3）以下、この一文は、野沢訳、二六〇ページ上段。
（4）『剰余価値学説史』、九三ページ参照。

を持てるのは、農奴を持っていないからだ。戦争でこれほど人殺しをやるようになっているのは、火薬が発明されたからでも、君主の野望からでも、要塞を攻撃したり、守ったりする技術が完成したからでもない。戦場でたくさんの人間が命を落とすのは、戦場で兵士たちが遭遇するからにすぎない。そして、戦場へ彼らを連れて行くのは、窮乏である。窮乏こそがヨーロッパの一方の端から他方の端まで、陣太鼓を叩いている。ヨーロッパのすべての国家を疲弊させているあの莫大な数の新兵を、忠実な仲間である放蕩無頼と呼吸を合わせて、そこに作っているのは、窮乏である。ところで、これらふたつの怪物は、隷属の破壊からしか生まれない。彼らを産みだすのは、窮乏の遺灰である。放蕩と物乞いが一日に五ソルの英雄を育てるようになるのは、もはや奴隷が存在しなくなってからにしかすぎない。

救貧院を欠くべからざるものにし、満員にするのも同じ原因であることなら、私は証明することができる。救貧院は、また別の種類の深淵であり、そこで人口が姿を消すのである。施設を管理する見地からは、救貧院は賞賛すべき種類の建物である。そして、その効果からすると、それははるかに危険な建物である。一見したところでは、魅力的な施設のように見えるが、しかし、その実、施設を作った目的である貧乏人の救済より以上に、それを管理する行政官の富を確保するのに、はるかに適した施設である。私がこの著作であえて触れてきたすべての問題のように、この問題も深めてみると、途轍もなく話が広がる。法体系のなかで、もっとも興味深い部分と親密な関係を持たないようないかなる問題もない。政治家の目を釘づけにしないようないかなる問題もないし、われわれがいかに社会の真の原理から遠ざかってしまったかということに気づくことができないようないかなる問題もない。私の読者のなかで、良心と目を持つかたがたは、あえてそれらを行使していただきたい。そういうかたがたは、ここでなにをお見せすることが私にはできないかを、苦もなく感じとられることだろうし、ご覧になられることだろう。

第三二章　奴隷制を廃止させたのはキリスト教ではまったくないこと

しかし、と人は言うだろう、奴隷制の廃止がそれほど多くの危険と不都合を持つものなら、いったいそれをなにの責任に帰さなければならないのか？　著作家のなかで最大多数は、奴隷制の廃止を理性と人間性の発達に関係づけている。ド・モンテスキュー氏がそれをキリスト教の恩恵のひとつと見ているのも、この伝である（＊1）。そうだとすれば、奴隷制廃止と戦う体系は、非人道的で、瀆神的ということになる。理性を持つ仲間や兄弟と人間たちの効用のために自然が地上に住まわせた畜生どもとを混同してはいけない、と人間たちに教えた啓蒙的同情心をこの体系は攻撃している。宗教は、この有益な教訓を聖化し、その信徒のすべてにそれを彼らの振る舞いの規則にするように強いたが、そうした宗教をそれは侮辱している。

（＊1）『法の精神』、第一五篇、第八章［邦訳、前掲、中、六二ページ］

これらの主張のひとつでも本当であれば、私が出版するときよりも一層の喜びを感じつつ、私の本を焼かせてもらおう。しかし、それらはふたつとも、評判が良いのと同じくらいいんちきである。実際に、思慮深い寛大さこそが、奴隷よりもむしろ、自由人から奉仕を受けるようにと、ヨーロッパ人に勧めてきたとするとき、あの下働きの人間について私が語ってきたことは、思慮深い寛大さがその原理において人間的である以上に、その結果によってなお一層、残酷であるということを証明するのに十分であるに違いない。しかし、実際において、この原理そのものは、下働きの人間に想定されている原理とまったく正反対である。あとの方の原理は、同情心とか、人道とかと共通するものはなにも持っていない。それは、まさしくこれらふたつの徳の反対物である。次章で私が示すのはこのことである。奉公人制度の導入は、われわれの信仰となんの関係も持っていなかったことをあとの方の原理のなかで確立することからはじめる。

キリスト教の母親であったが、その後、世に受けいれられなくなったユダヤ教が奴隷制を認めていたことを、まず、指摘しておこう。その胎内から出てきた若芽によって場違いとなったこの茎は、奴隷制を承認し、聖化している。モーセは、その律法において、この条項に関してアジアでまだ花咲いていた規則を採用している。全贖宥の年の特権は、この条項にひとつの大きな緩和をもたらしていたことは事実である。五〇年が果てれば、別のユダヤ人の奴隷になっていたユダヤ人は、理由のいかんを問わず、法的には解放されていた。しかし、この律法の恩典は、国民に限られていた。外国人に恩典は関係しなかった。ユダヤ人たち自身のあいだでも、それは奴隷の家族のほかにはほとんど適用されなかった。鉄鎖につながれる刑罰を宣告された人間の大部分は、国の慣習法が鉄鎖を外させるようにした年にまで到達するのは稀なはずであった。そのようなわけで、始祖の不運が後代を屈辱に沈めたのだが、しかし、モーセは、後代に屈辱から立ち直る手段を準備しながら、そこから始祖をきっちりと救い出すことを考えついたわけではなかった(＊2)。

(＊2) モーセが奴隷とその子供たちに、五〇年が果てれば、自由を返すと同時に、彼らあるいは彼らの先祖のものだった不動産を彼らに再所有させていたことを指摘するのは無駄ではあるまい〔『レビ記』、第二五章、第一三節〕。そうすることで、この賢明な立法者は、物乞いをあらかじめ避けていたし、世襲的な隷属を是認することは免れていると思っていた。こうした用心なしには、五〇年目の大権は、空しい譲歩であり、きわめて高くつく恩恵となっていたことであろう。このことは、本篇の第五章、第六章以下で私が言ったことすべてと結びつけられている。

立法者が人間という被造物のあまりにも驚くべき数量にその勢いを殺ぐ必要性について熟慮していたとき、他のすべての立法者と同じように、おそらく彼の心は血を流していた。遺憾と思わずに、この手術を決めたいかなる立法者も存在しない。しかし、彼らは、手術を決心する必要とそれをうまく避けることができないという不可能性を見るとともに、有益な獰猛さの利点とともに、有害な甘さを計算にいれていたので、彼らの嫌悪感の犠牲を公共の利益に仕立てあげていた。彼らは、人類を原初の正義の規則に連れ戻ることに期待してはいけない、と感じていた。例の法律が富を赤貧から永久に切り離す任務を帯びた障壁であったからには、彼らが持っていた、法律を制定する権力自体が、それだけで、なにも所有しない人間のために、すべてを所有していた人間が剝奪されることには同意しないということの証《あか》しであった。

こうした事情では、彼らは、大多数の人間の生計を少数者の意のままに委ねざるを得なかったから、人道に赤貧を養う配慮を任せるよりも金銭欲に任せる方が良いと考えた。彼らが十分にわきまえていたことは、利害関係を離れた人道の思弁が間違いなく赤貧を無頓着に導くのに対して、利害は金銭欲を、一層、思いやりのある存在にし、もっと節約しないようにさせるということであった。これがなぜ、人間を売り買いすることを立法者たちが許したか、そのわけである。つまり、立法者の目から見れば、人間を買うことで、彼らのために供託されたかねは、彼らが死ぬことを妨げるために提供されるに違いない配慮の保証金であった。この点に関して、聖霊に導かれていたモーセは、理性の単純な光だけに制限されていた他の大勢の政治家たちが考えていた体系と違った体系を抱いていたわけではなかった。

だから、キリスト教が奴隷制を排斥していたのは、まさにヘブライ法からキリスト教がこの格率を受け継いできたからではないと考えられる。キリスト教は、ヘブライ法の作者から直接、第三者を通さずに出てきた教えに、この点では、基礎を置かなければならなかったのだ、ということになるだろう。しかし、キリスト教とはそういうものではない。ヘブライ法の作者が天国から不幸な人類を締め出したのに対して、新しいアダム[1]が出てきて、筆舌に尽くしがたい善性によって、彼らにも天国の扉を再度開いたのである。神にして人は、多くの問題に関してユダヤ教徒の肉に偏った発想を改善した。彼は、弟子たちのために一切が霊的なひとつの宗教を打ち立てた。しかし、彼は、社会の政治諸制度のうちのいかなるものに対しても、それを攻撃しようなどという意図は、けっして抱いたことはなかった。

彼はいつでも、「皇帝のものは皇帝に、返しなさい[2]」と言っている。彼は「わたしの国は、この世には属していない[3]」と告げている。そして、彼の使徒は同じ言葉で話している。使徒のうちのひとりは（＊3）、『書簡集』のひとつで、改宗した奴隷についてわざわざ触れたときに、彼は、洗礼の水で再生したことについて、彼を祝福しているが、だからといって、奴隷が以前から持っていなかった市民身分をかち得たとは、主張していない。彼は、悪魔に隷従していたことから引き出された幸せについて、奴隷を大いに褒めた。しかし、この有益な水が奴隷主に彼を結びつける隷属の鉄鎖を腐食させる性質をもっているとは、まったく考えてはいなかった。彼は、奴隷主に、問題の奴隷を兄弟のように処遇するように勧めているとき、彼がキリスト教的慈善の名において、奴隷主に要求していたのは、厚情であって、義務を作ることになる奴隷の実際的な解放などではなかった。奴隷主と奴隷のあいだで彼が定めた兄弟愛は、心同士の兄弟愛であって、それは、現世的上下関係を傷つけるどころか、反対に、それをひたすら打ち固めるものであった。

（＊3）『フィレモンへの手紙』、第一〇節以下。

一二世紀以上ものあいだ、この姿勢は、教会が保ってきた姿勢の雛型だった。教会は、いつも、教会の子供たちのあいだで、人間を財産のうちに持つ幸せを持っていた者に、彼らを優しく処遇するように説き勧めた。教会は、苛酷な運命が商業手形の階級のなかに置きいれた人びとに、つべこべ言わずに服従すること、自由の犠牲を神に捧げること、神の摂理が彼らを置いた状態に諦めてとどまることを説いた。そこから出るように教会が勧めたことは一度もなかった。教会道徳の純潔性は、あの長い時間の広がりのなかで、奴隷制

（1）イエス・キリストのこと。
（2）『マタイによる福音書』、第二二章、第二一節。
（3）『ヨハネによる福音書』、第一八章、第三六節。

ときわめて親和性があるように、教会には思われた。

教会の聖職者たちは、この種のことで、信者たちの敬虔が教会にした壮麗な贈り物を、躊躇なく受け取りさえした。聖職者の所領や僧院の土地には、かねと引き換えに買い取られた奴隷たちが住んでいた。彼らは、キリスト教徒として、彼らの主人と完全に平等であったが、農奴という資格においては、完全に主人の思いのままになっていた。たしかに、神は、彼らに豊富に与えていた恩恵については、彼らのあいだに差異は置かなかったが、しかし、宗教は、法律が確定してしまっていた差異をなにひとつ変えていなかった。現世で農奴の身分に耐える我慢は、来世での、より栄光ある見返りを彼らに保証していた。しかし、この幸せな展望は、実現しなければならないとされた、不幸からの解放の十分な理由にはなっていないように見えていた。さらに、一二世紀頃までは、いかなる教父も奴隷制に反対していなかった。いかなる公会議も、既成の慣習に従い、人間を賃借りするかわりに、彼らを買い取っていた富者に破門を申し渡さなかった。この慣習を禁じた規則は、キリスト教的熱情が最高に盛りあがったときでさえも、まったく見られない。したがって、隷属の廃止を宗教思想のせいにする体系は、支持できない、荒唐無稽な推定であり、この推定と事実とは両立しえないのである。

第三三章　ヨーロッパにおいて奴隷制を廃止させた本当の理由

いわゆるこの恩恵なるものをヨーロッパがなにの責任に帰さなければならないのかを、いま、正確に知りたいと思うのではないか？　そのためには、ヨーロッパの本当の画期となった時代に赴かなければならない。言葉を変えることで、人間たちを欺こうとしたり、販売のために市場に陳列することを禁じる特認状に彼らが高いかねを支払ったからには、彼らは自由であると主張したりするほど、大それた気分に人がなったときに、いったい世界のこの部分はどのような状態にあったのかを見ることだけが大事である。一一世紀から一二世紀にかけて起こったのがこのことである。

その頃、奴隷制が存在していたというのは事実であるが、しかし、その本性は損なわれて、見違えるばかりになっていた。奴隷制を緩和することができるものをそれはなにひとつ保存していなかったのに、それをもっと苛酷にすることができるものすべてを獲得していた。それは、滑稽だったり、無慈悲だったりするおびただしい数の制度によって、ごたまぜにされていたので、災厄の最たるものになってしまっていた。それは、それぞれの家族のなかの或る一定数の人間たちが、尊敬すべきひとりの首長のまわりに集まってできあがる服従などではなかった。この服従においては、首長は、君主以外のあらゆる権威から独立し、平和な国家のなかで平和に暮らし、ほんのちょっとした抑圧の見かけからも法律によって守られ、援助されていた。そして彼は、彼の奴隷たちのなかで、働き者の協力者をいたわっていた。これらの協力者は、首長の富裕の一部を構成すると同時に、彼の安全をわかち合っていた。この奴隷制はアジアのそれであり、アメリカを除く世界の残余部分のそれである。これこそ、[1] 日雇い労働で命を稼ぐように追いこまれた人間たちにとって、

（1）『剰余価値学説史』、九三ページ参照。

ほかのどのような生き方よりも、百倍もましだと私が思う奴隷制である。しかし、私が語っている時代に、わが祖先の家で認められたのは、こういう奴隷制ではない。歴史がいずれその絵を提供することになると思うが、ローマが中心となった宗教に内在する優しさにもかかわらず、そこで主流になってしまっていた種類の奴隷制は、おそらく、不条理と野蛮さと一貫性の欠如の奇怪きわまりない混合物である。

ヨーロッパは、北部から南部まで、封建的無政府状態の痙攣に苛《さいな》まれていた。騎士道の英雄的な狂気がヨーロッパを好戦的で、残忍な狂人どもで覆い、彼らがヨーロッパを荒廃させていた。彼らの勇気と寛大さにもかかわらず、また、中世の物語のなかでずいぶん大きな規模を持っている自尊心と気高さのあの妄想にもかかわらず、事実は、しかしながら、彼らが鉄甲で身を固めたラフィア人(2)や大きな馬にまたがったマンドラン(3)の部下たち以外のなにものでもなかったということである。彼の部下たちは、城と呼ばれていた銃眼を持つ隠れ家の近くにいる不幸を持っていただれであれ、容赦なく利用していた。

彼らは、お互いのあいだで、激烈きわまりない戦争をしていた。彼らは、三〇人か四〇人かの強盗どもの先頭に立って、自分たちに似た別のひとりの極悪人の土地を荒らす権限を自分たちの特権のなかで、もっともすばらしいものと見ていた。このもうひとりの極悪人は、同じ時期に、似たような護衛とともに、二里向こうの彼ら自身の所有地を血まみれにし、燃やしていたのである。彼らからこの栄光ある大権を奪おうと望むことは、侮辱のなかでももっとも残酷な侮辱を彼らに加えることであった。これらの野蛮人どものまっただなかに、自然がたまたま産み落としたひとりの偉大な人物がいた。彼は、彼がなんらかの改革を持ちこもうと考えていた時代に、この大権を真正の法律によって、聖化することを強いられた。これらの残虐行為に苦しみの声をもらしていた聖王ルイ(4)の見識ある慎重さがなし得たすべてのことは、一年のうちで、残虐行為を犯すことができる日を固定したことである。これらのマスティフ犬どもを始末することも、あるいは、彼らの度外れな激情を静めることもできないために、彼は、彼らが残虐行為に身を委ねる権利を持つ期間を短縮した。彼らを永久に鎖につないでおくことはできないので、せめて少しの期間でも、彼らを牢獄にいれたのである。

それぞれの国においてこのうえなく熟慮された秩序、いやむしろ、現実に各国を構成していた唯一の秩序は、その当時は、このようなものだった。残りの人間は、かの武勇に優れた騎士たちの被害の道具または対象として役だつ限りにおいてしか、物の数にははいらなかった。隷属農民、つまり全体の一〇〇〇分の九九九に当たる人間は、あらゆる奴隷制のなかでももっとも悲しく、もっともおぞましいもののなかで疲弊して

(2)ラフィアはパレスティナ南西部の地名。この地で、アレクサンドロス大王の跡目争いの戦争(第四次シリア戦争)がプトレマイオス四世エジプト王とアンティオコス三世シリア王のあいだで紀元前二一七年に戦われ、エジプトが大勝利を得た。

(3)マンドラン、ルイ(一七二四—一七五五)。フランスのローヌ地方を荒らしまわった山賊で、義賊として有名。車責の体刑に勇敢に耐え、縛り首刑に処されたという。

(4)聖王ルイ(一二一四—一二七〇)。フランス国王ルイ九世(一二二六—一二七〇)のこと。アルビジョワ十字軍(一二二九)を組織して、王国を南部に拡張し、第七回十字軍に参加し、捕虜となる。解放後、帰還してイギリスとの対立を収拾した。第八回十字軍にも参加して、ペストで戦病死した。キリスト者として「完璧な」人物と言われ、聖人に列せられた。

いた。彼らは、この状態の数えきれない悲惨のほかに、彼らの主人の敵たちによって、あるいは彼らの主人自身によって、焼かれたり、殺されたりする永遠の恐怖を抱えていた。というのも、主人の敵の側も、主人側も、手加減なく彼らを殺しまわったからである。

彼らは、知られているように、農地にくくりつけられていた。つまり、彼らは、地主の奴隷というよりはむしろ、彼らが耕していた土地それ自体に隷従する人間であった。だから、一方では、地主は、領地の森を占めていた一種の野生動物にほぼ近い取り扱いを彼らにしていた。野生動物に対して、地主は、必要に応じて、ときにはその皮を剝いだり、ときには、快楽のためにその肉を取ったりしていたから、彼らは、ちょうどそれと同じ取り扱いを受けていたということである。他方では、近隣の英雄たちが、手に松明を持って領地を訪れ、そこにある物置やそこにいた野禽獣を容赦なく灰燼に帰せしめていた。彼らは、そこにいかなる宿営地も作らなかった。というのも、領地をわがものにすると、彼らは、その移動を禁じていた普通法に触れることになるからだった。しかし、現地でそれを蹂躙することで、他の領地の農民を殺すことを上手に助長していた封建的司法を、彼らは、その厳格さの全体において完遂していた。というのも、司法は、農民を盗むことは許していなかったからである。ところで、頭に血がのぼった一種の狼族は、周囲を殺害者と大虐殺で満たす用意をいつでもしていたが、バルト海から地中海にかけては、この種族の棲み処として役だつ城が四分の一里も行けば、必ず存在したので、血を好むこれらの野獣どものうなり声で絶えず耳を打たれ、野原で震えながら草を食《は》んでいる無防備の羊たちの状況は、いかなるものであったに違いなかったかは、容易に感じとれる。

武勇の騎士たちが不幸なこの地所で、その土地のアルパン〔面積の旧単位〕とほぼ同じくらいの数の戦争をこのようにして養い続けていたあいだに、彼らすべてを粉砕し、彼らの亡き骸《がら》で裕福になろうと欲する二大権力が彼らの眼下で形成されていた。一方は、法王の権力であり、他方は、国王の権力であった。双方は、その見方においても、利害においても、まったく正反対であったが、しかしながら、彼らは同じ目的に向かって歩みを続け、同じ手段を用いていた。そして、彼らは、野蛮であるのと同じくらい無分別なあの小暴君集団から王位を剝ぎ取って、彼らの席に自分たちが座るという計画においては、一致していた。

法王たちは、迫害の終了以来(5)、彼らの出世に役だつ状況ならなんでも利用した。聖ペテロが彼らの根拠地に結びつけた霊的至上権を地上の事柄に広げるのにふさわしい、と彼らには思われたすべての事柄のうちで、なにかひとつでも彼らが失念するということはまったくなかった。彼らは、長らくカエサル〔皇帝〕の臣下であり、取り巻きであったあとで、彼らは、その対抗者となった。彼らは、自分たちがカエサルの主人だと言いはじめていた。彼らが天上を罪びとに開いたり、閉じたりするために受け取っていた鍵を、君主が王国へはいることを保証したり、禁じたりするために彼らは使っていた。彼らは、世界的至上権に向かって華々しく行進していた。彼らは高慢にも、宗教はひとりの首長しか持っておらず、世界全体を抱擁しなければならないのだから、世俗の権力よりも明らかに優位に立つ教会において、この首長が持っている優越性の力で、彼は、全部のものの上に立つべきであると言っていた。彼らは、勝利によって異議を唱えられないものにな

(5) 一四世紀初頭、ローマ法王をアヴィニョンに幽閉した迫害を指す。

り得るはずのこの格率を、すべての陰謀における支えとしていた。

彼らは、聖職禄の分配や彼らが自分の取り分にしていた遺留分[6]や彼らの名でのみ授与することが許される位階や彼らが彼らの裁判所に対して起こさせた訴訟によって、僧族を屈服させていた。彼らは、修道会の創立と修道院の普及を促したが、彼らの征服事業に匹敵する数を持つこれらの施設は、征服事業を容易にし、庇護する使命を帯びた前進部隊であった。彼らは、これらの施設を、不輸不入権や諸特権で要塞化した。これらの権利は、庇護された側にとってよりも、むしろそれ以上に庇護する側にとって、有利に働いていたのである。彼らは、武勇の騎士たちを弱体化し、さらに、あらゆる類の支配者を養成する例の温床を数次の十字軍によって弱体化した。

アジアに自分たちの大植民地を作るという期待は、がつがつしたハイエナどもを法王たちが彼らの砦から引っ張り出すための糸口であった。彼らは、ハイエナどもに、貿易と風土が急激に富ませている三日月［オスマン帝国］の支配下の都市を示した。彼らは、この獲物を奪い取るように彼らをあおりたてた。間違いなく新たに罪を犯す機会になったにせよ、彼らは、ハイエナどもの旧悪を帳消しにする安易な手段にこれらの遠征を仕立てあげた。彼らは、一風変わった例の悔悛者に遠いところでの私掠行為を強制するために、ときには脅しを用いさえした。とはいえ、日頃から、これらの悔悛者は、私掠行為に走りがちではあったのだが。相次ぐ災禍の四〇〇年で破壊された、産業のない、貧しいキリスト教徒を執拗に攻撃する労苦よりも、金持ちで、裕福な不信心者のサラセン人を略奪しに行く方を彼らはあっさりと選んだ。

これらの貧しいキリスト教徒の暴君どもが遠く離れたところに行っていることがもたらした、しばしの休憩時間のあいだに、貧しいキリスト教徒を味方につけるために、高位聖職者たちは、彼らに自由の亡霊を見せた。高位聖職者たちは、自由の心地よさと利点を褒めそやした。とはいうものの、海外の遠征で疲れきって帰ってきた武勇の騎士たちがこれらのキリスト教徒たちの身体を売る羽目に陥ったとき、法王から、直接、自由が受け取られたわけではなかった。しかしながら、法王こそが真っ先に自由について口を開いたので、感謝されたのはとりわけ彼らであった。人民の考えのなかでは、宗教の首長の観念は、世俗の解放者の観念と結びつけられていたから、ローマ大司教たちも、尊敬されるのと同じくらい愛されていたのである。彼らは、このようにして、社会のすべての身分の気持ちをつなぎとめた。彼らは、人心を絶対的権威を持って支配した。実際には、彼らはごく限られた領地を享受していただけだったにもかかわらず、彼らは、彼らの教会を承認しているすべての国のなかでは、本当の意味での王であった。彼らは、キリスト教徒とほぼ同数の臣民を数えていた。

この政治術策は、祭壇の聖職者が考え出し、発展させたものだが、たちまち世俗権力の目に強い印象を与えた。それは速やかに国王たちの考えのなかに浸透し、自分の名前以外の栄誉を持たなかった国王たちによって採用された。彼らは、自分の名前を正当化することを熱烈に願っていたのである。彼らは、彼らの称号の威厳によっては、屈辱から救い出されることができなかったので、そこから身を引き出すためには、大領主たちによって抑圧されている多数の人びとの支持を得る必要があると感じていた。国王たちは、狩人が

(6) 空位となった聖職禄のことで、ローマ法王による聖職者の任命と聖職禄授与が必要であった。

獲物の動物に近づき、獲物を駆り立てようと思ったときには、二匹ずつつないである猟犬を放すように、抑圧されている多数の人びとの鎖を外すことに取り掛かった。彼らは、彼らの封臣たちの所領のなかにあった、非常に不適切に縮められ、囲いこまれた、小さくて、狭い自分たちの所領のなかで、解放の模範例を率先して与えることからはじめた。

国王たちは、そのことでなにも失わなかった。反対に、得たものは多かった。変身が実行されたのは、かねとともにでしかなかった。それ以来、貴族身分が競売に付されてしまった。その当時は、自由しか競売に付されていなかったということである。考慮すべき要件のない隷属農民を自由人にし、特権のない農奴を、尊重すべき諸権利を備えた市民にするのは、権利金であった。このようにして再生した人間は、相変わらず、国王の直接的権力の下にとどまっていた。国王の上にはだれもいなかったので、国王は、その所有地においては、つねに絶対的専制君主のままであった。

大領主たちの所有地については、事情は同じではなかった。彼らは主人をまったく欲してはいなかった。しかし、彼らは、封建制度が国王に権力の見かけのほか、ほとんど残していなかったし、権力の飾りさえ、国王に持たせていなかったのに、国王自身のなかに上位者を認めていた。農奴解放の新たな法解釈は、それらに実質を与えた。大貴族は、彼らの農奴を解放することによって、臣民を保持していることを自慢した。しかし、彼らは間違っていた。領主たちは、これらの人びとに対して、取るに足らない権利しか売っていないと思いこんでいたが、権利を買った方は、別の主人に身を委ねるためにそれを利用したからである。この別の主人とは宗主権者〔国王〕であった。彼らは、いま離れてきたばかりの旧主から守ってもらおうと彼に期待したのである。彼らは、旧主から取っていた特認状がなにかの気まぐれで無駄になることを、いつも恐れていた。特認状を有効にするために、彼らは直接国王に向かった。国王は、彼らに承認を与えることを急ぎ、しばしば、問題となっている保護を彼らに認めさえした。国王は、封地の所有者たちが失ったものをすべて手にいれた。隷属農民は、貴族所有の人間であることをやめるために、貴族にかねを支払ったが、国王の人間になるためにも、貴族にかねを支払っていたのである。

この政治的衝撃がひとたび国全体に伝わると、全部が運動をはじめた。手口は巧妙だった。領主たちに対抗して策略を考えついたのだが、彼らの大多数には、策略そのものが当てはまらなかった。彼らの大部分は、粗野で、数次の十字軍によって貧しくなり、かねに強欲だったために、解放を大儲けするための手段としか見ていなかった。彼らは、自由を商品にすることをいともたやすく決心し、その商品を適正価格で売った。罠に用心していたり、みずからすすんで罠に引っかかること望まなかったりした隷属農民は、むりやりそこへ連れて行かれた。農奴に対して道理にもとづく示談には応じていなかった、彼らの主人である家臣から農奴を自由にする権利を国王たちは手に入れた。

これら君主たちの行動を左右していたのは、人道とかキリスト教とかと言うものではほとんどなかった。行動の動機となっていたのが彼らの個人的利害であったので、君主たちによって信用を付与されたこの商品を欲しなかった人びとには、無理やりそれを買うことが強制された。大領主たちには、それを売ることが強制され、農奴たちにはそれを買うことが強制された。存在したなかで、もっとも名高い自由の商人であるルイ・ユタン(7)は、農奴のあいだで解放されることを望まないと考えられる人びとには、重い税金を支払わせるように、彼の役人たちに勧めるという大いなる配慮を示した。

この命令ひとつだけで、自由の取戻しを全力で助ける気にこの君主とその仲間たちをならせた動機が白日のもとにさらけ出される。彼らの政治術策は、その後、庶民とその資格をもてあそんだ。彼らは、庶民を幸せにする権利を奪い合うのではなくて、庶民の収穫物を奪い合った。だから、彼らは幸せを作らなかったのである。そして、庶民の鉄鎖の除去と称するものは、私が証明したように、庶民を限りなく一層みじめにすることに役だっただけなのである。

そこから、自治都市の設立が続いた。それは、キリスト教君主にとって、玉座への本当の踏み台であった。封建的隷属の破壊は、言ってみれば、ジャッキみたいなもので、ゆっくりとはしているが、その努力は、無限の力を発揮し、君主たちが今日あるような高い地位まで、彼らを持ちあげたのである。君主たちの現在の栄誉は、全体として、目だたないのと同じくらい活動的なこの原理のおかげなのである。なおまた、この栄誉は、うわべの華々しさにもかかわらず、まだ非常に不完全である。それは、型崩れしているし、彼らが打ち倒した、形の定かならぬ勢力の残骸によって、傷つけられさえしている。完全に地面をきれいにしたのち、設計図——この著作のなかでそのいくつかの部分については示しておいた——に従って、新しい建物を同じ敷地のうえに建築したときにのみ、この栄誉は、国王たちよりも諸国民にとって、その効果と有用性の全体を持つことになるだろう。

第三四章　本篇の結論

本篇、そして、広くは、先行する事柄すべてからでさえ、なにが帰結するだろうか？　残酷ではあるが、しかし、人びとに言わねばならないひとつの真理であり、理性を使うだれの目から見ても、幾何学の公理と同じくらい異議の唱えようのない公理である。私が展開したばかりの考察と各人が自分でそれに付け加えることができる考察に従えば、そもそも疑うことすらできない原理である。それは、現代の或る大人物[1]があまり真面目ではない機会に言ったように、従属、奴隷制、卑しさが人間の四分の三の運命であるということだ。この四分の三を支配する四分の一の悦楽的ゆとりが形成されるのは、彼らのつらい隷従によるのである。どのような名前を社会のこれらふたつの動因に与えようと、どのような仮面でそれらを覆っても、それらの一方を、奉公人制度あるいは隷属制、他方を支配あるいは自由と名づけようと、それは、前者にとっては、い

---

(7) ルイ・ユタン（一二八九―一三一六）。フランス国王ルイ一〇世（一三一四―一三一五）。ユタン（Hutin）は「世間を騒がした人」の意で、ルイ一〇世に付けられたあだ名。暴力的なうえに遊興に明け暮れ、かねの必要に迫られて、ユダヤ人を売り飛ばしたり、嘘の約束で、所領の農奴を解放すると称して、農奴から税を徴収したりしたことで有名。

(1) ヴォルテールのこと。彼は、反啓蒙主義者のアブラム・ショメーを皮肉った風刺詩『かわいそうな悪魔』のなかで、「俺は、お前のように、卑しさに陥ってしまった／それが人類の四分の三の運命なのさ」とショメー自身のことを皮肉っている。

つも自分自身の全面的な自己犠牲であり、人間という資格に結びつけられた諸権利の完全な犠牲である。それは、後者にとっては、これらの同じ諸権利の倍加であり、あるいは、なんなら、それは諸権利の濫用である、と言ってもよい。

購入された奴隷によってかしずかれるにせよ、賃借りされた日雇い人夫から奉仕を受けるにせよ、これほど違いがないものはないくらいである。というのも、人はかしずかれているのだから。農奴が彼の主人に対して苛酷な従属状態にあるのと同様に、日雇い労働者も窮乏に対して苛酷な従属状態にある。[2] 同じ材料からできた彼らの鎖は、色合いだけが異なるにすぎない。こちらにある鎖は黒くて、いかにも重そうに見える。あちらにある鎖は陰気さがあまりない見かけを持ち、中がもっと空っぽであるように見える。しかしながら、重さを公平に量ってくれたまえ。あなたがたは、そこにいかなる差異も認めないだろう。どちらの鎖も、必要から作られたものである。それらは、正確に同じ重量を持つ。というよりむしろ、一方の側に何グラン[3]か余分にあるのは、他方の側がもっと軽いぞと外部に知らせるためなのである。

この点に関しては、幸せなことかもしれないが、われわれは、われわれの父祖が到達していた地点にまだとどまっている。それは、また、われわれがわれわれの境遇を嘆くもっと多くの理由を持っているのに対して、みずからの境遇に喜悦する何千もの理由を持っているアジア人とそのほかの多くの国民が到達している地点でもある。この格率を攻撃するあらゆる哲学の大演説は、意味がないし、無益だし、そのうえ危険でさえある。

大演説は、事物以上に言葉を根拠としている点で、意味がない。大演説の作者は、すべての人間が自由であるのを見たいのだと言う。しかし、彼らは思いもつかない。その祈願の成就は、彼らがほかのだれよりもこだわっている社会の存在と並び立ちえないのだ。それでもなお、彼らは、彼らの趣味の洗練がますます社会を彼らにとって必要なものにし、彼らは、社会の心地よさをますますおいしく味わうので、社会にこだわらざるを得ないのである。

彼らの政治的説教は、世界がそれでもいつもと同じく順調に進んでいる点で、無益である。黒人の隷属状態についてのあらゆる嘆き節は、ロンドンの居酒屋からギニアで黒人を買い、アメリカで黒人を売るように指令を与えている［東インド］会社の資本から一シリングも差し引かせなかった。彼らの政治的説教は、わが日雇い労働者の報酬についても、わが兵士の報酬についても、わが奉公人の報酬についても、一スーたりとも増やさせなかった。この種の人間の労働が安値であることこそが、社会の富を作り出し、統治体の土台を作り出すのだ。

幸いにも、あなたがたが注文すれば、こうしたものを持てるときには、彼らを愛したまえ、彼らを慰めたまえ。だが、彼らに憎しみを吹きこんだり、彼らの状態に対する嫌悪を吹きこんだりしないようにしたまえ。彼らにその不公正を感じさせるどころか、彼らにその必要性を教えこむように努めたまえ。あなたがたがこれとは違った風に行動すれば、あなたがたの哲学的と称する思弁は、意味がないとは言えなくなる。それらはものすごく危険な意味を帯びる。もはや無益どころではない。それらはきわめて恐るべきものとなる。

（2）『剰余価値学説史』、九三ページ参照。

（3）重量の旧単位で、穀粒ほどの重さ。

家畜の群れのなかの最多部分が服従していること、この部分が無に等しいこと――そう言わなければならないので、そのように言うが――が牧童の富裕を作っているのだが、そのことがあなたがたにはわからないのか？　群れを構成する雌羊を集める犬の方に、雌羊たちが頭を差し出す気分にけっしてならなかったら、たちまち群れは解散になり、壊れてしまうのではなかろうか？　そしたら、その主人も破産させられるのではなかろうか？　牧童の利益のため、あなたがたの利益のため、ひいては、雌羊たちの利益のために、私の言うことを信じたまえ。やかましく雌羊に吠えかかるあのうるさい犬が、たった一匹だけで、雌羊全部を上回る力を持っている、と雌羊たちがいま確信しているとおりに、その状態のままで雌羊たちを放っておきたまえ。[4]

うるさい犬の影を見ただけで、愚かにも、雌羊たちが逃げてしまうのを放っておきたまえ。だれもがそれで得をする。あなたがたは、羊毛をわがものにするために、雌羊たちを集めるのがもっと容易になる。雌羊たちは狼にがつがつ食われないように、もっとたやすく守られるようになる。たしかに、それは、人間によって食べられるようにするためにすぎない。しかし、とにかく、雌羊たちが家畜小屋にはいった瞬間から、雌羊たちの運命はそこにあるのだ。そこから、それらを引き出すことを語る前に、家畜小屋をひっくり返すことからはじめたまえ。言い換えるなら、社会をひっくり返すことからはじめたまえ。

この言葉が通常、本などで使われている言葉と違うことは、私にはよくわかっている。けれども、それが理性と真理の言葉なのだ。私が反対の意見を抱いていたなら、おそらく私は、もっと党派的になっていたことだろう。それは雄弁をもっと生みやすいだろうから。人道の抑圧者たちに反対して人道に与《くみ》しているように見えることは、はるかに名誉なことだし、はるかに容易なことでさえある。権力と主人に楯ついて大演説をぶつのはいとも簡単だ！　独立という思いつきしか提示しないのであれば、表現と読者を見つけるのに苦労はしない。物語にでも出てくるような絵を熱狂して見つめる多数の人びとは、たしかに味方である。絵の出来ばえがまことに見事であれば、それらが誘惑する賢者を味方に持つことも、場合によっては、ありさえするだろう。

しかし、猥褻な作品と好色な版画にもっとも喜ぶのが性的不能の放蕩無頼どもであるのと同じで、自由の肖像画をじっと見つめることにさらなる楽しみを感じるのは、自由を味わう能力がもっとも少ない心情の持ち主である。人類の諸特権を再興することに愛着を感じる体系を優美に主張するのを聞くことがもっとも好きであるのは、人類が蒙ってしまった転覆を享受することに、最大の悦楽を感じる人びとである。教養ある、繊細な精神は、自然の自由が再生するのを見たら、最大の絶望に陥るだろうし、社会が人間に与えた支配権を、ほとんど注意もせずに、濫用する連中を一番軽蔑しているが、しかし、こうした精神の持ち主は、人間の最下層に重くのしかかっている絆に対して叛乱に立ちあがる魂の偉大さと称するものに、より一層熱狂して拍手を送る人びとでもある。

ふたつにひとつだ。なにも産まない理論に限定するという配慮をしていた、あの見せかけの同情心で、彼らが実際において人道に吐きかけていた軽蔑を償えると彼らは思っているのか、それとも、彼らが無気力状

（4）『剰余価値学説史』、九四ページ参照。

態に追いこまれたために、奇妙で、刺激的な描写で、彼らの想像力を再び呼びさましたいのか。そして、われわれに与えられる普遍的な自由についての思いつきとすべての人間が自由を要求する権利を持つことについての思いつきがやっているのはこのことである。このように、社会の心地よさと全体的独立が組み合わさると仮定することほど、奇妙なことはない。不運な目に会うことなどないと確信している観客にとって、大きな不幸が描かれた絵ほど刺激的なものはない。彼らの悦楽的好奇心は、歴史の真実を突っこんで検討することよりも、画家の才能を楽しむことの方がはるかに好きなのだから。

とても上手に書かれ、とても強い調子で表現された絵空事を読むときに見いだされる喜びには、おそらく、悪意すら一役買っているのであろう。そこからは、社会におけるいかなる有効な変更も結果しないことは、わかっている。奴隷たちの訴訟は、奴隷たちの擁護者の雄弁によってより良いものになることなどないことも、確信されている。だからこそ、侮蔑的な安心感で、彼らの弁護士たちの口頭弁論を聞いていられるのだ。人は彼らを裁く。高く評価する。褒めちぎりさえする。彼らをこき下ろすことには、なんの利害関係もないからだ。彼らが勝たないということには確信がある訴訟で、彼らが立派に弁護したことに、人は栄誉を喜んで残しておける。そして、彼らが自由のために発した力強いどの表現も、攻撃しようのない判決が自由を破壊する権利のなかにとどめ置いた一方の当事者にとっては、新たな勝利の主題である。

すべての人間が平等で、裕福で、幸せな社会が、杖のひと振りで、大地のふところから出てくるというような、政治のあの妖精物語を自由に展開させた理由は、おそらく以上のことである。これらの妖精物語を思いついた哲学者たちが思いもしないことは、彼らが気にいっている大多数の子供たちにおもねようとして、彼らは、彼らの軽佻浮薄ぶりを感じている少数の立派な大人を憤慨させる危険を冒しているということである。彼らは主人を面白がらせる。しかし、彼らは奴隷の悲惨を深刻なものにする。こんな薄情なこびへつらいは、人類の家庭教師の資格を渇望する高貴な天才にふさわしいことだろうか？　社会は、世界全体を広大な混沌に作りあげているが、そこでは、自由な人間といえば、囚人の監視人にしかいない。自由の賛美を彼らの歌の主題として採用しようと努めることは、これらの監視人のなかで、いい声をしている監視人にふさわしいことだろうか？　彼らが注意深く牢獄の扉の閂《かんぬき》を強化することに取り組んでいるのに、その牢獄の閾《しきい》のところで、扉をぶち壊すふりをして喜ぶことは、彼らにふさわしいことだろうか？　囚人を閉じこめたままにしている鉄格子そのものに、囚人が自由であったなら、彼らが享受したであろう幸福について、感動的な描写を張り付けることは、不幸な囚人を侮辱することではないのか？

あの人たちは、と囚人は言う、人類を慰めたいのだ！　ああ、残酷な哲学よ。お前の慰めはなんとつらいものであることか！　慰めを口述する熱意はなんとぶしつけなことか！　俺の病気は治らないんだ。どうしてお前は俺の前で健康をあくまで褒めたたえようとするんだ？　おまえは、俺の病気の兆候に関して長広舌をふるって、お前の才気を輝かせている。しかし、お前は、病気の原因を一掃するすべを俺に教えてはくれない。お前は、俺を幻想であやしてくれるが、お前ときた日には、お前自身をもそれで満足させているのだ。しかし、俺の状態をお前が描いた状態と比較してみると、俺をよくもだましてくれた希望のいんちきさには、にがにがしさをさらに一層感じるだけだ。

奴隷制[5]を攻撃するお前の大演説は、鳩を爪でつかんで引き裂いている猛禽の叫び声のようだ。それは、俺を抑圧する容赦ない敵の力強さを俺に示してくれる。しかし、俺にはもっとよく、俺の頭をぶち割る嘴《くちばし》の一撃がわかっているんだ。俺の暴君を殺せ。さもなくば、彼の暴政の恐怖を俺に見せるな。俺をそこから引き出すことができるなんて、一切言うな。そんなにいんちきなことはないからだ。俺が耐え忍んでいる拷問が正当で、避けがたいことを信じたままでいさせてくれ。俺は苦悶のなかで息を引き取るはずだが、それまでのあいだ、俺を救うことは不可能だということのなかに、その苦悶にもっと辛抱強く耐えるためのなにかの手だてを、俺はおそらく見つけることだろう。

いったいお前の話の目的はなんだ？ 俺は苦しんでいるが、お前に言わせると、俺は苦しまないでいられるそうだし、苦しまないでいるべきだそうだな。俺は鉄鎖につながれたまま、あの世へ行く。お前は、俺をこんなところにとどめ置く権利をだれも持ってないんだ、と俺にわめきたてる。いったいお前の狙いはなんだ？ 俺の心のなかで、奴隷制の感情に不公正の感情を結びつけざるを得ないようにさせることか？ 俺の不運を増大させ、俺の絶望に輪をかけ、もはや俺には求められない至福の姿を俺に差し出すことで、俺の未練を倍加することか？

恐ろしいが、しかし、真心からの声の方がどれほど賢明であることか。その声は言う。鎖[6]につながれたまま苦しんで死ぬのだ。それがお前の定めなのだ。肉食動物が臆病な獣を殺して生きているように、社会も自由の破壊によって生きている。[7]お前は虎に生まれついたわけではないのだから、お前を仔羊に産んでくれた摂理に文句を言うな。自分の分け前に満足しろ。それ以外は望めないのだから。お前は、怪物の餌になる定めだから、そいつがお前をがつがつ食っているときでも、諦めてお前の運命に耐えろ。運命を変えることなどできないのだから。お前の体刑を先延ばししても、お前はそれを避けることはできないのだから。お前の抵抗は、お前の終わりをもっとゆっくりとしたものにするが、しかし、それは、お前の終わりをもっと残酷なものにするだけだろうから。

奴隷身分に追いこまれた人間、あるいは、それよりもっと忌まわしいが、別の称号のもとで奴隷身分と合致している屈従に追いこまれた人間を慰めることができる理由がある、というのが本当であるとするなら、それらは以上のような理由であろう。これらの理由は、世界で観察される漸層法(8)の見世物によって、強められることさえあり得る。どのような地位に人が位置していようと、いつでも、自分が最後ではないことを自慢することができる。ポーランド農民のなかでも、もっとも卑しい農民は、彼の主人が彼に託したロバを御しながら、こう考えることができる。社会がなければ、この不幸な動物が自分に服従させられることはなかったのだ、と。彼がロバを統御するのに使う田舎風の王杖は、彼の恥辱を償うことができるが、彼は、彼自身を支配する帝国の権杖が近づいてくると、またもや元の恥辱に転落する。容赦なく叩く権利を行使する

---

(5) この一文は、野沢訳、二五九ページ下段。
(6) 以下、「よって生きている」までは、野沢訳、二五九ページ下段。安斉訳、一九六ページ参照。
(7) 以下、「望めないのだから」までは、野沢訳、二五九ページ下段。
(8) 修辞学における表現方法の一種。漸昇法と漸降法とがあり、類似した表現を用いて、徐々に表現に強弱をつけること。ここでは、社会の階層別構造が不満の爆発を抑制していることを指す。

ことで、この叩く権利を農民に与えるのと同じ理由が、同じように苛酷な打撃をぶつぶつ言わずに受ける必要性をも彼に押しつけているのだということに、彼は気づかなければならない。彼に確認させることが重要であるのは、とりわけこの必要性なのである。それが社会の土台であり、絆なのだから。(9) 彼に忍耐を説く哲学の方が、反抗をけしかける哲学よりずっと道理にかなっている。

(9) この一文は、野沢訳、二五九ページ下段。

解説

ランゲは、一七三六年七月一四日に、パリ北東の宗教都市ランスで生まれた。父ジャン・ランゲは、ラテン語に優れ、パリのコレージュで中世哲学を専門とする教師であったが、当時、サン＝メダール墓地の痙攣派集団ヒステリー事件などで、世間を騒がせ、ウニゲニトゥス大勅書受けいれで、一七三〇年から、フランス国法に触れる宗旨となっていたジャンセニスムの思想に傾倒していたことを咎められ、封印状で一七三一年に教職を解かれ、パリを追放になった。国王の命令で、裁判抜きで追放・投獄される封印状に対するランゲの一種の強迫観念は、父のこの記憶にはじまると言われている。

ランゲの父は、ランスに隠棲し、地元で裁判所の書記官をしていたあいだに、結婚をして、ランゲが生まれたのち、妻をなくし、地元の商人の娘と再婚して七人の子供をもうけた。ランゲは、父の血を受け継ぎ、ラテン語・ギリシア語に優秀な成績を収めた。とくにパリのコレージュでは、彼は、父と同じくラテン語部門で最優秀賞に輝いたほどだった。しかし、ランゲが一一歳のときに、九人もの子供を残して、父がなくなっていたために、彼は、進学して学業を続けることを断念し、ドイツの貴族ツヴァイブリュッケン公爵に仕えることになった。しかし、一、二年で、トラブルに巻きこまれ、一七五四年に、彼はパリに舞い戻った。ただ、このときのトラブルのなかには、主人の馬を売り飛ばした疑惑があり、これが彼に終生付きまとったスキャンダルとなった。

実は、ランゲは大の貴族嫌いで、平民主義者であった。また、その限りで、彼は、反封建制論者であったが、それは、こうした彼の経験によって一層強められたものと思われる。彼は、本書の或る註記でも、次のように貴族制を罵倒している。

「わが政論家たちが躍起になって共和政体として見なしたがっている貴族制は、あらゆる行政のなかで一番腐敗している。いやむしろ一番堕落していると言うべきである。したがって、貴族制はこのうえなく専制主義的である。それは、生まれるやいなや必然的に堕落する。それは、ただひとりの人間による権力が持っている欠点ならすべて持っているのに、長所の方は一切持っていない。それは、同じひとつの国家のなかで君主の数を増やしている。したがって、それは、人民の負担とともに、暴動や悪徳を増大させている。これ以上無慈悲な統治体はまったく存在しない。これ以上情け容赦ない統治体はまったく存在しない。これ以上暴君的な統治体はまったく存在しない。真の専制主義とは、貴族制の最終段階でしかない」。(第四篇、第二九章、四九八―四九九ページ)

同じ反封建制論でも、彼のそれは、反啓蒙の反自由主義的なものであり、貴族制に見られる権力の無政府的分散に反対する政治権力観にも影響を及ぼしていた。だから、彼は、高等法院に見られるようなモンテスキュー流の「中間団体」論や権力分立論にも、早くから批判的だったのである。本書でも、それは、民法と国法の不可分性としてとらえられている。法律が所有権を守るためにあるとすると、鎖のように、統治と所有権の法的保証は、緊密に結合している。君主の所有権と臣民の所有権はまったく同一物であり、両者を区別することは、「絵空事」に耽ることである。

「民法と国法とのあいだに区別を確立してきたことは、まことにむなしいことなのです。それらを区別し、それらを切り離しているあの大部な本は、幻想と絵空事の寄せ集めにすぎないのです。どちらも同じ源泉から

シモン・ランゲ（1736-1794）

発しています。このふたつは兄弟なのです」。（序論、六〇ページ）

したがって、モンテスキューのように、司法権力と立法権力とを切り離すことは、国家を危機に陥れることである。一方は、他方の支えになっている。一方の危機は、他方の振動である。両権力は、所有権の保護という共通の社会的土台のうえに乗っかっているのである。したがって、分散的貴族制は、社会の崩壊であるとまでランゲは言う。

彼がローマ貴族やその権力の中心である元老院を嫌うのも、たしかに、こうした政治権力観の延長と考えられなくもない。しかし、ここには、別の批判的要素も含まれている。すなわち、金銭による貴族の堕落に対する批判がそれである。それは、前世紀にモリエールが馬鹿にした官職売買に由来する町人貴族やブドウ業にも目を光らせていたモンテスキューのような資産家の法服貴族や徴税請負で私腹を肥やした金融貴族にも共通しているような金銭的堕落である。

「元老院は、見かけは、まことに尊敬すべきものに見えたが、中身は、質屋集団にしかすぎなかった」。（第四篇、第二七章、四八五ページ）

むしろここでは、ランゲは、土地均分法を主張して、のちに暗殺される護民官グラックス兄弟に親近感さえ覚えている。[1] そのような意味で、ローマの債務者のように、かねによって没落させられた者に対して彼ほど同情的だった人道主義著作家はいない。

このように、彼は、ギリシア語やラテン語の優れた能力を生かして、古典的遺産のなかから、むしろ近代的無産者へのメッセージを受け取っていた。その意味では、ディドロらの啓蒙が第三階級の思想であったとすれば、ランゲの特異な反啓蒙は、第四階級の思想であると言えるかもしれない。第四階級が反啓蒙で、親奴隷制なのは、レッセフェールの自由主義ではパンが保証されないからである。当時のフランスでは、「奉公人」と呼ばれ、経済学的には、「自由な」近代的労働者であるこの第四階級は、餓死の恐怖と背中合わせの生活を送っている。

「私は率直に、かつ同じほどの痛みをこめて言うが、彼らがそこで得たのは餓死の恐怖に四六時中さいなまれることだけだった。それまで人間の最低の地位に置かれていた先行者たちは、少なくともそんな不幸を味わわなくて済んだのに。奉公人は、奴隷制に結びつけられた、ありとあらゆる劣悪な待遇にさらされているうえに、その埋め合わせとなっていた生活の安定さえ持たない」。(第五篇、第三〇章、六九八ページ)

---

(1) 総裁政府下で、土地均分法の実施を求めて平等派の叛乱を起こしたバブーフ(一七六〇—一七九七)は、古代ローマのグラックス兄弟のひそみにならい、グラッキュスを名乗ったほどであるが、その彼はランゲに親近感を覚えていた。実際、ヴィクトル・ダーリンによると、バブーフは『永久土地台帳』の再版にあたり、ランゲの『王室十分の一税論』(後出)を読み、「彼は雄弁である」と評した。また、穀物取引の自由化は、小麦価格の高騰を引き起こし、「国民の四分の三を占める日雇い人夫」を困窮に陥れるとして、土地均分法を考えるにあたって、「彼らの存在を忘れていなかった」(*Gracchus Babeuf à la veille et pendant la Grande Révolution française* (1785-1794), Editions du Progrès, Moscou, p.166, 401) という。

このような不正に対して、ランゲは、真の人道主義的立場から、奴隷制やアジア的「専制」の美点を対置したのである。それは、ランゲ特有のパラドキシカルなレトリックではあるが、もっとも強力な反撃手段でもあった。

さらに、彼の貴族嫌いは、狩猟者に対する嫌悪感とも共通するものである。狩猟民が平和に暮らす農耕民や牧畜民を隷属に暴力的に追いこんだのである。

「野獣の肉に餓《かつ》えた協力者たちが企てる狩猟行では、不幸な結果にならないことは不可能である。飢えに醸成された彼らの必死の探索が例の小さな農地の近辺に彼らを導かないことも不可能である。……狩猟者たちが近づいてきても、激しい恐怖も、驚きも示さなかった、飼い馴らされた家畜の群れを見て、わが狩猟者たちは、彼らなりにどういうことを考えたに違いなかったか？　彼らを避けようとしないように見えた獲物を発見して、それを捕まえようと、彼らは手を広げたのも当然ではないのか？　良心の呵責が彼らを妨げることはできなかった。動物を殺すことが彼らの職業だったのに、いったいどのような良心の呵責を彼らは味わったというのだろうか？」（第二篇、第一四章、二三八—二三九ページ）

狩猟者による暴力こそが社会と所有と法律の起源である。そして、狩猟者によるこの横奪は、現象的には、ランゲにとって現前する貴族の所業と変わらないのである。貴族嫌いがこの起源論をランゲに思いつかせたのか、それとも、逆に、この理論的な起源論から彼の貴族嫌いが出てきたのかは別にして、感情的には、ランゲは、農地を平気で蹂躙し、動物たちを追いまわして、狩猟遊びに耽る貴族に反撥を感じていたのである。

しかし、この貴族たちの啓蒙の世紀における主張が絶対王政に対する啓蒙主義的な批判であってみれば、ランゲが啓蒙主義を批判する陣営に加わったひとつの理由は、ここに起因していたかもしれず、彼の反貴族制論も貴族の政治的特権に対する批判に端を発するものと考えられなくもない。

ところで、ツヴァイブリュッケン公から解雇され、パリに再び現われたランゲは、あすのパンにも事欠く、新たなる都市型の極貧をおそらくこのときに体験したのであろう。当時のフランスでは、都市貧困層は、常時パンの不安を抱えていた。さらに、それに加えて、農村には、パンの値段が三スーを下らないのに、一日一〇スーも稼げない、おびただしい数の日雇い労働者——本書で描かれているように——が存在し、こうした極貧層の食料危機は、飢饉などものともしないヨーロッパ随一の小麦生産国フランスと好対照をなしていた。(2) それは、無言の圧力となって、ランゲの繊細な神経を襲っていた。これこそ、本書の根本的な思想骨

(2) フランス革命史の名著『恐怖政治下での物価高騰と社会運動』のなかで、アルベール・マティエは、フランス革命前夜のフランス王国は、「世界一の小麦生産国」で、「王国を構成する三二州のうち二〇州では、小麦生産量が消費量を上回っていた」のに、おびただしい数の農村の「日雇い労働者はもはや食べていけない状態にあった」と指摘している。一八世紀後半に、小麦輸出の自由化で富裕農民をさらに富ませようと企てた、フランソワ・ケネー(一六九四—一七七四)らの重農主義者がフランスに登場したのには、必然性があったということであり、それに反対して、日雇いのみじめな農業労働者からなる、いわば第四階級の利益を代弁するランゲが登場したのにも、同じ必然性があったということである。いずれにせよ、ランゲの時代には、なかば浮浪者のこの第四階級に属する人びとは、今日では想像できないくらいに存在したということをマティエは、報告している。この数的増大こそがランゲのような思想家を産み出したのである。

格をなすアンシアン・レジーム末期のフランス的現実であり、ランゲの反フィジオクラット思想の原点である。人は、パンなしでは生きていけないからには、パンを商品化して売りさばいたりしてはならない。その意味で彼は、筋金入りの反重農主義者であり、根っからの反穀物貿易論者であった。

彼は、一七七四年に穀物貿易論争に参戦する著作『パンと小麦について』を発表するが、そのなかでも、啓蒙哲学者の「主張が産み落とした嘆かわしい果実」(*Du pain et du bléd*, Londres, 1774, p.v) と、小麦の存在そのものを忌まわしい作物と見なしているほどである。彼の思考のなかでは、フィジオクラットの主張とは異なって、あくまで人間は小麦の消費者であって、「売り手ではない」(*Ibid.*, p.85)。消費者としての人間とは、厖大な数の日雇い労働者にほかならない。そして彼らも生き物だから当然「食物を要求する資格がある」(*Annales politiques,civiles et littéraires du dix-huitième siècle*, t.VII, Londres, 1779, p.203) ので、彼らが飢える事態を避けるのは社会の義務であり、必要とあらば、国家が穀物の所有権を制限しなければならない。すなわち、「小麦やそれを産み出す土地の所有権には、ほかの財貨にはない条件が付されている」(*Op.cit.*, p.229) とランゲは主張するのである。リシュタンベルジェは、そこにランゲの「国家社会主義」の思想を見ている。

ランゲが現代の特異なこの階級に向けるまなざしは、それが社会に対する叛乱要因であるだけに、深刻さを増している。本書で、ランゲは、この日雇い労働者の暮らしと自由がない奴隷の暮らしとを比較せよ、と言う。

「都市と農村には、日雇い労働者とか、日雇い人夫とか、いろいろな名前で知られている別種の奉公人が住みついている。……彼らは極貧の仕着せであるきたならしい襤褸《ぼろ》をまとって呻吟している。働いて豊かな富を作りだしながら、自分ではけっしてそれにあずからない。……富は、彼らに懇願させたあとで、許可を与える。……どこの国でも、それが明らかに国民の非常に大きな部分を占める。最大の部分を占める。奴隷制の廃止がその部分にどういう実益をもたらしたかが問題だ」。（第五篇、第三〇章、六九六―六九八ページ）

奴隷制の方が、日々の糧に不安を感じないで済むだけでも、日雇い労働者よりましだ。

「奴隷は、労働をしていないときでさえ、食べさせてもらえていた。……しかし、自由な日雇い人夫となると、働いているときでも、しばしば報酬の支払いが悪いから、働いていないときには、彼はどうなるのか？だれが彼の運命について心配するだろうか？」（同所）

このようなパンの欠乏に対する恐怖感は、食料供給を農村に依存している大都会パリ特有の意識である。そのパリで、ランゲは、食うや食わずの生活を続けていたが、その頃同居していたドラに、エリ・フレロン（一七一九―一七七六）のサロンを紹介され、そこへ出入りすることで、反啓蒙主義者との交遊を広げることになった。フレロンは、名うての反啓蒙主義者であり、当然のように、ランゲも、啓蒙の空想的な自由主義を批判し、いわゆる啓蒙の世紀に異議を唱える思想的立場を彼と共有したのであった。

しかし、ランゲは、赤貧洗うがごとしという状態で、ドラから、またもやかねを盗んだとの疑惑をかけられ、この親友とも決裂してしまったほどであった。ちょうど、その頃にイエズス会がフランスから追放されることになり、ランゲは、糊口をしのぐためにイエズス会を擁護する小冊子を書き、のちにこれが彼の著作

『イエズス会士についての公平な歴史』(*Histoire impartiale des jésuites*, sl., 1768, 2 vols) となって結実する。本書は、題名どおり、イエズス会士追放という事態を受けても「中立を保とうと心がけた」著作である。

しかし、イエズス会士追放に中立を保つということは、反イエズス会の牙城であるパリの高等法院に公然と反旗を翻すことである。案の定、高等法院の有名な思想犯担当次席検事セギエ(一七二六—一七九二)は、のちに『イエズス会士についての公平な歴史』を「神聖な教理」に反するものとして断罪する。それは、本書が発刊される直前の一月末の高等法院裁決に記されている。つまり、『市民法理論』が出版されて一年後の一七六八年には、すでにランゲは、司法当局からにらまれる存在になっていたということである。バスティーユ投獄の前触れである。

パリで、文筆活動にデビューしたランゲは、アレクサンドロス大王の事蹟をたどり直す本格的な歴史著作に取り組み、一七六二年に『アレクサンドロスの世紀の歴史』(*Histoire du siècle d'Alexandre*, Amsterdam, 1762) を上梓した。これは、明らかにヴォルテールの『ルイ一四世の世紀』(一七五一) の向こうを張って、出版されたものだが、当時のヨーロッパの君侯たちによる相次ぐ戦争に批判的なランゲの思想的立場を最初から開陳した著作となっている。ランゲは、征服行為でヨーロッパ人に恐れられたアジア的「専制」を支持するその主張から、好戦主義者と誤解されがちだが、実は、根っからの平和愛好者であり、アレクサンドロス、カエサルなどの好戦性とそれが人類に及ぼす大災厄については、暴君ネロやカリグラなどの比ではない、とつねに手厳しく批判している。つまり、人は、君侯が戦争の名のもとに何万人を殺害しても、記念碑を建てて顕彰するのに、せいぜい数百の臣下をゆえなくして殺害した暴君を極悪非道の君主として、歴史的賛美のリストか言う。

ら外してしまうのである。こうした物議をかもしがちな歴史のパラドックスを暴露してランゲは次のように

「私は、アレクサンドロスやカエサルの勇気と同じくらい人道にとって忌まわしいものとなるむら気を起こした暴君を、彼ら以外ではけっして知らない。ティベリウスやネロやドミティアヌスの穏やかで思慮ぶかい残酷さは、長い年月をかけて、少数の市民をローマから奪っただけだが、ガウガメラの戦いとかファルサリアの戦いとかでは、たった一回の会戦で、何万人の人間が命を失い、地方全体から人影がなくなったのだ。……人は、カエサルが戦争で百万人の人間を滅ぼしたことを褒めたたえる勇気を持った。それがそうなのは、人類が彼にまさる無慈悲さを持った敵をまったく持ったことがなかったからなのだ。カリグラ帝、コンモドゥス帝、ヘリオガバラス帝も、カエサルのそばでは、驚嘆すべき穏やかさと寛大さであった」。

この平和愛好の思想は、本書にも受け継がれている。ランゲは、君主たちの戦争行為を咎め、それは、個人では許されない殺人行為を合法化した恐るべき大量殺戮行為である、と批判する。

「どの色の服を着て殺人が犯されるかに従って、殺人がその名前を変えるかどうかについては、疑問に思わない。私は名前が変わると推測している。……というのも、灰色の服を着た個人には、注意深く殺人が禁じられているが、彼らが青あるいは深紅の膝丈コートを着こむやいなや、この同一の個人に厳格に殺人が命令されるからである。戦争が行なわれており、戦争をやる人間が罰せられていないからには、戦争が大いに許されていることは明白である。つまり、森のなかでは山賊行為であるものが戦場では、英雄主義になるから、それは

明白なことなのである。人間の喉をかき切る仕事を、たったひとりで、隠れた場所でやると、おぞましい極悪さであるが、おおっぴらに小フルートとトランペットの音に合わせてその仕事にかかると、それは高潔さのきわみとなるからである。最後に、油から石鹸を合成するように、人間の血は、それが作った染みを消し去る特性を持っているからであり、染みで手が汚れたときには、手をきれいにするために、手をもう一度血まみれにするだけで十分だからである」。(本書、第五篇、第一一章、五八〇ページ)

戦争行為は、忌まわしい略奪、破壊、強姦さえ、戦士の美徳に変えてしまう。

「それだから略奪し、破壊し、悔やむことなく虐殺することになるのである。……略奪するのは、奪い取れるものすべてでみずからが富むためである。破壊するのは、持ち去ることができないものすべてで敵を貧しくさせるためである。虐殺するのは、防衛のために召集され得る人手の数を減らすためである。敵の備蓄食料を消費するのは、自分が持っている備蓄食料を節約するためである。あるいは、食料を焼いてしまうのは、敵からそれを取りあげるためである。武器を持てる敵国の人間を使い尽くすのは、狂人の体力を恐れて、狂人から血を抜き取るようなものである。……女性に関して、グロティウスが肯定的に断言するように、よくよく考えたうえで、彼女らを強姦することは、許さなければならない、と思われてきたのは、英雄にとっては、それがとてもふさわしい気晴らしだからである」。(同所、五八一ページ)

啓蒙の著作家のなかで、フリードリヒをはじめとする好戦的なヨーロッパの君侯にすり寄った人間は数多いが、逆に、ランゲほど徹底した平和主義者はいないし、「ヨーロッパの君侯の悪口を書いた」(グリュッピ)

勇気ある著作家はあまりいない、と評価していいだろう。彼は、のちに「つねに変わらざる専制君主の友」としてギロチンにかけられるが、しかし、専制君主や暴君の復権の理由のひとつに、このような戦争行為に対する嫌悪をあげてもよいかもしれない。いずれにせよ、『アレクサンドロスの世紀の歴史』から、一〇年のちにも同じ主張が繰り返されるのを見ると、ランゲの思想の本体部分は、すでにこの時期にできあがっていたと見るべきであろう。

皮肉なことに、『アレクサンドロスの世紀の歴史』を書いた直後に、ランゲはパリを離れ、工兵としてスペイン戦線に従軍する。本書でも工兵のたとえが用いられているが、それは、このときの体験から来ているのであろう。工兵の境遇は悲惨である。それは、奴隷制にも匹敵する。

「所有が犯罪であり、それを伝える権利が不正の延長であるのか、それとも、世襲的な奴隷制が正しく、それに服する者も、塹壕のなかで砲弾になぎ倒される工兵以上に同情するいわれはないか、どちらかである」。（第五篇、第五章、五五三ページ）

あるいは、工兵には奴隷ほどの価値もない。

「奴隷制の時代には、人間の血は、なにがしかの価値を持っていた。彼らは、少なくとも、市場で売られたときの金額の値打ちはあった。もはや彼らが売られなくなってから、彼らには内在する価値が現実には、いっさいなくなった。軍隊では、工兵の価値は低く、糧食車を引く駄馬の価値は高い。というのも、馬がとても高いからであり、工兵はただで持てるからである」。（第五篇、第三〇章、七〇〇ページ）

この工兵の例に限らず、本書にしばしば出てくるたとえ話の大半は、彼の個人的経験にもとづくものと考えてよい。いずれにせよ、戦争とは名ばかりで、戦闘らしい戦闘もなかったことから、ランゲは、工兵として従軍しているあいだに、スペイン語を勉強し、当地の演劇をフランス語に翻訳することを企てたりしたようである。

一七六三年には七年戦争は終結する。その直後に、軍職を離れ、先ほど引用した「油から石鹸を合成する」たとえ話のように、実際、スペイン戦線から帰国したときに、彼は、リヨンで石鹸工場の経営を試みたようである。しかし、一攫千金を狙った試みは失敗する。その後、彼は、おそらく国家規模での商業的成功に惹かれて、オランダに向かった。

東洋についての伝聞的資料をランゲは、当時でも東インド貿易が盛んに行なわれていたオランダで、仕入れたことであろうが、しかし、さらに重要なことは、近代社会に内包されている大多数の極貧層の食料不安と雇用不安に対する解決策へのヒントを、ランゲはオランダの経済状況とフランスのそれとの比較から導き出してきたのではないか、と推測されるのである。そのことを裏づけるかのように、彼はオランダでの経験を興味深いたとえ話で、回想している。

「フランスでは、なにか手早く仕事を片づける機械を行政に提案すると、発明者に対して非難囂々である。機械が人間にとって代わることで、人間が乞食状態に追いやられることを恐れるからである。こんな子供じみた恐怖心を採用する連中は、一度オランダを旅するしかない。彼らはそこで見るだろう。この国ほど人口が多い国はないし、人びとが容易に仕事を見つけている国もないし、それなのに、人間の助けなしで済ませる諸手段を人びとがたくさん考案してきた国もない」。

この短いオランダ滞在でランゲが得た経験は、三年のちに彼が本書で展開する近代社会の根本的矛盾に関する鋭い考察の契機のひとつとなっている。

「相変わらず哲学をしながら、彼がフランスへ戻ってきた」のは、同じ年の九月のことである。ベルギーを経て、フランスへ帰還したときに立ち寄ったアブヴィルが運命の町となった。

ランゲの伝記作家は、口をそろえて「ド・ボーモンと名乗る奇妙な風体の見知らぬ男」に住民は一様に警戒感を示した、と描写している。実際、ランゲの容貌は、「傲岸な下あご」に、素早い、問いかけるような視線と「イタチのような鼻」を持っていた。アブヴィルの市民は「ゆったりと流れるソム河の土手に沿ってゆっくり歩いている」ランゲを監視していたが、そのとき、ランゲは水夫を呼び止めて、ソム河には、どれくらいの高さまで海水が来るかを聞いた。このエピソードは、住民によって、市長にさっそく報告され、市長は、この不審人物にそのことを質問した。ランゲの答えは、相手をけむに巻くもので、自分は「放浪する哲学者」で、自然にも関心を持っているというものだった。実際、彼は、のちにアブヴィル滞在の経験をもとに、国家への献策として『航行可能な運河』(*Canaux navigables*, Paris, 1769)と題した書簡体の書物を刊行するくらいだから、彼の発言にはあながち信憑性がないわけではない。彼は、信用を得るために、地元の軍人を集めて、無料で数学を教えたというから、科学にも造詣があったということで、きわめて多才な人物であったようである。

この地で、彼は、本書の献辞の相手となった評定官ドゥヴィルと知り合う。ドゥヴィルの知遇を得たことは、のちに、彼の息子にかかわる瀆神事件の弁護を引き受ける理由となる。

この有名な事件は、アブヴィルで一七六五年八月八日夜から翌日にかけて起こった。地元の市民の崇敬を集めていた橋上の十字架が刀でめった切りにされて発見され、大騒ぎとなり、ランゲが数学を教えていたこともある地元の騎士ラ・バールや彼のパトロンであったドゥヴィルの息子ら——奇しくも全員がランゲの生徒だった——が、犯人と断定され、主犯と見なされたラ・バールは、翌年、残忍な体刑のあと、斬首された。この事件は、のちにヴォルテールが冤罪事件としての彼の復権を企てたことで有名であるが、一七六六年七月に地元で執行された死刑は、両足を砕いたり、舌を引き抜いたりするその拷問のすさまじさで、まさに中世の残忍な魔女狩りを髣髴とさせる野蛮のきわみであった。彼は、パリからわざわざ派遣されてきた五人の処刑執行人の手で斬首され、首のない死体は、ヴォルテールの『哲学辞典』などの禁書とともに焼かれるという念の入れようだった。十字架を汚した罪の代償として、まさに想像を絶する残忍さであった。弁護士になりたてのランゲは、この宗教的な残酷さからドゥヴィルの息子を救い出すことに成功したばかりでなく、名誉回復まで成し遂げることになる。

ランゲは、冤罪であれば、当然のこととして、そうでなくとも、犯罪者の投獄については、その効果を疑問視しているが、それは、公式には、おそらくラ・バール事件の弁護から始まるものである。拷問や死刑制度も含めて、『犯罪と刑罰』に関しては、その有名な著者ベッカリーアの思想に、或る意味では、実地体験にもとづいて、ランゲは到達していたと見なすことができよう。本書、第五篇、第二三章で描かれている牢獄の様子は、このときの弁護で、一七歳という年端もいかない若者モワネルと牢獄で接見した経験から出てきている。

「彼は、狭くて健康に悪い牢獄の塀のなかに、閉じこめられている。彼は、牢獄では、同じように藁《わら》のうえに寝かされる。彼は、なおさらひどく、虱《しらみ》によって貪《むさぼ》り食われる。そこでは、いろいろな病気にかかる。比べれば、栄養状態も悪いし、着ている服も粗末だし、病気になっても手当もしてくれない。……悔恨で引き裂かれ、体刑を待つ不安に責めさいなまれている極悪人どもも、あるいは、冷静に自分たちの未来と過去を見つめるなら、そのことでより一層危険な存在にしかならない極悪人どものあいだで、彼は暮らしている。……このおぞましい滞在地では、彼の魂は、肉体よりもなお一層危険を冒している。彼の廉直さは、健康よりもはるかに危険にさらされる。そこへ彼がはいっていくときには、彼は不幸な人間にすぎなかった。そこから彼が立派な犯罪者として出ていくことは、大いにあり得るのだ。彼は、いわば犯罪の匂いだけをそこで嗅ぐ。濃密な空気がこのいやな臭気をそこで濃縮させる。この臭気がどれほど精神に働きかけることができ、性向をゆがめるか、だれが知っているだろうか？　全身の穴という穴を通じて、あなたがたが必ず臭気を受けいれるようにさせた、この幸薄き人びとがその毒性に対して、抵抗できるかどうか、また、不名誉のなかにうずくまっているおかげで、不名誉を引き起こす諸作用に彼がなじんでいかないかどうか、などということをだれが知ろうか？」（六五一―六五三ページ）

後年、ランゲが同じ境遇をバスティーユ投獄で味わい、恐怖時代の断頭台でも味わうというのは、ラ・

バール事件の不思議な奇縁とともに、歴史の皮肉としか言いようがないことかもしれない。しかも、ラ・バールが正式に復権するのが、一七九三年一一月のことで、その半年後には、反対にランゲが、おそらくは、無実の罪で処刑されるとは、まったく奇妙な不運と言うしかない。

ランゲが文筆家、政論家として精力的な活躍を開始するのも、アブヴィルにおいてである。彼は、『哲学者の狂信』（*Le fanatisme des philosophes*,Londres,1764）、『司法行政における改革の必要性』（*Nécessité d'une réforme dans l'administration de la justice et dans les lois civiles en France,avec la réfutaion de quelques passages de "L'Esprit des lois",* Amsterdam, 1764）、ヴォーバンの向こうを張った『王室十分の一税論』（*La Dixme royale,avec de courtes réflexions sur ce qu'on appelle la contrebande, et l'usage de regarder comme inaliénable le domaine de nos rois,* La Haye, 1764）、その他、『哲学者の狂信』を補足する戯曲――ソクラテスの死を主題とする――など、立て続けに著作を発表し、そのいずれにおいても、彼は、楽天主義的な啓蒙に向かう近代社会の根底に潜む根本的矛盾、パラドックスを剔抉した。

『哲学者の狂信』において、ランゲは、ルソーの『学問芸術論』における近代批判をさらに極端に押し進める。現代社会では、学問と芸術が哲学に侵入してきて、「哲学のなかで堕落を引き起こし」（*Op.cit.*, p.21）、哲学を功利主義の方向へとねじ曲げている。それは、「わが子に喰われる毒蛇の運命を味わう」ようなものである。それは、「これまで哲学が芽を吹いていた畑」を壊滅させる「新たなる大洪水」である。諸科学の発展に由来する「計算精神」は、人心を毒し、哲学を腐敗させ、世間に拝金主義を瀰漫させている。被害は、社会を構成する人間の精神にまで及び、社会解体を引き起こす。それは、ランゲのなかで、一種の社会ペシミズムを産み出す。

「人間が存在するようになって以来、これが変わらざる歩みである。……いかなる時代も、いかなる国も、哲学のこうした忌まわしい影響をまぬかれなかった。哲学、芸術の壊滅、醇風美俗の廃棄、専制主義は、いつでも同じ歩調で行進してきた」。(*Ibid.*, p.22.)

ここで批判される哲学こそ、現代哲学であり、功利主義に傾く啓蒙哲学なのである。啓蒙哲学は、啓蒙哲学の批判の対象となっているかに見える専制主義を招き寄せるトロイの木馬のようなものである。論壇に登場して以来、変わらざるランゲの反啓蒙主義である。

ランゲは、『哲学者の狂信』においても、本書で見られるような豊かなギリシア＝ローマの古典的教養を開陳しているが、しかし、それは、あくまで現代に哲学の負の歴史を生かすためである。彼は、ローマ時代

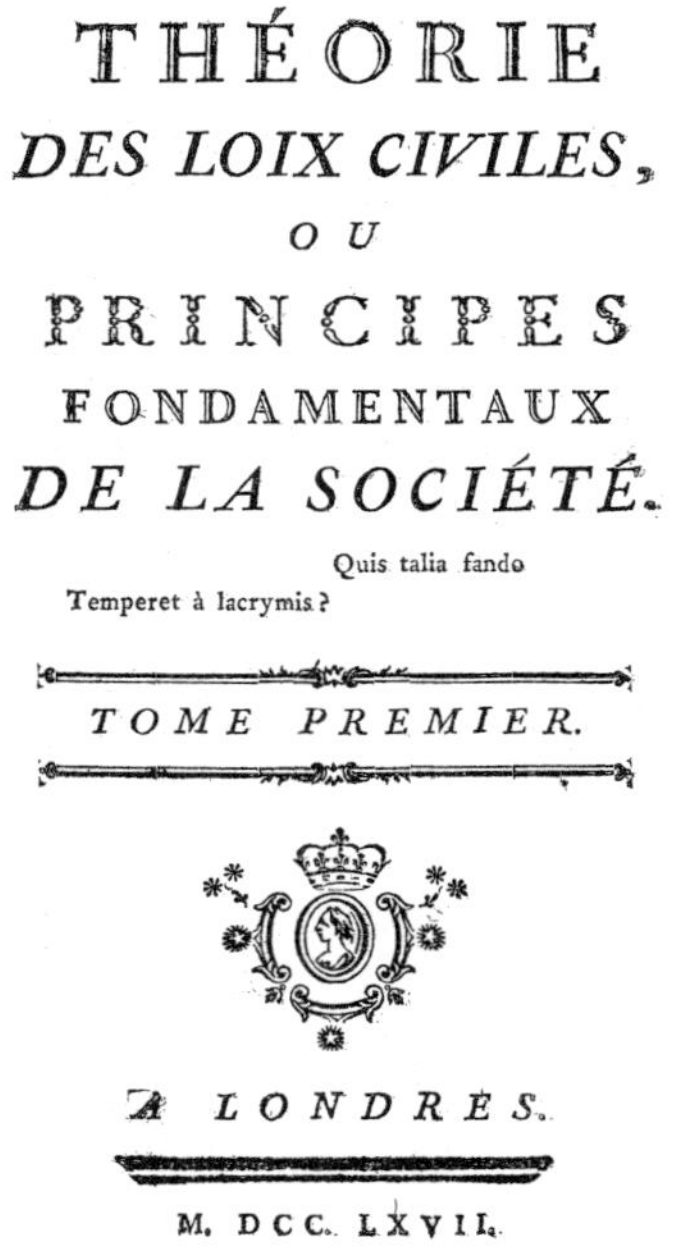

THÉORIE
DES LOIX CIVILES,
OU
PRINCIPES
FONDAMENTAUX
DE LA SOCIÉTÉ.

Quis talia fando
Temperet à lacrymis?

TOME PREMIER.

A LONDRES.

M. DCC. LXVII.

本書初版本の扉

を例にとりつつ、いつの時代でも、哲学者は有害な連中で、人民の気持ちよい「無知を打ち壊しがちである」と哲学者の啓蒙活動を批判する。哲学者は、ときには、暴君をはぐくみ、暴君の弁護人の役割さえ果たしかねない。ランゲは、同時代人が褒めそやす哲学者セネカを、高利貸し――ローマの元老院議員と同様――にすぎないと位置づけ（*Ibid*., p.24）、彼こそは暴君ネロを育て、おまけに『慈悲論』まで書いて、暴君政治を擁護したではないか、と非難する。

このように軽挙妄動に走る哲学者は、人びとを「啓蒙」することで、かえって社会秩序をおびやかしている。したがって、哲学者およびその危険な啓蒙主義と社会の安寧とは両立しない。『哲学者の狂信』における、こうした現代哲学批判は、社会安全のためには、現状維持こそ最良の政策だとして、「哲学の大演説」を論難する本書の最終章での痛烈な皮肉につながっている。

「大演説は、事物以上に言葉を根拠としている点で、意味がない。大演説の作者は、すべての人間が自由であるのを見たいのだと言う。しかし、彼らは思いもつかない。その祈願の成就は、彼らがほかのだれよりもこだわっている社会の存在と並び立ちえないのだ。……彼らの政治的説教は、世界がそれでもいつもと同じく順調に進んでいる点で、無益である。……彼らの政治的説教は、わが日雇い労働者の報酬についても、わが兵士の報酬についても、わが奉公人の報酬についても、一スーたりとも増やさせなかった。……彼らは主人を面白がらせる。しかし、彼らは奴隷の悲惨を深刻なものにする。こんな薄情なこびへつらいは、人類の家庭教師の資格を渇望する高貴な天才にふさわしいことだろうか？　……彼らに憎しみを吹きこんだり、彼らの状態に対する嫌悪を吹きこんだりしないようにしたまえ。彼らにその不公正を感じさせるどころか、彼らにその必要性を教えこむように努めたまえ。あなたがたがこれとは違った風に行動すれば、あなたがたの哲学的と称する思弁は、意味がないとは言えなくなる。それらはものすごく危険な意味を帯びる。もはや無益どころではない。それらはきわめて恐るべきものとなる」。（第五篇、第三四章、七三〇―七三一ページ）

だから、ランゲが言う哲学の使命は、社会制度への服従を強化することにある。それ以外のことを吹聴する哲学は、社会の崩壊を招く。そこから、「忍耐を説く哲学の方が、反抗をけしかける哲学よりずっと道理にかなっている」という本書の締めくくりの言葉が出てくるのである。

『司法行政における改革の必要性』は、モンテスキュー批判を企図している点で、本書の論説と同趣旨の著作である。しかも、この短いパンフレットは、『市民法理論』のデッサンとなっていて、ここで扱われる論点はすべて、そっくりそのまま、『市民法理論』を支える論理となる。

この論争書では、法律の繁文縟礼を招来する、モンテスキューの貴族主義的分散主義が痛烈に批判されるが、伝記的意味合いで注目しておかなければならないのは、法律あるいは司法の世界において弁護士が果たすべき役割について、ランゲがどのように規定しているかである。

まず、その前提として階級に分裂した社会がある。そこにおける法律の役割は、明白である。本書でも指摘されているような階級社会の不都合を合理化するのが「法の精神」であり、貧者をあくまで貧困に追いやり、富者を富裕に固定するのが法律の役割である。本書、第一篇、第一章の有名なテーゼ、「法律の精神は所有を聖化することである」、さらには、第二章の法律の定義、「法律は人類の最大部分を敵とする陰謀のようなものだ」がすでにここに現われている。

「社会は人間を身分にはめこむ。その身分においては、彼らは法律なしではすまない。もし彼ら全員がばらばらに切り離されるなら、法律はまったくいらない。もし彼ら全員が貧しければ、彼らには法律の必要性がほとんどない。もし彼らがみんな金持ちなら、法律が一層必要になる。……法律は、しばしば暴力を助長するのだが、一般には、暴力を抑圧するために設けられる。法律は、とりわけ所有権をゆるぎないものにする使命を持っている。ところで、持たざる者よりも、持てる者から多くのものを奪えるわけだから、法律は明らかに金持ちに認められた、金持ちを貧乏人から保護するものだ。司法は、各人が所有しているものを各人に返す技術である。しかし、貧乏人は、彼の貧困しか持たない。したがって法律は、貧乏人には、ほかのものを保存しておくことができないのだ。法律は、余剰を所有する人間を、必要物を持たない人間の攻撃から守ることになりがちである。まさにこれこそが、まぎれもなく法の精神そのものである。それが不都合であっても、それは法のあり方から切り離せない」。(*Op.cit.*, pp.6-7)

いずれにせよ、これが人類社会の宿命であり、人類の四分の三の境遇であるとすれば、当然、多数派の階級から暴力や叛乱に訴えてでも社会秩序を転覆しようとする動きが出てくるのは、致し方ないところである。しかしながら、それは社会の崩壊である。こうした暴力や叛乱を禁じるとともに、大多数の貧困者の声を司法の場に反映させることこそ、ランゲが考えた弁護士の役割にほかならない。

「各市民の身分と個別的諸権利を安定させるためには、法律が存在するだけでは十分ではない。……古くから行なわれていた習慣では、おかしなことだが、裁判官の援助を必要としている人びとには、彼ら自身で援助を懇願することが禁じられている。裁きの神テミスの聖域には、嘆願者の声をテミスに届ける使命を持った人間がいる。彼らだけが神託の祭司のように、女神に向かって話すという特権を持っている。……それが弁護士と呼ばれる存在である」。(*Ibid.*, pp. 92-93.)

弁護士は、「だれも読もうとは思わない」厖大な訴訟文書に目を通し、そのすべてを把握しなければならない。「シナでは、国家第一の位に深遠な知識で教育された文人をつける」。彼らはおびただしい文献を「読み切る前に死ぬと言う」。同じことは、弁護士などの司法資格者にも言えることで、なんと多くの司法資格者が「法律の諸要素を知る前にこの世を去ることか」。それでもなお、弁護士は、大多数の「持たざる者」の利益を守り、主張して行かなければならない。

ランゲは、啓蒙の世紀には珍しく、空疎な自由の「哲学的」弁舌に走らない、実践的な、真の意味での人道主義者であったのである。それほどにまで、階級社会の矛盾は、ランゲの目にも鮮やかに、食料危機の形で厖大な日雇い労働者を襲っていたということであろう。はじめて彼らは、みずからの利益の代弁者を持ったのである。

この頃にランゲは、弁護士の使命に目覚め、パリに出て弁護士になることを考えた。この論文をパリにいる司法関係者の親類を通じて、アカデミー終身書記のシャルル・ピノ・デュクロ(一七〇四—一七七二)に捧げようとしたのも、法曹への希望の表われだったのだろう。

アブヴィルを去り、パリに舞い戻ったランゲは、一七六四年の一〇月には、高等法院の弁護士資格研修を受け、翌年には——正式の弁護士になるには、あと四年研修しなければならなかったが——弁護士になることができた。ランゲは、才気煥発なうえに、持ち前の舌鋒の鋭さで、弁護士として、その名を轟かせた。ヴォルテールの注目するところとなった、一七六五年の年末に相談を受けたアブヴィルの瀆神事件で、司法

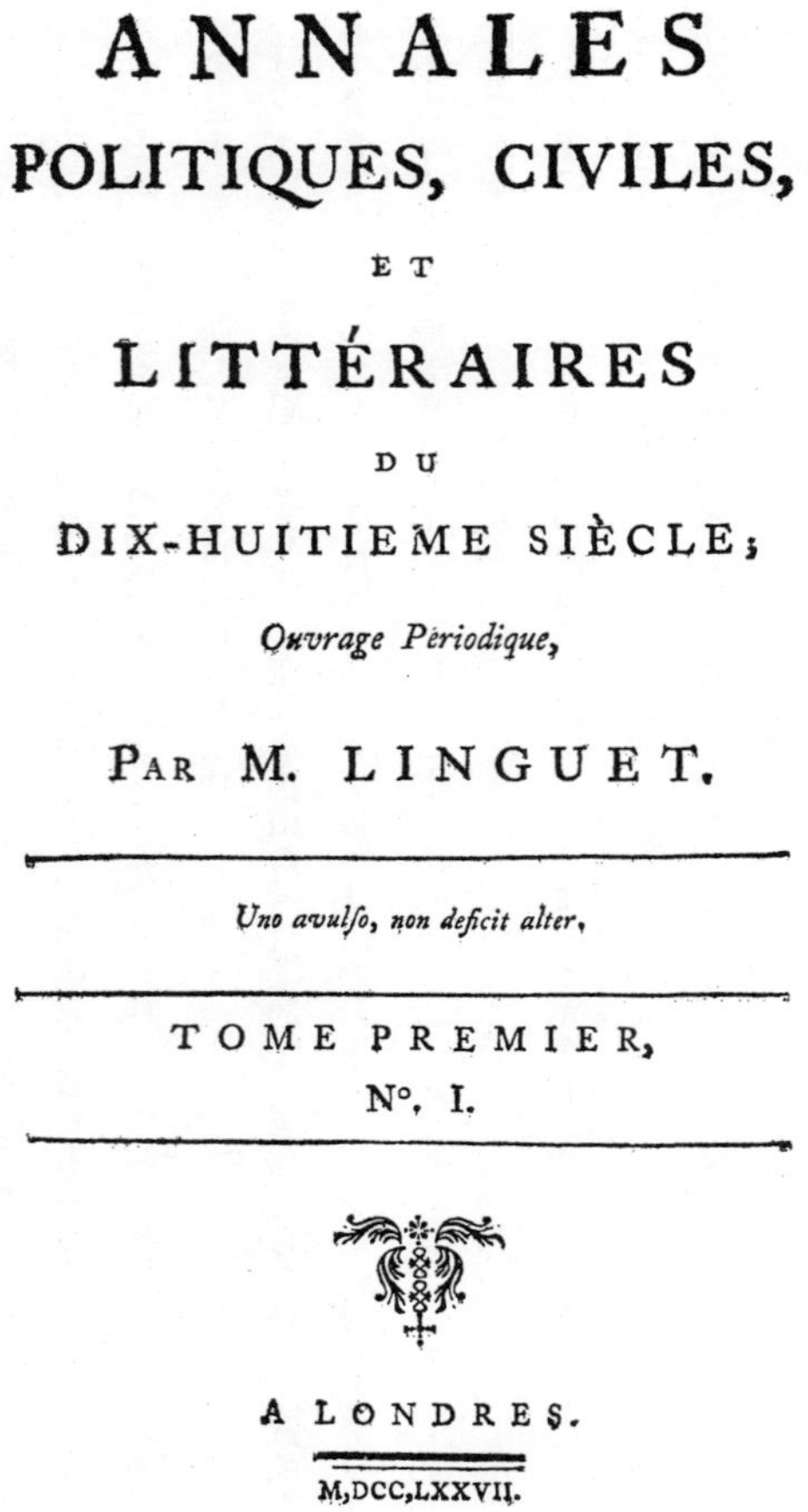
ANNALES
POLITIQUES, CIVILES,
ET
LITTÉRAIRES
DU
DIX-HUITIEME SIÈCLE;
Ouvrage Périodique,
PAR M. LINGUET.

Uno avulso, non deficit alter.

TOME PREMIER,
N°. I.

A LONDRES.
M,DCC,LXXVII.

ランゲが一七七七年から一七九二年までの二〇年間にわたって刊行し続けた雑誌『一八世紀政治・社会・文芸年誌』、第一号の扉。

修習中であるにもかかわらず、無罪判決を勝ち取ったことも、その一例である。しかし、別な意味でも、彼の名声は鳴り響いていた。つまり、裁判では、暴言・極言に類した言論と弁護が目だったということである。そのあげくに、バスティーユ監獄への投獄もあり、なにかと彼の名は、人びとの口にのぼることも多かった。

弁護士としての評判が高まるにつれて、彼は、逆に法曹界から憎まれ、一七七三年には、罰金を支払わされた。また、あえて裁判制度への批判をやめなかったので、パリの裁判所からは、現行の法制度に対する彼の悪罵に近い批判的言辞を禁じる命令が出されたほどであった。そのあげくに、彼は、一七七五年一月には弁護士会から追放され、弁護士資格を失う。終始一貫、彼は反専制の牙城パリ高等法院と敵対し続けたわけである。半ば亡命に近い形で、彼はフランスを出国する。そして、ブリュッセルで、『一八世紀政治・社会・文芸年誌』という興味深い政論誌を発刊する。このなかの記事がまたもや物議をかもし、彼は、一時帰国したあとすぐに逮捕され、バスティーユに収監される。封印状の恐怖である。一七八〇年のことで、ランゲは、そこで、まる二年牢獄で暮らすことになる。出獄して、『バスティーユ回想』（邦訳、安斉和雄訳、現代思潮社）を著わし、これまた大当たりをとる。おそらく人気ジャーナリストが専制の象徴たるバスティーユ監獄に投獄されたことが世間の関心を惹いたのであろう。急速に時代は、革命へと傾きつつあったのである。

弁護士活動を続けるかたわら、ランゲは、一七六六年に、『カコモナード』（*La Cacomonade:Histoire politique et morale,traduite De l'Allemand du Docteur Pangloss retour de Constantinople*, Cologne, 1766）、『ローマ帝国革命史』（*Histoire des révolutions de l'Empire romain,Pour servir de suite à celle des Révolutions de la République*, Paris, 2 vols, 1766）を公刊したあと、翌年に「弁護士活動の合間を縫って」本書を世に問い、そのパラドキシカルな論法で、啓蒙主義者と論戦を交え、当時、ようやく

生まれつつあった政論で、一世を風靡する。本書の反響は想像を絶するほどであり、その特異な社会観・自由観とパラドキシカルな文章に、激しい非難が向けられた。ランゲは、自著の弁明のために、『市民法理論に関する手紙』(*Lettres sur la théorie des loix civiles*,&c., Amsterdam, 1770) を書く。彼は、この『手紙』で、奴隷制の擁護、英国びいきへの揶揄と東洋的専制への高い評価、モンテスキューの『法の精神』への再批判など、問題にされた著作の主要論点を擁護するばかりでなく、『航行可能な運河』で触れられるフィジオクラシー批判や

自由であれ、生きなさい、と呼びかけて、
ランゲが閉じこめられていた
バスティーユ牢獄を撤去するルイ一六世。
ランゲが釈放された一七八三年の
『年誌』の冒頭を飾った挿絵。

『ローマ帝国革命史』で展開された暴君擁護論など、彼のそれまでの著作で展開された主張をも幅広く正当化した。

この著作以降は、ランゲの学問的関心は、民法研究から、所有権の現実態に関する学問である経済学へと移った。それとともに、彼は、当時生まれたばかりの自由主義経済学であるフィジオクラシーに論戦を挑むことになる。反フィジオクラットの立場で、『パンと小麦について』などの辛辣な攻撃文書で、彼は、ふたたび名声をかち得た。ランゲの大衆的人気の絶頂は、一七八八年、つまりフランス革命の直前であった。

しかし、彼の名前と八〇冊を超えるおびただしい著作は、一七九四年六月二七日即決裁判でギロチンにかけられて以降、一九世紀の最初の年に、ランゲ毒舌集が出版されたことを除けば、歴史からほぼ消え去った。時折、彼の名を思い出す「類例を見ないほど博学な学者」でも、彼のことを、「有害きわまりない種類の毒蛇」、「鋭利な毒舌で武装した」典型的な「中傷文書作成職人」くらいにしか、記憶していなかった。つまり、ランゲは、「世間に見放された人間の最下層に属し、忘却に落ちこんだ永遠の罪人」（クリュッピ）に属する作家だったのである。

ところで、革命裁判所がランゲ告発の理由を「専制君主の一貫した擁護」に求めたことは、皮肉と言えなくもない。というのも、ロベスピエールの恐怖政治も、パンの供給不足から民衆の不満が爆発し、ジロンド派の穏健自由主義体制が崩壊したために、登場してきた経緯があるからである。ロベスピエールらが唱えたスローガンは、「自由の専制」であったが、この表現は、口先で「自由」のためと言いながら、その実、端的に、修飾語なしの「専制政治」を行なうことを意味していた。いわば、それは、ランゲが本書でも、つねづね批判していた民衆にパンを保証できない「自由な」社会よりも、「奴隷」に食料を保証できるアジアの「専制」の方が望ましいという主張を現実に認めたようなものだった。しかも、ロベスピエールのテロル政治がとった経済政策は、小麦価格を最高価格法によって、国家が統制するという反自由主義経済であり、一種の国家社会主義体制であってみれば、重農主義の最強の敵であるランゲを処刑するのは、およそ理屈が立たないことでもあった。

フランス革命後は、ランゲの仕事は顧みられなかった。一九世紀半ばに出版された、全八巻のフランス文芸・政治出版史においても、彼の名前は、『一八世紀政治・社会・文芸年誌』(一七七七—一七九二)の作者として触れられている程度であった。このように、ランゲが「当時は有名で今は忘れられた作家」となっているのには、彼の思想に「意想外」なところ、あるいはアジア的「専制」の擁護や穀物貿易自由化批判など、受けいれられない要素があったということが、原因している。こういう評価を固めたのは、没後一〇〇年目にして、一八世紀の社会主義を研究したアンドレ・リシュタンベルジェであった。彼はその著書で、ランゲ、ネッケルらを重農主義の論敵として、紹介しているが、ランゲは、「社会主義すれすれの主張」をしたと評価している(『十八世紀社会主義』、野沢協訳、法政大学出版局、二四七—二六一ページ)。とくに、ランゲの労働者の貧困に関する叙述には、雄弁とリアルな描写が見事に調和しており、まさに「近代社会主義者以前には、彼ほど精力的にこの議論を展開した者はない」(同書)とのリシュタンベルジェの指摘も妥当なものと考えられる。

本書が比較的早くからわが国に知られていたのには、理由がある。本書は、先にも述べたように、啓蒙末期のベストセラーだった関係で、あちこちの書庫に収まっていたものと見られるが、題名だけがいち早く日本に知られたのは、二〇世紀の思想界をリードしたカール・マルクスの読書ノートのなかに、ランゲの本書の抜粋が見られ、それが比較的早くから『剰余価値学説史』および『資本論』のなかで邦訳されていたからである。

マルクスは、『資本論』を準備する過程で、一八五七年から翌年にかけて、いわゆるグルントリッセで知られるノートを作ったが（邦訳、『経済学批判要綱』）、三年後にこの作業を再開し、一八六一年から一八六三年にかけて、『剰余価値学説史』（『資本論』第四巻）として知られるノートを作成した。全部で二三冊あるノートのうち、そのほとんどを占める第六ノートから第一五ノートの最初の方に、マルクスは、ランゲの本書からの抜粋を含ませたのである。その結果、『剰余価値学説史』の翻訳によって、ランゲの警句めいたさまざまな近代社会の病理学的指摘が紹介されることになり、それとともに、『資本論』の翻訳でも、[3]ランゲの鋭い指摘が垣間見られたことから、つとにランゲの『市民法理論』は、翻訳が期待されるところであったわけである。

マルクスの蔵書[4]のなかに、なぜランゲの『市民法理論』があったのだろうか？　この疑問を解くためには、

（3）本訳書では、『剰余価値学説史』と『資本論』の該当箇所が、それによると、ランゲの『市民法理論』は、マルクスのについては、訳註において言及した。

（4）現在、マルクスとエンゲルスの蔵書目録が整えられている蔵書と「想定されている」。

少し彼の伝記を探ってみるとよい。どうやら彼は、ヘーゲル法哲学の批判を目的として、一八四三年頃に法律関係の書物を精力的に読んだことがあって、そのときに、もちろん『法の精神』のモンテスキューや『社会契約論』のルソーとともに、ランゲの著作も手にいれたようなのである。(5) ランゲは、本書のかなりのページをモンテスキュー批判に割き、かつルソーの主張の批判もそこで、自然法批判という形で間接的に展開しているので、マルクスの関心を引いたものらしい。

それから、二〇年ほど経って、マルクスは、ランゲの『市民法理論』を再読し、ノートを取ることになる。しかし、今度は、法哲学批判のためではなく、「法律の精神は所有を聖化することである」(第二篇、第一章)という近代資本主義批判の書として、痛烈な市民社会批判の書として、本書をマルクスは読むことになったというわけである。

マルクスの資本主義経済学批判の作業において、ランゲにかかわっては、三点に注目しなければならない。まず、マルクスにおいては、ランゲは、反フィジオクラット、反啓蒙主義者、いわゆる「反動主義者」でありながら、きわめて特別な位置を占めているということである。そのことは、マルクスがランゲの狩猟対農耕の対立関係における社会形成論やアジア的「専制」論、奴隷論、とくに古代ローマ史における債務奴隷論などをまるごと信頼していることからもわかる。

もちろん、マルクスは、経済学批判の書である『資本論』の準備作業のなかで、フランスのフィジオクラット、とくにケネーの再生産循環表から、資本主義的再生産論に関する重要な発見の契機を取り出し、それをアダム・スミスへつなげ、やがてリカードを経て、資本の本質を解明したというのがおおかたの見解である。これが彼の経済学研究と学説の樹立の道程だとすると、マルクスは資本主義の黎明期から発展期にかけての資本主義的な立場からの経済諸理論から、多くを学びとったことになる。資本を解明しようと思えば、当然の話ではある。そして、資本の側の経済理論とは、フランスで言えば、ランゲの対極に位置するフィジオクラットすなわち重農主義者たちの経済社会思想がそれである。

反対の視点から見ると、マルクスは、経済学批判の書、『資本論』執筆にあたっては、一九世紀以前からのさまざまな反資本主義的主張、言い換えると社会主義的、共産主義的思想に含まれていた資本主義経済学批判の要素については、取り立てて論じることはしていないことに驚かされる。労働の側から資本を見ても、資本主義経済の科学的解明には、あまり寄与しないということである。そのことは、『剰余価値学説史』のほかならぬランゲをとりあげた章で、指摘されている。マルクスは言う。

「歴史的回顧から社会主義的、共産主義的著作家のすべてを除外することは、私の草稿の計画に合致している。この歴史的回顧は、或る部分では、どのような形で経済学者たちが互いに批判し合っているかだけを示し、他の部分では、政治経済学の諸法則がまず述べられ、その後、発展させられた歴史的に決定的な形態だけを示すべきだからである」。

---

(5) モンテスキューについては『法の精神』だけがマルクスの蔵書目録にはいっているが、ルソーについては、全三三巻の『ルソー全集』(一七九六)が目録にはいっている。

しかしながら、そのなかでは、例外があるとマルクスは言う。「私が語ることになる社会主義的著作家は、自分はブルジョワ経済学の立場に立っているか、あるいは、自分独自の観点からブルジョワ経済学と戦おうとするか」どちらかである。「しかしながら」これにも例外（!）がある。それがほかならぬランゲである。ランゲは、社会主義者ではもちろんなく、むしろ「啓蒙主義的同時代人のブルジョワ的、自由主義的理想に対して論争」を仕掛け、みずからは「アジア的専制主義を擁護した」反啓蒙主義者であったにもかかわらず、問題のノートで、取りあげられ、抜粋が作られているのである。

マルクスは、ケネーらのフィジオクラットの経済学的寄与に高い評価を与えながらも、それに対抗する思想に注目することを怠らなかったのだが、そのために、社会主義的思想——とはいえ、リシュタンベルジェも彼を一八世紀社会主義者のユニークな一翼に位置づけているが——のいっさいを無視し、資本主義経済批判の中心にランゲを置き、彼に批判者の重要な役割を担わせたというのは、きわめて興味ぶかいことである。しかも、一八世紀にようやく自由を得つつあった資本主義経済に対するはやばやと設定された批判軸として、アジア的「専制」の擁護論者にして奴隷制擁護論者が登場したことは、資本主義が超発達を遂げた今日においても、重要な批判的意味合いを持っている。それは、本書を通読していただければ、おのずとわかることである。ここでは、その一例だけをあげておこう。

ランゲは、本書、第五篇、第二七章で、一八世紀フランス社会における債務者の苛酷な赤貧を次のように例示する。それは、ランゲ自身の体験にもとづくものらしく、彼がおそらくアブヴィルに滞在していたときの実話だろう。この町に、わずかな借金の利子がかさんだうえに、訴追費用までものしかかって、弁済不能に陥った靴職人がいて、その彼が身体拘束刑に処された。当時の法律にもとづけば、彼を自宅で逮捕するわけにはいかないので、彼は、家から一歩も外へ出ないで、逮捕を免れていた。しかし、日々の糧はどのようにして手にいれたのだろうか。以下はその詳細である。

「彼の家具が売りに出された。すなわち、彼が寝るときに使っていた腐った少々の藁《わら》である。というのも、残りのものは、生きるために自分自身が食い尽くしてしまっていたからである。幸いなことに、彼は奥さんを亡くしていて、彼の貧困を分かち持たせる人間と言えば、六歳になる小さな娘さんひとりだけであった。毎日、昼になると、この子が半分裸の状態で、手にひび割れた瓶を持って外出するのであった。彼女は、少し離れたところにある家に行くのだが、しかし、そこは、父親の家から見えるところにあった。彼女は、施しをしてくれる人から少しばかりのスープをもらって、ゆっくりとそれを持ち帰っていた。子供のことと夕食のことが心配で、不幸な男は、戸のところに釘づけになったままだった。彼は、娘と夕食を全行程にわたって目で追っていた。……彼は、ひとりの金持ちの債権者を相手にしていたが、この債権者は、金持ちに輪をかけて、なお一層冷酷非情な人間ときていた。この男は、彼の債務者が安全になっていることで、自分が侮辱されていると思いこんでいた。彼は、その安全を打ち壊すことが彼の名誉にかかわっていると見ていた。貪婪な金銭欲もさることながら、それ以上に復讐心から、彼は、俺に満足を与えろ、と執達吏に激しくせっついていた。執達吏のうちのひとりが子供と戸の小細工を確認した。まさにこの観察を、彼は計略の成功の基礎としたのであった。

翌日、小さな娘が彼女の重たい荷物と一緒に帰ってくる途中、彼女は、往来のまんなかで、変装をした執達吏の立会人によって、捕まえられ、スープがぶちまけられ、子供はひどく殴られた。この光景を見た父親はすべてを忘れる。彼は、世界で一番価値があるものを救うために、飛ぶように走る。彼は、彼の動きを注視していた一団によって、四歩も出ないうちに捕まえられてしまった。彼は牢屋に閉じこめられた。彼は、そこで貧窮と絶望で、四か月して亡くなった。彼の子供は、救貧院で、彼より前に死んでいた」。

ランゲの描写はなまなましく、しかも的確に債務者の窮迫と悲惨な運命を伝えている。この話を読んで涙しない者はいない。誰しもこのような状態で死を迎えるよりは、主人によって養われている奴隷身分の方がよほど幸せだろう、と真の人道主義者ランゲは言うのである。

次に、ランゲの位置づけに関連して、ノートにおける順番の問題がある。マルクスは、わざわざ同じ反フィジオクラットのネッケルのあとに、ランゲからの抜粋を置いているのである。時代順でいけば、もちろん、ネッケルが小麦貿易の自由化論争を中心として、フィジオクラット批判の陣営に加わるのは、ランゲよりもあとである。にもかかわらず、マルクスは、ランゲをネッケルのあとに置いた。そして、この位置づけには経済理論上の配慮があるというのである。ほかでもなく、ネッケルに関するノートの冒頭で、マルクスは言う。

「先に挙げたランゲからのいくつかの引用が示しているように、彼には、資本主義的生産の本質が明らかであった。しかしながら、ランゲはここではネッケルのあとに付け加えるべきである」。

おそらく、マルクスにとっては、ランゲが展開した「ブルジョワ的、自由主義的理想に」に対する辛辣な批判には、単なる反資本主義的、反近代的なイデオロギー的反撥とは違った理論性が見られたのであろう。たしかに、ランゲの資本主義的生産の本質論は、階級分裂を不可避とする社会形成論の基礎のうえに据えられているので、あらゆる批判的経済理論においては、その出発点たるべき枠組みを備えていた。

ランゲの社会形成論の核心は、人類の四分の三の赤貧と隷属のうえに人類の四分の一の富と自由が築かれるという原理にあり、この峻厳かつ苛酷な原理は、自然状態から社会状態への移行の瞬間から始まる、と彼は主張した。爾来、人類のこの四分の三にとっては、自然状態での自然的自由は一切失われたばかりでなく、間歇的に生じる自由への飛躍は、確実な死、しかももっとも耐え難い餓死に帰結する、と彼は喝破した。

しかし、第三に、社会という天秤にかけられた富の代表者と貧困の代表者との対立という着想が、それだけであれば、いまだ資本対労働の矛盾ではなく、マルクスは、さほど彼に注意を払わなかったかもしれない。マルクスをうならせたランゲ最大の発見は、社会が富めば富むほど、貧困が厖大に蓄積するというダイナミックな階級対立とそれを必然ならしめる法則の発見だったのではあるまいか。つまり、文明の発達という「近代の洗練」の陰に、「明日《あした》パン代を稼げるかどうかわからない厖大な数の人びと」が存在しながら、社会がかろうじて平衡を保っているのは、「摂理の実に驚くべき、実にしあわせな結果」として、この貧困層が「絶望のあまり気がへんにならない」（第五篇、第三一章、七一一ページ）ことなのである。

しかし、この点がランゲの着想の卓抜なところだが、この厖大な貧困層が反抗や革命に走らないのは、赤貧には、窮乏という最大の弱みがあるからだというのである。この圧痛点を発見したのは、ランゲの功績である。つまり、富裕が増大するにつれて、赤貧がつのるとともに、それだからこそ、窮乏からますます富者に貧者はすがらなければならない、というのが現代の社会構造だというのである。

「それは金持ちの富裕と貧乏人の赤貧を増大させる。貧乏人が使うものを金持ちは貯めこむ。貧乏人が節約を強いられるのは、彼の余剰に対してではない。まさに、彼の欠乏に対してである。彼が食料とは無関係の別の費用に捧げなければならないのは、彼の血であり、彼の生存の一部である。この義務は、彼の賃金に不足を作り出すうえに、なおまた、賃金を下げることに同意するよう彼に強いる。このことは、日々、彼の仕事の報酬を、一層、低い率に抑え、結果として、奴隷制よりも百倍も残酷な窮乏に彼を突き落とす」。（同所）

これが富者の「経済」であり、言葉を変えれば、「節約」である。マルクスが『資本論』の「本源的蓄積」という章（『資本論』、第一巻、第七篇、第二四章）で明らかにしたように、中世農民層の解体（「労働者は、土地に縛りつけられて、他人の農奴または隷農であることをやめたのち、はじめて、自分自身の人身を自由に処分できるようになった」）から誕生した、自分の腕しか財産を持たない「自由な」労働者は、都市に流れこんだ。彼らは、人間的自由を手にいれたがゆえに、富者の「経済」の犠牲になる。

「彼は自由だ、とあなたは言う！　いかにも！　そこにこそ彼の不幸がある。彼はだれにも依存していない。しかし、他人の方も、だれひとりとして彼に依存していない。彼が必要になる場合、できる限り安値で彼は雇われる。彼に約束されるわずかな報酬は、それと交換で彼が提供する労働日のための食料費にかろうじて等しい。彼が職務を手際よく果たすことを彼に強いるために、監視人たちが彼に差し向けられる。彼はせきたてられる。巧妙に、もっともな理由をつけて怠けることによって、彼が活力の半分も出さないのではないか、と恐れて、彼は突き棒で追い立てられる。同じ仕事にもっと長いあいだ雇われていたいと希望することから、彼の腕が止まり、彼の用具がなまくらになるのではないか、と心配なのである。不安げに彼を目で追う、浅ましい経済は、ほんの少しでも彼が自分にくつろぎを与えていると、そのことで彼に非難をあびせかける。一瞬でも、休憩を取ろうものなら、経済は、彼は私を盗んでいる、と主張する。終われば、雇ったときと同じように、このうえなく冷たい無関心さで、彼は解雇される。苦労の多い一労働日で、二〇ないし三〇ソル稼いだばかりだが、これくらいの金額で、あとの日に仕事が見つからない場合に、食料費として十分なのかどうか、気にかけられることもない」。（第五篇、第三〇章、六九九―七〇〇ページ）

こうした必然性は、社会の本質から生まれるのである。

「社会の本質は、私が証明したように、富者に労働を免れさせることである。それは、新しい器官、疲れを知らない四肢を富者に与えることである。骨の折れる仕事はすべてそれらが引き受け、富者はその果実をわがものにして当然なのである」。（第五篇、第三〇章、六九五ページ）

ランゲは、相対的貧困の蓄積と並んで、近代において誕生した手に技術を持たない「下働きの日雇い人夫」、自分の生活費すらままならず、場合によっては、生活費自体をも稼げず、餓死を運命づけられている厖大な、マルクスの用語を使えば、「産業（労働）予備軍」の近代社会における不可避的蓄積を発見したのである。ランゲは言う。日雇い労働者は不幸である。なぜなら、

「わが日雇い労働者は土を耕すが、とれたものは食べられない。それなのに、彼らが大地の耕作を無理強いされるのは、まさに別な形で生きていくことが不可能であるためである。建物には住めないのに、わが石工が建物を建てるように強いられるのも、別な形で生きていくことが不可能であるためである。まさしく貧窮が彼らを市場に無理やり連れていく。そこで彼らは、彼らを買うという慈悲を示したがる主人が出てくるのを待つ。彼らは、貧窮ゆえに金持ちの膝にすがり、あなたを儲けさせてさしあげることをどうかお許しくださいと頼まざるを得ないのである」。（第二篇、第六章、一九二―一九三ページ）

こんな状態では、はるかに奴隷の方がましである。なぜなら、

「奴隷は、労働をしていないときでさえ、食べさせてもらえていた。仕事をしているときに、奴隷から引き出せる奉仕を期待しているから、休息のときでも、奴隷には食料が保証されていた。奴隷主の開明的な蓄財欲は、現在を未来のために捧げていた。開明的な蓄財欲は、一時的な無為に欲得づくの援助を認めていたが、それは、この援助の埋め合わせを勤勉な活動による努力でしてもらうことを当てにしてのことだった。そして、この蓄財欲の持ち物であった奴隷の体力を維持する必要があったので、体力の損耗を未然に防ぐために、どれほどかねがかかろうと、それを悔やむことは妨げられた。

しかし、自由な日雇い人夫となると、働いているときでも、しばしば報酬の支払いが悪いから、働いていないときには、彼はどうなるのか？　だれが彼の運命について心配するだろうか？　彼が衰弱と窮乏でたまたま死ぬことになったときに、なにがしかの価値を彼はだれに対して持つだろうか？　それゆえ、だれが彼の死を妨げることに利害関係を持っているだろうか？」（第五篇、第三〇章、六九八―六九九ページ）

しかも、奴隷主から見て、奴隷は、人間としての価値を持っていた。だが近代社会における労働者は、代替の利くただの機械部品にすぎない。

「奴隷制の時代には、人間の血は、なにがしかの価値を持っていた。彼らは、少なくとも、市場で売られたときの金額の値打ちはあった。もはや彼らが売られなくなってから、彼らには内在する価値が現実には、いっさいなくなった。軍隊では、工兵の価値は低く、糧食車を引く駄馬の価値は高い。というのも、馬がとても高いからであり、工兵はただで持てるからである。奴隷制の廃止は、この戦費の計算を日常生活に持ちこませることになった」。（前掲七〇〇ページ）

つまり、日雇い労働者は、かの有名な「産業（労働）予備軍」として、その存在そのものが価値低下の原因、いやむしろ価値消滅の原因となっているのである。そうなるのは、彼らが富裕階級に完全に隷属しているからであり、しかも、近代における富裕階級は、奴隷主とはまったく異なる、単なる守銭奴にして冷血漢であるからだ。

しかし、なぜ富裕階級は、冷血漢であるかと言えば、逆説的なことに、彼らは、奴隷主とは違って、労働者をみずからの所有物とするのではなく、彼らの労働の産物だけをわがものとするからである。「人間の隷属から引き出すことができる唯一の果実は、彼らの労働である」（第二篇、第八章、二〇一ページ）という恐ろしく非人道的な社会が実現したのである。ところが、なんと、人間の自由という観点では、富裕階級は、人道主義者であり、労働者を尊重しているのである。ランゲが日雇い労働者は「自由だ」と連呼するのは、この逆説を強調せんがためである。したがって、富裕階級が労働者に関心を払うとすれば、彼らが労働している限りでしかなく、この階級にとっては、彼そのものには、いっさいの価値がない。

「日雇い労働者は、富裕に奉仕するために、生まれ、成長し、育てられるが、富裕が自分の領地で殺しまわっている野禽獣のように、わずかな費用も発生させない。不幸なポンペイウスが根拠もなしに自慢していた秘密を富裕が実際に持っていたようなものだ。富裕は、大地を踏めば、そこから、彼の指図のままに動く、名誉を得たいと争う働き者の軍団を跳び出させるのである。この賃金労働者の大群は、建物を建てたり、庭木をきちんと揃えたりするが、しかし、彼らのうちからだれかが見えなくなっても、彼が空けたままにした席は、視界から消え去った点であって、だれもそれにかかわらないのに、たちまち再度、埋められるのである。次から次へと新しい流れが生じるので、大河の一滴は消えてなくなっても、愚痴が出ることはない。日雇い人夫もこれと同じなのだ。彼らは容易に埋められるので、それが彼らに対する金持ちの無情を育てる。彼らが消えたのを見ても、金持ちには不安がない。彼の執事が毎週、あるいは毎月報酬を支払う、このごろつきどものだれかが欠けても、金持ちが気づくことはけっしてない。彼が残念がるのは、彼らが持ち去る自分のかねだけである。金持ちが庭の並木道や回廊を気持ちよく散歩しているときには、こうした安逸は、幸薄き人びとのおかげなのに、彼らがきょうのパンを持っているかどうかよりも、彼らがきのうパンを見つけたこと、以前の日々にもパンを見つけたことについて、自分に対して彼らが恩義を感じているのだろうかと、そちらの方に、彼は、はるかに頭をめぐらしている」。(第五篇、第三〇章、七〇〇―七〇一ページ)

したがって、近代市民社会は、人類の大部分に対するひとつの大きな陰謀であり、奸計である。法の精神が所有権の聖化にあり、法は富裕を守る衝立である以上は、社会は、陰謀的存在となる。

「彼らは自由だ！　しかし、言うところのこの解放が必ずしもいつも彼らの命の値段であるとは限らないということを考えれば、少なくともたしかなことは、金持ちは、絶えずこの解放に毒を盛っているということである」。（第五篇、第三〇章、七〇一ページ）

人間の解放に毒が盛られているが、この毒は、社会によって毒と認識されていない。それは、法律という名前を持ち、社会に暮らす社会の全成員が遵守する義務を負うものである。

「法律は人類の最大部分を敵とする陰謀のようなものだということは、考えるとつらいけれども証明ずみのことなのだ。法律における最大の努力は、その支えを一番必要としている者の利害に反する方向に向けられている。富裕が法律を書きとらせる。そこから主要な利益を引き出すのも、同じくこの富裕である。それは、敵国のまんなかに設けられた富裕のための砦であり、そこで、恐れを抱かなければならない危険性を抱えているものは、富裕以外にはない」。（第一篇、第二章、一三三ページ）

大多数の人間の「解放」は、解放された人間に逆効果をもたらす。

「解放は、金持ちを、彼らに対して苛酷で、容赦ない存在にするばかりではない。それは、金持ちをほろりとさせる機会を彼らから奪うことでもある。すなわち、解放は、金持ちの同情を利用することが不可能な状態に彼らを置くのである。奴隷は、永久に、奴隷主の眼下にある。奴隷は、奴隷主の目に愛情をかきたてるか、あるいは、それに代わる習慣的な執着をかきたてる。奴隷が苦しんでいると、その叫び声が奴隷主の耳を打つ。奴隷に奴隷主が安らぎを与えるのは、人情からなどではなくて、痛ましい物音を静めるために、そうするのである。

しかし、日雇い労働者は、通りすがりに人が見るだけである。そのあとすぐに視線は彼に注がれなくなる。彼は、彼のわらぶき小屋で苦しみ、物音も立てずに死ぬ。どんなに壁がもろくても、彼のうめき声が壁を突き抜けることはそもそもできない。隔絶された孤独のなかに、彼をこのように追いやることで、富裕は実益を作った。富裕は、意図しない憐憫を感じる機会を減らしたのである。うるさくせがまれて援助がもぎ取られるときには、この意図しない憐憫は、援助を与えたという快感以外の成果を期待できないはずなので、言い換えると、富裕が一番執着していない快感しか成果として期待できないので、富裕の気分を害してしまい、しばしば彼の蓄財欲を傷つけてしまうのである。

以上、すべての考察とそのほかの同じ主題に関してなし得る多くの考察を、こんな風に先入見なく吟味してみるとき、農奴の境遇の方がわが日雇い人夫の境遇より、比べものにならないほど好ましいと、だれが感じないだろうか？　日雇い人夫には、主人はいない、と言われている。しかし、これは、またもや言葉のまぎれもない濫用だ。それはいったいどういうことか？　彼らにはまったく主人がいない。彼らには、主人がひとりいる。並いる主人のなかでも、一番恐ろしい、一番権柄づくの主人が。それは窮乏である。窮乏は、残酷きわまりない従属に日雇い人夫を隷属させるのである。彼らは、特殊にひとりの人間の指図に従うのではなく、すべての人間一般の指図に従うのである。彼らがおもねらなければならないのは、ひとりの暴君の気まぐれに対してではない。探し求めなければならないのは、ひとりの暴君の仏心ではない。これでは、隷属を限定することになり、隷属は耐え忍べるものになろう。まさに彼らは、かねを持っている人間なら、だれであろうと、その召使になるのだ。このことは、彼らの奴隷制に、無限の広がりと無限の厳格さを与える」。（第五篇、第三〇章、七〇一―七〇三ページ）

すでに述べたように、多数の日雇い人夫が雇用主を求めて、次から次へと大地の懐から跳び出てくるのは――引用した文章もその原因をはっきりと示しているように――彼ら自身の「窮乏」にあるのである。ところで、日雇い人夫の「窮乏」を産み出しているものはなにか？　それは近代社会の生産と消費の社会的諸関係そのものである。日雇い人夫が「窮乏」に陥るのは、彼が独立した人格的自由を獲得しているばかりでなく、一個の生物学的人間、つまり食料をどうしても必要とする存在――この点は本書で指摘されている――だからである。経済学的に言えば、日雇い人夫は、労働者として小麦を生産するだけでなく、彼は、小麦からできるパンの消費者だからである。消費者としての労働者は、自分が生産するのに寄与したはずの小麦からできるパンに対して、なんの権利もないのである。この不平等状態こそが日雇い人夫をして、厖大な産業（労働）予備軍たらしめる原因である。

この点は、奴隷と近代の奉公人とを比較してみれば、すぐに理解されることだと、『市民法理論』に関する手紙のなかで、ランゲになり代わった編集者は、ランゲの『市民法理論』を擁護して言う。

「働くことによってしか生きていけない部類の人間にとっては、奉公人制度よりも奴隷制の方が好ましいことがわかる。それについて考察する気になったなら、このことを疑うことなどできただろうか？　年初から年末にかけて、一日の有用労働につき一五ソル［スーの古名］か、あるいは、二〇ソルかで、日雇い人夫の腕と生存のすべてが買い取られる。雇用主には、彼を食べさせる義務もなければ、彼に服を着せたり、住居に住まわせたりする義務もない。彼の家族ですら知らなくてよい。彼の病気も、彼の不在も、彼の死でさえ、雇う側は、とんと無関心でいい。一エキュ［六〇ソル］のチャリンという音で、大地の懐から、金持ちに仕える名誉を競い合う不幸な人びとの大群を跳び出させるのに十分である」。（*Lettres sur la théorie des lois civiles*, &c., Amsterdam, 1770, pp.4-5）

雇用主は、ちょっとした資金で、労働者を丸ごと買い取り、働かせながら、労働者の生活や家庭の面倒を一切見なくてよいのである。奴隷制ならこうはいかない。奴隷主は、奴隷の生存について、気を配らなければならない。奴隷主は、奴隷の生き死にに直接利害関係を持つから、彼は、奴隷に対して、その生存の全部を保証し、その家族構成にも、食事にも、衣類にも、住居にも気を使うのである。彼の一挙手一投足に奴隷主は注意を払う。酒を飲みすぎるようであれば、飲酒を奴隷には禁止する。なるべく長生きするように、食生活にも監視の目を行き届かせる。ランゲは、奉公人より奴隷の方がよほどましであると言う。

「奴隷は、奴隷主にとっては、日雇い労働者一〇年分の賃貸料よりも高い金額を一度に支払って購入されるから、目をらんらんと光らせた守銭奴によって、大切に扱われる。彼とその家族全員には、食料と住まいと衣服が与えられる。いついかなるときでも、奴隷は、病気になれば、手当を受けるし、奴隷の健康維持に守銭奴は気を使う」。（*Op.cit.*, pp.5-6）

だから、奴隷主の方が人道的にならざるを得ないのである。しかし、ランゲが言うように、人間の自由をすべての基本に置く啓蒙哲学に毒されると、こうはいかない。哲学的転倒、逆立ちが起こるのである。

奉公人に代表される現代の労働者は、雇用主と身分的には平等で、彼の支配を受けず、自由である。だからといって、雇用主は、奴隷主よりも人道的と言えるだろうか？　絶対にそうは言えない。労働者が自由である分、雇用主は、労働者の実生活には無関心でいられるからである。つまり、雇用主の関心は、労働力である限りでの人間であって、労働者が余暇になにをしようと、衣食住がどうなろうと、彼が病気にかかろうと、早死にしようと、子供がたくさんいようと、老父母を養っていようと、それらにはまったく無関心であり、無関係なのである。

ここから、有名な倒錯が生じる。つまり、労働者は、労働力としてしか価値がないということだから、労働者が同時に生産物の消費者でもあるという側面が、雇用主の意識からすっぽりと抜け落ちてしまうのである。雇用主は、労働者を働かせることだけに関心があり、そこに現実的利益があると思いこんでしまう。小麦づくりの日雇い労働者は、同時に、重要な小麦消費者でもある、とランゲは言う――フィジオクラシーのみならず、すべての近代自由主義経済学に対する批判の要点である。しかし、小麦生産のために大量の季節労働者を雇うフィジオクラットの富農は、小麦がどう売りさばかれようが、関心の外にある。商業と貿易によって富が得られればそれでいいからである。ランゲが嫌う、小麦そのものよりも、小麦色した金属の方が、価値が高いと考える拝金主義である。現代日本のフィジオクラットたちも同じ主張をしている。「聖域なきリストラを合言葉に過去の円高と戦ってきた日本企業は、震災を経て、聖域なきグローバル化に照準を定めようとしている」と、貿易で潤うために、企業主は果てしない海外進出を企てるのであるが、肝心の日本は空洞化したままで、同時に労働者でもある膨大な消費者たちは、置き去りである。

ところで、チャリンという音で、大地の懐から、いくらでも労働者が跳び出てくるのは、ひとえに労働者が小麦消費者であり、彼自身に小麦を調達するすべがまったくないからにすぎない、とすれば、このことにあぐらをかいて、いつまでも二〇ソル程度の低賃金で、日雇い労働者を雇い続けていると、二〇ソルで、生活のすべてを賄わなければならない労働者は、当然のことながら、一日一〇ソルは下らない食費を節約し、子供の数も減らし、家族の人数も減らさなければならない。だから、ランゲの論敵となったデュポン・ド・ヌムール（一七三九―一八一七）やランゲが批判した『政治諸社会の自然的、本質的秩序』のメルシエ・ド・ラ・リヴィエール（一七一九―一七九二）らの啓蒙の「経済学者たち」が穀物貿易で、日雇い労働者も潤い、当時の関心事であった人口も増大する、と主張しているのはまったくの虚構である。汗を流して大地を耕している輓馬のような労働者には、貧窮の蓄積しか残らない。そうこうしているうちに、おしまいには、峻厳な経済法則によって、購買力である消費者を失った超生産的な経済は、供給側にも壊滅的打撃を与える。経済そのものの崩壊である。ここにこそ恐慌の原因があるとマルクスが主張するのは、一世紀のちの話である。ランゲの場合は、人民の叛乱という暗い展望がある。

最後に、哲学的見地から言うなら、人類の四分の三を占める日雇い労働者――働けど、成果に対する権利はない――の誕生にかかわって、自然と社会、自由と拘束、奉公人と奴隷というように、相反する概念が逆説的結果を産み出すのは、ランゲによれば、自然すなわち自由と社会すなわち拘束との根源的非和解性にその原因がある。本書に鮮やかに現われているように、ランゲの社会観の本質は、自然権と社会の設立との非和解性にあるから、自然的自由と社会的隷属とは、ちょうど物々交換のように交換されてしまったのである。したがって、フランス啓蒙主義の哲学的弁舌は、虚妄であり、とんでもない絵空事である。ランゲが反啓蒙であったのは、啓蒙が無責任な無制限の自然的自由を鼓吹し、なによりも肝心な社会制度と無制限の自然的自由とが両立しうるとの虚言を弄したことに起因する。ランゲは言う。

「自然権は社会と両立しがたいものでさえあるし、自然権は、社会の破壊を必然的にもたらす。自然権の本質は無限定な自由である。社会的権利の本質は、この原初の自由を全面的に剝奪することにある。社会を形成したあとで、自然権の一部がほんのちょっとでも残っていたとしたら、法律に従おうとまったくしないこの部分に対して、法律は、いったいいかなる権力を持っているというのだろうか？　自然状態は裁判官も禁制も所有権も認めない。自然状態を構成する独立性がその対象との関係で維持されていたとしたら、他のすべての対象に関係した命令の有効性を証明するために、人はどのように振る舞えばよいというのか？

法律の目的は、法律の権威からだれひとりとしてまぬかれることができないようにすることにある。法律は、その人の身分がなんであれ、いついかなる場合でも、すべての人間を服従させようと努める。だから法律は、すべての人間から意志の行使を例外なく奪わなければならない。法律は、法律が確立した権利に反するような、あらゆる類の権利をすべての人間から剝奪しなければならないし、法律がすべての人間を隷属に追いこんだのだから、そうした隷属から逃げ出せる出口をひとつも彼らに残しておいてはいけない。……社会あるいは法律は、まず、人間の能力すべてを完全に奪い取らなければ、そして、人間が自然から受け取ったあの原初の独立を廃止して、二度と復活しないようにしなければ、命令を厳かに言い渡しても、まったく無駄であろう。……だから、社会が最初に行なう作業は、自然権を人間からいかなる手だても残さずに、奪い取ることである。法律学者たちがなんと言おうとも、彼らの自然権概論は、そろいもそろってみな隷属概論である。それらはこの権利の墓碑銘である。地上の全域が自然権の墓場である。自然権について話題にしながら、『彼はここに眠り』、と言うことができないような場所は、世界には存在しない」。（第二篇、第一四章、二四六―二四八ページ）

では、このような自由を人間はおめおめと抑圧者に渡してしまって、みずからで隷属状態に陥ってしまったのだろうか？　ここにランゲの明敏な考察が展開される。だれひとりとして、みずからすすんで奴隷になる人間はいない。モンテスキューや啓蒙主義者が言うように、自分で自分の自由を渡してしまう人間というのは、虚構の産物であり、絵空事である。人間は絶対にみずからすすんで、どんなことがあろうとも自然的自由を渡すものではない。なにが自然的自由を放棄させたのか？　原初の暴力である。横奪である。いわば簒奪である。暴力に表現される強制力が働かない限りは、人間は自然的自由を差し出さない。しかしながら、火を見るより明らかなことは、人類全体が暴力的になったのではない。一部の人間が暴力的に他の人間の自由を奪ったのである。つまり、社会は、そのはじまりから、強制する人間と隷属する人間とに分裂していたのである。その有様をランゲは次のように描く。

「人間は、ふたつの階級に分けられていた。ひとつの階級は、横奪者かつ征服者であり、この階級は、その成功を通じて、命令を与えることに捧げられていた。もう一方の階級は、打ち震える耕作者で、その敗北を通じて、命令を受け取るように運命づけられていた。一方は、絶対的所有者で、他方は、臆病な農奴であり、主人か、奴隷かであり、支配権の過剰か、隷属の過剰かである――当時、このようなものが人類のふたつきりしかない区分であった。

いかなる中間階級も存在することができなかった。力学的技術はまだまったく存在していなかった。富裕に租税を課し、貧困を奢侈の有用きわまりない道具にする、あの巧妙な発明品は、世界では知られていなかった。腕力以上に、手の巧みさの方に高い評価を与えさせるような、引っ張りだこになっているあの方策をだれも活用していなかった。完成された社会のなかに、他のふたつの階級からは独立した第三の身分を打ち立てるこの方策は、金持ちたちには必要なものとなり、彼らの悪徳を助長しながら、彼らの余剰を消費する。それは、まるで、太りすぎのからだのなかの熱のようなものである。そうしたからだでは、吹き出物が覆うことで、熱がその体液を吸収するのである。

したがって、われわれがすでに言っておいたように、人類全体は、二種類の人間から成り立っていたのである。一方は、享受の至福に置かれ、他方は、剝奪の苦悶に置かれている」。(第四篇、第一一章、四〇三―四〇四ページ)

だから、社会の設立は、そもそものはじめから、共産制でも、平等制でもなく、そこには構成員全員の独立も自由もなかったのである。社会設立と階級分裂とは、同じコインの裏表の関係にある。社会が「文明の洗練」によって、進歩してしまったからには、もはや階級分裂以前の社会に戻ることはできず、せいぜい「富裕に租税を課し、貧困を奢侈の有用きわまりない道具にする」くらいしか、この分裂につける薬はない。

したがって、ランゲにしても、人類の大部分に「忍従」を説き、あまりにもひどい抑圧に関しては、法的手段に訴えることくらいしか、提案できる方策はない。ランゲがここで、租税による富の社会的再分配という緩和策に気がついていたことは、実に慧眼というべきだが、それにしても、ケインズをはじめとする近代経済学のいかなるものをもってしても、いまだに「完全雇用」は実現されず、富と自由の不平等は解消されるどころか、経済自由主義のもとで、ますます深刻化している。現代のフィジオクラットたちは、完全雇用の方を「能力の不平等」を理由に、あっさりと断念し、その代わりに、資本の自由を徹底させ、ますます貧困を蓄積し、その対極に、それほど意味があるとは思えない資本の厖大な蓄積を作り出している。孤独死と食料不足が「先進国」で平然と語られる時代が到来した。だからといって、ロベスピエールの「自由の専制」やスターリンの専制社会主義体制が近代社会の矛盾の解決策になったわけではない。皮肉なことに、このふたつの独裁政治は、ともに民衆の飢餓を救い得なかったどころか、逆に飢餓の原因を作り出してしまった点で、ランゲの通知簿では、奴隷制を実現したものの、肝心の食料を人民に保証できなかったということにおいて、落第の社会体制である。こうして見てくると、ランゲに解決策がなかったことをだれが責められようか?

本書においてランゲが論じた主題は、これだけではない。民法の大きなテーマである結婚と相続、また、モンテスキューの『法の精神』にかかわる奴隷制の起源と廃止の問題などで、彼は、興味ぶかい考察を展開している。それらの問題については、いずれ機会を改めて紹介してみたい。

最後に、ランゲの古典的名著を翻訳する機会を与えて下さった京都大学学術出版会と田中秀夫氏（京都大学経済研究科教授）に御礼を申し上げたい。とりわけ田中教授は、社会思想の古典を翻訳、紹介する「近代社会思想コレクション」の企画を立てられ、その一翼にランゲの著作を加えて下さったからである。慧眼のきわみである。また、京都大学大学術出版会編集部の國方栄二氏にはひとかたならぬお世話になった。感謝する次第である。

人名索引

ア行

カ行

サ行

タ行

ナ行

ハ行

マ行

ヤ行

ラ行

地名索引

ア行

カ行

サ行

タ行

ナ行

ハ行

マ行

ラ行

訳者略歴

大津　真作（おおつ　しんさく）

1945年　大阪府に生まれる
1972年　東京都立大学人文科学研究科仏文学修士課程終了
1980年　甲南大学文学部助教授
現在　甲南大学文学部教授
専門はヨーロッパ社会思想史

主な著訳書

著書は『啓蒙主義の辺境への旅』（世界思想社）、『市民社会思想史Ⅰ～Ⅱ』（高文堂出版社）、『理性と愛』（高文堂出版社）、『倫理の大転換』（行路社）、『思考の自由とはなにか』（晃洋書房）。訳書として、ヴェーヌ『歴史をどう書くか』、ヴェーヌ『ギリシア人は神話を信じたか』、レーナル『両インド史　東インド篇上・下』（以上、法政大学出版局）、フュレ『フランス革命を考える』、ピーター・バーク『フランス歴史学革命』（以上、岩波書店）、ジャルダン『トクヴィル伝』（晶文社）がある。

市民法理論《しみんほうりろん》　近代社会思想コレクション09

平成25（2013）年1月15日　初版第一刷発行

著　者　シモン・ランゲ
訳　者　大《おお》津《つ》真《しん》作《さく》
発行者　檜山爲次郎
発行所　京都大学学術出版会
京都市左京区吉田近衛町69
京都大学吉田南構内（606-8315）
電話　075(761)6182
FAX　075(761)6190
http://www.kyoto-up.or.jp/
印刷・製本　亜細亜印刷株式会社

ISBN978-4-87698-595-1

近代社会思想コレクション刊行書目

（既刊書）

01 ホッブズ 『市民論』
02 J・メーザー 『郷土愛の夢』
03 F・ハチスン 『道徳哲学序説』
04 D・ヒューム 『政治論集』
05 J・S・ミル 『功利主義論集』
06 W・トンプソン 『富の分配の諸原理1』
07 W・トンプソン 『富の分配の諸原理2』
08 ホッブズ 『人間論』
09 シモン・ランゲ 『市民法理論』